上海文化发展基金会图书出版专项基金资助项目

顾　问　张伟江
总主编　杜成宪

上海教育史

第二卷　一九二一——一九四九

黄书光　等　著

上海教育出版社

总序

如果将上海教育放在中国教育的历史图景中加以考察,就会发现上海教育发展的独特性:起步较晚而发展迅速,初始微小而不断壮大,表现出独特的发展道路和历史面貌。

上海教育的历史大致可以分为三个阶段,即宋代兴学前、宋代兴学后、近代开埠以来。在第一个阶段,上海教育远逊于中原各省,也不及湖广、巴蜀、闽赣诸地区;在第二个阶段,随着江浙地区教育的崛起,上海教育也颇有起色,尤其是在这一阶段后期(明清时期),虽与全国其他省份相比难称优势,却已不显逊色;到第三阶段,即开埠进入近代社会后,上海教育迅速发展起来而成为全国翘楚。可谓其兴也迟、也微,其成也速、也盛。

相比较而言,古代上海是中国教育的后来者,"后起之秀"可以作为对上海古代教育的概括。

虽然考古发掘证明,6 000多年前在今松江、青浦一带就有先民生息繁衍,但包括今天上海行政区全境的上海地区成陆较晚,最迟的区域于千年中方始形成,文化根底自然有欠深厚。人们说起上海古代教育的历史,往往会列举到南宋嘉定年间上海地区青浦和嘉定的兴学,以之为上海兴学之始。上海兴学虽晚,但上海教育(甚至学校)的历史可以追溯到更为早远的年代。如三国魏晋时代,吴郡吴县华亭(今松江区)陆氏家族人才辈出:三国吴名将陆逊、陆抗父子,三国吴名将、陆逊族子陆凯,西晋文学家陆机、陆云兄弟等。尤其是陆机、陆云兄弟文才倾动京城洛阳,时称"二陆"。百多年间,一个家族代有英才,如果当地没有较高水平的学校教育,实在难以想象。只是有关的历史记载十分缺乏,使我们对上海教育历史的第一阶段所知甚少。如,当西周实施"六艺"教育时,当春秋战国诸子展开争鸣而奠定中国传统教育思想基础时,当西汉建立太学实施读经教育时,当隋唐建立完备的学校教育体制时,上海的教育状况究竟如何?这些都因文献不足而难言其详。而上海古代教育的难以确考本身,确也反映出当时上海教育的相对落后状况。

上海教育进入第二个阶段后逐渐呈现出良好的发展状态,颇有后来居上之势。据文献记载,上海历史上第一次大规模兴学是在宋元时期。因农业、盐业、渔业、手工业、商业和江海漕运的发展,上海地区的区域经济和行政地位迅速提升。北宋熙宁年间(1068—1077)始设上海务以征收酒税,南宋末设市舶分司以管理海上贸易,咸淳年间(1265—1274)设上海镇,元至元二十九年(1292年)乃建上海县。于是,教育事业也因势而发。北宋哲宗元祐年间(1086—1093)建华亭县学,到南宋嘉定十二年(1219年)又建嘉定县学,是为上海地区较早的县学。元至元十五年(1278年)置松江府,华亭县学升格为府学。崇明县于嘉熙(1237—1240)中建书堂,元初改为州学,明初复改县学。南宋嘉定十五年(1222年)青龙镇学创立;咸淳间上海人唐时措、唐时拱兄弟捐资兴建古修堂,实为上海镇学,上海建县后又升格为上海县学。上海地区记载最早的书院是创建于南宋淳祐四年(1244年)的天赐书堂,宋代所建书院尚有九峰书院(松江)、北府书院(嘉定)、白社书院和孔宅书院(青浦);元代则先后建有西湖书院、石洞书院、燕居书院(松江)、清忠书院(青浦)、三沙书院(崇明)。

之后的明清两代,因经济取得重大发展,上海成为"江海通津,东南都会",商业繁荣,贸易繁盛,城市发达,社会发展,文化繁兴,上海地区的官私学校也更上层楼。上海地区先是明代建起金山卫学、青浦县学,清代建起南汇县学、宝山庙学、奉贤县学、金山县学,县学建设齐备;明代新建书院8所,清代兴建书院更是多达52所,分布在上海地区十县。由此形成上海古代第二次大规模兴学。从官私学校的数量和分布看,当时的上海地区已经不逊于全国任何其他地区,这就成为上海古代教育发展的物质保障。尤其是上海地区还形成了西南部以华亭(松江)为代表、西北部以嘉定为代表、东部以上海为代表的三个文化教育优势区域,很是引人瞩目。即以传统中国衡量地区人文教化水平的科第获取为例,明代始有上海地区士人状元及第,共3人,都为华亭人;清代则有4位,华亭1人,嘉定3人。① 据清人应宝时修、俞樾纂《同治上海县志》载,明代自洪

---

① 参见周腊生所著唐、五代、宋、辽金元、明、清状元谱系列,紫禁城出版社于1994—2004年出版。

武三年(1370年)至崇祯十六年(1643年)共150科,上海县取中进士195人;清代自顺治二年(1645年)至道光二十年(1840年)间的111科考试,上海县取中进士72人。① 尽管所载取中进士数未必确切,但可以想见的是上海地区明清时期文化教育水平获得极大提升的事实,而这又成为进入近代社会后上海得以迅速发展的传统文化资源。

上海教育真正令世人瞩目是在它发展的第三个阶段。从上海开埠起,上海教育开始了意义深远的转型和加速发展,即从古代教育转而为近代教育,又进而开始教育现代化的探索。在一个半世纪中,上海从一个教育并不占优势的区域迅速崛起为一个教育强势发展的区域,并常常扮演引领中国教育现代化进程的角色,事实上成为中国教育现代化的缩影。可以说,近代以来的上海堪称教育改革的先行者、教育思想的策源地、教育探索的园地、教育交流的窗口。在取得成果后,上海教育又向全国其他地区辐射。

上海是教育改革的先行者

实施近代教育以来的150多年,中国社会发生了翻天覆地的变化。时代发展不断向教育提出新的课题和挑战,上海也总是能以自己的方式作出应对,走在教育改革的前列,每每有开风气之举,不断创造着教育上的"第一",事实上成为教育改革的先行者。

出于求强的目的和应对外交的需要,1862年6月京师同文馆在北京创办,标志着中国近代新式学校和教育的起始。次年,江苏巡抚李鸿章奏准仿同文馆例创办上海广方言馆,成为在中央政府之外最早的地方政府官办新式学校。1864年广州同文馆在广州开设,1866年福建船政学堂在福州创办,等等。30多年里,全国各地陆续兴办了30余所洋务学堂,掀起了中国近代第一波兴办新式学校的热潮。

1878年张焕纶在上海创办的正蒙书院是一所兼采西方学校制度和中国传统学校之法办理的近代小学,1882年改名梅溪书院,民国后改为

---

① 陈科美,金林祥.上海近代教育史 1843—1949[M].上海:上海教育出版社,2003:26—27.

梅溪高等小学校。这是中国近代第一所实施普通教育的新式小学,在专重外文、军事和科技教育的洋务运动时期,尤显其价值。1918年学校40周年校庆时,黄炎培曾给予高度评价:"吾国教育上海发达最早,而上海小学梅溪实开其先。"①

甲午战争之后,受维新派兴学启蒙、启蒙救国思想的影响,上海地区在19世纪末兴办新式学校成绩卓著。继1895年10月创办天津中西学堂之后,盛宣怀于1896年奏请创办上海南洋公学,陆续建起师范院、外院、中院和上院,在一所学校中形成了完整的学校体系,象征着中国近代学制的孕育,而其最早办起的师范院也是中国师范教育的肇始。1898年5月,经元善等人在上海创办经正女学,是为国人自办的第一所女子学校,开兴办社会化女子教育机构的风气,而与维新教育倡导女学思想相呼应,也直接引发20世纪初全国范围的办女学热潮,1902年上海创办的务本女塾和爱国女学也为其中出色代表。由此又促成清政府于1907年颁布《女子小学堂章程》和《女子师范学堂章程》,对女子教育在法律上予以认定,标志着中国教育取得巨大进步。

进入20世纪后,上海教育进入新的发展阶段。清末"新政"时期,上海教育的发展除了兴办新式学校之外,还表现为近代社会的教育事业取得多方面成就。1901年,罗振玉发起创办《教育世界》,是为中国近代最早的教育杂志,成为传播西方教育的窗口,通过介绍西方的教育制度、学科、教材、思想、理论,对中国近代新式教育的建设起了启蒙作用。创办于1897年的商务印书馆本以出版《英华初阶》《英华进阶》两种英文课本而享誉沪上,1902年适应兴办新式学校的形势,从出版杜亚泉主编的蒙学课本《文学初阶》起,开始系统编写和出版中小学校各学科、各年级教科书,成为兴学初期中国新式教材出版重镇。早在1896年,钟天纬、张焕纶等人就发起建立教育社团性质的组织——申江雅集,之后又先后成立中国教育会、沪学会、群学会等,1905年江苏学务总会成立,次年改为江苏教育总会,选举张謇为会长,以上海为总会所在地,分设事务所于江宁、苏州两地,是为创办最早、影响最大的省级教育社团,对清末民初上

---

① 朱有瓛.中国近代学制史料(第一辑下册)[M].上海:华东师范大学出版社,1980:576.

海、江苏乃至中国近代教育事业的推进作用极大。教育刊物、教育出版和教育社团的兴废存无是一个国家、一个社会现代化程度的重要指标,在这些方面,上海都走在了全国的前面。

20世纪50年代,新成立的中华人民共和国全力以赴开展社会主义建设,大力发展教育事业。然而,由于底子薄,学校容量有限,不能完全满足劳动人民子女的入学需要。时任上海市东中学校长的吕型伟创造出一种"三班两教室"的办学模式,即用30个教室招收45个班级的学生,每个学生每周有2天全天上课,另4天,半天上课半天活动,既用足了校舍,也能保证教学质量。这一做法迅速在上海推广,使全市在不增加校舍的情况下,多招收近1/3的学生。之后,这种"两部制"成为上海和全国很多地区中小学校普遍采用的办学方式,沿用到20世纪六七十年代。

1985年5月《中共中央关于教育体制改革的决定》发表,要求改革教育体制,以解决教育同社会主义现代化建设尤其是同经济建设协调发展的问题。在此背景下,20世纪80年代后期,上海在中央支持下,率先开展了中小学校课程和教材改革,中国教育几十年来"一纲一本"的状况开始被打破,为根据本地情形编制课程、编写教材作出了探索,提供了经验。与之相联系,上海又向中央政府争取到高考自主命题考试权,几十年来"全国一张卷"的局面也被打破。之后,自主命题的省份逐年增加,至今,全国已有过半省市、自治区实行高考自主命题。

上海是教育思想的策源地

中国近代以来的教育变革是一个由传统教育向现代教育转型的过程,这一过程意味着国人千百年来习以为常的教育经验不断被颠覆,这是一个教育观念需要不断更新的过程。因此,教育的每一次变革都必然伴随着认识、观念和思想的重新调整、建设或者启蒙。而上海,每每在教育变革的关键时期,都能够提出反映改革大势的教育理念、教育思想和教育理论,成为新教育思想的策源地。

19世纪60年代兴起的洋务教育作为一次教育改革,开始在学习西方教育方面取得突破,但"中体西用"指导思想下坚持不改变君主专制统治的立场,极大地限制了改革的程度。19世纪70—90年代,中国新知识界形成了早期改良派群体,提出改革科举制度、广设学校、培养新式人才等革新主张,对维新派的教育改革有直接影响。其代表人物冯桂芬、王韬、郑观应等都长期生活在上海,其著作如《校邠庐抗议》《韬园文录外编》《盛世危言》等,不少都写于上海,出版于上海。

20世纪初,上海是以孙中山为代表的资产阶级革命派宣传革命的重要思想阵地。1903年,章太炎在《苏报》发表《驳康有为论革命书》一文,批驳康有为的保皇观点,强调以革命的手段推翻清王朝,并提出"先革命,后教育"的主张。同年,留日学生邹容在上海写成《革命军》一书,倡言革命,并专列一章"革命与教育",指出"革命之前,须有教育;革命之后,须有教育。今日之中国,实无教育之中国也"。这些思想成为革命派推翻专制政权,建立民主共和国的教育纲领。

辛亥革命后至新文化运动时期,上海在教育思想的解放方面尤其扮演了重要角色,堪称新教育思想的策源地。1913年教育家黄炎培发表《学校教育采用实用主义之商榷》,对中国办新教育几十年、办新学堂十年来教育脱离实际、学校脱离生活的弊端提出批评,倡导切合实用的教育,建议改革学校教育的目标、内容和方法,提倡教育与学生生活、学校与社会实际相联系,由此开了一个世纪中国中小学校教育教学改革的先声,也成为20世纪20年代中国学校教育转型的思想先导。1915年9月《新青年》在上海创刊,成为新文化运动传播民主、科学思想的重要阵地。直至1916年末《新青年》杂志迁北京,其间,陈独秀、李大钊等人在杂志上发表大量文章,抨击封建专制教育和"尊孔复辟"的教育逆流,其中陈独秀的《敬告青年》《驳康有为致总统总理书》《宪法与孔教》《孔子之道与现代生活》等如同檄文,讨伐了旧思想、旧文化和旧教育,推动了新思想的传播,唤醒了一代人的思想觉悟,推进了新文化运动和五四运动的开展,为20世纪20年代以科学、民主为追求的教育思潮和教育运动的兴起作了充分的思想准备,也成为之后百年里教育思想解放的历史资源。

1921年中国共产党成立后,在制定政治、组织等方面纲领的同时,也形成了新民主主义的教育纲领及方针、政策,而对这种新型教育需要作理论上的阐释;同时,当时关于"中国向何处去"的问题存在各种歧见,也相应地存在关于教育的不同看法。20世纪20年代,共产党人杨贤江在上海凭借商务印书馆《学生杂志》等平台,在指导青年、参与论战的过程中思考教育理论问题,于1928年在日本避难时撰写了中国第一本运用历史唯物主义分析世界教育历史的著作《教育史 ABC》,1930年又在上海撰成中国第一本运用马克思主义论述教育原理的著作《新教育大纲》,对教育的本质、教育的历史与未来作了系统阐述,奠定了中国马克思主义教育理论的基础。

"文革"结束后,中国教育进入改革开放的新时期。如何提高学生的素质,培养实现"四个现代化"的新人成为教育的新课题。20世纪80年代初,时任上海市教育局副局长的吕型伟提出"第二课堂"的概念,主张培养学生不能局限在课堂内,还要重视课外的各种活动和影响对学生的作用。1983年他发表《改革第一渠道,发展第二渠道,建立两个渠道并重的教学体系》一文,后又发表《再论两个渠道》,强调改善课堂教学,扩展课外活动,两个渠道并举,引发从上海市到全国、从理论界到实践界的广泛争论,极大地推动了学校教育教学改革。当时,从黑龙江到海南岛,全国中小学的课程教材是统一的,学生念一样的书,考一样的题,谓之"一纲一本"。针对统得过死的状况,吕型伟又提出"多纲多本"的主张,以适应中国幅员辽阔、发展不平衡的实际,再次引起激烈争论,最终达成"一纲多本"的共识,即兼顾中央统一领导和地方自主。如今,在教育发展中发挥中央和地方的积极性已成为教育改革的主流。所有这些改革,都导因于上海的教育思想和观念的开放与创新。

上海是教育探索的园地

在经过最初的简单模仿之后,中国的教育先行者们认识到,"他山之石"只有进行本土转化才能尽其效用;同时,要建设中国自身的教育理论和实践模式,更有必要进行创造性的探索,这就需要进行试验性的教育实践。近代以来,上海教育发展的又一特点是主动开展教育试验,产生出不少影响全国的理论和实践成果,使上海成为教育探索的园地。

1913年,黄炎培提出"学校采用实用主义"的主张后,即尝试在学校教育的目标、内容、方法等方面开展改革。经过考察皖、浙、赣、鲁、冀、京、津等地教育,遍访美国25座城市50多所学校,黄炎培提出,改变中国"教育与社会脱节,求学与服务脱节"的最有效途径是发展职业教育。于是,1917年在上海成立中华职业教育社,次年又创办中华职业学校,开始职业教育探索,在实践中逐步形成普通学校办职业科、小学进行职业陶冶、初中进行职业指导、高中设职业分科的职业教育思想体系;20年代中期又提出"大职业教育主义",提出"富、政、教合一"的农村职业教育思路,成为中国职业教育事业的先行者和表率。

20世纪20年代,中国兴起引进和实验美国新教学法和教育研究方法的热潮,上海开风气之先。1921年,上海的《教育杂志》等连续介绍美国教育家帕克赫斯特(Helen Huss Parkhurst)所创的道尔顿制;1922年秋,上海的中国公学中学部在舒新城等人主持下率先试行道尔顿制,在国文和社会常识两科先行实验。随之,上海和全国其他地区的一些中小学校也纷纷尝试,一度声势浩大。之后舒新城出版《道尔顿制概况》等书,指出道尔顿制的优点,强调其"精神可取,方法不一定完全照搬"。1924年,上海的商务印书馆出版主持东南大学附中实验的廖世承所撰《东大附中道尔顿制实验报告》,更为客观地评价了道尔顿制,并指出传统的班级授课制也不可轻易否定。这是典型的通过实验检验国外先进教育经验是否适用于中国的案例,而上海则提供了实验的园地和发表实验成果的园地。

在将上海作为教育实验园地,持续多年进行教育探索,最终形成和发展教育思想的教育家中,陶行知堪称典型。20世纪20年代,陶行知即在上海引介杜威教育思想和开展平民教育运动。1931年他从日本返回上海后即开展"科学下嫁"运动,普及科学知识,丰富了生活教育思想;1932年在上海宝山大场创办山海工学团,在北新泾创办晨更工学团,之后又办起报童工学团、流浪儿童工学团等,在此过程中提出改革传统教育目的、教育场所、教学方法、师生关系、获知方式的"小先生制",极大地丰富了生活教育理论;1934年他在上海创办并主编《生活教育》杂志,介绍和推广生活教育的理论与实践;1936年发起国难教育,倡导教育与国家危亡相联系,促进了生活教育内容与形式的发展。陶行知生活教育理论的初步形成是在南京晓庄,而其发展成熟则离不开上海,上海提供了试验生活教育的宽广舞台。

在人民共和国不同历史时期都贡献出教育改革成果,不仅影响上海教育,而且对全国教育产生深远影响的,还有段力佩与上海市育才中学逾半个世纪的教育改革探索。1959年,针对之前"教育大革命"造成的混乱,中央提出"调整、整顿、发展、提高"的方针,要求"以教学为主",60年代初又制定了"高教六十条""中学五十条""小学四十条"作为办学依据,但带来的新问题是,教师尤其是学生负担过重。上海市育才中学校长段力佩着手与教师一起尝试改革教学方法,形成"紧扣教材,边讲边练,新旧联系,因材施教"的"十六字经验",教师教得活泼,学生学得主动。"育才经验"被中宣部、教育部树为教改的一面旗帜,广为传播,影响全国。"文革"结束后恢复了正常教学秩序,针对当时学生文化知识水平低下的实际,段力佩先提出培养读书习惯的"读读"要求,继而提出发展思维的"议议"环节,进而要求通过"练练、讲讲"加深理解和巩固所学,这就形成了"读读、议议、练练、讲讲"的"八字教学法",即有领导的"茶馆式"教学法。在80年代,新的育才经验再一次影响全国。进而,学校又开展了"多样课程,大小课时""统编为主,自编为辅""寓考于平时""男拳女舞"等涉及学校教育、课程、教材方面的改革。在此基础上,90年代段力佩又提出"自治自理,自学自创,自觉体锻"的"三自"育人思想,成为新的办学特色。育才中学的教改历程堪称上海教育探索的缩影。

上海是教育交流的窗口

中国教育的现代化总体上是一个在外力推动下开展起来的教育变革过程,建设新式教育在民族文化传统中不易找到可资借鉴的资源,通常需要取法国外尤其是西方的先进经验。在一个多世纪里,中国学习国外教育经验,先后经历了学欧、学美、学苏和全面学习等阶段。而上海始终站在学习的前沿,将引进的国外先进教育经验先加以消化吸收,继而传播到各地,事实上成为中外教育交流、各地教育交流的窗口。

1872年8月11日,清政府选派的第一批留美幼童30人赴美,上海是出发地。为实现容闳提出的这一造才计划,曾国藩特建议将幼童出洋留学管理机构"幼童出洋肄业局"设在风气更为开放的上海,并附设预备学校。从上海先后成行四批留美幼童共120人。① 之后,在《马关条约》后出现的留日高潮,第一次世界大战期间出现的留学美国、法国和欧洲的高潮,抗日战争胜利后出现的留美高潮中,上海都是留学生集群出发之地。上海是中国学人走向世界的码头。

1901年,《教育世界》在上海创办,当年的第九、十、十一号上连载了日本立花铣三郎讲述、王国维译的《教育学》,使这本书成为第一本从日文翻译进中国的教育学理论著作。1902年,杂志继续连载了另外两种日本学者教育学著作的中译。之后,各地刊物刊载的日本学者的教育论著纷至沓来。1902年,上海文明编译印书局出版天眼铃木力著、张肇熊译的《教育新论》,是为所见中国最早的教育学著作出版。1903年,又有京师大学堂上海译书局两种、上海的会文学社三种、广智书局一种出版。② 之后,各地书局出版教育学著作愈见其多。1904年1月所颁《奏定大学堂章程》,在其中的经学科大学各学门的课程表中都列有"中外教育史"一门课,在对这门课的说明中特地写道:"中外教育史(上海近有《中国教育史》刻本,宜斟酌采用)。"可见,在最初以日本为中介引进西方教育理论的过程中,上海实是一鞭先着。

与此同时,上海的教育实践界也在做着同样的工作。据赵宪初回忆,1901年南洋公学附属小学创办之初,设施多仿效西洋与东洋,制度方面引进日本更多些,如星期几的叫法,还有就是唱歌的简谱。学校的教师沈叔逵(笔名沈心工)引进简谱,还以"独览梅花扫腊雪"七个字来指唱"1234567"七个音符。沈心工所编的唱歌集在江浙和全国风行一时,推进了音乐简谱的普及。③ 1909年初,设在上海的江苏省教育总会派遣龙

---

① 孙培青.中国教育史[M].上海:华东师范大学出版社,2009:321.
② 周谷平.近代西方教育理论在中国的传播[M].广州:广东教育出版社,1996:18—23.
③ 赵宪初.我所知道的南洋模范中学[M]//朱有瓛.中国近代学制史料(第二辑上册).上海:华东师范大学出版社,1987:239.

门师范教员杨保恒、浦东中学教员兼附小主任俞子夷、通州师范学生周维城赴日考察单级小学编制及各种教学方法,回国后举办了两届单级教授练习所。首届学员来自江苏省内,第二届学员来自苏、浙、皖、豫、闽、赣、湘、桂多省。在此过程中,赫尔巴特"五段教学法"也传播开来。为推广新教授法,上海的一些教育杂志和出版社纷纷举办有奖教案征集评比。1909年《教育杂志》先后举行了两期教案评比,获一、二等奖的教案都是以"五段教学法"为方法依据的。影响了中国农村中小学半个多世纪的单级教学制度、影响了中国中小学课堂教学程序的"五段教学法",就这样从上海走向全国。

20世纪20年代,中国教育发生了重要转型,从取法欧、日转为学习美国,从简单模仿转为在借鉴中自主探索,这一转变的发生与上海关系紧密。由于认识水平的提高和中国留美学生的推动,20年代中国引进美国教育理论的力度增大,不仅引介了大量教育论著,且直接邀请美国和欧洲学者来华考察、讲学和指导。据统计,从1919年5月杜威(John Dewey)来访到1931年2月文纳特卡制的创始人华虚朋(Carleton Wolsey Washburne)来访,共有11批美欧重要学者和团体访华,他们几乎都将上海作为访华首站。尤其是他们的学说和在华讲演等,也多在上海的报刊发表,或在上海出版。如杜威在上海发表了其在华的首次讲演《平民主义的教育》。早在杜威来华前,上海的《教育杂志》即连续刊登介绍杜威教育学说的文章。1919年初创刊的《新教育》不仅连续三期刊发相关文章,且赶在杜威到访前出刊"杜威专号",刊发胡适、蒋梦麟等人文章,系统介绍杜威的教育理论。杜威在南京的三个讲演由上海泰东图书公司出版为《杜威三大讲演》,商务印书馆等也出版了其《平民主义与教育》《教育哲学》等著作,上海江苏省立第二师范学校编辑出版了《杜威在华演讲集》。可以说,上海是传播西方当代教育思想和理论的前沿。

上海教育的区域文化特质

近千年来,尤其是近一个半世纪以来,上海教育为什么会越走越强,在全国独树一帜?有说是得益于上海所在的江南地区明清以来经济崛起的得天独厚,也有说是得益于近代上海的开埠而尽享天风海雨,还有说是得益于上海人和上海文化的独特,即包容、务实、灵活等。所言多是事实。但问题是:明清时期迅速崛起的江南地区更有苏州、杭州这样一些经济、文化地位长期以来远在上海之上的传统优势城市,为什么上海会后来居上?近代中国被迫次第开埠的城市口岸不独上海一处,从南到北的广州、福州、宁波、上海、青岛、天津、大连都濒海临江,地理条件不相上下,为什么历史会更垂青上海?其实,是上海独一无二的区域文化特质在上海教育的崛起中发挥了内因性作用。

上海文化是具有鲜明个性的文化,人们常以"海派文化"名之。海派文化的特质,人们多指出在于它的包容性。既然能包容,也就造成多元,称上海为中国文化乃至世界文化的大熔炉并不为过。但也必须指出,海派文化的特质尤其在于它的边缘性。既然是边缘,就意味着它远离核心文化区,甚至远离所在文化区域的中心,也意味着它处在不同文化的接壤、交汇、融合之地,甚至意味着它的区域文化归属的不明确,这也就造成上海地区持续而频繁的不同文化的流入流出状态,造成上海的文化精神较少框框、较为务实、较为灵活、自行其是等特点,而这一切,不又都可以导致上海文化的包容、多元和开放吗?

上海文化的边缘性导因于上海地理位置的边缘。历史上,上海地区的行政归属大致有三种,即北属吴,南属越,西属楚。春秋战国时期,或是吴越在此对峙,或又先后归属吴、越、楚,说明上海在这些诸侯国的版图上均非核心区域;秦时属会稽郡,为其东北边缘;西汉为楚国、荆国、吴国所有;东汉分会稽郡为浙东、浙西,浙西为吴郡,上海属吴郡;三国时上海属东吴郡;隋时上海地区分属吴州和杭州;唐天宝十载(751年)合昆山、嘉兴、海盐各一部置华亭县,从传统区域归属看,昆山北属,嘉兴、海盐南属;五代十国时期,上海地区的归属更是极其复杂多变……所以,上海一直处在江(吴)浙(越)两区域的交界处,北部,远受淮扬、近受苏锡常区域文化辐射;南部,远受宁绍、近受杭嘉湖区域文化影响;西部,溯江而上,与皖鄂区域文化遥相联络;东部,到近代又受异域文化的波及,文化的边缘性可想而知。在中国历史上,河洛、齐鲁、三晋、三秦诸处于中国腹地的文化区共同构成了中华文化的核心,湖湘、巴蜀相对边缘,而吴越、闽粤更为边缘。古代上海地区既远离中原,又非吴非越,也就是双重的边缘化了。再以上海城而言,又是处在上海地区的边缘,上海属松江府,地区的政治文化中心在松江,又可以说是边缘的边缘了。由此造成上海文化善于吸纳、包容、多元、务实等特质。当近代以来,西方文化大规模输入,中国各区域文化频繁集聚,上海自然就会一如既往地对待,从善如流,纳新存异,并不断地进行文化的自我更新,就像历史上多次重复过的过程那样。

迨至近代,上海文化的边缘性又多了一层含义,即当上海开埠,西方殖民势力东来而在上海形成英、美、法租界,西方文化也渐次侵润进上海地区,将西方近代国家和社会的治理模式、生活方式、价值观念等精神形态和物质形态的文化带来上海,予以逼真再现。于是,隔着重重大洋,上海又成为欧美文化的边缘区。尤其是当上海的租界势力日益强大,逐渐演变为在中国土地上的"国中之国",在上海城市范围内就形成华界、公共(英美)租界和法租界三个治理区域以及事实上的三个政府。这就使上海地区的文化更加呈现难以归属的边缘而又多元的特质。正是这种特质,对上海的发展产生了多方面的和十分复杂的影响。上海在历史上形成的区域文化特质表现在教育上,促使上海成为中国现代教育的领跑者。

第一,是示范效应。① 上海城市人群非常容易接受并效仿新鲜事物,进而形成一套自己的做法和样式,又成为对他人的示范。上海开埠后,包括商人、传教士在内的大量西方人进入上海,也将西方一系列生活方式和社会制度带来上海,希望在上海营造一个无异于其故土的生活环境,学校也是其中的重要组成部分。19世纪中叶到末年的半个多世纪里,上海形成了从小学到大学完整的学校体系。这些学校以新颖的校舍、课程内容、教学方式、活动仪式等打开了国人眼界,并令国人逐渐体会到其有益,从而接受、崇尚甚而主动仿效。1850年,美国公理会传教士裨治文夫人创办裨文女塾,是为上海第一所女子学校;1851年,美国传教

---

① 本部分所提出的示范效应、即时效应、间离效应、辐射效应,受到熊月之先生的启发。他在《东方的世界,西方的上海》的演讲中,提出上海城市发展的四个效应:示范效应、缝隙效应、孤岛效应、集聚效应(见《上图讲座》月刊,2014年第3期)。

士琼司女士创办文纪女塾;1861年,美国长老会传教士范约翰夫妇开办清心女塾;1881年,裨文、文纪两女校合并为圣玛利亚女校;1892年,美国监理会传教士林乐知、海淑德等发起创办中西女塾……女子学校接二连三地创办,这样的办学实践自然会对中国人产生示范性影响,国人所办第一所近代女子学校务本女塾诞生在上海并非偶然。1852年,西班牙建筑雕塑家范廷佐(Jean Ferrer)在土山湾孤儿院创立土山湾画馆,从孤儿院中挑选学生学习西洋雕塑、绘画,以培养宗教艺术人才。这是中国最早的西洋美术传习机构,1907年出版了中国最早的美术教科书。1912年,该画馆的毕业生张聿光、丁悚(漫画家丁聪之父)和刘海粟等人共同创办了上海美术专科学校,这是中国第一所美术学校。亲身感受到西方新式教育的优越性,主动地仿效和追求,成为上海人的自觉行动,开风气之先就是自然而然的事了。

第二,是即时效应。对新鲜事物的接受和学习表现得十分敏感、迅速,追求时尚成为上海城市的风气。将西方国家的最新发明创造引入上海,最初是从生活在上海的外国人开始的。当西方国家有了电灯,上海马上就有了,电话、电报乃至服装、时尚……无不如此。影响所及,也逐渐养成上海人喜好追逐新鲜事物的习惯,并从关注日常生活发展到关注文化教育。西方国家出现的教育新创,时隔未几,就会出现在上海,几乎可称同步,是所谓即时效应。1918年,美国教育家克伯屈(William Heard Kilpatrick)在前人基础上提出设计教学法。当实验还在进行中时,体现"设计"理念的一些教学法探索就已经在上海、南京等地一些小学里进行。如在1917年前,上海的万竹小学、江苏省一师附小、南京高师附小等校就开展了"联络教材"的教学改革试验。当1919年俞子夷在南京高师附小正式开始设计教学法试验后,上海也是积极试验的重点地区。1920年,美国教育家帕克赫斯特在马萨诸塞州道尔顿中学试验一种个别教学方法,即道尔顿制,1921年,《教育杂志》《中华教育界》就刊文予以介绍。1922年10月,舒新城在中国公学中学部率先开展道尔顿制试验,由此影响全国。而此时,距道尔顿制在美国正式问世也只两年多。尽管后来上海的舒新城和南京的廖世承都对各自的道尔顿制试验作了反思,教育理论界和实践界也都对骤然而起的"道尔顿制热"提出批评,但对国际最新教育发展动态几乎是同步作出学习和引进的反应,确实表现出上海教育一种特别的敏感,这也成为上海教育求新求变、勇为人先的原因。

第三,是间离效应。作为历史地形成的五方杂处之地,上海的城市自然生态和社会生态本就有一种间离效应,即不同籍贯、区域、文化、民族的个体和人群可以在此共处,自行其是而能相安无事。尤其是在相对独立的租界治理格局形成之后,一国之中存在着不同的社会制度、价值观和治权,这就更加造成了社会的间离状态,而这种状态又成了产生新思想、新事物的有利空间。对洋务教育和维新教育都产生过重要影响的早期改良派思想家代表冯桂芬、王韬、郑观应,都是通过上海租界的报刊发表对政府和社会改革的意见,他们关于改科举、采西学、兴学校、育人才的主张,在清政府地方当局和一些思想保守者眼里颇显得危言耸听、蛊惑人心,却能在租界报刊上发表,不仅见容于上海特殊的环境,且能广为流传,对民众产生启蒙影响。20世纪初年,资产阶级革命派开展革命教育活动同样得益于上海特殊的城市空间环境。蔡元培等人通过集会、演说、刊文宣传革命教育,通过组织教育会和学校培养革命人才,只是多次被租界当局传讯;邹容、章太炎等人刊文抨击专制教育,酿成《苏报》案,虽因清政府压力而被判刑,却未致杀身。20年代恽代英、杨贤江在上海著文阐述历史唯物主义教育,宣传革命的青年教育,也都与当时相对松动而并非"铁板一块"的社会环境有关。正是这种因间离而造成的相对宽松的社会环境,成为新教育思想和教育新事物得以产生和生存的理想土壤。

第四,是辐射效应。上海作为商业城市,人们从四面八方汇集而来,又四散开去;尤其是开埠后成为一个国际化都市,上海城市的流动性与旧时不可同日而语。城市流动性带来的一个结果便是信息量的急剧增加,这使上海事实上成为一个信息"高地"。近代以来,有关教育的新信息不断地从海外汇聚于上海,又向上海周边地区乃至距离更远的内地发散出去,即为辐射效应。明代,西方科技知识就已经在上海传播,大学士上海人徐光启与利玛窦等传教士合译《几何原本》(前六卷)等西方科学书籍。在中断传播西方文化200多年后,1843年上海第一个翻译西书的机构墨海书馆成立,之后又有美华书馆(1860年)、江南制造局翻译馆(1868年)、格致汇编社(1876年)、益智书会(1877年)、广学会(1887年)等译书机构出现,它们大多译介科技西书,也翻译西方史地、时政书籍。据徐维则《东西学书录》、梁启超《西学书目表》等书统计,在20世纪之前,全国总共翻译出版西学书籍556种,上海就有434种,占77.4%。① 这其中,有299种是自然科学书籍,很多学科是第一次引入中国,如伟烈亚力与李善兰合译《几何原本》(后九卷),使这部古希腊数学名著的中译本得以完帙,《代微积拾级》第一次引入了解析几何和微积分②……正因为上海引进西学书籍屡屡开新,也就难怪《奏定大学堂章程》在关于课程的说明中,会向学校推荐上海各书馆出版的教材了。上海教育辐射效应的事例不胜枚举,而辐射效应又反过来推动上海教育的不断开放、探索和求新,继续着先行之路。

民国初年,上海人姚公鹤曾说过:"上海与北京,一为社会中心点,一为政治中心点,各有其挟持之具,恒处对峙地位。"③其所谓社会中心,是指社会活动、文化活动而言。100多年过去了,上海在中国的发展中贡献颇多,在文化建设方面的可圈可点之处亦复不少,尤其是在教育的整体改革和发展方面,更是深得世人首肯。上海教育的表现是与上海显得"另类"的文化互为表里的。

由于迄今未见有完整的上海教育历史著述,本书可称草创之作。全书分为四卷,尝试展现一部相对完整的上海教育历史。论述的时段始于远古,终于2002年。未将上海教育的历史书写至当下的缘由,是希望让历史有一些沉淀,让还在进展的事业有一个相对的结果,可能会更容易把握和评说。四卷的分段:第一卷为古代至辛亥革命,第二卷为民国建立至1949年,第三卷为中华人民共和国建立至1976年,第四卷为1976年至2002年,分别由王伦信、黄书光、蒋纯焦、金忠明负责编写。原计划古代部分单独成卷,但因史料不足的缘故,单独成卷显得与其他四卷相比篇幅失衡,遂将古代部分合并于第一卷。四卷书的内容安排似乎显出我们对上海教育历史的把握有些厚今薄古,但这确实可以反映上海教育发展的实际情形。

---

① 原文如此,实际应为78.1%.
② 施宣圆.上海700年[M].上海:上海人民出版社,2000:369.
③ 姚公鹤.上海闲话[M].吴德铎,标点.上海:上海古籍出版社,1989:50.

十分感谢原上海市教育委员会主任张伟江教授！感谢他在任时独具学术眼光地提出研究和撰写上海教育史的意见，并通过有关管理部门专门为此书的撰写立项。我们曾经多次访问他，听取他对项目工作的意见，而学者出身的他，虽然早年所学专业既非教育，也非历史，却每每能够对此书的研究和撰写说出切中要害之语。如：考虑到不同历史阶段的教育历史的不同情形，尤其是去时未远的人民共和国上海教育的历史，事未竟，人尚在，把握、评说确有不易和不便处。针对我们的困惑，他提出了一条对我们的工作影响至深的建议：越古远，越像史；越近前，越似志。这就启发我们灵活地确定和把握了各卷的编写原则。之后，他虽离开教委主任岗位，却始终关心我们的工作，不时垂询。可以说，没有他的多方关照，就不会有此书的问世。事实上，我们始终也是将他视为课题组的一员。

十分感谢原上海市教育委员会办公室、上海教育史志办负责人赵关忠老师！由于他的信任，我们才荣幸地获得编写《上海教育史》的重要任务。在之后几年里，赵老师时时督促，处处帮助，为我们提供了诸多条件和保障，而他的热情鼓励则成为我们克服困难的勇气和动力。尤其需要记住的是，由于他对上海教育的人与事的谙熟，常常给予我们的写作以精到的指点，如果不是他，我们还不知会有多少外行之语！

十分感谢上海教育出版社原党委书记袁正守老师！由于她的信任和坚持，《上海教育史》得以在上海教育出版社立项，还给予我们以项目资助，使我们的研究和撰写工作没有后顾之忧。十分感谢上海教育出版社教育编辑室资深编辑黄强华老师！本书因篇幅较大，费时过长，前期的编辑工作都是由他精心在做，对我们督促、帮助良多。十分感谢上海教育出版社副总编辑袁彬老师！本书后二卷因事关当代，所牵涉的人与事颇多敏感之处，编辑、审读、修改也就颇多周折，由于她的耐心、细致和周到，使书中诸多问题一一得到妥善解决。先后承担编辑工作的还有南钢、周晟等老师，没有他们的工作，就不会有现在呈现在读者面前的《上海教育史》。

《上海教育史》是华东师范大学教育学系教育史教研室的一项集体研究成果，各位同仁不计得失，尽心尽力，为上海教育留下了一份可览、可学、可鉴的历史记录,也留下了一份同事合作的美好记忆和珍贵纪念。谢谢大家!

尽管我们自以为本书的写作是尽心的,但不当、不周、不确、不是之处一定还会存在,如果读者、方家、前辈能不吝赐教,那就是我们的幸运了!在此,先致谢忱!

杜成宪

于华东师范大学教育学系

2013年10月初稿,2014年4月二稿,6月改定

目录 CONTENTS

本卷前言 ›1

上 篇

第一章 民国上海现代教育的形成与发展(1912—1927) ›9

第一节 历史激变中上海现代教育的形成 ›9
一、历史激变与时代呼唤 ›9
二、私立学校异军突起 ›10
三、学校教育内容革旧布新 ›14
四、调整学校内部管理 ›17

第二节 五四新文化运动影响下的教育回应 ›25
一、丰富多彩的职业教育 ›26
二、灵活多样的社会教育 ›34
三、轰轰烈烈的教育团体活动 ›38
四、收回教育权与教会教育的应变 ›49

第三节 "新学制"催化下学校教育的改革与发展 ›59
一、基础教育改革实践 ›60
二、高等教育初具规模 ›70
三、师范教育抽枝散叶 ›79

第四节 上海现代教育基本结构形成 ›85
一、现代学制体系形成 ›85
二、学校教育与社会教育并蒂开花 ›85
三、公立学校与私立学校互补发展 ›85
四、女校不输男校 ›86

第二章 民国上海现代教育的渐进与深化（1927—1937） ›87

第一节 概述：上海教育发展的一段黄金期 ›87
一、20世纪二三十年代的政治、经济与文化对上海教育发展的促进 ›87
二、树立现代教育理念 ›92

第二节 提出教育宗旨，加强基础教育 ›97
一、推行"党化教育" ›97
二、向义务教育倾斜 ›98
三、中小学概况 ›99
四、中小学的管理与训育 ›106
五、积极开展抗日救国教育运动 ›111
六、收回租界教育权与外国人在上海所办学校 ›117

第三节 与市民生活同步的社会教育 ›128
一、社会教育概况 ›128
二、学校式社会教育机构 ›131
三、一般的社会教育机构 ›140

第四节 形式多样的职业教育 ›149
一、职业教育概况 ›150
二、职业学校的发展 ›153
三、职业补习教育与职业指导运动 ›163

第五节 注重应用的高等教育 ›172
一、高等教育概况 ›172
二、高等学校系科设置：多元化与实用性 ›179
三、教会大学：无奈的中国化 ›186

第三章 民国上海现代教育的磨难与嬗变（1937—1949） ›195

第一节 畸形发展的教育——"孤岛"时期的上海教育（一） ›195

一、八一三事变对上海教育的重创 ›195
　　二、"孤岛"时期的政治、经济与教育的
　　　　畸形发展 ›198
　第二节　没有校园的学校——"孤岛"时期
　　　　的上海教育(二) ›204
　　一、在困境中发展的高等教育 ›204
　　二、"孤岛"时期的初等教育和中等教育 ›210
　　三、职业教育与职业补习教育的发展 ›213
　　四、特殊形式的教育：难民教育与街童
　　　　教育 ›217
　　五、"孤岛"时期外国人所办学校 ›219
　第三节　日伪在上海的奴化教育 ›221
　　一、"孤岛"时期的日伪教育 ›221
　　二、上海沦陷后的日伪教育 ›225
　　三、上海师生的护校斗争和抵制奴化教育
　　　　运动 ›234
　第四节　解放战争时期上海的教育 ›239
　　一、抗战胜利后的教育复员：接收与
　　　　甄别各级学校 ›239
　　二、抗战胜利后基础教育的统一规划 ›241
　　三、抗战胜利后高等教育的复兴 ›246
　　四、抗战胜利后职业教育和社会教育的
　　　　发展 ›253
　第五节　上海师生的爱国运动 ›259
　　一、抗日战争时期上海师生的爱国运动 ›259
　　二、解放战争时期上海师生的爱国运动 ›266

下　篇

第四章　民国上海教育行政管理 ›275

　第一节　现代科层化城市大教育行政管理

机构的建立与独特的城市教育行
　　政管理格局 ›275
　一、现代科层化城市大教育行政管理机构的
　　建立 ›275
　二、"一市三制"：独特的城市教育行政管理
　　格局 ›287
第二节　上海城市教育法规体系的确立与教育
　　管理的制度化建设 ›292
　一、上海城市教育法规的颁布与教育法规
　　体系的确立 ›292
　二、上海城市教育管理的制度化 ›302
第三节　对市立学校的直接管理与市立学校的
　　自主空间 ›323
　一、直接型的市校管理模式 ›324
　二、市立学校的自主空间 ›338
第四节　对私立学校的间接管理与对立案学校
　　的多方扶持 ›342
　一、对私立学校的间接管理模式 ›344
　二、对立案学校的多方扶持 ›352
　三、对私立学校若干办学环节的干预与调控 ›358

第五章　引领潮流的上海女子教育 ›363

第一节　民国时期上海女子教育的发展 ›363
　一、女子教育的探索与发展 ›363
　二、女子教育的正规化走向 ›367
　三、女子教育的维持、改造和推进 ›370
第二节　上海女子中学的基本状况 ›374
　一、女子中学的类型和主要生源 ›374
　二、女子中学的课程与教学 ›383
　三、女子中学的管理特色 ›395
　四、女子中学的训育特点 ›407
　五、女子中学学生的出路 ›417

第三节　别具特色的上海女子职业教育　›425
　　一、多类型多层次的女子职业教育　›425
　　二、女子职业教育的基本特点　›439

第六章　中国现代教育思潮的策源地　›447

第一节　新文化与"新教育"在上海的传播　›447
　　一、新文化与"新教育"在上海萌发　›447
　　二、胡适与实用主义教育在上海　›449
　　三、陶行知与"生活教育"在上海　›453
　　四、陈鹤琴与"活教育"在上海　›463
　　五、舒新城在上海的"新教育"探索　›467
第二节　马克思主义教育思想在上海的涌动　›474
　　一、早期马克思主义者在上海的教育求索　›474
　　二、杨贤江与早期马克思主义教育思想在
　　　　上海的发展　›479
第三节　教育家在上海的开拓　›484
　　一、马相伯、李登辉、潘序伦与高等教育　›485
　　二、李墨飞、廖世承与基础教育　›491
　　三、黄炎培与职业教育　›499
　　四、俞庆棠与民众教育　›504
　　五、萧友梅与音乐教育　›507

主要参考文献　›513

本卷前言

作为上海教育史的重要组成部分,民国上海教育史是民国教育史乃至中国近代教育史的缩影。前辈学者和时贤都对该领域做过不同程度的探讨,如陈科美主编、金林祥副主编的《上海近代教育史》(1843—1949)(上海教育出版社,2003)、马镛著的《外力冲击与上海教育》(湖北教育出版社,2003)等,但至今尚缺少一部较为系统的民国上海教育史。在查阅大量历史文献资料和多次举行小型学术沙龙的基础上,本卷采用编年与专题相结合的形式,借助历史考察、逻辑分析、量化求证、口述访谈、理论透视等方法,对民国上海教育的变革与发展进行了深层次的综合研究,既注意从纵向上考察民国上海教育演化的阶段性变化,以明晰民国时期上海教育发展的基本脉络,又从横向上精心选定了行政管理、女子教育、教育思潮等专题进行深入追问与探究,力求较为全面地揭示民国上海教育发展与变迁的历史轨迹、基本特点和主要经验。全书共分六章。

第一章,民国上海现代教育的形成与发展(1912—1927)。1912—1927年是中华民国的前期,也是上海现代教育逐渐定型与发展的时期。中华民国的建立以及第一次世界大战的爆发,使得上海民族工业的发展迎来了黄金期;而上海经济的发展在客观上对人才提出了要求,从而为上海教育的发展提供了契机。由于民国建立后允许私人办学,上海各类私立学校一时间大量涌现,甚至超过公立学校,尤其是高教、专门院校和师范类学校,几乎是私立的天下。与之相应,上海率先推出适应共和需要的新教科书,在教育内容上实现了新旧转换;在学校内部管理方面,组织校董会,注重专家治校和民主管理,并严格师资选聘,争创办学特色。凡此种种,奠定了民国时期上海教育发展的雏形。

新文化运动以后,上海教育界以积极的姿态回应思想解放运动,开展了丰富多彩的职业教育,开办了数量众多的商业学校、医事类职业学校以及工业、海事、家事等各类职业学校。其中尤以由黄炎培等人创办的中华职业学校影响最大。它的创办不仅为全国职业学校树立了榜样，为全国培养了大量各类职业人才，还起到了正风气的作用，扭转了家长们的教育观念。尤为可贵的是，当时上海的企业已开始实施内部员工培训，而企业开展的职工在职教育不仅使企业形成了文化合力，提高了员工本人的素质，而且辐射到员工周围人员，带动了社会的全面进步。五四运动以后，以"扫除文盲、作育新民"为目的的社会教育亦在上海轰轰烈烈地展开，各级学校竞相增设平民学校、义务学校和各种职业补习教育机构。1922年"新学制"颁行后，上海各级各类教育又开展了相应的教育改革。如中小学进行了学制课程改革和教学法改革的实验；高等教育扩大规模，设置了与上海城市发展需要相适应的系科，并纷纷模仿国外大学模式建制，涌现出了交通大学、复旦大学、同济大学、圣约翰大学等一批驰名国内外的高等学府；师范教育从无到有，从少到多，发展到20年代末，不仅级别完善，而且类别齐全，既有综合性的师范学校，又有专门培养各科教师的专业学校（系、科），还有专门培养女教师的女子师范教育机构。需要指出的是，教会教育作为上海教育的重要组成部分，经过清末民初的发展，已自成体系。严格的管理加上严谨的教学，使教会学校的教育质量有目共睹，但其无视中国教育主权的做法也激起了爱国者的抗议，在"收回教育权"的呼声下，教会学校不得不有所改变，日益趋向中国化。概言之，经过民国前期的发展，到1927年，上海已形成一定规模的现代学校体系。

　　第二章，民国上海现代教育的渐进与深化（1927—1937）。1927—1937年是南京国民政府统治时期。在此期间，上海的各级各类教育无论是规模还是质量都获得了长足的发展。现代性的不断增长成为这一时期上海教育的基本特征。同时，在这一时期，日本帝国主义对中国的侵略步步推进，以抗日救国为主旨的民族主义教育成为这一时期上海教育的主导方针。可以说，这一时期上海教育发展的主旋律是现代主义与民族主义的合奏，正是这两者，决定了上海近代教育发展的基本特点。

　　具体来讲，在初等教育方面，这一阶段上海小学校的增长速度超过了其他各类学校，无论是适龄儿童的入学率还是办学质量，上海都走在全国的前列;在中等教育方面,学校数量相对稳定,在参照教育部颁布的教学大纲的基础上,因地制宜,结合上海特殊的社会文化情况进行教学,充分显示了上海教育的特色;在高等教育方面,主要是与上海社会文化的商业化、世俗化、大众化特点相匹配,其最大特色是服务社会,注重实用性,与此同时,高等学校的文化背景以及教育思想和教学方法的多样性,成为上海高等教育的另一特色;社会教育在此期间亦发展迅速,在传播现代观念,帮助上海市民适应现代社会,完成从传统人向现代人的转变方面发挥了巨大作用;职业教育无论是办学规模还是办学种类和教学质量,都比前期有了很大的进步,各种综合性的职业学校和专科学校纷纷涌现,其学科门类几乎涵盖了所有社会职业领域。

第三章,民国上海现代教育的磨难与嬗变(1937—1949)。1937—1949年是上海经历战争,政权频繁更迭的时期,也是上海现代教育经历磨难与不断嬗变的时期。经过1927—1937年这十年较为稳定的发展,上海已经形成了初具规模的现代教育体系。但抗战的全面爆发,不仅阻止了上海教育迈向现代化的步伐,而且使多年苦心经营的教育事业遭到重创。

本时期可分为三个阶段。第一阶段是上海"孤岛"时期(1937年11月—1941年12月)。在此阶段,华界大部分学校因校址沦陷,纷纷迁入租界继续办学。与此同时,江南一带沦陷区的许多学校也迁到租界继续上课,"孤岛"一时成为中国教育最为密集的地区。同当时的上海经济一样,上海教育也呈现出畸形发展的状态,主要表现为学校数量剧增,但教育质量下降。第二阶段是从1941年12月上海全面沦陷到1945年抗战胜利期间。这一时期,日伪通过"整顿"与伪化租界教育,兼并取消上海高校,迫害抗日爱国人士等措施,强制推行奴化教育,打击任何形式的进步教育。与此同时,上海师生和各界爱国人士千方百计抵制奴化教育,开展了各种形式的抵制运动。第三阶段是1945—1949年。1945年上海光复后,国民党挑起了内战,在经济崩溃、教育经费匮乏的情况下,教育事业的发展得不到任何保障,上海教育再次陷入新的危机。但在中国共产党的领导下,上海的爱国师生毅然发起了"反饥饿、反内战、反迫害"的爱国运动,为上海教育的未来点燃了新的希望。

第四章,民国上海教育行政管理。民国上海教育行政管理是上海教育发展的有机组成部分。在中外不平等关系和民国中央政府奉行媚外政策的大背景下,在上海"一市三制"、复杂多元的城市管理格局下,上海教育行政当局依托地方雄厚的财政经济基础、浓厚的社会办学氛围和迅捷的中外教育文化信息交流等便利条件,在上海城市教育发展的整体规划管理方面,作出了自己应有的贡献。包括:组建了第一个纵向统属系统相对完整,横向分工比较细化明确的科层化的城市教育行政管理机构;形成了第一个比较完备的涵盖学校教育、社会教育、教育行政、教育研究等领域的教育法规体系;建立了一个包括学区制度、局办市立学校制度与捐资办学奖励制度、督导制度与校长会议制度、教育调查与统计制度、教育资源初步共享制度、教师资格认定制度与进修制度等在内的初具规模的现代教育管理制度,开始了依法办学和制度化管理城市教育的重大实践。

鉴于公立学校中市立学校所占比重较大和私立学校特别发达的特点,民国时期上海的教育行政采取了区别对待的管理策略:对市立学校,旨在"管而不死",既选择和实行经济上与人事上的直接管理模式,又给予市校在教务与训育方面比较充分的自主空间;对私立学校,则重在"活而不乱",既充分发挥其与社会经济之间的天然联系,确立并借助私校董事会与校长之间的二权分立模式,为其实行对私立学校的间接管理创造前提,又借助立案管理的基本手段,规范和引导私立学校的办学行为。同时千方百计地创造条件,对立案学校给予经济上、办学上的多方扶持。应该指出的是,由于上海社会历史发展的复杂性,民国上海教育行政也存在着有令难行和若干计划不切实际等不足。

第五章,引领潮流的上海女子教育。民国上海女子教育具有鲜明的时代色彩,集中反映了当时社会发展的剧烈变革和文化冲突。本章以民国时期上海女子教育为研究对象,以女子学校为切入点,通过民国时期女子教育亲历者们的回忆,带领我们跨越时空,进入她们的学校生活,领略她们的教育天地,体会她们的人生感悟。从纵向看,民国上海女子教育可划分为三个阶段:其一,从南京临时政府成立到1927年,为上海女子教育制度化、本土化的探索和发展阶段。女子教育系统初步形成,并逐渐融入国家主流学制。其二,1927—1937年,是上海女子教育发展的黄金时期。上海成立特别市后,教育法规陆续制定,管理体制趋于健全,不仅注重私立女校的管理,而且加强了对教会女校的控制,女子学校的数量和规模不断增加,教育质量逐渐提高。其三,1937—1949年,由于社会的急剧动荡,加之战争的冲击,女子教育遭受巨大创伤。

横向的研究表明,民国时期上海女子教育根植于当时中国社会的复杂状态,不可避免地带有某些封建性的特征:女子教育没有从"贤妻良母"的封建阴影中摆脱出来;女子学校的"牢狱式"管理模式仍普遍存在;女学生仍以"回归家庭"为主要出路。此外,在上海多元文化的碰撞中,女子教育既成为西方文化的受益者,但也具有殖民化的特征。西方世俗和教会势力在相当的范围内控制着上海女子教育界;基督教文化在女子学校中仍拥有广泛的市场;西方宗教式的保守管理方式在教会女校随处可见;追求西方式的奢侈生活方式成为女子教育的不良时尚。但可喜的是,尽管民国时期上海女子教育仍带有某些封建的和殖民文化的印迹,但它在教育观念、教育制度和教育实践等各层面的快速发展是有目共睹的:女子学校数量增多、规模扩大,生源逐渐向社会中下层扩展;现代新兴的科学知识走进了女子学校的课堂,女性的眼界拓宽了;女子教育与社会的联系愈益紧密,女子教育的社会服务功能逐渐显现。很显然,民国时期上海女子教育的现代化已迈出了坚实的步伐,其开放性、民主性、实用性、科学性与日俱增。

第六章,中国现代教育思潮的策源地。作为近代中国对外开放的一个窗口,上海是世界教育潮流的晴雨表,是中国现代教育思潮的策源地。在五四新文化运动及其后的一段历史时期,胡适、陶行知、陈鹤琴、舒新城等一批大师级人物纷纷落户上海,尽管他们居沪时间长短不一,但都以自己独特的学术风格、批判精神和探索勇气推动了"新文化"和"新教育"在上海的广泛传播和发展,并激起阵阵波澜,直接影响到当时全国教育的改革走向。特别是陶行知的"生活教育"和陈鹤琴的"活教育"理论,都与其在上海开展的教育实践密不可分,是极具世界潮流且不乏本土特色创新的民族教育理论。上海不只是"新教育"潮流的研究基地和传播中心,而且是早期中国马克思主义教育家的主要思想阵地。陈独秀、瞿秋白、李达、杨贤江等人都先后在上海潜心研究并积极传播马克思主义及其教育思想,通过上海辐射全国,从而为马克思主义教育思想的中国化进程作出了不可磨灭的贡献。

随着民国上海社会经济文化的迅猛发展,各行各业对人才的吸纳能力与日俱增,一批教育家借助上海社会经济迅猛崛起之机应运而生。如高等教育界的马相伯、李登辉、潘序伦,基础教育界的李墨飞、廖世承,职业教育界的黄炎培,民众教育界的俞庆棠,音乐教育界的萧友梅等,他们乘势在各自的专业领域开拓进取,大胆改革,勇于创新,率先垂范,成为引人注目的教育家典范,从而为民国上海教育的改革与发展,为中国现代教育制度的建构和教育现代化建设作出了巨大贡献。海纳百川、博通中外、求实务实、勇于创新是民国上海教育思想的重要特征,也是上海之所以成为中国现代教育思潮策源地的重要原因之一。

本卷由黄书光主编。全书依据总主编的指导思想提出本卷的基本设想和大纲构架,并经课题组成员共同商讨修订,分工完稿。第一章,由李彦荣副研究员执笔;第二章、第三章,由刘静博士执笔;第四章,由施扣柱副研究员执笔;第五章,由杨洁副教授执笔;第六章,由黄书光教授执笔。全书最后由黄书光负责统稿。

华东师范大学基础教育改革与发展研究所

黄书光

2015 年 9 月 1 日

上 篇

第一章

民国上海现代教育的形成与发展
（1912—1927）

1912—1927年是中华民国的前期,也是上海现代教育逐渐定型与发展时期。经过15年持续不断的努力,上海形成了一定规模的现代学校体系。

第一节 历史激变中上海现代教育的形成

一、历史激变与时代呼唤

1911年10月10日武昌起义爆发,11月3日上海义师继起,次日即光复。上海的平稳光复使上海的社会经济等各方面均未受到严重冲击,为上海日后经济、文化、社会的发展奠定了基础。

中华民国建立的是代表资产阶级利益的政府,这使资本主义在中国得到很快的发展。不久之后爆发的第一次世界大战又使中国的民族工业迎来了一个黄金发展期。研究表明,从1915年到1922年是近代上海民族工业持续发展时间最长、工业增长最快的时期。同一时期,上海的对外贸易、金融事业也同步发展,上海迅速成长为中国的工业中心、贸易中心和金融中心。

上海经济的超常规发展吸引了大量的外来人口。据统计,1900年上海的人口是100多万,1915年已超过200万,1930年则突破了300万,上海成为中国的特大城市。[①] 这其中,85%的人口来自中国各地和世界40多个国家。上海成为一个典型的移民城市。

作为一个移民城市,上海成为各种文化的融会之地。这里既有中国传统文化的根基,更有海归和外国人带来的新思想、新文化。而上海由公共租界、法租界和华界三分天下的政区格局又使得各种思想、文化找到其生存的空间,上海

---

① 熊月之.上海通史[M].上海：上海人民出版社,1999：总序.

开始成为各种思想、文化交流和融合的最佳场所,上海亦由此成为中国的文化中心之一。①

上海经济、文化的发展使上海的社会结构发生了剧变。传统士、农、工、商的结构逐渐被中产阶级、产业工人和都市贫民所取代,特别是包括工商业者、自由职业者、中高级专业人员、公务员、职员、教师等在内的中产阶级的出现,带来了上海社会的一系列变化,并带动了社会各业如娱乐、法律、医疗、教育的迅速发展,尤其是教育消费日益膨胀。

上海城市化过程中经济和各类文化、法律、医疗事业的发展急需大量有知识、有专业技能的从业人员来维系其持续发展,但上海人口中大量的内地移民基本上未受过什么教育,其两三百万的人口规模与人均受教育比例严重失衡。上海城市的持续发展对上海人口素质提出了更高的要求,但当时上海以一县之地位,以有限几所公立中小学来培养人才、传授知识的格局,远远不能满足这种需求。

二、私立学校异军突起

民国初年,江苏教育的整体发展重点仍偏重于推广初等小学,当时上海受此影响,公立学校也以小学为主,中高等学校几乎没有。上海城市的急剧发展,要求教育提供各类人才,但上海作为一个县治的行政区域,公立学校非常少,这显然与上海经济、社会的发展不相适应。于是,私立学校应运而生。

民国肇兴,上海的地方长官在大力发展本地经济的同时也大力倡导教育,鼓励社会力量开办学校。据统计,民国建立前,上海有各类公立、私立学校(国立、省立学校不计入)149 所,到 1914 年,净增学校 40 多所,②这样的发展速度是惊人的。据上海县 1914 年的统计,全县 234 所学校(包括高等专门学校、师范、职业学校和中小学、蒙养院等)中,有公立学校 117 所,私立学校 117 所,公立、私立学校各占一半。

---

① 民国时期的上海可以 1927 年为界,分为县治与市治两个时期,1927 年以前属县治时期,1927—1949 年属市治时期。后一时期,上海相继名上海特别市(1927—1929)、上海市(1930—1949)。又,在日本帝国主义扶持下,1938—1944 年曾有汪伪上海特别市存在。本章系以国民政府上海市教育行政为考察对象。因此,本章所谓"上海特别市教育局"之所属地方政权,当然是指国民政府所辖之上海特别市,绝非汪伪上海特别市。专此申明,正文不再另行赘述。

② 上海县知事公署.上海县教育状况[M].上海:[出版者不详],1915:1—9.

表1-1 上海县学校统计表(1914年8月)(国立、省立不计入)①

(单位:所)

类别/校数		专门学校		大学预备学校		中学校		师范学校		实业学校		体育学校		小学校	
		公立	私立	公立	私立	公立	私立	公立	私立	公立	私立	公立	私立	公立	私立
学校数	男	—	1	—	2	—	4	—	—	4	4	—	1	110	81
	女	—	1	—	—	—	1	—	2	—	—	—	1	3	19

由表1-1可以看出,从学校类别来看,公立学校以小学为多,有113所,而私立是100所;实业学校公立、私立各半,分别为4所;其他类别的学校均为私立。

民初上海私立学校的办学主体主要有以下几类。

1. 教会

在上海教育近代化的过程中,教会学校扮演了重要角色。上海开埠后,教会各分支机构即开始抢滩上海,开办各类学校。教会在上海开办的高等教育机构大部分是在民国成立前开办的。民国建立后,教会在上海开办的学校以普通中小学为主。其中,教会在1912—1927年开办中小学35所。② 教会学校的大量开办一定程度上弥补了当时上海公立学校的不足。

教会学校的毕业生在当时颇为抢手。开埠后的上海随着对外贸易的发展和外国洋行的开办,急需大批外语人才,但当时外语人才稀缺。教会中小学普遍用外语进行教学,课本均采用英、法文原版教材,课程也大都依照教会本国课程模式设置,故教会学校的学生都能讲一口流利的外语,具有较扎实的西学知识基础。因此,教会学校的毕业生在当时受到各界的广泛欢迎。由于进入教会学校就意味着将来会有一份好工作,前途有所保障,故当时上海的家长都以送子女入教会学校为荣,这反过来又刺激了教会学校的发展。教会学校的创办为上海经济发展提供了多种人才,尤其是具有西学知识的买办这样的经济型人才。

2. 士绅贤达

上海的经济地位带动了社会各方面的发展,也吸引了全国文化界人士集聚

---

① 上海县知事公署.上海县教育状况[M].上海:[出版者不详],1915:30.
② 李清悚,顾岳中.帝国主义在上海的教育侵略活动资料简编[M].上海:上海教育出版社,1982:77—96.

上海,使上海成为全国的文化中心之一。那些集聚于上海的文人学士中的新型知识分子,一方面鼓吹和传播各种社会思潮,另一方面本着"教育救国"的思想,积极创办各类学校作为其新思想的传播基地,为改革社会储备人才。

如,由任教于北京清华学堂的胡敦复、朱晚香、平海澜等人组成的"立达学社"在南迁上海后,本着爱国之心,于1912年成立了第一所由中国人自办的大学,即"私立大同学院"。学校以《礼运》篇"大道之行也,天下为公,选贤与能,讲信修睦……是谓大同"为办学理想,取校名为"大同"。①

又如,复旦公学在辛亥革命期间停办,民国建立后,鉴于复旦的反帝爱国精神,孙中山、蔡元培、陈其美、于右任、王宠惠等人发起成立复旦董事会,帮助复旦复校,并聘请李登辉为校长。在李登辉等人的努力下,复旦终于成为沪上名校,培养出了大批人才,如罗家伦、孙越崎、张志让等。②

1912年由刘海粟募资成立的私立上海美术专科学校是中国成立最早的一所美术高等专科学校。它的成立不仅丰富了上海的学校门类,而且为全国培养了大批美术专业人才。

当时由爱国士绅创办的私立学校还有:医务界有识之士沈云扉等人自筹经费于1918年创办的"同德医学院";1914年史蕴璞创办的"亚东医学院"(后改名为"南洋医学专门学校");由庞醒跃、傅朗斋、史济群、宋肖鹏和陈梦渔等人于1918年发起成立的"东亚体育专科学校";陆礼华于1922年创办的"私立两江女子体育专科学校";1922年以陈独秀、陈望道、胡适等人之名创办的"上海大学"等。这些学校均不同程度地填补了上海教育的空缺。

3. 民族工商业家

上海私立学校的兴盛主要得益于商人、企业家的捐助。作为全国的经济中心,上海的民族资本对上海社会的发展有着举足轻重的影响。新兴的在沪民族资本家具有时代赋予他们的文化特点。与传统的工商业家不同,华洋杂处的上海使在沪的民族工商业家具有更强的开放性、竞争性、实用性,而与洋商打交道既使他们具有买办性,又养成了他们关注政治的意识。

开放性使他们能更好地吸收外来文化和外国先进的企业管理方式;竞争性使他们把员工素质、产品质量放在第一位;实用性使他们更强调员工实用技能的习得;买办性使他们熟悉外商文化和商业规则,能熟练地与外国人打交道;强

---

① 忻福良,赵安东.上海高等学校沿革[M].上海:同济大学出版社,1992:143.
② 同上:77.

烈的关注政治意识则使他们将个人前途与国家、民族命运相连,意识到经济发展、人才培养对国家、民族和个人企业发展的意义。这些特征促使他们在营利后都能积极回馈社会,慷慨解囊,投资教育,兴学助教,以提高国民受教育的程度。1913年8月成立的上海澄衷学堂就是叶澄衷在经营工商业成为巨富之后立志兴学而捐资兴办的。其办学原因是一次他去张家浜看地办厂,遇一群儿童在河边嬉戏,时值涨潮,叶劝儿童离开河边,但儿童不但不听反骂他,令他感到儿童不受教育则无以教化,于是决定办学校教化儿童。上海商务总会从成立之日起就规定:"本会日后经费充裕,应随时酌议设立商务学堂,以期造就人才,兴起商业。"① 民国成立后,上海商务总会更是积极督促各行业开办学校。在上海商务总会的推动下,工商业家们纷纷办起了与本行业相关的实业学堂,培养本行业专业人才。上海商务总会除督促各行业创办实业学堂外,还与中华职业教育社、上海商科大学于1922年合办了上海商业补习学校,培养商业人才。

上海的工商业家除自己出资开办各类学校外,还热心捐助其他公私立学校,甚至教会学校也不同程度地得到他们的捐助。正是由于沪上工商业家的鼎力捐助,才使上海私立学校得到飞速发展,成为全国私立学校最密集的地区。据1946年上海市教育局的统计,上海立市之后有各级各类学校999所,其中私立学校788所,占学校总数的79%。② 经过民国初年的大力发展,私立学校已经成为上海教育的主体,其范围不仅涉及职业教育和普通教育,还包括师范教育和各种专门教育,弥补了公立学校的不足,完善了学校体系,支撑起了上海教育的基本框架。

上海私立学校在民初迅猛发展的原因有二。(1)重点推广初等学校。由于民初政府教育的重心在推行义务教育,故从中央到地方,教育的重点都在初等小学,民初上海县教育也偏重于推广初等小学,认为"教育以小学为始基"。③ 上海县政府对教育的投入大多以普及教育、提高儿童入学率为主,无暇顾及中等以上教育的发展,致使民初上海几乎没有一所公立中学和高等学校,这就给上海私立学校的大量发展提供了机会。之后,随着上海地方政府对教育的重视,以及中等、高等教育的发展,上海公立中等、高等学校渐增,但私立学校仍为

---

① 阎广芬.经商与办学——近代商人教育研究[M].石家庄:河北教育出版社,2001:279—280.
② 上海市教育局.上海市教育统计(民国三十五年度)[M].上海:[出版者不详],1947:14.
③ 上海县知事公署.上海县教育状况[M].上海:[出版者不详],1915:16.

上海学校的主体。(2)县政府政策的鼓励。上海县1914年通过的《修正县市乡补助私立初等小学校、高等小学校规程》规定：私立小学校、高等小学校如有费绌不能支持者,得依本规程受县市乡教育费之补助。① 财政津贴对私立学校的补助是对私立学校公开的支持,鼓舞了人们办学的热情,增强了私人办学的信心。(3)经济的发展。上海私立学校增长的内在动力来自工商界对高级专业人才的需要。上海经济发展客观上表现出对中高等专业人才的需求,刺激了商会、行业协会、私人投资创办各类学校。此外,上海实业界人士认识到教育与国家、民族命运的关系。正是他们的这种责任感,才使上海的私立学校得到发展,使上海成为当时全国私立学校最为集中的地区。

  上海私立学校数量多、类型全、规模大,学校规模和教育质量与公立学校不相上下。在数量上,上海以一县之治,私立学校却是全国最密集、最兴盛的。1912—1927年,上海即开办私立中等学校59所,而北京到1923年私立中等学校才有34所。② 同期全国私立立案中等学校也不过283所。③ 在学校类型方面,上海不仅有私立普通中小学,还广泛开设了实业学校和艺术、体育、经济、法政、师范、医学等专门学校及大学,与公立学校形成互补,构建了上海完整的教育体系,弥补了公立学校数量上的不足和类型上的欠缺。上海的私立学校一般规模较大,管理严格,质量比较可靠。它们之所以能长存不衰,管理严格是最主要的原因。这些私立学校创办人本身极具敬业精神,对学校发展有严格要求。如浦东中学,杨斯盛要求学校以"勤""朴"二字为宗旨,学校也一直坚持这一精神。私立学校内部管理严格,一般都要求校长对学生进行晨训,舍监要经常与学生谈话,定时进行操行检查,并有严格的学生作息时间。严格的管理使私立学校声名鹊起,当时上海几所比较有名的私立中学,如民立、南洋、浦东、澄衷,均因办学严谨、管理规范而人才辈出,受到社会的一致好评,成为中国名校。而其他多所专科、高等学校也多因其特色、质量而吸引了各地学子投考。

三、学校教育内容革旧布新

  民国初立,除旧布新,在教育上,首先是废除封建的"忠君""尊孔"思想,确立了以"养成共和国民健全人格"为宗旨的"五育并举"教育方针,实施新的学

---

① 上海县知事公署.上海县教育状况[M].上海:[出版者不详],1915:11.
② 王炳照.中国古代私学与近代私立学校研究[M].济南:山东教育出版社,1997:343—344.
③ 同上:361.

制和课程。教育内容上废除了"读经讲经"等封建性课程,颁布了符合民主共和精神的新课程标准。上海地方也忠实贯彻此课程标准,对学校教育内容实施了革新。但作为一个开风气之先的大都市,上海教育在改革过程中亦体现出了其独领风骚之处和地方特色。

1. 迅速实现新旧教育内容的转换,新教科书出版领全国之先

上海文化界在中国一向是一面旗帜,其对时势的敏感性也为其他地区所不及。早在辛亥革命前夕,商务印书馆的资深编辑陆费逵就已意识到,清政府统治即将灭亡,一旦革命成功,旧的教育内容必被革除,适应新时代的教育内容必然要确立,承载教育内容的教科书也必然要更新换代。为此,在辛亥革命之前,他就开始组织人马秘密编辑新教科书。辛亥革命成功后,陆费逵即马上成立中华书局,出版了大量新教科书。新教科书的出版正赶上革命后除旧布新而学校新教科书青黄不接之时。因此,这套教科书一经出版,立即受到社会的欢迎,成为学校教育内容革新的范本。

新教科书包括全套的国文、算术、历史、地理等中小学用书。书中宣传了反清的资产阶级革命观点,宣扬了民主爱国思想,为上海教育界快速实现新旧教育转轨提供了素材,使上海教育革新先行一步,领全国风气之先。而在民国初年新的学制颁布之后,上海出版界更是开足马力编写新教科书,以适应新形势的需要,使学校迅速实现了新旧教育的更替。

2. 教育内容更具地方特色

民国建立以后,上海的工商业得到快速发展,经济发展需要教育为其培养各类专业人才,这就要求上海的学校教育具有更多的社会服务功能,以使教育能更好地服务于地方经济、社会的发展。在教育与社会的互动中,上海的学校在教育内容上表现出更多的地方特色。

(1)重视外语

近代上海是洋商最多的通商大埠。一方面,上海租界建立后,列强纷纷抢滩上海开洋行,为数众多的洋行需要大量精通外语的买办人才;另一方面,民国建立后,予工商业更宽松的政策,工商业的发展使上海的对外贸易日趋活跃,这也使上海本地需要大量精通外语的人才。这样,外语成为人们谋生的一种重要技能,各学校也纷纷打出外语特色的旗号以吸引生源。

1916年教育部规定,国民学校(即初等小学)不设外语课。而据1920年的统计,上海设外语课的国民小学校(科)却有20所(个),占已知课程设置情况同类校(科)数的80%。还有至少16所(个)高等小学校(科)比部颁规定早一年设置外语课,周课时最多者达12课时,课时数远高于部颁标准。中等学校外语周课时最多者达17课时,比部颁标准高41%。① 20世纪20年代,上海各类学校(包括高等、中等学校和各类职业学校)规定学生投考的考试科目中,外语为各校必考科目,② 由此可见上海社会对外语的重视程度。如尚公小学初办时因"英文时间较少",学生"去而之他"。③ 像浦东中学这样的名校,理化教材多选用英文原版。而外语除英语必修外,还有法文、德文、日文等语种作为选修课。④ 当时名闻沪上的民立中学向以英文为重,高中除国文、地理外,其他课程均采用英文原版教材,这使民立学生以英文功底扎实著称,学生毕业后除升学外,均能顺利进入银行、海关、邮政等部门工作。⑤ 据江苏省1919年学务调查,江苏全省中学中,毕业生进入实业界的以民立最多。⑥ 教会学校除国文外,课本一般多采用英文原版,教师多聘用传教士直接用英文授课,故学生到毕业时都能讲比较流利的英语,所以当时教会学校因其外语程度高而备受学子欢迎,闻名沪上。受这种社会客观需求的刺激,当时沪上商人投资办英语补习学校、夜校也蔚然成风。学外语、重视外语成为沪上教育界的一道风景。

(2) 具有较强的实用性

传统教育内容的空疏无用使近代社会受尽其弊。民国成立后,学校教育开始注重实用性。1916年,教育部在吸取当时工商界意见的基础上,通令全国在中学第一学年数学科教授时间内每周加授一小时簿记课。⑦ 上海作为工商业最发达的城市,工商界对学校提出了更多的实用性要求。如尚公小学办学宗旨的第一条即为"注重实用,以授学生生活必需之知识技能为主"。⑧

上海的中等、初等学校一般均将商业知识作为重要课程列入学校教育范围,从小学就开始设立会计、商业课,以适应商业大都市就业的需要。20年代前后,上海有近一半的中等学校开设经济学、商业学、簿记、速记、打字等课程;高

---

① 张仲礼.近代上海城市研究[M].上海:上海人民出版社,1990:1003.
② 邹恩润,徐家.江苏中等以上学校投考须知[M].上海:上海商务印书馆,1924.
③⑧ 李桂林,戚名琇,钱曼倩.中国近代教育史资料汇编·普通教育[M].上海:上海教育出版社,1995:612.
④ 中国人民政治协商会议上海市委员会文史资料工作委员会.解放前上海的学校(上海文史资料选辑第五十九辑)[M].上海:上海人民出版社,1988:207.
⑤ 同上:339.
⑥ 朱有瓛.中国近代学制史料(第三辑上册)[M].上海:华东师范大学出版社,1990:512.
⑦ 教育部通饬中学校添簿记[M]//李桂林,戚名琇,钱曼倩.中国近代教育史资料汇编·普通教育.上海:上海教育出版社,1995:794.

等小学校(科)中有31.7%的校(科)开设商业课。① 如当时沪上著名的万竹小学校长李墨飞非常重视实用知识的传授。鉴于上海商业发达,考虑到学生将来的出路,他甚至把高小改为乙种商业学校,② 要求高小学生必须在课余到商店参加实习锻炼,借以增进商业知识。各类实业学校则更加注重实用知识的传授。当时名闻全国的上海商业总会创办的商业补习学校就因其教学内容强调"凡商业上应有各科,搜罗既备,审择尤精",故而能"成效大著"。③ 其他职业学校也均讲究实效,注重实用,以社会需要为学校课程的设置原则。一些对经商、生产有帮助的数、理、化各科亦是上海各校注重的课程。1920年前后,上海国民学校算学周课时超部颁标准的有4校(科),占已知该课周课时同类学校(科)数的40%;高等小学校(科)算学超部颁的有14所(个),在已知该课周课时数的同类学校(科)中占77.7%,其中超得最多的达2倍以上。中等学校超部颁43.75%,数学超部颁达56.25%。④ 上海的学校除增加这些科目在课时中的比重外,在教学上也注重实用知识的掌握,注重实验、实习和教学研究。如格致中学组织学生成立各科教学研究会,从事标本采集、工厂参观和模型制造等,以提高学生的学习兴趣和理论与实践的联系,其毕业生因此受到各界欢迎。

在中等、初等学校加强实用性知识传授的同时,上海的高等教育也并未僵化不变。民国建立后,上海的高校适时调整了系科,增设了适应城市发展的新学科和新的教学内容。如复旦大学于1917年开设商科,1922年开设工商管理系,增设经济学系,1926年增设会计学系和国际贸易系。又如交通大学坚持"求实学,务实业"的办学主张,于1913年初(当时校名为"交通部上海工业专门学校")根据教育部的精神,改铁路科为土木科,电机科为电气机械科,此后,不断根据需要,随时调整系科,终使其成为一所学风严谨、"务求实用"的著名高等学府。

上海各级各类学校在教育近代化过程中所表现出的在教育内容上的新变化,既是上海城市赋予它的特色,也是顺应了时代的呼唤。

四、调整学校内部管理

民国初年,上海只有小学一级和部分实业学校为公立,其余均为私立。由

---

① 张仲礼.近代上海城市研究[M].上海:上海人民出版社,1990:1004.
② 中国人民政治协商会议上海市委员会文史资料工作委员会.解放前上海的学校(上海文史资料选辑第五十九辑)[M].上海:上海人民出版社,1988:359.
③ 徐鼎新.上海商务总会史[M].上海:上海社会科学院出版社,1991:262.
④ 张仲礼.近代上海城市研究[M].上海:上海人民出版社,1990:1005.

于私立学校有相对灵活的办学自主权,上海的学校在管理上形成了独特的风格。具体而言有如下几点。

1. 组织校董会,专家治校,民主管理

学校内部管理水平直接影响到学校的生存发展,建立一支高效精简、有创新能力的管理队伍是每个学校谋求发展的前提。其中,聘请到一位既懂教育又懂管理、德高望重的校长最为关键。

民国初年上海学校校长的聘任主要取决于学校出资者的主张。当时除公立学校外,私立学校的资金主要来源于私人捐助。就捐款人与学校内部管理的关系而言,可分为三大类型。第一类是捐款人仅仅捐助钱物,对学校的办学目标、发展规划、教育教学等均不干涉,聘请专人担任校长。如澄衷学堂由叶澄衷等出资创建,但他自己不管校务,而是组织校董会聘请专人担任校长。① 浦东中学由杨斯盛捐资兴建,不仅他自己不管校务,也不准其子孙管,而交由校董会管。第二类是创办人本人即为校长或校董。如万竹小学的李墨飞。第三类为私人团体设立的学校,他们一般派团体内部成员组成校董,聘请校长主管学校事务。如尚公小学,它由商务印书馆创办,其职员不但是尚公小学的校董会成员,还充任其教员。②

从上述三类私立学校的类型来看,不管出资人是否为校长,学校都会成立校董会管理学校内部事务。校董会一般由设立者延聘若干人组成,聘请的一般都是社会上有名望或学术上有造诣的人。一些规模较大的学校董事会都尽可能请到学界、商界和政界三方人士担任。如1911年同济大学成立校董会时聘请沈恩孚、袁希涛为常务校董,沈恩孚是学界名流,历任江苏都督府民政司次长、江苏省教育会秘书长、湖南省教育厅厅长等职;③ 袁希涛为当时教育部次长。再如大同大学校董会的成员是马相伯、蔡元培、杨杏佛、胡适、徐新六等人。复旦大学的校董会由孙中山、蔡元培、陈其美、于右任、王宠惠、曹成文等人组成,④ 这些董事都是民国政府的高级官员,正是在他们的影响下,复旦各方面的工作才能顺利展开,为其日后成为著名学府奠定了基础。董事会聘请有名望的人,一方面可以扩大学校的影响,为学校赢得声誉;另一方面还可以筹集更多的

---

① 中国人民政治协商会议上海市委员会文史资料工作委员会.解放前上海的学校(上海文史资料选辑第五十九辑)[M].上海:上海人民出版社,1988:194.
② 朱有瓛.中国近代学制史料(第三辑上册)[M].上海:华东师范大学出版社,1990:174.
③ 中国人民政治协商会议上海市委员会文史资料工作委员会.解放前上海的学校(上海文史资料选辑第五十九辑)[M].上海:上海人民出版社,1988:63.
④ 忻福良,赵安东.上海高等学校沿革[M].上海:同济大学出版社,1992:77.

资金,有利于学校的长期稳定发展。

私立学校的校董会是学校最高的管理机构,其职责是选聘校长、筹集资金、制定学校发展计划等。董事会下设校长,校长负责全校行政事务,董事会一般不干涉校长的工作。这是校长自主办学,办出学校特色的重要保证。

上海的私立学校校董会为了学校的生存发展,在创办人本身不具备学校管理能力时,都会聘请专业的教育界人士担任校长。如复旦的校董们尽管都是素有声望的社会名流,但他们还是力请李登辉担任复旦校长。正是在李登辉兢兢业业的不断努力下,复旦公学几经发展,由公学而至大学,终成沪上乃至全国著名高等学府。上海的交通部上海工业专门学校(即今上海交通大学)在著名教育家唐文治的主持下,坚持以工科为主的办学方向,以"求实学、务实业"为办学宗旨,①确立了以培养工程技术人才为主的办学性质,使交通大学成为全国著名的理工科大学。澄衷学堂也在历届校长刘树屏、蔡元培、葛祖兰、吴友孝等的主持下成为沪上著名的中学之一。浦东中学则在黄炎培、秦砚畦、秦景阳、朱叔源等的主持下成为享誉南北且与南开中学并列的全国著名中学。民立中学则在苏本铫长达41年的领导下确立了在当时教育界的地位,与澄衷中学、浦东中学共同成为上海城厢中学中的"三鼎足"。②

这些校长一般都具有较高的文化素养、教育经验和高尚的品行,并能知人善用,具有很强的敬业精神。复旦大学校长李登辉14岁赴新加坡进入美以美教会主办的英华书院学习,19岁赴美进入俄亥俄州威斯雷阳大学学习,24岁转入耶鲁大学学习,27岁毕业,获学士学位。28岁回到槟榔屿,任英华书院英文部主任,29岁到巴达维亚创办英义学校。32岁在上海与颜惠庆、伍廷芳等发起成立寰球中国学会,并被选为会长。1906年,李登辉由颜惠庆、于右任介绍,受聘于复旦公学,担任英文部主任,后任教务长。1911年春,李登辉离开复旦公学,担任《共和西报》主笔,并在中国公学任教,1912年又兼任中华书局英文部主任。1913年1月,复旦公学董事会推举李登辉为校长。从此,李登辉毕生为复旦服务,他为复旦大学的发展、建设作出了重大贡献。③ 交通部上海工业专门学校(即今上海交通大学)校长唐文治是一位著名的教育家、史学家、经学家。

---

① 忻福良,赵安东.上海高等学校沿革[M].上海:同济大学出版社,1992:24.
② 中国人民政治协商会议上海市委员会文史资料工作委员会.解放前上海的学校(上海文史资料选辑第五十九辑)[M].上海:上海人民出版社,1988:339.
③ 同上:55.

他办学育才40多年,执掌该校14年,他教书育人,重实践和品德,高足遍及全球。① 再如私立同济医工专门学校(即今同济大学)于1917年成立校董会后,聘请阮尚介为校长。阮尚介,字信卿,江苏奉贤(今属上海)人,早年在北京高等实业学堂和日本东京物理学校读书,1914年9月从德国柏林工业学院机械制造系毕业。回国后,任北洋政府陆军部技正,执教北京大学。1924年,德国柏林工业学院授予他名誉博士学位。他应聘同济大学校长时,年仅27岁,在同济历任校长中,他最年轻且任期最长。② 私立大同学院(1922年更名为大同大学)的历任校长不但学贯中西,而且都亲自讲课,深入教学实际。如第一任校长胡敦复系留美学生,不但教授数学,而且讲授哲学、文学评论、欧洲史、德文等课程,深受学生欢迎。第二任校长曹惠群系留英学生,既教化学,又教英文和世界通史。第三任校长胡刚复系留美学生、著名物理学家,在物理教学方面有"南胡(刚复)北颜(任光)"之称,同时擅长教授数学。第四任校长平海澜系留日学生,亲自教授英文、历史、地理等课程,著有《英汉模范字典》。他们都是教学的内行,长于教学又善于领导。胡敦复、胡刚复课余和假日还经常在物理实验室从事物理实验,曹惠群则经常在化学实验室从事化学研究工作。③ 苏本铫从1904年到1945年担任民立中学校长,长达41年,治学严格,强调学好中文和英文同样重要。平时重视课堂教学,要求学生勤习中西书法,规定学生从初一开始,每天必须交中小楷毛笔及英文习字各一张,他亲自批阅。初中英文教材由他亲自编写、督教,苏校长的心愿是要使民立的每一个毕业生都能用英文与西人直接对话,免受欺侮。在他的领导下,民立以英文功底扎实著称。④ 南洋中学的王植善则数十年"唯校是务"。⑤

当时,尽管校长负责一切学校事务,但校长并不揽权。为了集大家的智慧实现行政管理的高效,一般在校长之下成立各种委员会,由校长聘请专人负责管理。如当时上海浦东中学的行政组织系统就是以校董会为学校行政的主体(见图1-1),除"由校长负责综理外,并博采集议制度及协作精神,以期集思广益、和衷共济"。

---

① 中国人民政治协商会议上海市委员会文史资料工作委员会.解放前上海的学校(上海文史资料选辑第五十九辑)[M].上海:上海人民出版社,1988:39.
② 同上:63.
③ 同上:139.
④ 同上:339.
⑤ 刘正伟.督抚与士绅——江苏教育近代化研究[M].石家庄:河北教育出版社,2001:292.

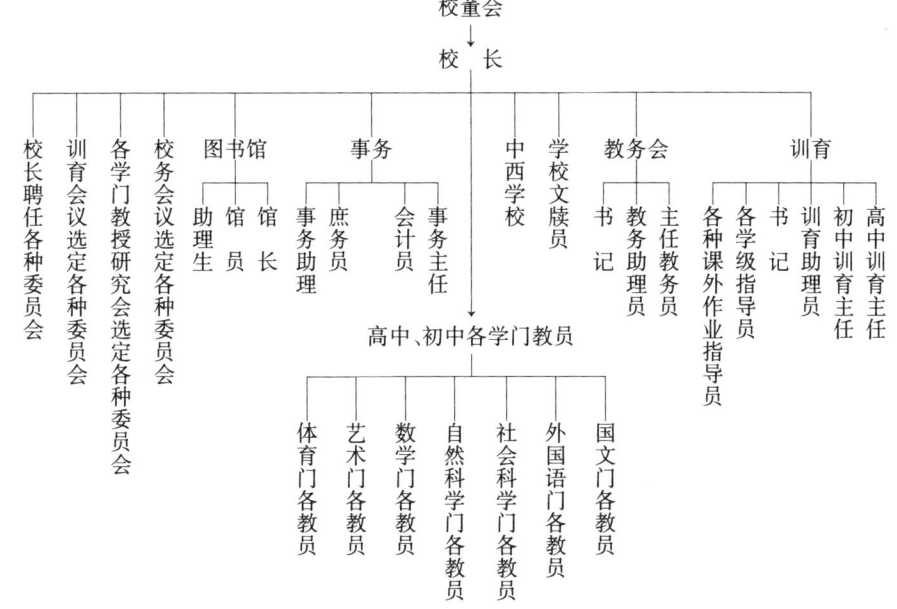

图1-1　浦东中学行政系统表①

校董会领导下的校长负责制形成了稳定、高效的学校管理体制。学校以名流任校董使学校与社会上层保持着密切关系,有利于学校的经费筹措,更保证了学校的稳定;以专家任校长使学校形成了自己的办学风格;以特色办理学校使学校赢得声誉。在这样的领导体制下,一时间,沪上私立名校、特色学校纷纷涌现,形成了二三十年代上海教育的一景。

公立学校与私立学校在行政组织上的差别在于有无校董会之设。公立学校由于经费来自政府拨款,故一般不设校董会,直接由校长主持全校的行政事务。校长之下设教务主任、训导主任、事务主任、各科主任及教员、训育员、事务员、会计员、文牍员、图书管理员、仪器管理员等,协助校长处理校政。同时设校务会议、教务会议、训导会议、事务会议、学科会议等,商决校内各项事宜。如当时的务本女中就在校长之下设总务处主任、训育处主任、教务处主任、校长办公室和招生委员会、考试委员会及体育委员会,以协助校长处理各种具体校务(见图1-2)。

所以,不论是公立学校还是私立学校,学校一般由校长负责行政事务,如遇各种重大问题,则民主商议解决,而不是校长专权,一个人说了算。这种专家治

---

① 浦东中学校周年纪念筹备会.浦东中学校二十周年纪念刊·行政组织概况[M].上海:[浦东中学校周年纪念筹备会],1926:1.

校、民主管理的办学体制,使得上海的学校能够灵活、有效地开展学校管理,管理水平始终处于全国领先的地位。

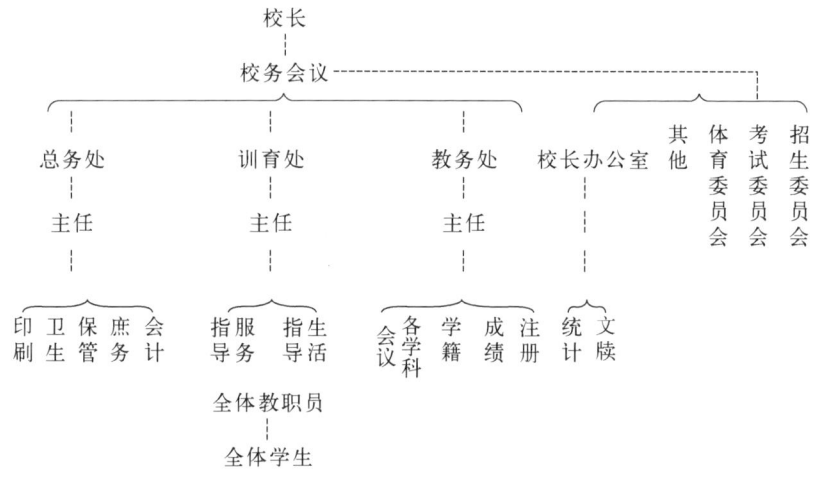

图 1-2　务本女中行政组织①

2. 严格师资选聘,保证教育质量

教育发展的关键在教师,学校是否拥有一支优秀的师资队伍,直接关系到学校的教育质量。所以,当时校长的一项重要职责就是延聘教师。当民国初年上海学校数量不断增加之时,如何吸引生源也成为各校关注的焦点。为提高竞争力,校长们采取的措施之一就是竞相争聘优秀教师来本校任教。

复旦大学创办时尽管经费拮据,但各科教师仍极一时之选,李登辉教英文,蒋梅笙、邵力子教国文,薛仙舟教德文,曹惠群、李松泉教物理、化学,朱葆芬教数学,等等。在他们认真教学的影响下,学生们都刻苦学习,并取得了较好成绩。如 1915 年大学预科毕业生张荐,经美国耶鲁大学特许,插入该校本科二年级学习,被当时报纸誉为留学界的"异彩"。② 上海的同济大学在私立时期,为保持其办学的优势,德籍教师占到全体教师的 2/3—3/4。③ 学校聘请教师都以具有高深水平的专家、教授为标准,④ 大同学院自创办始就特别注重挑选学有专长、热爱教育的学者任教。如吴在渊是自学成才的数学家,在国际上负有名

---

① 上海市教育局.上海市中等教育概况[M].上海:中正书局,1948:69—70.
② 中国人民政治协商会议上海市委员会文史资料工作委员会.解放前上海的学校(上海文史资料选辑第五十九辑)[M].上海:上海人民出版社,1988:45.
③ 同上:165.
④ 同上:73.

望,编有多种教材,经常为学生解答数学难题。胡明复是我国第一个获得博士学位的留美学生,精通数学。胡宪生留学美国,教授英语,擅长语法,其教学特点是着重句子分析,以培养学生的阅读能力。章洪楣、曹简禹、陶慰孙等精通化学,顾珊臣、顾静薇、黄苍麟精通物理,严济慈是著名的物理学家,朱香晚是著名的古文学家,叶元龙是著名的经济学家,全增嘏是著名的哲学家,他们的讲课都受到学生欢迎。①

浦东中学历任校长都非常重视师资选聘,包括外籍教师的聘用。如英语教师有美籍的孟保罗,德、法文教师有丹麦籍的葛麟书等,都是富有经验的教师。数学教师周翰澜、王季梅、许松云,物理教师张靖远,化学教师陆咏秋等,都是学有专长负有盛名的教师,后来他们先后任大学教授。② 1895 年由王淮泰创办的上海南洋中学在民国时期陆续聘请了杜亚泉、马君武、史量才等一批学者来校任教。在他们的努力下,南洋中学第一届毕业生全部升入北洋大学或留学美国。③ 又如上海务本女中为了提高竞争力,尽可能聘请外籍教员来校任教。其他的一些中小学校,即使不能聘到名人、专家任教,也尽量严格教师的任教资格,对应聘教师的学历和教学水平均严格考核。民国初年上海市立初等、高等小学校教员 8 人,其中 7 人为师范以上学历,1 人为东吴大学毕业。万竹小学 10 名教员中有 7 人为师范毕业,其中部分教员曾任教于中学或师范学校。④

为了能聘请到优秀教师,上海的学校聘用教师不限其籍贯,唯学识与教学能力、教学态度为标准。在这样的任用标准下,上海的学校将选聘教师的范围扩大至全国乃至世界。一时间,上海吸引了全国的优秀人才投身于上海的教育事业。据上海立市后教育局的统计,当时上海在职教师的籍贯包括江苏、浙江、湖南、安徽、广东、江西、湖北、山东、贵州、四川、河北等地,⑤可以说覆盖了全国大部分省区。

优秀的教师保证了上海教育的发展水平,也使学生受益匪浅。当时很多考生都愿投考上海的学校,上海学生出国和就业的比率也远远高于其他地区。

---

① 中国人民政治协商会议上海市委员会文史资料工作委员会.解放前上海的学校(上海文史资料选辑第五十九辑)[M].上海:上海人民出版社,1988:139.
② 同上:212.
③ 刘正伟.督抚与士绅——江苏教育近代化研究[M].石家庄:河北教育出版社,2001:292.
④ 上海县知事公署.上海县教育状况[M].上海:[出版者不详],1915:6—7.
⑤ 上海特别市教育局.上海特别市教育统计(十七年度)[M].上海:[出版者不详],1929:44.

3. 争创特色吸引生源

为了提高学校的竞争力,校长们都想尽办法办出特色,以使本校能在大上海众多的学校中脱颖而出。

上海的南洋公学(1912年更名为交通部上海工业专门学校,即今交通大学)自创办以来,一直坚持以"工科为主"的办学方向,尤其在唐文治主持学校期间,学校以"发展中国工业必须培养高级科技人才"为办学目的,不断对学校进行改组,把校内尚处于萌芽状态的普通工程科发展为铁路专科,学制3年。这是当时国内学校创立的第一个工程专科。继而又增设电机专科,这是我国高校电机专科的开端,国人学习电机自此开始。鉴于当时社会急需现代化管理人才,又设立了电机和铁路管理专科,学制4年。同时按新学制开设课程,聘请专科教师,添置实验设备,建立实习工厂。这样,从专业设置、课程安排、师资水平到教学各环节,均参考西方现代高等学校,特别是以美国同类大学为蓝本,还从美国麻省理工学院和哈佛大学购来成套教科书,以求培养的人才能达到欧美本科大学毕业生的水平。从此,该校确定了以培养工程技术人才为主的性质。① 再如复旦公学(1917年改为私立复旦大学),以高质量的综合性大学为办学目标,学校自成立以来不断创办新系科。1917年设立商科,在全国属首创,后来发展为商学院,院内设有银行金融系、会计系、国际贸易系,以后又增设统计学系、合作学系等,亦属国内首创。1923年,理科设土木工程系,后又增设心理学系。文科在建校后经过不断充实,逐步发展为文学院,先后由邵力子、刘大白、陈望道、余楠秋、伍蠡甫等人主持。自此,复旦最终成为一所具有文、理、法、商四大学院的综合性大学。该校亦从20年代起以学生成绩优异而享誉国内外,复旦学子得到国外许多大学的认可,在上海高校的许多比赛中,复旦学生亦多次夺魁。② 另外,同济医工学堂(1917年改为私立同济医工专门学校,即今同济大学)以"科学救国""医工救国"为办学指导,③ 以采用德国教育制度和教学方法为特色,以聘用德籍教师为主,其私立时期的首任校长阮尚介就是从德国学成归国的年轻学者。

江苏省立上海中学以长期实行合科制和寄宿制而名闻沪上。④ 所谓合科

---

① 中国人民政治协商会议上海市委员会文史资料工作委员会.解放前上海的学校(上海文史资料选辑第五十九辑)[M].上海:上海人民出版社,1988:24.
② 同上:49.
③ 同上:63.
④ 同上:347.

制,是指上海中学由二师、商专、省三中、省四中合并而成,故学校由师范科、商科和普通科构成。浦东中学以办成"实科中学"为办学宗旨,课程以理科为主,仅数理两门学科即占总课时的45%。① 上海中西女中以贵族风格吸引着沪上名流的小姐。务本女中则以英文为特色,为此聘请了派克希尔等多位英籍教师,甚至用英文排演话剧。② 聂中丞华童公学作为旧上海四所华童公学之一,以美术特色和长期一贯对手工科的重视而享有盛誉,在沪上林立的学校中占有一席之地。万竹小学、尚公小学均以重视学生商业知识的学习,重视学生商业实践而著名。1914年,上海县对各校视察后的评价是:私立南洋中学"管理采用自然主义,以其造成特别人才";私立民立中学"校风极严肃";私立上海女中"成绩极佳,而尤以图画、刺绣为最"。③

沪上学校在竞争中寻优势、创特色,尽展其骄人一面,所以,尽管民国后上海学校数量不断增加,但各校的生源并未减少,反而日渐有生气,名校、特色学校不断涌现,学校办学质量不断提高。尽管这与上海地方政府狠抓教育质量,对不合格学校采取取缔或进行撤并有关,但各校在管理上不断完善、争创特色、挖掘优势,则是保证上海教育质量的一个重要方面。

赵传家在总结上海市西中学成功的办学经验时认为,学校办学要有"三个依靠",首先就是依靠教师,要有得力的教师、班主任。学校办学有三个必要条件,首先就是学校要有特色风格。④ 可以说,沪上各校在自己的办学过程中亦都遵循上述办学原则,为学校的发展积极寻求安身立命之基。

第二节 五四新文化运动影响下的教育回应

1914—1920年是旧中国工业史上的黄金时代,其间,纺织、面粉和其他轻工业产品均有了显著发展,都市经济的增长日益明显。但同时,中国和外国、传统和现代经济势力的利益冲突亦日趋尖锐。可以说,国内的繁荣与危机、国家的生存与灭亡的尖锐冲突深深地影响着当时的社会、政治和文化活动。中国社会

---

① 中国人民政治协商会议上海市委员会文史资料工作委员会.解放前上海的学校(上海文史资料选辑第五十九辑)[M].上海:上海人民出版社,1988:206.
② 吴若安.回忆上海务本女塾[M]//朱有瓛.中国近代学制史料(第二辑下册).上海:华东师范大学出版社,1989:605.
③ 上海县知事公署.上海县教育状况·县视学视察报告[M].上海:[出版者不详],1915:27.
④ 中国人民政治协商会议上海市委员会文史资料工作委员会.解放前上海的学校(上海文史资料选辑第五十九辑)[M].上海:上海人民出版社,1988:267—268.

正酝酿着一场新的运动。

1915年从日本归国的陈独秀创办《新青年》,拉开了这场运动的序幕。这场运动在一批新型知识分子的推动下,轰轰烈烈地开展起来,形成在中国历史上具有重大意义的新文化运动。新文化运动体现了中国新型知识分子对新社会的热烈追求,他们期望通过提高民众素质,使人民过上一种新的生活。为此,他们积极组织各种社团,以多种形式在各地展开对大众的教育。而上海作为全国都市经济表现最为突出的城市和新型知识分子的集聚地,在教育上也给予新文化运动以热烈的回应。

一、丰富多彩的职业教育

1. 民国初期上海职业教育发展概况

上海的经济发展对工人提出了更高的要求,这使上海的职业教育较其他地方起步更早。其中,上海商业的繁荣使上海的商业教育成为起步最早、职业学校数量最多的职业教育类型。

早在民国建立之前,上海各商业团体为提高员工的商业知识,就开始自筹资金开办行业学校。民国建立之后,商业的快速发展使上海的商业职业教育得到进一步加强。仅民国元年,上海即成立了4所商业学校,分别为万竹乙种商业学校、馈与乙种商业学校、时化商业补习学校、江境商业补习学校。1913年,商船业又创办了商船商业补习学校。①

医事类职业学校在数量上虽不如商业学校多,却是上海职业学校中较早设立的。早在1894年,私立仁济高级护士职业学校即告成立。至1912年发给第一届毕业生证书,1914年向中国护士会注册,1918年起参加护士会考,其成功的办学模式在上海医事类职业学校中具有榜样作用。民国建立后,上海的医疗事业得到进一步发展,各医院的医疗事务日渐频繁,医院倍感护士紧缺,护士类医事职业学校应需发展。1914年广仁高级护士职业学校成立,1917年人和产科学院亦招生开办,1920年伯特利护士职业学校租制造局路校舍开学。②

在类别方面,上海的职业教育非常丰富,除上述商业学校、医事类职业学校外,还开办了工业类、海事类、家事类等职业学校。只是于农业一类,由于上海为商业经济城市,故较少受到关注,起步较晚。

---

① 上海县知事公署.上海县教育状况·统计[M].上海:[出版者不详],1915:7.
② 上海市教育局.上海市中等教育概况[M].上海:中正书局,1948:329.

第一次世界大战使中国的民族工商业得到了较快发展,上海的工商业进一步繁荣。但工商业的发展又导致人才需求的矛盾日益尖锐,上海原有的行业内商业学校不能满足社会各业发展对人才的全面需求。据1918年中华职业教育社对上海西南区小学生父兄职业的调查,以铁工最多,次为小工,次为小贩卖,又次为木工,又次为花业等。① 西南门外各街商店总数多达1 659家。以西南一贫困区,商业即如此发达,上海城市经济之繁荣可见一斑。但上海的教育未能给经济发展提供相应的人才支持。1917年中华职业教育社在上海成立,这为上海职业教育向更深层次发展起到了助推器的作用。

　　中华职业教育社成立的目的在于以教育解决人的生计问题,解决"社会各分业之所需"。黄炎培在《中华职业教育社宣言书》中指出:"今吾中国至重要,至困难问题,尚有过于生计者乎?"但"中国现时之教育,不惟不能解决生计问题,且将重予关于解决生计问题之莫大障碍"。② 所以,教育要解决人的生计问题,解决学生"毕业即失业"的难题,只有从三方面入手,即"曰推广职业教育;曰改良职业教育;曰改良普通教育,为适于职业之准备"。③ 中华职业教育社本着上述三个工作目标,积极推广职业教育,在广泛设立职业学校的同时,也将职业教育渗透进了普通学校。

　　上海的职业教育在中华职业教育社的直接推动下,形式多样,可以归纳为四大类:第一类是专门的职业教育学校;第二类是普通学校附设的职业科;第三类是企业内部实施的员工职业培训;第四类是商业补习学校。

2. 职业学校(科)举例

(1) 中华职业学校

中华职业学校是黄炎培为了将其职业理想付诸实践而创设的。

黄炎培在多年的教育实践和深入的社会调查过程中发现,中国的普通教育使学生"毕业即失业",而职业教育又使学生所学非所用,于是提出学校教育要切合社会实用的主张。他在亲见了美国职业教育的发达之后,决心回国为中国的教育寻找出路,即加强职业教育。

1916年9月,在黄炎培的主持下,江苏省教育会增设了职业教育研究会,会员达148人。1917年5月,在他和蔡元培、马相伯、严修、伍廷芳、张元济、郭秉

---

① 朱有瓛.中国近代学制史料(第三辑下册)[M].上海:华东师范大学出版社,1992:328.
② 黄炎培.中华职业教育社宣言书[M]//璩鑫圭,童富勇,张守智.中国近代教育史资料汇编·实业教育 师范教育.上海:上海教育出版社,1994:407.
③ 同上:407—408.

文、穆藕初、蒋梦麟等教育界、实业界知名人士的努力下,于上海发起成立了中华职业教育社,这是中国近代史上第一个研究、提倡、试验、推行职业教育的全国性组织。

中华职业教育社成立之后,一方面积极宣传职业教育的意义、地位和作用,普及职业教育思想;另一方面也不断开办职业学校,实践职业教育的理想,帮助人们具体认识职业教育的价值。1918 年 5 月,中华职业教育社筹集了六七万元,在上海开办了中华职业学校。中华职业教育社在谈及开办中华职业学校的原因时这样说:"在工业繁盛之地,无不有培养职工之教育机关,以增高其程度。上海为通商大埠,工厂林立,实业机关,需材孔亟,苟无相当学校,预为训练,造就适宜人才,则其实业非特无发展希望,且难维持于永久,故特设此职业学校于上海。"①于是他们选取上海西南区"贫苦无业者较多"之处开设了中华职业学校。

① 中华职业学校的办学主张

一是面向下层劳动人民,面向广大的失业失学青年,以"敬业乐群"为校训,坚持不懈地致力于科学知识的传播和新技术的推广;二是主张"手脑并用""双手万能",提倡"劳工神圣",坚决反对旧教育鄙视劳动、轻视实践、崇尚"学而优则仕"的死读书恶习;三是强调职业教育的社会化和科学化,强调做社会调查和实干。②

② 职业科目设置

中华职业学校开办之初,曾根据当时上海西南区小学生父兄职业调查状况,认为从业人数最多的为铁工、木工,于是决定先开设铁工、木工两科为主科。后又为提倡国货,应社会需要增设了纽扣和珐琅二科。因上海商业发展的需要,1920 年又增办商业科。

各职业学校开办之后,难以聘到合格的职业教育教师,故为推广职业教育,中华职业学校以"专为各地公共机关欲创设职业学校或贫民工厂、职艺所、孤儿院以及中小学校设职业科者,造就专门教师及办事人才为宗旨",于 1922 年开设了职业师范科。③ 职业师范科的开设,为上海乃至全国输送了合格的职业教育师资,为促进上海乃至全国职业教育的发展作出了新贡献。

---

① 中华职业教育学校概况[M]//朱有瓛.中国近代学制史料(第三辑下册).上海:华东师范大学出版社,1992:327.
② 中国人民政治协商会议上海市委员会文史资料工作委员会.解放前上海的学校(上海文史资料选辑第五十九辑)[M].上海:上海人民出版社,1988:367.
③ 朱有瓛.中国近代学制史料(第三辑下册)[M].上海:华东师范大学出版社,1992:347.

③ 设施与教学组织

中华职业学校除一般普通学校需要的教学设施如教室、办公室、宿舍等外，为适应各科实践需要，还开设了工场，如铁工场、木工场、纽扣工场、珐琅工场、染织工场、钣金工场、藤竹工场、漆工场、电镀工场等。为加强学生商业知识的实践，学校还开设了学生贩卖店、学生储蓄银行等。

中华职业学校还根据科别和学生的学习程度（甲种、乙种），规定了不同的入学要求和学习年限。一般报考的学生须经国文、算术、英文三科考试，并经体格检查、职业心理测验和口试测验合格后方可被录取。学生修业年限为铁工科4年，木工科3年，珐琅科、纽扣科各2年，商业科3年。

中华职业学校在教学方法上主张活泼的共同研究，强调自学与实验相结合。所谓"共同研究"，指的是由教师提出材料，师生共同设计、共同研求，分质问、讲述、观察、试验、报告等几个步骤。所谓"自学与实验相结合"，指的是要求学生课外自行参考、收集资料，择要笔记，以补充课堂教学之不足。对理化、机械、银行学、簿记、工场管理等课程的学习则必须实地试验。此外，在方法上还采用了"设计教学"、实地参观考察等方法，以增益学生的实践能力。为发展学生的研究兴趣，该校还组织学生成立了各科研究会，如铁工科研究会、木工科研究会、商业科研究会、珐琅研究会、职业教育研究会等。为了了解学生的职业性向，挖掘学生的职业潜能，培养学生的职业素养，该校还引进了当时最先进的"职业心理测验"，对学生进行职业鉴定，这是当时中国职业教育的一大新举措。

④ 职业学校课程

中华职业学校的课程设置因其科别不同而有不同的课程安排和程度要求，兹以机械科和商科为例说明。

A. 机械科①

机械科的设置目的是为普通工厂培养管理员、原动室管理员、制图员和工厂修理部修理员，而非一般意义理解的技术工人。其招生对象是高小毕业或有同等学力，年龄在15岁以上，18岁以下，身体强壮，自愿习工的青年。修业年限和学习要求是：初级3年，强调实习；高级3年，强调学理和实验能力。

其课程特点是：第一，注重实习，如第一、第二两年课程，每天上课只安排3

---

① 自凤波.最近之中华职业学校[M]//朱有瓛.中国近代学制史料（第三辑下册）.上海：华东师范大学出版社，1992：375.

小时,实习却长达 4 小时。第二,先实习后上课。即先会做工,后教工作法。第三,根据社会需要实施特殊训练。如社会需要电机人员,则加强电机科训练;社会需要建筑人才,则加强建筑科训练。

B. 商科

商科的设置旨在适应上海商业发展的需要,为商店培养店员或专务职员,如会计、文书等。招生对象是商业界子弟,毕业于高小或有同等学力,年龄在 18 岁以下,志愿习商者。修业年限为初、高级各 3 年,但高级由本校初级升入的,减为 2 年。

课程分设国文、公民须知、数学、珠算、英文、商业地理、商业常识、商业簿记、商业各论、经济学、银行学、会计、民商学、打字、验币等。① 课程特点是注重实用性,并根据社会需要随时调整课程,增加社会需要的课程训练。

从以上两科的课程设置特点来看,中华职业学校的课程均以"实用"为目的,以服务社会,适应社会需要为基本目的,具有强烈的时效性和针对性。

⑤ 中华职业学校的办学成果

A. 学生人数不断增加

由于中华职业学校的教学注重实用,学生的实践能力和专业服务能力均高于以往的就业者,故受到社会的广泛好评,学生人数年年增加。到1928 年之前,十年间共毕业学生 836 人,② 而招生时,来报名的人数亦高出定额六七倍之多。

B. 扭转了家长对子女的教育观念

学校刚开办时,有钱人家都不愿送子女入学职业教育,如机械科刚招生时,学生多来自农工子弟。但随着中华职业学校办学成果的日益显著,中华职业学校也受到社会的广泛认可,学生也受到社会的广泛欢迎,商、学、政界家长也开始送子女就读该校,甚至一些做大官、当大学校长的家长,亦送子女来报名。

C. 毕业生供不应求

以往学校的毕业生因学非所用,往往是毕业即失业。而中华职业学校的毕业生却不待毕业,已被工厂先期约定抢聘。等到毕业时来要人的,更是多得无法应付。③

---

① 邹恩润,徐亮.江苏中等以上学校投考须知[M].上海:商务印书馆,1924:22.
② 朱有瓛.中国近代学制史料(第三辑下册)[M].上海:华东师范大学出版社,1992:373.
③ 同上:374.

D. 为全国培养了各类职业人才

据统计,中华职业学校在中华人民共和国成立前为国家培养了8 000多名有用的技术和管理人才,另外还在上海开办了7所中华职业补习学校,为上海地方输送了数万名各种职业人才。①

中华职业学校的办学成果有目共睹,它如一股春风吹进人们长期漠视职业教育的心田。在中华职业学校的示范下,沪上本已开始的职业教育更趋轰轰烈烈。政府、商会、商人、团体投资开办职业教育的比比皆是,上海的职业教育也蔚然成风。

除中华职业学校外,据1924年中华职业教育社统计,设在上海的职业学校有：江苏省立水产学校、江苏省立第一商业学校、南洋高级商业学校、上海市立万竹乙种商业学校、上海县立乙种农业学校、上海私立乙种商业学校等,这些学校基本上是以培养初、中级商业人才为主的商业职业学校。这些职业学校的开设,为上海经济发展提供了大量人力资源。

（2）普通学校附设的职业教育科

上海工商业的急剧发展,使得上海的工商业人才十分紧缺,尽管已开设了不少专业职业学校,但其毕业生仍不能满足社会对专业职业人才的需求。在这种情况下,许多普通学校也纷纷增设职业科。这类职业科以工商类为最多。如上海市立和安高等小学校,因地处租界,学生中将来习商的很多,故于1917年暑假后于校中创设贩卖部和课余工作部。贩卖部由商业教员负总责,学生轮流实习。课余工作部则是由学生于课余仿制学校用品,如黑板擦、运动器具等,制成的成品拿去贩卖部出售,1918年该校又将课余工作部扩充为商业科和工业科。② 又如江苏省立第二师范附属小学校,该校职业科的学生由毕业于该校国民科的一级组成。因学生愿习商者为多,故所办职业科为商科,修业期限为3年。商科学习的科目除普通必修课程外,还包括商事要项、商品、商业簿记、商业经济、商业实践、验币。另外,该校还开设了一所商店,供学生实习使用。③ 这些商科、工科的开设一方面是应教育部的要求,但最主要的还是由于上海工商业发达,这是一种适应社会需要的表现。

---

① 中国人民政治协商会议上海市委员会文史资料工作委员会.解放前上海的学校（上海文史资料选辑第五十九辑）[M].上海：上海人民出版社,1988：367.
② 璩鑫圭,童富勇,张守智.中国近代教育史资料汇编·实业教育　师范教育[M].上海：上海教育出版社,1994：464—466.
③ 同上：471.

（3）企业内部实施的员工职业培训

上海的民族资本家及工商界人士为了提高企业竞争力,开展了企业内部员工的职业教育。1914年穆藕初在杨树浦创办德大纱厂时,因人才匮乏而感叹"凡百事业之成败,全视人才之优劣",①遂决定在纱厂内附设技术学校,以提高工厂管理水平及工人技术水平,他本人还亲自执教。这是上海企业家开办职工补习学校之始。

又如,上海康元印刷制罐厂总经理项康元深信,科学动因力量会改变工人的观念,会消除他们对科学管理法的心理障碍。为此,他积极开展职工教育,希望由此提高员工的文化和技能素质,以获得员工的信任和支持。他本着"务使本厂成为学校化的工厂,教育空气弥漫各处;更使本厂成为工厂化的学校,实行生产教育"②的办学宗旨,在全厂上下实施职工教育。他施行的职工教育内容有智能教育、常识教育、体格教育、道德教育和消防教育五大部分。厂内专设教育部,并设专职教师多人,聘请社会知名人士来厂任教,项康元本人也亲力亲为,每周任教两小时,坚持不懈。厂内还设有图书馆,内有各种科学常识、机械工程等书籍和各种报刊。新进厂的青年工人,一般首先要经过为期3年的文化教育,达到高小毕业文化程度后才能正式转为工友。然后再在实际工作中分批施以为期2年的高级教育,使之达到初中毕业的文化水平,并胜任本职工作。项康元针对厂内青年职工集中的特点,制定了以青年职工为重点对象的厂训、厂歌,将个人修养、职业道德、民族意识、爱国行为等结合进去。其厂训是:"勤、俭、诚、勇、洁";厂歌是:"挺起胸膛,举起两肩膀,爱国救国,责任大家当。发挥青年力量,读书进工厂。国货出品,积极求精良;勤俭奋斗,外货要抵抗。进工厂,进工厂,中华责任大家当。"③陶行知对项康元进行的这项教育工程给予了高度评价:康元是一个新时代的工厂,是一个新时代的学校,是教、学、做合一之极则。④

其他一些大型企业也非常注重职业培训。如荣氏企业积极开展免费的在职职工教育;金融巨头陈光甫非常重视本行行员的培训教育,曾开办多期学员训练班,其本人还亲登讲坛执教;上海商业银行也因善育人才而享誉世界。

企业开展的职工在职教育不仅形成了企业内部的文化合力,提高了员工本人的素质,而且还辐射影响着员工周围人的素质,带动了社会的进步。

---

① 穆藕初.穆藕初文集[M].赵靖主编.北京:北京大学出版社,1995:721.
②③④ 阎广芬.经商与办学——近代商人教育研究[M].石家庄:河北教育出版社,2001:272.

上海职业教育的发展为上海产业界培养了大批具备从事现代生产经营素质的专业人员,使上海从业人员的整体素质得到大幅提高,为上海经济发展提供了坚实的人才基础,使上海的商业活动始终处于繁荣、活跃的状态,使上海的产品能处于全国的领先地位。

(4) 商业补习学校

上海由于商业发达,职业补习学校也以商业类为多。上海的商业补习学校以上海商务总会和中华职业学校开办的最有成效。上海商务总会从其设立之日起就规定,"本会日后经费充裕,应随时酌议设立商务学堂,以期造就人才,兴起商业"。[①] 1921年8月,上海商务总会又与上海商科大学、中华职业教育社共同组织成立了商业补习教育社,其创办宗旨是促进上海商业补习教育的开展,这是中国职业补习教育新进展的重要标志,1922年,该社开办了上海商业补习学校以实践其思想。

上海商业补习学校最初是为养成商会内部事务员而设,但临近正式开设之际,"商界青年子弟闻风而至要求加入者络绎不绝",于是上海商务总会决定因势利导,将商业学校向上海整个工商界开放。上海商业补习学校开办后并未因其是一补习学校而草草应付,而是非常重视教学质量,学校聘请了业内知名人士来校任教,如美国著名大学的经济学和管理学硕士、商务印书馆经济编辑、商科大学教师等。由于该校"凡商业之应有学科,搜罗既备,审择尤精,教授诸君又皆大学毕业者流,循序施教,成效因以大著"。[②]

由于上海商业补习学校在教学内容上非常切合当时上海商业企业从业人员知识结构的实际,加之师资力量和教学水平均为一流,故学校开办以后,吸引了社会众多学子前来就学。据统计,1922年学校初办时录取学生94人,到1923年下学期录取新生时增至221人,1926年又增至321人,成为当时全国规模最大的商业补习学校。[③]

除上海商业补习学校外,上海商务总会还开办了商业夜校以方便在职人员业余进修。1919年青年会开办了商业夜校,上海银行社也开办了商业夜校。1920年上海银楼业开办了工艺学校。同年,邑庙豫园也开办了商业夜校,并实行全额免费教育,为行业内无力就学的同人子弟提供了补习商业知识的机会。

---

① 阎广芬.经商与办学——近代商人教育研究[M].石家庄:河北教育出版社,2001:279—280.
② 同上:289—290.
③ 同上:291.

1927年,潘序伦有感于中国会计人才匮乏,在自己的会计师事务所内开办了簿记训练班,利用晚上空余时间为人们补习会计知识。在此基础上,又于第二年创办了立信会计补习学校,开设簿记、会计学、银行会计、公司会计、税务会计等课程。由于该校课程注重实用,迎合了社会需要,就学者持续增加,逐渐发展成为中国最大的成人会计补习教育机构。

二、灵活多样的社会教育

1. 上海社会教育概况

民国始建,教育部初立,即通电全国筹办社会教育,指出:"惟社会教育,亦为今日急务。"① 当时社会教育分为三个部分:一为宗教礼俗,一为科学美术,一为通俗教育。而通俗教育又分小说、戏曲和讲演三大块。通俗教育讲演的目的是"启导国民以改良社会",分普通和特别两种。普通讲演包括:鼓励爱国、劝勉守法、增进道德、灌输常识、启发美感、提倡实业、注重体育、劝导卫生八项内容;特别讲演主要是对一些时事的宣传和到一些慈善、教养机构介绍参观等。②

为加强社会教育,方便民众查阅书报,1915年10月,教育部要求地方视情形开办图书馆和通俗图书馆,并允许各公私立学校和私人及团体开办,这进一步推动了社会教育的深入开展。与此同时,以"科学""民主"为目的的新文化运动也进一步带动了中国社会教育的深化。各种大众教育、社会服务机构和各种名目的文化团体纷纷成立,各种刊物、阅报处也应时出现。这些团体和爱国学生以提高平民素质为出发点,深入社会底层开办平民识字班、平民夜校和各种补习学校,通过各种演讲宣传新思想、新道德,进行大众教育。一时间,免费的平民学校遍布全国各地。

由于新知识分子的集聚,上海对这样的活动同样作出了积极回应。同时,上海城市化过程中人口激增、素质偏低的现实也要求教育作出反应。从1915年到1920年,上海城区人口由80多万激增到160多万,五年增加一倍。③ 这些增加的人口主要分布在南市、浦东、闸北、吴淞等区域。他们绝大多数是从全国各地到上海讨生活的普通劳动者。北洋政府时期农村经济的调整及连年战乱,使大批农村人口涌入上海,他们大都成年,由于幼时缺乏读书机会而成年后又

---

① 教育部通电各省都督抚筹办社会教育[M]//李桂林,戚名琇,钱曼倩.中国近代教育史资料汇编·普通教育.上海:上海教育出版社,1995:951.
② 教育部公布通俗教育讲演规则[M]//李桂林,戚名琇,钱曼倩.中国近代教育史资料汇编·普通教育.上海:上海教育出版社,1995:955.
③ 上海指南[M].上海:商务印书馆,1923:4.

无力继续就学,故只能生活于社会底层,做简单的体力劳动,生活水平极其低下,每日所得连维持基本生活都有困难。他们进入上海后,虽然为上海建设作出了很大贡献,但也给上海社会带来了很大压力。因此,提高这批人的素质,给他们受教育机会,改善其生存状况,就成为当时上海急需解决的一个社会问题。新文化运动过程中出现的平民教育运动、平民识字运动等,恰好满足了当时上海社会的这种需要。

五四运动以后,社会各级学校竞相增设平民学校、义务学校,目的在于"扫除文盲作育新民"。所以,新文化运动之后,上海在普通教育、职业教育发展的同时,也出现了社会教育的勃兴。到1918年,上海已有各类社会教育机构40余所。据1919年《申报》所登社会教育信息、广告,当年设立的各类函授学校、义务学校、夜校等计有23所。此后,这类学校数量仍在不断增加,到1928年,上海仅公立民众学校就有30所,① 私立社会教育机构更无法估量。

2. 上海社会教育类型

民国早期上海的社会教育从性质上说,主要有六类,即职业补习教育、通俗教育、民众学校、文化补习夜校、义务学校、识字班。此外还有各种函授学校,如中国银行函授学校、商务印书馆函授学校等,还有就是公共文化设施。

(1) 职业补习教育

职业补习教育主要招收已参加工作的成人,目的是使他们掌握一定的职业技能,帮助他们更好地谋生。对于上海的职业阶层来说,各行业内部因劳动的繁杂程度和技术熟练程度的差异而使从业者的工资收入有明显差别,生活水平差距也较大。为此,不断提高自身文化水平和专业技能就成为人们改善自身生活状况的一条重要途径,而职业补习学校正给了他们这样的机会。许多办学成绩卓著的职业补习学校、夜校正是在这样的需求下,招生一扩再扩,甚至在学费不断提高的情况下,求学者仍源源不绝。

1913年8月4日教育部公布《实业学校规程》,规定各小学校、实业学校等可附设实业补习学校,实业补习学校为"已有职业或志愿从事实业者授以应用之知识技能"。② 由于实业补习学校不需要向教育部立案,这就为各类补习学校的开设打开了方便之门,如仅中华职业学校就在上海开办了7所中华职业补

---

① 教育部.第一次中国教育年鉴(丙编)[M].上海:开明书店,1934:627.
② 朱有瓛.中国近代学制史料(第三辑下册)[M].上海:华东师范大学出版社,1992:191.

习学校。①

此外,遍及沪上的外文补习学校也可以看作是职业补习教育的一种形式。这类学校不只是单纯教授学员英文,而且开设了很多实用性课程来吸引生源,如英文簿记、英文打字、英文书信等。这对于希望提高英文应用能力的职员来说非常有帮助,因而其生源也不断增加。二三十年代,上海的外文补习学校在上海社会教育机构中已经占有相当大的比例。就职于洋行、外企的青年雇员或拟进入这些行业的人员为提高外语会话或书写能力而于工余、课余参加外语进修,已成为当时上海的一种普遍现象。

由于职业补习学校主要是为从业者补充其现在从事职业应有的知识技能或增进其他职业的知识技能,故开出之后即得到社会认可,获得较快发展。其中,上海商业职业教育在各类职业教育中发展最快,学校数量最多,其许多举措在上海职业教育界乃至全国都开了先河。

(2)通俗教育

通俗教育在民国时期主要以创建社会公共教育设施,促进社会风俗改良,以及推广民众教育为主,目的是通过实施通俗教育达到社会改良的目的。民国初年,黄炎培任江苏省教育司司长时,于教育司设立社会教育科,从而启动了江苏的社会教育。以后,又在各地设立了一些通俗教育馆,为民国前期江苏通俗教育的发展奠定了基础。

1921年1月,江苏省教育会为进一步推进通俗教育的研究与发展,在内部成立了通俗教育研究会。在此影响下,1925年,上海、宝山两县组织了平民教育促进会,大力提倡和推行通俗教育。该会将上海、宝山两县划分为11个区,仅两个月即设立学校63所,有教员465人,学生5 881人,成绩斐然。②

民众学校以教授年长失学者简易知识与技能为目的,以识字、习字、日用文、公民、常识、珠算、笔算等为主要学习内容,起到扫盲作用。学习期限长短不一,有四个月左右一期的,也有半年一期的,甚至还有长达两年的。

由于民众学校的学生多为成人,故为学习方便,分设日校、夜校和晨校。因其时间灵活,受到社会的普遍欢迎,就学者往往人满为患。上海的杨树浦一带,工厂最多,也是苦力劳工最多的地方,这些劳工大多没有受过教育,不识字。早

---

① 中国人民政治协商会议上海市委员会文史资料工作委员会.解放前上海的学校(上海文史资料选辑第五十九辑)[M].上海:上海人民出版社,1988:367.
② 江苏省教育会.江苏省教育会年鉴(第10期)[M].[出版地不详]:江苏省教育会,1925:9.

在1913年,沪东学会方选民就出于同情,组织通俗教育学校招收这些劳工学习。该校分早晚两班教授,以方便轮流值夜工的工人安排学习时间。他们采用的教材是"六百字通俗课本",目的是使"工人们既识字又明白处事之理"。①

1922年,商务印书馆"鉴于国民失学之多且苦",也在上海开办了两所民众学校,学校除教授平民千字课本中的内容外,还教注音字母。其他的文化补习夜校、义务学校、识字班等也以扫盲为主要目的。这些学校与民众学校基本实行免费教育。一位美国记者在1919年8月报道说:"单单在上海,就开办了16间免费学校,让没有能力交学费的孩子念书。"② 免费学校的办学经费或来自政府补贴,或来自团体个人的捐助,教员往往都是无偿服务,体现了教育界同仁的无私奉献精神。

上海的社会教育一方面是为了扫除文盲,提高市民的文化水平;另一方面也借此使市民养成一种现代人的观念,如公民观、卫生观、道德观等。《教育杂志》曾记载了一次上海通俗宣讲社的宣讲内容是:"讲民主国之人民与国家之责任,毋得顾私利而忘大众。"③ 他们一般都以"敬业乐群"为校训,希望通过社会教育提高市民的职业道德和公民道德。所以这些学校对于成绩优良的学生一般会提供给他们升学的机会。

(3)普通学校开办的社会教育机构

在上海社会教育的发展过程中,大中小学也积极投身其中,纷纷开办平民夜校、平民识字班等,进行扫盲教育,其中以沪江大学最有代表性。

在上海的基督教大学中,沪江大学是最早开展社会教育工作的,它对上海社会教育作出了重大贡献,有发起和促进作用。早在1913年,沪江大学就在杨树浦区创建"沪东公社",举办职工夜校,建立阅览室,组织妇女识字班,为工人进行扫盲教育,为工人区的儿童开设H校,进行普及教育;在工人区开办医院和诊所,宣传卫生常识。④ 他们还成立了"乡村改进社",对附近农民进行文化教育,成立"妇女协作会"、农忙托儿所、乡村妇女工艺班等,吸收农村妇女参加学习,⑤ 受到工人、农民的广泛欢迎。后来,沪东公社发展成为拥有医院、图书馆、全日制小学、初中、夜校以及托儿所等在内的社会服务机构。

该校副校长董景安也发起成立了通俗学校,广泛设学。到1917年,他在各地

---

① 朱有瓛.中国近代学制史料(第三辑下册)[M].上海:华东师范大学出版社,1992:727.
② 周策纵.五四运动史[M].长沙:岳麓书社,1999:279.
③ 朱有瓛.中国近代学制史料(第三辑下册)[M].上海:华东师范大学出版社,1992:728.
④ 阮仁泽,高振农.上海宗教史[M].上海:上海人民出版社,1992:933.
⑤ 李清悚,顾岳中.帝国主义在上海的教育侵略活动资料简编[M].上海:上海教育出版社,1982:41.

已开办通俗学校300余所,毕业生达1 700余人,成效卓著。同时他们还自编教材,以适实用。教育部对他的办学成就给予了高度评价:"……创设通俗夜校,为年长失学之人谋补救之法,历年七载,设校三百,苦心孤诣,至堪嘉尚。"①

在上海社会教育事业不断发展的影响下,有的大学成立了"社会教育系",上海少年宣讲团还于1924年成立了"社会教育专门学院"。所有这些共同构成上海社会教育的扩展之势。

(4) 图书馆事业

除开设各类补习学校、通俗教育机构外,上海为开启民智,提高市民素质,还将教育的视野扩展到了社会各个领域,办报纸,设图书馆,积极进行全方位的社会教育。

上海除一些大学开办图书馆外,一些有实力的中小学也积极筹设图书馆,如浦东中学等均较早开办了图书馆。此外,一些有识之士在办报纸之后,为了提高报纸的利用率,以最大限度地满足贫穷市民的读报愿望,又开始设立阅报室,创办图书馆,如宁波旅沪同乡会设立阅报室、藏书室、图书馆等,对同乡开放,积极服务于同乡的教育需要。

官商盛宣怀不仅在上海创办了中国最早具有中学性质的南洋公学,而且在上海开办了第一个私人办的图书馆——上海图书馆。上海图书馆的建立为沪上教育事业的发展大开方便之门。1921年,上海商务总会又创办了具有专业性质的商业图书馆,以服务商界、开启民智为特征,强调专业性和实用性。

上海社会教育的广泛开展,不仅提高了市民的文化素质,而且为上海各界培养了一大批有一定文化素质和劳动技能的从业人员,成为上海城市及经济发展的重要基础。

三、轰轰烈烈的教育团体活动

北洋政府统治期间,军阀混战,中央政权对各种社会事务疏于管理,给各种社会团体以发展的良好机会。与此同时,五四新文化运动又为这些团体创造了巨大的活动空间。中国各派社会团体的活动空前活跃。教育团体也为推行各类新教育展开了轰轰烈烈的活动。据统计,在1912—1922年,设在上海的各类华人民间教育团体至少有17个,②另据上海通志馆所编《上海的学艺团体》统

---

① 朱有瓛.中国近代学制史料(第三辑下册)[M].上海:华东师范大学出版社,1992:728.
② 朱有瓛,戚名琇,钱曼倩,霍益萍.中国近代教育史资料汇编·教育行政机构及教育团体[M].上海:上海教育出版社,1993:577—592.

计,1912—1926 年,设在上海的各类教育团体至少有 17 个(见表 1-2)。① 这些统计都佐证了上海教育团体的繁荣。

1. 江苏省教育会的活动

江苏省教育会的前身是江苏学务总会,1905 年成立于上海,1906 年更名为江苏教育总会,是近代中国第一个省级教育会社组织。1912 年,江苏省教育总会根据教育部当年公布的《教育会章程》,更名为江苏省教育会。

表 1-2 1912—1926 年设在上海的教育团体一览表②

名　　称	设 立 时 间	宗　　旨
留法俭学会	1912 年初由李石曾等 15 人发起成立于北京,后在上海设立支会	节俭费用,为推广留学之方法;以劳动朴素,养成勤洁之性质
小学教育研究会	1912 年 10 月由上海县教育会会员王立才发起组织	发表心得,讨论疑难
神州医学药总会	1912 年由上海医学界余伯陶、包识生等发起组织	研究医药精理,发达神州天气,讲求公共卫生
中国科学社	1914 年 6 月由中国留美学生发起成立于美国,1918 年迁回国内	传播科学知识,促进实业发展
中华医学会	1915 年由各地著名医生组织成立于上海	—
华法教育会	1916 年 3 月由中法两国文化教育界人士共同发起成立于巴黎,在上海等地设分会	—
中华职业教育社	1917 年 5 月由黄炎培、蔡元培等教育、实业界人士发起成立	推广和改良职业教育,改良普及教育,俾为适于生活之准备
幼稚教育研究会	1917 年由博文中学教员钟佩英、黄裕兰在上海发起	—
中华新教育共进社	1918 年 12 月由江苏省教育会、北京大学、南京高师、中华职业教育社联合组织	直接输入东西洋学术,使我国固有之文化受新潮之刺激而加速其进化率
国民教育促进会	1919 年 7 月由江苏省教育会、中华职业教育社、上海县教育会等发起成立	从调查及演讲入手,促进国民教育

---

① 胡怀琛.上海的学艺团体[M].上海:上海市通志馆,1935.
② 朱有瓛,戚名琇,钱曼倩,霍益萍.中国近代教育史资料汇编·教育行政机构及教育团体[M].上海:上海教育出版社,2007:596—608;胡怀琛：上海的学艺团体[M].上海:上海市通志馆,1935.

续表

名　　称	设 立 时 间	宗　　旨
上海学校教职员联合会	1921年6月成立	巩固教育基础,力图发展
江苏义务教育期成会	1921年7月由江苏省各县行政人员发起	推进江苏省义务教育
全国职业学校联合会	1921年8月由中华职业教育社发起成立	专门研究职业学校共同之问题
上海商业补习教育会	1921年成立	扶助上海商界青年,增进商业智识,养成商业适当人才
上海图书馆协会	1924年成立	研究图书馆学
中社	1925年成立	提倡国学
中国语言文字学会	1926年1月由蒋逸民、严叔平发起成立	研究中国语言文字,发展中国文化

　　从1912年至1927年,教育部先后出台了两个教育会章程,即1912年9月颁布的《教育会规程》和1919年11月修订的《教育会规程》。两个规程重申了清末以来教育会不准干涉教育行政及教育以外事务的规定。但1912年公布的《教育会章程》规定,"教育会得以研究所得建议于教育厅","教育会得以处理教育官厅委任事务"。① 这样,教育会不但具有研究学术、监督教育行政机关工作的职能,还具有受委托从事教育事务的权利。自此,教育会的功能外化,活动空间更广。

　　江苏省一些教育行政官员与教育会的密切关系也扩展了江苏省教育会的活动范围。曾任江苏省教育司司长的黄炎培卸任司长后,长期担任教育会副会长;而会长张謇与上层社会也有着深厚的关系,如曾任省教育司司长的江谦与他长期保持着师生情谊。自1912年起,江苏省教育会的一些骨干先后参加了省政府、省议会及省、县教育行政工作。如沈恩孚先后担任江苏省民政司司长、江苏省公署秘书长等职。官、绅、学的这种交往对江苏省教育会的活动产生了有利影响,使其能对江苏全省的教育变革计划施以影响,并推动教育会教育活动的合法化。俞子夷指出,1920年前后是江苏省教育会风头最健的时期。他说:"中国教育会在十年前播下些革命的种子,江苏省教育会在十年后收得些共

---

① 朱有瓛,戚名琇,钱曼倩,霍益萍.中国近代教育史资料汇编·教育行政机构及教育团体[M].上海:上海教育出版社,1993:252.

和的秕谷。"① 足见其影响之大。

在1912年到1925年江苏省教育会历任的14届会长及副会长中,会长张謇共担任了11届,1922年后由袁希涛担任;副会长除民国初年由王同愈任3届外,其他时间均由黄炎培担任。1923年,江苏省教育会全省会员为535人,其中金陵道94人,沪海道173人,苏常道166人,淮扬道30人,徐海道72人。这其中,沪海道人数最多,而仅上海一县会员即多达46人,比淮扬道还多。由于设址以及教育会会长、副会长和会员人数的关系,江苏省教育会的活动长期以来是在上海周围开展的。

（1）江苏省教育会与上海地方教育会的关系

江苏省教育会与上海地方教育会之间并无直接的隶属关系,而是一种相互联络统合的关系。但由于江苏省教育会的常会代表是地方教育会会长及教育行政长官,故上海地方教育会的某些行为实际上是江苏省教育会的意见在地方的推行。而上海地方教育会的一些会长一直是江苏省教育会的核心骨干人物,如贾丰臻在1912—1913年、1921—1923年任上海县教育会会长,卸任后,被选举为江苏省教育会学校部干事员（1914年、1924年）。② 黄炎培1906年任川沙县教育会会长,1920年起出任江苏省教育会常任干事员,后长期担任副会长一职。袁希涛1907—1908年、1915—1917年担任宝山县教育会会长,1922年后则担任江苏省教育会会长。上海地方教育会领导与江苏省教育会之间的这种关系,使江苏省教育会实际上对上海地方教育会的工作有着较大的影响,上海地方教育会成为江苏省教育会各种计划的忠实执行者。

（2）江苏省教育会的宗旨及任务

1912年10月15日,江苏省教育会公布章程,将活动宗旨确定为:"一审民国之前途以定方针,一审本省之现状以求进步。"③可见,章程将教育会的目标与国家、地方的进步相结合,将教育活动与政治改革相结合,体现了当时爱国知识分子"教育救国"的思想和忧国忧民的政治关怀意识。

章程还规定了江苏省教育会的任务,即研究关于学校教育、社会教育、家庭教育各事项,力图教育发达。具体又分为六个方面:"一、注意教育普及,以养成民国国民之资格;二、注意政治上之教育,以养成国会、省会、县会、市乡会之

---

① 俞子夷.1927年前几个教育团体[J].华东师范大学学报(教育科学版),1989(2).
② 朱有瓛,戚名琇,钱曼倩,霍益萍.中国近代教育史资料汇编·教育行政机构及教育团体[M].上海:上海教育出版社,1993:340.
③ 同上:281.

人才;三、注意实业教育,使农工商三业其实力足以助各种机关之发达,而立富国之基本;四、注意尚武教育,使地方人民皆有军国民之精神;五、与本省、县、市、乡教育会互相联络,以期各地方之教育方法归于统一;六、联络各省教育会,以期共同进化,合于国民教育之宗旨。"①

(3) 江苏省教育会的具体活动

① 开展各种教育研讨

开展教育研讨是教育会的基本职能之一。民国以来,人们对教育现代化过程中出现的问题时感茫然,急需了解国际国内教育发展的最新动态。而教育会不定期召开的一些研讨会正起到集思广益、帮助解决问题、传递信息的作用。

如1914年江苏省教育会召开"学校卫生及学校管理讲演大会",请俞庆恩等人从现代学校卫生学的角度讲解了教室采光、换气、桌椅布置等对学生学习的影响,对办学者而言,这是一种新的管理视角。还请郭秉文讲解了学校管理法,对校长的管理行为"极有裨益"。② 同期,还请克洛凯介绍了体育发展史,并参观了在这方面卓有成效的学校,使与会者"兴味渊永"。这些研讨活动传递了国际教育研究的最新信息,开拓了人们的视野,更新了人们的观念,因而吸引了教育工作者的广泛参与。

② 组织教育研究团体

表1－3　江苏省教育会内部各种研究会一览表③

名　　称	成立时间	开 展 研 究 情 况
英文教授研究会	1914年9月	—
小学教育研究会	1914年10月	1917年6月开小学图画手工成绩展览会三日,出品4 762件,刊《小学校图画手工之新研究》一册
理科研究会	1914年11月	1920年10月—1921年办小学工艺传习会六届,1921年于上海成立小学理科实验室,是年7、8月举行理科讲习会,1923年2月开小学理科教具展览会三日,出品488种;是年7月—1924年6月开理科实验竞赛会三次

---

① 朱有瓛,戚名琇,钱曼倩,霍益萍.中国近代教育史资料汇编·教育行政机构及教育团体[M].上海:上海教育出版社,1993:281.
② 同上:291.
③ 刘正伟.督抚与士绅——江苏教育近代化研究[M].石家庄:河北教育出版社,2001:347.

续表

名　　称	成立时间	开展研究情况
师范教育研究会	1915年1月	1917年6月与小学教育研究会合开小学图画手工成绩展览会一次
体育研究会	1915年7月	1919年7月办暑假武术传习所，1925年2月组织远东运动会筹备委员会
职业教育研究会	1916年9月	—
幼稚教育研究会	1917年	曾举行幼稚生表演多次
中学教育研究会	1918年8月	
地方教育研究会	1918年8月	刊布所有各县教育概况报告
推行国语委员会	1920年	1925年9月举行国语运动大会一次
通俗教育研究会	1921年1月	—
江苏职业教育研究会	1922年8月	每年开常会一次
美术教育研究会	1923年8月	1924年4月9日—18日在上海举办第一次美术展览会，选送学校出品者931件、美术家722件
学校军事教育委员会	1925年4月	—
道尔顿制讨论会	1925年7月	邀请美国帕克赫斯特女士出席

随着教育的发展和教育研究的不断深入，以及各种教育思潮如义务教育、职业教育、通俗教育等的不断涌现，仅由教育会承担各种研究活动显然力不从心，这样，成立各种更为细化的教育研究团体成为人心所向。与此同时，20世纪20年代前后全国教育发展的形势也给了各种教育团体以良好的发展机会。在这种情况下，1912年到1927年间，江苏省教育会组织成立了15个教育研究团体（见表1-3）。

这些研究会的成立主要得力于江苏省教育会内部成员的倡导，故这些教育研究会的领导及成员本身也多是江苏省教育会的成员，如张謇、袁希涛、黄炎培等都是身兼数职。由于这些研究会的工作都是在江苏省教育会的支持下展开的，故其研究成果也能够在江苏省教育会的支持下，在全省范围推广。如中华职业教育社对职业教育的倡导依靠江苏省教育会的支持，首先在江苏得以顺利实施、推广。而当1924年江苏各县因经费支绌多停办职业学校时，又是江苏省教育会联合中华职业教育社向省教育厅建议，各县不宜停办职业学校。这一建议得到省教育厅认可，并由省教育厅通令全省遵照执行，最终避免了江苏职业教育的滑坡。①

这些研究会以学术研究为主,从各级教育研究会如小学理科教育研究会、中学教育研究会、师范教育研究会等,到各类教育研究会,如职业教育研究会、体育教育研究会、美术教育研究会等,再到教学方法研究会,如道尔顿制研讨会等,几乎涉及当时教育问题的所有方面。尤其是理科教育研究会、体育研究会、国语研究会、幼稚教育研究会的成立,对推动相关领域的教育活动,促进江苏教育现代化进程产生了重要作用。

这些研究会的成立在当时全国同类教育会中是绝无仅有的,其成员既有大学教授、专家,又有一线的教师,促进了教育与研究的紧密结合,为教师由教书匠向专家转变提供了更大可能,同时,对江苏全省尤其是上海教育变革的深入起到了推波助澜的作用。

③ 推动理科教育和体育教育发展

新文化运动以后,"民主"和"科学"成为时代主题,反封建、反迷信、提倡科学开始深入到具体的社会文化生活。在这样的背景下,1914年,江苏省教育会成立了理科教授研究会,因其研究范围不止"教授",后更名为"理科研究会"。第二年,江苏省教育会又成立了体育研究会。

理科研究会早期关注的问题主要是教授方法,如提倡自动主义等。后来将研究扩大到理科教育内容、理科实验等问题,甚至介入了中小学理科课程改革。1923年理科研究会常会决议,在上海各县设立理科专任教员,并改理科教授制为理科专任制;要求各县组织理科教学法参观团,利用暑假参观调查各地农工商业发展现状及农工商品加工方法,以补充理科教授之应用知识。②

1920年8月,理科研究会为解决许多学校缺乏理科完全设备致使学生无法实习的问题,倡议在上海创办一所公共理科实验室。次年,小学理科实验室在上海南市职工教育馆落成,这不仅为上海乃至全省理科教育提供了一个试验、交流与展示的窗口,同时也促进了理科知识的普及。

1923年至1924年间,理科研究会又先后在上海、苏州、南京三地举行理科实验竞赛会。如在上海举行首届竞赛会时,竞赛要求非常严格,小学必须是所辖道区内学校,竞赛内容也相当丰富,参与者众多。当时仅上海、苏州两届竞赛

---

① 刘正伟.督抚与士绅——江苏教育近代化研究[M].石家庄:河北教育出版社,2001:350.
② 教育杂志[J],1921,13(9):5,7.

获奖学校就多达 123 个。① 竞赛会的召开,培养了学生的科学实验技能,推动了全省理科教育的发展。

促进体育发展是近代爱国教育工作者的一大心愿,许多著名教育家在阐明其教育主张时,都将体育作为健民强国的一个重要方面。江苏体育研究会的成立也是出于这一目的。江苏体育研究会是江苏省教育会附设各教育团体中最为活跃的团体之一,成立后先后在上海、南京、苏州等地设立分会,并在分会内设置了师范体育部、小学体育部、中学体育部、社会体育部、女子体育部、国粹体育部,举行了广泛的体育活动,还督促各县设立公共体育场,对各地体育活动的开展起到了促进作用。在它的影响下,上海每年都要举行县、学区级的运动会和学校间的运动赛。在 1926 年第七次远东运动会召开之前,上海还成立了筹备会,并在公共体育场设立短期田径运动教练班,每星期都聘请中外体育专家到场指导。②

江苏省教育会自其产生之日起,就对江苏教育的发展发挥了无可置疑的作用。由于地缘和人缘关系,上海更是受益无穷,其各项活动均对上海教育起着促进作用。在上海教育的发展过程中,江苏省教育会的活动不容忽视。

2. 中华职业教育社

1917 年,黄炎培发起组织了中国近代第一个研究、倡导、实验和推行职业教育的专门机构——中华职业教育社,探讨、推行职业教育。它的成立是鉴于中国"最重要、最困难问题,无过于生计",而根本的解决办法是"沟通教育与职业",这是"救国救社会的唯一方法",③为此订定了三大工作目标:推广职业教育;改良职业教育;改良普通教育,俾为适于生活之准备。④为了达成目标,中华职业教育社对当时的普通教育和职业界状况进行了广泛调查和深入研究,到各种场所、学校讲演职业教育,出版刊物、书籍宣传职业教育,到各地设立职业学校和实施职业教育的场所,如商店、农场、工场等。这些活动使职业教育在中国的影响日渐扩大,并最终促使 1922 年的教育改革将职业教育正式列入普通学校。兹将其在上海的教育活动简述如下:

---

① 刘正伟.督抚与士绅——江苏教育近代化研究[M].石家庄:河北教育出版社,2001:372.
② 江苏省教育会.江苏省教育会年鉴·附设各会报告[M].[出版地不详]:江苏省教育会,1925:24;刘正伟.督抚与士绅——江苏教育近代化研究[M].石家庄:河北教育出版社,2001:375.
③④ 朱有瓛,戚名琇,钱曼倩,霍益萍.中国近代教育史资料汇编·教育行政机构及教育团体[M].上海:上海教育出版社,1993:437.

(1) 创办中华职业学校和职工教育馆

中华职业教育社成立的目的是推广职业教育,改良职业教育,但如何"改",人们并无统一认识。为实践中华职业教育社的职业教育理想,为各地改良职业教育、设立职业学校作出榜样,中华职业教育社在成立的第二年就在上海创办了中华职业学校,以"举例示人"。中华职业学校成立后,根据对社会的调查,开设了当时上海急需的几种专业:木工科、铁工科、珐琅科、纽扣科。因这些专业适合社会需要,加之学校的培养方案又注重社会实践能力,教育成效显著,毕业的学生大受欢迎,有的甚至还未毕业就已被提前聘用。

在中华职业学校创办成功之后,中华职业教育社为使"有业者乐业",又于1922年创办了"职工教育馆",附设于中华职业学校。职工教育馆分设图书、科学两馆,图书馆主要是便于职工查阅图书,而科学馆主要是各种工业制品的陈列,类似于工业博物馆,谋职工教育之意义。

职工教育馆设于上海的原因在于上海工人众多,而"劳工为今世重要问题"。中华职业教育社认为,中国不能称雄世界的主要原因在于工业不兴盛,职工教育不发达。观世界各地,日本、欧美工厂广设这样的教育机构,我国却还是空白,故从世界和国内发展的趋势看,都有必要成立这样的教育机构,以备"各业劳动界随时入内研究,增进其技能"。① 职工教育馆的开办是中国职工教育史上的一大创举,是中国职业教育发展历程中的又一标志性举措。

(2) 试办职业指导

中华职业教育社成立时就在章程中拟定,待"职业教育成效渐见,影响渐广"后设立职业介绍部,以起职业教育的通告、引导作用。② 当职业教育在全国兴起后,经过一段时间的调查、研究和实施,发现"社会上各种职业需要的人才和各人的体力、学业、品性、能力不相谋合",使从业者和就业单位都受到损失。为了挖掘择业者的职业性向,指导择业,同时提供社会用人标准,指导就业,中华职业教育社决定试办职业指导。

1920年,中华职业教育社成立职业指导部,并在上海首先开始调查职业界的情况。调查内容为各实业家、各职业学校招收学徒和学生的各种资格同入学

---

① 朱有瓛,戚名琇,钱曼倩,霍益萍.中国近代教育史资料汇编·教育行政机构及教育团体[M].上海:上海教育出版社,1993:461.
② 中华职业教育社章程[M]//朱有瓛,戚名琇,钱曼倩,霍益萍.中国近代教育史资料汇编·教育行政机构及教育团体.上海:上海教育出版社,1993:438.

时的程度。① 被调查的商家主要是一些银行、纱厂、洋行、公司等新式商业机构，被调查的学校主要有同济、圣约翰、震旦、复旦、南洋路矿、中华职业、南洋商业、第一商业专科、第二师范、南洋女师、女子体操学校、东亚体操、南洋公学以及一些水产、美术学校等。这些学校的招生程度和毕业生出路状况一方面被用作职业教育发展的指南，另一方面由中华职业教育社将其编写成"投考指南"，以方便学生投考。这对当时准备投考上海学校的各地学子起了很好的参考作用，避免了学生投考的盲目性，同时宣传了上海的学校，使上海的学校走向全国，也使全国的优秀学子集聚于上海。

职业指导部一方面帮助投考职业学校的学生根据自身个性、能力、志愿等选定所学专业；另一方面到各校演讲，对即将毕业的学生进行指导，帮助他们了解各种职业的特点，使学生有自我判断的能力，选择适合自己的职业。而对于已选择的职业，则指导他们要有坚忍的耐力，而不是一有挫折即思转业。职业指导部开展的这些工作，将职业教育"使无业者有业，使有业者乐业"的理想真正得到了贯彻，也使人们能正确看待和评价职业教育，从而促进了职业教育的发展。

（3）举办职业教育成果展览会

中华职业教育社为了扩大职业教育的影响，以便让人们从实际的教育成果中看到职业教育的益处，决定从1918年起，在每年年会时举办展览会。

首届展览会是职业学校成绩品展览会。当时参加展出的有27所学校，主要是上海周围一带的学校，如上海清心实业学校、立和安小学、城东女学社、女子手工传习所、孤儿院、贫儿院等。展品主要是这些学校学生制作的木工、藤艺、刺绣、染织物、编织物、农艺、园艺产品等。展览会上还附设了临时贩卖所以出售这些产品，买者甚众。之后，1919年又举办了中华职业学校制作展览会，1920年举办了职业教育图表展览会和玩具展览会，1921年举办了中华职业学校成绩展览会，1922年举办了职业学校制品展览会等。这些展览会的举办展示了职业教育的成就，深化了人们对职业教育的认识，转变了社会对职业教育的观念，肯定了职业学校学生的能力。

中华职业教育社通过举办这些活动，使职业学校的生源日增，毕业生出路日宽，许多工厂、商行都愿意从职业学校招聘员工。职业教育的声势和影响不

---

① 朱有瓛,戚名琇,钱曼倩,霍益萍.中国近代教育史资料汇编·教育行政机构及教育团体[M].上海：上海教育出版社,1993：473.

断扩大。

3. 上海商业补习教育会

上海商务总会为适应上海职业教育的发展形势,积极开展商业职业教育和商业补习教育。为把商业补习教育纳入全市职业教育的轨道,上海商务总会又联合中华职业教育社、上海商科大学于1921年共同成立了"上海商业补习教育会"。

上海商业补习教育会的创办宗旨是:扶助上海商界青年增进商业智识,养成商业适当人才。① 本着这种精神,上海商业补习教育会为使更多的青年商业人士参与商业教育活动,热情邀请了上海的商教团体加入该会,如银行公会、钱业公会、华商纱厂联合会、洋货商业公会等。同时广泛调查了上海商业教育的情况,了解了上海商店学徒需要补习教育的情况和上海已开展商业补习教育的情况。在此基础上,他们又研究了实施商业补习教育的方法,并根据调查、研究的结果开办了上海商业补习学校。由于商业补习学校的开设是建立在深入调查研究的基础之上,故学校开办后深受欢迎,商界青年都纷纷来学,求学者范围大大超出商会内部人员。

由于上海商业补习教育会广泛联合了商、教团体的参与,从而使上海商业补习学校聘请到当时商、教界最具商业教学才能的师资,也使商业补习学校的功能远远超出了上海商务总会的范围,这对上海整个商业教育和商业活动起到了带动辐射作用,上海商业补习学校成为当时全国规模最大的商业补习学校。

4. 其他教育团体的活动

(1) 上海教育会

上海教育会是县属教育会,成立于1908年,其职能包括劝学所的各项事务。民国成立后,在会长贾丰臻等人的主持下,积极配合江苏省教育会的计划组织活动,展开对上海地方教育的调查、研究和指导工作。1918年,该会组织成立了"小学教育研究会",邀集上海公立和私立小学参加,对小学的各项问题展开研究、讨论,并将研究结果集印成册,分送各小学供其教学研究参考,这对推进上海小学教育的研究起到了积极作用。

(2) 中国科学社

中国科学社是一个纯粹的科学研究学术团体,1915年由留美学生胡明复、

---

① 上海商业补习教育会简章[M]//朱有瓛,戚名琇,钱曼倩,霍益萍.中国近代教育史资料汇编·教育行政机构及教育团体.上海:上海教育出版社,1993:483.

赵元任、杨铨等发起在美国成立,后迁至上海。他们发行科学杂志,宣传科学主张,倡导以科学内容尤其是科学精神、科学方法充实社会各项专业尤其是教育,从而掀起了中国近代的科学教育思潮,促进了五四运动以后教育实验运动的兴起。

（3）上海图书馆协会

上海图书馆协会是一研究图书馆学的团体,成立于 1921 年。随着上海社会教育的不断发展,公立、私立图书馆日渐增多,但人们对于图书馆的管理、图书的选择采购以及图书馆如何服务于社会等并不清楚。为推动对这些问题的研究,统一认识,提升图书馆的管理水平和服务社会的功能,上海图书馆界的杜定友、黄警顽等人发起成立了该协会。协会成立后,积极组织业界人士讨论研究图书馆问题,并发行会报,它对上海图书馆事业的发展起到了有效的促进作用。

除上述各种教育学术团体之外,当时设址于上海的教育学术团体还有：由中华职业教育社等发起成立的"新教育共进社",以提倡国学为宗旨的"中社",以"研究中国语言文字发展中国文化"为宗旨的中国语言文字学会,为谋上海中等教育发展改进的"上海中等学校协进会",以服务留学生为主的"寰球中国学生会",等等。

在五四新文化运动前后成立的这些教育学术团体,以广泛的调查为前提,以深入的研究为基础,积极组织各种演讲会宣传其思想,出版刊物推广其成果。其活动注重社会实效,致力于社会改良,以服务社会、谋社会进步为宗旨。本着这样的科学精神,它们积极开展各类研究活动,出版刊物,参与政治,为促进上海地方乃至全国的教育发展作出了重要贡献。

四、收回教育权与教会教育的应变

1. 民国前期上海教会教育的状况

上海作为中国最早的通商口岸,在鸦片战争后也成为传教士宣传宗教、从事文化教育活动的重要基地。传教士们在上海先后创办了一系列新式学校,既有高等院校,也有慈善机构；既有普通中小学,也有医学、工程职业、师范等学校,包含了各级各类教育。它们的创办带来了西方新式教育的范本,为国人自办学校提供了鲜活的例证。民国建立时,上海已有的教会学校既包括震旦大学、圣约翰大学、沪江大学、上海基督教女子法学院等四所高等院校,还有中西女塾、徐汇中学、徐汇女中、圣芳济学校、启明女校、中法学校、格致中学、清心中学等一批著名中学和众多的小学、慈善机构。

民国建立之后,伴随教会势力在中国的继续扩张,来华传教人数不断增多,教会学校数量也与日俱增,但著名的教会学校仍以上述学校为主。这主要是因为民国建立后,这些学校能与时俱进,适应时代需要,在保持教会学校特点的基础上迅速世俗化,不断完善内部管理,改革教育内容,提高办学质量,以特色吸引学生,以质量取信社会,从而以老牌名优的特点立足上海教育界,成为上海教育史上绝不能抹杀的过去。

(1) 民国前期教会高等学校的扩张

鉴于基督教在华传教事业的发展与中国新式教育的兴起所产生的竞争,传教士们深感有提高基督教教育事业层次的必要。为此,各教会机构纷纷筹办或改组已办的高等院校。兹举例剖析。

① 圣约翰大学

美国圣公会施约瑟(J. Schereschewsky)在华布道期间,即开始呼吁在中国创办教会大学。1879 年,在他的多方筹措下,圣公会最终决定在上海开办在华的第一所大学。9 月 1 日学校正式开学,定名为圣约翰书院。施约瑟任书院主任。自 1888 年起,圣公会选举该书院英文教师卜舫济为校主任,之后,圣约翰一直由卜舫济执掌,直到 1942 年他退休辞去校长职务为止。

卜舫济接手书院后,在他的领导下,学校几经扩展,人数不断增多。据统计,在 1899 年之前,该校大学毕业的学生只有 7 人,预科毕业的也只有 69 人,到 1909 年,全校学生数达到 334 人,其中大学班学生开始超出百人,达 108 名。辛亥革命后,学生人数逐年增加,1913 年学生总数超过 400 人,1918 年超过 500 人。大学生数自 1915 年起均超过 200 人。① 在卜舫济的努力下,圣约翰书院课程不断向大学方向调整。1892 年,圣约翰书院正式开设大学课程,但最初并无专业之别。1896 年,卜舫济将其调整为文理、医学和科学三科,其本人兼文理科主任,学校自此初具大学雏形。随着学校不断步入正轨,卜舫济也在寻求学校的进一步发展。1906 年,学校终于可以以圣约翰大学之名向华盛顿哥伦比亚特区直接立案,从此,各院获得授予美国各大学认可之学位,毕业生也可优先甚至免试入美国相关院校进行深造。这深受中国学生的欢迎,学校也迎来了更大的发展机会。

学校改组成为圣约翰大学之后,学制由 4 年延长为 7 年,其余不变,但整体办学水准不断提高,逐渐成为中国的著名高校之一,甚至孙中山也于民国成立

---

① 李清悚,顾岳中.帝国主义在上海的教育侵略活动资料简编[M].上海:上海教育出版社,1982:36.

不久亲临讲话,向学生演讲科学与教育的重要性。民国之后,由于上海私立学校如雨后春笋般出现,使教会学校倍感压力,为此,圣约翰大学决定从质量入手,以学术谋求自身在上海、中国高教界的地位。学校加紧从基础建设、教学设备添置和优秀师资延聘等方面着手,大力营造学术氛围。由毕业同学及学生捐募,1913年建成图书馆,1917年又建体育馆、游泳池。1921年又经洛氏基金资助添设新科学楼、科学实验室及全套实验室设备。①

为了提高教学质量,圣约翰大学以高薪聘请中国的优秀教师,在1925—1926年间,该校的中国教师已超过外籍教师,占教师总数的50%。这在同类教会学校中是比较突出的,当时人们都知道圣约翰教授多名流。正是优秀教师的集聚,营造出圣约翰大学良好的学术氛围。

另外,为了保证生源质量,提高办学成效,圣约翰大学从1914年起提高预科及大学的入学标准,严格筛选生源,一般以圣约翰大学附中毕业生为主要招收对象,同时留一小部分名额给各地教会中学的优秀毕业生,但这类学生须经考试合格方可被录取。其中的某些学科,圣约翰还要求投考者必须达到一定的大学程度方可,如医科要求有大学两年以上程度。② 即使提高了入学标准,各地学生仍慕名而竞相投考。如陈鹤琴就因圣约翰大学是全国最著名的大学,弃沪江大学而投考了圣约翰。③ 为了招到家境贫寒但学习优秀的学生,圣约翰大学还设立了减免费学额。当时减费学额主要是文、理科,免费学额主要是道学和医学。④ 这些学额分别派给本校附中和其他一些教会学校,这些学校也因其教学质量不同而得到不同的名额。

为了充实科研力量,提高知名度,圣约翰大学还与国外科研机构建立了合作关系。如1914年与美国宾夕法尼亚科学会订立协议,将广州宾夕法尼亚医学院与圣约翰医学院合并,更名为圣约翰大学宾夕法尼亚医学院,使其医学院不但可获得宾夕法尼亚科学会在教学、科研上的指导,而且毕业生也可直接进入宾夕法尼亚医学院学习。

通过上述努力,圣约翰大学奠定了坚实的外在发展基础。为了向综合性、高质量方向发展,圣约翰大学又在内部系科设置上不断细化专业,充实新系科。

---

① 卜舫济论圣约翰大学之沿革[M]//朱有瓛,高时良.中国近代学制史料(第四辑).上海:华东师范大学出版社,1993:428—429.
② 邹恩润,徐亮.江苏中等以上学校投考须知[M].上海:商务印书馆,1924:14.
③ 陈鹤琴记圣约翰大学[M]//朱有瓛,高时良.中国近代学制史料(第四辑).上海:华东师范大学出版社,1993:450.
④ 邹恩润,徐亮.江苏中等以上学校投考须知[M].上海:商务印书馆,1924:10.

1913年,设置研究院,提高研究能力;1914年,理学院设工程系;1918年,文学院添设商业研究部,下分经济及工商管理两系;后又添建新闻和政治历史两系;1923年,又成立工学院。这样,圣约翰由一个只有三个专业的书院发展为文理工医齐全的综合性大学,不断接近"缔造中国最著名大学"的梦想。

在教学上,圣约翰大学以英文程度要求高和对体育的重视而著称。圣约翰大学的教材都是英文原版的,且除中文课外,都采用英语教学。如陈鹤琴考入圣约翰大学后,尽管其英文程度很好,但最感困难的仍是采用英文原本教材,一时难以适应。① 正是因为重视英文,圣约翰大学的毕业生都具备良好的英文基础,这就为他们日后就业或者留学打下了牢固的语言基础。圣约翰大学秉承西方教育精神,将体育列为教学的重要内容。学校投巨资建运动场馆、游泳池,开展田径、足球、网球、羽毛球、棒球、垒球、排球、橄榄球、篮球、拳击、武术、击剑等多种体育项目,某些运动项目在当时的上海、华东乃至全国处于领先地位。如1917—1921年间,该校网球队连续五届荣登华东各大学网球锦标赛冠军宝座;中国第一支足球队诞生于圣约翰;1926年,该校教师沈嗣良还发起组织了"中华全国体育协会",这在中国近代体育史上具有重要意义。

在卜舫济对圣约翰大学的苦心经营下,学校终于结出了盛果。圣约翰大学的毕业生大多进入中国各领域占据要职。到1926年,圣约翰大学已有43名毕业生在政府任职,其中部长级7人,局长级16人,外交官6人,铁路官员14人;商界158人,其中经理24人;教育界72人,其中大学校长2人,中学校长5人。② 卜舫济以圣约翰大学毕业生对未来中国施以最大影响的梦想正在逐步成为现实。

② 沪江大学

沪江大学创办于1906年,原名上海浸会大学。1912年由魏馥兰博士任校长,并以中国人董景安为副校长,自此该校"校务发展,气象日新,成绩斐然,进步极速"。③

1915年,该校改名为沪江大学。1917年沪江大学在美国弗吉尼亚州注册立案,得授学位,从此,凡读完大学课程而平均分数得三分者,均能获得文学士

---

① 陈鹤琴记圣约翰大学[M]//朱有瓛,高时良.中国近代学制史料(第四辑).上海:华东师范大学出版社,1993:450.
② 朱有瓛,高时良.中国近代学制史料(第四辑)[M].上海:华东师范大学出版社,1993:422.
③ 上海各大学联合会刊记沪江大学概况[M]//朱有瓛,高时良.中国近代学制史料(第四辑).上海:华东师范大学出版社,1993:630.

或理学士学位,①这使学校人数大增,大学生由1913年的53人增加到77人,中学部由1913年的57人增加到113人,1918年学生总数达到270人。魏馥兰任校长后,不断扩大学校规模,成立了博物院,扩充了理科,使物理学、化学、植物学、动物学及地质学等学科并存。1917年该校附设普济医院,1918年又增设国文专修科,1919年以后,学校开始分科设系。至此,该校已设有文、理、社会学、商等科,不少系科日趋完备。至1924年,学生人数已增至344人。②魏馥兰还提倡女子教育,于1920年正式招收女生4人,实行男女同校,③开在华基督教大学之先河。

沪江大学在不断扩大自身规模的同时,还积极参与中国的社会服务事业,努力扩大它在社会上的影响。如1913年在杨树浦区创建的"沪东公社",对工人进行扫盲教育,并开展社会福利活动,同时创办医院,提高民众的健康水平。后几经发展,成为一个拥有医院、图书馆、全日制小学、初中、夜校及托儿所等在内的庞大的社会服务系统,使区内工人及其子女的知识、文化和健康水平得到极大提高,受到社会欢迎。

③ 震旦大学

1902年马相伯创办震旦学院。1905年由于学生与学院领导人南从周产生矛盾,愤而退学,学院解散。5个月后又由耶稣会组织董事会,续办重开。1908年,震旦学院迁入吕班路自建校舍。从是年起,耶稣会任命该校领导人为"院长"。以后,历任院长均为耶稣会传教士。第一任院长为韩绍康(Allain),他任院长后,开始发展震旦学院,重订学校章程,设文、理两科,卒业"领有文凭",相当于法国的文、理学士,这意味着震旦学院已开始参照欧洲大陆的办学体制步入正式大学的轨道。

1912年孔明道任院长,按法国大学体制改称震旦大学院,并在罗马教廷立案登记。是年,震旦举行第一次本科毕业考试,文、理二科得学士文凭者12人。④ 1914年南道煌(Fournier)任院长,分设法政文学、算术工学、博物医学三个专科。⑤ 三个专科的设立,奠定了震旦作为一所正式大学的基础,以后震旦又

---

① 葛祖兰记上海沪江大学[M]//朱有瓛,高时良.中国近代学制史料(第四辑).上海:华东师范大学出版社,1993:632.
② 阮仁泽,高振农.上海宗教史[M].上海:上海人民出版社,1992:933.
③ 忻福良,赵安东.上海高等学校沿革[M].上海:同济大学出版社,1992:95.
④ 同上:64.
⑤ 李纯康记震旦大学校史[M]//朱有瓛,高时良.中国近代学制史料(第四辑).上海:华东师范大学出版社,1993:405.

在三个专科的基础上发展出法学院、理工学院和医学院。

在师资方面,震旦力聘名教授和有较高水平的知识分子。教师除一部分为有较高水平的耶稣会神父外,还特别从法国聘请名教授来校任教。此外,震旦毕业的高材生或有留法博士学位的也有被聘任的,足见其师资力量之雄厚,因此吸引了更多的学生,学生人数逐年增加,1908年有学生约150人,1918年达到233人,1928年又达473人。① 与其他教会大学不同,震旦的学生最初都是非教徒,直到20世纪20年代,大多数学生仍是非教徒。如,1924年震旦有学生392人,其中320人是非教徒。加之震旦学生具有强烈的政治意识,所以震旦的毕业生很少成为外国人的忠仆,他们基本上都以服务社会、服务普通民众为宗旨。

(2)民国前期教会在上海开办的普通学校的状况

教会在上海开办中小学始于1847年基督教创办怀恩中小学。天主教亦于1849年在徐家汇开读经班。之后,教会学校相继设立,其中较为著名的有由天主教创办的徐汇公学、圣芳济学堂、启明女中,由基督教创办的清心书院、中西书院、中西女塾、圣玛利亚女校、圣约翰大学附中等。

① 徐汇公学

徐汇公学于1850年正式成立。民国建立后,依教育部所颁学制,改为高等小学三年和中学四年。外语以法文为主,中学阶段同时开设英语。②

民国以后,徐汇公学的规模不断扩大,到1920年建校70周年时,有学生446人,其中非教徒166人。1912年学校扩建新校舍,到1918年落成,加上宿舍楼、大小三个操场,其校园面积在当时沪上普通学校中屈指可数。③ 徐汇公学以培养天主教知识分子为主。从马相伯、李问渔起,上海天主教中的男性高、中级知识分子,包括神父,他们的中学时代基本上是在这所学校度过的。在上海普通教育史上,徐汇公学占有重要地位。

② 圣芳济学堂

圣芳济学堂创办于1874年。初办时只有两间小房,教师1人,学生4人。课程只是一些简单的读、写、算。随着欧洲殖民者的大量涌入,该校渐渐成为以外籍学生为主的学校。1905年,圣芳济学堂派4名学生赴英国参加剑桥大学公

---

① 阮仁泽,高振农.上海宗教史[M].上海:上海人民出版社,1992:699.
② 《徐汇中小学校刊》记徐汇中学校史[M]//朱有瓛,高时良.中国近代学制史料(第四辑).上海:华东师范大学出版社,1993:226.
③ 阮仁泽,高振农.上海宗教史[M].上海:上海人民出版社,1992:688.

开考试,有 3 人获及格文凭,以后每年都有考试及格的。自此,圣芳济学堂声誉日隆,投考者日众。

与其他天主教学校重法文不同,圣芳济学堂更注重英文,所以当时上海天主教学生想在银行、海关谋职要读英文的,都进这所学校,甚至非教徒也慕名报考。这样,学生人数飞速增长,到 1918 年,学生已达 740 人。① 此后,学校不断稳步发展。

③ 启明女校

启明女校创办于 1904 年,寄宿制。专收非教徒学生,以有钱人家女孩为招收对象,以培养淑女为目的。学校最初不设宗教课,1911 年始设宗教课。初办时学生只有 11 人,但发展很快,到 1914 年即达 160 余人,② 1921 年增至 270 余人。课程也在民国后与其他中学趋同,开设了中文、法文、英文、自然科学、数学、地理、历史、美术劳作等课。③

④ 中西女塾

中西女塾创办于 1892 年。其办学宗旨是:主要面向中国富贵豪门的女孩,提供高等普通教育,中英并重;教授西洋音乐;从思想上和道德习惯上对中国女子施以"健全"的西方教育和影响;最重要的是,传授基督教的基本要道。④ 在这样的办学宗旨下,专以豪门闺秀为培养对象,以培养名门淑女为目标的办学方针吸引了沪上无数名流,甚至连已婚妇女和成年女子都要求入学。鉴于此,1912 年,中西女塾开设特别班,招收已婚和成年妇女,特别班学费虽高于普通学生一倍,但依旧人满为患。⑤

中西女塾的课程虽号称"中西并重,不宜偏枯",⑥ 事实上却以重英文著称。格致、算学、地理等学科均以英文教授,学校甚至鼓励学生专攻西文。此外,还针对学生皆为豪门闺秀的特点,开设了西洋音乐等选修课,主修钢琴,兼习声乐和弦乐,受到家长和学生的欢迎。中西女塾以实施奢华教育的"贵族学校"著称,成为沪上上流社会女性的"镀金"之地。

---

① 《上海北虹中学校史》记圣芳济学院简史[M]//朱有瓛,高时良.中国近代学制史料(第四辑).上海:华东师范大学出版社,1993:237.
② 阮仁泽,高振农.上海宗教史[M].上海:上海人民出版社,1992:692.
③ 同上:693.
④ 中国人民政治协商会议上海市委员会文史资料工作委员会.解放前上海的学校(上海文史资料选辑第五十九辑)[M].上海:上海人民出版社,1988:297.
⑤ 阮仁泽,高振农.上海宗教史[M].上海:上海人民出版社,1992:941.
⑥ 上海中西女塾章程[M]//朱有瓛,高时良.中国近代学制史料(第四辑).上海:华东师范大学出版社,1993:300.

(3) 教会学校的管理体制及课程特点

① 校政基本由教会把持

教会学校一般均由教会人士执掌大权,校长一般都由外国传教士担任,在校内独揽大权,享有绝对权威,只对教会负责。中国籍教师由校长聘任,聘任标准主要以教徒为主,对本校毕业生或留学生也会择情录用一部分。在立案之前,中国人对教会学校几乎无法插手。如圣约翰大学在1888年由卜舫济接任校长后,学校大权一直集中在他一人之手。该校在美国注册立案之后,自定办学方针和教学内容,授予被国外大学认可的学位,形成了一个独立于中国教育体系且中国政府无法过问的"文化租界"。震旦大学在立案前的历任校长也均由外国传教士担任,且都是上海耶稣会的重要人物。沪江大学在立案前的历任校长均为浸礼会传教士。中西女塾、徐汇公学等在立案前也均由外国传教士任校长。

② 宗教气氛浓厚

在外国传教士对学校校政的把持下,除个别学校如启明女校外,都表现出浓厚的宗教气氛和西化倾向。如徐汇公学内设有教堂,有叫作"圣母会"的团体,有宗教课程,称为"圣学课",是教徒学生的必修课程。教徒学生中的"住宿生"每天早上要到小教堂做弥撒,午、晚膳时由一人朗诵"圣书",其他人静听,睡前念晚课经等。① 又如在中西女塾的课程中,宗教课占有重要地位,规定每天有一课。② 沪江大学则把《圣经》作为最重要的必修课,每年都要举行若干次基督教"认识周"。③ 圣约翰大学也把宗教课程作为教学的重要组成部分,学校每日举行早、晚两次祷告,每次30分钟;逢周日除两场祷告外,另于上午10时及下午4时进行正式礼拜,每次一个半小时,并且规定全体学生一律参加,如有违反,即给予处罚。即使非教徒学生,同样要参加各种宗教活动。④

③ 用外语教学,使用原版教材

除重视宗教课外,各教会学校纷纷以办成欧美式的学校为办学目标,特别是大学,都争取在国外立案,发国外认可的文凭,把学生送到国外留学深造。如上海基督教女子医学院于1924年建校后,即于6月向美国华盛顿哥伦比亚特

---

① 阮仁泽,高振农.上海宗教史[M].上海:上海人民出版社,1992:688.
② 中国人民政治协商会议上海市委员会文史资料工作委员会.解放前上海的学校(上海文史资料选辑第五十九辑)[M].上海:上海人民出版社,1988:305.
③ 忻福良,赵安东.上海高等学校沿革[M].上海:同济大学出版社,1992:102.
④ 阮仁泽,高振农.上海宗教史[M].上海:上海人民出版社,1992:916.

区注册立案,得授医学博士学位,① 其课程体系、教材均使用原版,教学用语为外语。圣约翰大学规定医学、神学两科课程及文、理科中的自然科学课程悉以英文教授,学生在课堂内外一律使用英语。沪江大学使用的是原封不动的美国教材,理学院的试卷则直接来自哥伦比亚大学。② 震旦推行法国教育制度,聘请法籍教师教授欧美大学校之同等学科课程,所授课程基本上按照法国大学课程,讲课用法语。③ 中西女塾课本除国文外,一律采用英文,连中国的历史、地理课本也是由美国人编写,在美国出版,且由美国教师教授。他们还仿效美国的家事训练,试图把学生培养成西式的高贵小姐。④

在这种教学背景下,一般教会学校学生的外语程度都非常高。如圣约翰大学学生的英语水平居国内各校之冠。1907年清华招考留美预备生,所取9人中,有7人是圣约翰大学的;1914年取31人,26人是圣约翰大学的。该校的海外留学生更因其扎实的英语基础而成绩斐然。如美国耶鲁大学第一个表示愿意接纳圣约翰毕业的文科生入该校读研究生课程。⑤ 所以,当时上海人家为了自己子女以后有好的出路,都愿意送孩子入教会学校学习,这进一步助长了教会学校的西化倾向。

2. 收回教育权与教会学校的应变

尽管教会学校在中国大量开办,但无一向中国政府立案注册,其管理仍由外国教会负责,外国校长独揽大权,国人无法干涉,学校以外语为学习用语,西化教育倾向严重,并实行强制性的宗教教育。即使像美国这种一向标榜民主、自由的国家,其教会学校也不例外,而且管理更加严格,这一切引起了中国爱国民众和学生的反感,认为侵犯了中国的文化主权。

五四运动以后,国家主义教育和民族主义运动的兴起使国人要求收回教育权、教会学校向中国立案的呼声日高一日,全国掀起了"非基督教运动"。在它的影响下,1922年3月9日,上海学生组织了"非基督教学生同盟",上海的南方大学和法政大学也成立了非基督同盟支部。其宗旨是:秉爱国之热忱,具科学之精神,以积极的手段,反对基督教及其所办一切事业。⑥ "非基督教运动"得

---

① 阮仁泽,高振农.上海宗教史[M].上海:上海人民出版社,1992:939.
② 忻福良,赵安东.上海高等学校沿革[M].上海:同济大学出版社,1992:102.
③ 同上:68.
④ 中国人民政治协商会议上海市委员会文史资料工作委员会.解放前上海的学校(上海文史资料选辑第五十九辑)[M].上海:上海人民出版社,1988:304—305.
⑤ 阮仁泽,高振农.上海宗教史[M].上海:上海人民出版社,1992:917.
⑥ 同上:957—958.

到学生的支持,他们积极参加,到后来,这场运动发展为收回教育主权的斗争。"非基督教运动"引起了基督教人士的极大重视,他们于11月4日三次邀请上海基督教文字工作者座谈,研究教会应有的态度,最后决定:中国基督教应该如同西方基督教结合西方文化一样,在融合中国文化中成长,要"竭力促进教会之自养、自治、自传",要"栽培华人为领袖人材,将教会之仔肩渐卸于华人"。①

在全国收回教育权运动的推动下,1925年11月16日,北洋政府教育部颁布《外人捐资设立学校请求认可办法》,规定:②

A. 凡外人捐资设立各等学校,遵照教育部所颁布之各等学校法令规程办理者,得依照教育部所颁关于请求认可之各项规则,向教育部行政官厅请求认可。

B. 学校名称上应冠以"私立"字样。

C. 学校之校长,须为中国人,如校长原系外国人者,必须以中国人充任副校长,即为请求认可时之代表人。

D. 学校设有董事会者,中国人应占董事名额之过半。

E. 学校不得以传布宗教为宗旨。

F. 学校课程,须遵照部定标准,不得以宗教科目列入必修课。

上海基督教组织对基督教事务的反思和教育部对教会学校办学认可的规定,迫使传教士们重新思考他们创办教育事业的性质和生存基础,各校也开始采取应对措施来弱化社会及学生对它们的反感。有的学校开始削减宗教课程,改必修为选修,规定教外学生可以不参加宗教活动。教会学校也开始向中国政府立案,并聘请中国人担任校长。东吴大学法科早在1925年即被北洋政府教育部批准立案,是教会学校中最早被批准立案的。学生受其惠,毕业生均可免试向北洋政府领得官方颁发的律师资格证书。③ 在"更有效率、更基督化、更中国化"方针的指导下,沪江大学首先开始改组学校行政组织。1926年3月,魏馥兰向沪江大学董事会提出辞呈,同时增补8名华人为校董会成员,使中国人在其中占据多数。第二年,又将神学院从沪江大学分离,使其独立建校,从而弱化了沪江大学的宗教色彩。一些中小学也开始积极筹划向中国政府立案。如清心女中校长牧敦于1927年休假,请张石麟任校长。张根据教

---

① 阮仁泽,高振农.上海宗教史[M].上海:上海人民出版社,1992:958.
② 朱有瓛,高时良.中国近代学制史料(第四辑)[M].上海:华东师范大学出版社,1993:784.
③ 忻福良,赵安东.上海高等学校沿革[M].上海:同济大学出版社,1992:150.

育部的规定,组织校董会,并办理了立案手续,①将圣经课由课程表上取下,代之以公民课。② 就连一向以强调宗教课程出名的中西女塾也在这种形势下将宗教课由必修改为选修,并准备立案,规定初中除英文课外,其他课一律采用中文课本。③

虽然教会学校开始立案,并聘请华人担任校长,弱化宗教课程,但事实上,教会学校的华人校长并无实权,如清心女中虽然聘请了中国校长,实权却依旧掌握在教会手中;虽然圣经课由课程表上取下,但实际上仍是必修课,而且必要的宗教活动仍照常进行。④ 中西女塾虽改宗教课为选修,但又规定在进入高三前,必须读完全部《圣经》。⑤

第三节 "新学制"催化下学校教育的改革与发展

民国初年的教育改革实行不久,即发现问题重重,如学制方面表现为小学过长(7年),中学过短(4年);课程设置偏重普通升学教育,对职业教育重视不够;盲目模仿国外而未从本国实际出发,等等。在这种情势下,各地开始自行改革实验。上海作为中国学习西方文化的窗口、中国教育改革的前沿阵地,也积极进行改革实验,在许多方面起到了开创性的榜样示范作用。这些实验与全国的教育改革一起,最终促成了1922年"新学制"改革和1923年新课程标准的制定。

1922年"新学制"以"适应社会进化之需要,发扬平民教育精神,谋个性之发展,注意国民经济力,注意生活教育,使教育易于普及,多留各地伸缩余地"为标准,以"六三三"分段(即小学6年,初中和高中各3年),延长了中学年限,使学年分段更为合理。另外还加强了职业教育,增加了师范教育的种类,缩短了高等教育年限,取消了大学预科,使大学更能专注于专业教育发展和研究。

"新学制"的颁行,为在迷茫中探索的中国教育界点亮了一盏明灯,各地纷纷依照"新学制"开始本地区新一轮的教育改革和建设,掀起了中国教育发展的

---

① 中国人民政治协商会议上海市委员会文史资料工作委员会.解放前上海的学校(上海文史资料选辑第五十九辑)[M].上海:上海人民出版社,1988:287.
② 同上:287—288.
③⑤ 同上:305.
④ 同上:289.

新高潮。在此背景下,上海教育界作为最先进行教育改革尝试的地区,也在"新学制"颁布后积极进行改革实践。

一、基础教育改革实践

当时基础教育界实行的教育改革总体来说可划分为两大类,一是由于民国初年学制、课程改革的不合理而引起的学制、课程改革实验;二是由于不满传统教学方法而对西方现代新教学法的模仿试验。

1. 学制和课程改革实验

民国初年进行的教育改革,由于存在各种弊端,实行不久即引起社会各界的普遍不满,尤其是中学教育成为千夫所指。时人认为这种学制和课程"不符社会的需要,不符地方的情形,也不符学生的个性"。① 在此情势下,1919 年 4 月,教育部向各地中学校发出咨文,允许各地中学校可因时因地酌情处理,增减课程及课时。此令一出,各地学校纷纷开始根据实际需要自行进行学制和课程改革的实验。

就学制方面而言,有的中学将学制延长为 5 年,有的延长为 6 年。五年制一般"三二"分段,六年制一般"四二"分段或"三三"分段。在课程方面,当时在上海等大城市风行的是分科选科制。所谓分科,就是将课程分为普通科和职业科。普通科主要为升学作准备,分文、理两科;职业科主要适用于那些准备毕业后就业者,一般又分为农、工、商、师范等科。就上海而言,为适应上海地方经济发展的需要,以商科最多,其次是工科和师范科。所谓选科,是指在分科或分组之中,再分必修科目和选修科目,使学生在每科或每组中,又有一部分自由选择的机会。选修科目一般分为两类:一类是限制性选科,即学生必须按学校规定选修某些科目;一类是非限制性选科,即纯粹由学生任意选择的科目。

与分科选科制相适应,中学普遍改学年制为学分制和学科制。学分制是指学校以授课时数为计算单位,一般以每学期每周上课一课时为一学分。学科制是指学生的升降级以各门学科为单位。

下面以上海中国公学中学部和浦东中学为例,说明当时上海中学教育界的改革举措。

(1) 中国公学中学部

中国公学中学部在舒新城的主持下试行了分科选科制和学分制。将中学延长为 5 年,"三二"分段。前三年打基础,为必修科目,根据课程程度不同分为

---

① 朱叔源.改良现行学制之意见[J].中华教育界,1920,10(3).

六个学程。这些课程是伦理(6学分)、国文(27学分)、英文(42学分)、数学(30学分)、理科(22学分)、史地(24学分)、图画(8学分)、音乐(4学分)、体操(6学分),共计169个学分。后两年实行分科选科制,科目分文、理、商、师范四科,每科分四个学程。选修科则根据不同的学程开设不同课程。

学生按学级编制,不以学年为限制,只以学生各科程度为标准。如学生国文程度合于第一学程,即编入国文甲组;英文合于第四学程,即编入英文丁组。虽然修业年限为5年,但学生可依其学习能力,提前或推迟毕业。如学生所学之学科已达规定学分,并且均已及格,修业满4年,即可毕业;如修业已满5年,但学分不够,成绩不合格的,可延长修业1年。

舒新城在解释他在中国公学中学部进行的改革时说:"学生底智力有强弱的不同,同一程度的功课底学习时间,智力强的和智力弱的,在实际有迟速的不同。"① 故实行学分制可以避免学年制对学生的统一限制,而实行分科制则可照顾不同学生升学与就业的需要,实行选科制则可以照顾到学生个性和社会之需要。这种说法其实代表了当时实行改革的大部分学校的想法。

(2)浦东中学

五四新文化运动之后,学生个性发展受到关注,实用主义、职业教育思潮日渐风行,加之人们对民国初年教育改革的不满,教育界在改革过程中都以发展学生个性和满足社会需要为目标。浦东中学也是基于这样的思路实行了学制课程改革。

浦东中学早在1917年即开始进行课程改革,在四年级分设文、理两科,并实行选科制。由于该校在创办之初,旨在办成一"实科"学校,故这次分科以理科为主,数、理两门学科占总授课的40%,职业科则主要是商科。课程分设必修和选修两类。必修课程以初高中必须具备的智能为标准,选修课程视学生的天赋和兴趣爱好,作较深的研究,以发展学生的个性特长。必修和选修课程不受年级的限制,而是根据学生的学习能力编组,如学生某学科的成绩确实优秀,可升为高一年级学科;初中学生也可升习高中课程,这就打破了固定学年对学生的限制,使资质聪慧的学生有了自由发展的空间。②

1919年,浦东中学又将修业年限由4年改为5年,并改学年制为学期制。

---

① 舒新城.中学学制问题[M]//璩鑫圭,唐良炎.中国近代教育史资料汇编·学制演变.上海:上海教育出版社,1991:959.
② 中国人民政治协商会议上海市委员会文史资料工作委员会.解放前上海的学校(上海文史资料选辑第五十九辑)[M].上海:上海人民出版社,1988:205—206.

一学年分两学期,每一学期升级一次,① 目的是减少留级生在时间上的过多损失。1920年9月,浦东中学进一步改革,以"发展个性"为宗旨,修订了学校章程,采用能力分组的办法,将五学年分为甲乙丙丁戊己庚辛壬癸十个学程,并兼采选科制。学生升级俱以学科为单位而不受学年、学期之限。② 这与中国公学中学部的做法颇为相似。

从中国公学中学部和浦东中学的改革来看,当时参与改革的学校多趋于实行分科选科制和学分制,这就打破了原来学制和课程呆板僵化对学生个性发展的限制。同时,选科中的职业科以商科为主,这是上海城市经济发展在教育上的反映,也是教育适应社会和地区发展需要的体现。此外,中学学制由4年普遍延长为5年,是中学开始独立发展,发挥其应有作用的体现。

正是在这些改革实验的基础上,最终促成了1922年的学制和课程改革。也正因有了先期主动自觉的实验,因而在"新学制"和课程标准颁布之后,上海各校才未因改革而出现认识和理解上的混乱,均能有序地、按部就班地按照"新学制"和新的课程标准推进改革,动作之迅速可以说与前期大范围的学制、课程改革实验不无关系。如浦东中学从1923年9月起试行"新学制",将原中学部的"甲乙丙丁"四学程改为初级中学;1924年1月又将"戊己庚辛壬癸"六学程改为高级中学,并实行学分制;6月,高中部实行分科选科制,将高中部分为升学、普通和职业三科。为指导学生选课,早在5月份,学校的各教授研究会即事先了解了有关学科的内容,编订了各学程教材纲要,内容包括每周教授时数、学分数、教学年限、选习程序、教学目的、教材纲要等,汇印成册,发给学生,供学生选择。③ 正是前期的实验和正式改革前的细致工作,浦东中学的新学制改革很快得到师生认可,从而实现了改革的顺利过渡。

2. 新式教学方法的实验

传统教学方法严重束缚了学生个性的发展,无法满足基础教育界学制和课程改革对教学方法提出的新要求。而新文化运动的开展使西方教育思潮大量涌入,同时带来了西方最先进的教学方法。这些方法注重培养学生的自主学习能力,以发展学生个性为特征,符合了当时的社会潮流和学制与课程改革的要

---

① 浦东中学校周年纪念筹备会.浦东中学校二十周年纪念刊[M].上海:[浦东中学校周年纪念筹备会],1926:6.
② 同上:12.
③ 中国人民政治协商会议上海市委员会文史资料工作委员会.解放前上海的学校(上海文史资料选辑第五十九辑)[M].上海:上海人民出版社,1988:207.

求,因此引起了教育界的浓厚兴趣,一些追求创新、有思想的校长、专家们纷纷开始在学校进行实验。在上海地区学校进行实验的主要有以下四种教学方法。

(1) 自学辅导法

自学辅导法于1913年前后传入我国,主要是因其一反民国初年赫尔巴特"五段教授法"机械呆板,仅注重教师的教而忽视学生的学的弊端而引起了教育界的广泛兴趣。

所谓自学辅导法,就是由教师辅导学生自学自习。具体而言就是让学生自己先学习教材,遇到困难再由教师加以辅导。这种方法一方面可以防止教师在教学过程中包办一切,有助于发展儿童的积极性与自主性;另一方面学生自学过程中由教师加以必要的辅导,也可以减少学生自己摸索而造成的时间和精力上的浪费。

自学辅导法主要包括这样几个阶段:① 指定作业。就是让学生明确学习任务和目的。要求教师必须因学生差异而布置作业,以激发学生的学习兴趣。② 指导学生自学的方法。要求教师在了解学生学习能力的基础上,教会学生主动获得知识的方法、技能,使学生能根据自己的实际情况安排自学,养成自学的习惯,并从中体验到学习成功的喜悦。这是自学辅导过程中极为重要的一步。如果这一过程学生不能很好地掌握自学方法,养成自学习惯,则这一教学方法就无法贯彻下去。③ 检查。即学生自评学习效果,教师根据学生的自评指导学生进一步自学的方法和目标。这是一个信息交互反馈的过程,目的是矫正或强化学生的自学方法。④ 总结。即教师根据检查结果决定学生下一阶段的学习方案。

显然,自学辅导法一反教师主导一切的传统做法,充分肯定了学生在学习过程中的主动性和能动性,是一种以学生为主体,教师又不失主导的新型教学方法,它既符合我国的传统教学理念,又迎合了时代对学生地位和个性发展的要求。因此,它一传入我国,立即成为我国中小学一种常用的教学方法,在实践中产生了深远影响。时人评价说:"在各种教学方法中,其价值之为人们注意,没有过于自学辅导者。"[①]

浦东中学是当时沪上提倡自学辅导法的学校中较为著名的。它在进行学制和课程改革试验之后,深感传统教学方法对改革的束缚,且与其新的办学宗

---

① 龚启昌.中学普通教学法[M].上海:商务印书馆,1946:269.

旨之一——"发展学生个性"不符。当自学辅导法在教育界流行开来后,浦东中学马上在本校进行推广。其做法是:"学习,工作由学生自动为之,教师仅负辅导补助之责。"为此,学校尽一切所能为学生提供自学的便利。在学习资料方面,除课本外,教材纲要和各科参考图书,有条件的学生自备,无条件的学生则由学校借给,以便学生自学研究并养成独立学习的习惯和能力。1922年9月,校长朱叔源为了给学生提供课外"自动研究学术机会,俾不致囿于课本之范围而阻碍其个性之发展",着手筹建浦东中学图书馆,翌年4月正式开放,计有中外藏书8 000余册,中西报纸8种,杂志30余种。此外,为了使辅导更有成效,各科还分别成立了教授研究会,计有国文、外国语、自然科学、数学、社会科学、艺术、体育七门。各研究会中,备有该学科各种教学法专著,以供教师参考,有时还邀请校外专家来校商榷讨论。[①] 浦东中学的这一系列举措,使自学辅导法真正落在了实处,学生不但养成了良好的自学习惯,增进了研究的兴趣,培养出了许多优秀学生,而且教师在辅导、研究中也教学相长,不断提高,逐渐形成了有浦东中学特色的教师队伍,使其教学水平不断上升。

正是由于自学辅导法所具有的这种特质,它在实践中影响深远,即使在其他各教学法(如道尔顿制、设计教学法)层出之后,其影响仍延绵不绝。

(2) 分团教学法

分团教学法也称分组教学法,1913年前后被介绍到中国。1914年10月,天民在《教育杂志》上发表《分团教授之际》,对小学分团教授的方法及其实效,如分团教授的产生、儿童座次安排、教授科目及课程、分团教授的顺序等作了介绍。所谓分团教学法,就是将一个班级的学生按能力分组,教师根据不同能力组学生的学习水平安排教学,分别讲授。与传统班级授课制"一刀切"的做法不同,分团教学法以学生个别差异为前提,兼具现代个别教学和合作教学的优势,是一种因材施教的教学方法。所以,当民国初年教育改革由于忽视儿童个性发展、整齐有余但灵活不足而受到社会的广泛批评时,分团教学法的出现恰是针对教育界的这种问题而研制的。天民在介绍分团教学法时说:"划一教育之制度,徒足压抑儿童个性之发展,决无养成优良国民之望。故欲发展儿童个性,养成优良国民,非采用分团式动的教育法不可。"[②] 这种说法在当时颇具代表性。

---

① 中国人民政治协商会议上海市委员会文史资料工作委员会. 解放前上海的学校(上海文史资料选辑第五十九辑)[M]. 上海:上海人民出版社,1988:209.

② 天民. 分团式动的教育法之实际[J]. 教育杂志,1918,10(9).

所以,"继自学辅导主义之后,为小学界所推崇者,为分团教学"。①

在上海,尚公小学是较早开展分团教学实验的。其具体做法是,将学生按学业成绩分组,随学业难度加大,年级越高分组越细。小学一、二年级以60分为界,分为两组。三、四年级以80分和60分为界,分为三组:80分以上为"优等儿"组,60—80分为"中等儿"组,60分以下为"劣等儿"组。五年级以上则细分为四组:80分以上为"优等儿"组,60—80分为"中等儿"组,40—60分为"劣等儿"组,40分以下为"最劣等儿"组。学生按能力分组之后,教师在教学中将问题分为程度不同的几种,分别给不同组的学生学习,而教师在具体指导中也要根据学生能力差异来分配不同的时间量辅导学生。对于优等儿童,要求尽量让他们自己独立练习;对于"劣等儿"组则应多花时间指导。当然也不能指导过度,包办代替,使学生失去独立性。同时为了防止劣等生留级,学校还要求教师对他们进行个别补习,并从其谋生就业的角度考虑,实施恰当的个别教育。"使劣等与最劣等者,行正确之练习。如算术一样,最劣者,将来出校问世,决不能应用自如,以生活上最有关系,故不可不为之补习或个别施教。"②

分团教学将学生分为优、劣几等,容易使优生心生优越感,看不起劣等生;而差生心生自卑感,失去学习的兴趣。为避免这一问题的出现,尚公小学在实验时并不根据学生能力分组排座位,而是实行优劣等生交叉排座的方式,使各组学生错杂相混,无明显泾渭之别,这充分体现了对学生人格的尊重,也有利于优生对劣生的帮助,以提高劣等生的学习兴趣。

分团教学法一般分五个阶段进行:预备阶段、提高阶段、联合阶段、系统阶段、方法阶段。在不同阶段实行相应的分组或合班教学。一般在预备和提高阶段采用合班教学,联合阶段采用分组教学,系统阶段又采用合班教学,方法阶段又回归分组教学,但这很容易导致在教学过程中的照搬套用,失去教学的活力。为避免这种问题的出现,尚公小学在实验时以"动的教育之思潮"为指导思想,总结出十条原则,要求教师在教学中着力贯彻:③

A. 教授之准备须周到且须力求简便法;

B. 注意儿童之自动且使熟悉其方法;

C. 直接教授与自动作业须配合适当,且须注意其联络;

D. 齐一教授之际,当以中等儿为标准;

---

① 陈启天.最近三十年中国教育史[M].上海:上海太平洋书店,1932:232.
② 陈文钟,等.实验分团教授法[M].上海:商务印书馆,1918:28.
③ 熊明安,周洪宇.中国近现代教育实验史[M].济南:山东教育出版社,2001:100.

E. 对于各分团宜为第次之注意；

F. 研究个别的处理法；

G. 注意各儿童成绩之进步，为变更适宜之组别；

H. 注意教授之团结力；

I. 勿流于形式之分团；

J. 勿流于繁琐。

为配合教学改革，学校对考查办法也作了相应改变。即以个人的进步为评价标准，参照同组儿童给学生评分，以鼓励学生。这与传统以全班同学为参照对象的做法不同，是一种更为合理的评价方法，有助于劣等学生产生学习的信心，调动其学习的积极性。由于分团教学充分照顾了学生的个别差异，注重因人施教，有利于学生能力的发展，因而其教学原理仍为当代所提倡。但由于教学中要求分组施教，也给教师增加了工作量，给教学带来了一定困难，造成实际上不易推广的问题，只能在一些大城市和有条件的学校实施，故不久之后即受到设计教学法和道尔顿制的冲击，影响有限。

（3）设计教学法

设计教学法由美国教育家克伯屈（William Patterson Cubberley）于1918年创设。他根据杜威"做中学"的教育思想，在"问题教学法"的基础上创行了设计教学法。其目的在于克服传统教学呆板僵化，只重书本知识而不重视学生发展的弊端，以激发学生的学习动机，使学习变成学生有目的的活动。

根据这一目的，设计教学法首先要求确定目的。即学生根据其兴趣和需要，从实际生活环境中提出学习目的，即要解决的问题。其次是拟定计划，即学生制定达到目的的计划，这是整个过程中最困难的一步。在这一阶段，教师既不能包办代替，也不能撒手不管，而是要巧妙地指导学生，使他们不出大错。第三是实施工作，即学生在动的状态下，运用具体材料，通过实际活动去完成这项工作。最后是评判结果，即学生在教师指导下，按照设计的活动，获得比较完整的经验，以及分析问题和解决问题的能力。[①] 它要求摒弃教科书，让学生在实际生活中获取学习材料；要求打破传统的学科中心，而以作业为中心组织设计教学，以学生的整体发展为特质。

从以上设计教学法实施的要求来看，它是一种以儿童为中心的教学方法。整个过程都围绕着学生有目的的活动展开，在学生的自我设计中发展学生的创

---

① 陆有铨.躁动的百年——20世纪的教育历程[M].济南：山东教育出版社,1997：27.

造力和智力,且在师生的相互讨论中促进师生平等民主精神的培养,这与新文化运动强调的儿童个性发展、科学和民主的内在精神相契合。

俞子夷、陈容、郭秉文等人早在1913—1914年赴美考察期间,就在哥伦比亚大学师范学院附小等校见到了设计教学法的雏形。俞子夷回国后即开始介绍这种方法,并模仿以"联络教材"的形式在江苏一师附小进行实验。而上海也得风气之先,如万竹小学就最早参与了这一实验,名为"教材中心联络法"。其具体做法是:在一年级以手工为中心,联络各科教材,用篾丝、棋子、贝壳、跳绳等廉价小玩艺为手工材料,让学生用这些材料习字、搭画、做算术。① 这开了中国实验设计教学法的先河,并具有设计教学的某些精神,如打破学科中心、从实际生活中获取学习材料、在自我设计中获得知识等。

但教材中心联络法还不是严格意义上的设计教学法。我国正式开始设计教学法的实验是从1919年俞子夷在南京高师附小的实验开始的。经过南京高师附小的实验,设计教学法渐渐引起了广泛注意,一时参观学习者络绎不绝,并最终促成1921年第七届全国教育会联合会决议《推行小学设计教学法案》,掀起了设计教学法试验的高潮。上海也参与了这种实验的学习和推行,当时一些条件好的小学都纷纷在本校展开实验。

设计教学法风行一时之后,一些条件不好的学校渐渐由于师资、教学设备以及经费投入等问题无法实践下去,而设计教学法本身的一些缺陷,如设计单元重复、学生知识支离破碎等也日渐显露。所以1924年之后,设计教学法开始衰落,但在上海这样一个求新求异、急于打破传统的地区,一方面人们不愿回归老路,另一方面由于地方经济稳定,教育风气日开,参与实验的学校也有较好的师资和教学设备条件,故仍有不少学校在实践设计教学法。

(4) 道尔顿制

道尔顿制(Dalton Plan)最先是美国进步主义教育家帕克赫斯特(Helen Huss Parkhurst)女士1920年在马萨诸塞州道尔顿中学进行的一项教学实验,1921年介绍到中国后,很快在中国掀起道尔顿制实验的高潮。

实行道尔顿制首先要求设立专用作业室,在其中要按学科性质陈列参考书与实验仪器;其次要求废除课堂讲授,将学习内容制成分月作业大纲,规定应完成的任务;其三要求学生与教师订立学习合约,学习合约由教师根据学生能力确定。一经确定,学生就可以按兴趣自由支配学习时间,安排学习进度,而教师

---

① 万竹小学教员.手工中心教授谈[J].中华教育界,1917(3).

只是作为各作业室的顾问出现,教学不再受教师支配。最后要求设置成绩记录表,由教师和学生分别记录学习的完成进度。学生可根据学习进度修改学习计划,调整学习年限。

为保证完成这样的教学计划,教学实施过程中必须贯彻"自由、合作和计划"三原则。"自由"就是去除阻碍学生自由学习的不合理规定,教师按学生能力指定作业,不能强迫所有学生学习相同内容,但也不是学生想干什么就干什么,而是指学生享有自我计划、自由安排学习的权利,它旨在借助学生的自我约束,养成学生的自学能力。"合作"就是指"团体生活之相互活动",① 也即学校在打破班级界限后,成为一个类似于社会的组织。无论是学生在作业室中的相互讨论,师生在辅导中的共解难题,均是合作,在这种活动中,学生既是独立的个体,更是全体的一分子,是"为全体而活动"。② "计划"就是作时间预算,即教学在打破按课表上课的制度后,学生要能按照教师制订的学习合约自订计划、安排学习,在规定的时间内完成学习任务。

从上述三个原则可以看出,与传统的班级授课制相比,道尔顿制的实质是在充分尊重学生的基础上,发挥学生的自觉能动性;以适应学生个性为前提,通过自我发展计划的制订来培养学生的自学能力和自我负责精神,这对传统教学中学生被动接受、缺乏独立工作的能力而言是一种革新。如能按此方法实行下去,则有助于学生个人学习能力和生存发展能力等素质的培养。可以说,道尔顿制适应学生个性、能力水平的特点正好迎合了新文化运动以来人们急于打破传统教育僵化且忽视学生个性和个别差异等弊端的心理需求,所以,一被介绍到中国,就掀起了学习实验道尔顿制的热潮。其中,上海吴淞的中国公学中学部是最早开展这项实验的学校。

该校是在舒新城的领导下进行这项实验的。作为一个教育家,舒新城不像一般教育工作者那样一窝蜂地跟风照搬,而是本着一种实验的态度,以创造的精神从事这项改革,所以,开始时他只在国文和社会常识两科进行实验。具体做法如下。

首先,布置作业室。将国文教室和社会常识科教室合并,一间作为教师作业室,一间作为学生作业室。在教师作业室陈列有关国文和社会常识的书籍及报纸杂志,墙上贴着工作概要表、学生成绩表等。教师在这里等候学生的询问。

---

① 舒新城.浅谈道尔顿制[M].上海:中华书局,1929:39.
② 同上:40.

为便于管理,他们还在学生作业室门口设有阅书簿,学生借阅须在上面写明姓名、书名、阅书起讫等内容。在学生作业室又有"现有作业"和"停止作业"两块木牌,供作业开始和结束时悬挂以提醒学生。

其次,拟定工作概要表(即学习合约)。工作概要表包括:① 工作种类。如国文学习分为精读、泛读、语法、作文、辩论术、修辞学等。② 工作标准。即按学生能力水平分为六组,六组分别订定相应的工作量以及不同工作时间内的工作标准。

最后,制定成绩考核标准。以学生工作成绩表、学生工作登记表、合约为考察的主要指标,同时结合平时练习答案、本科研究心得报告、讨论问题的笔记、参考书摘、临时口问笔试等作为学生的考核成绩,成绩分优秀、及格和不及格三等。每周总结一次,每四周由教师报告教务处。

小范围实验的结论有以下几点。① 学生能自觉遵守合约,井然有序地学习。学生"不是低头看书,就是执笔写字,闲谈的没有,笑语的没有,教室中所有种种不规则现象都没有"。② 学生学习的主动性、积极性得到激发,学生学习中的主体能动性得到体现,"学生自动心渐发达。从前学生上课,好像是为教员,靠教员的,现在却有觉得是为自己,须靠自己了"。[①] ③ 教师工作量增大,对教师能力的要求提高,相应产生了一些师资水平问题和具体操作问题。

中国公学中学部的初步实验因道尔顿制显见的对学生个性、能力的培养等优势而掩盖了它的问题,所以很快被其他学校仿效。但与该校不同,那些学校并未真正理解什么是道尔顿制,只是看到它的新颖,并且缺乏实验应有的准备,以为只要模仿即可,所以,实验一推开,许多问题逐渐暴露,如经费欠缺导致设备跟不上,师资水平不高导致"穿新鞋走老路",学生缺乏自控能力而出现敷衍塞责、蒙蔽教师等。这使道尔顿制的推广很快就冷却下来。

作为一种方法,道尔顿制可能已失去了它的市场,但作为一种教育理念,它在上海乃至全国被迅速大规模推广实验所产生的冲击力是不容置疑的。

综观民国前期上海基础教育界进行的各种改革实践,它们对近代上海教育的革新与发展产生的影响是深远的。

首先,各类教育杂志连篇累牍,甚至出专刊讨论学制改革,介绍分团教学法、设计教学法等,有力地推动了教育界对教育改革的思考与研究,打破了教师的传统教育教学观念,调动了中小学教师参与变革的热情。应该肯定,20世纪

[①] 沈仲九.国文科试行道尔顿制之说明[J].教育杂志,1921,14(11).

二三十年代上海教育的兴旺,与这一系列的改革、研究、实验、讨论直接有关。

其次,教育平等、民主化思想开始深入教育实际。传统的"师道尊严"使学生与教师之间始终存在着一道屏障,学生完全受控于教师、听命于教师,无个人自由。而选科制、自学辅导、设计教学法、道尔顿制等却是在充分尊重学生个人兴趣、能力水平的基础上,要求师生合作完成教学过程,这就使教师必须从学生的实际考虑,尊重学生的选择,满足学生的需要。这一方面淡化了教师权威,另一方面尊重了学生的人格,发展了学生的个性,培养了学生的能力,也培养出了一些有创新精神的学生。

其三,实践中凸显的师资问题暴露了民国前期师资培养的缺陷,促使教育界重新审视我国的师范教育,思考师范生的培养问题。

二、高等教育初具规模

1922年"新学制"为中国高等教育的腾飞作出了制度上的保证,它规定取消大学预科制,大学不再承担普通教育的任务,这就使高等院校真正成为专业教育和科学研究的专门机构。同时,学制允许大学可单设一科,也可根据地方情形或学科需要设立专门学校,从而为地方创办高等院校提供了广阔的空间。而一些专门学校也趁此升格为大学,这样,大学数量激增,形成近代高等教育发展的高潮。1924年2月23日,北洋政府正式颁布《国立大学校条例》,规定国立大学可设"文、理、法、医、农、工、商等科",从而奠定了近代中国大学的系科设置模式。

上海的高等教育在中国起步较早,早在清末就已形成公立、私立大学和教会大学鼎足的办学格局。公立的有南洋公学,私立的有复旦大学,教会办的有圣约翰大学、震旦学院、沪江大学等。这些学校开办早、历史久,后来都发展成为著名大学,奠定了上海高等教育发展的基石。

民国建立之后,上海高等教育之所以得到较快发展,原因是多方面的。首先,民国建立后,颁布了《大学令》等高等教育法令,规定除公立外,允许私人开办除高等师范学校以外的大学和专门学校。而上海地方经济发展又使上海具备了开办更多高等院校的条件,特别是在私人参与办学的情况下,上海高等教育飞速发展。其次,上海多元并存的海派文化吸引了海内外文化名人驻留上海,同时,大批留学人员归国后也以专家身份投身上海教育界,这些因素也促使上海高等教育办学质量不断提高。其三,"壬戌学制"的颁布促成了新的高等教育办学热潮的出现。在这些因素的共同影响下,一时间,上海高等院校遍地开花,当然,其间有好有坏,而几经岁月的筛选,为我们沉淀下来的是高等教育的精华。

截至1927年8月上海立市之前,上海的高等教育经民国初年的发展已初具规模,表现在以下方面。

1. 上海高等院校数量增多,位居全国前列

民国成立后,上海高等院校数量一直处于上升态势,尤其是"壬戌学制"颁布以后,更加刺激了私人办学的热情,高校数量激增。在民国前十年多时间(即1912年1月—1922年11月),上海开办各类高等院校77所。"壬戌学制"颁布后不到五年时间(即1922年12月—1927年8月),上海开办的高等院校即达到90所。① 如果从数量上说,仅在北洋政府统治期间,上海就先后开办了167所高等院校,这样的数量是惊人的,在全国独一无二,在历史上也是空前绝后。这些学校中既有出于爱国之心,由富有教育经验者开办的学校,也有看准办学赚钱而开办的学店。到1927年,仍在招生办学且有一定影响的上海高等院校(包括大学、独立学院、专门院校)只剩34所左右。其中1912年民国建立之前创办的有10所,1912年民国成立之后到1922年"壬戌学制"颁布之前成立的有11所,"壬戌学制"颁布之后到1927年8月上海立市之前创立的有13所。具体见表1-4。

表1-4 1927年上海高等院校统计表② （单位:所）

类别 年份	公立				私立			大学	学院	专门学校	合计
	国立	省立	合资	合计	国人自立	教会	合计				
清末	4	—	1	5	2	3	5	7	—	3	10
1912—1922年11月	1	1	—	2	8	1	9	2	3	6	11
1922年12月—1927年8月	2	—	—	2	10	1	11	6	4	3	13
共计	7	1	1	9	20	5	25	15	7	12	34

据统计,1927年全国有公立(包括国立和省立)大学34所,其中北京10所,上海5所(分别是国立东南大学分设上海商科大学、国立暨南大学、南洋大学、国立政治大学、国立同济大学),位居全国第二。经政府认可的私立大学18所,

---

① 忻福良,赵安东.上海高等学校沿革[M].上海:同济大学出版社,1992:目录和附录1.
② 同上:目录1—6.

其中北京8所,上海3所(分别是中国公学、复旦大学和上海大同大学),① 也位居全国第二。当时,上海还有大批未经政府认可、立案的大学也在招生办学,如上海法政大学、大夏大学、光华大学、圣约翰大学、震旦学院、沪江大学等。如加上这些大学,则上海的大学数量无疑位居全国之首。

2. 外国教会势力受到扼制,国人自办私立高等院校数量占优

民国建立之后,中国政府对教会大学的学生不予承认,而且不准教会大学在教育部注册,这在一定程度上扼制了教会大学的办学势头。而五四运动之后的收回教育主权运动又进一步迫使教会大学不得不作出某些形式上的调整。在这种情形下,民国建立后由教会创办的高等教育并未得到进一步发展,基本停留在清末的办学数量。相反,中国人自办私立高等院校的数量急剧增加,并在数量上开始超过公立大学。

清末上海的高等院校以公立为主,尽管上海的开埠给了早期西方教会势力参与上海高等教育办学的机会,基督教和天主教纷纷把触角伸向上海的高等教育,先后开办了圣约翰大学、震旦学院和沪江大学,但这些私立大学并未得到明确许可,只有复旦公学和中国公学两校为私立。民国建立后,颁布《大学令》,允许私人设立大学和专门学校,从法律上确立了私立大学的地位,给了国人自办大学的信心,激发了国人创办私立大学的热情。第一次世界大战期间,上海民族资本的积聚和"壬戌学制"的颁布,进一步促成了上海的私人办学高潮。到1927年,上海公立学校有9所,私立学校由清末的2所增加到20所,但教会学校只增开了2所。尽管民国早期全国范围内高等教育发展的重要特点是私立学校发达,数量远远超过公立,但就超过的绝对值而言,上海私立学校在上海高等教育体系中占绝对多数的现象在全国还是少见的。

3. 上海高校种类丰富,适合地区发展需要的商、法、医类高校不断增多

经过民国初期和前期的发展,上海高等院校在数量增多的同时,种类也不断丰富。1924年《修正大学令》规定大学可分设文、理、法、医、农、工、商的系科设置格局在上海已初步形成。当时上海不但有圣约翰大学、震旦学院、沪江大学、复旦大学等著名的综合性大学,也有以理工科出名的南洋公学(交通大学前身),还有由在上海高等教育中占重要地位的东吴大学法科牵头的一批法科大学、学院,商科则更多,除国立东南大学分设的上海商科大学外,还有私立上海会计专科学校、国立税务专门学校等。而同期上海的医学院校也可以说是全国

---

① 郑登云. 中国高等教育史(上册)[M]. 上海:华东师范大学出版社,1994:153—154.

数量最多的,既有同德医学院、南洋医学院、东南医科大学等独立院校,也有同济医工大学等以医学为主要学科的大学。此外,还有商船、水产、美术、路矿、体育、艺术等专科学校,学校类别之丰富,远远超出《修正大学令》的规定。

在为数众多的学校中,尤以商、法、医等适合上海地区经济发展的院校为最多。据史料记载,1912—1927年上海曾开办有商科专业的院校38所,开设有法政专业的院校18所,开设有医科专业的院校22所。这些学校虽然良莠不齐,且很多是以营利为目的而开办的,但种类众多的学校的开设本身就说明了上海经济社会发展对这类人才的需求。首先,上海经济发展需要大量的商业人才和法律人才来处理各种经济事务和法律事务;其次,上海经济发展带动了上海社会、文化的发展,使上海民众对医疗卫生健康的要求不断提高,对专业医护人员的需求日益增加。正是强大的经济动力使上海的法、商、医类专业达到一半以上比例,而大批专业人才的输出客观上又推动了上海经济和医疗卫生事业的发展,为上海成为一个繁荣的国际大都市奠定了基础,使教育与社会发展走上了良性循环的轨道。

4. 上海高等教育质量不断提高,形成了许多著名的高等学府

作为一个商业城市,商业气息浓厚是上海城市的重要特点,体现在教育界,就是一些学阀以赚钱为目的开设学店,但瑕不掩瑜,由于上海高等学校众多,每所学校都有其所长,即使是同类学校,也都尽力办出特色,所以从总体来看,民国前期上海高等教育的办学质量在不断提高,办学水准在全国处于领先水平。

(1) 模仿国外大学模式,不断加强系科特色

由于上海租界在政治上"三不管",加之上海是近代中国最早开埠的城市,国内外大量移民涌入,形成了一个开放性移民社会。上海以海纳百川之气度,广泛容纳了海内外各种思想,形成了上海特有的"海派文化"。正是善于吸纳外来优秀文化的特质,使上海的教育始终处于国内领先地位。

上海的高等教育更是由于其广纳贤才,博采世界各国之长,从而形成独具特色的办学模式。上海的高等院校,大至培养目标、办学宗旨、校训、校歌,小至课程、教材、授课方式,甚至编班、行政组织等,都曾按照各自模仿之国的办学方式组织,这使这些学校俨然就是国外大学的"翻版"。正是由于这种特色,这些学校的毕业生能被国外大学接纳,去留学能顺利过渡,很快适应当地的教育环境。此处举例以证之。

① 交通部南洋公学(即上海交通大学前身)

南洋公学由盛宣怀创办于1896年。唐文治在1907年主持校政后,坚持以

"工科为主"的办学方向,先后成立了电机专科、土木科、铁路管理科、机械科等专业。学校从专业设置、课程安排、师资招聘到教学环节,均参照西方的高等院校,在课程安排上也基本以美国同类大学为参照,并从美国麻省理工学院和哈佛大学购买了成套教科书,以求学生达到欧美大学本科毕业生的水平。

南洋公学注重体育教育,规定学生体育不及格,即使其他科目及格亦不得毕业。同时,学校提出了"注重基本学科,务求实用"的教育原则,设置了实验、实习、设计、计划、参观实习等被西方大学看重的注重动手操作能力的课程。[①]在这种办学理念的影响下,南洋公学培养出的毕业生受到社会的广泛欢迎,南洋公学日渐成为我国工科院校中"执牛耳者"。

② 复旦大学

复旦大学的前身为复旦公学,由马相伯招收震旦退学生于1905年开办,1917年改名为私立复旦大学,分文、理、商三科。

复旦大学在课程设置上基本采用美国大学的办法,重视基础知识的教学和基本技能的培养,以国文、英文、社会科学、自然科学为必修课,注重文理兼通,规定每个系的学生都必须选习其他系的一到两门专业课,且文科学生要选理科专业课,理科学生要选文科专业课。复旦大学以"顺应社会发展需要,推动学术发展"为院系设置的基本原则。1923年,复旦大学在原有文、理、商科的基础上增设土木工程系和心理学系,聘请著名专家前来任教,培养出一批著名学者,如童第周、冯德培、陈世骧、朱鹤年等人。复旦大学提倡学术独立、思想自由,允许教员讲授不同的学术观点,鼓励学生独立思考,注重理论联系实际。正是其严谨的教学和严格的考试使复旦大学的学生以成绩优异著称,因此,一些美国和英国的大学也对复旦大学的学生给予优待免试入学。[②]

③ 同济大学

同济大学的前身是由德国同济医院内医学博士埃里希·宝隆(Erich Paulun)于1907年创办的德文医学堂,设德文和医学两科,其中,医科仿照德国医科大学的教学制度和方法。1915年,德国教育当局认可其医科水平同德国医科大学程度相同。

1912年之后,同济增设工科、土木科、机师科,使其以医、工特色著称沪上。由于创办者的原因,同济一直沿用德国的教育制度和方法,注重培养学生的实

---

① 忻福良,赵安东.上海高等学校沿革[M].上海:同济大学出版社,1992:49—51.
② 同上:78—79.

践能力,并开办了实习工厂。学校重视基础理论教学,以德语授课,务使学生在听、说、读、写方面都能达到熟练运用的程度。为彻底贯彻德国的教育体系,同济还聘请了大批德籍教师。即使在1921—1925年间,德籍教师仍保持在2/3左右。在全校师生的共同努力下,同济形成了具有德国大学特色的严谨求实的学风。同济大学的德国式办学模式也使同济毕业生以留学德国为志向,留德人数不断增加,1921年达到37人。另外,同济严谨的学风也使其培养出了一批著名专家,如贝时璋、梁伯强、宁誉、宗白华、魏时珍、梁之彦等。①

一方面,中国人自办的大学纷纷模仿国外教育制度;另一方面,教会开办的大学更是以其开办国大学建制为样板进行改革。

① 圣约翰大学

圣约翰大学于1879年由美国圣公会创办。1888年卜舫济任校长后,按照美国大学建制不断扩大学校规模,并于1906年在美国注册。此后,又得到耶鲁等美国名牌大学给予的圣约翰大学毕业生可免考直升研究生院和医学院、法学院等的优待。到1927年,学校共有文理学院、工学院、神学院三院,成为一所综合性大学。

由于圣约翰大学处处以美国教育制度为参照,学生毕业后可直升美国学校,故圣约翰大学是用英语教学(它也是我国最早用英语作为教学用语的学校之一),而且要求学生在校内尽可能用英语交流。为此,学校努力营造一个美国化的英语氛围。据统计,1920年前在圣约翰大学肄业并获得国外学位的约有110人,进入圣约翰大学意味着一只脚已跨出国门,而圣约翰大学毕业生在中国乃至世界卓有成就的也不在少数。

② 震旦学院

震旦学院由马相伯于1902年创办。其办学宗旨是:"为了使中国学生学习欧洲科学,接受高等教育,不必远渡重洋赴欧美留学。"故学校在课程设置上以"西国普通学校课程为预科"。② 1912年孔明道神父任院长后,进一步按照法国的大学体制改称学院为震旦大学院,学校也作为天主教大学在罗马教廷立案。

为使学生能接受正统的欧洲教育,震旦的本科课程全部用法文讲授,并不惜重金聘请法籍教师"教授欧美大学校之同等学科"课程。学校先后设立法政文科(后改为法政科)、数理系、工程系(合为工科)、医科。这些系科的课程基

---

① 忻福良,赵安东.上海高等学校沿革[M].上海:同济大学出版社,1992:113—114.
② 同上:63.

本上按照法国大学课程安排,用法国教材,同法国大学一样,建立学位制度,入本科4年(医科6年)毕业获得学士或博士学位。如于1914年设立的医科,其课程设置、教学大纲均参考法国医学专业,所用教材为法国医学院校教材。前两年专习博物,课程包括法文、哲学、化学、物理学、动物学、植物学、心理学、组织学通论,后四年为人体解剖学、产科学、病理解剖学、精神病学、眼科学、耳鼻喉科学、皮肤病学、妇科学、儿科学、内科学、外科学等40余门。① 由于不出国门而能受到正统的欧洲大学教育,震旦因此吸引了国内许多学子前来求学。震旦的办学规模不断扩大,学生人数不断增加,从1908年的147人增到1918年的233人,1928年又增至473人。

③ 沪江大学

沪江大学是1906年由美国浸礼会创办的一所教会大学。学校最高权力机构成员全部是美国人,其建制完全是"美国教派学府的移植",② 所用教材是"原封不动的美国教材",③ 理学院的试卷直接取自哥伦比亚大学,教师普遍采用英语授课。

④ 东吴法学院

东吴法学院的前身是美国卫理公会于1915年在上海开办的东吴大学法科。东吴大学法科在成立后不断扩充,注重教学质量,到1925年已被北洋政府教育部批准立案,其毕业生均可免试向北洋政府领取官方颁发的律师资格证书。1926年又进一步扩大规模,增设法科硕士班,凡本科毕业生升入硕士班研读两年后均可获硕士学位。1927年正式改为东吴法学院。④

东吴法学院的教学完全采用欧美模式,教师也都是英美籍法律界人士。在1927年之前,所开课程都是英美法律,采用美国式的研究判例法,⑤ 教学案例也都出自英美,教师用英语授课。为了使学生熟悉英美法庭对民刑案件的审判程序和辩护制度,1922年,东吴法学院又设立了"模拟法庭",由高年级学生轮流学习,这种教学体系使东吴法学院毕业生受到美国各大学的优待,学生均可免试进入美国各大学学习法律专业,一年后获法学硕士学位,两年后获法学博士

---

① 忻福良,赵安东.上海高等学校沿革[M].上海:同济大学出版社,1992:71.
② 王立诚.美国文化渗透与近代中国教育——沪江大学的历史[M].上海:复旦大学出版社,2001:33.
③ 忻福良,赵安东.上海高等学校沿革[M].上海:同济大学出版社,1992:100.
④ 同上:150.
⑤ 中国人民政治协商会议上海市委员会文史资料工作委员会.解放前上海的学校(上海文史资料选辑第五十九辑)[M].上海:上海人民出版社,1988:114.

学位。国内扎实的基础学习使他们快速地适应了美国学校的教学生活,有的不到一年即获得了美国的法学博士学位,①由此吸引了大批学生前来就学。东吴法学院日益成为上海颇有影响的法科高等院校。

以上所举仅是沪上名校中的几例,这些学校不管是中国人办的还是外国教会办的,无一例外均模仿国外大学教育制度办学,教材、师资、教学语言也尽可能用国外的,甚至连试卷也直接取自国外,学生还可免试入国外大学,俨然国外某大学在中国的分校。这些学校虽然有特色,但严格来说,他们只是在照搬外国的办学模式,还未能摆脱欧美高等教育母体的影响,所以上海的高等教育(乃至全国)仍处于发展的婴幼儿阶段,还未能真正走上自主发展之路。

(2) 注重社会声誉,严把办学质量

上海商业社会的发展培养了上海人的商业头脑,也造就了他们务实守信的精神,这种精神使他们在办学中注重长远效应,以社会声誉求生存、求发展。因此,那些追求短期效应,以赚钱为目的的学校终经不起时间考验而被淘汰出局。据前述统计材料,1912—1927 年,上海先后开办高等院校约 167 所,但到 1927 年仍在招生办学并有一定影响的只有 34 所,这是社会检验的结果。

在 1922 年"新学制"允许单设一科者称为某科大学后,全国高等教育界迅速掀起了一股"升格风"。在从 1917 年到 1927 年的十年中,全国的大学由 10 所发展为 52 所,其中特别是单科大学有了较大发展。仅北京一处,大学即由 12 所增加至 19 所,其中多数是升格的单科大学。② 与全国大学的"升格风"相比,上海高等教育的发展更为理性、严谨,并未盲目跟风。从 1922 年到 1927 年,上海由专门学校升格为大学的只有 3 所,一所是私立同济医工专门学校,在 1924 年升格为"同济医工大学";一所是南洋路矿学校,于 1924 年升格为东华大学;还有一所是南洋医学专门学校,在 1924 年升格为南洋医科大学。即使是这 3 所大学,也并非以次充好,盲目扩张。

1917 年的同济是由沈恩孚、黄炎培、唐绍仪等人任校董,阮尚介任校长的"私立同济医工专门学校",当时学校设医科、工科、德文科、机师科。之后,学校严格按德国的教育制度办学,开设实习工厂,并陆续健全学校的各项规章制度,出版各种学术刊物,如《同济学报》《同济杂志》《同济医学月刊》以及《自觉月刊》,开展学术研究和交流活动,提高学校的研究能力。同时,筹建图书馆、实验

---

① 中国人民政治协商会议上海市委员会文史资料工作委员会.解放前上海的学校(上海文史资料选辑第五十九辑)[M].上海:上海人民出版社,1988:152.
② 郑登云.中国高等教育史(上册)[M].上海:华东师范大学出版社,1994:145.

室,广泛添置医用设备,重金礼聘德籍教师任教,使同济在此期间形成了"严谨求实"的学风。而在此期间毕业的学生日后成为著名专家、教授的也较多。正是这样的发展规模,奠定了同济大学建制的基础。可以说,同济医工专门学校升格为大学,是同济医工专门学校同仁长期共同努力的结果。

南洋路矿学校在1924年升格为东华大学之前,也非常注重学习国外先进办学模式,教师一般都是聘请欧美留学人员,在教学方法上注重学生的理论学习和基础知识的掌握,如铁路工程科要求学生必修33门课程,同时更注重学生实践能力的培养,要求二至四年级学生必须实习。

南洋医学专门学校是于1914年由史蕴璞创办的。1918年名为"私立亚东医学专门学校",由顾南群任校长。在他的主持下,学校聘请了许多名教授,并得到日本人顿宫宽的鼎力相助,他还为学校捐赠了许多标本、仪器,并派日籍教师来该校讲学,在他的帮助下,学校规模不断扩大。1924年顿宫宽亲任校长后,投巨资扩充了学校设备,增设了预科。之后,他将南洋医学专门学校改组为南洋医科大学,并附设医院,改组后的医科大学成立后,很快得到上海市政府的核准立案。

以上三校的发展历程说明,当时学校都是在自身发展达到条件的基础上合理升格、改组的,而不是拔苗助长,以牺牲质量为前提的盲目发展。同济医工大学在1927年进一步国有化,成为国立大学的事实,也进一步证明它严谨的办学风格所带来的长远收益。以质取胜、以信誉赢人也正是民国前期上海许多高校办学的出发点。正是在这一前提下,才有了30年代之后上海高等教育的一段繁荣,许多高校也在经过民国前期的发展后,成为享誉全国的名牌学府。

(3)适应社会发展潮流,推陈出新,进行教育改革

① 适应上海城市发展需要,设置与上海城市特点相适应的系科

高等教育是社会高级人才的摇篮,它负有服务社会、提升社会整体水平的责任,上海的城市发展也需要高等教育担负这一责任。

与清末民初上海高等院校设置以重视基础理论为主的特点相比,20世纪20年代之后的上海高校无论是学校类别还是内部系科设置,都更强调政法、经济类应用型院校的开办和系科设置。如前所述,上海在民国建立后所办的学校以适合上海地区经济社会发展的法政类、经济类、医护类院校为最多,而学校内部的系科设置也以此为最多。以复旦大学为例,它是一所综合性大学,但20年代后增设的系科全部是经济类的,前后增设了工商管理系(1920年)、经济学系(1922年)、会计学系(1926年)、国际贸易系(1926年)等。这些系科的设置为

上海培养了大批高级人才。

② 沟通文理,实行选科制

蔡元培对北京大学的改革掀起了中国近代高等教育改革的浪潮,1922年的学制改革又规定大学施行选科制,进一步推动了上海高校的改革。

随着社会发展对人才提出更高的要求,培养具有多种知识的复合型人才已引起当时人们的高度重视,为此,打破高等学校严格的系科设置开始成为一些有识之士的共识。五四新文化运动之后选科制的引进,使一些具有改革意识的高等教育家开始在大学运用选科制以沟通文理。如复旦大学以"顺应社会发展需要"为院系设置原则,在课程设置上注重对学生基本知识和技能的培养,规定不管文理均须选习国文、英文、社会科学和自然科学四门必修课,其至还规定文科学生必须选习理科专业课程,理科学生必须选习文科专业课程。① 交通大学虽以工科为重点,但20年代后也渐以数理化为基础课程,把国文、外文作为学生必修的重点课程。沪江大学更是以课程设置"注重基础,文理相通"而闻名沪上。

民国前期上海高等院校的上述改革,符合现代教育的发展理念,促进了高等教育的整体发展,为上海城市发展培养了一批高素质人才。

三、师范教育抽枝散叶

1912年9月29日,北洋政府教育部颁布了一系列教育法令,其中包括《师范教育令》。之后,又陆续公布了师范学校规程和课程标准,包括1912年12月10日公布的《师范学校规程》、1913年2月24日公布的《高等师范学校规程》、1913年3月19日公布的《师范学校课程标准》、1913年3月27日公布的《高等师范学校课程标准》等。

《师范教育令》规定,民国师范教育在等级上分师范学校和高等师范学校,在类别上分师范学校、女子师范学校和私立师范学校。师范学校以培养小学教师为目的,女子师范学校以培养小学教师和蒙养园保姆为目的,高等师范学校以培养中学和师范学校教师为目的,女子高等师范学校则以培养女子中学和女子师范学校教师为目的。民国初年的师范学校一般以省立为基本原则,高等师范学校以国立为基本原则。这些规定与清末师范教育基本相同,不过是将初级师范学堂改为师范学校,优级师范学堂改为高等师范学校。

五四新文化运动之后,教育界进行了一系列改革,这些改革也影响到了师

---

① 忻福良,赵安东.上海高等学校沿革[M].上海:同济大学出版社,1992:79.

范教育。首先,在观念上,人们对师范教育的地位和作用有了新的认识,要求根据中小学的教育实际对师范教育的课程和教学方法进行改革。其次,对师范教育制度进行了反省,要求加强女子师范学校尤其是女子高师的建设。而"新学制"改革在一定程度上体现了这些要求。

1922年颁布的《学校系统改革案》规定,师范教育分师范学校、师范专修科和师范大学。本着男女平等的原则,"新学制"未规定各地独立设置女子师范学校。其中师范学校修业6年,并允许高中附设师范科,修业3年,培养小学教师。师范专修科收师范、高中毕业生,修业2年,培养初中教师。师范大学修业4年,并允许大学开设教育科。正是由于允许大学附设教育科,从而在一定程度上削弱了我国师范教育的独立性。"新学制"颁布后,高等师范院校除北京高等师范学校外,几乎不复有独立的高等师范存在。

"新学制"规定师范学校实行选科制,并未对课程作统一规定,这就使各师范学校具有了更多的自主性,也更能根据实际设定师范教育课程。

经过1912—1913年和1922年两次学制改革,民国的师范教育体系基本定型,各地也据此纷纷进行师范教育改革。如江苏省就议决各地照此推行,并允许各县对师范讲习所的修业年限及入学资格酌量办理。①

由于民国师范教育以省办和国办为原则,地方独立举办的师范学校很少,因此在1927年之前,上海的公立师范院校只有"江苏省立第二师范学校"1所。但由于民国初年的学制允许私人开办师范学校,特别是在五四新文化运动之后,社会各界对师范教育的地位认识更深,加之上海本地中小学教育的飞速发展急需大批师资,1所省立师范学校远远不能满足这种需要。在此形势下,一些有识之士纷纷开办了私立师范学校,形成各类私立师范学校迭兴的局面。到1927年,在上海举办的私立师范学校前后计有上海专科师范学校(1919年开办,1923年更名为上海艺术师范学校,1924年升格为上海艺术师范大学)、上海女子艺术师范学校(1920年)、上海国语师范专科学校(1922年)、东南高等师范专科学校(1922年)、上海音乐专门学校(1922年)、两江女子体育师范专门学校(1924年)、上海中华体育师范学校(1924年)、上海师范大学(1924年)、东南女子体育师范学校(1927年改名为东南女子体育专门学校)等。这些师范学校的建立和发展,为上海的中小学校培养了大量专业教师。

---

① 江苏对于新学制草案讨论会议决案[M]//璩鑫圭,唐良炎.中国近代教育史资料汇编·学制演变.上海:上海教育出版社,1991:1004.

与此同时,一些职业学校和专门学校为了培养本行业的师资,也参与了师范教育。如江苏省立水产学校开设水产教育类课程以培养水产类学校教师;上海女子专门学校、民国女子专门学校的师范科进行普通学校女教师的培养;私立东亚体育专科学校的师范科培养初中和小学的体育、音乐教师;上海音乐专门学校师范科兼负培养音乐教师的职能;上海美术专门学校师范部还分高等师范科和初级师范科,高等师范科招收中学毕业生,培养中学美术教师,初级师范科招收小学毕业生,培养小学美术教师。这些职业和专门学校的建立,使得上海师范生的专业基本功更扎实,从而保证了中小学教育的质量。

1922年"新学制"颁布以后,许多高等师范学校纷纷被大学合并,这虽然削弱了师范教育的独立性,不利于师范教育的整体发展,但就上海而言,却是一个发展师范教育的大好机会。因以上海一县之行政地位,国立师范大学不可能设在上海,其结果必然使上海中学以上学校的师资培养形成缺位。而"新学制"鼓励大学开设师范科、教育科,就使上海的一些大学有资格参与师范教师的培养,从而使上海的师范教育得到了良好的发展机会,并迈上一个新台阶,一些私立大学如南方大学、远东大学、大同大学、三育大学、沪江大学等纷纷增设教育科。其中,沪江大学既有普通师范教育,称为教育组,又有以"造就中小学校科学教员为宗旨"的科学教育系,属于自然科学组。① 三育大学的师范科分为高等师范科和初等师范科两类,高等师范科招收初级师范或普通中学毕业生,初级师范招收普通中学二年级以上学生。另外,上海函授大学也开设了师范科,为已工作的非师范毕业的教师提供进修机会。大学承担师范教育的功能,把上海中学以上学校的师资培养工作纳入了专业化轨道。

民国前期上海师范教育的发展体现出以下特点。

1. 师范教育发展经历三个阶段

第一阶段是1912—1918年。这一阶段上海师范教育极不发达,只有1所公立师范学校,即江苏省立第二师范学校。第二阶段是1919—1922年。这一阶段上海私立师范学校初兴,前后创办了4所专业类师范学校。第三阶段是1923—1927年。这一阶段上海师范教育开始迅猛发展。一方面私立师范学校继续增设,另一方面各类职业学校、专门学校以及大学纷纷开设师范教育科,以培养各类中高级学校的专业教师,这使上海教师队伍的师范性不断加强,师资水平大幅提高。据1928年上海市教育局统计,1927—1928年间上海市立在职

---

① 邹恩润,徐亮.江苏中等以上学校投考须知[M].上海:商务印书馆,1924:17.

初等学校教师中,师范毕业的占49.0%,市立中等学校教师中,师范毕业的也达49.0%,① 可见,上海初等、中等学校中近半数的教师都是师范毕业。

上海师范教育在新文化运动之后发展迅速,原因主要有三个。一是民国建立后,上海中小学校数量激增,客观上需要大量师资,这是师范教育发展的客观原因,也是最主要的原因。二是新文化运动使人们对师范教育的重要性有了更为清晰的认识,"教育发展,师范先行"成为一些有识之士的共识,从而为私人创办师范学校奠定了思想基础。三是民国允许私人开办师范学校,从而在法律上保证了私立师范学校的合法性,个人在条件允许的情况下均敢于开办师范学校。

2. 师范教育的机构和级别不断完善

从师范教育的机构和级别来看,民国前期上海设立的各类师范教育机构(学校)已非常健全,既有政府举办的短期师范讲习所,也有培养小学教师的正规师范学校,还有以培养中高等学校教师为目标的专门学校和大学设立的师范和教育系(科、院)。这些学校共同承担起上海初等、中等乃至高等学校教师的培养任务,整体上提升了上海的师资水平。

3. 师范教育机构类别丰富

从师范教育机构的类别来看,民国前期上海师范学校(系、科)的类型已非常丰富,既有综合性的师范学校,如江苏省立第二师范学校、东南高等师范专科学校,也有专门培养各科教师的专业学校(系、科),如上海国语师范专科学校、上海艺术师范学校,东亚体育师范专科学校的师范科、上海音乐专门学校的师范科、上海美术专门学校师范部(包括高等师范科和初级师范科)、沪江大学的教育组和科学教育系等,此外还有江苏省立水产学校的水产教育类课程。这些学校(系、科)的开办为上海教育界输送了各类专业教师,为各级学校办出特色创造了条件,为上海教育的繁荣发展奠定了基础。

在各类师范学校中,尤以体育类师范学校为多,共有4所。应该说,这些体育类师范学校的增设体现了中国教育界的新风气。首先,民国教育宗旨之一是对中小学实施"军国民教育",要求各校加强体育。但传统教育体制下培养出的人才均是文弱书生,故学校缺乏专门的体育师资。正是学校学科发展的客观需要,对体育师范教育的发展提出了新的要求。其次,上海是受欧美

---

① 上海特别市教育局.上海特别市教育统计(十七年度)[M].上海:[出版者不详],1929:49,71.

影响最早的地区,很多学校的办学以欧美为榜样,而欧美教育一贯重视体育,因而很多学校都很重视体育。但由于体育师资短缺,很多学校聘请外国人担任体育教师。这就使办学者看到了体育类师范教育的广阔前景。此外,上海教育界定期举办的各种形式的体育比赛也迫使学校必须加强体育,开设体育课,并招聘专业的体育教师,而不能马虎从事、滥竽充数。正是从国家到地方尤其是学校对体育的自觉重视,促成上海体育类师范学校的大量开办,而这些体育类师范学校的发展反过来又促进了上海体育事业的发展,上海很多学校的学生在全国和地区性体育比赛中取得了好成绩。

4. 重视女子师范教育

从师范教育机构的招生性别来看,上海在民国前期开办了多所女子类师范学校,如上海女子艺术师范学校、两江女子体育师范专门学校、东南女子体育师范学校、上海女子美术专门学校、民国女子专门学校、上海女子专门学校等。这些女子师范学校的大量开办是五四新文化运动后人们要求加强女子师范学校建设的体现。一方面,五四运动后,女性解放的呼声日高,女性就业从教的日多;另一方面,女性受教育人数的增加尤其是女子学校的开办,客观上要求有一定数量的女教师从事学校的教学和管理工作。而上海开女禁较早,女子上学从教已为社会普遍认同,所以,为女性从教提供专业的师范教育也成为上海各界的共识。由于女教师少,而女性任美术、体育教师的更少,客观上促使女子师范学校的开办以美术和体育类专业最为急迫,故上海的女子体育师范和美术师范学校也最多。

5. 私立师范学校独撑大局

从办学主体来看,民国前期上海的师范学校几乎均为私人创办。这一是由于民国《师范教育令》规定公立师范学校以省立、国立为原则,而上海以一县之行政级别,无力独立开办师范学校,公立师范学校只有江苏省立第二师范学校1所。再则,《师范教育令》允许私人开办师范学校,由于沪上富商巨贾云集,其中不乏有识之人士,他们常以投资或捐款的形式参与上海的教育建设。这些主客观条件共同促成上海私立师范学校的兴盛。私人开办的师范学校能敏锐地捕捉市场动态,以市场需求为创办原则,如针对上海教育界缺乏美术、音乐、体育类师资的状况,开办了许多体育、美术类私立师范学校;针对新文化运动后学校提倡国语教学的状况,又应时开办了国语师范学校。由于这种密切反映社会需求的办学原则是公立学校难以相比的,因此,这些私立师范学校的大量开设弥补了公立师范学校的不足,为上海各类学校输送了大量专业教师,也为上海的教育走在全国前列提供了师资条件。

6. 师范课程具有地方特色

上海作为商业城市的特征也影响了上海师范学校的课程设置,师范类课程中设有较多的商业经济类科目。

1922年"新学制"规定,六年制的师范课程有:社会科:公民、历史、地理、人生哲学、社会问题;言文科:国语、外国语;算学科:算术、珠算、代数、几何(立体)、三角(平);自然科:混合理科、生物学、化学、物理;艺术科:手工、图画、音乐;体育科:体育、生理卫生;教育科:教育入门、心理学入门、教育心理学、教学法、小学校行政、教育测验及统计、小学各科教材研究、职业教育概论、教育原理、教育实习。①

"新学制"颁布后,江苏省立第二师范学校的预科及本科第一部的课程是:修身、教育、国文、习字、英语、历史、地理、数学、博物、物理、化学、法制、经济、图画、手工、商业、乐歌、体操;本科第二部的课程是:修身、教育、国文、数学、博物、物理、化学、法制、经济、图画、手工、乐歌、体操。② 第一、二部课程都开设了法制和经济,其中第一部还增设了商业科目。这些科目的开设超出了教育部的课程标准,带有浓厚上海地方特色。作为一所公立师范学校,江苏省立第二师范学校的课程超出部颁标准,增加了经济商业类课程,足以说明地方经济发展对教育的影响,反过来也表明上海教育服务本地经济发展的功能在增强。上海地方经济发展促使中小学开设了相应的经济类课程,而这些课程的开设又要求相应的师资来承担教学任务,这就要求师范学校必须开设相关课程。

师范学校课程的变化也反映在对投考学生资格的限定上。当时江苏省立第二师范学校对学生投考资格的规定是:中学或甲种实业学校毕业或同等程度者。③ 可以说,师范学校招收甲种实业学校毕业生正是为了应对中小学增设实业类选科或课程,需要培养实业类科目教师。这种课程和招生资格的变化是上海所特有的,也是上海教育与社会经济互动的结果。

民国前期,尽管上海公立师范教育不甚发达,但由于私人对师范教育的热情参与,上海的师范教育已十分兴旺,适应中小学教学实际需要的各类师范类教育机构竞相开办,从而满足了上海教育发展的需要。而各类专门学校

---

① 舒新城.中国近代师范教育小史[M]//璩鑫圭,童富勇,张守智.中国近代教育史资料汇编·实业教育 师范教育.上海:上海教育出版社,1994:1057.
② 邹恩润,徐亮.江苏中等以上学校投考须知[M].上海:商务印书馆,1924:3.
③ 同上:4.

和大学的参与不仅提高了上海教师的学历资格,而且也提升了他们的专业技能,这对推动上海教育的整体改革和发展具有实质性的影响。教育发展,师资先行,民国前期上海各类私立师范教育机构的开办,为上海教育的兴起奠定了师资基础。

第四节　上海现代教育基本结构形成

上海教育在不断满足经济社会发展需求的同时,自身结构也不断完善,到1927年,上海已基本形成具有现代教育特征的教育体系。具体而言,体现为以下一些特征。

一、现代学制体系形成

经过民国前期的发展,到1927年,上海已形成颇具规模的现代学制体系。在纵向结构方面,各级学校紧密衔接,幼稚园、小学、中学、大学均占有一定数量,其中,除幼稚园数量还较少外,其他比例相对合理。在横向结构方面,普通学校、职业学校、师范学校相辅相成,能为社会输送各级各类人才。

二、学校教育与社会教育并蒂开花

在正规的学校教育外,上海教育界还根据社会的需要,发展了颇具特色的社会教育体系。在普及教育、教育平等、平民教育等观念、思潮的影响下,上海社会各界几乎都对社会教育投入了一定精力。其中既有由大学开办的平民夜校、识字班,又有由各行业承办的行业补习学校和私人、团体开办的英语进修班,还有各种形式的通俗教育、图书馆、读报栏等。这些各具特色的教育机构和措施共同汇成了一定的教育声势,引导上海市民利用闲暇时间读书进修。

三、公立学校与私立学校互补发展

民国前期,上海公立学校的数量一直非常有限,远远不能满足上海超常规发展对各类人才的需求。正是民国允许私人开办各级各类教育机构这一政策,为上海私立学校的大量出现提供了法律保障。上海一些有识之士瞄准教育的市场前景,纷纷开办各类教育机构,私立学校在数量上远远超过公立学校(不管是普通教育、职业教育还是师范教育),且在办学规模和质量方面也不落后于公立学校,其中的一些学校如万竹小学、浦东中学、圣约翰大学、复旦大学、中华职业学校等还在全国同类学校中占有重要地位。这些私立学校的大量发展弥补了上海公立学校的不足,也为民国上海经济社会的发展作出了重要贡献。

四、女校不输男校

上海作为西方文化输入的重要窗口,男女平等的意识早已深入人心,男女同等接受教育也早已为社会所认同。早在清朝末年,经元善就在上海创办了中国最早的女子教育机构——中国女学堂。民国之后,在男女平等的呼声之下,上海女子受教育人数和受教育权利不断扩大,各类专门女子学校不断开办。由于这些女子学校开办后均能自觉加强学校内部管理,以学风严格著称,所以其办学质量不仅在上海得到社会的广泛认可,甚至还声名远播,吸引了全国各地女子前来就学。普通学校中,务本女中、圣玛丽亚女校和中西女塾等均名噪一时,尤其是中西女塾以培养具有贵族风范的名媛淑女而吸引无数女子。专门学校中,两江女子体育专科学校在全国颇有名气。这些学校尽管在数量上还少于男校,但办学质量不输男校,所造成的社会影响更是无法估量。上海女子学校的开办不仅扩大了女子的受教育机会,而且扩大了上海女性的就业机会,提高了女性的社会地位。应该看到,上海女子能拥有较高的社会地位,接受教育是一个重要原因。

综上所述,经过民国前期的发展,上海已基本形成了现代教育体系:在结构方面,既有完善的学制系统内的教育机构,又有发达的学制系统外的社会教育机构;在办学主体方面,既有由政府创办的公立教育机构,又有由工商界、社会团体、个人开办的私立教育机构;在受教育者性别方面,女子受教育人数和受教育权不断扩大,既有男女合校的教育机构,也有专为女子开办的各类教育机构。

第二章

民国上海现代教育的渐进与深化
（1927—1937）

1927—1937 年是南京国民政府统治时期。这一时期，上海相对稳定的政治环境促进了上海经济与文化的繁荣。上海各级各类教育无论是规模还是质量，都获得了长足发展，上海现代教育体制逐渐深化。上海长期以来受西方文化的浸染和由租界的存在所形成的华洋杂处的特殊格局，决定了上海现代教育的异质性和多元性，发展速度远超中国其他城市，但是，现代性的不断增长仍是这一时期上海教育的基本特征。与此同时，日本帝国主义对中国的侵略步步紧逼，特别是 1932 年的一·二八事变，使上海人民直面日本的侵略炮火，因此，以抗日救国为宗旨的爱国主义教育成为这一时期上海教育的主导方针。可以说，这一时期现代化的渐进与爱国主义的合奏成为上海教育发展的主旋律，并形成了上海教育发展的阶段特征。

第一节　概述：上海教育发展的一段黄金期

一、20 世纪二三十年代的政治、经济与文化对上海教育发展的促进

1. 现代化的市政管理为教育发展营造了相对稳定的外部环境

1927 年 5 月 7 日，国民党中央政治会议通过《上海特别市暂行条例》，决定设上海为特别市。特别市的成立，把上海华界地区长久分散的行政权统一起来，改变了华界原先互不统属、各自为政的行政格局和传统的道、县署衙门的行政建制。上海特别市设置了一处（秘书处）和十局（财政、工务、公安、卫生、公用、教育、土地、港务、农工商、公益）统摄行政，并对各处、局等部门的职责作了明确规定，任用了一批学有专长、具有现代专门知识的人员担任各局局长。各局长基本上都受过近代高等教育，且大部分有留洋的经历，具有各自领域的专门知识或相关的工作经历。如当时的教育局局长朱经农，毕业于美国乔治华盛顿大学，曾先后担任国立北京大学、上海沪江大学、光华大学教授和光华大学教

务长、副校长。从上海特别市的机构设置和人员配备来看,具有专家治"市"的味道,这与旧式的行政衙门和官吏有着根本不同,充分说明这一时期上海的市政管理已经具有明显的现代化色彩。

1930年7月,上海特别市按照南京政府颁布的《市组织法》,改称"上海市"。作为新的政治整合机制,上海市政府宣称以法治市。第二任市长张定璠明确主张:"本府成立首重法令编制……凡市政之征收,市产之管理,会计审计办法之厘定,社会公益事业之振兴,以及一切市政之整理与设施,市机关之组织与权限,一一绳之法规,俾市行政人员有所遵循,市政得逐渐发展焉。"① 上海特别市政府在成立第一年中就制定并公布了203项法规,其中,有总务(市府)12项,财政27项,工务7项,公安34项,公用34项,卫生25项,教育26项,土地8项,农工商27项,其他3项,内容涉及上海的政治、经济、社会、教育、卫生、文化娱乐等各个方面。② 从中可以看出,国民党上海市政府力图依靠强权和法理,努力将其管理深入到社会的一切方面,把社会的各种力量和要素整合到一个统一的体系中。

这一时期,上海的市政管理在形式上已经具有现代市政管理的雏形,尽管在执行的过程中并没有完全体现出其应有的法治精神,但是,运用法制来管理市政理念的形成无疑是一个进步。政府机制相对稳定的运作,为上海经济和社会以及教育的发展提供了一个较好的外部环境。事实上,在整个民国时期,上海都处于一个动荡不安的政治环境中,因此,1927—1937年的十年也只能说是相对稳定的十年。正是这种稳定保证了上海教育能够被系统地规划,有计划地发展,并被纳入有序发展的轨道,从而提升了质量。

2. 经济与教育发展的相互促进

20世纪二三十年代的上海是中国最大的港口和通商口岸,便利的交通、发达的工业和繁荣的商业使上海成为全国的埠际贸易中心和多功能经济中心。到20世纪30年代中期,上海的经济发展达到了前所未有的高度。

与民国初期民族经济高速发展的十年相比,1927—1936年是上海近代工业发展史上一个重要的十年。由于第一次世界大战后外国资本的卷土重来,中国的民族工业面临着巨大挑战。在1932年一·二八淞沪抗战爆发之前,上海工业在前十年发展的基础上,受一些新的有利因素的影响,不少工业部门仍呈稳

---

① 张仲礼.近代上海城市研究[M].上海:上海人民出版社,1989:656.
② 熊月之,杨国强,张培德.上海通史·民国政治[M].上海:上海人民出版社,1999:244.

定发展趋势。这些有利因素体现在以下几个方面：一是南京国民政府的制度调控。1927年南京政府成立后，为了稳固政治基础，设置了实业部，并采取了一些措施，以发展民族经济，其中最主要的有三项，即裁厘改税，修订税则，进行币制改革。二是上海相对稳定的社会秩序吸引了全国的大量游资和廉价劳动力。三是抵制日货运动为上海民族工业的发展创造了条件。五卅运动以后，随着日本帝国主义的步步紧逼，抵制日货运动和提倡国货运动蓬勃发展，席卷全国，在一定程度上缓和了日货以及外资工业对民族工业的冲击和压迫，从而为民族工业的发展争取了宝贵空间。此外，1929年世界经济危机爆发以后，实行银本位制的中国因金价飞涨而出现进口货物价格上涨，这些也在一定程度上促进了民族资本经济的发展。

20世纪30年代，除传统的民族工业外，上海还涌现了一批科技含量较高的民族工业，如机电、电讯器材、化工、生化药物、医疗器材等，并创出了一批名牌产品，原因在于许多受过近代教育的民族知识分子，怀着"工业救国""科学救国"的理想，积极投身民族工业，从而为上海工业的发展作出了重要贡献。在1927—1936年间，虽然上海民族工业面临种种困境，但在一大批民族资本家和产业工人的努力下，上海民族工业依然在逆境中发展。

但在这一时期，外资工业资本的增长速度远远超过民族资本。1928年，上海外资工业总额约2.27亿元，民族资本总额约1.04亿元，但1936年，外资总额上升到4亿元，民族资本上升到1.62亿元，前者的增长幅度为76.2%，后者为55.7%。① 此外，外资工业企业的规模也远远超过民族工业企业，且在上海重要部门，如电力、卷烟、电器电讯设备行业中占据优势。所以，有人说，20世纪二三十年代上海的经济繁荣是一种畸形的繁荣，因为它是建筑在以外国资本为主要支撑力量的经济基础之上的，民族资本只能在夹缝中艰难生存。

上海经济的发展给上海城市带来了现代化的气息和职业格局的变迁。根据1934—1935年上海华人职业分布统计表（见表2-1）②，我们可以对当时上海职业结构的特点进行分析。

---

① 熊月之，潘君祥，王仰清.上海通史·民国经济[M].上海：上海人民出版社，1999：123.
② 熊月之，罗苏文，宋钻友.上海通史·民国社会[M].上海：上海人民出版社，1999：106—107.

表 2-1 1934—1935 年上海华人职业分布统计表

类　别	人数(1934年华界)	/%	人数(1935年10月公共租界)	/%
农	189 000	15.84	1 150	0.13
工	434 000	36.38	203 169	25.23
学徒	49 000	4.11	—	—
交运	22 000	1.84	13 523	1.69
劳工	150 500	12.62		
杂业	72 000	6.04	364 773	45.30
商	181 000	15.17	181 649	22.56
银行、金融、保险	—	—	10 604	1.33
办事员、速记员			3 627	0.46
艺术、技术、运动界	—	—	3 706	0.47
学	78 000	6.54	—	—
政	6 000	1.30	7 989	1.00
党	260			
军	360		410	0.01
警察	6 700			
士兵	2 100			
医师	1 550	0.16	14 634	1.82
工程师	160	—		
律师	145			
会计师	45			
记者	55			
合计	1 192 875	100	805 234	100

表 2-1 反映了 20 世纪 30 年代上海华人职业变迁的主要特点,从中我们可以看出,上海已经完成了从第一产业向第二产业的转化,成为全国最为现代化的工商业中心、文化中心与服务业中心;务农已经不是上海人的主要谋生手段,相反,产业工人成为最大的职业群体;华人职业开始向多种专业领域扩展,新的职业群体不断出现。

应该看到,现代化在一定程度上意味着社会分工的不断细化,而正是上海城市现代化的多元发展,打破了传统单一狭窄的职业结构,使社会职业日趋多样,新兴职业纷纷出现。与此同时,上海城市现代化的发展也向产业工人提出了新的要求。由于新的产业需要新的知识,需要从业人员具有现代的科学技术素养和文化素质,要求上海人成为现代都市人,为此,就必须大力发展教育,教育成为培养现代都市人的最佳途径。可以说,上海的现代化进程与上海教育相得益彰,前者是后者的发展动力和目标,后者又为前者提供了智力支持并输送了大量人才。

3. 上海的世界主义促进了教育的多元化发展

上海是中国受西方文化影响最早的城市。可以说,上海城市的现代化进程就是中西方文化冲突交融的过程。自20世纪伊始,上海就被称为"东方的巴黎","来自全球各个角落的人聚集此地,创造出一个五方杂处、充满活力的资本主义商业中心。各种肤色的洋人在数量上与操着各种方言的中国居民几乎相等"。① 二三十年代的上海更是一个"国际传奇",是"一个与传统中国其他地区截然不同的充满现代魅力的世界"。② 20世纪二三十年代起,东方最国际化的都市不在孟买,也不在东京、香港,而在上海,上海是当时世界上除纽约之外最开放的城市,其人口构成可以证明这一点。1942年,上海侨民人口达150 931人,其中日侨约9.5万人,虹口有"小东京"之称。1934年,上海约有2.5万名俄侨,今天的淮海路一带曾被称为"小莫斯科"。爱尔兰人、犹太人、印度人、朝鲜人都是上海社会非常活跃的团体。有人曾这样写道:"上海,东方的巴黎;上海,西面的纽约;上海,地球上最世界主义的城市。"③

近代以来,由于上海在政治、经济、文化上所形成的独特的发展轨迹,上海呈现出不同于中国其他城市的鲜明特色。比如,在上海特殊的政治格局中,由于两个租界当局和华界当局对思想文化的禁忌各有不同,从而给各种思想的生存留下了空间,使怀有不同文化理想和思想的人们能够在此自由发挥,而各种思想流派也能够在上海这个广阔的舞台上轮番上演。因此,上海文化比中国其他地方呈现出更具多元性和异质性的特点。在这里,传统与现代、中国与西方文化的相斥相纳,以及殖民性、民族性和现代性之间错综复杂的关系,都反映在社会文化、教育以及人们的生活方式和价值观念中。

---

① 裴宜理.上海罢工——中国工人政治研究[M].刘平,译.南京:江苏人民出版社,2001:14.
② 李欧梵.上海摩登——一种新都市文化在中国:1930—1945[M].毛尖,译.北京:北京大学出版社,2001:4.
③ 李天纲.文化上海[M].上海:上海教育出版社,1998:320.

与此同时,在20世纪二三十年代,现代工商业的发展也使上海中小商人和市民群体不断壮大,从而构成中国城市前所未有的大众群体。所有这些都使上海的社会文化呈现出商业化、多元化、大众化这一市民文化的基本特点。和中国传统文化相比,市民文化是一种大众文化、都市文化,它对上海人的生活方式产生了巨大的影响。首先是心理上的,即它要求市民从一个生活在礼法社会的传统人转变为适应现代法治社会的现代人,这需要人们不仅树立新的价值观,还必须具备现代社会的生存手段,即必须学习各种现代知识、技能和态度。

20世纪二三十年代的上海处于一个由传统社会向现代社会过渡的阶段。教育作为培养人的工程,其重要功能之一就是促进社会的发展。由于社会的需要为教育的发展提供了动力,而经济的繁荣又为教育的发展提供了物质支持,上海教育也迎来了其发展的一段黄金期。

二、树立现代教育理念

1. 现代主义与民族主义:上海现代教育的两条主线

现代化是一个社会综合发展的过程。按照马克斯·韦伯(Max Weber)的观点,现代化的过程就是理性化的过程,它是理性化在文化各个领域的表现。因此,上海城市现代化的过程不仅包括现代化的市政管理、以市场机制为主导的经济体制,也包括教育的现代化。教育现代化的实质是教育发展问题,它是教育现代性不断增长的历史过程。教育的现代性主要体现在教育的世俗化、国家化、科层化、理性化、专业化、科学化和福利性等方面。[①] 也有学者把实用性、民主性、科学性和开放性看作教育近代化(现代化)的基本内涵。[②] 我们可以看到,这一时期上海教育发展的基本指导方针之一就是教育的现代化,称之为现代主义的教育方针。现代主义的教育方针的主旨是促使教育为上海城市的建设培养具有现代公民意识和科学知识技能的劳动者。

上海市政当局也充分认识到,上海城市现代化的进程与上海教育是一个相得益彰的过程,所以现代主义教育方针是时势所需。上海特别市市长张岳军在1929年《上海市教育统计》的序言中指出:"盖以本市行政言:教育为其一端,不能舍教育而言建设,亦不能蔑视一切建设事业而侈谈教育也,盖无论国家政治,

---

① 褚宏启.教育现代化的路径[M].北京:教育科学出版社,2000:9.
② 田正平.中国教育近代化研究丛书总前言[M]//钱曼倩,金林祥.中国近代学制比较研究.广州:广东教育出版社,1996.

社会事业,皆当为整个的全盘规划,非各个的独立经营也。"① 这表明发展现代化教育的重要性。但是,20世纪二三十年代的中国是一个动荡不安的时代,不仅国内局势不稳,而且日本帝国主义对中国的侵略正在由东北向华北和华东地区推进,全国上下沉浸在救亡图存的氛围中。由于上海得天独厚的地理位置,且又是中国经济的中心,日本侵略者对上海觊觎已久。1932年1月28日,日军悍然炮轰上海,制造了震惊中外的一·二八事变。一·二八事变不仅是上海经济与文化事业的一场灾难,更使苦心经营多年的上海教育遭受了史无前例的重创。事变发生后,上海各界以及教育界充分认识到抗日救国的紧迫性,看到在连一张安静的书桌都放不下的"非常时期",只有现代主义的教育方针是不够的,即教育不仅要造就具有现代知识和技能的人才,当务之急还要担当起救国救民的重任,即应该厉行抗日救亡的教育方针。

对于当时的教育方针问题,许多学者都参与了讨论。如叶青指出,中国的教育方针要依据中国所处的时代来决定。他认为20世纪30年代的中国"是由中古到近代的时期,亦即是由封建制度到资本主义时期,……现阶段的需要就是近代化。……便是组织近代国家,发展国民经济。情形正同欧洲历史所走过了的一样。这是历史的发展的必然",从这一点来说,教育方针应该是"近代主义的",② 即"从把中国近代化一点上来说,从把中国人变成二十世纪的人这一点上,中国教育应该与欧美日本同。从哲学、科学、文学已成了世界的,为生于现在的人所必知这些地方说,中国教育也应该是与欧美日本同"。但是,"单以近代主义为原则是不够的",因为中国正受着帝国主义的侵略,"因此,教育在近代主义以外必须有所增加,这就是民族主义",这一民族主义并非那种"非我族类,其心必异"的排外的民族主义,而是近代的、革命的、科学的民族主义。以民族主义为教育原则就是要求教育为救亡图存服务,培养人民反对帝国主义、解放中华民族的智能品格。③ 他认为,西方现代化是中国的必经阶段,中国必须走西方资本主义的道路,那么,教育就应该为中国从封建主义向资本主义过渡服务,这就决定了中国教育必须坚持近代主义的方针。虽然叶青的历史观带有西方中心主义的倾向,但他对当时中国社会形势和教育使命的分析是正确的。

就当时上海的教育而言,现代主义和民族主义两种教育方针之间的冲突或

---

① 上海市教育局.上海市教育统计(民国十八年)[M].上海:[出版者不详],1931:序言.
② 叶青.中国目前的一个教育方针[J].教育杂志,1937,27(6):2.
③ 叶青.非常时期的中国教育[J].教育杂志,1936,26(5):7.

是张力显得更加突出,因为上海是当时中国最为现代化的城市,资本主义的发展、工商业的繁荣以及市民文化的兴起,迫切要求教育由传统向现代转变,即尽快实现教育的科学化、实用化、大众化。但一·二八事变的发生,使上海教育界普遍认识到救国教育的重要性和紧迫性,在这种情况下,实施救国教育成为上海市教育局工作的中心和出发点。1932年,教育局机关报纸《教育周报》连续转载蒋介石《救国教育》的讲话。① 1934年,《教育周报》又转载蒋介石《新生活运动之要义》。新生活运动实际上是"救国教育"的延续和具体化。这两篇讲话最能代表南京国民政府对民族主义教育方针的态度。而上海教育界也一致认识到,教育是"救国建国与复兴民族最有效之革命运动",② 国难当头,教育必须施行民族主义的教育方针。时任教育局局长潘公展认为:"如想恢复中华民族,只有从民族教育着手。换句话说,只有使得中国教育走民族的路,走自己的路,才能有助于现状的改进,和危亡的挽救!"所以,"这种民族教育,应该是我们教育行政的应有之鹄的","我们如拿定这种民族教育的宗旨,借着教育的力量,使民族的精神和民族的意识,不独没有消沉的现象,并且能有奋发的勇气,那国家虽一时迫于政治和军事力量的不足,而濒于危亡,我们敢深切地相信,在不久的将来,总可以有复兴的一天"。因此,他主张,实施民族教育、救国教育是当前办理上海教育行政的中心观念和原则。他指出:"所谓民族教育或民族主义的教育,其中也含着几种意义,最要紧的无过于:(甲)发挥中国的民族特性;(乙)着重中国的民族需要。即我们要本着自己民族之所长而弃其短,以振兴自己的国家和民族;同时也就是我们要取法别种民族的自强教育的榜样,照着我们社会的情形和环境的差异,以解救我们自己民族的现在之危亡。"所以对于上海的教育行政,"既不是从事模仿和抄袭,也不是漠视空间和时间,我们既要了解现在中国民族整个的状况和需要,以为办理教育行政的张本;更要知道在上海的特殊状况和需要,以为办理上海教育行政的根据"。③

于是,这一时期上海教育的特色便是现代主义与民族救亡运动的融合。一方面,为了适应上海城市现代化对现代人才的需求,上海教育的现代性不断增长,主要表现为教育内容的世俗化、教学方法的科学化和教育对象的大众化,如上海职业教育的繁荣、高等教育以应用性科系为主的格局以及初等教育较高的

---

① 蒋介石.救国教育[N].教育周报,1933(180,181,182).
② 蒋介石.新生活运动之要义[N].教育周报,1934(234).
③ 潘公展.一年来之上海教育行政[M]//上海新闻社.一九三三年之上海教育.上海:[出版者不详],1934:A1.

普及率,都说明了这一点;另一方面,民族主义的教育原则又是各级各类教育的指导精神,这尤其表现在基础教育的课程与训育方面。总之,这一时期的上海教育既要迎接现代化的挑战,又要满足特定时期对教育的特殊需求,即教育救国的需求。可以说,1927—1937年的上海教育一直是这两条主线的合奏。

2. 都会里的教育

20世纪二三十年代的上海俨然已经是一个国际大都会。上海作为全国的经济和文化中心,教育的发展也必须与之相适应。正如曾任上海教育局局长的潘公展所说:"上海是全国的最大的都会,也就是人口最密和工商业最发达的都会。办理这种都会里的教育,有几种事实,也许比别的地方格外迫切,即一是要教育发生普遍的效力;二是要教育更注重体格的锻炼,唯其人口稠密,学龄儿童一定极多,同时年长失学的,一定也为数不少。所以既要推广学校,增设学级,使得儿童可有求学的地方;并且更要广设社会教育机关,使得年长失学的可有补习或修养的场所。唯其工商业发达、职业人才更加需要,而职业训练,在实习和参观方面,也更应于着手,所以既要整顿和扩充已设立的职业学校,并且更要使普通学校增加职业科目,使得一般学生都有受到职业训练的机会。"① 在这种思想的指导下,这一时期,上海各级各类教育也都获得了长足的发展。

在初等教育方面,1927年上海特别市成立以后教育局的统计资料表明,在1927年以后的新增学校中,数量最大的是小学。1927年上海新增小学47所,1928年新增179所,1929年新增179所,1930年新增184所,1931年新增186所,1932年新增184所,1933年新增188所,1934年新增190所。② 1931年上海有624所小学校,小学生达11万余人,而到1935年,上海小学的总数已经突破1000所,接受初等教育的学生超过18万人。据上海市社会局的一项调查,当时上海适龄儿童的入学率为59%,③ 而同期全国适龄儿童的入学率是30.88%。④ 可见,上海的初等教育远远走在全国前面,这充分说明上海比中国其他地方更感受到提高市民素质和推广普及教育对于城市发展的重要性,也更具财力与物力实行普及教育。

---

① 潘公展.一年来之上海教育行政[M]//上海新闻社.一九三三年之上海教育.上海:[出版者不详],1934:A1.
② 上海市通志馆年鉴委员会.民国二十五年上海市年鉴·教育[M].上海:中华书局,1936.
③ 上海市通志馆年鉴委员会.民国二十六年上海市年鉴·教育[M].上海:中华书局,1937.
④ 顾树森.十年来的中国初等教育[M]//中国文化建设协会.十年来的中国.上海:商务印书馆,1937:565.

这一时期,中等学校和高等学校在数量上相对比较稳定。1930—1935年,上海市中等学校的数量在125所至149所之间,并没有较大的波动,① 但上海中等学校的办学质量之高有目共睹。因为中等学校关系着学生的升学与就业,所以社会、学校以及学生都对中学教育的质量给予了高度关注。在上海的各级教育中,中等教育中私立学校所占比重是最大的。如1931年上海共有中学校112所,其中私立立案与私立未立案学校数分别为49所和48所,还有6所由租界所办,私立学校所占比例高达86.6%,② 足见社会各界对中等教育的重视和热情。其中也涌现了一批办学质量高且颇具特色并在社会上享有较高声誉的中学,如澄衷中学、民立中学、位育中学、南洋模范中学、格致中学、务本女中等,这些学校的毕业生在升学和就业方面都颇受青睐。同时,由于上海的特殊环境,上海的中学教育又在参照教育部颁布教学大纲的基础上,因地制宜,灵活多变,并结合上海特殊的社会文化进行教学,从而使上海的中学教育更具特色。

民国时期的上海是全国高等教育的中心。据教育部统计,1933年全国共有专科以上学校108所,其中,上海最多,共有24所,其次是北京和河北,分别为16所与19所。③ 上海的高等教育与上海城市社会和经济的发展是同步的。与中学教育相比,上海的高等教育也更为多元化。这不仅表现为高等学校文化背景以及教育思想和教学方法的多样性,还表现为社会文化冲突的复杂性,如传统与现代、中国与西方以及殖民主义、民族主义与现代性的关系等。与上海社会文化的商业化、世俗化与大众化相匹配,上海高等教育的最大特色就是以服务社会为目标,注重实用性。可以说,这一时期的上海高等教育基本形成了以应用型学科为主,基础理论学科为辅的格局。

这一时期,社会教育也飞速发展。社会教育具有现代终身教育的性质,主要渠道有民众教育馆、图书馆、美术馆、博物馆、通俗讲演所、民众阅报牌、民众学校等。正是这些社会教育机构,将现代科学知识、价值观念融于娱乐休闲活动之中,寓教于乐,帮助上海市民适应现代社会,完成从传统人向现代人的转变。同时,政府当局为进行民族主义教育和控制民众思想,十分重视社会教育,从而促进了社会教育的发展壮大。如1928年10月开办第一届民众学校时,只有20所民校,招收了922名男生,354人毕业,到1936年已经达到40所民校,

---

① 上海市通志馆年鉴委员会.民国二十五年上海市年鉴·教育[M].上海:中华书局,1936.
② 二十年度本市公私立各级学校概况统计[N].教育周报,1933(184).
③ 教育部.全国高等教育统计(民国二十二年度)[R].[出版地不详]:教育部统计室,1934:17.

学生 2 947 人,其中女生 1 717 人,毕业生 1 765 人。1927—1936 年,上海教育局附属的社会教育机关由 4 所(1927 年只有 4 所补习学校)增至 64 所,而同期私立社会教育机关的数量更是远远超过此数。①

上海社会经济的发展也推动了上海职业教育的蓬勃开展。随着产业发展的细化和职业的分化,上海迫切需要各种具有现代职业技术和职业素养的职业人员。由于社会对现代职业人员的巨大需求,上海的职业教育无论是在办学规模上还是办学种类和教学质量上,都较前期有很大的进步。这一时期,中华职业教育社继续担当上海职业教育的领头羊。在它的带领下,上海各种综合性职业学校和专科学校纷纷涌现,其学科门类包括农业、工业、商业、金融、交通、运输、通讯、建筑、医疗卫生、外语、文秘、家政、文艺、新闻出版等,几乎涵盖了当时社会的所有职业领域。1934 年,上海各类公立、私立正规学校共有 1 076 所,而社会职业学校则多达 1 173 所,就学生数而言,社会职业学校学生数为 164 566 人,比正规学校的学生数 215 929 人仅少 5 万人左右。② 职业教育已经成为上海教育发展中不可忽视的一支重要力量。接受职业教育和职业培训,已经成为就业的重要途径。可以说,完善的职业教育体系不仅促进了上海社会经济的高速发展,而且也提高了就业者的职业素质。

总的来说,上海的政治、经济和文化环境为上海教育的发展提供了条件与动力。社会经济的发展和产业结构的变化及其带来的职业分化,迫切要求提高劳动者的素质,社会对人才的需求越来越大。同时,社会财富的增加也使上海兴办学校的资金来源变得日趋多样化。在这种背景下,1927 年至 1937 年的十年中,上海各类公立、私立学校在已有的基础上,克服重重困难,发展渐呈规模。

第二节　提出教育宗旨,加强基础教育

一、推行"党化教育"

1927 年南京国民政府成立后,即着手制定教育宗旨和实施方针。1927 年 8 月,国民政府教育行政委员会制定了《学校施行党化教育草案》,提出:"所谓的

---

① 上海市教育局.上海市教育统计(民国二十三年、二十四年度合刊)[M].上海:[出版者不详],1936.
② 上海市政府秘书处.上海市市政报告(民国二十一年—二十三年)[R].上海:汉文正楷印书局,1936:82.

党化教育就是在国民党的指导下,把教育变成革命化和民众化,也就是教育方针要建筑在国民党的根本政策之上。"还指出,政府教育方针的贯彻实施,要有一个完善的教育行政系统,需要集中教育行政,使教育行政有监督及指挥的能力。① 之后,国民党当局认为"党化教育"之说"太觉空泛",恐为"异党"利用,于是,国民政府又在1928年5月以"三民主义教育"代替"党化教育",并于1929年4月颁布了"三民主义教育宗旨":"中华民国之教育,根据三民主义,以充实人民生活,扶植社会生存,发展国计民生,延续民族生命为目的;务期民族独立,民权普遍,民生发展,以促进世界大同。"该教育宗旨附有实施方针八条,分别就课程与教学、普通教育、社会教育、高等教育、师范教育、男女教育机会平等、体育、农业教育等方面如何贯彻"三民主义"的教育宗旨和教育方针作了规定。

二、向义务教育倾斜

国民政府的各级教育行政机构根据教育宗旨和实施方针,相继制定了各种教育法令、法规和规程,把各级学校教育的发展和建设纳入了国民政府规划的轨道。这一时期,国民政府在教育实施上有一个特点,即向初等教育倾斜,把初等教育作为发展的重点,因为"一般国民,倘不受最低限度之教育,则无论从政治建设、物质建设或教育本身而言,均有极大不利。从政治建设而言,则凡党义之宣传、自治之训练、国家观念之养成、民族意识之培植,均有不可克服之障碍,丁兹内忧外患之时,此种障碍至可忧虑。就物质建设而言,则一切科学常识,乃至最简单之卫生常识,均无法使一般国民了解,一切建设亦自无法望其协作"。② 1930年4月第二次全国教育会议召开,讨论整顿全国教育方案,会议通过决议,对教育的先后缓急作了明确规定。会议宣言写道:"在训政六年期间,我们深切感到,全国有百分之八十以上不识字的民众和大多数没有受教育机会的儿童是推行训政和建设的障碍,也就是推进民族文化的大阻力。所以在训政六年期间内,对于义务教育和成年补习教育应尽量推进,而对于中等教育和高等教育主张整理充实,先求质量的提高,不遑作数量上的增进。固然,为适应目前最迫切的需要,应该以大部分物质精神的力量,集中在义务教育和成年补习教育方面,但为提高民族文化程度,中等教育和高等教育目前确实有整理充实

---

① 国民政府教育行政委员会.学校施行党化教育草案[J].教育杂志,1927,19(8).
② 王世杰.关于实施义务教育提案稿[M]//中国第二历史档案馆.中华民国史档案资料汇编第五辑第一编.教育(一).南京:江苏古籍出版社,1994:619.

的需要。"① 根据这一计划,在国民政府建立初期,除义务教育发展较快之外,其他教育虽然逐年增长,但速度相对较慢。

三、中小学概况

1932年12月,国民政府颁布《小学法》,1933年3月,教育部颁布《小学规程》,其中规定:"学校为施行国民义务教育之场所","小学修业年限六年,前四年为初级小学,后两年为高级小学。初级小学得视地方情形单独设立","高级小学须与初级小学合并设立"。② 在中等教育方面,1928年国民政府颁布《中学暂行条例》,规定高中分设普通、师范、农、工、商、家事等科,与1922年的"新学制"基本相同。1929年,教育部颁布《高级中学暂行课程标准》,废除高中普通科文理分组的办法。1930年,通令限制设立普通中学,各省应根据实际情况,添办高初级农工科职业学校。从1931年起,各普通中学一律添设职业科目,或附设职业科。1932年,国民政府颁布《中学法》《师范学校法》和《职业学校法》,分别设立三类学校。③

上海市教育局规定,各类中小学应以教育部颁发的《小学法》与《中学法》为依据。小学教育应力求适应儿童之身心以启发其自动能力并培养民族精神,要求达到下列标准:(1)培养儿童健康体格;(2)陶冶儿童良好品格;(3)发展儿童审美兴趣;(4)增进儿童生活技能;(5)训练儿童劳动习惯;(6)启发儿童科学思想;(7)培养儿童互助团体之精神;(8)养成儿童爱国爱群之观念。④ 小学课程设置几经变更,1928年2月教育部颁布的《小学暂行条例》中规定初级小学的科目有:"三民主义"、公民、国语、算术、历史、地理、卫生、自然、乐歌、体育、党童子军、图画手工等。高级小学除加设职业科目外,其他科目与初级小学同。1929年8月,教育部颁布《小学课程暂行标准》,规定初级小学和高级小学的科目有党义、国语、社会、自然、算术、工作、美术、体育、音乐等。这个课程标准简化合并了一些科目,如把初级小学的社会、自然合并为常识;高级小学将公民、卫生、历史、地理合并为社会,把"三民主义"改为党义,将图画手工扩大范围,改称美术、工作。1929年嘉定县小学的课程表可以反映这一时期上海小学课程的内容。

---

① 教育部.第一次中国教育年鉴(戊编)[M].上海:开明书店,1934:27.
② 教育部.第一次中国教育年鉴(乙编)[M].上海:开明书店,1934:27.
③ 同上:34—35.
④ 上海市政府秘书处.上海市市政报告(民国二十一年—二十三年)[R].上海:汉文正楷印书局,1936:59,3.

表 2-2 1929 年嘉定县小学课程表①

年级\时间\科目	党义	国语	社会	自然	算术	工作	美术	体育	音乐	总计
低级	30	330	90	90	120	150	60	150	120	1 140
中级	60	360	120	120	150	180	90	150	90	1 320
高级	90	390	150	150	180	210	90	150	90	1 500

从表 2-2 可以看出上海市小学课程的特点：重视国语和算术，注重学生读、写、算等基本技能的培养；以图画手工为内容的工作课时超过算术课，仅次于国语课，说明上海教育对小学生艺术修养和手工技能的重视；体育课比重较大，在低、中级的课时超过了算术，表明学校对培养学生强健体魄的重视，这是由当时民族危亡的国情决定的。

后来，小学课程又多次变化。1932 年 10 月，上海又按部颁《小学课程标准》规定，初级小学和高级小学的科目有公民训练、卫生、体育、国语、社会、自然、算术、劳作、美术、音乐等。这个课程标准中没有设党义，而将党义教材融于国语、社会等科目中，另加公民训练，以实施训育；划出社会、自然两科中的卫生教材，增设卫生科目；把工作改为劳作，并将教材分为家事、校事、农事、工艺四项。1936 年，又颁布《修正小学课程标准》，规定初级小学和高级小学的课程有公民训练、国语、算术、社会、自然、劳作、美术、体育、音乐等。但把初级小学的社会、自然合并为常识课；把一、二年级的劳作、美术合并为工作课；把体育、音乐合并为唱游课；卫生一科一律取消，其中卫生习惯部分归到公民训练中，卫生知识部分，初级小学并到常识中，高级小学并到自然中；从四年级起，算术课中增加珠算。

与初等教育相比，上海的中等教育更具特色。按照《中学法》和《中学规程》的规定，中学"是严格训练青年身心，培养健全国民之场所"。中学教育的宗旨是"继续小学之基础训练，以发展青年身心，培养健全国民，并为研究高深学术系从事各种职业之准备"，并规定下列七项标准：（1）锻炼健全体格；（2）陶冶公民道德；（3）培养民族文化；（4）充实生活知能；（5）培植科学基础；（6）养成劳动习惯；（7）启发艺术兴趣。② 在课程设置上，1929 年 8 月，教育部公布《中学课程暂行标准》，1932 年 11 月，教育部颁布《初中各科课程标准》和

---

① 《嘉定县教育志》编纂组.嘉定县教育志[M].上海：上海社会科学院出版社，1994：60.
② 上海市教育局.上海市教育统计（民国二十三年、二十四年度合刊）[M].上海：[出版者不详]，1936：30.

《高中各科课程标准》。其中,初中教学科目,1929年的标准规定为公民、体育、卫生、国文、英语、算术、植物、动物、化学、物理、历史、地理、劳作、图画、音乐。每周教学34—35小时,在校自习13—14小时。1932年的课程标准减少劳作、图画、音乐、卫生四科,增加蒙、回、藏语或第二外语一科,改党义科为公民科。1936年,教育部公布《修正中学课程标准》,减少了各科教学时数,取消自习时数;修改劳作课程,将工艺、农业并为一种,女性则注重家事;增设职业科目,每周4小时。上海中学除贯彻部颁标准外,还根据上海本地社会状况的需要,灵活增设了其他课程,如为满足社会对外语和各类职业人才的需求,积极鼓励开办各种形式的职业教育。在上海的中等学校中,有近一半的学校设有经济学、商业学、簿记、速记、打字等工商经济类课程。从1936年澄衷中学初中三年教学科目与各学期每周教学时数的规定中,可以看出上海中学课程的特色(见表2-3)。①

表2-3 1936年澄衷中学初中教学科目与各学期每周教学时数

科目	学期 时数	第一学年 上	下	第二学年 上	下	第三学年 上	下
公民		2	2	2	2	1	1
体育		2	2	2	2	2	2
童子军		1	1	1	1	1	1
卫生		1	1	1	1	—	—
国文		7	7	7	7	7	7
英语		6	6	6	6	6	6
算术		4	4	5	5	5	5
自然	植物	2	2	—	—	—	—
	动物	2	2	—	—	—	—
	化学	—	—	3	3	—	—
	物理	—	—	—	—	4	4
历史		2	2	2	2	2	2
地理		2	2	2	2	2	2
劳作		2	2	2	2	2	2
图画		2	2	2	2	—	—
音乐		2	2	2	2	—	—
商业常识		—	—	—	—	2	—
珠算		—	—	—	—	2	—
簿记		—	—	—	—	—	2
打字		—	—	—	—	—	2
共计		37	37	37	37	36	36

① 上海市虹口区教育志编纂委员会.虹口区教育志[M].上海:学林出版社,1999:82—83.

从上表可以看出,在该中学的初中课程中,英语的课时数超过算术,仅次于国文,足见中学教育对英语的重视。同时,开设了商业常识、珠算、簿记、打字等商业知识与技术教育科目,对学生进行职业技能训练,以适应上海商业社会对商业人才的需求。

上海特别市教育局在 1927 年 7 月成立后,开始接收全市教育机构,初时管辖范围较小,仅原有的 47 所小学,后接收小学 133 所,学生共有 39 500 余人,而当时全市人口共有 280 万,学龄儿童数当在 20 万以上,失学儿童之多可见一斑。① 在之后的十年中,由于教育当局和社会各界的重视,初等教育和中等教育获得了稳定发展,尤其是初等教育发展迅速。究其原因,既与国民政府积极鼓励发展初等教育和义务教育的政策有关,更与上海的地方发展紧密相连。上海作为中国经济最为发达的城市,工业发展带来了职业的分化,社会对劳动力的要求也不断提高,政府和广大市民都认识到文化和知识的重要性。为了提高广大市民的文化素质,以为社会提供合格的劳动力,上海市教育局把普及教育作为工作重点,大力发展初等教育,尤其是私立小学如雨后春笋般纷纷建立。据教育统计,1931年,上海市公立、私立初等学校共计 663 所,有学生 113 604 人,其中幼稚园 39 所,小学校 624 所;中等学校 132 所,学生 26 888 人,其中中学校有 112 所,学生 23 756人。② 而到 1935 年,上海共有初等学校 1 033 所,学生 186 495 人,中等学校 149所,学生 37 527人。③ 此期上海中小学每年增加的具体情况,可见表 2 - 4。④

表 2 - 4　1927—1937 年上海市新增中小学统计表　　(单位:所)

区　县	学校数	私立学校	教会学校	县立学校	市立学校	工部局所办学校	公董局所办学校
黄浦区	中学 2	—	1	—	1	—	—
	小学 3	2	1	—	—	—	—
南市区	中学 4	3	1	—	—	—	—
	小学 5	2	1	1	1	—	—
卢湾区	中学 20	20	—	—	—	—	—
	小学 19	14	3	—	—	—	2

---

① 教育部.第一次中国教育年鉴(丙编)[M].上海:开明书店,1934:509.
② 上海市教育局.教育周报[N],1933(184).
③ 上海市教育局.上海市教育统计(民国二十三、二十四年度合刊)[M].上海:[出版者不详],1936:22—23.
④ 陈伯海.上海文化通史(下)[M].上海:上海文艺出版社,2001:901-902.

续表

区 县	学校数	私立学校	教会学校	县立学校	市立学校	工部局所办学校	公董局所办学校
徐汇区	中学 3	3	—	—	—	—	—
	小学 10	8	1	—	1	—	—
长宁区	中学 0	—	—	—	—	—	—
	小学 7	2	3	—	1	1	—
静安区	中学 12	10	1	—	—	1	—
	小学 19	14	2	—	1	2	—
普陀区	中学 0	—	—	—	—	—	—
	小学 7	5	2	—	—	—	—
闸北区	中学 1	1	—	—	—	—	—
	小学 2	2	—	—	—	—	—
虹口区	中学 2	2	—	—	—	—	—
	小学 5	4	—	—	—	1	—
杨浦区	中学 3	1	1	—	—	1	—
	小学 6	4	1	—	1	—	—
闵行区	中学 0	—	—	—	—	—	—
	小学 2	2	—	—	—	—	—
宝山区	中学 1	1	—	—	—	—	—
	小学 11	10	—	—	1	—	—
上海县	中学 0	—	—	—	—	—	—
	小学 21	18	1	1	1	—	—
嘉定县	中学 1	1	—	—	—	—	—
	小学 20	15	1	4	—	—	—
川沙县	中学 3	2	—	—	1	—	—
	小学 33	26	2	3	2	—	—
南汇县	中学 1	—	—	1	—	—	—
	小学 31	27	1	3	—	—	—
奉贤县	中学 1	1	—	—	—	—	—
	小学 27	26	—	1	—	—	—

续表

区县		学校数	私立学校	教会学校	县立学校	市立学校	工部局所办学校	公董局所办学校
松江县		中学 4	2	—	—	2	—	—
		小学 25	24	—	1	—	—	—
金山县		中学 2	1	—	1	—	—	—
		小学 21	19	—	1	1	—	—
青浦县		中学 0	—	—	—	—	—	—
		小学 34	30	—	4	—	—	—
崇明县		中学 3	2	—	1	—	—	—
		小学 44	40	2	2	—	—	—
共计	市区	中学 48	41	4	—	1	2	—
		小学 96	69	14	1	6	4	2
	郊县	中学 15	9	—	3	3	—	—
		小学 256	225	7	20	4	—	—
	合计	中学 63	50	4	3	4	2	—
		小学 352	294	21	21	10	4	2

从以上统计可以看出，1927—1937年，上海共新建中学63所、小学352所，其中，中学的兴建，市区多于郊区，而小学的兴建，郊区多于市区。私立学校分别占新增中小学的80%和82%。除公立和私立的普通学校外，上海还有许多福利性质的工人子弟学校，这些学校大多由同业公会、工厂、公司以及社会福利机构创办，主要招收因经济困难而无法上学的工人子弟，一般不收学费，只收少量的书本费，且大多为小学。工人子弟学校的存在，在一定程度上满足了一部分贫苦工人子弟接受教育的要求。据1932年上海市社会局调查，上海有此类工人子弟学校24所，学生3 744人，其中有代表性的包括：（1）商务印书馆工人子弟学校，由商务印书馆出资2 000元于1926年创办，采用完全小学编制，学生中工会会员子弟占95%；（2）英美烟草工会工人子弟学校，1928年由该工会常委陈德培发起成立，后来发展到11名教职员，480多名学生，7间教室，学校按初等学校教学内容教学，学生每学期交杂费大洋5角，其余免费，并分设幼稚班。① 此外，上海一

① 李家齐.上海工运志[M].上海：上海社会科学院出版社，1997：163—164.

区水电工会工人子弟小学、营造业义务小学、交通部上海第一和第二交通职工子女小学校、第六区水木业劳工子弟义务小学、海员子弟小学等都是办理较好的工人子弟学校。

这一时期,师范教育也获得了较大发展。1927年上海设市以后,师范教育由公立转为私立,各公立师范学校合并改组,原来的江苏省立第二师范学校改名为江苏省立上海中学,内设师范科,于是公立师范学校在名义上不复存在。此后,私人设立的师资培养机构逐渐增多。1929年,上海教育当局在浦东新陆设立市立新陆师范学校,这是上海市市立师范学校的开始。后来,市立务本女中及市立敬业中学两校也增设师范科,男女分别训练。1935年市立新陆师范学校共有学生(男生)246人,私立立案师范学校6所,共1 142人(男173人,女969人)(具体情况见表2-5),私立未立案的成美艺术师范学校17名学生(男12人,女5人),当年师范学校学生总计1 405人。

表2-5 1935年上海市私立立案(已备案)师范学校概况统计①

(单位:人)

	初级		高级	
	男	女	男	女
东亚体育专科学校附属体育师范	—	—	154	33
新华艺术师范	—	—	19	21
两江女子体育师范	—	—	—	92
东南女子体育师范	—	—	—	108
上海幼稚师范	—	117	—	526
中国女子体育师范	—	—	—	72
共　　计	—	117	173	852

到1937年全面抗战开始时,上海市市立师范教育除上述市立校科外,还有私立上海幼稚师范学校、两江女子体育师范学校、东亚体育师范学校、东南女子体育师范学校以及大夏附中、华东女中、上海女中等校的师范科等,共计6校4科,44学级,学生1 576名。②

---

① 上海市教育局.上海市教育统计(民国二十三年、二十四年度合刊)[M].上海:[出版者不详],1936:130—131.
② 上海市教育局.上海市中等教育概况[M].上海:中正书局,1948.

四、中小学的管理与训育

1. 对私立学校的管理

为了集中教育行政权,加强对学校的控制,使学校统一在"三民主义"的教育宗旨之下,国民政府成立以后,加强了对私立学校的管理工作,除要求各私立学校按公立学校的各项教育法令办理外,还专门制定了私立学校法规,以加强对各级各类私立学校的管理。1929年8月29日,教育部颁布《私立小学校规程》,之后又相继于1933年10月19日、1943年11月5日、1947年5月7日做了三次修正。该规程规定,私立学校的开办、变更及停办,须经主管教育行政机关批准;学校的组织课程等,一切照教育法令办理,不得以宗教科目为必修课;校名应明确标示学校的种类,并冠以"私立"二字;校长一律为专任;凡由外国私人或私法人设立的学校,仍然以中国人担任校长或院长;外国私人或私法人在中国设立教育其本国子女的中等以下学校,不得招收中国学生等。该规程还要求所有的私立学校,不论原来是否立案,一律重新立案,对于超过一定期限还未立案的学校,一律予以取缔。

上海市教育局也非常希望教育权能够控制在自己手中,使各级各类教育能够有计划地发展。为了统一教育领导权,国民党市党部成立"党化教育委员会",直接控制上海市各级各类学校的行政组织,其职责包括审定教科书等。但由于上海的教育情形复杂,实行起来特别困难。1931年3月,时任教育局局长徐佩璜在上海青年会发表讲演,表达了这一无奈:"上海教育甚为复杂,不若各国之大都会教育,是纯粹的。若上海租界上之有华童公学、教会学校,又有国立、市立、私立,有私塾。私塾曾经取缔,然有一般为饥寒所迫之文人,仍有设立者。因此三民主义教育之实施,在上海甚为困难。"① 教育当局对于私校立案问题非常重视,多次发布训令,要求私校立案。1931年4月,上海市教育局发布训令,对全市私立各小学校,要求"按照部令规定立案期限,至迟在二十年度开学前一日为止,逾期不立案者,应即饬令停止招生,或勒令停办"。② 为了给私校立案大造舆论,有人指出,"办学而无一致之宗旨,则事业总见其紊乱;办学而无一贯之精神,则事业终见其散漫;甚且牟利而以学校为商肆,沽名而以教育为广告,则事业前途,尚可问耶?——过去教育事业之所以不能上轨道,或一职是之故欤?"因此,"教育行政当局必有监督导率之方,使教育在一贯之行政系统之

---

① 申报[N],1931-3-30.
② 上海市教育局.教育周报[N],1931(99).

下,向共同目标前进",其所以必使私校立案者,"故欲为积极之扶掖,而非欲为消极之限制。尚办学者真为教育事业计,讵有观望不前之理乎?"进而指出,因为"本市处特殊之环境,以租界教育权之尚未收回,致行政方面,实有隔阂之遗憾。唯我教育界同人,既同为中华民国之教育事业以努力,自应在一贯之行政系统之下,共谋一致之成功"。

上海特殊的政治格局造成其办学主体的多元化,其中,私立学校(包括教会学校)在学校总体中所占份额比中国其他地方都要大,可以说,私立学校承担起上海的大部分教育任务。如在1935年1 000多所初等学校中,公立学校只有319所,租界所办13所,私立立案学校有324所,私立未立案的则多达379所。而中等学校中,私立学校所占比重更大,竟占全部149所的132所,超过88%。① 私立学校的设立者有私人和团体。其中,私人设立者又分几类。(1) 革命党人创办的学校,其办学目的在于宣传革命,为革命培养后备人才。这些学校往往以租界为凭借创设,学校的教师和学生都很优秀,如爱国中学、民国中学(民国女子工艺学校)等。(2) 很多教育界人士为了实现教育理想,自辟园地,纯粹以兴学育才为宗旨开办学校,如叶澄衷创办的澄衷学堂,杨斯盛创办的浦东中学以及王培孙创办的南洋中学,这些学校都以较高的教学质量而闻名上海。团体设立者也分为几类。(1) 教育团体设立者,如中华职业教育社所办的中华职业学校、立达学园创设的大同附中。(2) 同乡会设立者,如绍兴七县旅沪中学、湖州旅沪中学、宁波同乡会设立的旅沪小学等,都是以乡人之财力,教育乡人之子弟。(3) 慈善团体设立者,如红十字会创办的红十字会高级护士职业学校。

在众多的私立学校中,不免有沽名钓誉的办学者,也有纯粹是为了挣钱谋生的,所以私立学校良莠不齐。通过私立学校立案,可以使私立学校的办学受到有效监督,剔出那些教育质量低劣、误人子弟的私校,保证教学质量。但是,对于一些已形成教育传统和教学特色的学校,向政府立案意味着可能要牺牲掉一部分办学的自由度,所以一些私立学校呈观望态度,迟迟不愿向政府立案,尤其是教会所办学校,由于立案涉及自己的切身利益,更是不愿注册。

为此,上海市教育局成立私立学校立案审查委员会,对呈请立案的学校进行审查,合格者准予立案,不合格但有改良余地者则令以改良,而对那些误人子弟者则予以取缔。如1931年5月,审查委员会取缔位于闸北虹江路的私立作

---

① 上海市教育局.上海市教育统计(民国二十三、二十四年度合刊)[M].上海:[出版者不详],1936: 22—23.

新初级小学,该校仅有教职员1人,就是校长施九成,他身兼教职、医士、律师等职务,教学内容"一如私塾",经市民举报,该校予以取缔。① 类似的情况还有1933年5月取缔的私立立基小学,该小学因校长倪云龙"行为不检",且"校舍狭小",办理腐败,经市民举报,有关部门核实后,予以取缔。② 对于立案审查合格的私立学校,则由上海市教育局颁发私校校钤。

2. 整顿公立学校

为了提高教育质量,除要求私立学校立案外,上海市教育局还对市立学校进行了整顿。1933年新年伊始,上海市教育局局长潘公展就发表了整饬市立学校的演说。③ 他首先表达了对市立学校教育的不满,"本局每月领用八九万之市款,究竟所作何事?社会教育方面,姑置不论,学校教育方面,无非一部分办理市立学校,一部分监督私立学校,现在本市私校,办理不善者固属不少,理应取缔,然却有办理得法而具有成绩者",而要监督私校,"应先从整顿市校着手",因为"市校如果成绩良好,可作私校榜样。……市校成绩不良,不独不能监督私校,且可以丧失本局之信誉"。但是,由于私立学校办学经费充足,办学方针灵活和教学方法科学,不仅在数量上远远超过公立学校,而且办学质量也为公立学校所望尘莫及。教育当局对此深表忧虑,既然公立学校的成绩不如私立学校,那如何领导和监督为数更多的私立学校呢?

潘公展认为,要提高市立学校的成绩,就必须因地制宜,使教育适合上海的情形。他批评了形式主义教育,认为地方教育行政机关对于中央颁布之一切教育法令应当遵照,自不待言,但许多时候"亦须顾及地方情形,斟酌办理",因为"我国幅员广大,各地风俗人情之差异,及人民知识程度之不齐,事实上不能刻舟求剑以做到划一,即以本市状况及其环境而言,自与内地不无差异,英文算术两科程度,因需要之急切,当较内地为高,此实毋庸讳言。以情理论,教科书之适用于甲地者,未必适用于乙地。若全国各省市地方教育行政机关,不懂权变,于是削足适履,往往使各学校注重表面文章,办成一种形式主义之教育"。潘公展的认识无疑是正确的,因为国民政府教育部颁布的教育法规和课程标准是整齐划一的,并没有充分考虑到全国各地情形的不同。而上海经济发展程度和文化水平与中国其他地区已不可同日而语,其对上海教育事业的要求也应与其他地方有所不同,这就是要实施现代教育体制,以培养具有现代知识技能的公民。

---

① 上海市教育局.教育周报[N],1931(105).
② 同上,1933(192).
③ 同上,1933(178).

上海的私立学校之所以办得出色,就是因为它们能够适应上海多元化的社会文化环境,所以公立学校如果想迎头赶上,也必须从这一点着手。

这一时期,上海教育的现代化程度不断提高,教育内容现代化的总体格局初步形成,即以中外语文、工商经济和数理化知识为主,兼顾史地、法律和美育知识,尤其是外语成为各级各类学校普遍重视的一门课程。事实上,这一时期,上海大多数中小学的教学要求都超过了教育部颁布的教学大纲的要求。在20世纪20年代,上海中等学校的理化教学要超过部颁标准43.75%,数学要超过部颁标准56.25%,国文教学要超过部颁标准76.92%,而外语教学更是超过部颁标准100%以上。① 这些正是上海学校根据社会发展的需要不断调整教学要求的结果。

3. 中小学训育状况

这一时期,国民政府的教育措施有一个明显特点,就是采取各项措施加强学校教育管理,把前期比较自由散漫的学校教育置于严格、统一的控制之下。对此,陈青之评论说:"十八年以后,国民党因北伐成功,事事趋于稳定,国人从前兴奋的精神慢慢地弛缓下来,教育界前进的思想遂不如以前踊跃了。不久,学校的国语渐趋于文言,外国语渐重于本国语,即学校读经也公然有人主张,凡昔日所排除的,不知不觉在社会上、在教育界逐渐恢复起来了。当年为厉行党化政策,凡中、小学一律课授党义,《三民主义》《建国大纲》《建国方略》及《民权初步》皆为党义课程中必读的书。……凡足以羽翼三民主义的作品,皆定为学生的课外参考书。除党义课程外,凡学校各项功课皆须与党义相联系,组织成一整个系统的党化课程。除课程教育以外,凡学生的训练及党义教师的聘请,皆须受本地党部干涉与检定。当时党权高于一切,而党员也能奋发淬厉,全国人的思想差不多渐被统一于一党主义之下,其他各家学说自不能起来相抗衡。"② 这表现在教育上,就是对学校训育的重视。1929年7月,国民党政府通令实行训育制度,通令各学校设置训育主任、训育员和党义科(后改为公民科)教员,并将党义科教员的责任明确规定为:"考察学生所阅刊物及友类平时之言论行为,以便侦悉其对本党之态度及其生活与思想",还要求他们充分利用一切机会攻击共产党。③

---

① 施扣柱.20世纪教育盛况[M]//张仲礼.近代上海城市研究.上海:上海人民出版社,1990:103—105.
② 陈青之.中国教育史[M].上海:商务印书馆,1946:792—793.
③ 毛礼锐,沈灌群.中国教育通史(第五卷)[M].济南:山东教育出版社,1988:285.

1930年10月,上海市教育局颁布《上海市中小学幼稚园训育标准》。①其中,规定中学训育的实施要注意以下几点:(1)中学训育应恪遵教育宗旨实施方针第二条之规定,"普通教育须根据总理遗教陶冶儿童及青年忠孝仁爱信义和平之国民道德并养成国民之生活技能,增进国民生产之能力为主要目的",并继续小学之基础,锻炼学生之体格,陶冶学生之德性,增进学生之智识及技能以为研究高深学问,服务小学教育或从事职业之标准;(2)中学训育实施应取严格主义,消极的监督与积极的指导均须并重;(3)学生内各种实施皆应有革命的教育的意义;(4)教职员应以身作则,俾收及人格感化之效;(5)学生自治团体之组织应依据学生自身之兴趣上需要,但须简单切实而行,并使全体学生都有参加之机会;(6)应使学生有肯定人生的改善的态度,明了其所处的时代环境,积极的增进其生活之兴趣,消极的减去其生活之困难,使有向上的进取奋斗牺牲始终不懈的精神;(7)课外应充分利用休闲,以指导学生有益个人身心修养及团体福利之工作或活动;(8)训育实施关于日常生活细节,亦应特予注意,如守时刻,守秩序,清洁卫生习惯等;(9)应使学生明了自身与家庭社会之关系,一方能保持固有道德,一方能改善家庭生活;(10)学生操行成绩应与学业成绩并重。

小学训育的实施要点是:(1)应按照社会环境,适合儿童需要;(2)应注意儿童身心发展;(3)应由教师以身作则,使之潜移默化;(4)学校设备以及各科教学均须与训育联络;(5)应力求与家庭社会合作;(6)儿童活动组织应根据其需要与兴趣,由个人至于学级推而至于全校;(7)应注意积极的指导,减少消极的制裁。

幼稚园训育暂行标准为:(1)养成幼童健全的体格:饮食起卧有定时;喜欢运动;服装整洁;身体清洁;姿势端正。(2)养成幼童勇敢亲爱的精神:做事不怕难;和人家亲爱;帮助人家;说话不怕羞。(3)养成幼童善良的习惯:礼貌;诚实;守秩序;爱护物品;能自己作业。

从上海中小学训育的内容与执行标准来看,除了向学生灌输国民党党义等与意识形态有关的内容外,主要内容集中于养成学生健全的人格、科学和团体的精神,使学生成为适应现代社会的公民。

由于训育关系着学生的人格成长,所以上海的中小学对训育非常重视,许多学校一方面遵守训育标准,另一方面又灵活多样,办出了自己的特色。如私

---

① 申报[N],1931-10-10.

立尚公小学非常重视学生的思想品德教育,以"勤、朴"为校训,教育学生要勤劳、殷勤、质朴、朴素;以"生活集体化,行动纪律化,思想科学化,情绪艺术化,精神革命化"为训育目标,旨在养成"一个革命的儿童,以适应这大时代的需要"。其训育范围包括训导、感化、养护,训育方法有训话(分全体、部分、个别)、奖励、感化等,学校还施行学生自治制度,成立学生自治会,让学生自己管理自己,目的在于养成学生团结民主、独立自主的现代公民的基本素质。① 再如大夏中学的训育工作也很有特色。② 大夏中学对于训育有着独特的认识,认为训育不但要注重学生的个人操行,更重要的是培养学生的公民道德,即使学生"不但要完成良好的个人生活,尤要了解团体的健全生活;不但能受被动的指使,尤要能有自动的觉悟"。他们批评训育事业多注重一个"训"字,其实理想的训育方针应该注重一个"育"字,因为"注重训字,不免带有压迫气味;注重育字,含有启发气味"。大夏中学实施训育的方针是对学生进行公民道德训练,方法是随时随地,"无论什么情境中,都有运用训育事业的功夫。教化修养的团体里,当然是最好的机会;课堂上的秩序,训话时的精神,谈话时的关系,自省时的觉悟都是作训育的处所",即把对学生的道德教育与学生的整个学校生活相结合,把对学生的训育陶融于学生的日常生活中。因此,学校非常重视教员对学生人格的影响,并精心布置校园环境,使其带有教育性,以使学生在潜移默化中受到教育。

大夏中学对训育的看法体现了中西教育思想的融合。在中国传统儒家思想中,是没有"公民"观念的,只注重个人道德的培养,而没有注重培养团体精神的公民教育,公民教育是西方教育的范畴。中国要想成为现代国家,必须要有现代国民,因此,公民教育是时代精神的一种体现。同时,大夏中学从人性的角度出发,反对当时许多学校的形式主义训育,即只注重强迫性的"训",而忽视启发性的"育",认为其实质是忽视了学生"自动的能力"。他们认为,最好的训育方法是让学生主动地发展自己的天性。

五、积极开展抗日救国教育运动

1. 一·二八事变及其对上海教育事业的破坏

由于上海特殊的地理位置和发达的经济水平,日本帝国主义对上海觊觎已久。日本在侵占东三省之后就多方挑衅,不断寻找借口入侵上海这座中国最发达的城市。1932年1月18日,在日本武官辅助官田中隆吉与特务川岛芳子的

---

① 闸北区教育志编纂委员会.闸北区教育志[M].上海:上海科学出版社,2002:111.
② 王祖谦.大夏中学之训育计划[J].教育杂志,1928,20(6).

策划下,5名日僧在三友实业社毛巾厂门口被殴打,并嫁祸于三友实业社毛巾厂工人。21日,日驻沪领事就此事件向上海市政府提出要求:(1)上海市长向日方道歉;(2)惩办凶手;(3)赔偿医药费及抚慰金;(4)取缔排日等非法越轨行动,立即解散上海各种抗日团体。① 面对日方的挑衅和无礼要求,上海市政府感到非常尴尬,一方面既不愿意主权受到侵犯,另一方面又害怕与日本发生冲突而造成不可收拾的后果。在上海局势日趋紧张之际,国民政府也担心,一旦上海发生战争,损失太大,甚至国民党还会失去对上海的控制。1月23日,国民政府召开紧急会议,蒋介石继续主张"攘外必先安内",并作出两项决定:一是命令上海市长制止民众抗日活动;二是将当时驻守上海的十九路军调离上海,派宪兵第六团接防。上海市政府表示秉承国民党中央"保全上海经济中心,隐忍避免冲突原则,筹思缓和应付办法",决定对日采取"以暂容忍"和"避免冲突"的妥协退让态度,接受日方提出的全部要求。27日,上海市政府不顾上海市民的意愿和要求,以抗日救国会等组织"措施失当,责难纷来"为理由,下令社会、公安两局查封各界抗日救国会。但是,国民政府和上海市政府的妥协退让并没有换来和平。1月28日,日军4000余人在装甲车的掩护下,同时向闸北宝山路、虬江路、广东街(今新广路)、宝兴路、横浜路等地发起了进攻。驻扎于这里的十九路军奋起反抗,一·二八淞沪抗战爆发。英勇的十九路军在军长蔡廷锴和总指挥蒋光鼐的指挥下,在广大市民的帮助和支持下,与日军展开血战,一直坚持到3月3日战争结束。②

从1月28日至3月3日,战争持续了36天,给上海造成了巨大损失。战争中遭日军蹂躏的区域,总面积达3 297平方千米,而上海市包括闸北、吴淞、江湾、引翔、殷行、彭浦、真如等地被日军占领的面积达494.78平方千米,受灾人口达18万户,占全市华界人口的45%。特别是闸北、吴淞、江湾等地,被炸成一片废墟,"极目四望,但见一片残垣断壁","瓦砾成堆,尸横遍野"。战区内工厂原有579家,占全市的四分之一,损失者达半数以上,1.3万多家商店中,损失达70%,建于1904年的商务印书馆所属东方图书馆收藏的孤本、珍本、善本及地方志等图书46万余册全部化为灰烬。据市社会局和国民党中央统计处等统计,全市工厂、商店、住房等损失计16亿元,工人失业25万人,市民死亡6 080

---

① 上海社会科学院历史研究所.九·一八至一·二八期间上海军民抗日运动史料[M].上海:上海社会科学院出版社,1986:178.
② 熊月之,杨国强,张培德.上海通史·民国政治[M].上海:上海人民出版社,1999:278—279.

人,伤2 000余人,逃难和流离失所者更是不计其数。

一·二八事变也给上海教育造成史无前例的重创。据不完全统计,全市高等、中等、初等学校129所损失共计银10 890 961元。其中,国立同济大学损失788 000元,国立劳动大学损失757 850元,国立交通大学损失33 151元,国立中央大学商学院损失1 047 000元,私立大夏大学损失1 250元,国立中央大学医学院损失556 900元,私立上海持志大学损失556 900元,私立上海法学院损失305 089元,私立复旦大学损失193 200元,私立中国公学损失2 125 620元,私立东吴大学法学院损失8 420元,私立上海艺术专科学校损失77 865元,私立德国家禽专科学校损失33 758元。以上13所高等学校共计损失6 528 903元,中等学校28校共计损失1 860 783元,初等学校54校共计损失228 149元。①

一位《教育周报》记者曾记下他战后在战区采访时的悲愤心情:

> 日来余为战区被毁各校摄影事,奔波于闸北江湾吴淞间。眼底沧桑,何胜伤感,其残酷凄凉之状,但觉阴森若鬼国非复人间世矣。
>
> 闸北原为富庶之区,故学校数及学生数,在本市居第二位,仅次于南市而已。然自沪变后,炮火轰击之下,孩诵之声久辍,其芦舍之被毁校具之被劫者,殆十居八九。余自新民路越旱桥而东北行,历市北、建成、道中、惠风、商工子弟、纯德、三民、尚公等学校,均仅能于瓦砾堆中寻一想象之建筑,盖无一非栋折榱奔沦为废墟矣。观颓垣残壁,仿佛见无数失学儿童流离颠沛之状,扶膺长叹,不禁泪随声下。
>
> 为市北中学摄影时,有二童子亦趋至,指点旧地以示余,孰者为礼堂,孰者为教室,咸历历如在目前,然昨是今非,亦仅能于幻想中留一纪念而已。返顾校前被屋下,则有六七贫儿踞坐地上作叶子游戏,若甚欢乐者。询以曾读书否,咸瞠目不能答。噫! 此谁之过耶?
>
> 江湾吴淞,受殃更甚,而立达学园中,损失尤其多,市立小学校之全毁于炮火者亦有麦村燕湾培基吴淞等校,此外,如中大商学院、持志大学、同济大学、劳动大学及水产商船诸校,均无复旧时渠渠之夏屋而或破或亡矣。此其损失,又宁得仅仅以数字计乎?②

---

① 上海市教育局.上海市教育局业务报告(民国二十年七月至民国二十一年六月)[R].上海:[出版者不详],1932:43.
② 上海市教育局.教育周报[N],1932(151).

据当时的初步估算,全市受灾学校占全市学校总数的25.9%,其中初等学校、中等学校、高等学校分别占24.7%、28.8%、33.3%;受灾学校资产损失占全市学校资产总数的31.4%;失学学生数占全市学生总数的24.9%;教职工失业人数占全市教职员数的30.2%。具体统计结果见表2-6。

表2-6　全市受灾学校损失初步估计表①

	初等学校	中等学校	高等学校	共　计
全市学校总数(所)	774	125	33	932
受灾学校数(所)	191	36	11	238
受灾学校占全市学校百分数(%)	24.7	28.8	33.3	25.9
受灾学校资产损失数(元)	796 192	2 321 571	7 174 978	10 292 741
受灾学校资产总数(元)	6 181 881	13 244 860	13 377 539	32 811 280
受灾学校资产损失占全市学校资产百分数(%)	12.7	17.5	53.6	31.4
受灾学校失学学生数(人)	27 748	6 281	5 900	39 929
全市学生总数(人)	116 739	28 784	14 324	159 847
受灾学校失学学生占全市学生百分数(%)	23.8	21.8	41.2	24.9
受灾学校失业教职员数(人)	1 184	780	1 057	3 021
全市教职员数(人)	4 866	2 793	2 332	9 991
受灾学校失业教职员数占全市教职员数百分数(%)	24.3	28.0	45.3	30.2

2. 抗日救国教育

九一八事变以及一·二八事变的发生,使上海知识分子深深体会到抗日救国的紧迫性。教育当局认识到,国难当前,实施救国教育是上海教育行政工作的重点。上海市教育局要求各学校在课程、训育等方面开展一系列救国教育活动。

早在1931年九一八事变发生后,上海教育界就认识到进行抗日救国教育的重要性,积极在学校中宣传抗日救国,普及有关抗日救国的知识。同年10月,教育局制定《小学校教职员指导儿童救国办法大纲》和《中等以上学校雪耻

① 上海市教育局.教育周报[N],1932(146).

救国》，市立和安小学还实施了《抗日救国教学纲要——日本侵占东三省事件》，举办了爱国活动演说竞赛和中小学爱国活动成绩展览会。1932年，又编纂《一·二八纪念小学补充教材》。为了检查抗日救国教育实施的效果，以及儿童对国难的认识程度，1932年11月，上海市教育局举行了一次大规模的国难测验，参加者有5 000多名学生，共计80余所学校。为使救国教育能够有计划地进行，上海市教育局又规定，1932年以健康教育为中心，1933年以公民训练为中心。

上海市办理健康教育始于1928年，到1932年开始实施健康教育中心计划。健康教育的主要目的是增进学生的健康。当时，教育界普遍认识到，只有健康的国民才有强大的国家。因此，"欲言救国，不先自救身体之病弱，良以一切艰苦之工作，势不能委诸颓唐之病夫也夫！"① 因此，在非常时期重视健康教育成为广泛共识，许多学者要求转变传统的教育观念，如盛朗西认为应以"身体第一重要"的观念代替"斯文"的观念。他指出，中国从宋元以后，重文轻武，"一般国民渐趋文弱"，"读书人更是厉害"，读书的目的就是"穿起长衫来做斯文人，这种斯文的观念传到现在，弄得中国人，大都弱不禁风，手无缚鸡之力，当遇到外敌侵略时更是不堪一击"，因此，"现今非常时期的教育不应使儿童静坐深闭，必须注意充分的运动和适当卫生的营养，使他们身体健全"。② 教育局局长潘公展也强调，在急需发展的各项教育目标中，"尤感觉到中国人的身体的虚弱，精神的委（萎）靡，是中国民族的根本弱点……因此我们更规定健康教育为民国二十一年度教育行政的中心目标"。③

上海市教育局制定的健康教育目的分为近期目的和远期目的，近期目的是保持并增进在校儿童的健康以及以儿童为中心，改进家庭的健康；远期目的是改善学校教育，并以学校为中心，改进种族的健康。课程主要是体育与卫生，其中卫生科的教材除教科书外，还注意从国内各大报刊吸取材料，作为补充教材，体育教材"着重普遍化和大肌肉运动"。在教学上，首先注重良好习惯的培养，其次是"优良态度"的养成和"智识（健康知识）的灌输"，三者缺一不可。④

为了督促各学校健康教育的实施和扩大健康教育的影响，以引起社会民众

---

① 上海市教育局.教育周报[N],1932(195).
② 盛朗西.非常时期家长对儿童训练应有什么观念[J].教育杂志,1937,27(1).
③ 潘公展.一年来之上海教育行政[M]//上海新闻社.一九三三年之上海教育.上海：[出版者不详],1934：A1.
④ 周尚.上海市一个健康教育实验学校的计划[J].教育杂志,1935,25(3)：103—105.

对健康教育的注意,教育局又开办了健康教育展览会。1932年5月,教育局召开健康教育展览会筹备会议。由于健康教育涉及许多部门,因此,参加这次筹备会议的除教育局之外,还包括中德助产学校、儿童晨报社、标准运动器具公司、中华麻风救济会、普益社、中华卫生总务部等,各部门都表示对本次健康教育展览会热情支持,参加展览者有幼稚园、小学、中学。展览会根据内容分为三部分,学校部分包括分科教育、创作课程教材、自制教具等;家庭部分包括关于产妇、婴儿、学龄前儿童健康问题的内容;社会部分包括各种疾病如梅毒、花柳、传染病等防治方面的知识与宣传。①

1933年上海市教育局以实施公民训练为中心,同时继续开展健康教育。10月4日,市教育局发布训令教字12864号,命令各校和社教机关协力同心,集中力量,施行公民训练实施办法和健康教育实施办法。同时颁布《上海市教育局公民训练中心计划实施方案》。② 方案规定,教育局组设"公民教育委员会"作为指导推进并督促公民训练的机构;教育局呈请教育部编发《好公民》《爱国》《尚武》《侠义》等歌曲,编制国旗操,规定师生礼貌,颁发公民信条以示统一;教育局编发《好公民》小册,并指定《大上海教育月刊》发行"中小学公民训练"专号,编印公民环境图画、民族英雄佚事等小册分发;通令或函请专家举行各种讲演,包括"三民主义"与公民训练、公民体格训练、公民德性训练、经济训练、政治训练等;组织演说和表演竞赛会,等等。

该方案还规定,"各校应于本学年规定三十教导周",以便集中训练下列内容:强健、清洁、快乐、活泼、自制、勤勉、敏捷、孝悌、仁慈、忠实、精细、信用、负责、坚忍、互助、勇敢、礼貌、博爱、劳动、义侠、生产、合法、守法、进取、团结、爱国、公正、和平等。关于公民训练原则,主要有:(1)养成民族精神;(2)团结民族力量;(3)发展民族思想;(4)恢复民族地位;(5)培养振奋民族的意志;(6)养成善用民权的智能;(7)切实了解民权的要素;(8)了解产业演进的程序;(9)明白民生史观的要素;(10)信仰解决民生问题的方法。要求各校公民训练应该注重家庭、学校以及本市各省国际社会等实际生活,各校须于下列各种场所中至少选择两处,率领学生调查或参观并提出问题详加讨论:市党部、市政府及各局暨市中心区、市商会、公益慈善机关、救火会、海关、造币场、银行、保险公司、邮局或电报局、法院及监狱、铁路局或军舰、天文台、各种农民生活、其

---

① 上海市教育局.教育周报[N],1932(191).
② 同上,1932(206—207).

他。方案规定各社会教育机关如市立体育场、市立图书馆、市立动物园、市民教馆、各民众学校等应该与学校积极合作,开展多种灵活多样的公民训练活动。方案规定1934年4月至5月间应举办好公民教育展览会。

20世纪二三十年代是上海城市发展的一段黄金期,城市的现代化进程离不开教育的支持。所以,上海基础教育在遵循部颁标准的同时,因地制宜,不断提高科学、技术知识以及外语等在教学中的比重。而在国难当头,中国已容不下一张安静书桌的时刻,在救亡图存成为教育的当务之急时,上海教育当局积极制订抗日爱国的教学计划,而社会各界也精诚合作帮助实施,使上海的抗日救国教育开展得轰轰烈烈,卓有成效,极大地唤起了广大学生和市民的爱国热情。

六、收回租界教育权与外国人在上海所办学校

1. 收回租界教育权

上海租界的华人教育权长期被租界占有。1927年上海特别市教育局向租界提出拥有租界华人教育权的合理要求,同时就公共租界华人的教育情况作了调查,并把调查结果和华界教育情况作了比较(见表2-7、表2-8)。以下是对公共租界内华人教育现状的概括。①

(1) 公立学校办理不良,校数较少

公共租界当局办有四所华童公学,学校行政由外国人主持,不受中国政府监督,所以一切设施都不合中国国情。教学科目偏重英语,漠视华人;训育厉行体罚,学生主要有两条出路:一是做外国人的助手;二是做洋行的雇员。同时,偌大的租界,百多万的华人,公学只有四所,学生不满两千,教育经费仅占市政收入的百分之一有奇。虽说华界因一向统治于军阀之下而教育未见发达,但租界教育若和华界教育相比却更加不能令人满意。1928年,租界当局因为英兵来沪,停办两所华童公学,原有的校舍成为兵营。另外,公共租界的市政收入,大部分取之于华人,但用之于华童学校的,常年费用不及西童学校的一半。据1927年的学校预算,西童学校儿童366人,年费银352 750元;两所华童学校儿童1 191人,年费银150 410元;预算仅和西人用在音乐队上经费差不多,西人音乐队年耗银133 810元。

(2) 私立学校办理不良,无人过问

租界私立学校大多腐败不堪,极少立案。办学者多是没有资格的无聊者,他们以敛钱为目的,学膳宿费收得很多,但校舍设备和教科书课程多不完备,往

---

① 教育杂志[J],1928,20(3).

往挂上大学专门等空招牌,招徕远道和内地程度不及的学生而给以毕业的虚荣。甚至有些学校还把毕业文凭当作商品出卖,这些学校由于租界为中国政府势力所不及,而租界当局又不加过问,所以肆无忌惮,不但有失教育的本质,而且严重毒害青年学生的灵魂,使学生堕落于无形。

(3) 无社会教育设施,而极多妨碍社会的坏事

租界当局,除为西人建设跑马场、图书馆、音乐会等社会教育机关外,对于华人,绝无社会教育的设施。且租界当局对于华人的一切伤风败俗、害人利己的行为都听其自然而不加禁止,许多淫秽刊物在租界出版发行,含有引诱青年陷溺民众的戏剧说唱都在租界上演。

表2-7 公共租界教育和华界教育比较

项 目	华 界	公共租界	华界超过公共租界数
公立学校数(所)	329	4	325
就学儿童数(人)	42 078	1 191	40 887
学龄儿童估计(人)	226 947	150 000	76 947
学龄儿童在学者占全数之百分比(%)	18.54	0.79	17.75
教育费占全部市政收入之百分比(%)	25.00	1.07	23.93

表2-8 公共租界内华童和西童(英美)受教育的情形比较

项 目	华 童	西 童
学龄儿童估计(人)	150 000	1 720
在学儿童(人)	1 191	1 366
未入学儿童(人)	148 908	354
在学儿童占全部学龄儿童之百分比(%)	0.79	79.42

1928年,上海特别市教育局就公共租界华人教育问题发表《上海市教育局为租界华人教育问题之宣言》(以下称《宣言》),[1] 声明:

> 上海特别市区域内无论华界(没有和租界对称的适当名词,所以称华界,其实租界并非外地也是华界)租界,凡华人的教育都应归上海特别市教

---

[1] 上海特别市教育局.上海市教育局为租界华人教育问题之宣言[J].教育杂志,1928,20(3).

育局主持。因为上海特别市教育局是上海特别市华人的唯一的教育行政机关,理应经营管理上海特别市内的华人教育。而华界租界,都是上海特别市的土地,地域内的华人教育权,当然属于上海特别市教育局。但是事实上,租界内的华人教育,自开辟租界以来,到现在数十年间,却竟无人过问。因此,租界内的华人,陷于无教育或不良教育的环境中,简直和野蛮民族差不多。上海特别市教育局受市民托付之重,为教育职守所在,在这现状之下,自不能不大声疾呼,向华人和租界当局作恳切的警告。

《宣言》希望租界当局将租界内的华人教育权归还于上海特别市教育局,并把华人所纳捐税的一部分作为教育经费由上海教育当局统一调配,"听任上海特别市教育局在租界内秉承国民政府的意旨,根据租界华人的需要,自由的经营公立学校,管理私立学校,筹办社会教育",如果,"租界内的华人教育因此而权有所属,跟着华界教育的发展而发展,并且良好的风俗,因此造成坏人的产生减少,这是我们所日夜期望的。我们也知道租界当局经我们的提议,一定会赞成我们经营和管理租界教育的主张。但是我们深恐租界当局,自以为自能经营管理,而竟不顾上海特别市教育局过问。须知地段虽属租界,而华人的教育权,除了上海特别市教育局实在没有第二适当的机关可以主持,华人的教育问题,除了上海特别市教育局实在没有第二适当的机关能够处决"。

《宣言》强调了收回租界华人教育权的三条理由:

(1) 遍查条约所载,绝无外人可以经营和管理租界内华人的教育的规定。租界的任何教育,当然应该由华人自己经营及管理。上海特别市教育局是华人主持教育的最高最正当的机关,出面经营及管理租界华人教育也自然是适当的。(2) 租界的华人教育,即使说不妨由租界当局主持,但是租界当局究竟不是华人,对于华人极不关切,不见得会热心为华人经营或管理教育。租界在过去的历史中,也曾越俎代庖为华人代谋教育(如办华童公学),而华人未加反对,但是成绩在哪里呢?(3) 退一步讲,即使以后租界当局能够关切华人的教育,但是租界当局并不知道华人教育应该怎么办。如由外人管理私立学校,筹备社会教育,一定格格不入,发生很多误会。

总而言之,我们的主张,上海特别市区域内,无论华界租界,所有的教育,都应当由上海特别市教育局负完全责任,操统一之权。特别市市政府,现已规定以全市收入百分之二十五为教育经费,同时我们也很愿租界教育,全由上海市特别市教育局管理经营;并望租界当局从华人方面收入的市政经费中,提出至少百分之二十的经费举办华人教育,交经营管理之权于上海市特别市教育局。这样事权统一,办理不难,将来华租两界,经营日渐发达,人民程度日渐提高,良好风俗予以养成,公共安宁予以保持,不但是华人之幸,实也是外人之幸。

《宣言》对租界当局真可谓是"晓之以理,动之以情",措辞委婉,语气和顺,甚至带有讨好的意味。租界原本就是中国的土地,中国当然应该拥有华人的教育权,租界垄断华人教育权乃是对中国主权的侵犯。上海特别市教育局在租界这一帝国主义的代理人面前理应义正词严、理直气壮,而不应如此软弱可欺。

然而,租界当局无视上海特别市教育局的合理要求,依然如故,对租界内的华人教育听之任之。有人对1931年的租界学校和华界学校作了比较,情况见表2-9①。

表2-9 1931年租界学校和华界学校比较

	公立及私立已立案学校数(所)	私立未立案学校数(所)	总 计
租界	38	373	411
华界	303	191	494
全市	341	564	905

从表2-9可以看出,华界十七区的学校总数只比租界多83所,由此可知租界乃全市学校密集之所在,也可见租界教育的重要性。与此同时也可以看出,租界学校虽多,但正式学校和立案学校很少,也就是说,租界教育仅在量的方面膨胀,至于质的方面则不容乐观,由此可见上海特别市教育局整顿租界教育之责任重大。

上海特别市教育局局长徐佩璜在上海青年会的讲话中说:"希望我国市政日趋发达,教育主权统一,能与租界合作,依照我国的教育方针,实施三民主义教育。"② 在不推翻帝国主义在中国统治的情况下,希望能与"租界合作","实施三民主义教育"。事实证明,这只是教育当局的自说自话、一厢情愿而已。租

---

① 上海市教育局.教育周报[N],1931(115).
② 申报[N],1931-3-30.

界教育权的回收直到1943年8月以后,伴随着日军强行占领租界,才把教育权"移交"给当时上海的汪伪政府。

2. 外国人在上海所办学校

在当时上海的初等学校和中等学校中,除了公立学校和由中国团体和私人所办的私立学校外,还存在着大量由外国人开办的学校。主要有三类,即公共租界工部局所办学校、法租界公董局所办学校和教会所办学校。

(1) 公共租界工部局所办学校

公共租界工部局虽然拒绝向上海人民交出教育权,但在社会各界的努力和工部局内所有华董的强烈要求下,也开始重视界内的华童教育。1930年6月,上海公共租界工部局学务委员会成立。学务委员会是工部局董事会的咨询机构之一,由以前的华人教育委员会与外侨学校教育委员会合并而成,下由学务处行使教育管理权,设侨民教育股和华人教育股,分别负责西童教育和华童教育,华人教育股后改称华人教育处。工部局直接管理局设西童学校、华童学校及青工夜校,并对申请补助的非局设学校,视其办学条件与成绩,认为满意者,酌情予以补助。学务委员会委员有歇褒特(主席)、贝尔、欧尔、莱士利夫人、欧元怀、刘湛恩、袁履登、村上等,其主要任务是管理工部局所设立之学校,决定各校之课程,及实行核准之教育政策。华人学校分委员会委员有欧元怀、刘湛恩、韦悫、曹云祥、夏晋麟夫人、林康侯、杨沈康夫人、袁履登、廖世承等。外侨学校分委员会委员有歇褒特、莱士利夫人、汤姆生及黑田。华人董事会请来陈鹤琴出任华人教育处处长。在华人董事的积极努力下,工部局所设华童学校不断增加(见表2-10)。

表2-10 1920—1937年工部局所设各学校之学生人数①(单位:人)

年　别	华童人数	西童人数	总　　计
1920年	1 135	1 076	2 211
1925年	937	1 364	2 301
1926年	1 242	1 449	2 691
1927年	1 235	1 364	2 599
1928年	1 668	1 512	3 180

① 《上海公共租界工部局年报》教育史料选辑(下)[J].档案与史学,1997(2):17,22.

续表

年　别	华童人数	西童人数	总　　计
1929 年	2 391	1 491	3 882
1930 年	3 039	1 503	4 542
1931 年	3 523	1 583	5 106
1932 年	4 629	1 576	6 205
1933 年	5 519	1 559	7 078
1934 年	5 815	1 573	7 388
1935 年	5 943	1 598	7 541
1936 年	7 230	1 601	8 831
1937 年	7 289	1 469	8 758

从表 2-10 可以看出,在 1927 年以前,工部局设立的华童学校人数几乎没有什么增长,只是到了 1927 年以后,才在收回教育权运动和华界人士的努力下不断增加,华童学校也逐渐增加。

到 1937 年,工部局设立学校 16 所,其中华童学校 11 所,西童学校 5 所,设青年工人夜校 3 所。具体情况见表 2-11。

表 2-11　1937 年工部局所设各校学生人数[①]　　（单位：人）

学　校　名　称	学　生　数
西童学校	1 469
公立暨汉璧礼西童男学	302
西区西童公学	287
愚园路西童女学	429
公立暨汉璧礼西童女学	397
西童女小学	54
华童中学	2 780
华童公学	726
育才公学	505
聂中丞公学	556

[①] 《上海公共租界工部局年报》教育史料选辑(下)[J].档案与史学,1997(2):17.

续表

学 校 名 称	学 生 数
格致公学	522
华人女子中学	473
华童小学	4 509
汇山路小学	431
克能海路小学	593
新闸路小学	740
华德路小学	832
荆州路小学	682
蓬路小学	1 231
华人夜校	1 338
荆州路夜校	535
汇山路夜校	425
克能海路夜校	378

  1931年,工部局设立第一所华人女子中学。教职员均系华人,其中"有外国大学毕业者数人"。"为应付华人女子教育之扩大需要,学务委员会决定,至迟不得过1934年,须设立二所女子中学"。① 但直到1937年,第二所华人女子中学也没有设立。蓬路小学设立于1936年,该校专收因贫穷不能入学的儿童,因此收费低廉,每学期包括书本文具在内,仅收学费3元。儿童分两批上课,一批在上午上课,一批在下午上课,各授课3小时半。学程4年,所授科目为各科基本科目,程度相当于中国政府规定的初小标准。② 1933年2月,工部局在荆州路小学内开设第一所工人夜校,之后又在汇山路小学、克能海路小学开办两所夜校。夜校所开科目主要有"书、读、算术、卫生及公民",教材力求"富于兴趣而适于实用为主"。③ 工部局所设西童学校的人数多年来没有多大变化,主要因为租界内西童的人数相对固定。就学儿童"来自35个不同的国家","代表多数国籍,此为一种饶于兴趣,且或为无独有偶之特色。英美俄儿童占多数,35种不同的国籍,经由一种公共之文字,以从事诵读"。④

  西童学校一般以英国剑桥大学地方考试委员会的教学大纲为标准,学校课

---

① 《上海公共租界工部局年报》教育史料选辑(上)[J].档案与史学,1997(1):23.
②③ 《上海公共租界工部局年报》教育史料选辑(下)[J].档案与史学,1997(2):12.
④ 《上海公共租界工部局年报》教育史料选辑(上)[J].档案与史学,1997(1):23.

程有数学、自然科学、英语、地理、历史等。西童学校非常重视英语、数学的学习。如西童公学注重英语及英国文学课程，以使学生能够在书面和口语方面获得充分的训练；历史课一般包括英国史、欧洲史和中国史；数学与自然科学包括算术、几何、代数、三角、微积分、物理和化学。学校为学生提供奖学金，如和平纪念奖学金、中国工程学会奖学金、华北共济会奖学金、圣安德鲁奖学金等，学生按学业成绩则有获得。学生毕业后可以参加香港大学的入学考试和剑桥大学的地方考试。① 华童中小学的课程设置和教材，与中国人在租界内外所办的中小学不同，大多数学校均使用西童公学由英国教育部批准的教科书。小学三年级开始学习英语，五年级起学法语。教师的教学语言，除小学中低年级用中国语言外，高级部除中国语文外，各科都用英语教学。华童中学的教程，"开始用两种文字制，即每星期内，学生以半星期学习英文教授之课程，以半星期专习华文。后因学生人数增加，教程应加扩充，觉旧日教程之将华英文字严为区别，殊不适宜"。后来学校根据学生程度安排英文和华文授课时间。学生毕业后，多就职于"本埠工商业各机关"，因此学校"对于此项机关之需要，固深切注意"，同时，学校"复诱掖学生，使有求广博学业之兴趣，并示以途径"。"学制既有变通之可能，故各校得以发抒其特性。在此五方杂处之都会中，关于华人之教育，颇多困难问题，而各校则均能就其特长以解决之"。② 学生毕业后可以参加工部局所办学校毕业考试、香港大学考试、英国剑桥地方考试和皇家画学会考试，同时学校也鼓励学生参加上海市中学生毕业会考。

在学费方面，工部局所办外侨学校和华童学校收费不同，其中学校之间又有较大差距。表 2-12 是 1936 年工部局所办各学校的学费标准。

表 2-12 1936 年工部局所办学校学费表③

	学　　　校	学　　　费
外侨学校	公立暨汉璧礼西童男学 西童男小学	预科每月 16 元，一年级每月 18 元，一年级以上每月 23 元
	西童女学	幼稚园每月 13 元，小学预科每月 16 元，一年级每月 18 元，一年级以上每月 23 元
	西童女小学 公立暨汉璧礼西童女学	幼稚园每月 10 元，小学预科及一年级每月 12 元，二年级每月 15 元，二年级以上每月 18 元

---

① 上海租界志编撰委员会.上海租界志[M].上海：上海社会科学院出版社,2001：476—477.
② 《上海公共租界工部局年报》教育史料选辑(上)[J].档案与史学,1997(1)：23.
③ 上海租界志编撰委员会.上海租界志[M].上海：上海社会科学院出版社,2001：488.

续表

学　　校		学　　费
华人中学	华童公学 育才公学 格致公学 华人女子中学	每学期48元
	聂中丞公学	每学期40元
华人小学	新闸路小学	每学期11元
	克能海路小学	每学期10元
	荆州路小学 汇山路小学	每学期7元
	华德路小学	每学期6元
	蓬路小学(半日制)	每学期3元

① 公立暨汉璧礼西童男学

公立暨汉璧礼西童男学是1930年由西童公学男校和汉璧礼男童公学合并而成,校址在北四川路191号,校长是R.罗斯。学生修业期限为11年,课程主要是为使学生能够符合剑桥大学证书及伦敦商会商科证书考试的要求而设置。所授语言为英语、法语、中文及拉丁文。其中,英、法文为必修课,中文及拉丁文为选修课。除语言课外,所有课程均用英语教授。学校分高小及中学两种程度。学生7—11岁读小学,课程有读本、写字、算术、英文、绘画及手工;12岁读中学,课程包括代数、几何、法文及物理等。年届16—17岁的学生,将全部课程修完。学校曾设有学生军,1934年解散,此后又设立来复枪会,举行打靶练习,学生多参加各种体育运动,有80%的学生会游泳。学生每年参加剑桥大学证书考试与初级考试,以及伦敦大学、香港大学的入学考试,伦敦商会和皇家救生会(游泳)的证书考试。学生毕业后多能在上海找到职业。赴欧洲各大学肄业的学生,可凭借剑桥大学证书入学。①

② 华人女子中学

工部局华人女子中学在华人教育处处长陈鹤琴的指导下,于1931年9月9日开办,当年底学生数124人,校长米丽亚姆·L.杨。该校分高中部和初中部,修业年限各3年。学校注重德育、职业教育、家政学及体育,对于个人卫生尤其

---

① 上海租界志编撰委员会.上海租界志[M].上海:上海社会科学院出版社,2001:478.

重视。另外,家政学课程也颇具特色,内容包括创意缝纫及实用缝纫,为初中高年级学生必修课。初中一年级学习养蚕、养鸡等,初中二年级学习如何在园中及家中种菜及种花,初中三年级学习如何烹制中餐以及如何制作西点与糖果。高中一年级学习营养知识,能够知道如何为婴幼儿、病人及老年人预备食品,高中二年级学习家庭管理及居家装饰,高中三年级学习如何看护父母及儿童心理等。高中毕业班的学生可以参加工部局所办学校的毕业考试及上海市毕业会考,毕业生多数进入大学。1938年与1939年,毕业人数分别为46人和25人,升入大学的分别为29人和24人,1940年20名毕业生全部进入大学。圣约翰大学和沪江大学分别从1938年和1939年开始,针对华人女子中学学生毕业会考各科成绩在80分以上者,除中文、英文外,均免试入学。①

③ 工部局西区小学②

该小学是由华人教育处处长陈鹤琴于1930年创建的。西区小学无论在教学质量还是学校设施、规模等方面,都堪称一流,受到广大华人家长的欢迎。学校的所有设施都是陈鹤琴根据教育原理和儿童特点自己设计的。陈鹤琴提倡活教育,反对学生死读书、读死书,他自己动手编写教材,教学方法以启发为主,注重培养儿童的创造性思维能力。学校教材采用陈鹤琴自编的《儿童国语课本》,课本不仅内容生动活泼,符合儿童的天性,而且考虑全面,包含了做、画、写、看、读各个方面,且课堂环境布置也与之相适应。陈鹤琴提倡德智体并重,对学校的音乐、美术等课非常重视,专门聘请音乐专家担任音乐教师,组织小乐队,并设有美术室,主张学生自由创作,以发挥学生的创造力和想象力。学校非常重视英语,鉴于当时的社会历史条件,许多家长希望孩子学好英语,学生从四年级开始学习英语,每周5节课,采用直接教学法,要求耳朵、嘴巴、眼睛并用,英语教师多是教会大学毕业生,素质较高。

(2) 法租界公董局所办学校

法租界公董局在教育方面设有两个机构,一是教育总监处,即教育处;二是教育委员会。前者是执行机构,后者是议事顾问机构。教育总监处在公董局市政总理处的统率下,总辖局立各学校,并监督租界内各公私立学校。下分小学教育科、中学教育科、教育经费科、教育经费补助科、私立小学检查与监督科。

---

① 上海租界志编撰委员会.上海租界志[M].上海:上海社会科学院出版社,2001:483.
② 黄雪嵋,张纯瓦.陈鹤琴与工部局西区小学[M]//中国人民政治协商会议上海市委员会文史资料工作委员会.解放前上海的学校(上海文史资料选辑第五十九辑).上海:上海人民出版社,1988:353.

教育总监处主要依靠教育委员会制定教育方针、政策及措施等。公董局与公共租界的工部局不同,所办的中法中学、法国公学都是法童与华童同校,专为华童设立的只有萨坡赛小学和喇格纳小学。公董局所办学校不多,但学校行政权都由法国人操纵,由天主教神父办理,其中的中国人也大多是天主教神职人员。尽管学校课程按中国政府的规定设置,但一切规章制度都是法国化的。

在此期间,公董局所办学校7所,分别是法国公学、中法学校(即中法中学)、中法学校小学部以及安南学校、1932年设立的喇格纳小学、雷米小学和1935年设立的萨坡赛小学。其中,雷米小学是1932年公董局为上海白俄侨童设立的,也招收少量包括法国在内的其他国籍的儿童。安南小学是公董局在1917年为越南籍巡捕的子女开设的。在公董局所办学校中,最有名的当属中法中学。和中国其他学校相比,中法中学的学制比较特殊,每周上课5天。每班都有一个法文教师负责,从早到晚,除语文课外一人包办。课本采用法文原版,数学、物理、化学、地理、历史都是用法文授课。"国文课少得可怜",每周只有4节,每节45分钟,因此"很多同学在中法毕业时,连一张便条、一封家书都不会用中文写"。中法中学最盛时有1 300多人,但并没有一个学生组织,学校"不许学生过问国家大事,就连报纸也不准学生带进校门,发现后就会被没收或撕掉"。①

(3) 教会所办学校

天主教在上海举办中小学,是经教皇批准,作为法国巴黎耶稣会神父的专利,其他教会只能在耶稣会的指导下在上海开办学校。据1935年的不完全统计,它们在上海开办的中学中,男校5所,教内学生826人,教外学生1 221人;女校5所,教内学生404人,教外学生537人。高级小学中,男校8所,教内学生624人,教外学生924人;女校6所,教内学生509人,教外学生964人。初级小学中,男校86所,教内学生3 734人,教外学生6 554人;女校60所,教内学生2 225人,教外学生4 780人。中小学合计共170所,教内学生8 322人,教外学生14 980人。

基督教在上海开办中小学,主要是由各国教会的差会派遣教士来沪,各自自由开办,不受任何限制。据1932年的不完全统计,基督教在上海办的中学有14所,学生3 888人;1936年增至21所,学生增至7 223人。②

---

① 谈松泉.上海法租界公董局设立的中法中学[M]//中国人民政治协商会议上海市委员会文史资料工作委员会.解放前上海的学校(上海文史资料选辑第五十九辑).上海:上海人民出版社,1988:269.
② 李清悚,顾岳中.帝国主义在上海的教育侵略活动资料简编[M].上海:上海教育出版社,1982:62—63.

在上海的教会学校中,出现了一批有名的中小学。

第三节 与市民生活同步的社会教育

20世纪二三十年代是上海城市发展从传统向现代转型的关键时期。现代化的城市需要现代化的市民。随着城市现代化的不断发展,上海市民不仅要掌握现代的知识与技能,以满足现代经济对职业人员素质不断提高的要求,而且要养成与市民社会相适应的各种行为习惯与态度,做一个合格的现代市民。可以说,上海社会教育的主要任务就是培养和塑造现代化的上海市民,其主要教育对象是广大市民,尤其是那些贫苦而没有机会接受学校教育以及需要学习劳动技能的童工、工人、妇女、失学青年等。这一时期,上海的社会教育与市民生活紧密相关,不仅教给学习者文化知识和职业技能,还向他们宣传民主、科学的观念以及新的生活方式和生活态度,旨在把礼法社会的传统居民改造成适应现代法治社会的现代市民。

一、社会教育概况

南京国民政府非常重视社会教育。1929年4月16日,国民政府公布社会教育实施方针,主要内容包括:(1)宣传"三民主义"。(2)使人民认识国际情况,了解民族意义,并具备近代都市及农村生活之常识,改善家庭经济之技能,实行公民自治必备之资格,保护公共事业及森林园地之习惯,养老恤贫防灾互助之美德。(3)男女教育机会平等,女子教育须注重陶冶健全之德性,保持母性之特质,并建设良好之家庭生活及社会生活。(4)农业生产方法之改进,农民生产技能之增高,农村组织及农民生活之改善,农业科学知识之普及,农民消费合作社之促进。(5)注重发展国民之体育,以锻炼强健之精神,养成规律之习惯。① 为了突出民众需求和政府目标,1931年5月,国民会议又通过教育实施方案,规定"社会教育,应以增加生产为中心目标,就人民现有之程度与实际生活,辅助其生产知识与技能之增进",②明确了社会教育的两大功能,即增长文化知识、职业技能和进行伦理道德行为规范教育。

为了有效地开展各种社会教育运动,教育部逐步完善社会教育体系。由于民众学校是社会教育的主要机构,是青年和成人的补习教育学校,为了积极推

---

① 教育部.第二次中国教育年鉴(第九编)[M].上海:商务印书馆,1948:1088—1089.
② 教育部.第一次中国教育年鉴(甲编)[M].上海:开明书店,1934:17.

广民众学校,1932年1月28日教育部发布第五九九号训令,① 指出:"唯本部估计全国失学民众,约有二十万余人,而已设之民众学校,据十八年度,只有两万余所,以每所每年毕业百人计,尚须百年,方能普及成年补习教育,似此何以适应训政时期之需要",因此对于民众学校"目前需要甚大,各省市应加倍努力,以期成年补习教育得以早日完成,是为至要"。为了督促各省市积极扩充民众学校,教育部拟定了一份调查问卷,以了解各地民众学校的开展情况,要求各省市认真填答。1935年,中国社会教育社第三届年会通过《民众学校课程标准草案》,同年3月教育部修订试行。② 此课程标准的编订旨在供年在16岁以上失学者教学之用,目标在于:(1)国民道德的培养;(2)简易文字的学习;(3)普通常识的灌输。课程标准按照教育部民众学校规程规定的国语、算术、乐歌、体育四科编制。其中,国语科包括公民及常识,算术科包括珠算及笔算。

由于社会教育内容广泛、形式多样,为了便于管理,1932年教育部又制定了《民众教育馆暂行规程》,要求各地社会教育系统以民众教育馆为中心。1932年2月1日,教育部发布第七四七号训令,认为"民众教育馆事业甚关重要,全国各省市自开始设立以来,数量逐年增加,截至十八年度,已达三百余所",但由于民众教育馆缺乏一定的规范,"省自为政,考核甚难",所以拟定民众教育馆规程,希望各省"切实改进已经设立之民众教育馆,以巩固社会之基础"。《民众教育馆暂行规程》主要包括:各省市及县市应分别设立民众教育馆,为实施社会教育之中心机关;省市及县市立民众教育馆应举办关于健康、文字、公民、生计、家事、社交、休闲各种教育事业,省立民众教育馆,应对该馆所辖区域内县市立民众教育馆有辅导及示范的责任。省市及县市立民众教育馆必须设阅览部、讲演部、生计部、游艺部、陈列部、教学部、民众学校、出版部等机构,以办理各项社会教育事业。③

20世纪二三十年代,中国教育界之所以非常重视社会教育,原因在于当时社会各界普遍认识到社会转型期对下层民众启蒙的重要性,而这是学校教育满足不了的,因此,社会人士对社会教育寄予厚望。他们认为社会教育是着眼于整个社会的,负有改造社会、改造文化、培养现代公民的使命,任务是"要使教育事业和社会实际生活打成一片,随时随地发扬固有文化,吸收世界新潮,促成社

---

① 教育部秘书处公报室.教育部公报[R].上海:[出版者不详],1932,4(4).
② 同上,1935,7(13—14).
③ 同上,1932,4(5).

会的改进;对于未曾受过学校教育的文盲,要用最经济的方法,在最短的时间之内,施以生活上必须的基本教育;对于已经受过教育的,要增进他们继续受教育的机会,造成优良的社会环境,使全国人民精神人格有形的无形的受了优良的陶冶以养成健全的公民。"① 而上海作为中国经济、文化的引领城市,所面临的改造社会风气、培养现代市民的任务尤为严峻。为此,上海教育当局只有不断完善已有的社会教育机构,才能适应社会教育发展的趋势。

1927年上海特别市教育局成立时,全局事务分设秘书室和第一、第二、第三科。第三科掌理社会教育事务,设督学四人,负责全市社会教育视导工作。1928年4月废督学,各科设专员若干人。以后又接收上海、宝山两县十四市乡及原属上海县之公共体育场一所、公共学园一所、理科实验室一所。1929年4月,改原有第三科为第四科,执掌教育研究和编审以及社会教育事项。社会教育科设科长一人,职员四人,主要负责以下工作:(1)关于"三民主义"教育之普及事项;(2)关于民众教育补习计划实施指导事项;(3)关于市民体育、美术之训练提倡指导事项;(4)关于社会文化事业之筹办、管理、提倡、奖励及监督事项;(5)关于公共娱乐之提倡、指导、审察、取缔事项;(6)关于民众读物之编辑审查事项;(7)关于风俗习惯之改良及取缔事项;(8)关于其他社会教育事项。

社会教育科又分为四股:补习教育股、通俗教育股、民众美术股、民众体育股。为了提高社会教育的效率,上海特别市教育局又组织各种委员会,以便开展各种社会教育活动和进行相关的研究,如民众教育委员会、职工补习教育委员会、民众艺术教育委员会、民众娱乐研究委员会、学校扩充教育委员会、职业指导研究委员会。上海市社会教育机构分为学校式和一般式,学校式包括民众学校、识字学校和各种补习学校,一般式包括民众教育馆、图书馆、美术馆、公共体育场、动物园、植物园、通俗演讲所、民众阅报处等。按照所有权性质,社会教育机构分为公立和私立。其中,民众学校由于是文化普及性质,甚至是强迫入学,所以多为公立,而各类补习学校由于多是提供职业技能培训,以满足上海社会对专业技术劳动力不断增长的需要,多为商业性质,因此补习学校绝大多数为私立。伴随着上海经济的发展,上海市社会教育也稳步发展,尤其是进入20世纪30年代后,更是呈现出兴旺的景象,从表2-13中可见一斑。②

---

① 李蒸.社会教育改造之途径[J].中华教育界,1933,21(7).
② 上海市教育局.上海市教育统计(民国二十三、二十四年度合刊)[M].上海:[出版者不详],1936:4.

表2-13 上海公立和私立社会教育机构概况统计表(1933—1935年)

机构年度项目	机构数(所)			就学或参加人数(人)		
	1933年	1934年	1935年	1933年	1934年	1935年
全市统计	563	1 438	1 304	8 447 020	10 505 987	10 994 310
学校式	**156**	**1 173**	**1 024**	**16 586**	**164 348**	**261 597**
民众学校	61	41	42	3 385	2 893	3 025
职业补习学校	—	9	9	—	57 00	4 126
工业补习学校	3	2	2	454	320	304
商业补习学校	18	20	19	4 875	10 113	9 459
妇女职业补习学校	7	7	5	1 052	1 797	1 416
普通补习学校	43	9	8	6 792	1 578	1 554
职业传习所	11	9	8	—	408	730
外文补习学校	—	11	12	—	2 338	1 735
其他补习学校	—	8	8	—	1 030	558
特殊学校	1	3	4	28	205	263
戏剧学校	—	1	—	—	22	—
函授学校	12	9	10	—	4 356	4 717
识字学校	—	1 044	897	—	133 588	233 710
一般式	**407**	**265**	**280**	**8 430 434**	**10 341 639**	**10 732 713**
教育馆	1	2	2	3 834 518	41 593	3 033 150
图书馆	21	25	26	802 800	4 765 805	911 700
博物馆	1	1	1	2 588	2 701	2 808
美术馆	—	3	4	—	—	—
公共体育场	7	10	11	—	—	—
动物园	1	1	1	—	—	—
植物园	—	1	1	—	—	—
通俗演讲所	1	1	1	2 852	35 600	29 200
民众阅报处	209	65	195	1 504 800	2 531 775	3 558 750
公共娱乐场	—	38	38	—	—	—

二、学校式社会教育机构

学校式社会教育机构主要有民众学校、补习学校和识字学校三类。

1. 民众学校

上海是国际性大都市,开办民众学校,既可以提高市民的知识文化水平,又可以促进上海的经济繁荣,因此民众学校受到上海教育当局的高度重视。1928年,教育局颁布《市立民众学校办法大纲》,① 主要内容如下:

(1) 民众学校以根据三民主义授予年长失学者以简易之知识技能使适应社会生活为宗旨。

(2) 凡年在12岁以上之男女不识字者均应入民众学校。

(3) 民众学校之教授科目如下:识字、写字、党义、常识、珠算或笔算、写信、记账、乐歌,此外得酌量地方情形加设农工商科目。

(4) 民众学校应用读本须采用业经教育行政机关审定者。

(5) 民众学校修业期限规定4个月,时间在晚上或休假日,每日授课2小时。

(6) 民众学校学生修业期满试验及格者得由学校给予证书。

(7) 民众学校得于课外举行讲演会、展览会或演映有益身心之电影,提倡正当娱乐。

(8) 民众学校经费每期以4个月计,期满须造具收支报告呈局备查,每日经费按照学校规模和师资数量分为四种不等。

(9) 民众学校之设备如校舍以利用原有设备求简单经济为原则。

(10) 民众学校不收学费及其他一切费用,书籍文具等均由学校供给之。

为了规范对民众学校的管理,1933年4月,上海市教育局颁布《上海市立民众学校办法大纲》,对民众学校的办学宗旨、具体办法、教学内容、修业年限等作了详细规定。

上海特别市教育局于1928年10月开办民众学校20所,招收成年失学民众,当时只招收了922名男生,但只有354人毕业。民众学校每晚授课2小时,教学内容为生活必需的常识和日常应用文字,每期4个月,所授科目为党义、国语、珠算或笔算、写信、记账、唱歌等。到1936年,民众学校增加到40所,有2 947名学生,且女生有1 717人,数量超过男生。表2-14是历届市立民众

---

① 上海市教育局.市立民众学校办法大纲[N].教育周报,1932,(188).

学校的概况统计表。① 从表中可以看到,女生入学人数不仅逐年上升,且最终超过了男生。原因在于社会发展对女性的要求越来越高,而她们相对男性来说,接受正规学校教育的机会又少得多,因此,对广大从未受过教育的女性来说,进民众学校,识得一文半字,掌握基本的文化知识是她们最好的选择。需要注意的是,由于民众学校带有"强迫"的性质,所以入学人数较多,但由于种种原因,如民众工作较忙,没有时间,或是学无所用,民众学校学生的毕业率一直不高。

表 2-14 历届民众学校概况统计表

项目届数	起止时间	校数(所)	学级数(级)	学生数(人)			毕业生数(人)		
				男	女	共	男	女	共
第1届	1928年10月—1929年1月	20	20	922	—	922	354	—	354
第2届	1929年3月—1929年6月	30	31	1 551	—	1 551	440	285	725
第3届	1929年7月—1930年1月	32	33	731	648	1 379	564	287	851
第4届	1930年3月—1930年6月	35	36	1 604	—	1 604	993	—	993
第5届	1930年7月—1930年12月	52	55	1 117	840	1 957	1 135	—	1 135
第6届	1931年1月—1931年6月	46	58	1 208	825	2 033	825	630	1 455
第7届	1931年10月—1932年1月	54	69	2 422	—	2 422	772	—	772
第8届	1932年10月—1933年1月	35	40	850	847	1 697	420	362	782
第9届	1933年3月—1933年6月	43	47	1 106	1 067	2 173	436	542	978
第10届	1933年9月—1934年1月	46	51	1 223	1 208	2 431	439	461	900
第11届	1934年2月—1934年7月	51	58	1 194	1 208	2 402	611	627	1 238

① 上海市教育局.上海市教育统计(民国二十三、二十四年度合刊)[M].上海:[出版者不详],1936:159—160.

续表

项目 届数	起止时间	校数（所）	学级数（级）	学生数(人)			毕业生数(人)		
				男	女	共	男	女	共
第12届	1934年9月—1935年1月	50	64	988	1 943	2 931	586	991	1 577
第13届	1934年11月—1935年4月	14	14	416	260	676	195	168	363
第14届	1935年2月—1935年6月	590	74	1 254	2 282	3 536	745	1 495	2 240
第15届	1935年9月—1936年1月	40	52	994	1 877	2 871	646	1 119	1 765
第16届	1936年1月—1936年6月	40	56	1 230	1 717	2 947	—	—	—
共　计	—	1 178	758	18 810	14 722	33 532	9 161	6 967	16 128

2. 补习学校

1928年，上海特别市教育局积极提倡并设立职工补习学校。一开始设立的职工补习学校并不分专业，所有职业的民众集中在一个学校学习。考虑到这样做不能满足不同职业人员的不同需要，从1929年开始改革学校设立办法，依据补习学校附近民众职业的具体情况开设相关的职业补习学校，如工人较多的地区设立工人补习学校，农民较多的地方设立农民职业补习学校，商人较为集中的地方开设商人补习学校。1930年，市立补习学校改为中心制。当时设置中心补习学校2所，分别位于沪南和闸北，并将各区市立学校分别划由中心补习学校负责指导。① 1933年4月，上海市教育局颁布《修正上海市市立补习学校办法大纲》②和《上海市私立补习学校、函授学校、职业传习所办法大纲》③，以对全市各种团体和个人所办的私立补习学校和函授学校、职业传习所予以统一管理。

表2-15和表2-16是市立补习学校1931年度学生籍贯和职业统计表。④

---

① 上海市教育局.上海市教育局业务报告(民国二十年七月至二十一年六月)·关于社会教育事项[R].上海：[出版者不详],1932：1.
② 上海市教育局.修正上海市市立补习学校办法大纲[N].教育周报,1933(190).
③ 上海市教育局.上海市私立补习学校、函授学校、职业传习所办法大纲[N].教育周报,1933(190).
④ 上海市教育局.上海市教育局业务报告(民国二十年七月至二十一年六月)·关于社会教育事项[R].上海：[出版者不详],1932：1.

表 2-15　上海市立补习学校 1931 年度学生籍贯统计表（单位：人）

省别	上海	江苏	福建	江西	湖北	湖南	广东	山东	河北	河南	四川	浙江	总计
人数	262	234	2	2	18	5	3	8	14	7	1	268	824

表 2-16　上海市立补习学校 1931 年度学生职业统计表

（单位：人）

业别	工业	商业	农业	艺徒	赋闲	总计
人数	320	224	160	83	37	824

从上海市立补习学校学生的籍贯分布来看，上海生源仅约 30%，充分说明了上海五方杂处这一移民城市的特点。从学生的职业类别来看，大部分学生就职于工商业，这说明为了满足现代工商业对职业人员的要求，大多数从业者利用业余时间参加各种相关的补习学校，学习各种现代化的职业技能。

表 2-17 是上海市历届市立补习学校概况。①

表 2-17　上海市历届市立补习学校概况统计表

项目 届数	起止年月	校数（所）	学级数（级）	学生数（人）			毕业生数（人）		
				男	女	共	男	女	共
第1届前期	1927年10月—1928年1月	2	2	101	—	101	—	—	—
第1届后期	1928年3月—1928年7月	5	4	222	—	222	—	—	—
第2届前期	1928年10月—1929年1月	7	8	445	—	445	—	—	—
第2届后期	1929年2月—1929年7月	10	14	503	229	732	40	—	40
第3届前期	1929年9月—1930年1月	14	17	635	172	807	45	35	80
第3届后期	1930年3月—1930年7月	14	17	413	216	629	161	62	223
第4届前期	1930年9月—1931年1月	16	19	330	351	681	3	50	53

---

① 上海市教育局.上海市教育统计（民国二十三、二十四年度合刊）[M].上海：[出版者不详]，1936：160.

续表

项目\届数	起止年月	校数(所)	学级数(级)	学生数(人)			毕业生数(人)		
				男	女	共	男	女	共
第4届后期	1931年3月—1931年7月	16	20	361	437	798	120	127	247
第5届前期	1931年9月—1932年1月	19	24	392	477	869	4	43	47
第5届后期	1932年10月—1933年2月	12	15	293	331	624	6	48	54
第6届	1933年2月—1933年7月	15	19	336	498	834	66	89	155
第7届	1933年8月—1934年1月	20	26	472	648	1 120	34	92	126
第8届	1934年2月—1934年7月	17	24	386	602	988	155	245	400
第9届	1934年8月—1935年7月	9	63	1 205	373	1 578	130	65	195
共计	—	176	272	6 094	4 334	10 428	130	65	195

上海市的补习教育除了由市教育局办理外,还有许多由团体和机关开办。据1930年上海市教育局调查的全市劳工教育统计,该年由各团体、机关或个人开办的各类补习学校有38所、143个学级,共有学生5 117人,远远超过同期由教育局办理的补习学校数、学级数和学生数,后者分别为14所、17个学级、629人,这说明上海各界人士对社会教育的重视及办学的热情,因为他们认识到社会教育对于塑造现代上海人的重要作用。详见表2-18。①

表2-18 1930年全市劳工教育统计表

设立机关或团体性质	校数(所)	学级数(级)	教员数(人)	学生数(人)	经费数(元)
职工团体	18	63	73	1 954	19 509
公私立工厂	8	28	35	804	11 552
交通部	4	8	19	527	16 300

① 郑绍元.上海市社会教育概况[J].教育与民众,1932,4(1).

续表

设立机关或团体性质	校数(所)	学级数(级)	教员数(人)	学生数(人)	经费数(元)
基督教青年会	4	11	10	251	15 300
其他	4	34	45	1 581	20 420
合计	38	144	182	5 117	83 081

  这类补习学校大多是夜校,对象主要是童工、学徒、青工,学习内容一般以小学文化知识为主,兼顾本行业或本企业的技能知识。这些学校一般由各团体、厂方或个人出资举办,教师由本企业或本行业的职员担任,有的聘请一些公学、大学的人士担任。当时办理时间较早、比较有名的由工厂举办的学校有:商务印书馆励志夜校、双轮牙刷厂工余补习学校、中华书局补习夜校、三友实业总厂童工补习学校、英电工人夜校、江南造船所补习夜校、恒丰纱厂职工养成所等。基督教女青年会女工夜校则是当时办理较好并具有全国影响的一所补习学校。基督教女青年会在20世纪初举办了一所女工夜校,于1930年定名为女青年会女工夜校。该校校舍分别建在工厂集中的浦东、杨树浦和虹口等地,共设6个教学点。由于这些教室均是向中小学借用的,所以办学规模与活动受到限制,这时,适逢上海女青年会全国协会有一笔款项专门给上海女青年会劳工部作为学校的开办经费,并希望能建立一个示范中心以便向全国推广,于是女青年会就把小沙渡路三和里(今西康路910弄21—23号)的教学点扩展为示范点。示范点是两栋新造的二层楼房,楼下是教室和课外活动场地,楼上是教师宿舍。教师来自上海基督教女青年会、陶行知办的山海工学团、大中学毕业生以及女工夜校自己培养出的小先生(主要担任初级班的教师)。夜校不收学费,仅收一点报名费。授课时间分早夜两班。学制初为2年,分初级、高级班;后扩为3年,分初、中、高级班,念完3年相当于小学程度。以后又增设特级班,便于校友继续学习。为了适应女工特点,夜校还专门聘请叶圣陶、俞庆棠等组成教材编写委员会,编写了《女工读本》6册,从识字开始,分3年教完,可以掌握3 000个常用字。高级班增开历史、算术、尺牍等课程。特级班再增加鲁迅、高尔基的文学作品选读,以及《经济学》《经济史》《工会运动概况》《一个女工和一个女大学生的通讯》等思想政治性较强的内容。女工夜校除上课外,还通过丰富多彩的课外活动来充实教学内容,在学生中推行"小先生制",提倡把自己在夜校学到的知识教给别人。据1935年统计,夜校学生在自己做工的厂里组织小姐妹一起读书识字的达15处。学生还成立了友光团,每周活动一次,内容有

演讲、辩论、讲故事、讲新闻、演剧、唱歌等，并编辑出版了《友光通讯》，还创办了图书馆。1935年华北事变后，不少学生参加了上海妇女救国会。抗日战争全面爆发，日军占领租界后，女工夜校除三和里示范点外全部停办。①

3. 识字学校

民国时期的识字运动可分为提倡时期、发展时期和强迫时期。从民国初年至南京国民政府成立为提倡时期。从1927年至1935年为发展时期。1935年起为强迫时期。1927年6月4日，中央常务委员会通过《民众训练案》，把"厉行识字运动"列为专条。10月，该委员会制定《识字运动宣传计划纲要》，令各党部注意宣传。之后，教育部又于1929年颁布《识字运动宣传计划大纲》，要求全国各省市一律于最短时间内，举行大规模识字运动，以期唤起广大民众对于识字读书求知的兴趣，"庶几民众教育，日益普遍，即国家训政前途，亦得以进行无阻"。② 自此，识字运动的浪潮席卷全国。各省市纷纷按照大纲的要求，组织识字运动宣传委员会，开展大规模的识字运动。但是由于我国不识字的民众实在太多，"约有三万万人，应受识字教育"，自1928年至1934年7年中，识字民众共计不过679万多人，每年不过100万人受到识字教育，"如果仍按照这种办法推演下去，必难将三万万以上的文盲，一律肃清"，③ 所以许多省市，如上海市自1935年度起，开始大规模推行识字教育，定期强迫实施。教育部也于1936年制定《实施失学民众补习教育方案》，计划于6年内，将全国成年文盲一律肃清。

上海市积极开展识字运动。据1928年的上海市户口调查统计，当时市民已达370万，其中不识字者至少占1/3。与如此庞大的文盲人口相比，几十所民众学校和补习学校只不过是杯水车薪，并且许多民众因为工作及生活上的原因，入民众学校读书的甚少。1928年，上海特别市教育局组织识字运动委员会，开展第一次识字运动。其主要活动有：（1）举行演讲，包括名人演讲、通俗演讲、无线电播音演讲。（2）印发各种刊物，包括张贴标语，分发传单图书小册，接洽各报馆发行特刊，接洽各书店分送千字课本，印送歌谣歌曲剧本。（3）表演游艺，包括开幻灯片、映演影戏和演剧。（4）举行水陆空旅行，包括雇舟向浦江各船户宣传，接洽各校联合各公团结队旅行，分发宣传品。（5）劝导识字，包括由各校教职员高级学生、民众学校教职员、各民众学校教育馆主任和各级党部委员劝导。（6）厉行强迫识字，首先是全市各局工役人员、全市各机关工役

---

① 李家齐.上海工运志[M].上海：上海社会科学院出版社,1997：311—312.
② 申报[N],1928-2-16.
③ 钟灵秀.三十年来中国之识字运动[J].教育杂志,1937,27(3)：17.

人员,其次是全市工厂各商店服务人员和全市全体市民。① 为了巩固已取得的成绩并取得更大效果,1929年11月,上海特别市教育局又筹备第二次识字运动。

为了大规模推行识字教育,早日扫除文盲,上海市于1935年5月又制定了《不识字民众入学办法》,其中第一条规定:"本市于民国二十四年七月一日起,实施强迫识字教育。"具体办法是:首先对民众的教育状况进行调查,然后对不识字之民众发出传唤通知单,强迫其进入识字学校。同时规定,对于传唤不入学者先予以书面劝告,凡经传唤而不入学,逾开学期十日者,得由办理民众教育人员予以十日之期限,劝令必须入学。如经劝告后,仍不遵限入学者,则由办理民众教育人员于劝告限满内七日内,将其姓名榜示警告,并限于十日内就学。榜书姓名警告后,仍不遵行者,得于警告限满七日内,处以两角以上五元以下之罚款,并仍限于十日内入学。无力缴纳罚款者,得按罚款数目,科以服役日数,并仍限于十日内入学。为了保证民众有机会入学,《不识字民众入学办法》第三、第四条规定,"家庭雇工及商店职工,应由雇主予以上课之便利,不得任意留难","应受识字教育之民众,于接到识字学校入学通知后,如无故延不入学,除强令入学外,并科以两角以上五元以下之罚金,或另服两小时以上五日以下之劳役,无故旷课者亦同"。② 在当时广大普通民众对识字教育的重要性认识不足、自觉性不高的状况下,强迫民众参加识字学校虽然是一个不得已而为之的办法,却收到了很好的效果。

上海市从1934年开始办理识字学校,进入识字学校的人数也逐年增加。以市立识字学校为例,1934年有245所识字学校,学生总数为85 267人,1935年,市立识字学校增加到879所,学生总数达到233 710人,与1934年相比增加近15万人(见表2-19)。③

表2-19 1934年和1935年上海市市立识字学校概况比较

年份	机关数(所)	学生数(人)		
		男	女	共计
1934	245	39 795	45 472	85 267
1935	879	176 840	56 870	233 710

---

① 郑绍元.上海市社会教育概况[J].教育与民众,1932,4(1).
② 潘公展.今后民众学校之招生问题[J].教育杂志,1937,27(1):175.
③ 上海市教育局.上海市教育统计(民国二十三、二十四年度合刊)[M].上海:[出版者不详],1936:153—155.

三、一般的社会教育机构

一般的社会教育机构包括民众教育馆、公共体育场、植物园、动物园、图书馆、民众阅报牌等。这些机构通过开展各种活动,向市民传播现代化的观念、知识与各种技能。

1. 民众教育馆

(1) 简易民众教育馆

为提高社会教育的效果,上海特别市教育局于1928年在各市区乡镇筹设民众茶园。由于民众茶园是由茶园改组设立,对于民众教育事业的开展有许多限制,于是次年11月,改民众茶园为简易民众教育馆。简易民众教育馆一般设有:书报部,陈设各种通俗书报、杂志,供民众自由阅览;娱乐部,备有各种娱乐设施,养成民众正当的兴趣与习惯;通问部,用通讯和面讲方法解决民众的日常疑难问题;演讲部,举行各种通俗演讲,增进民众日常生活的知识与技能。简易民众教育馆设主任一名,主要处理日常馆内事务。简易民众教育馆经常组织巡回演讲,还深入民间了解民情,进行社会调查。

至1931年,上海市共有简易民众教育馆4所,分别是位于吴淞镇、严家桥、漕河泾和北新泾的第一、第二、第三和第四简易民众教育馆,主任分别是王愚诚、唐庆彭、陆清泉和陈震。① 之后上海市教育局认为,简易民众教育馆虽然比民众茶园效果好,但仍与社会教育的实施计划"相去甚远","若不根本改进,势无成效可言"。经再三商议,决定将简易民众教育馆一律于1931年7月底撤销,然后集中财力,举办一个规模较大的民众教育馆,以为推行社会教育之中心,"而收动教育之实效"。② 1931年7月,简易民众教育馆被撤销。

(2) 上海市立民众教育馆

1931年,"为谋市民知识增进社会幸福计",上海市教育局规划筹备上海市立民众教育馆,由市政府划拨1万元作为建设经费。接着,教育局委派陈端志、杨佩文两位科员赴镇江考察江苏省立民众教育馆的办理情况。③ 1932年,上海市立民众教育馆落成。

上海市立民众教育馆位于沪南区中心,1927年,市政府原计划在此地建文

---

① 郑绍元.上海市社会教育概况[J].教育与民众,1932,4(1).
② 上海市教育局.上海市教育局业务报告(民国二十年七月至二十一年六月)·关于社会教育事项[R].上海:[出版者不详],1932:31.
③ 上海市教育局.教育周报[N],1931(116).

庙公园,但由于经费拮据,后改建上海市立民众教育馆。由于民众教育馆布置得像一座公园,所以市民习惯上把它称为"文庙公园"。民众教育馆落成后,深受市民的喜爱,正如当时的一段记载:

> 民众教育馆是南市居民的恩地,他们业余的时间,都愿意消磨在这里面。民众教育馆的布置完全像一所花园,所有并不十分严肃,但是,却又可以在无形中得以增进许多智识。进去又没有什么限制,不像外侨居留地的各公园,一定要有常年票或是出两毛钱才得进去。这一处地方真是最好的休憩地点。①

民众教育馆不只是一个休闲的好处所,还是上海实施社会教育的中心机关。1933 年 12 月 13 日,上海市教育局颁布《上海市立民众教育馆组织规则》,规定馆内按职能分为五组,其中总务组负责庶务、会计、文书及不属于其他各组事项;展览组负责标本、模型、古物、书画、照片、图表、雕刻、工艺革命纪念品及各种产物等的陈列阅览事项;教导组负责民众学校、职业传习班、民众阅书报室、儿童阅书室、巡回文库、民众通问及编辑民众读物、通俗图画及其他关于社会教育刊物等事项;演讲组负责学术演讲、通俗演讲、巡回演讲、化装表演及其他宣传事项;康乐组负责民众体育、民众卫生、民众娱乐、儿童游戏及其他运动或国术、清洁或防疫等提倡指导事项。此外,为了使各项社会教育活动的开展建立在科学的基础上,以取得最好效果,上海市立民众教育馆还组织了语文、公民、生计、健康、家事、休闲等各项教育研究会,从事教育研究工作。

同时,上海市教育局还颁布《上海市市立民众教育馆长任免及服务规则》,对民众教育馆馆长一职的任职资格进行了严格规定,即馆长必须"品格健全、才学优长、服膺党义",并具下列资格之一者:

① 相当于大学或专科之社会教育学术专门训练之学校毕业,并具有办理社会教育一年以上之经验者。

② 相当于教育学院教育科系师范大学或高等师范学校毕业,并具有办理社会教育两年以上之经验者。

③ 相当于大学或专科学校毕业,对于社会教育确有研究并具有办理社会教

---

① 民众教育馆和文庙公园[M]//上海通社.上海研究资料.上海:上海书店出版社,1984:471.

育两年以上之经验者。

④ 师范学校本科高级中学师范科毕业,对于社会教育确有研究并具有办理社会教育三年以上之经验者。①

上海市立民众教育馆除领导、协调全市的社会教育事业外,还开展了许多市民直接参与的活动。据统计,仅1934年,在民众教育馆开展的各种活动中,失学儿童教导团、民众学校、补习学校毕业人数就达367人;馆内儿童阅书室阅书73 454人次;参观历次展览会2 607 666人次;活动展览会(内含夏令卫生、违警罚款、国货商标、生计教育、业余书画、新家庭、儿童生活指导、国耻展览等)749 185人次;各类讲演226次,听众31 690人;健康教育如诊疗所623人次、国术传习班6 910人次;休闲教育事业如国乐队2 629人次、评剧队2 354人次、改良说书101 312人次、弈棋室2 706人次;活动事业如捕蝇、小足球比赛、民众远足会、自行车技巧比赛、元旦乐会、风筝竞赛、毽子、婴儿健康、太极拳、口琴等多项活动。② 这些活动通过生动形象的方式,将现代知识、生活技能融于娱乐休闲活动中,在不知不觉中提高了广大市民的素质。

下面是上海市立民众教育馆民众远足会的简则,从中可以深刻体会当时的情形:

① 以提倡正当娱乐增进民众健康为宗旨;

② 每年举行远足二至四次,以一日为限;

③ 本会在可能的范围内组织讲演组、歌舞组、运动组、摄影组、救护组、同乐会、游艺会及其他竞赛会等以借增游兴;

④ 本会远足时除公共用具及指导员旅费由上海市立民众教育馆担任外,所有会员膳食舟车及各费用由馆津贴20%,余由会员均摊。③

2. 公共体育场

第一公共体育场。1915年10月,江苏省公署令各县筹办公共体育场,上海县知事沈宝昌委托县教育会会长吴馨主办此事。吴馨租借了斜桥上海善团公地1.7万平方米,建筑办公楼房2座、健身房2座和一条300米跑道,另设足球场、网球场、室内篮球场、排球场各一处。1928年3月30日,公共体育场开幕,8月改为市立,定名市立第一公共体育场。之后,设施不断完善。1932年,体育场

---

① 上海市教育局.上海市市立民众教育馆长任免及服务规则[N].教育周报,1933(222).
② 上海市政府秘书处.上海市市政报告(民国二十一年—二十三年)[M].上海:汉文正楷印书馆,1936:45—48.
③ 上海市教育局.教育周报[N],1932(166).

内设男子部、妇孺部和国术部。男子部占地最大,约占二分之一,其中有一条300米跑道、一个足球场、三个小足球场,还设置了巨人步、轩轾板、单杠、双杠、吊环和吊杠等设施。妇孺部设有网球场、排球场和沙坑计等各种联合运动器械。国术部科目为拳术、武器、摔跤、相扑、举重、武斗,每日按时练习,每周召集全体学员,表演成绩。市立第一公共体育场"以民众化为目标。组织指导竞赛,无不力求普及","而于工商界之业余运动,尤三致意焉"。一·二八事变后,"平时摩肩接踵欢声四腾之体育场,至是几门可罗雀,无形中停顿两月"。

表2-20 市立第一公共体育场1931—1932年度各月份运动人数统计表①

月 份	男子部(人)	妇孺部(人)	国术部(人)	总人数(人)
7	49 710	15 650	1 127	66 487
8	48 010	17 620	1 674	67 304
9	45 670	16 210	1 675	63 555
10	62 560	24 170	1 795	88 525
11	47 760	20 940	1 728	70 428
12	43 840	19 670	1 702	65 212
1	50 910	24 210	1 509	76 629
2	—	—	—	—
3	—	—	—	—
4	940	5 890	907	16 437
5	23 650	10 200	1 248	35 098
6	39 360	14 110	1 437	54 907
总 计	421 110	168 670	14 802	604 582

第二公共体育场。位于吴淞,占地12 020平方米,场内有跑道和各种运动器械,1930年缩小范围,改名为上海市立第四简易运动场。

简易运动场。为了使普通市民都有参加运动的机会,上海特别市教育局将学校的运动场地公开,作为简易体育场,在各校的课余时间开放。主任由学校体育教员兼任,由教育局每年拨给经费。1928年此项制度开始实行。

---

① 上海市教育局业务报告(民国二十年七月至二十一年六月)·关于社会教育事项[R].上海:[出版者不详],1932:23.

至1932年,上海市共有简易运动场六处,概况见表2-21和表2-22。①

表2-21　1932年上海市简易运动场概况

次序	区别	场　　址	面积(亩)	球场数	器械数	资产(元)	开幕期
第一	沪南	市立农坛小学内	1亩5分	4	7	240	1928年10月
第二	洋泾	市立震修小学内	39亩8分	3	5	280	1928年10月
第三	塘桥	市立塘南小学内	3亩	4	8	2 750	1929年4月
第四	吴淞	市立吴淞初级小学内	16亩9分	9	9	10 300	1930年
第五	洋泾	市立洋泾小学内	—	8	6	2 700	1930年11月
第六	真如	圣帝殿后	—	4	4	900	1932年10月

表2-22　上海历年公共体育场的数目比较②

年　　度	1927年	1928年	1929年	1930年	1931年	1932年	1933年	1934年	1935年
公共体育场	—	1	1	1	1	1	1	1	2
简易公共体育场	—	4	4	5	5	6	6	8	9

3. 动物园和植物园

(1) 上海市市立动物园

上海市市立动物园位于沪南区文庙路,占地面积10亩9分。1931年8月,上海市教育局草拟了动物园计划草案,提经第204次局务会议通过,同年9月17日呈请市政府拨款设立动物园。后市府核准筹办,并指定文庙路芹圃为园址。市立动物园的建设共分为三期,教育局委任沈祥瑞为主任,于1933年8月1日正式开放。

动物园每天的开放时间是上午8点至12点,下午2点至6点。动物园的动物种类繁多,有猕猴、象、狮、虎、豹、熊、狼、狐狸、家兔、袋鼠、鹿等各种飞禽走兽和许多珍贵物种。1935年又添加标本室,于当年10月1日开放,室内陈列巨鲸标本一个,此巨鲸来自崇明。市民们对动物园的兴趣非常大,自动物园开放以来,每日入园人数均在万人左右。据统计,1933年全年参观人数达到1 159 306人,1934年参观者有1 059 781人。与此同时,人们对园内的动物也很关心,如1935年10月一只猛虎患肺病而死和1936年4月22日一只大象触电而死的消

---

① 上海的运动场[M]//上海通社.上海研究资料.上海:上海书店出版社,1984:452.
② 上海市教育局.上海市教育统计(民国二十三、二十四年度合刊)[M].上海:[出版者不详],1936:10.

息传出以后,市民们曾为之"大大振动"。①

(2) 上海市立植物园

在上海市立动物园开放之际,市教育局计划设立上海市立植物园,并委任蒋树勤、沈祥瑞、吕海澜等为筹备委员。在市立动物园和植物园建成之前,上海市第一公共学校园曾备有各种动植物若干,供各学校学生教学参观用。1933年10月,尚文小学在该处建筑新校舍后,公共学校园遂告结束,其中的动物移至市立动物园,对于各种植物,教育局认为"应设法迁移、扩充",这样,筹备植物园成为"当务之急"。②

市立植物园是在龙华路格致书院藏书楼的原址上建造的,内设办公室、展览室、研究室及各种农具等。研究室内备有植物分类表、植物形态表和制作标本用具,以供各学校实验参观之用。展览室陈列各种植物标本。室外是用来栽培植物的园地,共分十二个区:观赏植物区、食用植物区、森林植物区、水生植物区、工艺植物区、药用植物区、热带植物区、沙漠植物区、苗圃、堆置盆花盆景区、盆景作业区、标本陈列区。1934年10月,市教育局委任蓝希益为植物园主任。1934年11月1日,植物园正式开放,每天的开放时间为上午8点至下午5点,无须门票。据统计,1934年度共有参观者77 625人。③

4. 其他社会教育机构和社会教育事业

(1) 公共学校园

上海市公共学校园位于南市蓬莱路,主任沈祥瑞。原是市校合资创办,由上海县教育局主管,1928年秋收归市有。公共学校园设主任一人,助理一人,下设研究部和指导部。园内设观赏区,栽植四季花卉和各种植物,专供市民业余观赏之用;实习区,分园艺和作物两部,供市校儿童实习之用;苗区,分为地栽和盆栽两种,供培育花卉树木幼苗之用。每日来公共学校园游玩和实习的人次超过3 000人次。④

(2) 图书馆

市立流通图书馆位于小东门内邑庙,内部组织分为总务、出纳、编目、推广

---

① 上海的动物园和植物园[M]//上海通社.上海研究资料.上海:上海书店出版社,1984:412.
② 上海市教育局.教育周报[N],1933(185).
③ 上海的动物园和植物园[M]//上海通社.上海研究资料.上海:上海书店出版社,1984:416.
④ 郑绍元.上海市社会教育概况[J].教育与民众,1932,4(1).

四股。设馆长一人,助理一人。馆内藏有各类图书:自然科学 234 册,社会科学 581 册,文学 1 123 册,应用科学 85 册,杂志 45 种,报纸 7 种。图书分类采用杜威的十进位法。①

小东门邑庙是人口较密集的地方。图书馆位于邑庙戏台,虽地方狭窄,但办得有声有色。该馆以图书出借为主要业务,馆内只有阅览室一间。此外,图书馆还开办民众学校,举办公开演讲,作为其附属业务。1932 年 6 月,共借出图书 3 672 册,每日来馆阅览人数平均为 150 人。馆长吴蓴为人诚恳,办事热心,只是限于经费,难以扩展业务。

1930 年,教育局还着手筹备民众教育馆图书馆,但受一·二八事变的影响,中间停止。

(3) 民众阅报牌和民众顾问处

① 民众阅报牌

教育局为开发民智,改善民风,向市民宣传国事,在市内人流密集处设立民众阅报牌,报纸由各报馆赠送,种类有《民国日报》《申报》《时事新报》等,从1930 年起,一律赠《民国日报》。1928 年全市设阅报牌 84 处,1928 年添设 17 处,1930 年又添设 6 处,至此,全市共有阅报牌 103 处,其分布见表 2 - 23。②

表 2 - 23　1930 年上海市阅报牌分布情况

区　别	处　数	区　别	处　数	区　别	处　数
沪南区	26	闸北区	18	江湾区	1
漕泾区	8	洋泾区	7	彭浦区	2
法华区	4	陆行区	5	真如区	1
杨思区	3	引翔区	2	高桥区	3
塘桥区	6	高行区	5	吴淞区	2
蒲淞区	9	殷行区	1	—	—

② 民众顾问处

上海市民众顾问处的设立源于一位小学校长的建议。1933 年,市立江境小学附近的居民大多是社会下层民众,他们大多不识字,每当遇到书写信件或契约时,总是非常为难和痛苦。校长朱钟寿看到这种情况,上书教育局,建议开办

①② 郑绍元.上海市社会教育概况[J].教育与民众,1932,4(1).

一所民众书信处,代为不识字的民众书写信件,由全体教职员随时义务分任书写,不收民众费用,并随信附上自己制定的书信处简则。教育局认识到像民众书信处等类似为不识字民众服务的机构在民众教育中的重要性,认为开办此类机构十分迫切。同时,教育局也发现那些不识字的民众其实不只是书信问题,许多其他日常生活问题也需要指导,于是决定在民众书信处的基础上扩大其功能,在全市的市立社会教育机构和中小学内设立民众顾问处,并在朱校长所定简则的基础上进行修改,作为民众顾问处的实施办法。1933 年 7 月 13 日,上海市教育局公告教字第 9322 号公布此办法。民众顾问处的工作范围是:

a. 代写便条、信件、柬帖、对联、契约等;
b. 解释文字上之疑难问题;
c. 指导解决账目之会计方针;
d. 指导解决日常生活上所遇困难事项;
e. 指导卫生、家政、道路等之注意事项;
f. 指导法令规定手续;
g. 其他。

可见,民众顾问处的目的在于解决民众生活中经常遇到的问题。正因它与民众的生活息息相关,所以深受民众的欢迎。

(4) 改良社会环境①

① 创办《民众报》

随着社会教育的不断推进,不识字的民众越来越少,识字的民众日渐增加。尽管那些识字的人已脱离文盲状态,但识字十分有限,其程度并不够阅读报纸。各大报纸依然是上层知识分子的读物,并没有对下层民众的生活发生影响。对此,上海市教育局认为:"这实在是一件很可惜的事。"社会教育的一个重要途径就是利用报纸改造民众的思想,但是能供普通民众阅读的报纸却少得可怜,"这不必说对于社会教育的进行是非常的困难了,也势必因此而难以完成其心理的、物质的、社会的建设"。为了推进社会教育并巩固其效果,教育局决定创办上海市《民众报》,目的在于"本市的社会教育可以此为扬声之筒、起重之机"。

1931 年 2 月 1 日,《民众报》问世。考虑到一般民众的特殊需要,《民众报》文字的体例和内容的选择与普通报纸有所不同。为了把《民众报》办成民众自

---

① 上海市教育局. 教育周报[N],1931(92).

己的报纸,报纸"文字力求浅显,材料务必新颖,于灌输日常智识之中,富扶植修身爱国之意",内容分言论、大事记、常识、插画及民众乐园五项。《民众报》发行后,因为其形式精美、材料丰富、文字浅显,深受社会各界的重视和民众的欢迎,于是从36期起由周刊改为日报。①

② 调查小报

上海是一个文化多元的国际都市,文化出版业非常发达。上海不仅大报众多,各种小报更是数量繁多。与各大报纸杂志相比,小报与普通民众的距离更为接近。但由于这些小报良莠不齐,考虑到其对民众思想的巨大影响,上海市教育局非常重视对小报的审查工作,并把它作为社会教育事业的重要工作之一。为此,教育局特制定对小报的审查办法,具体如下。

a. 调查搜集。由主管人员将已出版各小报,随时调查收集。

b. 通知登记。将小报审查规程及登记表分寄给各报馆,通知照填、登记。

c. 分类编目。将各小报填就之调查表,分类编目,依次登记备案。

d. 初次审查。将逐日送局之各小报先行审查,遇有特别事项而含有时间性者,当即日办理。

e. 交委复审。将初次审查各小报平均分配,送请各委员会复审。

f. 装订成册。将各委员审查后之评语收集记载,准备开会时报告。

g. 开会讨论。将各委员评语在举行审查委员会时一一报告,由主席提出讨论议决办法。

h. 提交局长。将审查委员会议决事项提交科长转呈局长核办。

i. 评语摘要。将议决事项孰应警告、孰应奖励,记载评语一览。

j. 责令补计。各小报如有间断送局,经会议后,即行催补分配各委员补行审查。

k. 编制图画。各小报每月审查两次,半年后编制图表统计,以便考核。

l. 保存备查。关于审查小报一切表格妥为保存,俾资稽考。②

教育局社会教育科不仅调查小报,还对上海街头巷尾叫卖的一些非正式出版的图画进行审查。在上海大街小巷,经常可以看到一群儿童或成人阅读一些简易通俗的画报,许多画报不仅文字粗俗、错误百出,印刷质量一塌糊涂,而且内容荒谬,"不是神仙妖怪就是英雄好汉,不是腾云驾雾就是飞檐走壁",最糟糕

---

① 上海市教育局.教育周报[N],1931(88),(90),(125).
② 郑绍元.上海市社会教育概况[J].教育与民众,1932,4(1).

的是宣扬迷信、淫秽以及封建思想。这些图画给普通民众的思想尤其是儿童造成了很坏影响。为此,社会教育科特成立审查小组,专门对上海街头的图画进行检查,若属上述情况则严加取缔,且给予一定处罚,① 同时编印有益人们身心健康发展的公民环境图画和民族英雄侠事等小册子分发给民众。

③ 改良说书

说书是中国传统的一种民间文艺形式,也是普通百姓主要的休闲娱乐方式之一,历来的统治者都非常重视说书对民间百姓的教化作用。上海市教育局也非常重视说书的教育作用,"如果用一种很好的材料,无论是激发爱国思想的或是提高道德的或增长知识的,叫说书的用这种方式说出来,那简直是极容易鼓动一般听讲的而使他们永久不忘。他们对于听讲的极有感化力量,也许比教员对学生的感化力量还要大","我们想使劳工阶级的一般人受点补习教育,或临时的短期教育方法固然很多,而利用说书也不失为其中的一种"。② 因此,教育局力图通过改良说书的内容,"旧瓶装新酒",努力让说书这种广大民众喜闻乐见的民间艺术形式为社会教育服务,以起到"发扬爱国思想,改善民众娱乐,鼓励高尚游艺"的作用。于是,教育局决定定期举行说书竞赛会,以推动改良说书运动。1932 年 11 月 12 日,上海市教育局在豫园得意楼举行第一届说书竞赛会,"凡本市弹词评话者均可报名参加",教育局局长潘公展在开幕式上发表了《改善说书与推行社会教育》的演说。③

第四节 形式多样的职业教育

上海城市的现代化发展要求从业者必须具备与现代工商业相应的知识与技能。随着职业的不断分化,对专业人才的需求也日益增长。上海作为中国经济最发达、人口最密集的城市,正如当时上海教育局局长潘公展所言:"唯其工商业发达,职业人才更加需要,而职业训练,在实习和参观方面,也更应于着手,所以既要整顿和扩充已设立的职业学校,并且更要使普通学校增加职业科目,使得一般学生都有受到职业训练的机会。"④ 由于政府的提倡和社会各界的支持,职业教育在整个上海教育体系中的地位日益重要,20 世纪二三十年代的上

---

① 上海市教育局.教育周报[N],1933(213).
② 同上,1932(169).
③ 潘公展.改善说书与推行社会教育[N].教育周报,1932(173).
④ 上海新闻社.一九三三年之上海教育[M].1934:A1.

海也成为中国职业教育的重镇。

一、职业教育概况

国民政府非常重视职业教育,1930年召开第二次全国教育会议,指出职业教育的现状及发展方面面临的三个问题:(1)经历军阀混战后,国内经济凋敝,政府如何贯彻"民生主义",使职业教育既能为恢复经济、发展生产服务,又能在短时间内将大量无业人员训练成有一定谋生能力、对促进社会生产起作用的社会成员。(2)如对职业教育放任自流,显然无法胜任上述任务,因而有必要加大行政干预,加强政府主导。(3)基于上述认识,教育行政部门应大幅度调整职业学校与普通学校的比例,优先发展职业教育。大会一致决议,除在普通教育的各等级加强科学试验精神和生产技能的培养外,建议政府重视职业教育,对普通教育和职业教育划定相应比例,限制普通教育机构的发展而尽量增设职业教育机构。[1] 根据第二次全国教育会议的精神,1931年4月,教育部通令全国各省市教育厅,限制开设普通中学,增办职业学校,并在普通学校内开设职业班或职业科。6月,国民政府行政院发布《确定教育实施趋向案》,专门就确立生产技能教育和职业人才培养作出指令,主要内容有:中小学教育一律以养成独立生活之技能与增进生产之能力为中心,依地方不同情况分别授业,以使大多数无法升学的学生有谋生能力;尽量多办职业学校和各种职业补习学校,所授科目、内容应富有弹性,以适应当地经济发展状况,并特别奖励私人开办职业学校;社会教育以增加生产为目的,就民众现有文化程度与实际生活,辅助其增加生产技能和知识;增设各种有关产业及国计民生之专科学校,大学教育以注重自然科学及实用科学为原则。[2] 8月,教育部通令各省市发展职业教育,规定从1931年起,全国各省市应各自开办高、初级农工科职业学校;各县立中学应逐步改组为职业学校或农村师范学校,并于当年起即行停止普通中学的招生,改招职校或乡师学生;已有各中学一律增加职业班,或开设职业教育科;劝令或督促各私人申请办学者改办农工科职业学校。[3]

但是,由于学制规定中学、职业、师范三种学校合并设立,且同属中等教育,职业教育的发展受到一定限制。于是,1932年2月,国民政府颁布《中学法》《师范学校法》和《职业学校法》,分别设立三类学校。1933年3月18日,教育部又根据这三项法令,颁布了《中学规程》《师范学校规程》和《职业学

---

[1] 李华兴.民国教育史[M].上海:上海教育出版社,1997:681.
[2] 教育部秘书处公报室.教育部公报[R].上海:[出版者不详],1931,3(23).
[3] 教育部.第二次中国教育年鉴(第八编)[M].上海:商务印书馆,1948:1023.

校规程》,从此,中学不再见职业学校之存在,而职业教育的行政及经费、职业学校的设科及课程,以及实习、训练、成绩考核、学生毕业、职业指导等问题,也均有翔实的规定与指示,表明我国的职业教育向合理化、规范化方向发展。

虽然上海很早就加强推行普及教育的力度,并积极开展各种民众教育,但此时在上海做工的工人大多是超过学龄期的成年文盲和半文盲。据统计,在纺织工人中,"一字不识的有50%—60%,女工有80%—90%",文盲率平均在80%以上。如内外棉七厂的700多名男工中,"能勉强看报的不过十几人,女工3000多人,能识字的只有五六十人,其中极少能够看报的,读过《三字经》《百家姓》《千字文》的便算是呱呱叫的了"。在劳动密集型企业中,如美亚织绸厂在招工时虽有"学识程度"一条,但厂内男工具备高小文化程度的最多达30%左右。即使在技术密集型企业,工人的总体文化程度也不高。法电工人文化程度要求很高,但司机进公司前,文盲率达20%以上,经培训后,即使技术性强的机务部,识字率也仅有20%—30%,① 但是,现代化的工商业要求职业人员具有现代的知识与技能。以商业为例,上海商业的最大特色是国际化,如英美商人集中在公共租界,日本中小商人集中在虹口,俄国侨民聚居霞飞路,这就使上海商业带有国际化色彩,并使上海商业发生了质的变化,传统的商业规范与商业知识已经落后于时代,即使是传统的中国钱庄、票号、店铺也开始学习外资企业的簿记制度和经营方法,因此,为了适应社会的需要,上海人必须学习各种现代的职业知识与技能。20世纪30年代,上海市社会局对305户工人家庭的"受教育程度"进行了调查,结果表明在305户工人家庭中,有学费支出的占22.3%,有书报费支出的占33.8%,这表明对现代知识的渴求已化为实际行动。② 上海职业教育开始成为上海教育的重中之重。

1934年,国民政府教育部在对上海教育进行视察后,提出16点建议,其中有3点是关于职业教育的,分别是:(1)因为上海市"商业繁盛,工厂林立,职业学校学生就业尚易,应迅速划定经费,筹办高初合设之职业学校一所,应行设置之科目,可约集当地工商界领袖决定之,从二十三年度开始,即行开办"。(2)因为教育经费困难,职业学校不能多设,所以应该"广行奖励私人或公共团体,设立与职业团体有关之职业学校",如联络上海总商会,设置较大之商

---

① 忻平.从上海发现历史——现代化进程中的上海人及其社会生活[M].上海:上海人民出版社,1996:157.
② 同上:158.

科职业学校,设银行、簿记、会计、汇兑、保险、打字等科,或联合书业商会,设立关于印刷业之职业学校,"其他如纱厂业、机器业等团体,均可依此办法,分别筹设特殊之职业学校,以供各业用之"。(3)应组织全市职业补习教育设计委员会,"聘请上海各业团体领袖及对于职业教育热心而有研究者,加入委员会,并拟定推行全市职业补习教育之计划,就全市工厂附近及商业中心之区域,择定大规模之学校"。规定应设之科目与学程,并从速物色职业界中有经验之师资,分别介绍于各校,其经费可由各大公司、商店、工厂设法筹集,或由公家补助。① 这些建议切中了当时上海职业教育的要害,而且也切实可行。

  为了满足上海城市现代化进程对人才的需要,上海市教育局对职业教育非常重视,并受到职业界人士的好评。1928年,中华职业教育社曾称赞当时的教育局局长韦悫(别号韦捧丹)说:"自韦捧丹博士任局长以来,对于职业教育极为重视。"② 上海市教育局先后出台了各种职业教育规程,积极发展各种职业教育,使职业教育在此期间无论是质量还是数量都获得了长足的进展。自1917年黄炎培成立中华职业教育社,倡导职业教育以来,上海的职业教育事业迅速发展,除专门的职业学校与专科大学外,普通中学甚至高小也纷纷设立职业教育科。从1929年到1936年,上海各类职业学校(包括职业补习学校)开设的学科门类大致有农业、工业、商业、商业管理、金融、交通、建筑、运输、通讯、医药卫生、外语、打字、文秘、会计、簿记、家政、戏剧、师范教育、新闻等,凡是上海社会所需要的职业门类基本上应有尽有,这些职业学校为上海城市发展提供了各类专业人才,对上海的经济文化建设发挥了直接的促进作用。1928年,上海市共有职业学校25所,学生2 940人,③ 到1935年,全市共有职业学校21所,学生4 036人,④ 虽然学校数量有所减少(主要原因是精减合并),但学生数量成倍增长。除了鼓励开办职业学校外,上海市教育局还积极推进职业补习教育的开展和职业指导运动。根据1934年对全国职业教育的统计,上海市职业教育的学校数量、学生数量和开办经费在全国都位居前列。(见表2-24)⑤

---

① 上海通社.上海市年鉴(民国二十三年)(下)[M],N2.
② 职业界消息[J].教育与职业,1927(96):445.
③ 上海市教育局.上海市教育统计(民国十八年)[M].上海:[出版者不详],1931:30.
④ 上海市教育局.上海市教育统计(民国二十三、二十四年度合刊)[M].上海:[出版者不详],1936:25.
⑤ 申报[N],1935-12-18.

表2-24 1934年度全国职业教育统计

省　市	校数(所)	班数(个)	学生数(人)	经费数(元)
浙　江	30	117	3 449	481 962
安　徽	16	56	1 624	428 152
江　西	26	91	2 169	30 772
广　东	31	138	4 713	1 021 438
福　建	15	55	1 551	321 439
湖　南	27	170	3 939	583 434
湖　北	11	65	1 808	122 220
云　南	4	12	484	48 268
河　北	34	92	2 059	306 321
河　南	37	82	2 538	280 496
山　东	7	34	1 212	166 200
山　西	6	11	338	49 171
陕　西	7	26	775	158 903
甘　肃	3	10	330	79 101
绥　远	2	6	112	40 120
察哈尔	6	16	428	70 987
青　海	2	3	108	21 063
南　京	1	8	295	17 856
上　海	34	139	2 904	559 354
北　平	26	79	1 207	146 452
青　岛	4	6	224	32 575
威海卫	1	2	70	10 008
江　苏	42	158	4 878	815 975
总　计	372	1 376	38 355	6 275 068

二、职业学校的发展

1. 上海职业学校概述

根据《职业学校法》和《职业学校规程》，职业学校"以培养青年生活之知识与技能"为目的，实施以下各项训练：(1)锻炼强健体格；(2)陶融公民道德；(3)养成劳动习惯；(4)充实职业技能；(5)增进职业道德；(6)启发创业精神。职业学校分为初级职业学校和高级职业学校，"初级职业学校，招收小学毕业生,或从事职业而具有相当程度者,修业年限1至3年。高级职业学校,招收初级中学毕业生,或具有相当程度者,其修业年限为3年,招收小学毕业生,或具有相当程度者,其修业年限为5年或6年"。"职业学校得酌量情形,附设各种补习班","职业学校按所设科别,称高级或初级某科职业学校。其兼设两科以上者,称高级或初级职业学校;合设两级者,称职业学校"。① 由于上海文化和社会的多元化以及华洋杂处和五方杂居的特点,1927—1937年,上海职业教育也呈现出多元化的发展特色。

表2-25和表2-26是上海1929年和1935年有关职业学校概况的统计。

表2-25　1929年上海市职业学校概况统计表②

校名 \ 项目	教职员数(人)			学生数(人)		
	男	女	共计	男	女	共计
省立	**24**	**—**	**24**	**108**	**—**	**108**
江苏省立水产学校	24	—	24	108	—	108
私立立案	**92**	**31**	**123**	**734**	**352**	**1 086**
中华职业学校	33	—	33	665	3	668
中德产科女医校	13	—	13	—	63	63
东南女子体校	13	12	25	—	130	130
人和助产学校	5	14	19	—	120	120
东亚体校师范科	28	5	33	69	36	105
公共租界私立未立案	**57**	**12**	**69**	**158**	**160**	**318**
同德产科学校	17	4	21	—	—	132
立信会计学校	4	3	7	86	4	90
惠生产科学校	19	2	21	—	16	16
因宜打字学校	3	—	3	35	4	39
尚贤英文商学校	14	3	17	37	4	41
法租界私立未立案	**48**	**7**	**55**	**191**	**63**	**254**
中华职业学校	16	1	17	37	18	55
中华女子美术学校	4	4	8	—	30	30

① 教育部.第一次中国教育年鉴(乙编)[M].上海:开明书店,1934:45—46.
② 上海市教育局.上海市教育统计(民国十八年)[M].上海:[出版者不详],1931:110.

续表

项目 校名	教职员数(人)			学生数(人)		
	男	女	共计	男	女	共计
南洋无线电报学校	8	—	8	22	—	22
上海女子理发学校	2	2	4	—	15	15
德润商业学校	—	—	—	—	—	—
中央汽车学校	14	—	14	107	—	107
交通汽车学校	4	—	4	25	—	25
沪南区私立未立案学校	**42**	**4**	**46**	**118**	**262**	**380**
两江女子体育学校	37	4	41	—	240	240
商业打字学校	3	—	3	93	22	115
时宜国英学校	2	—	2	25	—	25
闸北区私立未立案学校	**64**	**26**	**90**	**503**	**291**	**794**
南洋商业中学	32	16	48	365	171	536
交通无线电报学校	10	—	10	110	4	114
立达职业补习班	4	1	5	28	1	29
中国女子体育学校	18	9	27	—	115	115
共计			407			2 940

表2-26 1935年上海市职业学校概况统计表①

项目 校名	学生数(人)	
	男	女
全市国立高级职业学校	—	—
同济大学附属高级职业学校	197	0
省立高级职业学校	—	—
江苏省水产学校	120	0
全市私立立案(已备案)职业学校	—	—
人和高级助产职业学校	—	62
大德高级助产职业学校	—	45

---

① 上海市教育局.上海市教育统计(民国二十三、二十四年度合刊)[M].上海:[出版者不详],1936:133—136.

续表

项目 校名	学生数（人）	
	男	女
中德高级助产职业学校	—	82
惠生高级助产职业学校	—	114
中华职业学校	1 301	53
同德高级助产学校	—	82
全市私立立案职业学校	—	—
东海初级商业职业学校	68	4
新寰职业学校	339	31
生生高级助产学校	—	70
慈航高级助产职业学校	—	94
大公职业学校	532	15
市商会商业职业学校	216	26
江西高级职业学校	158	14
明德女子初级商业学校	—	143
全市私立未立案初级职业学校	—	—
金业初级职业学校	49	9
重宝初级商业职业学校	37	13
道一初级职业学校	67	14
精华初级商业职业学校	55	4
群益女子初级职业学校	—	22
共计	4 036	

2. 上海职业学校的特点

（1）办学主体多元化

从1929年和1935年的职业学校概况中，可以看出上海职业教育的多元化特点。首先是办学主体的多元化。由于上海鼓励私人和社会团体办理职业学校，所以，上海职业学校大多数为私立。如1929年，在25所职业学校中，只有江苏省水产学校是公立，其他全是私立。1935年，在21所职业学校中，也只有2所公立学校，分别是同济大学附属高级职业学校和江苏省水产学校。而私立学校中又以团体办理者居多,如由中华职业教育社创办的中华职业学校,由市商会创办的商业职业学校,由市面粉交易所创办的私立明德女子初级商业学校等。私人办理较为著名的有潘序伦创办的立信会计学校,还有许多由外侨创办的学校,如中德高级助产职业学校和生生高级助产学校等。

（2）设科与课程的灵活性与多样化

民国时期,在职业学校成立之初,各科课程大多仿照欧美、日本,由各校自定,没有统一的课程标准。一般初级农业学校分农作、蚕业、森林、畜牧、养殖、园艺等科;初级工业学校分藤竹工、木工、钣金工、电镀、简易机械工、电机、电气制置及修理、汽车驾驶及修理、摄影、印刷、制图、染织、棉织、毛织、陶瓷、简易化学工业等科;初级商业学校分普通商业簿记、会计、速记、打字、广告等科。一般高级职业学校中,高级农业学校分农业、森林、蚕桑、畜牧、水产、园艺等科;高级工业学校分机械、电机、应用化学、染织、棉织、毛织、丝织、土木、建筑、测量等科;高级商业学校分银行、簿计、会计、速记、保险、汇兑、运输等科;高级家事学校分缝纫、刺绣、看护、助产等科。上海职业学校大都因地制宜,因时所需设置科目。

由于上海商业发达,对现代商业人才的需求很大,而举办商业学校或设置商业科相对容易,所以在上海的职业学校中,商业学校最多,学生数量也最多。随着上海经济现代化程度的不断提高,又出现了许多新型的科技含量较高的行业,如无线电报、汽车业等,这些行业都需要具有专业知识与技术的职业人员,因此这方面的职业学校也应运而生。上海现代医药卫生事业的发展对从业人员也提出了新的要求,一批产科学校和护士学校的出现就是为了满足上海卫生事业对专业人才的需要。这些学校学制多为3年,头半年为试读期,入学程度有初中和高中毕业两种,招生数量视主办医院所需,多则几十人,少则十几人,毕业后多留本院工作。教学上强调对基本操作技能的严格训练,实践性教学比重较大,学生自一年级起就进病房实习,毕业时一般都具有独立工作能力,基础理论教学相对薄弱。在职业学校中,许多学校都能根据学校所处的社会环境状况和地方特点灵活设置科目和课程。如中华职业学校在成立之初,先通过调查了解学校附近居民的职业状况,由于发现居民中以从事铁工的人最多,木工次之,于是学校决定先设铁工科和木工科。后因上海为"一通商巨埠,贸易之风较他地为盛,商业人才需求必然殷切",经商人家虽然未必个个盼望其子能"克绍箕裘",但是商科就业机会必定比其他科大,于是又设立商科。由于学校重视地方的特性,符合实际的需要,因此学生人数逐年增加,受到社会的广泛好评。①

（3）教职员素质较高

上海职业学校的教职员素质在全国同类学校中可以说是最高的。因为当时上海拥有中国现代化程度最高的工商业、金融业，因此上海自然是职业界精英荟萃的地方。许多从国外留学归来的高学历人才都把上海作为施展才华和抱负的地方。据20世纪30年代初对同德、中德、人和助产学校和中华职业学校教职员资格的调查，在这四所职业学校任教的教职员中，具有学士资格的占60%以上，其中在同德高级助产学校的16名教职员中，就有7位医学博士，7位医学士，具体情况见表2-27。② 正是高素质的教职员队伍，保证了职业学校的教学质量，促进了上海实业的发展。

表2-27 四所职业学校教职员资格统计表 （单位：人）

校　名	医学博士	工程师	医学士	大学毕业	产科毕业	工专毕业	商科学士	其他
同　德	7	—	7	1	1	—	—	—
中　德	3	—	4	3	—	—	—	3
人　和	2	—	4	—	5	—	—	6
中华职业	—	2	—	14	—	5	2	9

3. 特色学校举例

（1）中华职业学校

从1927年到1937年的十年间，是中华职业学校稳步发展、不断成熟的时期。

设科方面，学校结合当地的实际情况，最先开设铁工科（后改为机械科）、木工科。后为了适应社会需要，又先后添设职业教员养成科、留法勤工俭学预备科、商科、职业师范科、文书科、机械制图科、土木科等。但是，除商科和机械科外，其余多为应一时之需而设，各举办毕业两三届后即告停止。其中，机械科编制分为初级、高级两部。初级3年，注重工厂实习与机械方面的基本操作，毕业后可为工厂技术或助理人员；高级3年，注重学理与实验，毕业后可为工厂管理员、制图员和原动室机师。课程有物理、化学、制图、力学、工厂管理、实习、实验

① 中华职业教育社第十一届专家评议联席会议记录[J].教育与职业,1937(183):244.
② 教育部.第一次中国教育年鉴（丙编）[M].上海：开明书店,1934:419—420.

等。教材一部分采用当时的现成教本，如商务印书馆的汽车、机械学、蒸汽机、温氏高中几何、现代初中代数等；一部分自编讲义，如机械制图、设计制图、工作法工作、机械电器工学、工厂管理法、水力学、材料学、汽锅油机等。学生实习则按工作性质分为钳工、车工、铸工、锻工等部，每生必须轮流实习各部。另设有工厂导师，总管全厂事务及学生训教事宜。学生作品均由导师批阅评分以便考核。

商科学级在编制上分初中、高中两部，修业年限各3年，该校初中毕业生可直接升入高中二年级。课程方面有自然、商学、簿记、商法、经济学、货币、银行、商业统计、汇兑、商业实习等。教学上，除课本知识外，特别注重打字、簿记、珠算、小楷等基本应用技术的训练。同时，为使学生了解商业业务，曾特别规划4个单元以助训练。① 商业组织。假设一个股份公司，自招股以至决算报告连贯而行，使学生熟悉商法中公司法的应用。② 商品研究。除由教师讲解商品研究之步骤及其收集材料之方法外，并令学生一方面阅读已有各种商品报告单行本，一方面到校外实地调查或采集商品货样，加强认识。③ 银行实习。将银行的放存款、储蓄、信托等业务，提供学生实习。④ 商品贸易手续。分组到校外实地参观各商业机构，明了各机关之实务、报关、验货手续之流程，以增长知识。该科对校外实习非常重视。

在中华职业学校创办之始，国内还未感觉到职业教育的重要，因此入学者并不多。其后随着学校信誉的不断提升，入学者日益增多，学校面积和设备也不断完善。1931年，该校岁出岁入的经费，各达78 580元，而资产总数也高达52万元，此两项统计，在当时上海包括国立、省立、私立立案以及私立未立案的20所职业学校中，均居首位。①

中华职业学校非常重视师资，对师资的要求很高，不仅需要有专业的知识技能，还要有丰富的教学与实践经验。1932年，在全校的59位教职员中，教员占45位，这与1934年中华职业教育社对全国职业学校调查所得的平均每科教员数仅有9.8人的标准相比，中华职业学校早已超过平均数15人之多。而这45位教员中，一半以上是理工商专业教师，包括9位工科、7位商科、5位数学或算术、2位理化、1位几何画教师，其学历均在专科或大学以上，甚至已有留学国外著名学校并获得硕士学位或学士学位以及在其他大学任教过的优秀教师。这一水准远远超过1930年12月教育部公布的《各省市职业学校职业科师范科

---

① 上海市教育局.上海市十九年度教育统计[M].上海：[出版者不详]，1932：74—75.

师资登记检定及训练大纲》中的规定。①

　　由于该校办学认真、训练严格,因此毕业生受到社会各界的欢迎与重用。1932年,在1 222名毕业生中,有27%的学生就职于商界,人数最多;工业界次之,占25.7%;而未能查明者仅有86人,仅占7%。这就是说,该年该校毕业生就业率达90%以上。② 1935年,中国受经济衰退以及天灾人祸的影响,失业人数大增。据当时上海国际劳工局中国分局编制的1935年中国失业人数估计表所载,全国失业人口达5 893 196人,占全国人口的五分之一,以上海市而言,有610 701人。③ 即使在这种状况下,当年该校商科的75名毕业生和机械科24名毕业生,谋职依旧非常顺利。其中,在四川民生公司的有7人,首都电厂6人,两路管理局5人,立信会计师事务所及新华银行各4人,国防委员会3人,中华无线电研究社2人,其他在工厂公司学校以及政府各机关服务者,一二人不等。99名毕业生中,除4人继续升学外,其余均找到工作。④

　　1935年,上海市教育局致该校的第35551号训令云:据本局二十三年视察报告,"该校校舍适用,设备充实,教育认真,训育有方,成绩可观",成绩列入甲等,应予传令嘉奖,以资鼓励。对该校办学方式与精神,给予充分的肯定与褒扬。⑤

　　(2) 私立立信会计学校

　　私立立信会计学校是由潘序伦及其立信会计师事务所的同事在1928年创办的。在十年中,立信会计学校由初创时的一个簿记补习班发展为一个高级职业学校,下设高级和初级训练班、补习学校,补习学校又分晚班、日班、晨班、星期日班,成为在上海同类学校中最著名的一个。

　　立信会计学校起初只有一个簿记补习班,后逐渐扩充班次。晚班上课时间在下午5点以后10点以前,所收学生只限于居住或工作于上海市区的职业青年和失业青年。后来,为了方便学生,又分为早晚班、中晚班和夜班。1935年,学校又开设晨班。后考虑到许多职业青年在白天工作后,晚上比较疲劳,只有在星期日才有余力进行补习,于是学校又开设星期日班以满足这部分学生的学习愿望。为了迎合失业青年希望集中时间进行职业训练的需要,学校又添办日

---

① 蔡行涛.抗战前的中华职业教育社(1917—1937)[M].台北:东大图书股份有限公司,1988:114.
② 同上:121.
③ 1935年中国失业人数估计表[J].教育与职业,1936(174):144.
④ 中华职业教育社第十届专家评议联席会议记录[J].教育与职业,1936(174):291.
⑤ 上海市教育局训令第35551号函[J].教育与职业,1936(174):29.

校,程度相当于中等专业学校,每天上课4小时,两学期毕业。第一学期学习商业常识、商业簿记、会计学、珠算等四科,第二学期学习银行会计、成本会计、政府会计和审计学等四科。每学期都有实习。

学校经常开设的科目有初级商业簿记、高级商业簿记、初级会计学、高级会计学、成本会计、政府会计、银行会计、公司会计、审计学等。有时,学校根据实际需要开设所得税会计、铁道会计、会计问题、审计问题、会计制度设计、决算表分析以及各专业会计等科目。每一科目都在一学期内讲授完毕。立信会计学校的教材颇具特色,不论是初级的、高级的,还是专业的、普通的,都是立信教职员自己编写的,这是国内其他私立学校所没有的。教本一般先在本校各班试教,到试教证明其内容和编制的确为学生明白易解,也为教师容易讲授后,才予以付印。在印行后,仍继续不断地向教师和学生征求意见,修改出版。因此,该校所编"立信会计丛书"中的许多教本,如《初级商业簿记》《高级商业簿记》《会计学教科书》等,一经出版发行,就被上海及全国各地的职业学校作为教材。

在教学方面,立信会计学校非常注重培养学生的业务和技术能力,在对学生进行簿记、会计等训练时,特别注重"学以致用"。学校要求学生要打好珠算,写好小楷,并多做簿记、会计习题,因为这些都是以后工作中必备的技能。此外,立信还建立"簿记、会计竞赛办法"来提高学生练习这些技术的兴趣。对于比赛成绩优异的学生,学校予以嘉奖,并给以实物奖励,在他们毕业时,学校还将为其优先介绍工作。

立信所聘教师大多为兼任性质,一般都是上海各大企业机关富有丰富业务经验的在职财会人员,因此在教学中能够理论联系实际,这在养成立信学生的实际工作能力方面非常有帮助。

立信会计学校以"建立信用"为校训,意在把"建立信用"作为未来会计工作人员的基本信念,因此,学校非常注重对学生"信用"精神的培养。学校规定,在学生的各项考试中,禁绝任何形式的作弊行为。在入学考试中,如发现考生有作弊行为,不论主动还是被动,都立即撤卷,不予录取。在学生的日常考试中,发现有作弊的人,则立即予以开除处分。这一不作弊的规则作为立信学校的首条禁令得到大力宣传和坚决执行,这对于养成学生诚实守信的品德起了很大作用。

正因为立信会计学校办学严格,受到各界的认可与好评,其学生的就业也很顺利。可以说,立信的毕业生遍布上海各大公司企业,甚至全国各地都有立信的学生。学校的创办人潘序伦回忆起当时的情景时说:"当我每到任何大小企业、机关里去,常常会遇见叫我'潘校长'或老师的人,当我出行在外,无论在铁道上、旅馆里、公路车站上,也常常会遇见许多立信同学在那里担任工作。"① 足见当时立信会计的知名度之高。

(3) 大德高级助产职业学校

1928年春,江苏太仓唐庆岳深感民间生产多沿袭旧习,"贻误生命",于是开办大德助产女医学校。学校租赁戈登路293号大厦。由于学校办学质量优良,又适应了当时上海刚刚起步的现代医学业,所以四方来学者甚多。后因助产学校贵在实习,为了方便学生实习,又开办了大德医院,附设于学校。1932年,经教育部批准立案,改名为大德高级助产职业学校。

学校在行政组织上,设校长一人,主持全校校务,下设一室三处:① 校长办公室;② 育导处;③ 医务处;④ 事务处。同时组织校务会议、教导会议、义务会议、事务会议、研究会议、委员会议。

在学级编制上,依照国民政府颁布之职业学校法,用三级编制,修业年限3年。第一学年,注重基本之修习及见习,见习产院内一般工作。第二学年,注重讲授,第三学年专注助产技术、护理技术、育儿技术、接生实习及管理实习等。

在教育方针上,以造就助产人士及妇婴卫生为宗旨。

在课程标准上,体现四条原则:① 教育部颁布之助产职业课程标准;② 适应学校环境和社会需要;③ 适应妇婴卫生人员生活之需要;④ 适应助产业范围之需要。

在教材上,分正常教材与补充教材两种。正常教材除采用正中、广协、中华、商务等出版机构的教材外,还自编护理技术、育婴技术、模型、图标、标本、幻灯等补充教材,并注重接生实习、管理实习、临床讲授、个案研究等。

在教学方法上,主要根据教育原理,集新旧方法之长,不作盲目之超新,亦不顽固守旧,不谈高远,务求实际。在实际教学时,根据"重视切实指导和教学效果"之主张,谨守下列十大信条:① 教学时,顾到学生兴趣;② 顾到学生各时期之生理心理;③ 时间经济;④ 使学生注意集中;⑤ 教学时务使学生对于学者切实明了;⑥ 师生应有情感,使学生信仰教师;⑦ 教学前应有充分准备;⑧ 课间或课后订定学生成绩,务竭诚指导;⑨ 指导学生多阅读发表和做其他有益于妇婴卫生之工作;⑩ 举行合乎科学方法之成绩考察。

---

① 潘序伦.追述私立立信会计学校的一些史实[M]//中国人民政治协商会议上海市委员会文史资料工作委员会.解放前上海的学校(上海文史资料选辑第五十九辑).上海:上海人民出版社,1988:182.

学校在训导方针上,以"国父遗教、元首言论、中华民国教育宗旨及其方针"为纲领,尤注重于国民道德之陶冶、民族精神之培养及健全人格之锻炼。①

三、职业补习教育与职业指导运动

1. 职业补习教育

职业补习教育是职业教育的一种重要形式,原本是为失业、弃学以及无力升学的青年开设学校或教育场所,教给他们在学生时代未能获得的知识技能。后来,补习教育的范围越来越广,即便已经就业的青年,也感到本身的知识、技能难以应付工作要求,遂利用工作之余进修相应的知识技能。职业补习教育主要以在职人员为对象,补习课程重在职业技能的学习与训练。与正规的职业教育相比,补习教育具有下列优点:① 经费节省。和正式的职业学校相比,职业补习学校没有单独的校舍与设备,多附设于正式学校,在学校空闲时利用其场所、设备及现有的师资。② 富有弹性。修业年限可根据实际情况伸缩,不必像正式的职业学校必须按教育系统作一致的规定。上课是在正式学校上课的时间之外,可开设晨班、日班、夜班,使求学者根据自己的实际情况自行选择。③ 切合实际。职业补习教育的对象多是已经工作、富有职业经验的人,职业补习教育所开设的课程、教材,可以针对他们的不同特点设计与编制,并进行有针对性的训练,从而使他们的职业能力在一定时间内获得较大的提高。因此,对个人讲,职业补习教育可以养成职业的能力,使没有受过职业训练的人能够在短时间内接受相当的训练,同时也满足已有职业经验的人提高职业技能的要求。在社会方面,因为职业补习教育可以使多数无力升学的青年有继续深造的机会,能增进个人的职业能力,因而可以减少社会失业现象,维持社会的安定秩序。同时,在职业界方面,个人能力因受补习教育而提高,可以对工作有所创新,有利于生产的提高。②

1933 年 9 月,教育部公布了《职业补习学校规程》和《补习学校法》。1936 年 2 月又颁布《各省市推行职业教育办法大纲》,并规定了职业补习学校设置要点六项。③ 从此,职业补习教育开始有了正式地位。

在上海,职业补习教育显得尤为重要。20 世纪二三十年代,上海工商业正处于从传统向现代转换的过渡时期。现代企业的整个生产与管理过程基本上都经过了科学的设计,它要求工人严格按照规章制度去操作,这与传统手工艺

---

① 上海市教育局.上海市中等教育概况[M].上海:中正书局,1946:343—345.
② 江问渔.补习教育的效用在哪里[J].教育与职业,1932(133—135 合刊):199.
③ 教育部.第二次中国教育年鉴(第八编)[M].上海:商务印书馆,1948:1050.

作坊的非标准化手工操作有着质的区别。就这一点而言,工人在适应工厂的各种规章制度,如遵守纪律、服从制度、认同奖惩等方面都有一个从不习惯到习惯的过程。为了促进工人的这种转化,许多工厂企业开办了各种职业学校、补习学校与识字学校,如纺织系统中,申新各厂、新裕纱厂及沪东、沪西各厂都办有职业学校和夜校。①

为了推进职工补习教育,上海特别市教育局于1928年4月召集市立职工补习学校校长召开第二次会议。会议讨论了职工补习教育的课程编制问题,议决采用分科制,就各厂所处环境需要酌定,并由教育局规定大纲,通令各校以资统一。会议议决职工补习教育的科目暂分公民、英语、国语、算术、工商常识、制图、艺术等。英语重基本训练,随时随地注重应用;"国语算术均取应用方面材料,工商常识注意职业上之材料,制图包括图画手工等艺术科"。会议还制定了职工补习教育扩大招生办法:由各校长调查附近工厂厂主以及经理工人,部长设法联系,督促工徒入学或自行补习于所设补习班。② 1934年,上海市教育局规定,一律停办市立普通补习学校,改办职业补习学校,以使民众学校高级班的毕业生有升学的地方。③

在政府部门的号召下,上海的职业补习学校数量不断增加。除市教育局办理的职业补习学校外,上海社会团体各机构也积极开办。表2-28是1935年上海市私立补习学校的概况,可以看出,上海当时绝大部分职业补习教育是由私立补习学校承担的,51所学校共有学生17 605人。从补习学校的种类分布来看,涉及工业、商业、语言、艺术各业,几乎社会上所有行业都设有补习学校。其中,外文补习学校最多,有14所,商业英语补习学校6所,共计20所。商业补习学校培养的学生数最多,有9 459人,这正反映了当时上海既是中国商业最发达的城市,也是最具国际性的城市这一状况。当时,英美商人集中在公共租界,日本中小商人在虹口,俄国侨民在霞飞路,这种国际化的商业布局使上海的商业基础发生了质的变化,许多传统的中国钱庄、票号从苏州、宁波等地来到上海,开始学习汇丰银行等外资银行的簿记制度、经营方法以及现代化的商务技能和英语。20世纪30年代,上海有30多份英文报纸,还有法文、俄文、德文、日文报

---

① 朱邦兴,胡林阁,徐声合.上海产业与上海职工[M].上海:上海人民出版社,1984:108—109.
② 职业界消息[J].教育与职业,1928(95):331.
③ 上海市通志馆年鉴委员会.上海市年鉴(下)(民国二十三年)[M].上海:[出版者不详],1935:N2.

纸。当时连许多黄包车师傅都会说几句英文。

表2-28 上海市私立补习学校概况统计表(1935年度)①

学 校	学 生 数 （人）		
	男	女	共计
工业补习学校	**304**	**—**	**304**
正基建筑工业补习学校	170	—	170
建业汽车工业补习学校	134	—	134
商业补习学校	**8 840**	**619**	**9 459**
立信会计补习学校	772	86	858
旦华商业英文补习学校	126	—	126
量才业余一至七补习学校	3 661	427	4 088
江湾商业补习学校	50	—	50
市商会商业补习学校	1 849	50	1 899
南洋商业英文补习学校	99	1	100
南京路商业补习学校	554	—	554
徐永祚会计补习学校	1 022	25	1 047
普益商业英文补习学校	112	—	112
务实英文补习学校	385	20	405
新闻商业英文补习学校	63	4	67
精育商业补习学校	80	—	80
树德商业英文补习学校	67	6	73
职业补习学校	**3 545**	**581**	**4 126**
上海贫儿职业补习学校	24	—	24
中国职业补习学校	137	25	162
第一中华职业补习学校	1 017	498	1 515
第二中华职业补习学校	911	8	919
青年会职业补习学校	436	9	445

---

① 上海市教育局.上海市教育统计(民国二十三、二十四年度合刊)[M].上海：[出版者不详],1936：164—167.

续表

学 校	学 生 数（人）		
	男	女	共计
华洋职业英文补习学校	120	—	120
沪东职工补习学校	678	—	678
沪西职工补习学校	154	—	154
沪北职工补习学校	68	41	109
妇女补习学校	**—**	**1 423**	**1 423**
上海妇女补习学校	—	777	777
女青年会女工第一补习学校	—	130	130
女青年会女工第二补习学校	—	100	100
女青年会女工第四补习学校	—	249	249
普益成年女子补习学校	—	167	167
外国文补习学校	**1 645**	**90**	**1 735**
克明英文补习学校	115	6	121
文生氏英文补习学校	60	8	68
尚才英文补习学校	83	17	100
同进英日文补习学校	125	6	131
东华英文补习学校	44	18	62
德润英文补习学校	80	7	87
简捷英语补习学校	41	4	45
沪海英文补习学校	49	5	54
慕时英文补习学校	380	—	380
沪滨英文补习学校	212	2	214
寰球英文补习学校	257	8	265
纯一英文补习学校	125	—	125
南洋商业英文补习学校	37	4	41
树德商业英文补习学校	37	5	42
其他补习学校	**480**	**78**	**558**
青年会沪西公社	165	—	165
上海医科补习学校	14	6	20

续表

学校	学生数（人）		
	男	女	共计
白鹅绘画补习学校	46	5	51
惠工补习学校	48	32	80
育英补习学校	27	3	30
麦伦高级补习学校	91	4	95
粹华国文补习学校	50	22	72
零雁绘画补习学校	39	6	45
总计	14 814	2 791	17 605

2. 特色学校举例

1927年，中华职业教育社在社内设立了一所职工补习晨校，招收工厂商店的青年职工，教授国文、算术及国民道德等科目。晨校额满后，又创设通问学塾以满足许多青年的求知上进心。1932年秋，中华职业教育社又在九江路汉口路附近增设一所补习教育机关，开设晨班、夜班，由于学校地处商业荟萃之地，许多大公司如商务印书馆、冠生园等纷纷令全体学徒前来就学。由于这两处补习教育机关成绩卓著，于是中华职业教育社在1933年2月呈请上海市教育局核准立案，将其设在社内的晨校、夜校、通问学塾统称为第一中华职业补习学校；把设在九江路的学校称为第二中华职业补习学校。其后，中华第三、第四、第五、第六、第七等职业学校相继成立，学生都在千人以上。第一、第四两校学生曾经多至4 000余人。据1935年上海市年鉴的统计，第一中华职业补习学校有学生577人，教职员28人；第二中华职业补习学校有学生565人，教职员25人，两所学校的规模在当时全上海的44所私立职业补习学校中分别居第一、第二位。[①]

（1）第一中华职业补习学校

第一中华职业补习学校最初只设普通簿记、银行簿记、调查统计三科，1930年又增加中文打字一科，由于人数日增，学科不断增多，到抗日战争前共有三系计16科：① 技能系。下设华文打字科、英文打字科、华文速记科、商业补习科、

---

① 上海市通志馆年鉴委员会.上海市年鉴（民国二十四年）[M].上海：[出版者不详]，[1936]：N37.

会计科、簿记科、算术科。② 指导系。下设工商管理科、人事指导科、就业指导科、升学指导科。③ 语文系。下设国文科、国语科、文书科、英语科、日语科。在师资方面，该校主任教授都是临时聘用，如英语科有刘椒青（美国印第安纳大学硕士）、梁忠源（之江大学文学士），日语科有蒋文鹤（日本高等商科大学文学士），文书科有瞿西华（大同大学、文治大学文学士），算术科有朱英杰（浙江工业专门学校）等。①

由于上海是一个商业繁荣的商埠都市，从事商业贸易工作的人较多，因此需要进修商业和文书技能的人也较多，而该校以商科与语文科为主，不仅充分配合了地方的特性，符合了实际的需求，而且商科教学设备低廉，使用效率高，收费较低，大多数人都可以承受。尤其是学费低廉是该校的一大特色。据资料记载，该校技能各科每学期最高30元，最低仅8元；指导系各科最高30元，最低仅4元；语文系各科最高18元，最低3元。由于该校学生大多是上海各公司、工厂、商店、洋行的职员，或者是小学教师和因事辍学的大中学生，因此该校为了让学生既不耽误工作，又能求学，采用了三种不同上课时间的班制。晨班每天早上7点到8点上课，夜班每天下午7点到10点上课，通问班即以函授附设，协助一些有志向学而无暇入校的职业青年，该班学生遍布全国各地。后受九一八和一·二八事变的影响，通问班于1934年暑假结束。②

（2）第二中华职业补习学校

1932年，中华职业教育社决定以上海三民路、江西路东9号五楼为校舍，开办一所商业补习学校，同时兼办关于机械、建筑的制图科。1933年2月，正式定名为第二中华职业补习学校，由何清儒任校长。第一学期招收学生即达99人，当时商务印书馆首先与该校合作，将该馆的青年实习生推荐前往接受教育。中国国货公司、中华国货产销协会、冠生园、世界书局、中国化学工业社、新华银行等团体也先后选送学员进入该校学习。1933年上半年，学生增至476人，到下半年，又有中西药房、五洲药房、美亚织绸厂等机构与该校合作，学生人数达到600人。

在课程方面，由于该校以招收初中高中专科程度者为主，学生70%来自合作单位，因此设科排课主要以实际状况为主。固定科有高初级国文科、高初级商用英文科以及职工补习科三种，依照程度分别教授国文、英文、公民、应用文

---

① 申报[N], 1933 - 02 - 13.
② 蔡行涛. 抗战前的中华职业教育社（1927—1937）[M]. 台北：东大图书股份有限公司，1988：134.

等课,各一年结束。特设科则依合作机构需要而设,先后分别设国货公司练习生训练科、国货公司店员训练科、冠生园练习生训练科、海关练习生训练科、中国保险公司员生训练科,课程就实际需要而定,修业期限2年。

由于该校办学注重与职业界的合作,因此教学训练与普通职业补习学校不同。分为三个阶段施行:第一阶段注重品行修养,以及对合作机构之认识;第二阶段以知识技能的教授为主,根据合作机构之需要及学生之能力安排课程;第三阶段为应用练习,加强特殊技能的训练以切实用。学生在学期间必须依此轮流前往合作机构工作服务,修业期满由合作机构择优录用,未被录用者,由学校另外介绍职业。这种教学模式最主要的优点是,教育界与职业界分工合作,可以使学校教材教法合乎实际而无闭门造车之弊,职业界也可不必多费心血金钱,即可让学校训练而获得适用之人才以提高工作效率,促进我国实业的发展。①

3. 职业指导运动

职业指导在中国并没有很长的历史,当时许多国人对此并无明确的认识与观念,有人认为它只是职业教育的一环,是职业学校师生的问题,与社会工商实业界并无多大关系。即使是职业学校的师生,也多认为教师努力教学,使学生习得一技之长,就是教育的目的,只要学生具备专才,就能够就业,因此职业指导似乎是多此一举。加之受当时环境的影响,许多人甚至讥讽职业指导"无业可指""无法可指""不合国情"。② 但在职教界人士,尤其是中华职业教育社的积极宣传下,学校师生逐渐认识到职业指导的重要,设立专门机构以施行职业指导的学校也日见增多。社会各界也开始觉醒,注意到了人才培训、供需与实业盛衰的密切关系,不仅要求学校积极培养社会各行业所需的人才,而且实业界也开始将自己的员工委托给学校或职业指导机构代为培训,并鼓励在职进修以提高员工的能力与素质。1928年4月,中华职业教育社与上海青年会、上海女青年会、寰球中国学生会提出全国教育会议之议案《通令全国各学校厉行职业指导案》,认为职业指导有两大优点,"一能实现个性之特长,二能应合社会之需要",可以去除三弊,"一为有职业而不相宜,二为欲谋职业而不可得,三为无职业之可谋"。该议案还提出实施职业指导的具体办法:(1)初级中学最后学年,应设职业指导及职业课程或设选科指导,使学生明白高级中学各分科之要

---

① 第二中华职业补习学校概况[J]. 教育与职业,1934(156):334.
② 何清儒. 职业指导在今日中国的意义[J]. 中华教育界,1934,22(6):9—12.

旨及其内容;(2)高级小学最后学年,应设升学指导课程;(3)初级中学应特设重要各业概况课程,并随学年之变更,逐渐倾向于职业化,以便职业指导之实施。① 为了培养从事职业指导的师资,1928年7月,中华职业教育社还与上海青年会合作开办暑期职业指导讲习所,"专供各地教育行政机关及小学校长、中等学校教职员及大学校学生来所研究职业指导之原理、方法、组织,及实施教育统计、职业心理、职业分析、教育及智慧测验等科学"。②

中华职业教育社最先开设职业指导委员会,上海青年会后设职业指导部,此外,青年协会每年都有职业指导运动,上海女青年会、寰球中国学生会也有职业介绍的办法。尽管如此,但是由于没有专设的机关,所以影响不大。上海是中国的通商巨埠,"……为外国东南大都,社会上未定职业的青年既是不少,失业谋事的人才更觉得多。倘使没有指导机关,负沟通调剂的责任,作指导接洽的功夫;即使有需用人才的地方,也苦无从媒介;而青年对于升学问题,也不免盲从盲动,此中减少效率,真是不少"。③ 有鉴于此,中华职业教育社在1927年9月召集上海实业界、教育界同志,组织上海职业指导所,作为指导青年选择职业与介绍职业的机关,兼及统计、演讲、调查、访问、编辑与升学指导等事,推定刘湛恩、潘文安为正副主任,廖茂如、顾树森、杨鄂联、王志莘、邹恩润等为指导委员,王云五、李石岑、朱经农、潘公展等为指导顾问。④

上海职业指导所的业务主要有:(1)职业谈话;(2)职业询问;(3)职业调查(调查各地各种职业状况及内容,为就业学生作参考,或代办调查);(4)职业演讲(与上海市各中小学联络合作,前往演讲,接受公私团体之邀请或委托代请演讲人员);(5)择业指导(个人可来所接受择业指导,学校或其他团体,可请本所代办或协办择业指导工作);(6)升学指导(青年来沪就学,苦未悉各学校状况,可函托或面托本所予以指导);(7)职业介绍(公私团体欲雇佣人才,可托本所代为物色,个人欲谋职业,可来所登记,当为介绍);(8)改业指导;(9)协助职业指导;(10)编辑刊物。调查研究所得,随时编辑刊物,并编制统计,刊发关于职业分析、职业修养及职业指导等书。该所的任务主要集中在职业介绍方面,其中三分之二的人力物力均用于此,介绍顺序是先从报名、询问、登记开始,经约谈、知能检查、心理测验、调查、决定之后,再予以实行介绍、服务调查、服务指导等一系列工作。

---

① 职业界消息[J].教育与职业,1927(95):330.
② 同上,1927(96):441.
③④ 刘湛恩,潘文安.上海南京两职业指导所之现状[J].教育杂志,1928,20(3).

上海职业指导所各项工作的开展注重实效,也常有独到的认识。如在职业介绍方面,根据设立办理后三个月的统计,发现求才者仅占求职者的7%,而得职者仅占求职者的12%。之所以如此,并非教育普及、人才众多所致,乃因为社会事业未能振兴,以致造成供过于求的现象。同时,该所还发现,各界委托求才者多偏重于文书方面,但登记人中,富有文才、人品纯正、书法工秀者却不多,这证明当时教育机关与社会没有充分的沟通与配合,因此建议各教育机关多办文书类或设短期讲习班以培育这类人才。又如,在升学指导方面,该所曾经调查上海市大中小学的情况,以便为青年入学提供咨询;同时,研究不同学生的心态发展对其就学、选科的影响,结果发现当时国人最大的缺点是功名观念过重,不肯踏实学习,往往忽略本身的志趣与学校科系的实质内容,导致不能顺利完成学业,甚至即使完成学业也无法发挥所长。因此,该所提出建议:(1)无论升学或转学,应先考虑本身的志趣、学力与将来之事业来作为选择学校之参考;(2)亲自参观学校校舍及设备,索要学则及章程,以了解学校风纪、校长办学、教师授课之情形;(3)征求父兄之意见,或赴当地职业指导机关请求调节疑难。这对于当时社会上的许多谋职者和求学者,的确是一种重要的指引与莫大的帮助。①

在代办招考与训练方面,该所特别拟定代办招考办法,派专员负责,并提供考场应用。当时的商务印书馆、大达轮船公司、新亚书店、开明书店、第一特区地方法院、中国铅业公司、中山文化教育馆、新华银行、华华绸缎公司、浙赣铁路局、南洋兄弟烟草公司、国际贸易局、南昌中央飞机制造厂、福建省政府、沪江大学商学院等均先后委托该所办理,成效良好。1937年1月,全国经济委员会委托代办"公役训练班",培训行政机关服务人员。同年,新亚化学制造药厂为推广营业,也委托该所代办训练班。②

自成立至1934年,上海职业指导所的工作主要有:③(1)个别谈话——实施个别谈话47 882人次,其中有关职业谈话者36 491人次,升学指导谈话者有9 778人,人事(含法律、婚姻、健康)谈话者1 614人;(2)求职与就业——总计前往登记谋业者有20 880人,经介绍得业者2 658人;(3)代办各项事业——代各方举办实业、购置用具、开设学校等共计334起,调查学校内容及各业概况

---

① 刘湛恩,潘文安.上海南京两职业指导所之现状[J].教育杂志,1928,20(3).
② 何清儒,等.十年来之上海职业指导所[J].教与学,1937(11):228.
③ 蔡行涛.抗战前的中华职业教育社(1917—1937)[M].台北:东大图书股份有限公司,1988:180.

481起,代办考试人才者89起,代物色人才者2 426起,代测验者2 500起;(4)其他——接受该所健康指导者1 304人,法律顾问指导者939人,服务指导者17人次,职业演讲186次,编辑指导、专书出版者50余种。

综上所述,当时前往该所要求职业谈话的人数年年递增,其中有就业问题者占70%,有择业问题者占15%,有改业问题者占15%,可见当时感觉谋业困难而求指导者占大多数。升学谈话中,大学生占40%,中学生占50%,小学生占10%,可见当时中等学校学生对升学指导需要的迫切。到1931年之后,升学谈话人数开始下降,受抗日战争的影响是显而易见的。登记者中,以中学毕业有无特长者居多,而经介绍成功获得职业者又不及10%,可见当时社会上失业人才供过于求,以及介绍工作之不易。至于代计划及调查每月平均在10次以上,代物色人才,每月平均30起,由此不难看出该所业务工作之繁重。根据1935年整理的资料统计发现,当时社会上的人才供需:(1)求才的机会比求职的少,平均两三个人等候一个机会;(2)中小学教育及工商界求才的机会与求职机会比较接近,人数最多;(3)男性求职者约四倍于女性,竞争更为激烈;(4)求才者愿意支付的酬金较求职者希望得到的为低;(5)求职者多是16—30岁的青年,女子多是25岁以下的。这项工作可以说明上海的状况。在当时我国社会人口统计、教育统计、工商业统计都不十分发达的情况下,能作如此人才供需之研究,实在是一件十分了不起的事。①

上海职业指导所提供的合作除登记、介绍、调查外,还根据该所多年工作之经验,在办事方法与技术上予以指引。该所将上海地区之求职者按性别、年龄、教育程度、才能分配、希望报酬等资料详细调查整理,同时也将需求状况分别统计整理,这是非常有意义和价值的。因为社会职业指导机关最重要的一项工作就是调剂人才需求,一个社会如果谋职者得不到职业,而需要人才的又找不到人才,就会使学校造就的人才没有出路,造成人力物力的浪费。

第五节 注重应用的高等教育

一、高等教育概况

国民政府为使高等教育适应其统治的需要,颁行了一系列法规法令,促使

---

① 蔡行涛.抗战前的中华职业教育社(1917—1937)[M].台北:东大图书股份有限公司,1988:185.

高等教育向制度化和规范化方向发展。

1929年4月,《中华民国教育宗旨及其实施方针》规定:"大学及专门教育,必须注重实用科学,充实科学内容,养成专门知识技能,并切实陶融为国家社会服务之健全品格。"接着,国民政府又先后公布了几个教育法规,如1929年公布了《大学组织法》《大学规程》和《专科学校组织法》,1931年公布了《专科学校规程》。根据《大学组织法》和《大学规程》的规定,高等教育机关分为大学、独立学院、专科学校三种。具体规定如下:大学分文、理、法、教育、农、工、商、医八学院。具备三学院以上者,才称得上大学;且三学院必须设有理学院或农、工、医学院之一。不满三学院者称为独立学院。关于修业年限,除医学院为5年外,其余均为4年。关于课程设置,《大学规程》第八条规定:"大学院及独立学院各科除党义、国文、体育、军事训练及第一、第二外国文为共同必修科目外,须为未分系之一年级设置基本科目。各学院或各科之科目分配及课程标准另定之。"大学各学院及专科学校,系科专业复杂,故除1935年颁布的《医学院科目表》外,直到1937年,其他各院系的科目表一直没有公布,其课程设置由各院、校根据专业需要,参照欧美各国的条例自行解决,没有统一的课程标准。同时,《大学规程》第九条还规定:"大学各学院各科课程得采用学分制,但学生每学年所修学分须有限制,不得提早毕业。"1931年1月,教育部公布《学分制划一办法》,通令各校一律采用学年兼学分制,并规定大学学生应修学分之最低标准,要求除医学院外,四年须修满132学分,始准毕业。①

南京国民政府建立以后,尤其是在1929年到1937年全面抗战爆发前,高等教育逐渐由规范走向定型,并在办学上呈现出加强实科的特点。

国民政府成立以后,立即对教育制度、教育课程进行行政干预,除增加了以"三民主义"为中心的政治理论外,在实际课程内容上也根据社会发展的需要进行调整,力倡建设为主。教育部强调要纠正"重文轻理"的倾向,第一次全国教育会议要求"注重实用课程",并针对当时大学文法科占90%,文法学生1.7万人,农工医理诸科只有0.8万人的严重偏向,规定除边远省份外,一般大学文法科"不事扩张,而现有实科则力求充实","提倡发展"。明确规定文法科学生招生人数不得超过"实科学院招收的人数",②以限制文科高校的发展。国民政府力图把学科发展纳入"国家需要"的轨道,因此在教育政策上向实科倾斜,增设

---

① 教育部.第二次中国教育年鉴(第五编)[M].上海:商务印书馆,1948:7.
② 教育部.第一次中国教育年鉴(丙编)[M].上海:开明书店,1934:17.

和强化理、工、农、医等"实科",裁减和限制文、法、商、教育、艺术等"文科"。1931年的《确定教育设施之趋向案》进一步提出:"尽量增设各种有关生产业及国计民生之专科学校","大学教育,以注重自然科学及实用科学为原则"。① 在这种方针的指引下,教育部在30年代初开始对高等教育系统进行院系调整,规定不但私立大学不得再设文法学院,而且从1933年起,所有大学及独立学院在招生时,文、法、商、教育等院系所招新生及转学生的平均数,均不得超过理、工、农、医等院系所招新生及转学生的平均数。据1931年的统计,全国103所专科以上学校计187个系,其中文法类占59%,实科类占41%;学生总数44 167人,其中文科学生占74.5%,实科学生占25.5%。1932年起,教育部严格限制文法科大专院校的发展,对办理不善者,或令停止招生,或命分年结束,特招后节省的费用,用以扩充或改设理、工、农、医等实科。② 1933年,全国专科以上学校共有学生42 936人,其中实科人数占32.93%,文科人数占67.07%。③ 至1935年,文科学生占48.8%,实科学生占52.2%,文实科高校发展规模渐趋合理。④

国民政府的高等教育政策是对日本侵华日益深入、国内经济的萧条和危机、大学生毕业后失业严重、学潮迭起等多种因素的反应,但真实目的是要加强政府对学生的控制,以缩小知识分子的社会活动空间。这引起一些持自由主义观的知识分子的反对,如陈序经认为:"我们试想,文科法科及无论哪科,才在萌芽的时候,就要停办,而专倡职业教育,又岂非跑回曾、李那条路吗?"⑤ 但文人的不满丝毫没有影响国民政府的高等教育政策。

这一时期,上海高等教育既受到国民政府高等教育政策的影响,更受到上海城市社会发展对现代人才需求的刺激,因而无论是办学规模还是办学质量,都得到稳步提高。其突出特点就是教育规划与系科设置上与上海日益发展的现代工商业同步前进,形成了以应用型学科为主、以基础理论为辅的高等教育结构。

就高等教育的学校数量和学生数量来讲,上海在全国也是遥遥领先的。据统计,1929年,上海共有专科以上学校34所,学生14 435人,具体情况见表2-29。⑥

---

① 确定教育设施之趋向案[R]//教育部秘书处公报室.教育部公报.上海:[出版者不详],1931,3(23).
② 李华兴.民国教育史[M].上海:上海教育出版社,1997:602.
③ 教育部.全国高等教育统计(民国二十二年度)[M].[出版地不详]:教育部统计室,1934:26.
④ 李华兴.民国教育史[M].上海:上海教育出版社,1997:603.
⑤ 陈序经.教育的中国化与现代化[J].独立评论,1934,43.
⑥ 上海市教育局.上海市教育统计(民国十八年度)[M].上海:[出版者不详],1931:113.

表2-29 1929年度上海市高等学校概况

项目 校名	教职员数(人)			学生数(人)		
	男	女	共计	男	女	共计
国立专科学校	73	9	82	344	49	393
吴淞商船学校	24	—	24	82	—	82
音乐专科学校	21	9	30	53	49	102
中法工业专门学校	28	—	28	209	—	209
私立未立案专科学校	212	20	232	1 028	360	1 388
上海美术专科学校	38	7	45	359	162	521
新华艺术专科学校	30	4	34	214	72	286
上海艺术专科学校	18	2	20	118	31	149
中国艺术专科学校	37	2	39	51	21	72
昌明艺术专科学校	34	3	37	22	3	25
同德医学院	25	—	25	87	51	138
上海中医学院	18	—	18	147	18	165
民治新闻学院	12	2	14	30	2	32
私立立案独立学院	87	7	94	880	62	942
法政学院	69	7	76	648	59	707
东吴大学法学院	18	—	18	232	3	235
私立未立案独立学院	305	17	322	2 436	260	2 696
持志学院	70	6	76	542	56	598
文化学院第二院	38	3	41	139	9	148
上海法学院	59	3	62	800	58	858
正风学院	16	—	16	120	8	128
上海国医学院	17	—	17	123	11	134
南洋医学院	53	2	55	384	59	443
东南医学院	32	—	32	218	49	267
中国国医学院	20	3	23	110	10	120
国立大学校	588	27	615	2 011	133	2 144
交通大学	186	3	189	647	16	663
同济大学	72	2	74	235	18	253

续表

项目 校名	教职员数(人)			学生数(人)		
	男	女	共计	男	女	共计
暨南大学	99	5	104	574	45	619
劳动大学	149	9	158	380	29	409
中央大学商学院	40	5	45	117	17	134
中央大学医学院	42	3	45	58	8	66
私立立案大学	**522**	**40**	**562**	**5 361**	**709**	**6 070**
大同大学	48	6	54	846	150	996
复旦大学	114	2	116	1 079	116	1 195
光华大学	88	5	93	662	107	769
大夏大学	119	4	123	1 011	100	1 111
沪江大学	71	18	89	810	149	959
中国公学	82	5	87	953	87	1 040
私立未立案大学	**161**	—	**161**	**803**	—	**803**
圣约翰大学	81	—	81	307	—	307
震旦大学	80		80	496		496

其后,上海专科以上学校数目基本保持在32所左右,学生数则基本保持在1.2万人左右(见表2-30、表2-31、表2-32)。①

表2-30 上海市1933年高等学校概况统计表

	校数(所)	学生数(男)(人)	学生数(女)(人)	共计(人)
总　计	33	10 377	1 764	12 141
专科学校	8	883	302	1 185
国立	1	65	67	132
部立	3	208	—	208
私立立案	4	610	235	845
独立学院	14	3 194	535	3 729
国立	3	387	82	469
私立立案	5	1 662	196	1 858

---

① 上海市教育局.上海市教育统计(民国二十三、二十四年度合刊)[M].上海:[出版者不详],1936.

续表

	校数(所)	学生数(男)(人)	学生数(女)(人)	共计(人)
私立未立案	6	1 145	257	1 402
大学校	11	6 300	927	7 227
国立	3	1 621	144	1 765
私立立案	6	3 993	783	4 776
私立未立案	2	686	—	686

表 2-31　上海市 1934 年高等学校概况统计表

	校数(所)	学生数(男)(人)	学生数(女)(人)	共计(人)
总　计	32	9 716	1 742	11 458
专科学校	8	699	272	971
国立	1	74	70	144
部立	3	165	—	165
私立立案	4	460	202	662
独立学院	13	2 327	402	2 729
国立	3	347	79	426
私立立案	8	1 506	275	1 781
私立未立案	2	474	48	522
大学校	11	6 690	1 068	7 758
国立	3	1 693	152	1 845
私立立案	7	4 406	916	5 322
私立未立案	1	591	—	591

表 2-32　上海市 1935 年高等学校概况统计表

	校数(所)	学生数(男)(人)	学生数(女)(人)	共计(人)
总　计	32	10 058	1 706	11 764
专科学校	8	759	303	1 062
国立	1	74	70	144
部立	3	161	—	161
私立立案	4	524	233	757
独立学院	13	2 673	427	3 100

续表

	校数（所）	学生数（男）（人）	学生数（女）（人）	共计（人）
国立	3	352	80	432
私立立案	5	1 289	146	1 435
私立未立案	5	1 032	201	1 233
大学校	**11**	**6 626**	**976**	**7 602**
国立	3	2 373	200	2 573
私立立案	7	3 702	776	4 478
私立未立案	1	551	—	551

在系科设置上，上海高等教育为适应上海对商业和其他新兴职业人才的需要，开设了许多实用性科目。以1934年为例，上海高校中设置的法学、教育、医学、工学、商船、管理、政治经济学、税务与体育、艺术等应用性系科约120个，而同年设置的文学、理学等基础性学科只有40个。① 甚至连教会学校，如沪江大学、圣约翰大学都在20年代开设了"专言利"的商科。交通大学和复旦大学更是积极适应城市建设，设置了社会急需的经济、新闻、道路工程等科系。与上海作为近代中国工商业的中心相适应，当时的新式工商管理教育与商业教育极为兴盛。据1934年沪江大学对上海专科以上学校商科教育情况的调查，共有复旦大学、沪江大学、圣约翰大学、东亚同文书院、暨南大学、上海商学院、大夏大学、光华大学、大同大学、上海法学院商业专科学校、持志学院、中国公学、上海商业学院、上海商政学院、商业补习学院、上海市商会夜校等16所学校的商科成为上海高校中十分热门的专业。这表明市场机制在教育资源配置上起了关键性作用，使得上海教育与上海城市建设相互促进。②

从1927年至1937年，上海高等教育的发展相对稳定。尽管在民族危机不断深化的30年代，除了1932年一·二八事变引起的动荡外，上海因租界的存在，局部缓和了战乱的影响。30年代初，由于东北和华北战事，大批学人南迁，上海成为中国高等教育的中心。可以说，在整个30年代，上海经济发展迅速，成为中国最繁荣的通商口岸，全国进出口贸易的大半在上海港完成，上海的商业和轻工业等也在全国遥遥领先。特别是外资和民族资本开办的现代化企业

---

① 张仲礼.近代上海城市研究[M].上海：上海人民出版社，1989：1002，1008—1009.
② 忻平.从上海发现历史——现代化进程中的上海人及其社会生活[M].上海：上海人民出版社，1996：222.

纷纷抢占上海滩,洋行、商行、电报局、银行、铁路、海关等部门纷纷出现,它们需要大量具备现代知识、技能的专门人员。这些都成为促进上海高等教育发展的有利因素,同时也使上海形成了实用性科目发达的高等教育格局。同时,上海华洋杂处、五方杂处的特点决定了上海社会的多元化,使上海文化表现出开放性和包容性的风格,置身于东西文化的冲突和交汇中,上海的高等教育也表现出多元化的特色。

上海的高等教育由于受自身传统(中国的高等教育自诞生起就是学习外国)和上海多元文化的影响,呈现出一派色彩斑斓的景象。这一时期,上海的大学可以说是万国教育的博览会,英国、美国、日本、德国、法国的大学教育体制在这一时期的上海都可以找到代表。如,复旦大学的课程设置基本上采用美国大学的办法;同济大学则有深厚的德国文化的渊源,坚持以德语作为第一外语,用德语教学;震旦大学则推行法国的教育制度,以法语作为第一外语;沪江大学和圣约翰大学则信奉美国的自由主义教育,强调英语教学;由日本东亚同文会设立的东亚同文书院则采用日本学制,以日语作为第一外语。可见,各个大学都有自己独特的文化背景,并在培养目标、办学宗旨、校训、校歌、科类、课程、教材、编班、授课方式和组织行政等方面都形成了自己的特色,而且力图坚持和发扬自己的特色。

二、高等学校系科设置:多元化与实用性

民国时期,迫于经济高速发展的压力和导向,上海高校在系科设置上更注重实用性,一些科目如工程、管理、商科、国际贸易、教育、市政、法律、新闻等,其设置的着眼点就在于为一个现代城市培养实用人才。无论是国立大学还是私立大学,甚至是教会大学,都在这一时期表现出强烈的世俗化倾向。表2-33是1935年上海高等学校各科人数的比较。

表2-33 1935年上海市高等学校各科学生数比较表[1]

项目 科别	学生数(人)			百分比 (%)	毕业生数(人)			百分比 (%)
	男	女	共计		男	女	共计	
文学院	1 844	499	2 343	20.4	302	82	384	15.6
理学院	1 518	142	1 660	14.5	175	23	198	8.0

[1] 上海市教育局.上海市教育统计(民国二十三、二十四年度合刊)[M].上海:[出版者不详],1936:142—143.

续表

项目\科别	学生数(人)			百分比(%)	毕业生数(人)			百分比(%)
	男	女	共计		男	女	共计	
商学院	1 669	342	2 011	17.6	309	48	357	14.5
法学院	1 657	157	1 814	15.8	514	60	574	23.4
医学院	989	207	1 196	10.4	178	33	211	8.6
工学院	1 087	25	1 112	9.7	336	13	349	14.2
教育学院	296	117	413	3.6	57	32	89	3.6
体育学院	84	23	107	0.9	75	24	99	4
艺术专科	407	230	637	5.6	127	41	168	6.8
商船专科	165	—	165	1.4	36	—	36	1.5
总计	9 716	1 742	11 458	100.0	2 109	356	2 456	100.0

从表 2-33 来看，文学院学生数约只占全部学生人数的 20.4%，远低于全国平均数(48.8%)。就毕业生数而言，当年法学院毕业生数目最多，有 574 人，约占总数的 23.4%，这是由上海在从礼治社会向法治社会转型的过程中对法律人才的大量需求决定的，由于从事这类职业的人往往是上海社会中的新贵，因此吸引了大量学生选择这类专业。其次是商学院，有 357 名毕业生，占总数的 23.2%，这与上海发达的商业是分不开的。

就当时上海最著名的两所国立大学交通大学和同济大学来说，其专业设置既与国民政府的高等教育政策一致，又适应了上海城市现代化发展的需要。交通大学隶属交通部，由于"交通为实业之母"，要发展实业，必须以现代化的交通为基础，所以交通大学的目的就是养成交通建设专才。① 所谓专才，分为高级技术人才和一般职员，一是具有高深学问的人员。此项可分为四，分别是工程师、科学家、经济家和管理家，及其他技术人员；二是具有日常应用学问之人员，即具有职务所需的"公德心知识经验"的人员。② 交通大学是一所理、工、管理结合的大学，1936 年学校设 5 个学院，分别为科学学院、土木工程学院、机械工程学院、电机工程学院和管理学院。另外还设有中国文学系和外国文学系，都是

---

① 交通部直辖交通大学组织大纲[M]//《交通大学校史》撰写组.交通大学校史资料选编(第二卷).西安：西安交通大学出版社,1986：24.
② 黎照寰.铁道部建设计划中培养专才之定策[M]//《交通大学校史》撰写组.交通大学校史资料选编(第二卷).西安：西安交通大学出版社,1986：224—225.

在30年代才设立的。在设立之初,中国文学系主任深知自己的地位,"本校所欲养成者为交通建设专才,毕业后在社会服务者,不外技术与行政两种人才。其所需不外实用之文"。所谓"实用之文",就是日后帮科长、处长、部长起草报告而已,最多就是拿来炫耀的花花辞藻。① 可见,文科在交通大学并不受重视。1936年,校长叶恭绰在交通大学成立40周年纪念会上谈到:"以今日之情形而归纳旧有之计划,可分三点言之:第一,大学本身应该扩充学科设置,如公路、航空、国防化学等新兴学科,应视人才紧张,及国家需要,尽量推广。第二,为向下发展,用职业教育与函授计划,对于创造中级技术人才,及现在交通机关服务人员之自修,当视为当务之急。尤以当前积极建设之际,如铁路公路之兴建,决不能缓,于大学生之外,实需大批中级人员,且必须经严格之训练,举实用之学识,方能完成建设良好之基本队伍。第三,为向上发展,以现在之研究所为基础,可以扩充为正式研究院。一方使大学毕业生有志精进深造,仍得在国内继续研究;一方对工商各界之问题,广集学者,悉心探讨,从事解决国内当前之难题。"② 从交通大学的发展计划来看,其学科建设的重点在于应用性强、能够推动国家实业发展的科目。

同济大学是一所医、工、理相结合的大学。1927年8月,国立同济大学成立。1930年将医科、工科改称为医学院和工学院,并筹设理学院。1937年,理学院正式成立。同济大学以培养医、工、理各种专项人才为宗旨,除三院外附设高级中学、德文补习学校和高级工业职业学校。校长翁之龙在庆祝建校27周年时指出:"同济大学是研究医、工的学校,应当一方面要注意高深学理的研究,一方面还要注意本国实际的需要。学理事实,完全兼顾,能把一切科学上的学理,应用到事实上面,切切实实地作一些实际功夫,不蹈空泛,才能收到实益。本校平时一切主张,都是侧重在这一方面的。"③ 根据这一思想,学校先后与有关部门合办了许多卫生事务所以及一些县的分诊所,如与上海市卫生局合办了吴淞卫生事务所及公共卫生研习所,目的在于保障和增进农民健康,并为学生提供实地练习和研究的场所。该卫生事务所开办以后,受到当地农民的欢迎,门诊病人很多,头六个月共诊治3 000多人,该所还设置15张病床,开展预防接

---

① 李天纲.文化上海[M].上海:上海教育出版社,1998:240.
② 叶恭绰.交通大学四十周年纪念感想[M]//《交通大学校史》撰写组.交通大学校史资料选编(第二卷).西安:西安交通大学出版社,1986:81.
③ 同济大学旬刊(第24期)[M]//翁智远,屠听泉.同济大学史(第一卷)(1907—1949).上海:同济大学出版社,1987:57.

种防疫工作,每天派医师到郊区乡村,按户劝打预防针。在同济大学成立30周年校庆上,市长俞鸿钧说:"同济毕业学生,在社会服务极重,贡献尤广,可见同济学生在校时能'学其所用',毕业后复能'用其所学'。"① 这个评价反映了同济大学注重理论与实际相结合的特点。教育部关于1931年度全国高等教育统计的数字说明,在全国15所公私立大学及独立学院的医科中,同济大学医学院在校人数最多,达204人。截至1936年,同济医学院历届毕业生累计达367人。1937年医学院在校学生人数达到239人,其中女生22人。②

上海高等教育在顺应时代发展,迎合社会需要方面更具代表性的还是各私立大学。其中,最负盛名的当数复旦大学。与实力雄厚的国立大学相比,主要依靠学费和赞助维持的私立大学更加注重人文教育,通常开设较多的文科和社会科学课程,这主要是因为缺少办理理工科所需的巨额经费,而文科和其他应用性社会学科的花费相对较少。复旦大学一直致力于培植经济发展和社会亟须的适用人才,密切关注经济和社会发展的需求,注重应用学科建设,先后创设了一批应用性学科专业。1917年,复旦扩充为大学后,根据当时国际、国内商业发展的形势以及国际"商战"时代上海民族工商业对人才的需求,在国内首创商科。20年代,商科迅速发展,1924年,商科学生人数占全校学生总人数的三分之二,在系科设置上扩充为银行金融系、工商管理系、会计学系、国际贸易系四个系。同时,复旦还根据经济发展和社会需要,设立了政治学系、社会学系、新闻学系、法律学系、市政学系、教育学系、土木工程系。30年代,校长吴南轩明确提出,学校要"提倡为社会服务的精神",认为"纯学科的研究,为知识而求知识的研究,在大学中诚然也占一个位置,然而,我们学校特别重视国家社会的迫切需要。我们以后当致力于解决现代社会实际的问题,而不专崇尚经院式的理论研究"。③ 此后,统计系、统计专修科、茶叶专修科相继成立。在民生凋敝、生产落后、科学不发达的时期,许多理论学科的学生"毕业即失业",在社会上没有出路,但是应用学科由于经济部门发展的需要,如土木工程、会计、银行金融等系科的毕业生往往供不应求。这样,复旦的应用性学科吸引了一大批学生。1938年,投考复旦的学生与被录取的学生之比为九比一。④

---

① 同济大学旬刊(第133期)[M]//翁智远,屠听泉.同济大学史(第一卷)(1907—1949).上海:同济大学出版社,1987:57.
② 翁智远,屠听泉.同济大学史(第一卷)(1907—1949)[M].上海:同济大学出版社,1987:57.
③ 吴南轩.第一次扩大纪念周校务报告[N].复旦大学校刊,1937-03-08.
④ 复旦大学校史编写组.复旦大学志(第一卷)(1905—1949)[M].上海:复旦大学出版社,1985:392.

从 1929 年到 1937 年,复旦大学设有文学院,下设中国文学系、外国文学系、新闻学系、教育学系、社会学系、史学系;理学院下设土木工程系、化学系、生物学系;商学院下设银行金融系、工商管理系、会计学系、国内外贸易系;法学院下设市政学系、政治学系、经济学系、法律学系。① 20 世纪 30 年代,复旦为迎合上海和内地社会的需要,设置了大量的应用社会科学专业。表 2-34 是 1930 年到 1937 年复旦大学历届毕业生情况统计,从表中可以看出,在八年历届 2 063 名毕业生中,理学院人数最少,只有 318 人,法学院毕业生最多,有 742 人,商学院次之,有 634 人。

表 2-34 1930—1937 年复旦大学历届毕业人数统计表 (单位:人)

院所别 年份	合 计	文学院	理学院	法学院	商学院	农学院	经济学研究所
1930	136	23	22	37	54	—	—
1931	326	54	44	128	100	—	—
1932	241	53	32	93	63	—	—
1933	234	41	34	88	71	—	—
1934	285	48	48	117	72	—	—
1935	283	62	36	105	80	—	—
1936	290	49	53	96	92	—	—
1937	268	39	49	78	102	—	—
总计	2 063	369	318	742	634	—	—

这一时期,在复旦各院系中,最有名的当数新闻系、教育系和商学院。

新闻系属文学院,1929 年设立,主旨在于养成新闻界需要的记者、编辑和经营人才。开设的课程理论与实际并重,按其性质可分为四类:一是基本工具的训练,有国文、英文、第二外语、心理学、统计学、自然科学、社会科学;二是专门知识课,有报学概论、编辑采访、报馆组织管理、广告发行、照相绘画、印刷;三是辅助知识课,有社会、法律、经济、历史、地理、外交;四是写作技术训练,有评论练习、通讯写作、速记术、校对术等。一、二年级学基础知识与辅助知识,三、四年级注重专门知识与写作技能的训练。新闻系在教学上注意与社会的联系,高年级侧重实习与考察,主持学校校刊,分采访与编辑二部。校内设有复新通讯

---

① 复旦大学校史编写组.复旦大学志(第一卷)(1905—1949)[M].上海:复旦大学出版社,1985:301.

社,作为学生的实习机关。为扩大学生视野,新闻系每学期组织数次报社参观实习,也组织考察团到国外考察新闻事业。新闻系在"江南独树一帜,与北平燕京大学新闻学院并称瑜亮",办理不到一年,成绩斐然。1931年,因为新闻系办学成绩突出,教育部请系主任谢六逸教授(1930—1937年任系主任)编订大学新闻系课程及设备标准,作为国内各大学新闻系的准绳。1937年修订的课程设置大纲规定,新闻系以"灌输新闻学知识、培养编辑采访技能""养成本国报馆的编辑和经营人才"为宗旨。专业必修课有新闻编辑与采访、报馆管理、本国新闻事业、印刷研究、评论练习、通讯练习、实习、修辞学、统计学、近世欧洲史、中国近代史、现代国际政治、社会学原理、政治学原理、经济学原理、法学通论等。除此之外,学生还必须以政治学系或经济学系为辅系,在这些系修满12个学分。① 20世纪20年代,上海的现代性新闻事业已初具规模,急需大量的新式编辑和管理人才,复旦大学急社会之所需,开办新闻系,为全国各地特别是上海输送了数以百计的优秀新闻人才。

李登辉校长对教育学极为重视,曾亲自教授与教育学相关的心理学与哲学课,认为"复旦大学里面必须有一培养中小学师资的专科",在章益赴美留学时,李登辉建议其专攻教育学,以作筹设教育专科的准备。1927年夏,章益返校开设历史教学法、小学各科心理等课。1929年,在文学院中正式设立教育学系,成立之初,以培养普通师资,造就教育行政人员和专门研究人才为目的。教育学系的专业必修课有普通心理学、普通生物学、哲学大纲、西洋教育史、中国教育史、教育社会学、教育通论、中等教育、普通教学法、教育心理学、心理与教育测验、乡村教育、比较教育、统计学。为培养学生的教学能力,教育学系与试验中学合办实验班,要求学生须在该班试教至少一个学期。1943年,该系改为职业教育系,以培养专业教育的师资和行政人员。1945年8月,暨南大学文、法、商学院并入复旦,使教育系的师资更为强大。系主任为章益(1930—1937年任系主任)、陈科美(上海补习部)。从1929年冬至1934年,鉴于许多学生家长要求缩短学习年限的要求,决定试办两年制师范专修科,以培养初中师资。师范专修科先后共办了5届,毕业生42人,先后任教的有舒新城、曹孚、赵祥麟、张文郁、胡守棻等。②

复旦商科"为全国最先设立而最发达者",课程完善。1937年春的教学计

---

① 复旦大学校史编写组.复旦大学志(第一卷)(1905—1949)[M].上海:复旦大学出版社,1985:310—311.
② 同上:312—313.

划规定商学院的专业必修课有经济学、会计学、银行学、货币学、统计学、保险学、商业英文、商业历史、商业地理、民法总则、公司法、票据法、铁路运输,共48学分。教学强调理论与实践并重,以使"学生毕业后,不作书呆子,能够在商界活动"。商学院设有会计室、统计室、商业图书室,并收集国内外商品标本,创办商业博物馆,组织合作银行,使学生"均得实地练习之机会"。①

上海是全国的工商业中心,当时轻工业特别是纺织业和面粉业均有较大的发展。此外,金融银行业、对外贸易、铁路航运、采矿等也有较快的发展。近代工业的兴起,必然要求有一批相应的经营管理人才和理财贸易专家,但这在当时非常缺乏。有鉴于此,复旦大学积极致力于学科改革,在原设综合性的文、理科之外,增设了专业性的商科,以培育近代工商业急需的经营管理人才,这是当时国内高等学校的一个创举,它改变了传统的办校方针,努力开设社会急需的应用学科专业,成为高等学校发展史上的一项重大改革。

这一时期,上海新开办了一批大学,其中大多是私立大学,且几乎都是实科类学校。1927年6月,国立暨南大学成立,它由暨南学校改建而来,是一所文、理、法、商、教育综合性的华侨大学,其办学宗旨是研究高深学问,养成专门人才,发扬本国文化,发展海外侨胞事业。当时有学生1 600余人。共设有四学院一部、一独立系(法学系)。商学院设有普通商业、工商管理、国外贸易、会计、银行、交通管理六系;文学院设有中国语言文学、外国语言文学、历史学及社会、政治经济四系;理学院设有数学、物理、生物、化学、人类学五系;教育学院设有教育学、教育心理学、师资专修二系一科;另还有法学系和南洋教育事业部。②1927年9月,国立劳动大学创建,目的在于普及和提高农人工人文化,从事农工事业研究和实验,培养农工运动之人才,以促进劳动者自己实行根本解放,而树立民生主义之基础;造就知力与情意、劳心与劳力、学理与实际能力平均发达的学生,以为改造一般教育之基础。招生对象主要是贫苦有志的失学青年,它实施免费教育,并供应膳食。大学设工学院、农学院和社会科学院,兼办工厂、农场。1932年6月停办。③ 1927年11月,在蔡元培的支持下,国立音乐学院开办,1929年,南京国民政府依据《学校组织规程》,将国立音乐学院更名为国立音乐专科学校。④

---

① 复旦大学校史编写组.复旦大学志(第一卷)(1905—1949)[M].上海:复旦大学出版社:350.
② 忻福良,赵安东.上海高等教育沿革[M].上海:同济大学出版社,1992:210—214.
③ 同上:217.
④ 同上:229—230.

除了国立大学之外,许多关心事业发展又热心教育事业的私人和团体意识到,上海作为中国经济最发达的通商大埠,新兴行业的出现需要大量具备现代工业、商业、法律、贸易、医学等知识技能的专业人才,于是积极投身私立高等学校的创办,以培养新型职业人才。中法大学药学专修科就是一个很好的例子。1929年,上海新药业同业公会鉴于当时中国新药业的制造、进口和批发业务的95%在上海,认识到上海新药业急需培养一些新药业方面的高级专门人才,于是请求北京的中法大学在上海设立药学院,开办费由上海新药业同业公会资助,其他经费由同业公会募捐,这促成了中法大学药学院专修科在上海的诞生。[①] 1934年,英国土木工程师和建筑师亨利·雷士德(Henry Lester)单独出资创建了雷士德工学院,目的在于培养工程技术人才。学生来源除附设的中专外,主要来自当时租界和教会所办的中学,学生毕业后可以到上海各大洋商行担任重要的工程技术职务。[②] 此外,这一时期开办的大学还有1935年的新中国医学院、1936年的上海市立体育专科学校、1937年的立信会计专科学校和致用大学。

与重视实用性学科的特点相对,上海对于高深的基础科学和综合的人文文化的大学和学科设置却不同程度地有所忽视,这造成上海的大学虽然在数量和学科设置上是全国最多的,但在整个综合性文化上,其声誉和地位却不如北京的大学。正如当时上海市新闻社所编《1933年之上海教育》的序言中所言:"晚近沪市工商业亦臻繁盛,教育文化事业遂亦日形发展。就学校及学生之数量而言,沪市已居全国之首位,唯以其华洋杂居,且具商业社会之特征,故其教育设施在素质上不免失之偏畸,在系统上尚缺乏整齐,此亦无可讳言者。"[③] 可以说,上海高等教育的长处和短处皆在于此。

三、教会大学:无奈的中国化

20世纪20年代中期,中国的民族革命兴起,教会学校遂成为人们严厉攻击的目标,批评的声音不仅来自外部社会,也来自教会学校内部的中国师生乃至基督教徒。"人们即使不把它们称为帝国主义文化侵略的工具,也普遍认为它们洋化太重,不适合中国国情。"[④] 许多人把教会大学的学生形象地比喻

[①] 伍裕万.回忆中法大学药学专修科[M]//中国人民政治协商会议上海市委员会文史资料委员会.解放前的上海学校(上海文史资料选辑第五十九辑).上海:上海人民出版社,1988:98.
[②] 忻福良,赵安东.上海高等教育沿革[M].上海:同济大学出版社,1992:245—246.
[③] 上海新闻社.一九三三年之上海教育[M].上海:[出版者不详],1934:序.
[④] 王立诚.美国文化渗透与近代中国教育——沪江大学的历史[M].上海:复旦大学出版社,2001:140.

为:"口嚼香口之糖,足跳狐步之舞,用玻璃制的用品,看好莱坞的电影,光想成为一个美国化的中国人。"① 舒新城所编《中国新教育概论》对教会大学也做了比较中肯的评价,指出其优点有:(1)外国文之教授较贯彻,学生有听讲及参考外国著作之能力;(2)学生受严格的训练,人格之感化,养成个人及社会的健全良好习惯;(3)提倡体育较早;(4)学校内有社会服务之精神,诱导学生组织的能力。其缺点有:(1)因片面的外国文字教育,学生于国事知识及国文亦欠缺;(2)学生对于学术,除修习学程外,未有极深研究的度,故与世界思潮的输入,比较的少作贡献;(3)因设备比较简单,理工等科未充分发展;(4)学生于中国文化太少欣赏,于国情亦多隔阂,参与社会活动,即格格不入。② 齐鲁大学的李天禄把当时批评中"比较合乎情理者"归结为:(1)过于西洋化,一切设施多属舶来性质,不顾国人之习惯;(2)偏重西学,轻视国学;(3)思想因宗教关系,受不当的束缚;(4)因国际关系,钳制爱国或正义的表示;(5)名为以基督精神而实未能表现基督精神者正多。③ 20世纪二三十年代,中西文化的冲突进入一个新的时代,在这个时代,"双重文化"的教会教育需要就中西文化的关系进行重新审视。可以说,1927—1937年这十年对风雨飘摇的中国政局来说是关键的十年,对中国的教会大学来说,也是一个"转折时期、探索时期和彷徨时期。教会学校如果不想重复20年代的灾难的话,就必须以中国化和为中国服务作为自己的基本目标。"④

在此期间,教会大学在使教育中国化的道路上有了很大进展。"1920年,教会大学在许多方面来看都是在中国国家教育系统以外的外国学校;到了1930年,大部分传教士教育工作者承认政府有权监督中国境内一切公立和私立学校;并且,基督教教育工作者开始重新组织课程,以符合中国教育部所规定的标准。在1920年,一般是由西方人决定大学的政策并执行教育计划;到了1930年,大部分学校实行双重管理制度。在1920年以前,教会大学的历史一般可以根据西方的材料来叙述,并可以被看作是基督教在中国的使命史的一个方面。1920年以后,学校的生命同现代中国历史中所发生的重大事件紧密地结合在一起,如:探索中西方结合的可能性、日本的侵略和国共间的冲突。"⑤ 总之,在20世纪二三十年代,中国教会大学表现出与以往不同的特点,就是中国化和世俗化。

---

① 建英.两大思潮下之上海各大学[J].中国学生,1931(4).
② 舒新城.中国新教育概论[M].上海:中华书局,1928:112.
③ 李天禄.基督教教育之我见[J].教育季刊,1926,2(3).
④ 杰西·格·卢茨.中国教会大学史(1850—1950)[M].曾钜生,译.杭州:浙江教育出版社,1987:297.
⑤ 同上:194.

上海历来是教会大学的荟萃之地。教会大学作为欧美教会在近代上海办理的一项文化事业,采用了欧美近代教育体制,在教育制度、学科设置、教学方法、教材选择、学生活动的组织与管理等方面与中国大学不尽相同。教会大学的本来目的是传教,但由于中华民族和西方列强之间激烈的民族矛盾,以及中国两千多年以儒家文化为特征的传统文化与天主教、基督教教义之间的冲突,教会大学无法朝着欧美教会既定的愿望和轨道发展。尤其是20世纪20年代后期,随着民族主义运动的日益高涨,教会学校的处境更加不容乐观。同时,地处中国经济最发达的都市上海,教会大学更不能无视学生对世俗生活的追求。为了使自己的毕业生获得更为广阔的就业机会,上海的教会大学走着一条越来越专业化、世俗化与中国化的道路。与中国其他教会大学相比,上海教会大学的宗教色彩是最为薄弱的。这一时期,上海著名的教会大学有圣约翰大学、沪江大学、震旦大学、东吴大学法学院,其中除圣约翰大学没有立案外,其余大学都已经向南京国民政府立案。

震旦大学的前身是由马相伯在法国耶稣会的资助下创办的震旦学院,1932年改称震旦大学。1931年,学校成立董事会,由马相伯、韦礼敦(法国驻华公使)、惠济良(上海教区教主、法国耶稣会传教士)等9人组成,董事会向国民政府申请立案,1932年获准。立案后,学校分设三院八系。法学院设法律系、政治经济学系。法律系的课程有中国法治史、比较民法、法院组织法、比较宪法、罗马法、海商法、国际公法、诉讼实务等38门。政治经济学系建立于1932年,所修课程大部采用巴黎政法大学所规定的课程,有政治经济学、会计学、财政管理学、国家财政学、统计学、中国商法等30门。理工学院设电机系、土木系、化工系、数理系,各系在1932年改组后,增添课程,加强理论基础,曾聘法国籍和中国籍的各科专家来校授课和指导。医学院分医学系与牙医系,学院不惜重金招聘有真才实学的教授来校任教,以广慈医院及安达医院为实习医院,以使每个学生都有充分实习的机会,学生在毕业典礼时必须宣誓,誓词为"谨守医师道德","对于病者当悉心诊治,不因贫富者生歧视","生命神圣",对于任何病人,必尽力保护,其目的在于督促学生树立为社会和人类服务的基督徒精神。震旦大学实行法国教育制度,明文规定以法语作为第一外语,聘请法国籍教师"教授欧美大学校之同等学科",所授课程基本上按照法国大学课程,用法国教材,用法语讲授。立案之后,学校不断增添中国课程与教材,以适应中国和上海社会发展的需要。① 震旦大学和上海租界关系密切,所以其学生多就职于上海各大

---

① 忻福良,赵安东.上海高等教育沿革[M].上海:同济大学出版社,1992:62—72.

外国洋行。

圣约翰大学由美国圣公会创办。1927年,由于北伐军势力波及上海,学校暂时停办。1928年秋,学校重新开学,到1929年,学生增至540人。1930年,校长卜舫济和吴德、刘鸿生赴南京与教育总长蒋梦麟商讨立案问题,遭到美籍教士的反对。之后,在教会方面的阻挠下,圣约翰大学的立案问题一直拖到1947年年底,成为上海最迟立案的教会大学。从1932年到1934年,学校对课程进行了改革,规定学生必须修一门主科、两门副科。1933年设立教育系。圣约翰大学的文科优于理科,设有文理学院、医学院、工学院和神学院。其中英语系和经济系是较强的系,而经济系又是全校最大的系。学校的教学规章制度多模仿英美,教学特点是重视英语教学。圣约翰大学是我国最早使用英语教学的学校之一。学校不仅用英语教学,而且努力营造学英语的环境。但在重视英语的同时也忽略了国文教学,学生对国文的学习比较轻视。据教育家陈鹤琴回忆说,圣约翰"上国文课时,大部分学生不是预习西文功课,就是看小说。国文教师靠着桌,低着头,看着书,独自摇头摆尾地讲解而不敢抬起头来,看一看教室内的情景的"。① 就英语训练来讲,圣约翰是一所好学校,但就培养学者、造就学派而言,圣约翰是完全失败的。圣约翰出名的是它良好的英语教育和商科,其毕业生之所以能在上海公共租界的外国银行、洋行里占有好位置,多凭借其具有的外语优势。

20世纪30年代初期,所有教会大学都关心的一个重要问题是,重新确定大学的作用。教会大学的目的是什么?与世俗大学有何不同?许多教会大学在学校的世俗性和宗教性的冲突中顾虑重重,摇摆不定。有些学校认为,政府的规定与学校的宗教目标及教育独立是不相容的,如圣约翰大学直到30年代后期才勉强同意注册,并一直拖到抗战结束后才完成整个注册过程,还一直未实行宗教活动自愿原则。在1928—1929年度和1929—1930年度的学校一览表中,学校规定学生每天早晨参加礼拜,并参加星期日的崇拜仪式或伦理学讲座,注释说明非教徒可以例外,但又明显表示不参加者将受到学校的另眼看待,基督徒则无选择余地。从1937年申请注册起,关于课外活动的全部规定才被取消。②

与圣约翰大学相比,上海另外两所教会大学在中国化和世俗化的道路上则走得更快也更远,这就是东吴大学法学院和沪江大学。

---

① 李天纲.文化上海[M].上海:上海教育出版社,1998:239.
② 杰西·格·卢茨.中国教会大学史(1850—1950)[M].曾钜生,译.杭州:浙江教育出版社,1987:263.

1914年，美国人兰金倡议在上海设立东吴大学法科，次年9月正式开办。学校借用上海昆山路东吴大学第二中学校舍，白天中学上课，晚上法科上课。学校教员多是兼职或者是义务。兼职教员中有美国驻华法院院长罗丙吉、美国驻华法院检察长柏思德等人，唯一的中国教员是王宠惠。1923年，校董会拨给昆山路房屋一幢，作为法科的固定校舍，法科因此也增办一年制的预科，招收大学肄业一年生入学。1924年，法科将一年制的预科改为两年制，为扩大生源，凡高中毕业生均可免试入预科。1925年，法科被北洋政府教育部批准立案，从此毕业生均可免试向北洋政府领得官方颁发的律师资格证。1926年，法科又扩大规模，增设法科硕士班，凡本科毕业生升入硕士班研读两年，可获得硕士学位。1927年，学校改名为东吴法律学院，由吴经熊任院长。1927年，学院开设夜校班，招收职业青年，毕业后授予学士学位，在校生大增。1929年，学院被国民政府教育部批准立案，成为一个独立学院。早期东吴大学法学院受外国教会的资助，不但学校主持人多由与美国教会有密切关系的外籍人士担任，教员也为英美籍法界人士，而且教学也完全照搬欧美的模式。① 在1927年之前，学校开设的课程全是英美法律，授课用英语，教学中的案例也都取自英美，学生必须接受宗教教育，参加礼拜活动。1927年以后，不仅学校的主持人改为中国人，教学方针也发生了一些变化，从完全以英美法律为主改为侧重中西法学的沟通，出现了中国法和英美法并重的局面。

　　学生对专业的选择不只受到政府导向的影响和民族主义目标的制约，个人目标也影响着他们的专业选择。尤其是在通商口岸的上海，由于新式法学人才可以到外国人开办的大银行和大商行任职，因此法学受到城市学生的偏爱。东吴大学法学院也因其适合中国城市居民的职业需要，很快吸引了大量学生，以致学院经费几乎完全依靠学费来维持，连东吴大学也没有给予经费帮助。到1930年，东吴大学法学院成为教会大学中最大的专门学院，学生有594人，超过东吴大学本科生总数的四分之一。"尽管这个法学院兴旺发达，但东吴大学当局仍为这所在上海的法学院担忧。学院几乎完全成为世俗化的学院了"，因为这时的东吴法学院"只有很少教师仍旧忠实于福音事业，也只有极少数的学生是基督徒；学院又缺乏一个可以为学校带来宗教气氛的校园生活。"② 但是，法学院并不会因为东吴大学的担忧而改变其世俗化和职业化的步伐，特别是法学院

---

① 忻福良,赵安东.上海高等教育沿革[M].上海：同济大学出版社,1992：150—152.
② 杰西·格·卢茨.中国教会大学史(1850—1950)[M].曾钜生,译.杭州：浙江教育出版社,1987：295.

的毕业生有许多人取得大学教师或政府官员等重要职位。在20世纪30年代,有7名法学院的毕业生是立法院法律编纂委员会成员,提倡成立公共租界法庭的9名律师中有7名是东吴大学法学院的校友。学院出版的刊物刊载有20年代至30年代试图实现现代化所拟定的许多法典和中外律师的评注,使该刊成为中国法制史上的主要资料。"因此,尽管东吴当局对法学院持有矛盾态度,但学院深受欢迎以及学院的师生贡献大都说明了学院是符合多数中国人的心愿的。"①

沪江大学是上海第一所立案的教会大学。与其他教会大学不同,沪江大学一直对其中国化抱有明确而坚定的信念。1929年3月18日,国民政府批准沪江大学立案,沪江大学作为中国的一所私立大学进入了中国的教育系统,所颁学位得到政府的承认,这使沪江大学的发展有了更为广阔的前景。第一任华人校长刘湛恩后来回顾说:"从那以后,大学与政府的关系非常令人满意,我们没有遇到任何麻烦。立案有助于使公众了解基督教教育的真正目的。这所大学不再被视为一所'进行文化侵略的洋学堂',而被认为是一所为培养中国青年而办的私立教会学校。政府授予了我们和其他国立和私立大学一样的权利。毫无疑问,校董会作出向统治这个国家的政府立案的决定是对的。"② 1929年以后,学校相继成立了文学院、理学院、商学院和教育学院等。教育学院成立不久改称教育系,归并到文学院。沪江大学立案后,在办学性质上发生的一个明显变化是,世俗性教育功能成为其主要功能,更着眼于为社会而不是为教会培养人才。1928年2月9日,刘湛恩在沪江春季开学典礼上向师生勾勒了沪江模式的蓝图,即学术化、人格化、平民化及职业化。③ 在学校的学科发展方面,沪江模式的发展方向就是职业化,这一取向是在继承美国式教育社会化的基础上,在调和国民政府对于高等教育的总体政策导向的新形势下,力图形成一种"联系中国社会实际"的应用性专业特色,以确定其在基督教教育中特殊的社会影响力。

沪江大学立案以后,在学制上被纳入了中国统一的学制系统。在沪江大学的文、理、商三个学院中,理学院的发展与国民政府一贯的高等教育政策相符。理学院下设生物系、物理系、化学系。各系教学不仅重视专业基础理论的研究,更注重理论在社会尤其是上海社会中的应用。如生物系的培养方向从主要为

---

① 杰西·格·卢茨.中国教会大学史(1850—1950)[M].曾钜生,译.杭州:浙江教育出版社,1987:297.
② 王立诚.美国文化渗透与近代中国教育——沪江大学的历史[M].上海:复旦大学出版社,2001:167.
③ 同上:199.

医科和农科提供生物学基础教育,进而扩展到提供渔业、公共卫生和工业生物学方面的训练,"力图在上海这个滨海都市尝试生物学在社会中的直接作用"。物理系的发展方向正如其系主任涂羽卿所说:"位于一个工业地区,我们自然应朝向物理系的某种工业上的运用。"化学系在培养方向上,也把眼光放在上海这个城市的社会需要上。系主任徐作合强调:"位于中国工业中心之一的上海,我们的化学毕业生能够在工厂工作,对工业发挥他们的基督教影响,这所学校就会对公众提供更好的服务。"①

文科一向是教会大学最为发达的部分,沪江大学也不例外。立案后,文学院设国文、英文、政治学和社会学系,其中最有名气的是社会学系。因为教会传教实际上就是一项社会活动,因此,教会大学对社会学系都很重视。沪江大学从自身的社会环境出发,着眼于城市社会学。系主任韦爱伦认为:"我们是在上海这座城市里,这是一个研究城市社会学的最佳实验室。……我们得其地利,无人匹敌。"该系学生不只是阅读有关的社会学理论著作和研究报告,而且以"沪东公社与沪大乡村服务处为其实习场所",并到学校附近的杨树浦工场生活区和乡村作田野调查。②

商学院是沪江大学三个学院中最有名的。20世纪30年代,沪江商学院已经成为教会大学中最大的商学院。沪江商学院的发展突出显示了沪江在适应中国社会需要上的努力。尽管30年代国内经济凋敝,学生就业困难,但沪江商科毕业生的出路却很好。系主任郑世察在1936年的报告中不无骄傲地说:"过去七年里有100多个毕业生进入商界,他们大多数获得了成功。我从银行和公司首脑们那里获得的印象是,我们的毕业生工作得比其他商科大学的毕业生出色得多。总的说来,上海的企业如果要人,总是先挑选沪江的毕业生。"③ 因此,尽管国民政府限制商科,鼓励实科,但沪江商学院的学生数还是逐年上升。从表2-35可以看出,虽然商学院只有一个系,但学生数占全校人数的三分之一。

由于正规的商学院收费昂贵,许多付不起学费的人望而却步。本着"把教育送到民间"的理念,沪江大学在上海外滩圆明园路上的真光大楼开办了号称"民众大学"的城中区商学院,这也是沪江大学平民化办学方向的一个重要方面。城中区商学院与中国工商界和社会团体紧密合作,采用社会办学的方式,

---

① 王立诚.美国文化渗透与近代中国教育——沪江大学的历史[M].上海:复旦大学出版社,2001:207—209.
② 同上:215.
③ 同上:220.

于 1932 年 3 月正式开学,尽管当时上海处于一·二八淞沪抗战的战火硝烟

表 2-35 沪江大学各院学生人数(1930—1937 年)①　（单位:人）

院　别	1930 年	1931 年	1932 年	1933 年	1934 年	1935 年	1936 年	1937 年
理学院	135	133	127	152	161	174	237	190
文学院	252	257	215	196	226	242	271	259
商学院	144	178	177	238	215	207	182	162
总　计	531	568	519	586	602	623	690	611

中,但仍有 228 人入学。到下半年,学生人数翻了一番。城中区商学院与社会团体的合作办学,使其扩大了办学范围,办起了沪江本来想办却无力办的其他事业。如 1932 年与《时事新报》和英文《大陆报》合作开办了新闻学和英语新闻专门班,同年与中华工业总联合会合作开办了科学管理科,并开办了属于特科的工业管理训练班;1934 年,鉴于上海建筑业缺少人才,又与中国建筑师学会合作开办建筑学科;同年还与中国商业美术作家协会合办了商业美术班,与中华妇女节制会合办了家政班。从 1932 年到 1937 年,城中区商学院共招收学生 4 761 人,学生主要来自银行、公司洋行和机关团体。②

但是,不管教会大学在中国化道路上走得多远,它们和中国人自己办的大学还是有着根本的不同。如,传播教义仍然是它的基本目的;教会大学接受外来资助,它的政策在一定程度上受外来影响;教会大学由于一些教徒教师的努力,仍然保持着它的基督教气氛;教师队伍中的国际性;重视文科的倾向以及对校园生活的强调等。

---

① 王立诚.美国文化渗透与近代中国教育——沪江大学的历史[M].上海:复旦大学出版社,2001:209,218,220.
② 同上:233.

第三章

民国上海现代教育的磨难与嬗变
（1937—1949）

1937—1949年是上海政权频繁更迭的时期，也是上海教育不断经历磨难与嬗变的时期。可以说，这一时期的上海教育多灾多难。经过1927—1937年这十年较为稳定的发展后，上海的现代教育体系已初具规模，各级各类教育无论在数量上还是质量上，都远远超过全国的平均水平。但抗日战争的全面爆发，不仅阻止了上海教育的现代化进程，而且使多年苦心经营的教育事业遭到重创。在1937年11月到1941年12月的上海"孤岛"时期，由于各种因素，上海教育呈现出畸形发展的状态，主要表现为学校数量剧增，但教育质量下降。从1941年12月上海全面沦陷到1945年抗日战争胜利期间，更是上海教育的黑暗时期，这一时期，日伪强制推行奴化教育，打击任何形式的进步教育。1945年上海光复，当教育界满怀信心努力开创教育的新局面时，国民党又挑起了内战，随着政治的日趋腐败，加之经济崩溃，教育经费匮乏，教育事业的发展得不到任何保障，上海教育再次陷入新的危机。

第一节　畸形发展的教育——"孤岛"时期的上海教育（一）

一、八一三事变对上海教育的重创

1937年7月7日，中国人民抗日战争全面爆发，8月13日，日本侵略者大举进犯上海，中国军人与上海人民同仇敌忾、团结战斗，进行了长达三个月的英勇抗战，粉碎了日本帝国主义"三个月灭亡中国"的美梦。11月，中国军队奉命撤出上海，日军侵占上海华界，扶植傀儡政权，同时围困公共租界和法租界。这时，租界的周围都被日伪势力包围，上海宛如一个孤岛，所以这一阶段又称"孤岛"时期。

淞沪之战使上海经济和文化事业遭受沉重打击，金融停滞、工业凋敝、商业萧条、交通瘫痪，整个华界一派颓废景象。苦心经营多年的上海华界教育也不可避免地遭到继1932年一·二八事变之后的又一次重创。如果说一·二八事变给上海教育带来的只是局部破坏的话,那么淞沪之战对上海教育的破坏却是全面的、整体的。据不完全统计,上海的许多学校和文化机关在八一三事变中被炸毁或被日军占为军营(详见表3-1)。

表3-1 八一三事变中上海部分学校和文化机构被战火毁坏情况表①

学校名称	被毁情况	损失估计(元)
同济大学	全部被炸毁	1 864 018
暨南大学	局部被炸毁	—
大同大学	局部被炸毁	10 000
沪江大学	校舍被敌军占领	1 679 749
音乐专科	校舍被敌军占领	171 632
上海商学院	校舍被敌军占领	201 000
上海法学院	全部被炸毁	210 000
正风文学院	局部被炸毁	—
同德医学院	大部被毁	150 000
持志学院	大部被毁	500 000
复旦大学	大部被毁	1 200 000
商船学校	全部被毁	406 760
东南医学院	全部被毁	230 000
市立体育专科	校舍被敌军占领	—
爱国女中	全部被毁	50 830
持志附中	全部被毁	—
新民中学	—	40 000
育青中学	—	40 000
东南女子体育师范及附中	全部被毁	150 600
澄衷中学	局部被炸	60 000
麦伦中学	全部被毁	82 800
沪北中学	—	50 000
惠群中学	全部被毁	100 000

① 上海市档案馆.日本帝国主义侵略上海罪行史料汇编(下册)[M].上海:上海人民出版社,1997:449—450.

续表

学校名称	被毁情况	损失估计(元)
建国中学		100 000
安徽中学	校具被毁	3 000
新亚中学	—	6 000
两江体育师范	全部被毁	110 000
浦东中学	局部被炸	2 000
市北中学	全部被毁	120 000
启秀女中	全部被毁	221 000
大公职业中学	局部被炸,校舍损害	30 000
新陆师范	大部被炸	109 000
立达小学	鸡场、农场全部被毁,校具、农具局部被炸	25 000
吴淞中学	全部被炸	50 000
复旦中学	全部被炸	119 000
崇德女中	—	290 000
广东初中	全部被炸	140 000
岭南初中	局部被炸	30 000
同德助产	局部被炸	3 000
粤东中学	全部被炸	200 000
市博物馆	全部被炸	390 000
市图书馆	全部被炸	470 000
市体育场	局部被炸	1 000 000

  上海市第一公共体育场被炸成废墟,江湾体育场沦为日军的军火库,场内筑起碉堡。地处江湾的暨南大学、同济大学、复旦大学等高校的校舍、图书、教具,多被日军的炮火焚毁。敬业、务本等六所市立中学的损失达82万元,全市68所私立中学的财产损失价值1 571万元。据1937年统计,全市专科以上学校,战时损失达705.342万元,全毁的大学有同济大学、大夏大学、光华大学、上海商学院、上海法学院、吴淞商船学校、东南医学院等。

  战争给上海中小学及社会教育造成巨大损失。据统计,在此次战争中,上海中学、小学和社会教育机关共计损失达 8 704 882 元,其中,中学损失 1 700 746 元,小学损失 3 807 115 元,社会教育机关损失 1 197 021 元。① 晏摩氏女校是美国教会在上海最大的中学之一,"宋美龄女士系该校毕业生",该校 1937 年 10 月 27 日遭日军轰炸,中弹 20 余枚,校舍全部被毁,"建筑损失达百万"。②

二、"孤岛"时期的政治、经济与教育的畸形发展

"孤岛"时期,上海的政局错综复杂。日本帝国主义侵华期间,奉行"不实行占领式的行政","政治机关由当地居民自主组成","必须在日军指导下确保治安"三大原则。1937 年 12 月 5 日,在日军的扶持下,伪大道政府成立,由苏锡文出任市长。1938 年 3 月,"中华民国维新政府"在南京成立,上海大道政府易名为督办上海市政公署,10 月改组为上海特别市政府,由傅筱庵任市长,但实际操纵者为日军上海特务机关顾问部。尽管日军在上海沦陷区扶植了傀儡政权,但英美等国政府始终不予承认,然而出于自身在华利益的考虑,英美等国也不想与日伪撕破脸皮,因此始终处于一种矛盾的态度。国民政府虽然仍与租界合作,行使一定的职能,但在当时特殊的环境下,这种职能愈来愈弱。迫于国际关系,日伪对租界只能逐步渗透,不敢公然进犯。因此,在险恶的战争环境下,尽管日军占领了上海周边沦陷区,但租界却像汪洋大海中的一座孤岛。

租界在战争中虽然免受日军炮火的直接攻击,但界内的工业、商业、金融和文化教育事业均受到影响。尽管如此,战乱过后,租界的经济不仅没有凋零下去,相反,却呈现出繁荣景象。造成租界经济畸形繁荣的原因很多。首先,八一三事变之际,上海的周边地区人口纷纷逃往租界避难,1938 年下半年,租界人口由战前的 167 万增至 400 多万,构成空前规模的消费市场。如此众多的人口中,多数是工人职员和城市贫民及难民。失业人口的剧增为租界经济提供了廉价劳动力。其次,许多江浙一带的富商巨贾在战乱中迁居上海,他们带来了大量的资金,其中很大一部分投入生产及流通领域,为"孤岛"经济的发展提供了资本。

据 1941 年统计,工厂企业除迁往内地继续生产经营者外,战后复业者 372 家,新建 412 家,共达 784 家,为战前的 1.5 倍以上。就工业产值而言,至 1940 年,除少数受统治的橡胶业等外,其余各业均超过战前水平。上海各业工厂,无论华商外商、大厂小厂,产量蒸蒸日上,利润滚滚而来。商业方面,在战后,上海

---

① 顾毓秀.抗战以来我国教育文化之损失[N].时事新报,1938,19(5).
② 上海市档案馆.日本帝国主义侵略上海罪行史料汇编(上册)[M].上海:上海人民出版社,1997:622.

各业商店或整理复业,或迁徙租界,日渐发达。1938年,沪上新开饮食店129家,日用品店85家,服装店58家,医药店31家,饰品店26家。至1940年,百货商店增开500家。金融更是发达,孤岛内银行林立,钱庄遍地。①

复杂而又动荡不安的政治局势和畸形繁荣的经济,构成"孤岛"教育的大环境,这就决定了这一时期上海的教育必然脱离教育正常的发展轨道,正像"孤岛"畸形繁荣的经济一样,也呈现出一种异样的发展状态。

1937年8月13日,淞沪抗战爆发后,上海教育局迁至租界。11月,中国军队撤离上海,教育局也奉令撤退。之后,国民政府教育部派蒋建白为驻沪专员,负责宣导中央教育政策,防阻敌伪奴化教育。1940年5月,蒋建白另调,教育部派陈宝骅继任。1941年12月,太平洋战事爆发,当时驻沪办事处仍照常工作,但因为敌伪势力已经正式进入租界,处境非常困难,"办公处所,一日数迁。后因外围发款人员被捕,而牵入内部,终至全遭摧毁,上自代专员,下至低级干部,先后被捕。上海市战时教育行政,至此全部中断"。② 其后虽经教育部派员来沪重建机构,但不久又遭逮捕。从1942年夏起,工作几乎全部停顿,只有若干可能掩护的学校,仍继续维持,直到抗战胜利为止。战前由于租界的存在,教育行政权未能统一。当时有两个特区:第一特区即公共租界教育行政,由工部局教育处主持,第二特区即法租界教育行政,由公董局教育总监处主持。抗日战争初期,第一特区教育处与第二特区教育总监的组织仍未变更。其后,租界取消。1945年光复时,特区教育行政即由教育局接收办理。可以说,在抗日战争期间,上海的教育行政一直处于混乱之中,上海的教育发展失去了其计划性和有序性,呈现出无政府状态。

关于当时"孤岛"的教育状况,用当时教育专家陈碧云的话来说,就是畸形发展。

> 上海自1937年沦为孤岛之后,在许多方面都表现出许多畸形状态。如租界人口的剧增,富有者的特别享受和贫穷者的特别痛苦。某些商业的特别发展和某些商业的特别衰弱⋯⋯但最畸形发展的还是在教育的一面。③

---

① 熊月之,潘君祥,王仰清.上海通史·民国经济[M].上海:上海人民出版社,1999:365—366.
② 上海市教育局.上海市中等教育概况[M].上海:中正书局,1948:144.
③ 陈碧云.上海孤岛上的教育现状与问题[J].教育杂志,1939,29(5):43.

他认为,"据一般人的想象,以为上海沦为孤岛后,在教育方面一定会受到致命的攻击而陷于极端衰弱的境地,但实际上说,上海的教育却反而特别地发达起来了"。据中国学生服务社的调查,1939年下学期上海学校共计1 082所,各校合计人数有331 967人,而战前1936年上海市共有学校1 227所,学生总数243 744人,和战前相比,虽然学校总数有所下降,但入学人数大大增加。教育概况统计见表3-2。①

表3-2　1937年上海教育概况统计　　　　　　(单位:所)

高等学校	75	聋哑学校	8
中等学校	259	函授学校	12
初等学校	460	工部局学校	21
补习学校	140	其他难民难童学校	54

在75所高等学校中,大学16所,独立学院34所,专科学校12所,专门学校6所,专修学校7所。259所中等学校中,中等学校193所,女子中学52所,师范学校14所。另有助产学校9所,职业学校53所。初等学校中,小学419所,女子小学41所。至于其他工部局学校、函授学校、难民学校等,共96所。学校平均人数为大学302人,学院191人,专科85人,专门学校63人,专修学校54人,中学311人,师范101人,助产160人,职业学校130人,小学405人,聋哑学校42人,报童学校38人,函授学校86人,补习学校504人,工部局学校370人。

在高等教育方面,抗日战争之前有同济大学、交通大学、暨南大学、复旦大学、大夏大学、大同大学、沪江大学、光华大学、持志学院、圣约翰大学、震旦大学、东吴大学、上海美术专门学校、新华艺术专科学校、东亚体育专科学校、东南医学院、中法大学药学专修科、上海女子医学院、同德医学院、正风文学院等共34所。以上学校,除同济大学完全迁到内地之外,其余仍留在上海,虽然许多大学的校址或被炸或被侵占,但还是迁到租界内继续开办。而由外埠迁入上海租界的有之江文理学院、南通学院、东吴大学本部、私立苏州美术专科学校、无锡国学专修学校等。新成立的有上海女子大学、震旦大学女子文理学院、新中国大学、致用大学、健行大学、三吴大学、新中国学院、中国医学院、中医学院、太炎文学院、中国建筑工程学院、建华建筑工业专科学校、中国纺织染工业专科学校、强华工业专科学校等15所。这样合起来,使上海的大学及专科学校达到75

---

① 上海学校统计[J].教育杂志,1939,29(6):91.

所,数量较之前增加了一倍以上。

在中等教育方面,战前有中等学校135所,其中市立6所,私立121所,省立2所,工部局立5所,国立1所(同济大学附设高级职业学校)。除租界内的56所学校外,其余77所均在沦陷区,并遭受了巨大损失,但除少数暂行停办外,大部分迁入租界,继续开学。此外,由外埠迁入上海及新立者共有97所。这样,当时上海的中等学校计有259所,学生80 549人。

在初等教育方面,战前上海公立和私立已立案的小学共计573所,其中市立202所,私立358所,租界立7所,其他各种公立6所,私立未立案小学不计其数。除去地处租界的223所学校外,有350所学校在沦陷区。小学校由于学校和学生的特殊关系,不能像大学和中学一样可以迁入租界,因此除极少数迁入租界外,其余的不是停办就是为傀儡组织接办。

难民教育和难童教育是"孤岛"时期上海出现的一种特殊教育,专门提供给战争中的难民和难童。上海的难民教育除各难民收容所设有关于难民教育的专门机关,教授识字及各种粗浅技能外,还设有专门的难童学校和难民中学等。

上海教育表现最为发达的是在补习教育方面。战前上海的补习教育已经十分发达,如中华职业教育社附设的各种补习学校,市社会局与中华学艺社合办的职业补习学校以及量才补习学校等,都很著名。全市登记的职业补习学校,包括函授学校共计30所左右,与未登记的补习学校合计共50多所。战后,补习学校如雨后春笋,遍地皆是,已经有140所,另外还有函授学校8所,共计人数有71 592人,大大超过战前水平。其中,中华职业补习学校的学生达到7 000余人。"孤岛"时期上海的补习教育如此发达的原因是:自江浙许多主要城市和地方沦陷后,有点钱的人都逃到租界来避难,因此人口剧增(战前上海人口包括租界及南市、闸北在内不过350万人,而战后仅租界人口就达400万人以上),避难人口中有许多是青年和少年,他们都需要接受学校教育。而沦陷区的学校几乎全部停办,所以在沦陷区的青年要想继续上学,只有到上海来。《申报》一位记者认为:"据职业教育家对于补习学校发达观察所得的意见说:职业教育家对于补习教育之原则,在使已受教育,而无职业技能者获得技能,已就职业而无专门智识者获得专门智识。其他非职业性的补习学校,如对英文、算学、理化等科之补习,则为应付失学青年之免废学业,与投考学校之取得便利。战后上海人口增多,而失学青年与失业青年数量激增,彼辈或为求学或为求业,对于补习教育,都积极需要。因此,补习学校遂应时蓬勃而起。此外,由于各级学校方面,因房价高涨,维持不易,乃利用原有教室附设补校,以增加收入,与夫各校教师因待遇低落或失业教师生活艰难,为维持生活起见,亦纷纷利用业余时间设立补校,此亦补校所以发达之一原因。"① 事实上,战后上海已经成为江浙学校的集中地,也就是江浙沦陷区青年求学的集中地。

"孤岛"时期,上海各级各类学校的数量的确是增加了,但同时,由于种种原因,规模的增加并没有带来教育系统的质的飞跃,事实上,教育质量并没有随数量的增加而上升,反而整体下降。这是"孤岛"的教育畸形发展的特征之一。

此时,特别是高等教育和中等教育,质量下降最为明显。在高等教育方面,除少数学校原来设在租界,物质上未曾受损失之外,绝大多数在华界的校舍全被摧毁或占据,校具图书仪器等也遭受了巨大损失。所以像这类学校,虽然都迁入了租界,勉强继续开办,但校舍、校具、图书、仪器等必需设备都十分困难,也只能因陋就简。如复旦、大夏、圣约翰等大学,原来的校舍都是"宏大堂皇"的,校具、图书、仪器运动场等都相当完备,可是迁到租界后就今非昔比了。首先因为租界内的大规模房屋不容易租到,加上租金昂贵,以致这些学校的校舍都变得十分狭小。即便是必需的图书仪器等设备也比以前差很多,运动场所更不用说。至于由外埠迁来的及新办的学校,更是因陋就简,勉强维持。这种情形也出现在中等学校。其次是教授人才的缺乏。"自上海沦陷后,较有修养的一批教授有好多因种种原因都离开了。而另一方面因为大学及专科学校的增办,教授的需要反而增加,于是形成教授供不应求的现象。于是不够教授条件的人也只好全充教授了。"② 同时由于各学校经费困难,教授薪水削减,许多教授不能专心任教,也影响了工作质量,在功课方面有所退步。尤其是新成立的大学或专科学校,大多数都带有投机营业的性质,功课方面更是随便马虎。某些大学因为害怕日本人的压迫,便把凡是涉及新思想的(连民族解放的思想在内)或时局的功课都避开不教,或是用陈腐的乃至反动的东西来代替。例如在国文方面,许多学校都只教古文,而不用现代的含有进步思想的文艺作品。在社会科学方面更是如此,凡是关于社会主义、辩证法、唯物论、社会改造以及与抗战问题有关的一切学说或名词都尽力避开。即使有学生提出要求教授解答,他们也是完全采取不理睬的态度。总而言之,在功课方面,除了自然科学外,多采用"陈腐的反动的教材"。在中等学校,教员与功课方面比起大学及专科学校

①② 陈碧云.上海孤岛上的教育现状与问题[J].教育杂志,1939,29(5):45.

或许好一点,虽然因为中学教员比较容易聘请,然而在功课方面都有一定的教科书作为标准,所以学校聘请的教员都是不够格的。即使好点的教员也由于薪水太低,必须担任过多的时间,而只好随便敷衍。在功课上,有许多中等学校也像大学一样,专教古文,避免谈时事。至于小学校,除经费比较充裕的少数学校外,无论在校舍校具的设备上,还是在教员及功课上,只能是支撑了。因为战后上海生活特别困难,于是办学者也特别关注经济利益,"在战前还有教育局的干涉,现在是完全没有了。而学校的营业性质也就更加露骨了"。①

教育愈是发展,质量愈是退化,这是上海这一"孤岛"教育畸形发展的明显特征之一。为此,许多人士提出使租界教育走出畸形发展状态的要求,因为"上海虽已成为孤岛,但在我国的经济上和文化上,还是异常之重要的。无论对于目前抗战,对于将来复兴中国民族的整个事业上,都会占着极重要的地位。其教育工作,也就含有特殊的重要意义"。② 的确,在这个被日伪势力包围的"孤岛",不但有百万左右的青年和儿童需要良好的教育,而且周围沦陷区的千百万青年的教育也需要以此为根据地。因此,如何使"学校的质量改进能与数量的增加相配合"就成为租界教育发展要解决的关键问题。而要有效解决这一问题,就必须解决好几个相关的重要问题,分别如下。

(1) 学生与学校当局的冲突问题,这主要源于政治原因。由于上海环境的特别,学校当局方面愈来愈趋于保守反动,而学生方面则愈来愈趋于激进,青年学生的爱国思想和感情愈来愈不可抑制。关于这一点,《大美报》记者白羽先生描写道:"最近我接到许多青年学生报告他们受了学校当局种种不合理的待遇,如禁止做爱国作文哪,如开除爱国学生哪,如私拆学生的信件哪,如辞退学生所信仰的教师哪,来信充满了悲愤怨恨之气,充分表明了师生间的未能合作,甚至于摩擦日剧。"如何解决这种冲突成为当时最严峻的问题。

(2) 上海在战争开始后虽然开办了许多大学、中学、小学以及补习学校,但失学的青年和儿童还是"满坑满谷",因为能够进入学校的都是有钱人家的子弟,至少是家庭经济勉强过得去的。至于贫苦的青年及儿童,连日常最低的生活尚不能维持,当然没有余钱再进学校。

(3) 上海的学校同其他行业一样,常有汉奸从中活动。一方面,日伪对租界内繁荣的教育觊觎已久,千方百计予以伪化,不断派遣汉奸从中阴谋策划;另一方面,教育界也不乏卖国投敌者,他们不惜出卖民族利益,以换取政治或经济

---

①② 陈碧云.上海孤岛上的教育现状与问题[J].教育杂志,1939,29(5):46.

上的利益。

当然,最基本的困难还是"上海目前的教育界已成了一种完全无政府的状态"。从质量最差的学校到暗地勾结伪组织的学校,除了学生家长及舆论的反抗和指责之外,既没有教育行政机关出面制裁,也没有任何有力的教育团体从中干涉。因此,陈碧云指出,最重要的是要立即成立各学校内的自治委员会,"再由此中委员会联合起来成立各区及上海的学校自治联合委员会,以处理各学校各区及全上海一般的教育问题"。①

但是,由于当时上海复杂而变动不居的政治环境,直到1941年太平洋战争爆发,上海全面沦陷时,这个"上海的学校自治联合委员会"也没有建成,"孤岛"的教育界一直处于一种无政府状态。

第二节　没有校园的学校——"孤岛"时期的上海教育(二)

八一三战事爆发以后,华界大部分学校所在地沦陷,有的全部迁往内地,如同济大学和大夏大学,有的部分迁往内地,如复旦大学、交通大学、光华大学等,更多的学校则是迁入租界继续开学。中小学校因为不便内迁,大部分移入租界继续办理,江南一带沦陷区的许多学校也迁到租界继续上课。一时,"孤岛"成为中国教育最为密集的地区。这些学校大多租用租界内的房屋作为校舍,但因为房屋有限,所以某一幢楼房可能有几所甚至十几所学校在里面上课,许多学校成为没有校园的学校。据回忆,"当时南京路的国货大楼,因为国货公司停歇了,改名慈淑大楼;这座五层而面积有限的大楼里,大概就容纳了大学、中学、补习学校不下十余所,门前挂满了大大小小的招牌"。当时,租界里"每所学校,几乎都人满为患,广大江南沦陷区的青年们,只有设法跑到孤岛来,才能找到求学的机会"。②

一、在困境中发展的高等教育

在抗日战争全面爆发初期,损失最大的是高等教育机构。在战争爆发前,全国共有专科以上学校108所,但从1937年7月7日起至1938年8月,全国共有91所学校遭到破坏,其中作为中国高等教育重镇的上海有25所。③

---

① 陈碧云.上海孤岛上的教育现状与问题[J].教育杂志,1939,29(5):7.
② 徐铸成.炸弹与水果(旧闻杂忆续篇)[M].香港:生活·读书·新知三联书店香港分店,1981:14.
③ 延安时事研究会.抗战中的中国教育[M].上海:上海人民出版社,1961:28.

其中,损失最为惨重的当数距离战区最近的国立同济大学。在八一三事变之后的8月28日、29日两天,日本飞机接连轰炸吴淞地区,该校的大礼堂、办公室、工学院、理学院、电机馆、解剖馆、生理馆、材料实验室、实习工厂、图书馆、教授住宅以及学生宿舍全被炸毁。《申报》义正词严地指出:"同济大学位置,远在吴淞镇北,在军事上实非重要,即我军方面,亦无利用该校作战之事,日军如此破坏","实不啻为对整个世界文化宣战,狰狞面目,暴露日显。"① 此后,同济大学曾暂时迁到租界,但由于战事日益激烈,10月,学校当局又决定迁往浙江金华。但没想到,由于种种原因,在不到一年的时间里,又迁了五次,从金华迁到赣州,从赣州迁到广西八步,又从广西八步迁到云南昆明,最后迁到四川,可谓历尽艰辛。

其他学校有的部分内迁,有的则迁往租界继续上课。战后不久,教育部指示复旦大学、大同大学、光华大学、大夏大学组成联合大学内迁,后来由于大同大学和光华大学经费不足而退出。复旦和大夏按照教育部的要求,组成临时联合大学,并遵照部令把联合大学分为两部,一部迁往江西,一部迁往贵州。复旦一部分滞留于上海的师生则在老校长李登辉的领导下成立了复旦大学补习部,租借英租界北京东路中一信托大楼的四楼和五楼作为临时校舍,于1938年2月23日正式开课。之后几次搬迁,最后于1939年4月搬到赫德路574号上课,当时学校有700余人。复旦大学补习部设四院十四系,分别为文学院:四年制大学本科设中国文学系、外国文学系、新闻学系、教育学系、社会学系;理学院:四年制大学本科设土木工程系、化学系;商学院:四年制大学本科设银行金融系、工商管理系、会计学系;法学院:四年制大学本科设政治学系、经济学系、法律学系。② 复旦大学补习部继续坚持以实用性科系为主的办学指导思想,因而商学院和法学院依旧是人数最多的。在"孤岛"形势日益严峻的日子里,师生们认真教书,认真学习,积极参加爱国活动,使学校充满了抗日爱国的气氛。据一位当年参加复旦大学补习部学校的学生回忆:"上海是中国最大的商业都市,以商法权威著称的'海上三王',即王孝通、王效文、王去非教授,都曾在赫德路复旦大学授课。第一天去上王去非教授的课,王教授劈头一句,'人有白头之少年,也有少年之白头'。暗示当时地处租界,敌伪环伺,应振奋努力,不可迂腐沉沦而为少年之白头,他日夜近天明献身国家,虽年长亦应为

---

① 申报[N],1937-9-3.
② 复旦大学校史编写组.复旦大学志(第一卷)(1905—1949)[M].上海:复旦大学出版社,1985:302—303.

白头之少年。"①

交通大学先是在1937年10月租中华学艺社房屋,作为三、四年级学生上课住宿之地,后与法租界的震旦大学协商,借其校房屋作为一、二年级上课之地,当时学生总数达520多人。② 各院系克服了重重困难,千方百计力图保证教学质量。工学院机械工程系在1938年度的总报告中写道:"局居孤岛,自属苟安,唯专心于为国栽培人才,故不觉所处环境之恶劣也。是以对于教务方面,进行未敢稍懈。物理、化学、锻铁、电机等各项实习与实验之课,均通过商借中法工学院工场和震旦大学实验室进行。"③ 其他各系也是如此,如在管理学院1939年第一学期工作报告中也记述道:"教学方面诸同仁均深明非常时期应格外在本位上努力,仍本以往精神,认真讲课。学生方面,亦大多明了国家在危机之秋,将来为国服务,责任格外重大,非具真实才学不能应付裕如。加以各教授之严密督促,各导师之热心训导,故对于学业颇能勤奋研求,孜孜不倦。此则殊可欣幸者也。"④ 交通大学的师生在艰苦卓绝的环境中本着为国服务的精神,坚持不懈,为国家输送了大批建设人才。

其他大学的命运也大体类似。暨南大学是唯一一所为训练华侨子弟而设置的最高学府。在八一三事变前,设校于上海西郊之真如,下设附中及实验学校,重要建筑有大礼堂、科学馆、体育馆、总办公厅、教室宿舍,错落于丛林之内,并有大运动场一个,足球场两个,另外还有花圃、园林、校河、水亭,新建的体育馆也即将落成。教职员住在暨南新村,优雅清静,但八一三战事以后全部沦陷。在全面抗战爆发之初,曾经教育部同意迁往江西,但因局势变化而中止,奉令仍在上海继续维持。暨南当时有文学院、理学院、商学院。文学院设中国文学系、外国文学系、历史地理学系、教育学系四系。另外还设有南洋文化事业部,专门研究南洋文化。抗战后,改组为南洋研究馆,由周予同任馆长。由于在八一三事变时,该校已将较重要之仪器图书尽力转移到上海租界,故设备方面尚保存较为贵重之一部分。当时暨南大学有教职员106人,其中专任教授35人,助教

---

① 汤于勋.赫德路怀旧[M]//陈思和,龚向群.走进复旦.成都:四川人民出版社,2000:188.
② 《交通大学校史》撰写组.交通大学校史资料选编(第二卷)[M].西安:西安交通大学出版社,1986:291.
③ 机械工程系二十七年度总报告[M]//《交通大学校史》撰写组.交通大学校史资料选编(第二卷).西安:西安交通大学出版社,1986:329.
④ 管理学院二十八年度第一学期工作报告[M]//《交通大学校史》撰写组.交通大学校史资料选编(第二卷).西安:西安交通大学出版社,1986:343.

10人,兼任教授及讲师27人,职员34人。文学院143人,理学院80人,商学院180人,共计403人。校长何炳松,教务长周予同。自迁入上海租界后,一切因陋就简。自1939年度起,奉令代办大学先修班,以收容统一招考而未录取但成绩较优的学生。①

全面抗战爆发前,光华大学共有学生720人,附属中学852人。八一三事变后,大西路校址接近战区,于是租赁愚园路房屋与附属中学合并上课。大学部所设仍为国文、外国语、语文、教育、政治、历史、社会、数理、化学、土木工程、会计、经济、银行、工商管理等学系,未尝减少,同时增设战时之课程,以应时需,中学部之教材与平时相同,但增加了战时课程。因为校舍有限,学生一律走读,当时大学有学生528人,中学有715人,比战前有所减少。1937年11月13日,由于愚园路临时校舍离越界筑路太近,于是又将大学部迁到公共租界爱文义路国光中学上课,中学部则迁至公共租界威海卫路上课,后又在公共租界白可路觅得一处作为大学校舍。尽管一个学期两次搬迁,但所教授之课并没有减少。1938年春,在法租界租得房屋后计划搬迁,但因法租界当局阻止,不得已改租汉口路证券交易所八楼作为上课之所,全体学生一律走读,学生也日见增多,至1940年秋,大中学生各1000多人,共2300余人,是在"维持战区文化,不能谓无功效"。②

在上海的专科学校中,私立上海美术专科学校的遭遇具有典型性和代表性。八一三事变后,"孤岛"的社会经济呈现畸形繁荣的局面,也促使了上海美术界的繁荣。大新公司(今南京路第一百货公司)四楼的画厅里经常举行各种画展。受抗战影响几乎不能维持的私立上海美专,也由于当时各系学生总数达到390名,学校的经费问题暂时得到缓解。上海美专一直遵循蔡元培先生"学术自由,兼容并包"的办学思想,并以他书赠的"宏约深美"为校训,③因之从1912年建校起,一切举措都体现了这种民主思想。"孤岛"时期的上海美专,继续本着过去的办学方针,在学术上允许各家各派并存,并且尽量使之相互竞争,以形成百花齐放的局面。1939年,上海美专调整行政组织,设教务、训导、总务三处,校长、会计两室,1940年又增设与调整系科,并设三年制艺术教育和劳作

---

① 吴榕藩.八一三以来的暨南大学[J].教育杂志,1941,31(1):24.
② 抗战以来之私立光华大学[J].教育杂志,1941,31(1):28.
③ 温肇桐.回忆"孤岛"时期的上海美专与铁流漫画木刻研究会[M]//中国人民政治协商会议上海市委员会文史资料工作委员会.解放前上海的学校(上海文史资料选辑第五十九辑).上海:上海人民出版社,1988:212.

教育两专修科,招收高中或同等学校毕业生,以及五年制国画、西画、图案、雕塑、建筑、音乐六组,又附设相当于高中程度的艺术师范科。上海美专一向注重学术研究,如抗战以来各教授及高年级学生分头从事各种有关艺术之专门研究与著作,经常举行学术演讲,出版校刊《美术界》及《中国历代名画大观》。上海美专的经费除教育部补助外,大部分为学生学费,其收入总数较战前减少三分之一,但支出却增加十分之三。虽然"沪市物价日高,可是上海美专的同仁,好似把物质的苦痛,完全忘却,只是致力在民族文化的建设上,艺术青年的教育上"。①

"孤岛"时期,国难当头,各学校都表现出同仇敌忾、团结合作的精神。由于大批学校失去了自己的校园,只能借用租界的临时校舍来上课,甚至连实验室和教具也只能借用他校的。在这方面,各个学校都能够互相帮助,精诚合作,让有限的教育资源发挥最大的效用。"孤岛"时期,几所教会大学的联合办学,更是成为这方面的成功范例。

在1938年初上海租界成为"孤岛"时,华东地区的其他教会大学陆续来到租界。东吴大学除部分生物系师生外,文、理、法三学院都借用虞洽卿路上的慕尔堂开课;之江大学在杭州沦陷后,在上海复校,租用博物馆路上的广学会大楼三楼为校舍;金陵女子文理学院、金陵大学,加上已在南京路慈淑大楼办学的圣约翰大学和已在圆明园路开课的沪江大学,以及上海基督教女子医学院,也由于"日寇的炮火把原来无法捏到一起的这七所新教教会大学都驱赶到了上海租界"。② 七所大学中,只有圣约翰大学没有直接受到战火的破坏,得以在其南京路的临时校舍建立图书馆和实验室,而其他大学要想继续开课,就必须借用圣约翰大学的图书馆和实验室,这就为教会大学的联合办学提供了必要性。在各校校董会的积极努力下,1938年6月,由七所大学组成的"基督教大学上海协会"成立。后来由于金陵大学和金陵女子文理学院迁往成都,上海基督教医学院事实上没有参加合作办学,这样,上海租界合作办学剩下圣约翰、沪江、之江和东吴,四所学校通过联合办学渐渐稳定下来,并逐渐恢复到战前的办学规模。

全面抗战爆发以后,不仅上海的许多学校迁往租界,而且租界还迎来了一批从外地迁来的大学。它们大多是江浙沦陷区的学校。其中,私立南通学院是较为著名的一所。1938年8月,南通学院的农、纺两科迁往上海租界,暂借江西

---

① 虞复.抗战以来的上海美专[J].教育杂志,1941,31(1):58.
② 王立诚.美国文化渗透与近代中国教育——沪江大学的历史[M].上海:复旦大学出版社,2001:278.

路451号为校址,9月12日开学。农科下分农艺学系和农业化学系,纺织科下设纺织工程学系和染化工程系,学制均为4年。学生组织了全院学生自治会和农学会、畜牧研究团、昆虫趣味会、染化研究会、参观会和消费合作社等社团,组织各种参观和学术交流活动。如农科的特约参观场有江湾经济试验农场、冠生园农场,以及工部局第一、第二、第三苗圃和中法制药厂等单位;纺织科的特约参观厂有中国纺织建设公司第十四、十五、十六、十七、十九等五厂,永安第一、第二、第三纱厂,中纺第一、第二纱厂等单位。1942年6月,该校迁往重庆。① 除私立南通学院外,迁来租界的外地学校还有私立苏州美术专科学校和私立无锡国学专修学校等,它们的到来使上海高等教育的结构更加合理,专业设置更加完备。

与此同时,在此期间,上海也成立了几所专科以上学校,如1937年8月成立的新中国大学,10月成立的震旦女子文理学校,1938年成立的上海女子大学,1939年创办的私立诚孚纺织专科学校,1940年成立的私立中国纺织工学院,以及1942年成立的私立上海纺织工业专科学校等。之所以在短短的时间内就有三所纺织类专科以上学校成立,主要是因为上海的轻纺业非常发达,已经成为中国纺织业的中心,即使在"孤岛"时期,对纺织人才的需求也不断增加。

由上可见,尽管身处沦陷区,"孤岛"时期的上海依然是全国高等教育的中心。据1941年10月25日《解放日报》统计,尽管由于战争等原因,沦陷区的许多大学纷纷内迁,但在高等学校数目和学生数量上,上海依旧独占鳌头(详见表3-3)。

表3-3 全面抗战爆发后专科以上学校在上海的集中区域②

区 域	学 校	学生数(人)
成都(川西)区	武汉大学、四川大学、东北大学、中央大学医学院、中央技艺专科(以上国立);金陵大学、金陵女子文理学院、朝阳学院、光华大学、齐鲁大学、华西大学(以上私立)	约6 500
重庆(川东)区	中央大学、女子师范学院、药学专科(以上国立);重庆大学、四川教育学院(以上省立);复旦大学(筹改国立);私立中央大学等	约7 000
昆明(云南)区	西南联大、同济大学、云南大学、中正医学院、艺术专科、国术体育专校(均国立)	约4 500

---

① 忻福良,赵安东.上海高等学校沿革[M].上海:同济大学出版社,1992:258—259.
② 抗战后专科以上学校集中区域[N].解放日报.1941-10-25.

续表

区　域	学　　校	学生数（人）
贵阳（贵州）区	浙江大学、唐山工程学院、贵阳医学院、湘雅医学院（以上国立）；大夏大学（私立）等	约4 000
西北区	西北大学、西北工学院、西北农学院、西北医学院、西北师范学院、西北技艺专科（以上国立）；山西大学（省立）等	约5 000
两广区	中山大学、广西大学（以上国立）；江苏教育学院、广东文理学院（以上省立）；华中大学、国民大学、广州大学、镶勤学院（以上私立）等	约4 000
湘西区	湖南大学、师范学院、商业专校（以上国立）；国民学院（私立）	约1 100
上海区	交通大学、暨南大学、上海医学院、上海商学院（以上国立）；沪江大学（分校）、震旦大学、东吴大学、大同大学、上海法政学院、上海美专、南通学院以及抗战后新成立的太炎文学院、仁达学院、新中国大学等十余校（均私立）	约7 400（注：伪校不在内）
北平区	燕京大学、辅仁大学、中国大学、协和医学院、铁路专科（以上私立）；中法大学（中法合办）	约2 500（注：伪校不在内）
其他地区	如分散在福建之国立厦门大学、私立协和学院、华南女子文理学院；浙江之国立应士大学、省立医专；江西之国立中正大学、苏皖政治学院；河南之省立河南大学等	—

二、"孤岛"时期的初等教育和中等教育

"孤岛"时期，上海租界里各类公立和私立学校依然归国民政府管辖，依旧遵行国民政府教育部颁布的各项法规，尽管国民政府鞭长莫及，各校对教育法规的执行可能大打折扣。可以说，这一时期，上海的大中小学都是度日维艰。一方面要和日伪势力作斗争，反对奴化教育，保护学校，防止伪化；另一方面，也必须应付国民政府的各项教育措施。

抗日战争全面爆发以后，国民政府接受了中国共产党倡导的建立抗日民族统一战线和全国民众"一致抗日，共同御侮"的主张，从"抗战建国"的基本国策出发，逐步确立了"战时应作平时看"的教育指导方针。在教育方面，先后颁布了一系列法规，确定了抗日战争时期的教育政策和教育实施方案。1937年8月27日，国民政府教育部颁布《总动员时督导教育工作办法纲领》，要求全国各地学校在战时"务力持镇静，以就地维持课务为原则"；各级学校的训练应"力求切合国防需要，但课程之变更，仍需遵照部定范围"；学校教职员与大中学生，"得就其本地成立战时后方服务团体，但须严格遵照部定办法，不得以任何名义妨害学校之秩序"。① 从内容来看,除了适应战争需要的一些经济措施外,教育督导仍以维持教育的正常秩序为基本目的。

1938年4月,国民党临时全国代表大会通过了《中国国民党抗战建国纲领》,其中有关教育的内容是:(1)改订教育制度及教材,推行战时教程;注重国民道德之修养,提高科学之研究与扩充其设备;(2)训练各种专门技术人员,予以适当之分配,以应抗战需要;(3)训练青年,俾能服务于战争与农村;(4)训练妇女,俾能服务于社会事业,以增加抗战力量。这是国民政府在抗日战争时期教育政策的总纲领。为了实现这一纲领,大会还制定了《战时各级教育实施方案》,明确规定了战时教育发展的九大方针和十七个要点。九大方针是:(1)三育并进;(2)文武合一;(3)农村需要与工业需要并重;(4)教育目的与政治目的一贯;(5)家庭教育与学校教育密切联系;(6)对于吾国文化固有精粹所寄之文学哲艺,以科学方法加以整理发扬,以立民族之自信;(7)对于自然科学,依据需要,迎头赶上,以应国防与生计之需要;(8)对于社会科学,取人之长,补己之短,对其原则加以整理,对于制度应谋创造,以求一切适合于国情;(9)对于各级学校教育,力求目标之明显,并谋各地平均之发展;对于义务教育,依照原定期限以达普及;对于社会教育与家庭教育,力求有计划之实施。十七个实施要点主要包括:大体维持现行学制,对不易施行者应酌量变通;学校的迁移与设置,应有通盘计划;重视师资训练;整理各科教材,使之成为一贯体系;整理中小学教学科目,调整大学科目;定订学校训育标准,施行导师制;普及学校及社会体育,体育教材应与军训、童训取得连贯;严格管理,中等以上学校采用军事管理;逐年增加教育经费;各级学校之建筑只求朴实合用,仪器与实习设备尽量充实;重视各级督学工作,慎重权衡教育行政人员;设立全国最高学术审议机关,以提高学术标准;改订留学制度;注重女子家事教育,使学校教育与家庭教育相辅推行;督促改进边疆教育和华侨教育;确定社会教育制度;实施建教合作,推行职业补习教育。②

为了加强中等以上学校的思想教育和品德教育,国民政府又于1938年公布了《青年训练大纲》,1938年9月公布了《训育纲要》,并从1940年起在中等以上学校施行导师制。《青年训练大纲》包括对青年学生进行信仰训练、德行训练、生活训练以及服务训练。信仰训练的目标是"信仰三民主义;信仰或服从领

---

① 教育部.第二次中国教育年鉴[M].上海:商务印书馆,1948:10.
② 同上:10—11.

袖";德行训练的目标是"发挥忠孝仁爱信义和平诸美德","理解提倡礼义廉耻的意义","涵养公诚朴拙的精神";生活训练的目标是"认清人生的目的在于服务,不在于夺取;认清服务社会为人类生存的基本义务;认清服务的精义,互相帮助,祛除自私自利之心,以社会福利为前提"。训练方式包括日常生活与教学课程。①

"孤岛"时期的上海教育基本上是按照国民政府颁布的教育精神实施的。许多学校实施了战时教程,增加了军训、护理等课目。1940年,遵照教育部通令,中等以上学校施行导师制。接着,交通大学等大学以及各专科学校都实行了导师制。光华大学在施行导师制时,制定了训育纲要十条,"由各导师切实推行,亦即本校精神之所在"。其中训育纲要为:(1)养成集团化纪律化之行动;(2)养成格致诚正之精神;(3)养成大公无私之精神;(4)养成虚心求知之精神;(5)养成忠贞果敢之精神;(6)养成亲爱精神之态度;(7)养成从容镇静之态度;(8)养成光明磊落之态度;(9)养成艰苦耐劳之态度;(10)锻炼健全之体格。②

导师制美其名曰是"为矫正现行教育之偏于知识而忽于德育指导,以免除师生关系之日见疏远而渐趋于商业化起见,特参酌我国师儒训导旧制及英国牛津剑桥等大学办法"规定的。其实,国民政府强制中等以上学校实行导师制的目的乃在于控制学生思想,使其免受中国共产党的影响,这可以从导师制的具体规定看出。导师制的主要内容有:各学校应将全校每一学级的学生分为若干组,以每组人数5—15人为度,每组设导师1人,由校长指定专任教师充任,校长并指定主任导师或训育主任1人,管理全校学生训导事宜;导师对学生之思想、行为、学业及身心摄卫,均应体察个性,施以严密指导,使得正常之发展,以养成健全之人格;训导方式不拘一格,除个别指导外,导师应充分利用课余及例假时间,集合本组学生举行谈话会、讨论会、远足会等作团体生活之指导;导师对于学生之性行、思想、学业、身体状况各项,应依照格式详细记载,每月报告学校及学生家长一次,其缴学校之报告,主管教育行政机关得随时调阅之;学生毕业时,导师应出具导师证书,对于学生之思想、行为及学业各项,详加考语,此项证书在学生升学或就业时,其关系方面得随时调阅之。③ 导师制的实行使校长、导师以及家长形成一张密不透风的网,严重地束缚了学生的思想以及个性的发展。

---

① 熊明安.中华民国教育史[M].重庆:重庆出版社,1997:253.
② 抗战以来之私立光华大学[J].教育杂志,1941,31(1):28.
③ 延安时事研究会.抗战中的中国教育[M].上海:上海人民出版社,1961:55.

国民党政府还在学校中安插了许多特务分子,他们密切监视师生的一举一动,如果有任何进步倾向,便会采取行动予以迫害,目的在于"把一切教师变成思想的囚犯"。① 教师们对此极为不满:

> 无论怎样解释,教育终不是马戏团的长鞭了,教育应该带几分春风和煦的气味。然而,不然!……"中国自由讲学的末日大概为期不远。"这是一般大学教授的叹省。卖身投伪的教授本是妓女政客,当然无自由与人格……坚持抗战阵线内的教授们,本来应有绝对自由,至少对于抗战应有绝对的自由表现,但是教育部对大学的限制,自课程教材以至教授在课堂上的言论,在朋友间的交谈,处处用特务方式来侦察与训斥,于是素来是天高皇帝远的教授们,也弄得度日维艰说话难,除非投入特务机关的怀抱,否则动辄得咎,不但保不住鸡肋的饭碗,还同时戴上各种各样的帽子,最轻的是红帽子,否则就是灰帽子,更重当然请进集中营。②

三、职业教育与职业补习教育的发展

作为中国现代化程度最高的城市,上海不断发展的工商业、金融业和其他新兴产业对劳动力的要求也不断提高,这使上海的从业人员必须不断学习新的知识与技能,才能适应职业发展的需要。所以,上海的职业教育和职业补习教育一直很兴旺。"孤岛"时期,一方面,经济的畸形繁荣对职业人员的需求不断增大;另一方面,大量的失业人员和失学青年为了生存,又急需学习各种职业知识与技能,以谋得相应的职业。正是上述诸多因素推动了职业学校、职业补习学校和各种职工夜校的蓬勃发展,尤其是各类补习学校和工人夜校更是如雨后春笋般出现在上海租界,成为当时上海职业教育的一大特色。

1. 补习学校

据统计,截至1939年6月,不计正规的职业学校,上海的补习学校共计140所,学生71 592人。③ 而1935年,上海的职业补习学校只有51所,学生共计17 589人。④ 足见租界补习教育之发达。

---

① 延安时事研究会.抗战中的中国教育[M].上海:上海人民出版社,1961:53.
② 萧庄.暑假闲话教师[N].上海周报,1940-06-15.
③ 上海学校统计[J].教育杂志,1939,29(6):91.
④ 上海市教育局.上海市教育统计(民国二十三、二十四年度合刊)[M].上海:[出版者不详],1936.

(1) 中华职业补习学校

中华职业补习学校是由中华职业教育社在20世纪30年代创办的。全面抗战爆发，租界成为"孤岛"后，中华职业教育社继续开办了7所职业补习学校，推行职业教育，其中以第二、第四补习学校的规模和影响最大。补习学校的授课时间从早上7时直到晚上10时，开设从初中到大专各科课程，有外语（英、德、俄、法）、文学、新闻、数理化、簿记、会计等。有很多知名学者和爱国人士应邀来校授课。补习学校最盛时，开设班级达130多个，学生总数达2万余人，其中仅第四补习学校就有5 000余人。补习学校学生大多是店员、学徒和失学青年。另外，第二和第四补习学校的同学会还办起了中华职工义务夜校。义务夜校以小厂、商店学徒以及失业、失学青年为主要对象，利用补习学校教室，在晚上9点至10点上课，设有初级班和中级班，教师是补习学校的同学。由于补习学校的职业教育色彩和办校者的社会地位，第一、第四补习学校一直办到上海解放。①

(2) 中华女子职业初级补习学校

中华女子职业初级补习学校是一所非常有特色的补习学校。它由上海妇女救国联合会领导之一罗叔章、上海"铅笔大王"吴羹梅夫人高静宜（曾留学日本学习刺绣、缝纫等手工艺技术）和吴蕴初夫人吴戴仪联合创办。她们都是关心妇女解放，热心教育事业，积极投身抗日救亡运动的上层知名爱国人士。学校成立于1937年7月，租赁法租界辣斐德路458号为校舍，办学宗旨是"养治自身，处理家庭，服务社会，拯救国家"。科目分工艺科（缝纫、编织、刺绣）和人事科（会计、文书），学生两年毕业，另外还有初高中的国文、英文、数学等课程。学校成立董事会，聘请职业教育家杨卫玉、江问渔、暨南大学校长郑洪辛、中国女中校长王孝英等教育界知名人士为董事，由杨卫玉任董事会主席。学校先后聘请20多名教职员，他们大多工薪微薄，有的甚至是义务教学。在中国共产党的影响下，学校逐步发展成为一个抗日救国运动的基地，学校的教职员和学生积极参加各种抗日救亡活动。八一三淞沪抗战爆发后，学校开办了救护训练班，学生学习结束后，有的到前线救护伤病员，有的被分配到医院参加护理工作。救护训练班共开办了三期，共有500余人参加。学校还邀请各方面的知名专家来校作报告，如艾思奇、钱亦石、朱文央、章乃器、史良等，听报告的不仅有本校学生，还有中国、培明、正行、怀久、爱国等女子中学的学生以及其他大中学

---

① 李家齐.上海工运志[M].上海：上海社会科学院出版社，1997：314.

校的女学生,另外还有女职员、家庭妇女,甚至许多为生活所迫的舞女。为了扩大学生的眼界,学校又组织学生参观各社会机关和工厂,如沙利文食品厂、电影制片厂、玻璃厂、印刷厂、难民收容所、监狱等。1938年秋,许广平继任校长后,随着汪伪势力对上海教育界的步步渗透,上海的形势也日益恶化,作为抗日救亡基地的中华女校经常受到敌伪的骚扰和恐吓。1939年,许广平被迫离校。1941年夏,中华女子职业初级补习学校停办。①

(3) 药业补习学校

1939年,由新药业中共地下党员高延年等发起筹建的上海市药剂生联谊会(药联会)创办了药业补习学校。为了得到业内人士的支持,补习学校聘请五洲药房常务董事卢志学任校长,万国药房营业部主任为副校长,中法大学教授为教务主任,并聘请了一些药房经理、药厂厂长为校董。校址初设在五洲大楼内,后迁址五次,学生基本上都是新药业的青年职工,学制3年,采用业余学习的形式,内容除文化知识外,主要是新药的科学知识。校内成立学生自治会,出版刊物《药声》《药海》。1946年,经市教育局批准立案,改名为药联高级药业职业学校。②

(4) 益友业余补习学校

益友业余补习学校是由书店职业团体益友社在1938年发起成立的,初名益友社教育股晨班,学生大多是来自下层的店员、学徒和印刷工人,他们利用上班前的早晨,在社内空地上课,后随着学生人数的增加,社内空地难以容纳,于是向外借教室上课,同时正式定名为益友业余补习学校。学校成立之初不收学费,后改收少量学费,有困难的可以申请免费。教师多由有一定教学能力的社友义务担任,学校以国文、英文、簿记为主课。教师在上课时选用鲁迅的《狂人日记》、斯诺的《西行漫记》等作为补充教材,结合课文对学生进行思想和形势教育,深受学生的欢迎。学校在教育中不仅着重提高学生的文化程度和业务水平,而且注意培养他们的集体观念。学生还组织了互助组、同学会,帮助教师和学校做了大量工作。抗战胜利后,学校改名为益友商业补习学校,直到上海解放。从创立到结束,益友业余补习学校共办了23届,第一届是益友社教育股晨班,从第二届到第十七届是益友业余补习学校,第十八届到第二十三届是益友商业补习学校,学生总人数达到7 332人次,其中最多一届达790人。③

---

① 胡序同.孕育女青年的革命摇篮——中华女子职业补习学校[M]//中共上海市委党史资料征集委员会.抗日战争时期上海学生运动史.上海:上海翻译出版公司,1991:159.
② 李家齐.上海工运志[M].上海:上海社会科学院出版社,1997:314.
③ 同上:313—314.

2. 工人夜校

"孤岛"时期,失业失学人数激增,难民大量涌入,他们中的大多数是文盲或半文盲,为了使他们能够受到教育,掌握一定的文化知识和技能,许多社会团体开办了工人夜校和义务学校。中国共产党也认识到,职工夜校可以向工人教授文化知识,传播爱国思想,是"宣传和鼓动城市职工斗争的合法途径",为此也组织成立了许多工人夜校。中共江苏省委1938年专门设立"夜校工作委员会",并于同年组织力量编辑出版《中国史话》《中国地理》等职工夜校课本。许广平办了三所夜校,潘序伦继续办理立信会计补习学校,上海妇女互助会会长田淑君举办了四所夜校。同时,社会教育团体也活跃起来,如基督教青年会设有劳工部,兼管职工教育,在沪东沪西工厂区开办了七八所学校,学生最多时达1 000多人;公共租界工部局华人教育处成立了"成人义务教育促进会",在沪西工人聚居地开设了10所夜校;中华职业教育社主办的中华职业补习学校,共分7所分校,授课时间自早上7点至晚上10点,分晨、午、晚三班,课程设置由初中至大专各科,可供自由选择,吸引了大批职工和失业青年,最盛时有130多个班级,2万多名学生。另外,神州职业中学是"孤岛"时期最早创办的职工夜校,学校设董事会,由职工地下党员许德良任校长,慈联会赵朴初、工部局华人委员会李文杰、商务印书馆资方黄警顽等为董事,正是社会各界的精诚合作,对该校办学起了掩护作用。该校除开设文化技术课外,还举办哲学、政治经济学、社会科学概论、抗日游击战争等讲座,还举办了两期无线电收发报训练班,及时为新四军输送了急需的专门人才。①

从1940年开始,很多大中学校也开办了义务学校和夜校,招收因物价飞涨而失学的青年和儿童,也招收青年工人和家庭妇女。复旦大学教育系同学还创办了越旦实验小学,会计和经济系的同学则参加了壬午义务中小学的教学工作,何以文同学则担任了壬午义务中学的校长,他们自编讲义,积极组织学生参加各种活动。之江大学学生开办了民众夜校,夜校分成人班和儿童班,入学学生达300多人。东吴大学青年会开办的民众学校招收了6个班,学生有100人。此外,圣约翰大学及其附中、工部局女中、清心女中、青年会中学和许多中学的学生,也都开办了义务学校或夜校。1941年4月,上海基督教青年会曾举办7个学校的义务教育成绩展览会,到会参观的达1 000余人。②

---

① 熊月之,杨国强,张培德.上海通史·民国政治[M].上海:上海人民出版社,1999:380.
② 中共上海市委党史资料征集委员会.抗日战争时期上海学生运动史[M].上海:上海翻译出版公司,1991:68.

四、特殊形式的教育：难民教育与街童教育

难民教育和街童教育是近代上海一种特殊形式的教育。八一三事变后，上海及其周围地区的难民纷纷涌入租界，由于难民中很多是失学的儿童，社会各界积极组织难民教育和街童教育。1938年，中国红十字会上海分会教育委员会开始办理难民教育。在一年的时间里，该会推行难民、儿童、成人、体育、生产、电影、新文字各项教育，成绩斐然。一年中，该会总计聘请教师300余人，开办学级300个，受教人数1万余人，月支经费2 000余元，所有学生的书籍用品和教师的薪膳津贴，均由该会供给。1939年，鉴于上海国际红十字会的经费枯竭，不得已暂行停止对各收容所的给养，教育委员会也只能于1月底结束。但上海难民救济协会认识到难民教育的重要性和长期性，指出难民教育"在抗战一日未有结果，难民未有解散之时，一日不应停止"，所以将该会接收，继续办理各项难民教育工作。①

中华儿童教育社上海社鉴于"沪市难民麇集租界，教师失业者数以千计，儿童失学者以万计"的状况，在第73次读书会上提出救济办法，决定联合当地的慈善、医药、学术、文化等机关协作进行，成立上海街童教育会，对因为战乱流落街头的儿童施以基本的教育。中华儿童教育社请熊秉三、陈鹤琴等社会知名人士，召集同志，积极推进，组织上海街童教育会董事会，并借中华儿童教育社总事务所成立办事处，公举董任坚为义务总干事，由董事会负责筹措经费，每月发办公费100元，教育费200元。

街童教育不是一种为街头儿童所设的缩短的学校教育，而是针对街头流浪儿童的特点专门设计的一种教育。因为街童是"失学而流浪"的，"一方面他们往往是贫寒、不洁、放纵、善与恶人交游，富奴隶性或反抗性，恶习甚深，一方面他们却是勇敢、活泼、自由、能够吃苦耐劳，富独立性，富抵抗力，群性比较发达，社会知识比较的丰富"，因此对这种儿童若仅教以识字，而不矫正他们的卫生习惯，不给他们一种组织的训练，不调整他们对人对己的态度，不指导他们生产与就业的机会，不但徒劳，于儿童无益，于社会无补，"且足以丧失他们的天资，或许埋没不少的人才"。因为街头的环境与理想性的学校不同，它"往往正反互见，极端复杂"，然而它富于活的教材，所以教育与生活或自然当不难打成一片，难的是如此丰富的环境，不知如何利用，因此，在街童教育工作中，教师的指导十分重要，指导得法，社会就是学校，社会与教育就能打成一片。

---

① 难民教育[J].教育杂志,1939,29(1):89.

上海街童教育会规定，街童教育班招收年龄6—15岁的街童。其宗旨是扶助实足年龄为6—15岁之流浪失学儿童，予以相当之教育，使其身心健全，并获得基本知能，以适应现实生活。教育会下设：(1)总务部。处理文书会计，搜求街童，登记教员，训练师资，联络儿童家属与各工厂、商店、教育、慈善、宗教、医药各机关合作等事宜。(2)教导部。负责编订教材，实施教学及进行调查视导等项。(3)生产部。负责教学生产、指导职业及促进合作组织等事项。街童教育的目标是注重身心健全、获得基本知能、训练生活工作。工作步骤是分区搜求街童举行登记，指定各班教员；接洽教学场所，检验街童身体，由各班教员自行规定各班教学时间及方式，并报告办事处核定，由办事处派员辅导。在教学方式上，教的方面采用集会、分组、访问、个别指导等，养的方面主要是就街童日常生活予以医药矫治救助，并改进其生产方法或介绍职业集会等。

街童教育会成立之初，选择街童比较集中的地方设班教学。在最初的两个月里，就在小沙渡路、曹家渡、威海卫路、大西路等处开办了50余班，教学儿童3 000余人。同时，该会举行失业教师登记，并函请租界大中小学附设街童教育班，鼓励广大学生参加街童教育工作。街童教育会还积极与各慈善机构及收容所、中华医学会医师公会和上海国立医学院及医师分工合作，对儿童进行身体检查和疾病预防工作，包括定期检验街童体格，施种牛痘，举行防疫注射，医治街童砂眼、虫牙及其他病症。同时，该会还组织和发起了各种募捐活动，为街头募集寒衣、糖果、课本、废纸等，设置巡回图书馆；训练师资，编订教材，按时举行教师谈话，每日视察各班教学；分发豆饼，以补充街童营养。自1937年12月1日至1938年9月，共计先后开班153个，教师累计达184人，在学街童曾达6 248人。①

到1939年6月，上海共有难民和难童学校54个，学生有2 052人。② 其中有一所著名的难童学校，就是慈联（职业）中学。慈联中学1937年11月由上海慈善团体联合会创办，校址在浙江北路，由时任神州职业夜校校长许德良兼任校长。学校有可容纳50人左右的教室四间，教职员办公室两间，可容纳200余人的礼堂一间，另有实习工场一所。学生的住宿、膳食均由学校供给，学校经费由慈联会拨给。学生是由中华难童收容所和上海国际救济会第一、第二难民收容所送来的15—20岁青少年，先后近3 000人。慈联中学的教职员都是进步人

---

① 吴鼎.抗战建国期中之难童教育[J].教育杂志,1939,29(1):35.
② 上海学校统计[J].教育杂志,1939,29(6):91.

士,其中有许多共产党员,他们薪金微薄,但对教学都认真负责。有的教职员住在学校,与学生同吃同住,过着艰苦的生活,师生之间的感情融洽,尊师爱生成为学校的风气。学校初办时只有七八十人,以后逐渐增多,学生大多是工人和贫苦人家的孩子,亲身遭受日本帝国主义侵略战争的灾难,背井离乡。学校以爱国主义教育为指导思想,并将其贯穿于全部教学过程。①

上海完全沦陷以后,也成立了一些学校。1944年,同仁大学成立,这是一所培养医药卫生高等人才的医科大学,学校分设医学院、药学院和卫生学院。1944年2月,由伪教育部批准立案。学校的开办经费主要来自日本大东亚省以及同仁大学的财团法人同仁会。由褚民谊任校长。学校聘请的专职教师多是日本医学界的知名人士,学校还设有实习医院。②

五、"孤岛"时期外国人所办学校

1. 教会所办学校

1937年以后,受抗日战争的影响,许多外地的教会学校纷纷迁到上海公共租界,成立联合中学,如华东联中、浸会联中、监会联中、东吴附中联中等,呈现出畸形发展的状态。据1940—1941年度的不完全统计,上海基督教教会中学共有27所,学生8 068人。③ 这一数目大大超过战前,这是受战争影响的一种非常状态。

2. 工部局所办学校

虽然租界地区没有受到战争炮火的直接袭击,但由于身处上海腹地,仍不可避免受到影响。因为战事,1938年初,公共租界东区和北区各校全部停办,苏州河以南各校全部被军队占用,或改作应急医院,16所学校中,无一所在原来校址开学。由于战乱,学生人数也大大减少。1937年年底,工部局各校共有学生不到5 000名,各西童学校、华童中学及华童小学人数比平时分别减少55%、66%及30%。由于校舍紧张,各校学生均上课半日,一所房屋由两校或两校以上合用,"课程之范围及内容均受到限制",此外又在三所小学内开设华籍青年工人夜校。④ 随着局势的稳定,各校人数才逐渐增加,至1938年下半年,学生数量恢复到战前水平,具体统计见表3-4。

---

① 闸北区教育志编纂委员会.闸北区教育志[M].上海:上海社会科学院出版社,2001:198.
② 忻福良,赵安东.上海高等学校沿革[M].上海:同济大学出版社,1992:268—269.
③ 李清悚,顾岳中.帝国主义在上海的教育侵略活动资料简编[M].上海:上海教育出版社,1982:63.
④ 《上海公共租界工部局年报》教育史料选辑(下)[J].档案与史学,1997(2):18.

表 3-4　1937 年 6 月、12 月及 1938 年 9 月工部局所办学校学生人数①

(单位：人)

校　　　别	1937 年		1938 年
	6 月	12 月	9 月
西童学校	**1 469**	**808**	**1 232**
公立暨汉璧礼西童男学	302	181	256
西区西童公学	287	206	269
愚园路西童女学	429	275	385
公立暨汉璧礼西童女学	397	146	322
西童女小学	54		
华童中学	**2 780**	**1 841**	**2 567**
华童公学	726	430	569
育才公学	505	389	502
聂中丞公学	556	273	462
格致公学	522	373	543
华人女子中学	471	376	491
华童小学	**4 509**	**1 343**	**3 822**
汇山路小学	431	248	532
克能海路小学	593	173	781
新闸路小学	740	341	432
华德路小学	832	125	781
荆州路小学	682	234	697
蓬路小学	1 231	222	599
华人夜校	**1 338**	**418**	**1 191**
荆州路夜校	535	198	385
汇山路夜校	425	106	460
克能海路夜校	378	114	346
总　　计	10 096	—	8 812

1939 年新增新闸路华人夜校，学生 1 323 人。1939 年秋，西童学校共有学生 1 284 人，比 1938 年增加 54 人，但华童中学人数仅比 1938 年多 1 人，为 2 568

① 《上海公共租界工部局年报》教育史料选辑(下)[J].档案与史学,1997(2):19.

人,华童小学人数也比1938年下降67人,原有的3所夜校,除荆州路夜校人数有所增加外,其他2所均下降。

第三节 日伪在上海的奴化教育

从1938年到1945年,上海处于日伪统治时期。1937年12月,在日本帝国主义的扶持下,伪大道政府成立。1938年3月,"中华民国维新政府"在南京成立,上海伪大道政府易名为"督办上海市政公署",10月改组为上海特别市政府。日伪政府在占领区强制推行奴化教育,千方百计地企图伪化上海的各级各类教育。1941年12月8日,太平洋战争爆发,日军进驻租界,上海沦陷。日本侵略者为了彻底控制上海,于1943年8月1日将公共租界、法租界以归还中国政府的名义,交到汪伪政权的上海特别市政府手里。这一时期,日伪更是大肆推行奴化教育。

一、"孤岛"时期的日伪教育

1. 推行"亲日反共"的教育方针

七七事变以后,日本侵占了我国华北和华东的大片国土,扶植了两个伪政权,一个是1937年在北平成立的伪华北临时政府,一个是1938年3月在南京成立的伪维新政府。其中伪维新政府的教育宗旨是彻底排除抗日教育,促进亲日思想,旨在实现"中日亲善""共谋东亚和平""共存共荣"的目标。1940年3月,汪精卫在南京成立伪国民政府,同时取消伪华北临时政府和伪维新政府。汪伪政权以"和平、反共、建国"为口号,大力破坏抗战,残酷镇压沦陷区人民,并遵照日本"宣传教育"的基本方针,以"和平建国"为教育宗旨,积极推行奴化教育。

1937年5月,伪满洲政府公布了一个针对殖民地奴化教育的"新学制",自1938年起正式实行,这一学制后来成为华北、南京伪政权推行奴化教育的基础。伪满洲政府的教育方针是"阐明东方道德,尤致意于忠孝之大义","养成忠良之国民",即以培养具有奴才思想的"忠良国民"为目的。"新学制"分三段四级,学习年限为13年,分别是初等教育6年、中等教育4年、高等教育3年。其中,初等教育在整个学制中比重最大,占46%。在课程设置上,伪满洲政府以日语为国语之一。伪国民政府成立之后,以"中国日本化"为课程设置的基本原则,各级伪校均以日语代替其他外国语,教育精神完全本着"建国精神",力求贯彻"和平建国""东亚联盟""日汪提携"的卖国理论。关于教科书,伪国民政府在成立之初,大多以旧本为基础略加修改而成,从1941年起,正式改用伪教育部新编课本。新编课本以汪精卫的卖国理论为基础,体现了以下要点:第一,曲解"三民主义"中的民族主义,把"亚洲主义"视作其重要内容,认为"中国之独立自由与东亚之永远和平不可分离,而世界之永久和平,亦必于此求得基础";第二,贩卖和平反共建国主义,把反共建国主义作为当时"救国救民"的唯一方针;第三,鼓吹东亚联盟四大纲领,把东亚联盟四大纲领——政治独立、军事同盟、经济合作、文化沟通作为东亚民族共同生存、共同发达的基本原则。

2. 严制教师思想

伪大道政府成立之后,专管教育事业的教育科即着手对沦陷区教育进行"整顿"。首先从控制学校教员入手。1938年3月,通令"废止各校长全权办理"聘请教员的制度。由于"本市小学草创伊始,各新任校长办学识验如何,是否人人努力职守,尚待考核",这样,自行招聘的教师是否合格也就难以保证,加之"本市战乱初平,欲大量物色思想纯正之优良教师,亦非易事",因此,教育科规定,各市立小学教员的聘用一律在经过教育科登记审查合格的教员中进行。这样,伪大道政府就把聘用小学教师的权力牢牢地控制在自己手里。其次,又密令警察局侦缉总队"无论何处时,有人发起办学或劝导招生者,应注意其行动,倘有发现形迹可疑或有反动倾向者,即转报核办"。① 1938年7月,上海督办教育公署公布市立小学校长任免暂行规程,规定市立小学校长"须品格健全、才学优良,抱东亚和平主义,服膺大道精神",如果"曾有抗日或共产行为"者,不得任用,如果在任职期间,"违背东亚和平宗旨及大道精神或中华民国教育方针者","违背政府或本市教育法令者",必须随时停止其职务。② 1939年3月至5月,伪上海市教育局又举行小学教员思想测验,企图借此来"取缔思想不纯正之教员"。理由是,"小学教员担任蒙养儿童,其一言一行均能影响未来……只是现任小学教员多数皆未受训练,久闻荒谬之宣传,对于维新教育之主旨是否确已认识,对于共产主义之错误是否真有觉悟,均觉难以定断"。同时规定,凡是测验不合格的教师"拟即一律撤换"。其中一道选择题是这样的:

  问:日本与中国战争是:
  (1)侵略中国土地　(2)扶助中国生产　(3)永尊东亚和平
  答案是:(3)③

---

① 上海市档案馆.日伪上海市政府[M].北京:档案出版社,1986:792.
② 同上:815.
③ 同上:823.

从测试的题目可以看出,只有那些认为日本侵略中国的战争不是侵略中国的土地,而是"永尊东亚和平","中国与日本是共存共荣的"教员才算合格,而这些教员给予学生的教育只能是造就奴才的教育。这就是日伪教育的真正目的。

3. 推行奴化教育

1938年3月,伪大道政府教育科在浦东设大道第一小学,又在曹家渡等处设小学10余所,每校有儿童两三百名,这是日伪在上海所办的第一批小学。1938年4月1日又成立市立第二小学、陆行大道第二小学等共39所学校。1938年3月,教育科颁布各小学校关于课程和课本编级等注意事项,规定日语为小学必修科目,不论低、中、高年级,一律每周3教时。其中,在低年级中,日语教育仅次于国文,与算术并列第二;在中高年级中,则国文、算术之后,位列第三。至于教材,认为"各科应用课本或教材坊间出品虽多,或则思想复杂,或则不合教育原理"。① 实际上这些教科书多是商务、中华、世界、北新等出版机构出版的,由于不符合日伪奴化教育的要求,所以被禁止使用。还明确规定小学一律使用国定教科书,男生低年级用《百家姓》,中年级用《千字文》,高年级用《三字经》,女生低、中、高年级一律用《女儿经》。表3-5是小学各学科每周教学时间暂行规定(每节课45分钟)。

表3-5 日伪统治时期上海小学各学科每周教学时数②

	低年级(节)	中年级(节)	高年级(节)
修身	2	2	2
国文	10	10	10
算术	3	5	5
常识	2	3	3
日语	3	3	3
劳作	1	1	1
体育	2	2	2
音乐	2	2	2
园艺	0	0	1
家事	0	(1)	(1)
合计	25	28(29)	29(30)

注:括号内为女生上课节数。

---

① 上海市档案馆.日伪上海市政府[M].北京:档案出版社,1986:793.
② 同上:800—801.

1938年10月,督办公署命令施行《小学暂行规程》,规定小学为实行国民义务教育之场所,应对小学生实施下列训练:灌输儿童"大道精神";养成儿童崇德观念;培育儿童健康体格;陶冶儿童良好品性;发展儿童审美兴趣;增进儿童生活知能;训练儿童劳动习惯;启发儿童科学思想。① 此外,拟定除农历朔望日及时节为放假日外,特将4月29日的日本天长节、5月27日的日本海军纪念日列为假日,"使学生发生事实上之感想及历史上之纪念",以示"当此中日提携、共谋确立东亚和平之际","同表庆祝"。②

从日伪对小学教育所采取的种种措施来看,其特点有二,一是奴化,二是复古。正如时人所言:

> 他不让我们有国家民族思想,伪学校里一律不准读中国历史、地理。过去,凡是教科书上有爱国思想的地方,一律涂改掉。最近敌伪编辑新的中小学教科书,内容只有"中日共存共荣","中日同文同种","建立东亚新秩序"一类的荒谬邪说。要知道中国儿童在敌人所设的学校内受一种什么教育,只要看新公民教科书的目录便知一二:
>
> 第一章:新中国的诞生,欧洲的不安,苏俄赤化世界中国日本的政策,日本对华的援助,和平的维持,难民的救济。
>
> 第二章:新中国政府。
>
> 第三章:新人民党。
>
> 第四章:新中国国民党,新环境的认识,新中国的缔造。
>
> 第五章:中国事变的意义。
>
> 敌人还高唱新民主义,设新民会,办新民学校,唱新民歌,做新民操,把大中小学的中国课本完全改编。为加速消灭我人民的国家意识和民族文化,敌人大量的在沦陷区开办日语学校,造就日语师资,并派大批日本孤妇到中国学校里来教日语。现在连乡村的小学生也读日语了。③

除办理小学以外,伪上海市政府还开办了职业学校和补习学校。1939年6月,伪教育局开办了浦东北区高桥青年实业学校,修业年限2年,夜间授课2小

---

① 上海市档案馆.日伪上海市政府[M].北京:档案出版社,1986:820—821.
② 同上:809.
③ 白桃.抗战三年来的中国教育[M]//延安战时研究会.抗战中的中国教育.上海:上海人民出版社,1961:36.

时,招收小学毕业以上程度学生,学费全免。教学科目有修身公民、经学、国语、历史、地理、常识、日语、实业(农工商)、教练。① 特别是经学和日语科目表明,日伪所办的职业教育依然是以奴化和复古为主导思想的。1939年以后,伪上海市教育局除继续开办小学外,又开始发展中学。到1940年底,日伪教育部门所辖小学有110所,704个学级,学生40 994名;中学4所,22个学级,学生958名。②

社会教育作为面向民众并与广大民众生活最为贴近的教育,受到日伪当局的高度重视。日本侵略者为了在上海攫取最大的利益,大力推行日语教育,1940年设立了第一所日语补习学校,附设于浙兴小学内,有学生2班,多是商店店员。1941年,伪政府认为日语补习学校太少,特别是"察人民与日兵每发生冲突,多因语言隔阂。各街口及各冲要均有本市警士岗位,警士如通日语,中作翻译,则日华人士自少冲突,中日亲善始臻完善","为联系日华人民感情起见,拟将该校教育方面扩大,增加公务员补习班、本市警长警士补习班"。③ 1940年,伪上海特别市教育局设简易体育场2所,附设民众学校4所,举办社会教育工作人员训练班1班(男女学员共30名),装置民众阅报牌30处。④ 这些社会教育机构与学校都成为日伪推行奴化教育的重要场所。

虽然在"孤岛"时期,日伪势力还无法真正进入租界,但他们对租界的教育早就心怀鬼胎,垂涎已久。他们千方百计试图对租界教育施加影响。1941年6月,伪上海市教育局发布《市教育局关于收回租界教育权意见书》,以租界教育混乱为借口,要求租界当局予以整顿。该意见书特别指出,"租界各级学校教科书籍仍采用商务、中华、世界、北新等书局出版之抗日课本,内容悖乱,扰乱和平,殊属不合。应请租界当局协助上海市教育局,勒令各校于三十年第一学期开始采用三通书局之国定课本。违抗命令者,勒令停办"。⑤ 意见书中所言的租界教育呈现一种无政府状态,这其实并不是日伪整顿租界教育的根本原因,促使其渴望夺取租界教育权的乃是租界教育采用了"偏激"的"抗日课本","麻醉青年思想","破坏东亚和平"。他们企图把租界教育权掌握在自己手里,使其成为奴化青年,帮助日本侵略中国的工具。

二、上海沦陷后的日伪教育

1941年12月8日,太平洋战争爆发,日军进驻租界,上海全部沦陷。日军

---

① 上海市档案馆.日伪上海市政府[M].北京:档案出版社,1986:837.
② 同上:863—865.
③④ 同上:884.
⑤ 同上:894.

进入租界以后,伪上海特别市教育局开始干涉租界教育。日本侵略者为了彻底控制上海,将公共租界、法租界以归还中国政府的名义,交到汪伪政权的"上海特别市政府"手里,自此,汪伪开始把魔爪伸入觊觎已久的租界教育。1942年,伪教育局先后查封了商务、中华、世界、开明等出版机构,按照"和平、反共、建国"的纲领,重新编印教科书。同年,成立反动团体"上海市教育协进会",强迫学校领导和教师参加;规定学校增设日语课,派遣日本人到一些学校充当日语教师,监视学校里的活动;利用"精神讲话"等活动,对学生进行"大东亚新秩序"和"中日共存共荣"等反动宣传教育。

1. "整顿"与伪化租界教育

1942年1月6日,日军把其接管的租界学校移交给伪上海市政府管理。伪上海特别市政府成立伪上海特别市教育局后,开始对全市大、中、小学校进行调查、登记、指导及取缔,以整顿、处理租界教育。1月10日,伪上海特别市教育局发布《整理特区教育意见书》,声称:"公共租界向为英美势力所盘踞,渝方分子所潜伏之特区因之情势大变,各种事业均待整理。"并规定:

① 市立中小学校仍归市办。特区共有市立中学5校:立德中学(前新陆师范)、怀久中学(前务本女中)、江东中学(前洋泾中学)、和衷中学(前吴淞中学)、乐群中学(前敬业中学)。市立小学7所。

② 国立学校及大学仍归中央直辖。特区国立大学有交通大学和暨南大学,独立学院有上海商学院、上海医学院,专科学校有上海音乐专科学校,及其他公私立大学。

③ 迁沪省立县立各校限期迁回或改组。

④ 私立中小学办理登记立案手续。

⑤ 工部局补助各校津贴仍继续办理。

⑥ 公立职业学校收归市立。

⑦ 查明公私立社教机关分别接收或办理登记手续。

⑧ 办理教育工作人员登记。特区教育向为渝方所挟持,工作人员难免良莠不齐。为齐一步调、严防反动起见,统限来局办理登记手续、发给证明书后方准继续任职,否则概不录用。

⑨ 换用国定教科书。①

---

① 上海市档案馆.日伪上海市政府[M].北京:档案出版社,1986:915—917.

原市立职业学校中,最为著名的是中华职业学校,当时共有学生2 694人,被接收以后,合并到第四中华职业补习学校继续上课。其次是大公职业补习学校,有学生约300人。虽然两校在合并之前,已把所有标本、器械等藏于别处,但学校难逃被接收的厄运。日军进入租界以后,许多公私立大中学校,尤其是国立和市立学校为了防止被伪化或强制接收,纷纷改名或改为私立,甚至停办或搬迁。如前面提到的新陆师范改为立德中学,务本女中改为怀久中学,洋泾中学改为江东中学,吴淞中学改为和衷中学,敬业中学改为乐群中学。另外,国立交通大学于1940年下学期改为私立南洋大学(一部迁往重庆),暨南大学于1942年2月迁往内地,上海医学院与同德医学院合并,上海音乐专科学校于1942年2月起改为私立,之江大学和东沪大学于1942年2月停办,沪江大学于1942年2月改称沪江书院,上海法学院于1942年2月迁往浙江兰溪,上海法政学院于1942年起改称上海法商学院,不久后停办。尽管如此,许多学校还是没能避免日伪的强制接收,如交通大学、上海医学院、同德医学院、上海音乐专科学校、上海商学院等。

2. 兼并取消上海高校计划

在接收公立学校和命令私立学校登记立案的同时,日伪当局还拟定了兼并取消上海高校的计划,妄图控制上海高等教育的发展。1942年9月伪上海市教育局制定《上海高等教育学校处理计划案》,并上交伪外交部和教育部审批。该计划案规定:将上海国立之大学统合为一校;英美系大学一律停办;私立各大学整理合并。具体办法是:(1)国立大学只设上海大学一所,以暨南校舍修理扩充之,除现有农学院之外,扩充商学院与国立商学院合并之,设立法学院。(2)设置上海市立男子师范学院及女子师范学院各一所。以中华学艺社为男子师范学院之校舍,以中西女塾为女子师范学院之校舍。(3)私立大学方面,将圣约翰、南洋、大夏、光华、复旦等大学统一合并,以圣约翰原址为校址。另行设置法商学院、文学院、理工学院、医学院。(4)准许私立大同大学独立经营,且仍用现在之校舍,但应设置法商学院、文学院、理工学院。(5)学校不得采用英美人为教授。该计划案还规定了未向国民政府申请许可,以及不合规定之其他私立专门学校,应取缔并加以整理等若干条款。伪外交部基本同意了该计划案,只是认为由于"国立上海大学为中日合办",所以应在国立上海大学之外,另设一所"纯粹中国国立大学","此大学包括交通大学、商学院、音乐学院及将来之医学院"。伪教育部部长李圣五和伪市长陈公博均

"甚表赞同"。① 此后,伪市教育局便照此对上海高等学校进行"整理"。日本推行这一计划的目的,旨在强化它对上海高校的统治。这一统治措施激起上海高教界的愤怒,尤其是私立大学和教会大学纷纷提出抗议,如圣约翰大学曾声辩,"敝校向属中华圣公会,归华人自办,立场纯正","况于日本国内,亦容许教会学校之存在"。② 但日伪对此置之不理。

这样,经过对上海高校的兼并与取消,日伪完全改变了原来上海高等教育的格局。在兼并与取消的过程中,不仅无视高等教育事业发展的自身规律,更加无视各个学校原有的传统与特色,使上海高等教育的多元化特色丧失殆尽,这是日伪所希望的结果,即让其全部成为日伪奴化教育的工具。

3. 推行奴化教育

上海完全沦陷后,完全掌握上海教育权的伪上海市教育局在租界大肆推行奴化教育。从1942年8月全市中小学新学年开始,伪上海市教育局就强制推行奴化教育,具体措施如下:(1)规定私立学校享受政府补贴条件,除规模、成绩外,必须声明"赞助和运"。(2)所有学校一律改用由日本华中书局统一印制的"国定"教科书。(3)学校一律增设日语课,初中每周4小时,高中2小时,高小2小时。师资缺乏,可招聘日籍人员充任。(4)开设日语补习学校,凡有志于此者,不分性别和年龄,均可入学。(5)进行教师调查,凡对"奴化"政策有抵触者概不录用。③ 同时,"为救济失学青年及改进一般民众智力起见",在租界举办市立特区民众补习夜校,1942年7月,在第一特区开设民众补习夜校20所,9月份全部开学,每校设初高两级各一班,初级班适合初小程度,高级班适合高小程度,每班学额50人。规定凡失学民众,不分年龄,均得入学,学杂费全免。上课时间为晚上7点至9点,每6个月为一期,课本以国定教科书代替。第一期于1943年2月结束,第二期定于1943年3月开学,并决定自第二期开始,除原有的20校以外,在第一特区及第二特区内各增设10所,共计40所,同时还在特区内开办一所日语补习学校。

截至1942年年底,在租界内的私立中小学中,初级中学共有141所,409个学级,学生32 482人,教职员1 209人;高级中学共有83所,296个学级,学生11 062人,教职员1 843人。师范学校共3所,7个学级,141名学生,教职员26

---

① 上海市档案馆.日本帝国主义侵略上海罪行史料汇编[M].上海:上海人民出版社,1997:704—705.
② 张铨,庄志龄,陈正卿.日军在上海的罪行与统治[M].上海:上海人民出版社,2000:413.
③ 上海市档案馆.日伪上海市政府[M].北京:档案出版社,1986:966.

人。职业学校共 7 所,17 个学级,学生 1 050 人,教职员 122 人。小学共 589 所,3 247 个学级,学生 140 572 人,教职员 6 197 人。①

1943 年,汪伪最高国防会议在汪精卫的提议下,要求恢复对在校学生的"国民教育"。经伪市长陈公博批准决定,"国民教育"的主要内容是:"(一) 三民主义为中华民国教育之根本原则;(二) 民国三十二年一月九日国民政府对英、美宣战布告;(三) 新国民运动纲要;(四) 青少年团总章"等。同年 8 月,伪上海市教育局为了控制学校教育和学生思想,恢复上海各级学校学生的国民教育,颁布《恢复上海各级学校学生国民教育办法大纲》。主要内容为:(1) 切实注意各级学校公民训练训育实施。中小学应依照教育部 1940 年 10 月 2 日公布的中小学公民训练标准切实进行,专科以上学校应列党义基本科目。(2) 审查登记大学、独立学院及中等学校训育主任、党义教师及公民教育员。(3) 通令各级学校励行新国民运动。(4) 各级学校应依照青少年团各项章则及教程纲要,限期组织青少年团校团部,切实实行青少年训练。(5) 依照职业教育各项法令,积极推行生产教育,协助大东亚战争。(6) 初中及小学教科书应一律采用国定课本。(7) 各级私立学校事变前已立案者,应依限期登记;未立案者,应依限期办理立案手续。②从"国民教育"的内容可以看出,其实质是"卖国"教育,是"亡国奴"教育。

为了压制学生的抗日思想,伪上海市教育局又于 1945 年 2 月 8 日公布《整顿学风实施要点》,实际上是打着整顿学风的幌子,想方设法禁锢学生的思想,使其免受抗日救亡思想的影响,甘当亡国奴。要求"对于学生课外阅读书物应严加鉴别,详加指导。学生平日发表之言论文字,各校教师必须注意考察,随时予以指正"。③

日伪不仅整顿学风,还要整顿世风。为了"肃清"一切有关抗日救国的宣传,伪市政府宣传处联合伪市警察局等部门,于 1943 年 10 月对学术团体进行登记,对戏剧公演、小报发行、连环画出版等施行严格的检查制度,目的在于取缔"违反现行国策和诋毁政府者"。1943 年 8 月 31 日,伪市政府发布训令,指出歌词曲谱有关世道民心至巨,所有违背政府国策、不合时代意义者,自应厉行查禁,以绝邪靡。被查禁的歌曲有《一致对外》《把敌人赶回领土》《毕业歌》《反侵略战歌》《中华民族不会亡》《生活教育歌》《义勇军进行曲》《前进歌》《松花江上》《游击队歌》等被人民广为传唱的抗日救亡歌曲。1943 年 10 月 14 日,伪市

---

① 上海市档案馆.日伪上海市政府[M].北京:档案出版社,1986:976.
② 同上:992—993.
③ 同上:1061.

警察局公布《印刷业管理暂行办法》，规定不得印刷"不良或反动之文书及图画等，违反三民主义或现行国策者"的印刷品。1944年3月15日，伪市宣传处公布《上海特别市戏剧检查规则》，规定凡在本市上演之一切戏剧，除电影外，不论为职业性或业余性，非依本规则检查核准不得上演，同时认为，"检查制度尚为治标办法，若须治本，应从整理剧团内部及实施统计管理上着手"，因此制定戏院、剧团及戏剧从业人员登记规则，对于有抗日倾向的演员一律不用。此外，日伪考虑到，"连环图画是一般低级智识民众最普遍的读物，尤以小学生为最"，因此拟定取缔不良连环图画规则，对连环画严格审查。①

由于先前成立的两所日语补习学校"成绩欠佳"，均先后停办。为了推进日语教育，日伪又于1945年5月设上海特别市日文教育研究所，集合中日籍日语教师，"共谋日文教育之推行与教学方法之改进"。其业务主要有：建议日文教育之推行与改进；日文教育对象之调查与研究；日文教育方法之改善与试行；征集日文教材，编订适合现在之需要的教本及其补充读物；对于从事日文教学者成绩之调查；组织日文讲习会、研究会等；试办日文夜校，将研究之结果予以实验；编辑关于日文教育研究所得之报告及其他刊物。该研究所成为日伪推行奴化教育的工具。②

4. 迫害抗日爱国人士

日伪占领租界以后，还大搞白色恐怖，任意逮捕教员，暗杀抗日爱国人士，先后暗杀了沪江大学校长刘湛恩、上海女子大学校长吴志骞和上海职业妇女俱乐部主席茅丽瑛等教育界抗日爱国人士，被日本宪兵秘密逮捕的教师更是不计其数。1943年12月28日，在伪上海特别市教育局向伪市政府的呈文中，就"友邦"无故逮捕教师也提出异议，并提供了一份被日本宪兵秘密逮捕的教员名单（见表3-6）。

表3-6 被日本宪兵秘密逮捕的教师名单

校　名	被　捕　者	被捕情形	被捕原因
国强中学	校长　奚颂良 教员　钱天起 教员　钱旭沧 教员　顾仲超 教员　胡左文	15日晨4时，有便衣宪兵十余人排闼而入，当即捕去，同时在寝室中搜查，并派兵看守一天，据称押至四川路总部	未详

---

① 上海市档案馆.日伪上海市政府[M].北京：档案出版社，1986：1000，1002，1032，1044.
② 同上：1000，1002，1032，1056.

续表

校　　名	被　捕　者	被捕情形	被捕原因
乐群中学	校长　周绍文 前校长　陶广川 教员　陶星三 教员　周仲铨	同国强中学 下午又将教职员表抄去	未详
大江中学	教员　王烈	同国强中学 在家被捕	未详
养正小学	校长　钱选青 校长之弟钱景绿	同国强中学 在家被捕	未详
旦华小学	校长　徐子华	同国强中学	未详
通惠小学	要捕教员赵庸耕	因不在校，未捕	未详
务本小学	校长　姚季琅 教员　胡怀天	同国强中学 在家被捕	未详
阜春（三）（一）	校长　顾楚材 教员　胡涤安 教员　陆匀绐 教员　秦思伟 教员　喻正潮 教员　龚宝祺 教员　顾汇川 教员　顾养川 教员　许观光 教员　黄壮涛 教员　杨公怀	同国强中学	未详
南洋模范中学	教员　蒋平阶 教员　黄铁涯	同国强中学	未详
其他	开明书店　夏丏尊	同国强中学	未详

呈文中讲到务本小学校长和教务长，"姚、胡两先生主持校务，以办理教育为唯一天职，此次突遭拘捕，原因莫名，又适逢迫近学期结束之际，校务顿时重心，殊非数百学童之幸"，并请求市长予以营救。①

5. 日本人在上海所办学校

日军占领上海以后，日侨在上海的人口从 3 万余人猛增到 10 万人，其中

---

① 上海市档案馆.日本帝国主义侵略上海罪行史料汇编(上编)[M].上海：上海人民出版社,1997：628—629.

80%居住在虹口及附近地区。① 1941年12月,由日上海"总领事馆"策划,组织成立了"上海总力报国会""兴亚会""产业共荣会"等三个会员成分不同的侨民团体,积极向日侨灌输侵略意识和战争政策。这些团体都以半官方的形式出现,旨在宣扬日本帝国主义的侵略思想。为了向上海日侨中的青少年灌输侵略战争思想,1941年4月,根据日本内阁贯彻法西斯专制统治的《国民学校令》,日上海"总领事馆"将原有侨民学校一律改组为国民学校。抗战期间上海共有10所日本国民学校,作为日本侨民集中区的虹口地区就有5所,学生总数占在日本侨民小学生总数的70%左右。这些学校有日本官方派遣的督学,使用文部省统一编纂的国定教科书,书中充满了"万世一系的皇道国体"和"八纮一宇"等军国主义思想。②

在此期间,日本在上海所办学校中比较有代表性的是华中炼成所和东亚同文书院。

华中炼成所由"兴亚会"于1941年4月21日开办,位于沪西虹桥路400号,由川案文三郎为首任所长,兴亚院调查官赤塚正潮为教务主任。兴亚院撤销以后,该所并入大东亚省。华中炼成所的训练对象主要是日本在中国伪机构和国策会社的中层以上职员,因此官方色彩非常明显。其培训纲要为"体会日本开国精神,培养臣道气节","磨炼坚定的兴亚精神"等,目标是使受训人"具备经营管理大陆所必需的学识与能力"。培训时间一般为每期一个月左右,开设的课程包括思想、政治、军事、外交、经济、文化、技术、语言等各个方面,并列出每项培训的明确要求。如政治要对"大东亚建设的观念、目标、策略进行深入的研究";军事要"搞清日本战争的意义和建军的本义";外交要"领会在把握国家实力的基础上实施大东亚外交真谛";语言要"学会标准支那语,以利于在当地实际运用"。除此之外,该所还开设了术科课程,即武士道和体操,"旨在磨炼身心,培养领导能力"。③ 该所每期新生在入训时都按日本礼仪举行开班奉告祭,所安排的参观活动也充分体现了其办所意旨,如第12期学员在上海拜访了日舰队司令部、陆战队、陆军部、警备队、特务机关等军事单位,每到一处,都由军事长官训话,其涉足的参观城市常常遍及华中、华北二十余地,途中还经常凭

---

① 上海的小东京:一个对外隔绝的社会(1875—1945)[M]//林克,等.上海研究论丛(第十二辑).上海:上海社会科学院出版社,1988:351.
② 中共虹口区宣传部,等.抗战时期的虹口[M]//张铨,庄志龄,陈正卿.日军在上海的罪行与统治.上海:上海人民出版社,2000:423.
③ 上海市档案馆.日本帝国主义侵略上海罪行史料汇编(上)[M].上海:上海人民出版社,1997:677—680.

吊重要的侵华战争遗址。该所聘用的教师都是日本侵华理论的炮制者,如田中武雄、松本七朗等,所编教材也基本是这些教员的著作,如《兴亚观念要纲》《东亚复兴与日本民族》《兴亚的基础观念》等,其宣扬的观点荒谬绝伦,为日军侵略提供服务的目的非常明显,如"东亚共荣圈为一新型的国家","它的范围目前是日、满、支、印系南洋各民族,日后将包括东部俄罗斯在内的整个亚洲,甚至也包括澳洲。虽因风俗、习惯、言语、政体存在差异,但都应该撤销国境线,汇集于日本皇道的保护之下",① 等等。

从1941年4月至1944年10月,该所共培训了20余期学生,总数达1 000人。据现有资料看,有些学员还来自东北伪满洲国的有关机构。他们一般具有大学以上学历,分为政治、经济、工矿、农林、文化等班。该所宣称,这些学员是日本贯彻大东亚新秩序的基干力量。②

与华中炼成所相比,东亚同文书院的历史更为悠久。同文书院名义上是东亚同文会所办,实际上由日本外务省直接管辖。1921年,该校按照日本《专门学校令》办理,1939年由于"成绩卓著",依日本《大学令》被认定为正式大学。同文书院培养学生的目的,表面上冠冕堂皇,认为日本和中国同文同种,又同处亚洲,关系密切,因此日本学生到中国来学习中国政治、经济、文化,实是两国"亲善提携"的桥梁。其办学宗旨是:"讲中外之实学,教中日之英才,一以树中国富强之基,一以固中日辑协之根,所期在乎保全中国,而定东亚久安之策,立宇宙永和之基。"该校的日本学生是从日本各县中学毕业生中择优录取的,他们的生活完全军事化,纪律严肃。同文书院设有政治、商业、工业三科,学生4年毕业,其中中国政治、历史、地理、经济、文化等是各专业的公共必修课。学校内分总务、文化、训练三部。学术演讲、政治演讲、文艺讨论、音乐娱乐属义化部;军事训练、体格锻炼属训练部。学校的课外活动特别重视体格锻炼,除了各种球类之外,还有日本特有的柔道、剑道。③

东亚同文书院无论是在其历史上,还是在教学环境以至教授内容上,都有别于日本国内的学校,体现出其固有的特色,"大旅行"就是其中之一。所谓"大旅行",就是把每年的应届生分成几个小组,按照大旅行指导室设立的地理、工

---

① 上海市档案馆档案(U195全宗)[M]//张铨,庄志龄,陈正卿.日军在上海的罪行与统治.上海:上海人民出版社,2000:428.
② 同上:429.
③ 李剑农.我所知道的东亚同文书院[M]//中国人民政治协商会议上海市委员会文史资料工作委员会.解放前上海的学校(上海文史资料选辑第五十九辑).上海:上海人民出版社,1988:231.

业、商业、社会、经济、政治等数十个调查方案,利用暑假进行的实地调查旅行。其范围不仅有中国,还包括马来西亚、印尼、菲律宾、越南、印度等国。学生旅行归来后,各组要写出调查报告,并需经指导教授严格评审、评分,以此作为毕业论文。①

1920年,同文书院设中华学生部,分政治、商业二科,招收有中学毕业程度的中国学生。凡有志赴日留学的,可以由学校保送。学生出身于大地主、政客、资本家家庭的都有。该院为了笼络人心,规定除膳食费外,一切免费;学习2年后,由教授率领赴日本游览一次。中华学生部毕业生只有四五届,自七七事变后即停止招生。

七七事变后,日本帝国主义认为灭亡中国的时候已到,增兵上海,伺机而动。同文书院一面电召"长途旅行"的师生提前返沪,一面将书籍器物等陆续运往虹口等处。八一三事变后,它就与一·二八事变时一样,锁着大门交给虹桥路派出所保护。1938年,国民党军队退出上海后,愤怒的中国人群起将空无一物的东亚书院烧毁。之后,同文书院强占华山路交通大学校址以及校外宿舍的房屋,于1938年4月8日迁入,并且扩大机构,改名为东亚同文书院大学,招收预科学生800人,专门科170人。当时一部分学生就以日语教师的名义到各中小学实施奴化教育,而且多方挑剔,对学生中稍有不守纪律或礼貌稍有疏忽的,即拳脚交加,虽小学生亦不能免;且对校长、教师任意加上抗日的罪名,侮辱无所不至。一部分教授如北野大吉等四人组建江湾"维新学院",实质上是汉奸训练所,其教学内容是根据汪精卫宣传的"东亚新秩序",大谈"战时经济统治",强化反共,倡言"东亚协同体""大东亚共荣圈"等,所以同文书院的一部分师生在日本侵略军占据上海之后,就成为贯彻日本帝国主义奴化教育的骨干。②

三、上海师生的护校斗争和抵制奴化教育运动

上海沦陷以后,上海各学校师生千方百计抵制伪化教育,开展了各种抵制奴化教育的运动。

1. 护校斗争

伪大道政府成立以后,日伪势力开始向上海教育界展开进攻。1938年暑

---

① 沪有会.上海东亚同文书院大旅行记录[M].杨华,等,译.北京:商务印书馆,2000:序二.
② 李剑农.我所知道的东亚同文书院[M]//中国人民政治协商会议上海市委员会文史资料工作委员会.解放前上海的学校(上海文史资料选辑第五十九辑).上海:上海人民出版社,1987:231.

期,由于学生放假,敌伪认为学生分散着,"不容易集结力量,因而也就不会遭受大的阻力",①开始给各个学校施加压力,对其威逼利诱,企图让各个学校向伪政府登记。为此,上海教育界掀起了轰轰烈烈的护校运动。

全面抗战之初,教育界已经认识到反对奴化教育的重要性。1937年,上海国难教育社发表宣言,号召上海教育界团结起来,反对奴化教育,防止学校伪化,坚决与汉奸作斗争:"国难教育是民族解放斗争中最重要的工作,这绝不是少数人能够负担起来的。……抢救中华民族的危亡,是每一个不愿意做亡国奴或做汉奸的中国人应有的责任,绝不是某一党某一派所能包办得了的。……要执行国难教育的工作,最主要的,就在暴露并廓清'奴化教育'和'买办教育'的理论。只有这样,我们才能够统一我们的阵容,用同一的步调,向着民族解放斗争的伟大工作迈进。"②从1937年日军占领上海到1942年日军进犯租界,以至上海全部沦陷的日子里,上海教育界的爱国师生与日伪势力展开了不屈不挠的反对伪化教育、抵制奴化教育的斗争。

1938年年初,在战事稍微平息时,上海日伪就开始觊觎租界内的各大中学校。6月,日伪势力在侵占山海关后,于7月初要求租界内各学校向伪大道政府登记,企图全面伪化上海的学校教育事业。上海沦陷后,上海教育行政机构不能公开立足,国民政府教育部特派专员主持教育行政,宣导中央教育政策,防阻敌伪奴化教育,并制定了对付敌伪的三项原则,即:不悬伪旗,不向敌伪行文,教材活用。为了尽可能对学校进行掩护,所有市立中等学校均改成私立,敬业中学改为南方中学,务本女中改为怀久女中,吴淞中学称和衷中学,新陆师范改称立德师范,洋泾中学称江东中学,市北中学改称新北中学等。1939年夏,由于上海市的畸形繁荣,上海周边地区许多战区的教职员、学生及一般民众纷纷云集上海,但战时交通堵塞,一时难以遣送,经上海教育专员办事处呈请国民政府教育部,拨发事业费,先后设立晓光、肇光、育德、思源、新建、大光等六所中学,以满足失学学生继续上学的要求。③ 上海各校师生出于爱国义愤,纷纷展开了反对学校附逆的护校斗争。上海教育界同仁联合发表宣言,声明:"保护教育权,是每个中华儿女的天职,应采用集体力量,

---

① 季衡.上海学生怎样斗争[M]//上海市中共党史学会.上海抗日救亡运动资料选编.上海:上海市中共党史学会,1985:556.
② 上海国难教育社宣言[M]//延安时事研究会.抗战中的中国教育.上海:上海人民出版社,1961:223.
③ 上海市教育局.上海市中等教育概况[M].上海:中正书局,1948:21—22.

与汉奸教育败类斗争到底。"许多教会学校与英、美校方和教师一起,日夜巡逻护校,防止日伪入侵。各校学生坚决反对登记,反对伪化,一时对附逆日伪的教育败类形成"老鼠过街,人人喊打"的局面。7月6日,《译报》隐约透露了清心中学要向伪督署登记的消息,清心中学学生闻讯后,马上在大操场召开全校同学紧急大会,群情激愤。大会提出"师生合作,保护学校,不当亡国奴"的口号,并推选代表同校方交涉,要求校方:登报声明拒绝登记;成立师生护校委员会;保证学生安全,不得借故开除学生。在谈判过程中,校长张石麟先是答应学生的要求,后又否认自己的承诺,激起学生的愤懑。在烈日当空的操场上,全校500多名学生,坚持等候5个多小时。经过学生代表的据理力争,校长终于全部答应学生的要求。这是"孤岛"上护校斗争的第一次胜利。于是,"护校运动……由一个学校开始(清心中学),立即广泛地弥漫开来,分散着的学生毕竟困难地集结起力量来,一个学校接着一个学校建立起护校委员会,以师生统一战线的姿态作着有力的反击"。① 同月,正始中学校长陈群沐猴而冠,出任伪维新政府的内政部长,该校学生罢课,坚决斗争,学校被迫宣布停办。许多大中学校的学生与爱国教师团结起来,积极开展护校斗争,进一步推动了校方拒绝向敌伪登记。许多学校登报声明"均本国家教育宗旨办理",抵制登记。8月2日,新寰、正行、同义三所中学联合登报声明,不向伪政府登记。接着,上海女中等87所学校也向报界发表联合声明。到9月底,先后有100多所学校表示反对登记。租界当局也表示,租界内的教育权不容许他人侵犯。护校斗争取得了初步胜利,敌伪把伪化教育伸向租界的企图未能得逞。②

1939年12月29日,《新华日报》发表一篇题为《忠奸搏斗中的上海教育界》的文章,生动记载了当时上海教育界伪化与反伪化的斗争。节选如下:

> 在上海,汪派汉奸之所以能施展诡计于教育界,不单因为有相当便利的人事关系和历史关系,同时也为了上海是东南教育一大中心的原故。东南各省文化机关,遭受敌人炮火摧毁,其损失实难计算,沪租界区域学校则

---

① 季衡.上海学生怎样斗争[M]//上海市中共党史学会.上海抗日救亡运动资料选编.上海:上海市中共党史学会,1985:559.
② 中共上海市委党史资料征集委员会.抗日战争时期上海学生运动史[M].上海:上海翻译出版公司,1991:59.

影响较小,各沦陷区学校纷纷向上海租界迁移,学生数量也因上海人口突增而增加,造成上海教育畸形发展的现象:到1939年底,有专科以上学校75所,战前有31所,中等学校259所,战前135所,初等学校460所,战前573所,其中350所在沦陷区,故总数反而减少。各类学校达1082所,学生33100多人,无怪汉奸看了眼红。

活跃于教育界做收买工作的要数褚民谊(国立中法工学院院长)和周佛海(前江苏省教育厅长)积极。首先是拉拢各学校校长,以为一校之长既入了瓮,那这一学校的教员和学生全都会跟着跑。私立上海中学校长陈济成被利诱。汪逆以为教育界既有人响应,大可以之招摇撞骗。所以,伪六中全会中陈济成即被举为伪国民党候补中央监察委员,以作酬劳。实则此通电不但没有碰到应声,反遭到上海市民共弃,该校学生通电声明驳斥,各教育社团学生团体及学生家长纷纷致电教育部,请求惩办陈济成,撤消其学校之立案,这真是出乎汪逆等意料之外。

但上海少数附逆学校,常常是各校负责,当局比较容易收买,教职员为最难,学生则根本不是几张纸币所能动摇,他们始终站在最前线和汉奸斗争。他们鄙弃利诱,也不怕暴烈手段的威胁。汉奸常以前进面貌出版刊物,组织团体,甚至表面上干救亡活动,吸引学生陷入粪坑,但学生发觉后立即退出,加以揭露。量才补习学校毕业同学会在报上促校友注意不要加入汉奸组织的职业青年反共团。更有学生具名登报警告他们的训育主任不要去做汉奸。总之,同学相互劝告,揭穿校长和老师的无耻假面具,每天报上连篇累牍登载着,凡是校长已附逆的学校,各校广泛开展"离校运动",不愿意受奴化教育,像私立上海中学和上海师范四校原有4000多学生,现在已呈停课现象。虽然为消极反对,然亦已予卑劣无耻者以严重打击,至陈济成辈自投消息给报馆说已因病辞去校长职务。①

2. 抵制奴化教育

日军侵占租界以后,开始全面推行奴化教育,师生们想方设法抵制奴化教育。

为了伪化学生思想,伪教育当局经常举行演讲会,邀请一些汉奸文人作奴

---

① 展鸿图.忠奸搏斗中的上海教育界[N].新华日报,1939-12-29.

化宣传,命令各校学生参加。讲演内容,或讲旅日观感,宣扬大和文化,或"勉励"学生,说什么"建立东亚新秩序历史地落在你们的身上"等。一些学校特地派高年级学生去听讲,因为他们已经有了正确的判断力,而不派低年级年龄较小、比较容易受影响的学生前去。常常是"演讲会开始不久,等不到一个人讲完,台下的学生大拍起手来,拍到第二个人上台。掌声不但没有停止,拍掌声愈来愈大,愈有节奏,气得汉奸们毫无办法"。学生们用自己的方式抵抗日伪的奴化教育。

1942年,日伪要求学校普遍设立日语课作为必修课,同时由日本兴亚院、大东亚省华中联络处等派遣大批"中国通"到各学校担任日语教员或督学,实际上是来监视各学校的教学。这批人大都受过特务训练。有一个日本教员,试探学生对"中日同盟"的反响,在课堂上提问:"大东亚有几个独立国家?"学生们鸦雀无声。他又狡猾地改换了一个方式,在黑板上用日文写下了"印度、日本、中国、缅甸、满洲国"等,要学生们集体用中文念出来,当他指到"满洲国"时,学生们不约而同闭口不语。日本教员恼羞成怒,掏出枪来威胁学生说:"我有枪,我可以随时抓人。"但台下还是没有人吭声。日本教员无计可施,只得提早下课。

沪新中学师生积极抵制日本的奴化教育。学校教日语的日本教师叫清水,学生们背地里都叫他"清水大闸蟹",意指他横行霸道。有一次,学生们在课堂上贬称他,他气急败坏,竟动手打了学生,激起了公愤,大家都抵制上他的课。他扬言日语不及格者不准毕业,学校教务处主任余源庆和教师朱凤豪等同情学生自发的抗日行为,私下和学生打招呼,说日语课不及格不影响学业。后来,该校在日语的学习时间上也做了调整。① 嘉定私立勤业中学提出"养天地正气,法古今完人",要求学生树立坚强的民族意识以示对抗。私立惠民初级中学则从思想进步的人士中聘请教员,选编有爱国思想的诗文和鲁迅等作家的作品作为教材。② 许多平时极少参加政治活动的学校,如教会学校和工部局所办学校的学生也想方设法抵制日伪的奴化教育。如有一所工部局中学,"那是从来不曾斗争的学校",但一个新来的教员满口"和平"论调,学生也发动了"怠课"!——照样翻开书,安分坐着,可是五十多双眼睛一齐望着天花板。同时,全级学生共同具名写了封信,要求禁止该教员在课堂上谈政治。原来工部局中

---

① 中共上海市委党史资料征集委员会.抗日战争时期上海学生运动史[M].上海:上海翻译出版公司,1991:90.
② 《嘉定县教育志》编纂组.嘉定县教育志[M].上海:上海社会科学院出版社,1997:78.

学的规章,正好有一条是不准教员在上课时谈政治。①

第四节 解放战争时期上海的教育

1945年8月,中国人民经过艰苦卓绝的十四年抗日战争,终于迎来了胜利。8月15日,日本天皇宣布无条件投降。饱受战争苦难的上海人民万众欢腾,高呼"天亮了"。在战争中外迁的学校纷纷迁回上海复员。正当上海教育界人士满怀希望地规划上海教育发展的蓝图时,以蒋介石为首的国民党反动派又挑起了内战。还没有完全从战争创伤中复原的上海教育又面临着新的危机。

一、抗战胜利后的教育复员:接收与甄别各级学校

抗日战争胜利后,1945年8月15日,国民政府教育部部长朱家骅要求收复区各教育机关"暂维现状,听候接收"。即日又颁布《战区各省市教育复员紧急办理事项》14条,要求各省市教育部门迅速遵照办理。随后又颁布《教育复员及接收敌伪教育文化机关等紧急处理办法要项》13条,对收复区教育文化机关的接收办法作了具体规定。这一系列紧急措施对接收沦陷区文化教育机关作了明确规定,减少了接收过程中可能出现的混乱局面,对稳定收复区文化教育事业也起了积极作用。

1945年9月,国民政府教育部在重庆召开全国教育善后复员会议,会议议决收复区教育复员与整理的各项处理办法。其中对收复区专科以上学校的处理办法是:敌伪所设专科以上学校,由教育部统筹处理;收复区敌伪原设专科以上学校,由教育部派员接收;凡敌伪所设,专为教育敌人或带有政治侵略性质者,接收后一律停办;凡敌籍学生一律令其返国;私立专科学校需要继续办理者,必须报教育部核准。对收复区学校教职员的处理办法是:专科以上学校的教职员,由教育部组织收复区专科以上教职员调查核审委员会,经审查后,分别奖惩;中等学校教员由各省市教育厅局组织甄审委员会,经严格甄审后决定留用或开除,未经甄审或审查不合格的,各校一律不得聘用;小学教员由各县市教育局组织委员会进行甄审,经考核合格者,再决定是否任用。对于收复区学生的甄审办法是:为救济敌伪中等以上学校学生的失学及追认毕业生的资格,特对收复区中等以上学生进行甄审;凡已毕业者,经甄审后追认其资格;未毕业仍

---

① 季衡.上海学生怎样斗争[M]//上海市中共党史学会.上海抗日救亡运动资料选编.上海:上海市中共党史学会,1985:561.

在校者,由学校进行编级考试,因战争影响失学自修的学生也可参加编级考试,合格者分别编入有关班级继续学习。①

抗战胜利时,上海有大中学校300余所,学生10余万人。在国立大学方面,交通大学、复旦大学(该校于1941年改为国立)、暨南大学、同济大学先后于1946年在上海复员。留在上海的交大分部、上海医学院、雷士德工学院、同德医学院、上海商学院和上海音乐学院在抗战期间被日伪强制接收,抗战胜利以后又被国民党接收,收编为上海临时大学补习班,有学生4 000余人。教会大学和私立大学在抗战期间人数激增,两类学校共有学生1万余人。其中圣约翰大学有学生2 000余人,私立大学中以大夏大学人数最多,有2 000余人。停办的私立光华大学,也准备重新开办。中学方面,包括男中、女中、产科学校、师范学校、职业学校、护士学校等,共有200余所,学生约10万人。初等学校共计1 000余所,约有30万名学生。抗战胜利后,苏浙皖教育督导专员办事处及京沪区特派员办事处相继成立,积极从事复员工作。1945年9月13日,上海市教育局正式成立,先后设立中等学校复员委员会、原工部局学校接收委员会、伪市立学校接收整理委员会,开始对抗战期间改名的学校恢复原名,对战时学校进行整顿和接收,上海市教育局按照国民政府颁布的各项法规执行。

在抗战胜利初期,上海市教育局主要忙于接收和甄别各级学校和师生,但一开始就遇到了"麻烦"。按照国民政府颁布的《收复区中等以上学校学生甄别办法》,原沦陷区国立专科以上学校的学生都是"伪学生",必须对他们进行"甄审",而且要集中一段时间对他们进行所谓的"思想训练",要每个学生交出研读蒋介石《中国之命运》的报告与论文2万字以上,才能准许继续就学,否则就不承认其学籍。上海被列为伪学校的有6所,分别是交通大学、上海医学院、雷士德工学院、上海商学院、同德医学院和上海音乐学院,共4 000余名学生。国民政府的这一决定,对于这些在沦陷区吃尽日伪之苦,正沉浸在抗战胜利的喜悦中的青年学生来说,无疑是一个沉重的打击,他们为面临失学的威胁而不安。无奈之下,学生们进行了声势浩大的请愿活动,并发布了《因荒废学业而请愿——告各界同胞书》。

1945年11月6日,学生们高举"因荒废学业而请愿"的横幅,走上街头,队伍里有一辆三轮车,车上堆满了理、工、农、医、商各科书籍,书上贴着一张封条,上写"教育部封"四个大字,形象地揭露了国民政府剥夺学生读书权利的无理决

---

① 熊明安.中华民国教育史[M].重庆:重庆出版社,1997:312.

定。上海新闻界的各大媒体,如《大公报》《文汇报》等纷纷表示支持学生。在社会各界以及舆论的压力下,国民政府不得不改变做法,把原来的"先甄别,后补习"改为"一面接收,一面上课"。学生们取得了上课的机会。

抗战胜利后,上海市教育局除接收和甄别学校和学生外,还积极整顿私立学校。因为在抗战期间,上海的学校状况比较复杂,其中有迁入内地办学者,有江浙各地公私立学校迁入上海租界开学者,有敌伪时期新设立的学校,有应时势之需而由国民政府教育部特准设立者,有限于房屋不敷容纳原有学生添设分校者,有一校分为二、三校者,有集合几个学校成为一所学校者。针对这种情况,上海市教育局于1945年12月4日第十一次局务会议通过《私立学校立案审查委员会规则》,规定呈请立案之学校必须开具下列事项送委员会审查:开办后经过情形,经费来源及经常开办各费用预算表,组织编制及课程,教科书及参考目录,图书、仪器、标本、校具及关于运动、卫生各种设备及其价值,校长及教职员履历表,各项章程规则,学生一览表,训育实施情形。并规定达到下列各项为合格:(1)呈报事项查明确实者;(2)对于现行教育法令切实遵守,并严厉执行学校章则者;(3)教职员之名额、资格均合于中小学规程及职业学校规程所规定者;(4)学生入学资格合格,在校学生成绩良好者;(5)资产或资金之租息连同其他确定收入(学费收入除外)足以维持每年经常费用者;(6)设备足够应用者。①

二、抗战胜利后基础教育的统一规划

1. 实施国民教育

1946年,教育部按照国民党十二中全会关于限制全国文盲的决议和早日普及国民教育的政策,将收复区与大后方各省市的国民教育作了统一规划,制定并颁布了《全国实施国民教育第二次五年计划》,并通令上海等23个省市一律从1946年1月起拟定第一次实施国民教育计划。国民教育制度是从抗日战争初期开始施行的,这是一种政教合一的教育制度,即把义务教育和失学民众补习教育融合在一起,并从1940年开始推行第一次普及义务教育五年计划。但当时上海是战区,没有施行。其方法是设国民学校和中心国民学校。国民学校设小学部与民教部,一律免收学费。小学部按初级小学的编制;民教部设初高级成人班和妇女班,分别施以初高级补习教育。中心国民学校是各国民学校毕业生升学的地方,兼负责辅导各国民学校。小学部依照小学编制,从一年级到

---

① 上海市教育局.上海市中等教育概况[M].上海:中正书局,1948:28—33.

六年级,设6个以上学级,课程、教学及年级编制按照小学课程标准办理,并得附设幼稚园或幼稚班。①

1946年9月9日,教育部颁布《国民学校及中心国民学校规则》,对课程、教材、训育、设备、成绩考察、入学及毕业、休假、经费、教职员名额、职责、资格、辅导、研究等作了详细规定。1948年公布《小学课程二次修订标准》,规定初年级的课程有公民训练、音乐、体育、国语、算术、常识、美术、劳作。算术从三年级起规定教学时间,一、二年级随机教学,不安排固定教学时间。常识课包括社会和自然。高小社会包括公民知识及历史地理两科知识。从闵行区1946年度第一学期中学国民学校教学科目及每周教学时间表中,可以看出当时国民学校课程与教学的具体情况(见表3－7)。②

表3－7 1946年第一学期闵行区中学国民学校教学科目及每周教学时间表

(单位:学时)

| | 团体训练 | 音乐 | 体育 | 国语 | 算术 | 常识 | | | | 图画 | 劳作 | 总计 |
| | | | | | | 社 会 | | | 自然 | | | |
						公民	历史	地理				
初级	120	90	90	435	90	—	150	—	—	90	60	1 125
					180							1 215
中级	120	90	150	435	240	—	180	—	—	90	60	1 365
高级	120	90	150	435	240	30	90	90	150	60	60	1 515

训育方面,国民党政府依然采取战前控制学生思想的做法,严禁学生接近共产党。1946年,国民党政府发动内战,训令各校"对于训育目标,应采用行宪戡乱为中心",要求对小学生注意思想意识训练,对中学生加强管制。各中学及中心国民学校训育处应采取分周实施团体训练及平时个别谈话的方法,以"感化""导示""奖惩"等手段训管学生,防止学潮并绝对禁止罢课、游行、请愿等各项妨碍正常秩序的行为发生。③

1946年第一学期,上海共计有初等学校1 116所,学生317 762人,其中中心国民学校24所;中等学校223所,学生79 279人。具体情况见表3－8。④

---

① 熊明安.中华民国教育史[M].重庆:重庆出版社,1997:234.
② 《闵行区教育志》编纂委员会.闵行区教育志[M].上海:上海人民出版社,1992:127.
③ 同上:103.
④ 上海市教育局.上海市教育统计(民国三十五年度)[M].上海:[出版者不详],1937:4.

表 3-8　1946 年第一学期上海初等学校和中等学校情况统计

		校数（所）				学生数（人）			
		共计	公立	市立	私立	共计	公立	市立	私立
总计		1 339	5	303	1 031	425 162	14 896	149 738	260 528
初等学校	共计	1 116	2	282	832	317 762	939	137 939	178 884
	幼稚园	285	1	42	242	16 396	63	3 495	12 838
	小学校	807	1	216	590	230 165	876	63 243	166 046
	中心国民学校	24	—	24	—	22 916	—	22 916	—
	国民教育儿童班	—	—	—	—	24 414	—	24 414	—
	国民教育成人班	—	—	—	—	23 871	—	23 871	—
中等学校	共计	223	3	21	199	79 279	2 238	11 284	65 757
	初级中学	74	—	1	73	12 209	—	193	12 016
	中学校	123	2	15	106	62 206	1 998	9 808	50 400
	师范学校	3	—	3	—	1 056	—	1 056	—
	职业学校	23	1	2	20	3 808	240	227	3 341

2. 中等学校

上海是通商大埠和中国工商业的重心，经济发展对人才的要求较高，因此抗战胜利之后，上海的中等学校发展迅速。到 1947 年第二学期，已经有市立中学 18 所，市立职业学校 6 所，市立师范学校 2 所，加上各类私立学校共 256 所，较之战前的 126 所，增加 1 倍有余。据教育部统计，当时中国受中等教育者共有 140 余万人，而上海中等学校学生就有 9 万人，约占全国受中等教育者总数的 1/14。① 在这 256 所中等学校中，公立中等学校数量仅占约 10%。以学级来看，公立中等学校初高中合计 340 个学级，私立中等学校高初中合计 1 644 个学级，前者约为后者的 1/5。以学生言，公立中等学校高初中学生合计 14 212 人，私立 75 747 人，前者约为后者的 1/5（详见表 3-9）。②

表 3-9　上海市公私立中等学校设立者分类表③　　（单位：所）

	中学（所）	职业学校（所）	师范学校（所）	合计（所）
市立	18	6	2	26
私人设立	145	6	—	151

---

① 上海市教育局.上海市中等教育概况[M].上海：中正书局,1948：序.
② 同上：前言.
③ 同上：17.

	中学(所)	职业学校(所)	师范学校(所)	合计(所)
天主教	15			15
基督教	16	1		17
回教	1		—	1
佛教徒	1			1
社团设立	11	3		14
同乡会设立	6	1		7
大学附设	5		—	5
医院设立		19		19
共　　计	218	36	2	256

抗战胜利后设立了一批中等学校,其中 1945 年创办的有女子师范学校、高级工业职业学校;1946 年设立的有复兴中学、陆行中学、高桥中学、真如中学、杨思中学、师专附中;1947 年设立的有江湾中学、助产职业学校、护士职业学校、高行农校、商业职业学校、七宝农校等。①

3. 师范学校

抗战胜利以后,各级学校的迅速发展对师资的要求不断提高。为了培养合格的师资,上海教育当局积极构建师范教育体系。1945 年市立新陆师范学校恢复,并增设市立幼稚师范学校一所,借以提高国民学校的师资水平。1948 年又筹设龙门师范学校,其中,女子师范学校专收女生,龙门师范专收男生,"以观男女分校之效果"。新陆、师专两校则男女兼收,"以观男女同学之效果"。在师范学校的地理分布上,考虑到各个地区的需要,把新陆迁回浦东,把龙门师范设于南市,使之"四散分布,以便辅导地方之教育"。在科系设置上,师范专科学校分设语文、社会学、自然、艺术学科及教育学科等。女子师范、新陆、龙门三校则分普通、幼稚、劳作、美术、音乐及体育专科,并制订了五年计划,计划五年之后,新陆师范、女子师范、乡村师范、龙门师范的学生达到 2 880 人。②

为了提高国民学校的教育质量,发挥师范学校的作用,上海市教育局又制定了《上海市师范学校辅导地方教育办法》。该办法规定,各师范学校设置地方教育辅导委员会,以校长、教导主任、教育学科教员、师资毕业生服务指导委员

---

① 上海市教育局.上海市中等教育概况[M].上海:中正书局,1948:26.
② 同上:322.

会及附属小学主任组织之,每月开会一次,校长为主席。委员会设地方教育指导员1人,负责研究指导本区国民教育之责,并应建议改进方案。委员会的任务主要是:(1)辅导区内各校改进事项;(2)指导区内各校教育实验事项;(3)设置地方教育通讯研究处;(4)举行专题讨论事项;(5)编辑、搜集乡土教材及其他补充教材事项,按照部颁《如何搜集或整理地方教材案》规定办理;(6)开办假期讲习会及进修班事项,遵照部颁《各省市小学教员暑期训练实施办法》办理;(7)发行教育进修刊物;(8)其他有关地方教育辅导事项,如搜集优良实例、举行教学、指导实习、分析业务困难等。该办法要求委员会优先辅导中心国民学校,并指导其辅导国民学校。①

4. 国民教育实验

上海的普通教育依旧保持着不断创新、追求卓越的精神,1947年成立上海国民教育试验区,进行国民教育的实验与探索。② 上海国民教育试验区的前身是江西国民教育试验区,即国立幼稚师范学校国民教育试验区,它于1942年2月成立于江西临时省会泰和。在江西时,以倡导活教育,从事实验研究,以加强国民教育之推行为宗旨,以体育卫生问题、辅导问题、各科教学方法、各项设备标准四项为中心开展实验工作。由于得到中央在经济上的支持以及地方在人力上的帮助,该试验区在条件非常恶劣的情况下取得了很好的成绩。当时成立了一所规模很大的教具玩具制造厂,从事教具玩具的研究和开发工作,同时成立了巡回辅导机构实施巡回辅导,并刊行了国民教育辅导丛书、学校卫生工作、国民学校标准设备、小学各科教学方法等共14种,还经常编印《活教育》月刊,以供全国各地学校的教师参考,在江西地方教育上发生了相当影响,同时也是国民教育实验研究上的重要一章。抗战胜利以后,接教育部命令于1947年迁往上海,改称上海国民教育试验区。

上海国民教育试验区在经费十分紧张的情况下,依然保持过去的一贯作风,依据实验研究、辅导改进、示范推广三大目标埋头苦干。第一,确定以全市的国民教育设施为实验研究对象,同时为了便于整个工作的开展,先从自己所在地区静安区着手,以其为工作区域,以后逐步推广到全市。第二,依据实际情形与当前需要,决定一个最低限度的组织与编制,希望能够灵活运用。试验区下面分设总务、实验研究、辅导推广及编辑出版四组,分别掌管有关

---

① 上海市教育局.上海市中等教育概况[M].上海:中正书局,1948:323.
② 方山农.一年来的上海国民教育试验区[J].教育杂志,1948,33(10):58.

事项。

实验研究组负责测验表类和教具玩具类的有关事项。1947年增设教具玩具制造厂一所,研究实验各种教具玩具,已经完成教育玩具类78种,教具类14种的设计制造。还协助上海市教育局举办全市小学生默读测验,特约国立幼专、上海市立女子师范学校附属小学等校试行活教育实验,特别重视对幼稚教育课程教材和教法的实验研究。

辅导推广组主要负责对教育实验的辅导与推广,曾举办各科教学演示9次,并经常出席全市辅导会议及静安区国民学校校长会议。在教育实验的推广上,联合国立幼专、上海儿童福利促进会合办大场农村托儿所3所,收容大场附近农村儿童95名,从事乡村幼稚教育实验,倡导幼稚教育下乡运动;实施报童教育,联合上海青年会在四川路设立报童学校1所,第一期招收失学报童150名,施以特殊训练,计划一年使全市卖报儿童全部入学;推行普及民众教育,一年中先后举办两期,第一期以联合区内各级学校举办为原则,共办儿童班13班,招收儿童772名,成人妇女各3班,共319名,第二期以协助区内各工厂实施工人补习教育为中心工作;推行电化教育,为配合部颁电化教育计划,试验区与上海广播电台协商,每周六举办空中教育讲座一次,每月举办空中教育座谈,一年中共举办空中教育讲座21次、空中座谈3次;举办教科书座谈会及师范教育问题座谈会各一次,前者会议时间为1947年2月5日,参加者有郑晓沧、顾树森、欧元怀、陈选善、高君珊、俞庆棠、沈有乾、陈鹤琴等28人,后者时间为1947年4月4日,参加者有朱经农、顾毓秀、欧元怀、杨卫玉、杜佐周、舒新城、高君珊、陈鹤琴等32人。

编辑出版组在一年中编印《活教育》月刊及其英文版,并编印基本科学丛书20册,还改编《分年儿童图画诗歌集》12册等。

该试验区以陈鹤琴的活教育为主要理论指导,开展各种教育理论的实验与研究,并把成功经验推广到全市,极大地促进了上海国民教育的发展。

三、抗战胜利后高等教育的复兴

抗战时期外迁的学校在1946年都迁回上海,其中私立复旦大学在战争期间已改为国立。与战前相比,各学校都有了不同程度的发展,加上战争时期上海新成立的学校,到1946年,上海专科以上学校有39所,学生425 162人,比战前几乎增加一倍(1936年上海市专科以上学校34所,学生243 744人)。在系科设置上,也更加多样化,如复旦大学等校在战争期间都增加了农学院,交通大学则增加了航海和轮机等专业。战后,上海高校积极扩大办学规模,提高教育质量,大力培养人才,以报效饱受战争之苦的祖国。

复旦大学在1946年沪、渝两校合并时,师生员工共计3 000余人。院系也不断扩大,共计有文、理、法、商、农五个学院,系科设置如下:文学院为四年制大学本科,设中国文学系、外国文学系、新闻学系、教育学系、史地系;理学院为四年制大学本科,设土木工程系、化学系、生物学系、数理系、中国生理心理研究所;商学院的四年制大学本科设银行金融系、工商管理系、会计学系、国际贸易系、统计学系、合作学系,二年制专科设银行专修科、统计专修科;法学院的四年制大学本科设政治学系、经济学系、法律学系、社会学系,二年制专科设监狱官专修科,另设经济研究所(招收研究生);农学院的四年制大学本科设农艺系、园艺系、农业化学系,另有二年制专修科。教师阵容也空前扩大,共有教授168人,副教授37人,讲师、助教109人。其中有许多全国知名的专家学者,如张志让、陈望道、周予同、周谷城、肖乾、葛传槼等。① 这一时期,老校长李登辉明确提出"复旦精神"的定义。在1947年7月5日复旦复员以后的第一次毕业典礼上,李登辉对毕业生说:你们穿的学士服,"穿过以后,应当是一个有学问的人,应当从此对国家有所贡献","应当为社会服务,为人类牺牲","特别是在中国,我们还需要团结,中国才有希望","服务、团结、牺牲,是复旦的精神,更是你们的责任"。② 抗战结束以后,复旦大学正是本着"服务、团结、牺牲"的爱国主义精神办学,在解放战争期间培养了数以千计的各类人才(详见表3－10)。

表3－10　1946—1949年复旦大学历届毕业人数统计表③

(单位:人)

时间\院所别	合计	文学院	理学院 时间	法学院	商学院	农学院	经济学研究所
1946年	496	44	62	227	143	20	—
1947年	626	99	64	304	129	30	—
1948年	726	129	96	322	123	56	—
1949年	795	134	111	300	194	55	1
总计	2 643	406	333	1 153	589	161	1

从表3－10可以看出,复旦大学在抗战结束以后,依旧保持了战前适应社

---

① 复旦大学校史编写组.复旦大学志(第一卷)(1905—1949)[M].上海:复旦大学出版社,1985:180.
② 同上:181—182.
③ 同上:附表二.

会需要的传统,培养的学生中以学习实用性法、商科者为最多。

国立同济大学于1946年在经过一年多的时间后终于在上海复员,学校规模也有所扩大。1946年8月,扩充理学院为文理学院,到1948年6月,文学院和理学院分开,至此,学校有医、工、理、法、文五个学院。文理学院在建立时就增加了哲学、外国文学(德语文学)、中国文学三个系。1948年6月,文学院又增设历史学系。理学院于1948年8月将生物系分为动物、植物两系,从此理学院就有化学、数学、物理、动物、植物五个系。法学院原设法律系,分司法、行政法两组,1947年7月又增设理论法学、国际公法两组,师资和教学设备均已齐备,并于8月招收新生,但教育部以未事先呈报备案为由,电令这两班学生并入司法、行政两组。1946年8月,计划在工学院机械系内增设航空工程学组,各项条件也已具备,但教育部又指令暂缓。1947年,工学院成立大地测量研究所。1948年8月,医学院扩建细菌学研究所,设立寄生虫学馆和实验动物饲养所。

交通大学在1941年太平洋战争爆发后迁往重庆,沪校被敌伪强迫接收。1946年抗战胜利,交通大学在上海复员。为了抗战需要,抗战时曾增设电讯研究所、航空系、造船系、工业管理系及轮机、航海、电讯三专修科,复员后又增设纺织、水利、化工三系。1947年4月,交通大学迎来51周年校庆。虽然抗战胜利,但国家依然处于水深火热之中,对学校在今后的发展方向以及面对这种无奈的状况,许多学者抒发了自己的感想。老校长唐文治认为,"今日欲救国家,先救人心,而欲救人心,先崇廉耻。余近日佐启青年,教以立心立身立家立国之大本,唯以立气节而后可以擎天柱地,作中流之砥柱,挽既倒之狂澜",即学校应该教育学生树立民族气节,帮助其养成高尚的人格。在办学方向上,张嘉璈认为,学校是"造就交通事业专才之学府,与普通职业教育迥乎不同,学术之深造,德性之培养,不唯致用,抑且研究,故宜张学审问,慎思明辨,为笃行之君子,为建国之真才",即学校应该培养具有高深学问的人才。赵增珏则从功能论的角度,主张应该把交通大学办成"社会",他在名为《一个"学校社会化"的建议》的演讲中讲道:"大学之使命非仅为作育人才,而同时对社会,至少对于当地社会,亦应发挥其辅导与合作之作用。且学校之学生本属于来自社会,将来仍须返诸社会。故学校所施于学生之训练,必须适合社会之需要,而欲达此目的,双方必须互相联系,互相协助。"①即强调大学应该适应社会之需要,紧跟社会发展的步伐,

---

① 《交通大学校史》撰写组.交通大学校史资料选编(第二卷)[M].西安:西安交通大学出版社,1986:512—514.

为社会发展提供人才的训练。可见,到底是应该成为一个研究高深学问的地方还是走职业化的道路,是当时大学面临的两难选择,交通大学也不例外。

上海商业化的社会环境也影响着高等学校的办学方向。著名的教会大学圣约翰大学也逐渐摆脱了传统保守的办学方式,走上了职业化的道路。经济系成为圣约翰大学最大的系。表3-11是圣约翰大学1946年和1947年文理学院两季毕业生的统计数字。

表3-11 圣约翰大学文理学院1946年和1947年两季毕业生统计

(单位:人)

文 学 院	**213**
英文系	22
经济系	106
理 学 院	**75**
化学系	62
物理系	4
生物系	7
数学系	2

其中,经济系的毕业生远远超过其他专业的毕业生。另外,注重英文也是该校的传统特点。曾任圣约翰大学校长的涂羽卿回忆,圣约翰大学是"教会大学的典型",即"绝大多数的学生的专业指向两条路,而这两条路实质上汇合为一个总流,一条路是英文的路,另一条路是金钱的路,总起来说是升官发财的路,而这个升官发财的路主要是通向留美、洋行的路",至于科学技术,"只不过是微乎其微的点缀而已"。由于上海商业发达,洋行林立,许多外国公司都喜欢雇用英语程度较高的职员,圣约翰大学在这方面是成功的。因为"上海的一般外国公司,圣约翰的毕业生是比较受欢迎的,留美学生中圣约翰的毕业生也是比较多的。圣约翰的招牌在半殖民地的中国是比较吃香的"。[①]

抗战的胜利唤起了人们办理教育事业的巨大热情,上海陆续有新的大学创建。如:上海市立工业专科学校,它是李熙谋接收前日本工业学校后创办的;1945年10月创办的私立中国新闻专科学校;1947年春创办的私立新中国法商

---

① 涂羽卿.我在圣约翰大学的经历[M]//中国人民政治协商会议上海市委员会文史资料工作委员会.解放前上海的学校(上海文史资料选辑第五十九辑).上海:上海人民出版社,1988:16.

学院;1947年6月创办的私立光夏商业专科大学;1947年7月接收前日本第四国民学校而创办的上海市立师范专科学校;1948年秋成立的私立新中国学院;1948年3月成立的私立上海商业专科学校。还有两所从外地迁到上海的专科学校。一所是国立幼稚师范专科学校,其前身是江西省实验幼稚师范学校,成立于1940年12月。1943年2月,国民政府教育部批准学校改为国立幼稚师范学校,同时增设幼稚师范专修科,由陈鹤琴续任校长。1946年,该校奉命迁往上海。学校开设幼稚教育、国民教育和儿童福利三学系,招收高级中学毕业的女生。另一所是中华工商专科学校。1944年5月,中华职业教育社决议在重庆创建中华工商专科学校以培养高级专门人才。同年10月,由张群、黄炎培、江问渔、吴蕴初、潘公展、杜月笙、杨卫玉、潘序伦等21人组成校董会。1944年1月,学校正式开学。最初,学校只设机械工程和工商管理两科,学制2年,分日、夜两班上课。1946年8月,学校迁到上海。同年10月20日开学。机械工程科暂时停办,在原有工商管理科的基础上增设会计和银行两科,共录取学生255名。1947年,学校恢复机械工程科,分八班授课,学生达637人。学校在市中心增设分校以便职业青年就学,并借用中华职业学校的工厂让学生实习。1948年,学校人数增加到720名。①

解放战争时期,虽然学校增多,也增加了许多新的科系,但上海的高等教育依旧保持了传统的格局,即以实用性系科为主,以基础性系科为辅。从新开办学校的系科设置中不难看出,多是实科性的或者是与上海社会相适应的实用性科目,如新闻等。表3－12和表3－13是1946年上海市公立学院学生概况和公私立专科以上学校学生数概况。②

表3－12　1946年上海公立学院学生概况

学校类型	学 生 数 （人）			百分比(%)
	男	女	共　计	
总计	14 560	4 151	18 711	100
文学院	1 497	1 230	2 727	14.6
理学院	2 896	600	3 496	18.7

---

① 忻福良,赵安东.上海高等教育沿革[M].上海:同济大学出版社,1992:265;284.
② 上海市教育局.上海市教育统计(民国三十五年度)[M].上海:[出版者不详],1947:112—113.

续表

学校类型	学生数（人）			百分比(%)
	男	女	共计	
商学院	2 212	633	2 845	15.2
法学院	2 198	309	2 507	13.4
医学院	1 177	667	1 844	9.9
工学院	3 125	226	3 351	17.9
农学院	354	87	441	2.3
研究所	16	7	23	0.1
教育学院	114	127	241	1.3
体育专科	53	13	66	0.3
艺术专科	95	120	215	1.2
航海专科	103	—	103	0.5
附设大学先修班	720	132	852	4.6

表 3-13　1946 年上海公立和私立专科以上学校学生概况（单位：人）

学　校	学　生　数		
	共计	男	女
市立专科学校	**218**	**218**	**—**
工业专科学校	152	152	—
体育专科学校	66	66	—
私立立案专科学校	**309**	**182**	**127**
上海美术专科学校	125	73	52
中法药学专科学校	89	34	55
无锡国学专修学校	95	75	20
私立未立案专科学校	**66**	**60**	**6**
中国纺织工程专科学校	66	60	6
私立立案独立学院	**2 966**	**2 002**	**964**
东南医学院	199	122	77
南通学院	518	412	106

续表

学校	学 生 数		
	共 计	男	女
之江文理学院	679	479	200
同德医学院	539	359	180
新中国医学院	120	97	23
上海女子医学院	—	—	—
诚明文学院	64	44	20
上海法学院	374	350	24
上海法政学院	198	139	59
震旦女子文理学院	275	—	275
私立未立案独立学院	**66**	**53**	**13**
上海中医学院	66	53	13
中医学院	—	—	—
国立大学	**7 333**	**6 115**	**1 218**
交通大学	1 654	1 556	98
复旦大学	1 635	1 196	439
上海临时大学	2 999	2 423	576
暨南大学	1 045	940	105
私立立案大学	**5 950**	**4 574**	**1 376**
光华大学	433	360	73
大夏大学	1 341	1 122	219
东吴大学	972	705	267
震旦大学	553	490	63
大同大学	1 780	1 436	344
沪江大学	871	461	410
私立未立案大学	**1 803**	**1 356**	**447**
圣约翰大学	1 803	1 356	447

解放战争期间,上海的高等教育无论是质量还是数量都有所提高,这些成绩并不是在一种和平的环境中取得的,而是在国民党一手挑起的内战风云中,在非常恶劣的条件下取得的。尤其在内战后期,由于国民党政府的独裁腐败,经济崩溃,物价飞涨,教育经费短缺,校长和教授们不仅要思考如何教好书,还要考虑如何对付饥饿。

四、抗战胜利后职业教育和社会教育的发展

1. 职业教育兴旺

上海一直是职业教育的重镇,即使在沦陷期间,职业教育尤其是职业补习教育也继续开展,这是由上海的经济中心地位决定的。抗战胜利以后,上海的职业学校和职业补习学校更是如雨后春笋般纷纷建立。1945年下半年,全市共有职业学校21所,学生3 328名(详见表3-14)。次年,职业学校又增加了2所,学生数增加到3 808人。

表3-14 1945年上海市职业学校概况统计①

学　　校	学　生　数　(人)
市立	**246**
戏剧学校	94
高级职业学校	152
私立立案	**2 283**
中华职业学校	991
明德女子商业职业学校	278
人和高级助产职业学校	101
中德高级助产职业学校	329
生生高级助产职业学校	70
大德高级助产职业学校	167
同德高级助产职业学校	95
金业初级商业职业学校	113
惠生高级助产职业学校	139
私立未立案	**799**
中和高级工业职业学校	18
东南高级职业学校	59
上海家政职业学校	100
中法高级职业学校	129

---

① 上海市教育局.上海市教育统计(民国三十五年度)[M].上海:[出版者不详],1947:104—106.

续表

学 校	学 生 数（人）
惠旅高级助产职业学校	108
南洋护士高级职业学校	51
广澄高级药学职业学校	25
太和高级助产职业学校	18
中国商业职业学校	202
斯高工艺学校	89

和正规的职业学校相比，数量更多的是各类职业补习学校。1945年下半年，上海市有6所市立职业补习学校，学生2051人，私立职业补习学校23所，学生8273人（详见表3-15）。另外还有30所私立普通职业补习学校，学生6687人。①

表3-15 全市私立职业补习学校统计表（1945年度）

校 名	学级数（级）	学生数（人）
光复商业进修学校	3	280
第一中华职业补习学校	26	2 413
棉花商业补习学校	7	155
上海高级商业职业补习学校	6	166
更生职业补习学校	5	100
营造工程学校	6	120
上海青年会职业补习学校	6	176
中国职业补习学校	11	961
中国职业补习学校（二校）	10	591
中国职业补习学校（三校）	6	140
第二中华职业补习学校	10	1 028
建国职业补习学校	13	375
新亚职业补习学校	6	350
树华职业补习学校	—	—
幼吾职业补习学校	—	—
强华职业补习学校	11	192
联华商业学校	8	634
知行职业补习学校	10	316
中华毛纺染织职业补习学校	—	—
中国纺织染工业补习学校	4	76
信和纱厂职业补习学校	4	200
信孚染织厂职业补习学校	—	—
冠生职业补习学校		

---

① 上海市教育局.上海市教育统计（民国三十五年度）[M].上海：[出版者不详]，1947：121—123.

解放战争时期的上海,外语尤其是英语还是很受欢迎的,所以外文补习学校有所增加。据统计,1945年下半年有私立外文补习学校19所,学生4 831人,其中英文补习学校17所,英日俄文补习学校1所,俄文补习学校1所。同期上海市有7所私立特殊补习学校,分别是上海福哑学校、上海盲童学校、中华聋哑学校、光震聋哑学校、上海聋哑学校、哑青学校、福慈学校,共有学生300余人。1945年年底,上海有私立函授学校5所,分别是商务印书馆函授学校、白鹅绘画函授学校、中国工商管理函授学校、中华新闻函授学校、中国邮工函授学校。①

除职业学校和职业补习学校外,许多因战争停办的夜校也陆续恢复,还有许多工厂、团体也举办了新的夜校,如基督教女青年会举办的女工夜校、中纺十二厂夜校、邮工补习学校、酱业职工夜校、上海六业联合市场进修班等。

(1) 中纺十二厂夜校

中纺十二厂(即原来的大康纱厂)在1945年12月成立工会后,恢复了夜校,改称劳工补习夜校。夜校开设高、中、初三个班,每班50人左右。高、中级班开设语文、算术、常识三门课,初级班开设语文、算术两门课。

(2) 邮工补习学校

1946年恢复。学校设在上海邮局四楼,有学生40余人。同时在福建中路支局、思南路支局设分校,共有学生100人左右,主要是信差。邮工补习学校分初、高两班,分别相当于初中和高中,主要开设国文、英文和数学,教师由一些学识优良、热心教学的职工义务担任。学校成立了学生会,学生会与校领导密切配合,开展图书出借、邀请民主人士来校讲演等活动。该校浓厚的政治气氛引起邮务工会某些人士的不满和敌视,学校不断受到干扰和破坏,被迫于1948年停办。

(3) 上海六业联合市场进修班

糖业、海味业、南北货业、桂圆业、水果地货业和水产业被称为"六业",南市共有600多家批发行集中在小东门、十六铺到新开河一带。在中共地下组织的领导下,六业职工在1947年春开办了上海六业联合市场进修班,开设国文、英文、簿记、会计、速记等课程,聘请慕时英文夜校的校长徐慕时任校长。至上海解放,共办了五期,学生少时有二三百人,多时达五六百人。②

---

① 上海市教育局.上海市教育统计(民国三十五年度)[M].上海:[出版者不详],1947:124—125.
② 李家齐.上海工运志[M].上海:上海社会科学院出版社,1997:310—311.

2. 社会教育发展迅速

抗战胜利以后,为了牢牢控制民众的思想,国民党政府非常重视社会教育。为此,上海市教育局在抗战以后,成立了社会教育机构,由长期从事社会教育工作的教育家俞庆棠出任上海市教育局社会教育处处长。

表3-16是1945年下半年和1946年上半年社会教育概况的统计,从中可以看出社会教育发展迅速。①

表3-16 1945年第二学期与1946年第一学期社会教育概况比较

	1945年度第二学期	1946年度第一学期	比　　较
机构数(所)	218	270	52
学校式(所)	177	240	63
一般式(所)	41	30	-11
学生数或参加人数(人)	270 647	378 858	108 211
学校式(所)	40 741	52 659	11 918
一般式(所)	229 906	326 199	96 293
教职员数(人)	1 372	1 654	282
学校式(所)	1 110	1 451	341
一般式(所)	262	203	-59

1946年上海市共有公立和私立社会教育机构270个,学生数或参加人数378 858人。其中有民众学校121所,补习学校83所,学生分别有18 968人、22 567人(详见表3-17)。

表3-17 上海市公立和私立社会教育机构概况统计(1946年度第一学期)②

		校数或机构数(所)			学生数或参加人数(人)		
		共计	市立	私立	共计	市立	私立
总　　计		270	166	104	378 858	340 180	38 678
学校式	共计	240	154	86	52 659	29 281	23 378
	民众学校	121	110	11	18 968	15 907	3 062
	补习学校	83	82	75	22 567	2 251	20 316
	各机关兼办民校	25	5	—	3 262	3 262	—

---

① 上海市教育局.上海市教育统计(民国三十五年度)[M].上海:[出版者不详],1947:2.
② 同上:7.

续表

		校数或机构数(所)			学生数或参加人数(人)		
		共计	市立	私立	共计	市立	私立
学校式	实验民校 民校	1	1	—	1 361	1 361	—
	实验民校 托儿所	1	1	—	100	100	—
	实验民校 诊疗室	1	1	—	991	991	—
	实验民校 家事室	1	1	—	95	95	—
	社教人员训练班	1	1	—	53	53	—
	中心站 美术	2	2	—	540	540	—
	中心站 劳作	2	2	—	4 300	4 300	—
	中心站 音乐	2	2	—	421	421	—
一般式	共计	30	12	18	326 199	310 899	15 300
	图书馆	18	2	16	68 445	53 145	15 300
	博物馆	3	1	2	7 250	不详	不详
	民众教育馆	4	4	—	107 877	107 877	—
	体育馆	1	1	—	34 201	34 201	—
	体育场	1	1	—	71 538	71 538	—
	浦东乡村民教实验室	1	1	—	2 685	2 685	—
	电化教育队	1	1	—	31 046	31 046	—
	科学馆	1	1	—	3 157	3 157	—

与抗战前相比,战后上海社会教育的最大特色当数实验民众学校的设立。1945年10月8日,在沪西原"日本国民第三学校"校址成立了上海市立实验民众学校,简称实验民校,由俞庆棠亲任校长。实验民校有数十间教室和宽敞的活动场所,上午设儿童班,下午设妇女班,晚上设成人班。成人班的对象主要是邻近地区的工人。有许多共产党员在学校任教。实验民校自选自编教材,其中,由朱振方编、俞庆棠校阅的识字课本《大家读》中写道:"流自己的汗,吃自己的饭。靠父母吃饭,靠丈夫吃饭,靠祖宗吃饭,都不是有志的青年。""干干干,努力干,自己的事自己干,大家的事大家干,国家大事全国人民来干,世界大事要各国人民来干。"在高年级的课本里,还选用了鲁迅、茅盾、高尔基的作品。历史课则以华岗的《中华民族解放运动史》为主要参考书,侧重讲授近百年来帝国主义侵华史和中华民族反抗斗争史,这些内容与工人们的生活密切相关,深受学生的欢迎。除课堂教学外,民校还开展了各种课外活动,如开纳凉会、扭秧歌、唱进步歌曲、演活报剧等,还组织学生参观棚户区的扫盲工作和社会上的重大

政治斗争。越来越多的工人入学,多达1 500人。1946年起,实验民众学校先后在余姚路、金家巷、药水弄、英华里、梅芳里、太平里、小莘庄等工人聚居区开设了一批分校。到1947年,上海市的实验民校发展到108所。民校的活动引起了国民党当局的注意,当局不断派特务、流氓去民校捣乱,并最终迫使俞庆棠辞去社会教育处处长和民校校长职务。之后,民校师生与当局展开了针锋相对的斗争,挫败了其撤销实验民校的企图。三年间,民校师生有200多人加入了中国共产党。上海解放前夕,民校师生又积极参加人民保安队、人民宣传队和贫民队,保护工厂,维护社会秩序,为上海的解放作出了一份贡献。①

上海社会教育的发展速度和数量虽然非常可观,但其具体办学情况不尽如人意,主要表现为各民校招生困难,只有通过强迫入学,才能保证生源;其次是毕业率太低,许多学生因为对所教内容不感兴趣或学非所用而中途退学。

为了促进民众教育的开展,1947年,上海市召开第二届民众学校成绩展览会,内容是各民众学校的教学成绩,有各种表册、照片、书画、簿籍、学生的各种手工艺作品等。展览会反映了上海民众学校办学的具体状况。但是,从展览会的内容,即各民众学校学生自己的作品来看,民众学校的对象一般是年长失学的成人,不是正当学龄的儿童,所以民众学校的教学应该与小学不同,展览品本来应该体现民众自己的特色,但是就展品来看,与小学成绩展览会没有什么不同,甚至"照片中多数是儿童而非成人",所以有人说,"既然分不出小学跟民校的不同,也查不出有什么时代的进步"。②

民众教育的最大任务是扫除文盲,因此就识字而言,应该优先教民众认识那些在其生活中经常使用的字,"哪些字在民众生活中最重要,就应该先认识哪些字"。但是,在展览中却看到许多广告字,其中竟然有"读了多年书也不能认识的字";更奇怪的是,连油印的自编课本也写着许多广告字,怪不得参观展览的教育家沈百英感叹道:"广告之风何其盛也!"展览中有许多民众学校的自编教材,这是应该提倡的,但有许多自编教材存在问题。如,考虑到民众喜欢既好记又好念的韵文,编者往往把课文编成韵文,这样的课本编得好当然最好,但是如果编者水平不够,"用韵不合标准,字句不能顺口",而是为了凑韵,则"往往把口语的习惯打破。这样不合口语的课文,不但民众读时会产生异感,对于他们的笔头表达,也有很大不好的影响"。此外,民众学校的作文也全是一个题目,

---

① 李家齐.上海工运志[M].上海:上海社会科学院出版社,1997:313—314.
② 沈百英.民众学校成绩展览会观感[J].教育杂志,1948,33(11):32.

"跟现在一般小学的教法毫无二致",因为民众在"短短的时期中识了几个字,已经觉得非常困难",教他们作文有点不切实际,即使要教,也必须"以他们目前的需要为正则,不应该出一些现在不需要将来也不需要的题目"。至于写字方面,民众学校大多运用"训练书法家的办法",用毛笔临碑帖,但是碑帖上的字有很多不是常用字,而且"社会上最多的是钢笔字和铅笔字,但民众学校教的多数是毛笔字,未免美中不足",不能与社会同步。至于算术方面,许多民众学校教的都是一些复杂的运算,而且是笔算,但民众在生活中最需要的是心算,且只是比较简单的运算,一般民众学校的算术都超过标准。图画在民众中也是很重要的,因为民众大多不能用文字表达自己的思想,但他们可以用图画表达,且民众教育宣传本身也需要用图画,图画是民众与政府以及民众之间互相沟通的桥梁,但是许多民众学校都不重视图画的教学。

脱离民众生活实际的社会教育受到了专家的批评,沈百英指出:"我们办理民众教育是想帮帮民众的忙,现在反把他们不要的东西教给他们学习,帮忙成了帮闲,无怪乎招生难,留生更难了。"

第五节　上海师生的爱国运动

抗日战争期间,上海师生在艰苦卓绝的环境中继续教学、求学的同时,也掀起了轰轰烈烈的抗日救亡运动。1945年抗战胜利后,当人民对祖国未来充满憧憬的时候,国民党政府一手发动反共内战,把还沉浸在胜利喜悦中的师生们又推到水深火热的内战中。在中国共产党的领导下,上海的爱国师生们发起了反内战、反迫害、反饥饿运动。

一、抗日战争时期上海师生的爱国运动

抗日战争时期的上海学生运动可分为三个阶段:全面抗战爆发时期(1937年7—11月);租界沦为"孤岛"时期(1937年11月—1941年12月);上海全面沦陷时期(1941年12月—1945年8月)。

1. 抗战初期的学生救亡运动

八一三淞沪抗战使上海租界以外地区的工厂、商店、学校或被摧毁,或被日军抢占,工人、学生、贫民和商人纷纷涌入租界。租界当局为了维护其在华利益和对租界的统治,在全面抗战爆发初期,他们虽然反对日本帝国主义的侵略行径,默许租界内的抗日救亡运动,但又不愿意租界内的抗日活动危及租界安全,所以对社会各界的抗日爱国运动持一种模棱两可的态度。

（1）积极宣传抗日

1937年7月7日,全面抗战爆发,当时学校正值暑假,不少学生自动发起贴标语、抓汉奸等抗日宣传活动,支援抗日前线。在中国共产党的领导下,上海成立了抗敌后援会。7月13日,上海20多所学校的代表在八仙桥召开紧急会议,商讨援助华北抗日将士的办法。7月24日,上海学生发起拒用走私日货的宣传,公布唤起市民一致御侮抗敌的宣传大纲。8月4日,坤范女中发起征集废铜烂铁支援抗战的活动。之后,学校的劝募队、征集队如雨后春笋般地组织起来,街头巷尾到处飘荡着学生抗日救亡的歌声。9月18日,在"九一八"六周年纪念日上,许多学校如暨南大学、大夏大学、复旦大学等校学生以及留日同学会和平津流亡同学会的同学联合在光夏中学礼堂举行纪念大会。为了支援抗日,不少女子学校,如培成、工部局、清心、中西的学生也走上街头,开展募捐活动。一向对学生运动比较淡漠的教会大学,如圣约翰大学也参加了抗日救亡运动。圣约翰大学联合圣约翰附中和圣玛利亚女校发起救国公债推销运动和国际宣传活动,并向全世界学生呼吁,联合起来,抵制日货,制裁日本帝国主义。①

（2）开展战地服务和参加救济难民活动

八一三淞沪抗战爆发后,在上海市政府的组织下,上海学生战时服务团成立,有近1 000人参加。服务团分为十个战地服务队,在京沪沿线进行救护和维护交通工作。同时成立的还有活跃在伤病医院和难民收容所的童子军战时服务团。许多大学,如国立上海医学院、同德医学院、大夏大学等校也组织师生分批到前线或伤病医院服务。有的学校如教会学校麦伦中学,早在全面抗战爆发之前,就安排全校学生进行射击、拳术、急救、护理等训练。尤其是中华女子职业补习学校,从8月到11月开办了三期救护训练班,参加学员有500余人,他们白天到天厨味精厂做防毒面具,晚上在学校参加救护班学校。当时租界里建立了20多所伤病医院,学生们纷纷前去慰问和参加护理工作。

随着战争的进行和战区的扩大,涌入租界的难民越来越多,高峰时达70多万人。租界的难民救济工作从1937年秋冬开始,一直持续到1941年,主要有收容、救济、教育、训练、疏散等工作。难民救济工作受到社会各界和租界当局的支持和重视。1937年12月,中共江苏省委建立难民工作委员会,提出"节约救难"的口号。接着,上海慈善团体联合会(简称"慈联会")、上海国际救济委

---

① 中共上海市委党史资料征集委员会.抗日战争时期上海学生运动史[M].上海:上海翻译出版公司,1991:19—20.

员会、上海国际红十字会和一些旅沪同乡会设立多所难民收容所,此外还设立了很多难民医院和难童学校。很多学校也进行了不同形式的难民救济工作,广大师生踊跃参加,如有的学校倡议"一人一月一元节约救难";有的学校推行"一碗米运动",向难民施粥;之江大学举行了"救难募捐音乐会";不少学校还参加了基督教女青年会举办的学生慈善市场,将义卖收入分别捐献给各个难民收容所。在难民收容所里,学生们全心全意为难民服务,他们不仅负责难民登记、疾病防治和衣服分配等工作,还组织难民自救、自管和自卫,以及进行识字教育、教唱救亡歌曲、开展文娱体育活动。有的学生甚至放弃了自己的学业而专门从事难民工作。

(3)在斗争中诞生的上海学生界救亡协会

为了扩大抗日民族统一战线,加强抗日救亡工作,在中国共产党的领导下,上海市学生界救亡协会成立,该会成为团结全市学生的抗日救亡组织。1937年8月30日,留日同学救亡会、平津流亡同学会、暨南大学留沪同学会、光夏中学战时服务团,以及大夏大学、法政学院、同济大学等校的学生救亡组织,共8个学生团体的10位同学,发起组织了上海市学生界救亡协会(简称"学协")筹备委员会。9月3日,学协筹委会正式成立后,一方面联络各学校,一方面向上海市当局申请登记立案。不到一周,报名参加的已有20余所大中学校。9月12日,在学协成立的前一天,在向上海市社会局登记时,上海市教育局局长潘公展已有上海市学生战时服务团为借口,不予登记。在筹委会的据理力争下,潘勉强同意,但又坚持必须改期成立。代表们因为成立的通知已经发出,表示不宜改期,潘一意孤行。次日,在有30多个单位参加的学协成立大会上,忽然闯入一群"不速之客"进行捣乱活动,有的自称是代表,其实是国民党派来阻挠学协成立的。这样,学协第一次成立大会被迫流产。10月28日,学协第二次成立大会在浦东大厦召开,参加者有36所学校和救亡团体代表百余人。大会通过了致国民党政府电、要求对日绝交、发表告世界各国同学书、加强保卫大上海等14项提案。选举留日同学救亡会、平津流亡同学会、暨南、大夏、光华、沪江、中法、法学院、法政学院、持志、麦伦、正行、敬业、幼师、务本女中、大公等17个单位为理事。学协的成立,开创了上海学生救亡运动的新局面。学协成立后,在各大中学积极发展个人和团体会员,并成立学协小组,团结广大学生,进一步发动学生参加难民收容工作,发起义卖"乐善章",将得款全部作为难民教育和生产经费。学协当时采取的工作方式主要是号召开展校际性的救亡活动,举办各种训练班、讲座,并在各大中学校以党员、先进分子为核心,团结周围群众,组织小型的读书会、时事研究会、座谈会、出墙报等,宣传中国共产党的抗日救国十大纲领。①

(4) 多种多样的进步文化活动

这一时期,在进步文化人士的影响和组织下,上海学校的戏剧、歌咏等文化活动如火如荼,并"发展成为抗日战争时期上海学生运动的传统特色"。早在抗战前,在田汉、夏衍等人的领导和支持下,进步的戏剧活动就在复旦、正风、麦伦等大中学校十分活跃。抗战爆发后,复旦剧社在外国文学系主任顾仲彝老师的支持下和上海剧艺社导演和演员的帮助下,经常在青年会礼堂演出抗日的小型话剧。麦伦中学公演了田汉编剧、聂耳作曲的《扬子江暴风雨》,极大地鼓舞了上海人民的抗日热情。该校学生还排练了著名街头剧《放下你的鞭子》,在农村、学校、街头演出,受到广大观众的欢迎。即使在"孤岛"时期,上海学生的戏剧活动依然非常活跃。1939 年 5 月,大同大学成立银河剧社,演出《上海屋檐下》《文天祥》等。南方中学也成立了南联剧艺社,演出抗日话剧《喜相逢》《放下你的鞭子》《春风秋雨》等。中华女子职业学校成立了"蓓蕾剧艺社",演出《求婚》和《狐尾》。民立中学成立民立剧团,在校内演出田汉的《南归》、丁西林的《压迫》等剧。

抗日救亡歌曲在各大、中学校园里也很受欢迎。聂耳和冼星海等谱写的《毕业歌》《大路歌》《开路先锋》《义勇军进行曲》《救中国》《五月的鲜花》《九一八》《打回老家去》《救国军歌》《游击队之歌》《黄河大合唱》等脍炙人口的抗日救国歌曲,被学生广泛传唱。青年会会员刘良模、冼星海、吕骥、孟波等在 1937 年倡导的群众救亡歌咏活动也得到青年学生的热烈响应。许多学校在他们的指导下成立了歌咏队,如大同大学的歌咏队,有队员 84 人,由冼星海和盛加伦指导,每周全体合唱两个下午;时代中学组成了"少年人"歌唱班;立信会计学校附设了立信音乐研究会,由冼星海等音乐家教授乐理,3 个月为一期。智仁勇女中、务本女中等学校的同学在回忆刘良模等教唱救亡歌曲时说:"他教唱《五月的鲜花》催人泪下","他教一首《救中国》,歌词简短、节奏明快。几百人在他指挥下 4 部合唱,气势雄伟、动人心魄"。救亡的歌声像一把火,点燃了同学们的爱国热情。各个班级都有歌声,他们不仅在校内唱,还到广播台、难民收容所、部队、伤病医院、街头、工厂、农村去演唱,唱出了大家心里想说的话,唱出了大

---

① 中共上海市委党史资料征集委员会.抗日战争时期上海学生运动史[M].上海:上海翻译出版公司,1991:26—27.

家同仇敌忾的决心。①

2. "孤岛"时期的学生运动

1937年11月12日,中国军队撤出上海,上海沦陷,上海租界地区成为在日本帝国主义包围下的"孤岛"。"孤岛"前期,即从1937年年底国民党军队撤出上海到1940年3月汪精卫伪国民政府成立。这一时期,日本帝国主义忙于军事进攻,无暇对占领区采取大的镇压举措,因此,进步学生运动大张旗鼓地反对帝国主义的侵略行径和汪精卫的卖国投敌。从1940年3月到1941年年底太平洋战争爆发,"孤岛"陷落,是"孤岛"后期。这一时期,"孤岛"的环境日益恶化,汪伪势力竭力向"孤岛"渗透,租界当局迫于日本帝国主义的压力,取缔租界内的一切民众团体活动,禁止出版各种抗日报刊,学生运动也进入低潮。

(1) 反对白色恐怖,积极宣传抗日

"孤岛"时期,日伪开始利用各种手段收买和威吓社会各界人士使其就范,称如果达不到目的,他们就会采取阴谋暗杀的办法。1938年4月7日,沪江大学校长刘湛恩在戈登路被暴徒暗杀。沪江大学师生闻讯立即停止上课,开展悼念活动。据凶手承认,是日本特务组织指令汉奸帮会策划的阴谋。刘湛恩是一个基督徒,他把对基督的信仰与抗日救亡事业融为一体,而且挺身而出向全世界宣传这种信念。1937年9月30日,他通过美国哥伦比亚广播公司向美国公众发表演说。他宣称:"有活力的宗教不能与人道主义割裂。基督教教会必须在像如今远东所发生的那种国际危机中保持它的良心,否则它就会活力衰退,前景暗淡。我们的基督教良心必须以行动来表达。当前的中日危机可以作为一种全世界基督教教会道德力量的检验。"② 刘湛恩正是用行动来表达他的信念。他不仅鼓励学生参加难民的救济和教育工作,还担任上海各界救亡协会理事等职,积极参加各项抗日救亡活动。作为一位在中外有影响的上层人士,在当时租界公开表示抗日态度,自然成为敌伪的眼中钉和威逼利诱的对象。他对日伪在沪江大学课程中增加两项日本科目的无理要求不予理会。1938年初,南京伪维新政府成立时,日伪又游说刘湛恩出任伪教育部部长,遭到严词拒绝。当这些威逼利诱的手段都不能奏效时,日伪便对刘湛恩下了毒手。刘湛恩的以身殉国,激起了中外各界对日寇的强烈愤慨。4月9日下午,在衡山路美国礼拜

---

① 中共上海市委党史资料征集委员会.抗日战争时期上海学生运动史[M].上海:上海翻译出版公司,1991:30—31.
② 王立诚.美国文化渗透与近代中国教育——沪江大学的历史[M].上海:复旦大学出版社,2001:269.

堂为刘湛恩举行葬殓仪式,上海各团体及中外各界人士2 000余人前来吊唁,长长的送殡队伍,成为一次声势浩大的声讨日寇暴行的抗议活动。1939年12月,启秀女中教师、上海职业妇女俱乐部主席茅丽瑛,因举办义卖活动支援新四军,被敌伪特务暗杀牺牲。在万国殡仪馆举行的追悼会上,各界代表数千人参加,有许多学生参加了送殡仪式。有很多学校还举行悼念活动,介绍茅丽瑛抗日救亡的英勇事迹,号召学习她的斗争精神,决心化悲痛为力量,同日本帝国主义斗争到底。①

(2) 上海学生界救亡协会的壮大

国民党军队撤出上海以后,中国共产党指出要利用租界当局与日本帝国主义之间的矛盾,把上海学生的抗日救亡运动继续深入地开展下去。按照党的指示,学协工作由上层转向下层,由公开转向秘密,由集中转向分散。学协积极开展联系群众、教育群众的各项活动,进行抗日救亡运动。1938年,学协领导各校开展规模宏大的护校斗争;1939年,学协发表《告全市同学掀起反汪运动》的宣言,号召全市学生参加反对汪精卫和一切卖国汉奸的斗争;1940年再次掀起声势浩大的全市规模的反汪运动。同时,学协不断吸收新的成员,到1938年上半年,参加的学校已经有50多所。这一时期,上海各大中学校,包括教会大学,如暨南大学、复旦、大夏、大同、持志、交通等大学,以及泉漳、麦伦、暨南附中、省上中、怀久、南方、大同附中、滨海、青年会、格致、苏州、文化、中华职业、中华女子职业、民立、新寰、光华附中、国光、清心、爱国、启秀、通州、难童、持志附中等男女中学,都纷纷建立了学协小组,开展学协组织的活动。1939年下半年,参加学协的学校达90余所。1941年,日伪进入租界,形势急转直下,为了防备上海环境的突变,以免学协一旦遭受敌伪的破坏,影响地下党组织,学协停止活动。至此,学协完成了它的历史使命。

(3) "上海联"与教会学校学生的抗日救亡运动

"上海联"是上海基督教学生团体联合会的简称。它是各校青年会和团契民主选举组成的校际性组织,受基督教青年会指导。它以开展基督教学生运动为宗旨,旨在通过各种活动,培养青年学生德、智、体、群四育,为社会和民众服务。八一三事变爆发以后,沪江、东吴、之江等教会大学和华东地区的其他许多教会学校迁入租界,使租界内教会学校的学生人数大增。"上海联"与基督教青

---

① 中共上海市委党史资料征集委员会.抗日战争时期上海学生运动史[M].上海:上海翻译出版公司,1991:39.

年会关系密切,因此可以取得青年会上层和校方的支持,开展各种适合教会学校特点的多种形式的课外活动。同时,它还利用与世界青年学生团体有着传统联系的条件,积极开展国际青年的反法西斯统一战线工作。

从1938年到1939年底,"上海联"的工作极为活跃。那时,"上海联"的办公地点设在静安寺路女青年会,借用女青年会的场地,举行讲演会、讨论会、歌咏会,组织参观、出版刊物等各种活动,并借用八仙桥男青年会的礼堂、会议室、健身房,举办群众性的活动。1938年10月,"上海联"召开首次各校代表大会,有27个学校的团体代表参加。其中,大学有沪江大学、东吴大学、之江大学、圣约翰大学、复旦大学、上海医学院、同德医学院等;女中有清心、裨文、崇德、中西、圣玛利亚、启秀、景海女师、工部局女中等;男中有惠中、复旦大学附中、麦伦、华东联中、青年会中学、圣约翰附中、浸会联中等。代表大会选举沪江、圣约翰、东吴、之江、麦伦、清心、中西等七校的代表组成"上海联"的领导机构——执委会,下设联络、研究、服务、文体、灵修五个部。各部经常与各校青年会和团契联合会的相关部门联系,布置工作。1938年11月,"上海联"首次组织"学校之夜"的校际活动,公演话剧和各种节目,有沪江、圣约翰、麦伦、清心、中西、启秀等七个学校的学生联合举办。沪江大学演出了话剧《黑暗势力》。同学们自编自演了许多鼓舞青年学生爱国进步的节目,后来在学生运动中十分流行的歌曲《团结就是力量》等,就是当时由"上海联"根据美国革命的民歌填词在同学中广泛传唱的。1939年7月,"上海联"举办中学夏令营和以"烈火中的基督徒"为主题的华东大学夏令营。1940年年初,"孤岛"形势恶化,"上海联"召开代表大会,讨论新形势下的工作计划。代表们强调,基督教学校的学生运动应以争取民主新中国为大目标,加强对时代的认识,扩大民主运动;加强队伍建设,促进师生间的合作;广泛开展生活互助。会议为工作转向深入,适应不断恶化的环境,作了思想和组织的准备。除了校际活动之外,"上海联"还组织了一些小型活动,如读书会、讨论会等。

1938年年底,"上海联"成立了国际友谊运动筹委会,发起开展国际友谊通讯活动,各校也大都建立了友谊分会,如清心中学学生在英语教师的指导下,按"上海联"所发的提纲,写英文信,并形成风气。沪江大学一天内就寄出100多封信,主要介绍了有关中国人民抵抗日本帝国主义侵略的情况,争取他们对中国抗战的了解、同情和声援。这些信件引起了国外青年的强烈反响和报纸舆论的高度重视。华东大学在夏令营中还举办了国际日,邀请在上海的各国外宾百余人参加。1939年6月,世界基督教青年大会在荷兰举行,有40多个国家的代表参加,"上海联"主席和其他中国代表在会上宣传了中国抗战的形势、日军的暴行和中国人民的英勇斗争,还散发了"上海联"的机关刊物《联声》和介绍我国青年战时生活的小册子,引起与会代表的热烈反响。①

3. 上海全面沦陷时期的学生运动进入低潮

1941年12月8日,太平洋战争爆发,日本军队进入上海租界,上海全面沦陷。这一时期,在政治上,日本侵略者加紧对上海人民的统治,严禁一切集会和各种活动,并在市区推行保甲制度,建立"自警团",警察、特务、宪兵横行,白色恐怖笼罩全市;同时,加紧经济掠夺,造成粮食恐慌、原料短缺,经济恶化,广大居民过着饥寒交迫的生活,许多学生面临失学和失业的威胁。此外,日本帝国主义还竭力推行奴化教育,宣扬"中日提携""共存共荣"。1942年,又提出"新国民运动",成立"中国青年模范团"和"中国童子军"。上海一些国立、省立大中学校,如交通大学、省立上海中学等,纷纷改为私立学校,一些教会大学也断绝了国外的经济来源,少数国立、私立学校相继宣布停办或迁往内地,上海的学校和学生数量有所减少。学生的抗日活动进入低潮。

二、解放战争时期上海师生的爱国运动

抗日战争的胜利,使历经创伤的上海人民对和平、民主、经济建设与文化发展充满希望。但是,国民党政府为坚持一党专政的独裁体制,一意孤行,发动大规模的反共内战,使还没有从战争噩梦中走出来的广大民众再次陷入绝望的深渊。反共内战不仅使教育丧失了有利的发展机遇,而且给全国教育带来了巨大损失。

首先,反共内战导致国家经济的崩溃,严重破坏了教育发展的物质基础。内战期间,国民政府财政入不敷出。为了填补严重的财政赤字,国民政府一面加紧对人民的盘剥勒索,一面又大量印发纸币以弥补亏空,结果导致通货膨胀、物价飞涨。1947年年底,物价已上涨至战前的145 060倍。1948年年初,物价指数为1937年的20万倍。教育经费本来就微不足道,又因通货膨胀而不断贬值,在教育系统的工作报告中,"经济窘迫""经费枯竭"的叫苦声通篇都是。其次,内战使教育限于自我毁灭的境地。高等教育全面萎缩、质量下降,出现了"大学名义、中学程度、小学设备"和"教授教授,越教越瘦"的窘相。国民教育全面瘫痪,教师乏米断炊,罢教风潮此起彼伏,学校不得不违背宪法而征收学

---

① 中共上海市委党史资料征集委员会. 抗日战争时期上海学生运动史[M]. 上海:上海翻译出版公司,1991:51.

费,许多家境贫寒的学生因交不起学费而被迫辍学。再次,内战激化了社会矛盾,使国统区师生与国民政府当局的关系日益恶化。为了压制师生的不满情绪,教育部强化训育制度,要求专科以上学校设立训育委员会,约束学生的团体活动,整饬学生风纪;规定各大学训导长、训育员必须由国民党党员担任,领导青年"免踏歧途";同时采取各种手段,监控学生行为,禁止在校内"从事危害国家之行为",甚至连学生的信件也要由训导处统一管理予以检查。① 此外,战火的蔓延也使学校的正常教学秩序难以维持,从而造成大批学生陷入失学流亡、衣食无着的困境。

面对内战和国民党法西斯统治的白色恐怖,国统区的广大师生对蒋介石政府彻底失去了信心,他们掀起了波澜壮阔的爱国民主运动。在抗战胜利之初,当国民党一面释放"和平建国"的烟幕,一面积极准备内战时,国统区的师生就已高度警觉。1945 年 11 月 25 日,西南联大、云南大学、中法大学及各界人士6 000 余人举行反内战时事晚会,遭到国民党军警的骚扰。事后,昆明大中学学生举行联合罢课。12 月 1 日,国民党出动大批军警特务,残酷镇压学生,酿成"一二·一"惨案。由此,揭开了国统区师生反内战民主运动的序幕。1946 年,从反对美国支持蒋介石打内战开始,经过 12 月美军强奸北大女生事件,北平、天津、上海等地掀起反美抗暴的巨大怒潮。1947 年,反对内战的运动愈演愈烈。伴随国统区经济的崩溃和教育危机的日益加深,上海、南京、北平等地的学生喊出了"反饥饿、反内战"的口号,全国各地的大学风潮迭起。②

1. 尊师运动

在内战造成国统区的经济政治危机日益加深的时候,上海教育也陷入动荡之中。上海大中小学"教师、学生都面临生活的绝境,而这绝境是教育经费太少造成的"。③ 上海的各大中小学校普遍经费不足。以上海交大为例,该校每月由教育部发给经费法币 1 000 万元,实际开支 5 亿元以上,批准的教职员名额 463 人,实际发工资仅 302 人,学校连经常性的开支如水电费等也难以支付。国立学校如此,私立学校更加困难,学生普遍营养不良,教师的生活也陷入困难境地。1946 年春季,大学教授的收入为每月 6.8 万元,而大米每石 2.6 万元,一家

---

① 李华兴.民国教育史[M].上海:上海教育出版社,1997:476—477.
② 中共上海市委党史资料征集委员会.解放战争时期上海学生运动史[M].上海:上海翻译出版公司,1991:45.
③ 冰庐.教育危机在哪里[M]//中共上海市委党史资料征集委员会.上海市中学教师运动史料选.上海:上海教育出版社,1997:351.

三口都难以维持。中学教师每月薪水3万元左右,小学教师2万元左右,生活更是艰难。3月,上海的中学教师派出代表向教育局请愿,要求调整待遇,结果遭到冷遇。3月22日起,市立中学教师职员全面罢教,并发表宣言:"以物价狂涨,生活煎迫,请求市政当局,调整待遇,以维现状。时逾二旬,呈文搁而不批,呼吁置若罔闻,虽教局曾约代表谈话,亦徒以空言搪塞……"私立学校教师也应声而起,4月上旬,部分私立大学教授也罢教以示支持。对此,国民党政府不仅不予理睬,还横加指责。上海市市长认为这是上海市的"耻辱"。① 相反,社会舆论对教师普遍表示支持,广大学生也开始发动敬师运动来表示对教师的支持与慰问。4月21日,上海市学生团体联合会组织各校开展敬师运动的社会宣传。上海临时大学、崇实中学、晋元中学、育英中学、务本女中等校学生组织了920个小分队、8000余人上街义卖"敬师章"。5月,学生团体联合会为了使广大教师能够真正受益,又争取到陈鹤琴的支持,与上海市教育局合作,把敬师运动扩展为大规模的尊师运动。之后,各校进行了形式多样的尊师运动。如教会大学东吴大学出动150多个劝募小分队,女同学自制"尊师花";同德医学院出动70余个小分队,义卖牙刷、毛巾;圣约翰大学戏剧研究会义演《万世师表》;八个产科学校学生组成"产联",一起宣传;建承、省吾、麦伦、华模、南洋女中等校学生几乎全体上街募捐。即便国民党政府控制较严的市立中学,如格致、缉槩、晋元、敬业等校,也在校方的支持下,出动了许多募捐队,并开展校内师生联谊活动。就连与学生运动素无联系的天主教会办的善导女中、启明女中,也有许多学生参加了尊师运动。

2. 抗议美军暴行运动

1946年12月24日,北平发生美国兵强奸北大女生沈崇事件,激起中国人民的极大愤怒,在全国形成了矛头直指美蒋反动派的抗暴运动。上海学生举行了声势浩大的抗议美军暴行运动。由暨南大学首先行动,成立"暨大学生抗议美军暴行委员会",决定全校学生总罢课。随即,中华工商专科、交大、同济、复旦、上海医学院、上海法学院、大夏、光华、体育专科、幼专等校也纷纷罢课,组织"抗暴会"。12月9日,上海学生团体联合会发表宣言:"我们中国学生不能坐视美军逞威风,同胞遭凌辱,我们不愿祖国的独立自由轻轻断送。我们必须大声疾呼,高举维护民族独立的大旗,全市30万同学誓为北平同学作后盾,我们

---

① 中共上海市委党史资料征集委员会. 解放时期上海学生运动史[M]. 上海:上海翻译出版公司,1991:42.

坚持美方必须公开道歉、惩凶,并立即退出中国……"①12月31日,在中国共产党的领导下,各校联合组成上海市学生抗议驻华美军暴行联合会。与此同时,国民党上海市政府也在商讨对付学生抗暴行动的对策,责令新闻媒体不准报道有关学生抗暴的消息。1947年元旦,暨大、交大、复旦、同济、中华工商等大专院校,以及南洋模范、建承、储能、省吾、麦伦、同济附中等中学共几十所学校的学生1万余人,在"抗暴联"的组织下,冲破国民党的阻挠,在外滩集会,举行抗议美军暴行的示威游行。学生的抗暴运动得到了社会各界的广泛支持,揭露了美帝国主义侵华的反动本质和国民党反动派出卖民族利益的媚外政策。

3. "反饥饿、反内战"运动

1947年年初,国民党在军事上节节败退的同时,经济也陷入危机,教育经费短缺,教师和学生的生活更加困难。1月,上海接连发生南洋模范、麦伦、交通等16所中学500多名学生要求增加教育经费、扩大免费额、减少学费的请愿活动,活动取得了胜利。2月,43所中学成立上海市学生学业保障会,要求提高教育经费、发放补助金。同月,格致、育才、缉椝、第一女中、女师、新陆师范、晋元、敬业、务本、真如、陆行、戏剧学校等十几所市立学校成立了"市校福利会"的校际组织,开展反对变相征收学费等活动。

5月,以南京中央大学要求增加副食费事件为导火线,引发了上海学生大规模的"反饥饿、反内战"运动。按国民政府教育部1946年的规定,大学公费生每月副食费为2.4万元,至1947年5月上旬,副食品物价已平均上涨4.3倍,而学生的伙食费一直没有改变。学生的伙食费只够买两根半油条或一块豆腐。5月12日,中央大学学生代表大会发表"反饥饿斗争宣言",决定从13日起罢课。中央大学学生的反饥饿斗争立即得到上海等国统区大中学校的热烈响应。5月14日,交大、同济、复旦、暨大等学校开始罢课要求提高教育经费。15日,上海各国立大专学校相继罢课,上街宣传,提出"抢救教育危机""反饥饿,反内战"。17日,上海8所国立大学决定成立联合会,推代表赴南京请愿,提出挽救教育危机的四项要求:公费伙食费增加到每人每月10万元,按生活指数逐月调整;教职员薪水按生活指数计算;教育经费从占全国预算的3.6%增加到15%;大学生全部享受公费待遇。5月19日,上海暨大、复旦、同济、交大、音乐专科、幼稚专科、上海医学院、吴淞商船、上海商学院、高机等10所国立学校,上海法学院、

---

① 中共上海市委党史资料征集委员会.解放时期上海学生运动史[M].上海:上海翻译出版公司,1991:92.

中华工商、大夏、中法药学专科等4所私立学校,共14所专科以上学校7 000余名学生赴北站欢送上海赴京请愿代表。送走代表团后,学生队伍举着"谁使我们饥饿——内战""向炮口要饭吃""到南京去要饭吃"以及斗大的"饿"字标语,举行浩浩荡荡的游行。

1947年5月20日,南京发生国民党政府迫害学生的"五二〇"惨案。消息传到上海后,上海医学院、同济、上海音乐专科学校、暨南大学、交大等校学生连夜行动起来,成立上海学生抗议"五二〇"惨案后援会,决定23、24日举行罢课。22日,有约40所大中学校响应后援会的号召开始罢课,24日,罢课学校达到80余所。《大公报》形容当时的学生运动时说:"扑而击之,则浪花四溅,阻而堵之,则高涨泛滥。"①为此,上海市政府宣布《维持治安的四项紧急措施》,禁止罢工、罢课。国民党军警包围了复旦大学、暨南大学、上海法学院等,拘捕学生积极分子。面对国民党的高压政策,上海学生在中共地下组织的指导下,在原先提出的"反饥饿、反内战"的口号上又加上了"反迫害",并于5月31日成立上海学联,继续推进反对国民党反动统治的学生运动。

4. 劝募寒衣运动

1947年冬天,上海的天气特别寒冷。进入12月,气温骤降,每天有数十名贫寒无衣的人被冻死。其中有一天,路边冻僵的儿童尸体就有800余具。社会上许多慈善团体和报社纷纷发起寒衣募捐活动,上海学校也纷纷组织劝募寒衣活动。12月18日,同济大学基督教团契自发在校内开展寒衣募捐活动,19日,该校成立"劝募寒衣委员会"。21日,交大成立"救饥救寒委员会",开始进行"一周劝募活动"。同时,圣约翰、之江、东吴三所教会大学成立"联合劝募委员会"。音乐专科学生举行义演活动。大同大学发起"一人一物"活动。复旦、暨大、沪江、震旦、光华等学校纷纷响应,开展了各种各样的劝募活动。1947年12月28日这天被定为总募捐日。在交大、同济、圣约翰、东吴、之江等大学的倡议下,全市80余所大中学校的2万多名学生一齐走到街头募捐。学生的募捐活动引起社会的巨大反响和共鸣,受到社会各界的热情支持,出现了群众学生联合募捐的热烈场面。《文汇报》一位记者记下了当时的场面:②

---

① 中共上海市委党史资料征集委员会.解放时期上海学生运动史[M].上海:上海翻译出版公司,1991:112.
② 陈明璋.这是谁的罪——记上海学生劝募寒衣运动[M]//《交通大学校史》撰写组.交通大学校史资料选编(第二卷).西安:西安交通大学出版社,1986:693.

12月28日是上海学生的总劝募日,同济大学的新生全体出动并绝食一餐,交大学生总请假一天,震旦学生感动了顽固的教务长,大早就捐来50万元。圣约翰的校长是早上第一个亲自把寒衣送来。学生们离校在街头演活报,路人阻塞了交通,害得警察直跳脚。同济大学的宣传车上挂了一架骷髅,穿了一件长衫,写着"我也是人"。南模、智仁勇、进德的自行宣传车尽在马路跑,建承中学师生当场脱下衣服。大公报接连三天以头条新闻登载着学生的劝募情形,民建电台愿意替学生义务作广告,滑稽公会、弹词家愿代作宣传。一位无名氏驶了轿车,押了二百件绒毯送到劝募站来。食品公司送给学生一只大蛋糕,同学以二百万元卖给了吴市长。……救饥救寒,社会和学生的手挽在一起了。

5. 护校和反搬迁活动

随着国民党军队的节节败退,1948年年底,国民党当局提出"应变"问题,上海市市长吴国桢要上海市民"加紧民防,储粮防患,准备巷战"。国民党政府意识到失败在所难免,于是阴谋策划将上海的一部分学校(包括交大、同济)迁往台湾和华南。为了保护上海的学校免受战争的损害,不让国民党政府搬迁的阴谋得逞,许多学校开展了护校和反搬迁斗争。

护校斗争一般是由学生自治会(或相应的全校性学生组织)与校方合作或取得校方的支持,也有些是师生员工联合成立全校应变委员会,以公开和秘密相结合的方式,建立各种内容的护校队、纠察队、救护队、宣传队等,发挥群众的创造性,巡逻放哨,开展多种形式的护校活动。同济护校队将工学院、理学院的图书仪器转移到市区的文法学院和医学院。音乐专科护校队将江湾校部的乐器、乐谱、图书,搬至市区的交响乐团内。上海医学院、同济医学院、同德医学院、圣约翰大学和震旦的医学院、中德等产科学校,则组织了救护队,进行急救训练。

1948年年底,中国共产党获悉国民党政府策划提前放寒假和延长寒假,企图把一部分学校迁走,一部分学校变成兵营。1949年1月19日,《大公报》披露了一则消息:"上海各校接到迁校命令,所需费用可向银行贷款,学生不愿随行者自便。"① 这进一步证实了敌人的阴谋。在党组织的领导下,各校又展开了

---

① 中共上海市委党史资料征集委员会.解放时期上海学生运动史[M].上海:上海翻译出版公司,1991:184.

反迁校斗争。交通大学学生会发表告同学书,提出不放寒假继续上课的方案,广泛征求师生员工的意见,呼吁团结一致保护学校。此意见得到教授会、讲助会、校友和校长的支持,经校务会议正式采纳,决定不放寒假,继续上课。同济医学院在教师的支持下,校方同意寒假期间全体学生留校补课。复旦大学农学院学生首先提出寒假不离校,继而各学院纷纷响应,最后学校决定不放寒假。在上海师生的一致努力下,国民党政府的迁校企图未能得逞。

下 篇

第四章

民国上海教育行政管理

如果说教育行政管理是教育发展战略中一个必不可少的重要环节,那么,民国时期上海的教育行政管理就是考察此期上海教育发展的题中应有之义。这不仅因为其自身发展的成与败、得与失有着诸多复杂的因缘教训值得一述,也因为它给其治下的上海教育所打上的重重印痕不容忽略。概括地说,民国上海教育的所有功过,均与其教育行政管理水平和策略息息相关。它所留下的丰富的教育史话题与课题,足可供治教育史者细细品味。

第一节 现代科层化城市大教育行政管理机构的建立与独特的城市教育行政管理格局

一、现代科层化城市大教育行政管理机构的建立

民国时期,随着上海县治与市治时代的递进,上海教育行政管理机构也经历了相应的演变。其中,县治时代的教育行政管理机构为上海县知事公署教育科,市治时代为上海特别市教育局和上海市教育局。严格地说,上海县知事公署教育科并非独立的现代意义上的教育行政管理机构,它只是中国古典式政教合一形态向现代教育行政管理机构的过渡,其成员分工比较简单,有的成员甚至身兼县知事公署文牍兼编管员(参见表4-1)。

表4-1 民国前期上海县市乡教育行政人员一览表(1914年8月调制)①

姓名	字	年岁	籍贯	职务	任职年月	经历出身
李宗邺	颂唐	47	上海	县知事公署教育科科员	1912年1月	日本宏文师范部暨高等数理化班毕业,前任劝学所视学协董、县视学、县公署第三科科长

---

① 上海县知事公署.上海县教育状况[M].上海:[出版者不详],1915.

续表

姓 名	字	年岁	籍贯	职 务	任职年月	经历出身
钱允中	绅齐	42	上海	县知事公署文牍员	1912年1月	前任上海劝学所文牍员、私立养正小学校教员、县公署第三科科员
葛尚超	伯超	32	上海	县知事公署文牍兼编管员	1912年10月	上海师范毕业,曾任私立东区小学校教员、县公署总务科文牍兼收发员
朱赟	伯华	—	上海	县视学	1914年1月	上海师范毕业,前任法华公学、正蒙小学校校长、县立第一高等小学本科正教员
贾丰芸	粟香	—	上海	上海、闸北、引翔港市乡学务委员	1914年4月	日本宏文师范毕业,前任县立第一高等小学教员
何焕其	子文	—	上海	洋泾、高行、陆行、塘桥市乡学务委员	1914年4月	上海师范毕业,前任法华乡立小学校教员
陆培荣	仲超	—	川沙	蒲淞、法华市乡学务委员	1914年4月	前任乡立振南小学校教员
孔祥百	志怡	—	上海	三林、陈行、杨思乡学务委员	1914年4月	日本宏文师范毕业,前任三林乡立小学校教员
张家珍	聘齐	—	金山	闵行、马桥、北桥、颛桥乡学务委员	1914年4月	日本宏文师范毕业,前任三林华亭清华女学校长、闵行乡学务委员
朱文杰	望三	—	上海	漕河泾、曹行、塘湾乡学务委员	1914年4月	上海师范毕业,前任市立江境小学校教员

由表4-1可见,县治时代的上海教育行政管理机构,成员数量10名,基本分工为:科员1名,文牍或文牍兼编管员2名,视学1名,学务委员6名。其中,学务委员一职设置比较笼统,主要管理县境内的普通中小学校,并未涉及社会教育等其他重大教育类别。而以视学一人之身之力,显然也难以视察

全境几百所普通中小学校。县知事公署文牍或文牍兼编管员的设置,则明显犯了职责不专的忌讳。这样的教育行政管理机构,显然与民国时期上海教育事业的发展规模不相适应,也难以应对"一市三制"、复杂多元的城市教育行政管理格局。

国民政府上海特别市教育局(后改名上海市教育局)的建立,从根本上改变了这种状况,它标志着上海这座远东大城市开始出现了现代科层化的城市教育行政管理机构。比起县治时代,其职责分工更加细化和明确,管理也更加系统和完整(参见表4-2、表4-3)。

表4-2 民国上海教育行政组织与人事系统表(1929年至全面抗战爆发前)①

名称	时间	组织结构	各科处分工	人事结构	各职员职责	备注
上海特别市教育局	1929年	四科一处十六股	第一科设总务、文牍、会计、庶务4股 第二科设经济、管理、学务、私校4股 第三科设测验、实验、统计、编纂4股 第四科设补习教育、通俗教育、民众美育、民众体育4股 督学处设督学与视察员	局长1名,科长4名,科员若干,督学4名,分区与分科视察员若干	局长秉承市长,综理全局事务,并指挥监督所属职员 科长与科员办理各该科事务,科长得由秘书兼任;必要时科长得指挥督学及视察员处理督察事宜 督学与视察员秉承局长调查及指导各区学务、视察及改进全市社会教育、监督及考成所属教育机关人员并佐理局务。督学得由科长兼任之	设秘书1名,秉承局长办理机要函电、参阅文件及其他特派事项;视事务之繁简,得酌用办事员及雇员

---

① 综合下列资料:上海特别市教育局组织细则[G]//上海特别市政府.上海特别市市政法规汇编(二集).上海:[出版者不详],1929;上海市教育局办事细则[M]//上海市政府.上海市市政法规汇编(四集).上海:[出版者不详],1931;上海市教育局办事细则[G]//上海市政府.上海市市政法规汇编(五集).上海:[出版者不详],1933;修正上海市教育局办事细则[G]//上海市政府.上海市市政法规汇编(七集).上海:[出版者不详],1935.

名称	时间	组织结构	各科处分工	人事结构	各职员职责	备注
上海市教育局	1931年至全面抗战爆发前	四科一处十九股	第一科设文书、人事、会计、审核、庶务5股 第二科设经济、管理、学务、私校4股 第三科设测验、实验、统计、编纂4股 第四科设民众教育、补习教育、通俗教育、民众体育4股 督学处设行政、教学2股	局长1名，科长4名，股主任19名，督学4名，科员25—35名，视察员12—16名	局长秉承市长，综理全局事务，并指挥监督所属职员 科长秉承局长，掌理各科事务 股主任秉承长官分掌各股事务 科员由局长分派各科，秉承长官办理各项事务 督学与视察秉承局长办理督学处事务	视事务之繁简，得酌用办事员及雇员；因事务之需要，得聘委专门人员；为办事便利起见，得设各种委员会，办理局长委托事项

表4-3　民国上海城市教育行政职掌详表（1929年至全面抗战爆发前）①

名称	时间	各科(处)职责	各股职责
上海特别市教育局	1929年	第一科六条： 1. 撰拟文牍、编纂统计报告及收发管卷 2. 典守印信及职员铨叙考勤 3. 会计及庶务 4. 图书保管 5. 褒奖及抚恤 6. 其他不属于各科事项	总务股六条：1. 印信之铃用典守；2. 本局职员之考绩；3. 本局职员之任免登记；4. 本局及所属机关职员之褒奖与抚恤；5. 图书之保管；6. 不属于其他各股事项 文牍股九条：1. 分发各科应办文件；2. 文牍之撰拟；3. 文件之缮写与校对；4. 各项文件之公布；5. 本局大事记之记录；6. 局务会议议事日程之编制与记录；7. 本局各项文件之印发、摘要、编号与登记；8. 本局文书表册报告档案等保管；9. 其他文牍事项 会计股四条：1. 预算、决算之编制与审查；2. 各项经费之出纳；3. 各项经费簿记之登记、整理与保管；4. 其他会计事项 庶务股六条：1. 局所之管理与修葺；2. 局所之清洁卫生；3. 应用物品之购置登记与保管；4. 交际与招待；5. 杂役进退与管理；6. 其他庶务事项

---

① 上海特别市教育局组织细则[G]//上海特别市政府.上海特别市市政法规汇编(二集).上海：[出版者不详],1929；上海市教育局办事细则[G]//上海市政府.上海市市政法规汇编(四集).上海：[出版者不详],1931；上海市教育局办事细则[G]//上海市政府.上海市市政法规汇编(五集).上海：[出版者不详],1933；修正上海市教育局办事细则[G]//上海市政府.上海市市政法规汇编(七集).上海：[出版者不详],1935.

续表

名称	时间	各科(处)职责	各股职责
上海特别市教育局	1929年	第二科十二条： 1. "三民主义"教育之实施 2. 筹办、管理市立学校划分及变更市内学区 3. 市立学校的预算决算 4. 学校行政之调查统计及编制图表 5. 教职员甄别、检定与待遇 6. 学龄儿童调查及统计 7. 筹办义务教育 8. 幼稚教育 9. 私立学校的立案、奖励与取缔 10. 私塾改良与取缔 11. 国外留学 12. 其他学校行政事项	经济股八条：1. 学校预算之编制；2. 学校决算之审查；3. 教职员之待遇；4. 校舍之保险；5. 教育款产之调查审核；6. 学校会计制度之讲解与考查；7. 私人或团体捐资兴学之调查统计与褒奖；8. 其他学校经济事项 管理股十二条：1. 学校行政之调查统计与编制图表；2. 学龄儿童之调查与统计；3. 计划固定校址；4. 筹办义务教育；5. 党童子军之提倡；6. 校舍校具之规划、调查与登记；7. 学校规章、学年、学期假期之规定与审核；8. 教职员资格之规定与审查；9. 教职员之考核；10. 教职员与学生团体之调查与指导；11. 学校卫生与检查儿童体格；12. 其他学校管理事项 学务股十条：1. 三民主义教育之实施；2. 学校补充教材之审核、编辑与支配；3. 各科教学讨论会、研究会之筹划；4. 暑期讲习会、教育参观团之筹划；5. 各科课程纲要之编订与审查；6. 各科教学疑难之解答；7. 学生成绩与志愿表之调查与统计；8. 市校毕业证书之验印；9. 国外留学；10. 其他学校学务事项 私校股八条：1. 私校私塾之调查与统计；2. 私校私塾之改良与取缔；3. 私立学校之立案；4. 私立优良学校之褒奖与补助；5. 私立学校学生成绩与志愿表之调查与统计；6. 私立学校毕业证书之验印；7. 私立学校纠纷之调解；8. 其他私立学校之指导事项
上海特别市教育局	1929年	第三科八条： 1. "三民主义"教育之研究 2. 中小学课程之研究 3. 测验统计 4. 中、初等教育之实验 5. 教职员学识之补习增进 6. 地方扩充教材之审查与编辑 7. 研究中小学学生训育自治等 8. 其他教育研究事项	测验股四条：1. 智力测验；2. 教育测验；3. 职业测验；4. 其他测验事项 实验股八条：1. 三民主义教育之研究；2. 中小学课程之研究；3. 中小学实验；4. 教育实验室；5. 初等中等教育研究实验；6. 教职员学识之补习增进；7. 研究中小学学生训育自治；8. 其他实验事项 统计股三条：1. 本市市立私立学校教育之统计；2. 一切统计图表之编制；3. 其他调查与统计事项 编纂股五条：1. 测验材料之审查与编制；2. 地方扩充教材之审查与编辑；3. 补充读物之编辑；4. 教育名著与教育小丛书等之编译；5. 其他编撰事项

续表

名称	时间	各科(处)职责	各股职责
上海特别市教育局	1929年	第四科八条： 1. 三民主义教育之普及 2. 民众补习教育之计划实施指导 3. 市民体育与美育之训练、提倡、指导与奖励 4. 社会文化事业之筹办、管理、提倡、奖励与监督 5. 公共娱乐之提倡、指导、审查与取缔 6. 民众读物之编辑、审查与取缔 7. 风俗习惯之改良与取缔 8. 其他扩充教育事项	补习教育股七条：1. 三民主义教育之普及；2. 补习教育（民众学校、职工补习学校、农民补习学校等）之设施改进与扩充；3. 图书馆、科学馆、博物馆等之设施管理；4. 补习教育机关之调查、视察与指导；5. 私立补习教育机关之登记；6. 社会文化机关之登记；7. 其他补习教育事项 通俗教育股十二条：1. 民众茶园之设施视察；2. 通俗演讲团之组织；3. 阅书报社及巡回文库之设施；4. 民众阅报牌之装置；5. 教育标语牌之装置；6. 公共演讲厅等之筹设管理；7. 公私立通俗教育机关之提倡、视察、奖励与取缔；8. 民众读物（知识技能道德）之编辑；9. 演讲团需用资料之供给及演讲稿之撰拟审查；10. 书报画片等出版物之审查；11. 习俗之调查矫正；12. 其他通俗教育事项 民众美育股八条：1. 艺术馆、音乐厅、民众剧场等之筹设管理；2. 农村演艺团之组织；3. 戏剧影片等之审查；4. 民众文学（小说、剧本、歌曲等）与民众艺术（工用艺术与形象艺术等）之创作；5. 游艺场之调查、监督与指导；6. 民众艺术团体与娱乐团体之登记；7. 民众文学与艺术作品之奖励与保护；8. 其他民众美育事项 民众体育股七条：1. 公共体育场之设施；2. 简易体育场之设施；3. 民众业余运动之提倡；4. 国术之提倡；5. 民众体育之提倡、奖励与改进；6. 民众体育团体之登记；7. 其他民众体育事项
上海特别市教育局	1929年	督学处四条： 1. 调查与指导各区学务 2. 视察与改进全市社会教育 3. 监督与考成所属教育机关人员 4. 佐理局务	督学与视察员九条：1. 协议本市学区之划分与变更；2. 教育方针与法令推行状况之督察；3. 地方与学校教育人员服务之督察、指导与考成；4. 学校实况之调查与学校教育之推广与督察；5. 义务教育之调查与推广；6. 社会教育实况之调查、扩充教育之推广；7. 所属各教育机关纠纷问题之调解与处理；8. 本市教育改进意见之拟具与呈报；9. 局长特派督察、调查事项

续表

名称	时间	各科(处)职责	各 股 职 责
上海市教育局	1931年至全面抗战爆发前	第一科	文书股五条：1. 印信之钤用典守；2. 文书之撰拟、缮校、收发及统计；3. 档案之整理及保管；4. 会议之记录及通告；5. 书籍之整理及保管 人事股四条：1. 职员之铨叙及考勤；2. 附属各机关人员之任免、奖惩、登记；3. 人员之考选；4. 其他之人事调查登记事项 会计股四条：1. 预算、决算之编制；2. 出纳；3. 簿记之登记及保管；4. 其他会计事项 审核股四条：1. 附属各机关预算之登记；2. 附属各机关决算之登记及审核；3. 附属各机关决算之保管及汇报；4. 附属各机关造报决算之指导 庶务股六条：1. 局所之管理、整洁、消防及修缮；2. 器具物品之购置、出纳、登记及保管；3. 工役之训练、管理及进退；4. 附属各机关房屋设备之保险；5. 私立学校钤记之刊发；6. 其他庶务事项
上海市教育局	1931年至全面抗战爆发前	第二科	经济股五条：1. 学校预算之编制；2. 教职员之待遇；3. 教育款产之调查审核；4. 私人或团体捐资兴学之调查统计及褒奖；5. 其他学校经济事项 管理股十五条：1. 学校行政之调查统计及编制图表；2. 学龄儿童之调查及统计；3. 计划固定校址；4. 市内学区之划分与变更；5. 义务教育之筹办；6. 幼稚教育之扩充；7. 职业教育之计划、考核、指导；8. 国外留学；9. 童子军之提倡；10. 校舍校员之规划调查及登记；11. 学校规章校历之规定及审核；12. 教职员资格之规定及审核；13. 教职员之检定、登记、考核；14. 教职员、学生团体之调查、指导；15. 其他学校管理事项 学务股八条：1. "三民主义"教育之实施；2. 各科教学讨论会、研究会之筹划；3. 各科课程纲要之编订、审查；4. 中小学学生训育自治等；5. 学生成绩及与志愿表之调查及统计；6. 中小学校毕业证书之验印；7. 暑期学校之监督及指导；8. 其他学务事项 私校股六条：1. 私校私塾之调查、统计；2. 私校私塾之改良及取缔；3. 私立学校之立案；4. 私立优良学校之褒奖及补助；5. 私立学校纠纷之调解；6. 私立学校之其他指导事项

续表

名称	时间	各科(处)职责	各股职责
上海市教育局	1931年至全面抗战爆发前	第三科	测验股四条：1.智力测验；2.教育测验；3.职业测验；4.其他测验事项 实验股七条：1."三民主义"教育之研究；2.中小学课程之研究；3.中小学教学之实验；4.民众学校之教材研究；5.民众教育之实验；6.教职员之进修；7.其他实验事项 统计股两条：1.本市各种教育之调查及统计；2.教育统计图表之编制 编纂股四条：1.补充读物之审查及编译；2.教育刊物之编辑；3.教育名著及教育丛书等之编译；4.其他编译事项
上海市教育局	1931年至全面抗战爆发前	第四科	民众教育股八条：1."三民主义"教育之普及；2.民众教育之设施改进及扩充；3.识字运动之设计及实施；4.特殊教育之调查、监督及指导；5.不识字民众之调查；6.私立民众学校之登记及立案；7.民众教育机关之调查及指导；8.民众读物之调查与编审 补习教育股八条：1.补习教育之设施改进及监督指导；2.公共学校园之设施及管理；3.劳工教育之设施及管理；4.函授学校之监督及指导；5.图书馆及巡回文库之筹设及管理；6.私立补习学校及各种文化团体之登记及立案；7.补习教育机关之调查及指导；8.补习学校教材之调查及编审 通俗教育股十一条：1.民众教育馆、公共演讲厅及博物馆、动物园之筹设与管理；2.美术馆、音乐厅、民众剧场之筹设与管理；3.通俗画板、画片等出版物之审查；4.通俗演讲之实施；5.通俗教育机关及游艺场所之调查、监督与指导；6.习俗之调查与矫正；7.戏剧、唱片、电影等之检查；8.民众艺术团体及娱乐团体之登记、立案；9.民众文学及艺术作品之创作、提倡、奖励与保护；10.教育标语牌、民众阅报牌之装置；11.名胜古迹之调查与保管 民众体育股七条：1.体育场之设施与管理；2.体育馆之筹设与管理；3.民众业余运动之提倡；4.国术之提倡；5.民众体育之提倡、奖励与改进；6.民众体育团体之登记与立案；7.民众体育团体之调查及指导

续表

名称	时间	各科(处)职责	各股职责
上海市教育局	1931年至全面抗战爆发前	督学处	行政股六条：1.中央及本市教育法令之推行；2.本市各校行政与训育之视察及改进；3.推行义务教育之计划；4.民众教育之视察；5.本市各教育机关纠纷之调解或处理；6.局长特派督察事项 教学股五条：1.教学之讨论及研究；2.各科教学疑难之解答；3.本市各校实况之调查及推广教育之督察；4.本市教育改进之计划；5.分科视察

不难看出，比起上海县知事公署教育科，市治时期上海教育行政的机构设置无疑有了质的飞跃。其纵向上，局长、秘书加四科一处十六股或局长加四科一处十九股逐级统属的常设机构体系，体现出明显的现代科层化管理特点。尤其值得注意的是，各个职别均有明确的、可操作的职责规定，尽管各职别的职责分工各不相同，但相互之间有着密切联系，从而构建了一个相对完整的现代城市教育行政管理系统。其中，既包含学校管理和社会教育管理，还包含教育行政管理机构本身的管理，涵盖了学校行政、教育研究等方方面面。特别是社会教育，除民众学校、补习学校、函授学校等学校式教育机关外，还包罗了民众教育馆、图书馆、博物院、体育场馆、茶园、动物园、植物园等公共文化娱乐设施以及电影、戏剧、小说、小报等文学艺术样式。可以说，市治时期上海教育行政管理范围所及，已远非上海县知事公署教育科可比。这种管理范围与权力的急速膨胀与扩大，标志着在化民成俗教育理念指引下将狭义的学校教育与宽泛的社会教育一力承担的城市大教育管理体制的形成。它在加强意识形态控制的同时，对于社会风气的整饬也发挥了应有的作用。同时，大教育管理体制也在量上大大加重了城市教育行政机构的管理任务。这些任务显然是区区70—80名局本部成员所难以胜任的。然而庞大的城市教育行政机构又必定会占据宝贵的城市公共教育财政资源。为了以比较精简的教育行政管理力量从事繁重的大教育管理任务，历届上海城市教育当局都付出了不少行之有效的努力，例如局、科级均只设正职不设副职；依事务之繁简，酌用办事员或雇员；鼓励义务兼职，如同级人员互相兼任和必要时高级职员兼任低级职务；借用局本部内外相关力量，成立非常设的各种义务性质的委员会等。其中，各种义务性质委员会的设立以其较为普遍和长期的实行特别值得关注（参见表4-4）。

表4-4 民国上海教育局非常设委员会一览①

名　　称	委员人数与产生办法	设立时间	设立宗旨	是否有给
上海特别市教育局民众教育研究委员会	暂定9人,由局长就本埠民众教育专家及本局职员中分别聘任委任之	1928年8月	研究民众教育之实施及改进办法	本会委员概为义务职,但非本局职员得酌送车资
上海特别市教育局职工补习教育研究委员会	暂定9人,由局长就本埠职业教育专家及本局职员中分别聘任委派之	1928年8月	研究职工补习教育之实施方案	本会委员概为义务职,但非本局职员得酌送车资
上海市电影检查委员会	定13人。其中,公安局4人,社会局4人,教育局5人。除各局主管科长为当然委员外,余由各局局长就局内职员中指派之。本会视事务之繁简,得设职员若干人,由各主管局长于局内职员中调充之	1929年8月	—	—
上海市教育局民众娱乐研究委员会	暂定15人,除由本局局长指派本局职员充任外,并就本市游艺专家对民众娱乐素有研究者,由本局长分别聘任之。办事员1人,由主席请本局局长就本局职员中指派之	1929年8月	研究及计划本市民众娱乐	—
上海市教育、社会局劳工教育设计委员会	1929年由教育局派代表3人,社会局派代表2人组织之,得聘请专家委员。1934年改为:9人或11人。教育局4人,由教育局指派之;社会局4人,由社会局指派之;专家委员1人或3人,由教育、社会两局会同延聘之	1929年10月初设,1934年9月改进	1934年宣布为:计划全市劳工教育各项设施	1934年明确规定:委员均名誉职。但远道各专家委员出席会议时得酌送旅费。干事2人,由教育、社会两局各指派职员1人兼任之,不另支薪

---

① 上海特别市教育局.上海特别市教育法规[G].上海:[出版者不详],1929;上海特别市政府.上海特别市市政法规汇编(二集)[G].上海:[出版者不详],1929;上海市政府.上海市市政法规汇编(三集)[G].上海:[出版者不详],1930;上海市政府.上海市市政法规汇编(六集)[G].上海:[出版者不详],1934;上海市政府.上海市市政法规汇编(八集)[G].上海:[出版者不详],1936;上海市政府.上海市政府法规汇编(民国三十四年九月至三十六年十二月)[G].上海:[出版者不详],[1948].

续表

名　　称	委员人数与产生办法	设立时间	设立宗旨	是否有给
上海市教育局私立学校立案审查委员会	5至9人，由局长就局内职员中指派之。不另设职员	1932年10月	—	为办事便利起见，得由主席呈准局长指定局内职员若干人兼理本会事务
上海市教育局健康教育委员会	13至19人，除市卫生局局长及本局局长为当然委员外，余由本局局长聘任或指派之。遇事务繁忙时，得设办事员若干人，由本局局长指派之	1933年1月	实施健康教育	—
上海市教育局戏曲唱片审查委员会	11至15人	1933年2月	—	—
上海市教育局中小学学生毕业会考委员会	设委员长1人，由本局局长任之，委员20至30人，由局长聘任或派充之：1.学术专家；2.现任公立或立案之私立学校校长或教员；3.现任教育行政人员。必要时得设襄试若干人，由局长就局内外人员对于中小学各科富有经验者分别聘派之，协助委员分任阅卷监试等事宜；各组得设干事若干人，由局长就本局职员中派充之，秉承委员长及常务委员办理关于文书、庶务及核算成绩等事宜	1933年4月	—	—
上海市教育局健康教育展览会筹备委员会	11至17人，由市卫生局、市教育局局长会同聘派之。遇事务繁忙时，得设办事员若干人，由市卫生局、市教育局局长分别指派之	1933年4月	筹备举行全市健康教育展览会	—
上海市教育局体育委员会	15至21人，由教育局聘任组织。教育局局长、主管科长及主管体育之督学或指导员为当然委员	1933年4月	统一全市体育行政及促进全市体育发展	本委员会委员均为名誉职，干事若干人，由教育局局长指派局员兼任之

续表

名　称	委员人数与产生办法	设立时间	设立宗旨	是否有给
上海市第三届全市运动会筹备委员会	11至17人，由教育局长聘派人员组织之。遇会务繁忙时，得请教育局局长派员助理之	1933年5月	规划及筹备该运动会一切进行事宜	—
上海市教育局职业补习教育设计委员会	委员分两种：甲、当然委员：本局第四科科长；局长指定之督学1人，专员1人；乙、聘任委员8至12人，由局长聘请专家及热心职业补习教育者充任之	1934年9月	辅助本局规划本市职业补习教育各项设施事宜	本会聘任委员均为义务职，任期1年，期满得继续延聘之。主任干事1人，干事2人，由局长指派本局职员兼任之，不另支薪
上海市教育局教育讨论委员会	25至35人。本局局长为当然委员，其余均聘任或委任之：甲、各大学校长；乙、各大学教育系主任教授；丙、各中小学校长及幼稚园主任；丁、社会机关各馆长、场长或主任；戊、教育专家；己、本局职员。委员长1人由本局局长兼任之，副委员长2人由本局局长聘任或委派之	1934年11月	集思广益，力谋本市教育之改良进展	为办理文书及庶务事宜，得设事务员2至3人，由本局职员兼任之。本会委员及事务员均为无给职
上海市国民教育示范区指导委员会	9至15人，由市教育局在下列人员中选任之：国民教育处长及社会教育处处长；行政区区长及副区长；警察分局长；地方热心教育人士；地方热心公益人士	1946年2月	—	各委员均为义务职

由表4-4可见，以上各种非常设委员会的成员，除市教育局主管负责人和相关职员外，还有卫生、社会、公安、警察等行政部门主管与职员、学校行政领导和教员、教育专家直至热心某类教育事业者。他们的参与，实际在一定程度上将城市教育行政独自管理教育的封闭型管理模式拓展为以教育行政

为主,多种力量合作共管的开放型管理模式。这种管理模式适应了近代上海大教育发展的迫切需求,也巧妙地避免了教育行政管理机构的叠床架屋,其绝大部分成员的无给规定除客观上有益于倡导和张扬多作奉献、少计报酬的廉正风气外,还节约了一大批教育行政经费开支,有利于城市教育财政重心向各级各类学校和教育研究与实验的第一线倾斜。民国期间上海城市教育经费支出结构相对合理,与这种行政制度上的设计不无关联(参见表4－5)。

二、"一市三制":独特的城市教育行政管理格局

近代上海是中国最为发达的沿海口岸城市,其城市社会经济的相对发达与繁荣提供了近代教育必不可少的财政基础;而且,上海社会各界团体与个人历来不乏兴学办学的热心与义举,加之在华外国人也在上海办有为数可观的世俗与教会学校,正是这些因素的综合作用,在客观上减轻了市级财政的教育经费负担,也为上海教育行政管理机构集中人力、精力,真正办理全市性的公共教育行政管理提供了必要的前提与可能。这是上海不同于内地与边疆地区的优势条件之一,也是民国上海教育行政管理的一个重要侧面。但与此同时,上述因素也带来了私立学校比例奇高、良莠不齐,教育行政管理局面复杂、任务沉重的问题。更为关键的是,近代上海所独具的"一市三制""三分天下"的教育行政管理格局,给上海地方教育行政机构出了一道难解之题。

在近代上海,除了上海特别市政府或上海市政府之外,还存在着另外两个准市政管理机构,那就是公共租界工部局和法租界公董局。与此相应,近代上海除了上海特别市教育局或上海市教育局之外,也还存在公共租界工部局和法租界公董局所属的准教育行政管理机构。这种机构在法租界被称作教育监督处或教育总监处。公共租界则先后组建了一些常设委员会。其中包括:(1)教育委员会。1912年成立,职责为:定期检查工部局补助的学校并向董事会汇报;审查申请领取或要求提高教育补助金学校的资格,向工部局董事会提供相关意见;根据工部局董事会的要求,就租界的教育情况向工部局提供建议。其成员为工部局董事代表、西童公学委员会主席、华人教育委员会主席以及2名纳税人会推荐的代表。西童公学委员会(后合并为西人教育委员会)和华人教育委员会也可以对租界教育政策提供意见。1924年,教育委员会撤销,其职责由西人教育委员会和华人教育委员会承担。(2)华人教育委员会。1912年成立,负责工部局局立华童学校事务。由工部局董事代表1名、纳税西人2名以及2名华人组成。1930年,工部局设立学务委员会,华人教育委员会撤销。(3)西

表 4-5　民国时期上海教育经费支出结构比较①

年份	学校教育经费（元）	%	教育研究经费（元）	%	扩充教育（社会教育）经费（元）	%	教育行政经费（元）	%	教育经费总计（元）	%
1927	251 365.58	85.71	—	—	—	—	41 910.13	14.29	293 275.71	100
1928	754 457.13	83.95	—	—	44 366.92	4.94	99 879.15	11.11	898 703.20	100
1929	904 074.94	83.68	7 234.19	0.67	41 900.16	3.88	127 175.41	11.77	1 080 384.70	100
1930	919 597.36	83.01	7 992.68	0.72	41 118.83	3.71	139 051.88	12.56	1 107 760.75	100
1931	798 046.72	80.52	7 471.15	0.75	43 263.24	4.36	142 387.07	14.37	991 168.18	100
1932	1 113 736.78	82.36	4 967.95	0.37	60 554.97	4.48	172 950.70	12.79	1 352 210.40	100
1933	1 299 613.06	81.98	9 446.46	0.60	81 932.84	5.17	194 191.23	12.25	1 585 183.59	100
1934	1 422 398.79	81.19	9 071.19	0.52	100 238.27	5.72	220 338.02	12.57	1 752 046.27	100
1935	1 496 472.00	82.08	12 000.00	0.66	108 000.00	5.92	206 736.00	11.34	1 823 208.00	100
1945	91 226 592.39	94.37	—	—	1 663 120.00	1.72	3 777 375.34	3.91	96 667 087.73	100
1946	599 891 804.13	95.21	—	—	11 700 480.28	1.86	18 446 936.65	2.93	630 059 221.06	100

① 据上海市教育局编印的《上海市教育统计》（1946 年度）第 19 页数据制作。

人教育委员会。1916年成立,系依据纳税人决议,由原西童公学委员会和汉璧礼公学委员会合并改组而成。由工部局董事会代表等7人组成,职责为统一监督工部局局立外侨学校。1930年学务委员会成立后撤销。(4)学务委员会。1930年6月成立,同年初设立学务处,原有西人教育委员会和华人教育委员会合并成为学务委员会。成员除工部局2名外籍董事、1名华人董事外,还有数名热心教育的人士与教育专家。职责为就公共租界内的学校管理向工部局提供咨询意见,调查界内教育情况。下设管理各校一般事务的常务分委员会和筹划教育政策的特别分委员会。年底又设立受理申请教育补助金的外侨学校分委员会与华人学校分委员会,后者由华人担任。除以上的常设教育管理机构外,公共租界工部局还设有以下管理教育的特别委员会:(1)普通教育委员会。1910年11月成立。由工部局董事与纳税人代表18名组成,下设公共租界外侨学校、法租界学校与公共租界华人学校三个分委员会。(2)教育侨童政策委员会。1936年10月成立,当时由于工部局经济困难,而教育经费自1930年后又增加了一倍,各界人士怀疑教育经费是否平均分配,是否使所有居民都有所受益,工部局特设立此委员会,以调查对外侨子弟究竟应持何种教育政策。委员会由工部局3名外籍董事组成。(3)特别教育委员会。1940年成立,职责为考察工部局学务处与整个局立学校的组织状况,查明是否有可以改进之处,并研究工部局教育补助金的发放问题,同时考察工部局的教育政策,并向工部局提出报告。该委员会由8名成员组成,华董虞洽卿任主席,吸收纳税人代表与教育界人士韦悫、沈体兰等参与。(4)学务处。1930年成立,是工部局负责教育行政的机构,下设西人教育股、华人教育股和工部局局立学校。处长由西人担任,西人教育股长有权管理、监督所有局立学校、华童学校以及接受教育补助金的学校。华人教育股股长陈鹤琴是华人教育家,作为工部局中为数不多的华人高官之一,只负责监督华人小学和夜校以及接受补助金的华人学校,对华童中学无权管理。[①] 工部局和公董局准教育行政管理机构的设立及其职责规定与履行,直接造成上海市政权力的分割和教育行政管理权力的分割,以致在相当长的一段时期内(1930年以前),对于公共租界和法租界内教育经费的投入与使用、华人学校的设立和华人儿童的受教育权利、华人学校的校长人选、课程设置和教学语言等重大问题,上海地方教育行政管理机构均无缘置喙,其教育行政管理权力实际上基本被限制在华界以内。在租界内,即便若干华人能够有

---

① 上海租界志编撰委员会.上海租界志[M].上海:上海社会科学院出版社,2001.

限参与准教育行政管理机构,仍无法从根本上改变西人执掌教育行政管理大权的现状,这是中国近代积贫积弱的国情和中外关系不平等格局在教育行政管理方面的反映。

需要指出的是,受全国民众和上海各界高涨的爱国主义与民族主义的强烈影响,也受上海对外开放的城市品格的熏陶,上海教育行政管理当局不但在收回租界教育权方面作了一定努力,而且在租界存在以及相当数量私立学校设在租界的既定前提下,比较适度地处理了其与租界准教育行政管理机构的关系问题,行使了自身的教育行政管理权,在一定程度上维护了华人应当享有的教育权利。

概括起来,在收回租界教育权方面,上海特别市教育局主要做了以下工作。

1. 发表宣言,争取社会各界的同情与支持

1927—1928 年,上海特别市教育局先后拟订和发表过两份宣言,即上海第一份"统一教育权宣言"和"公共租界华人教育问题宣言"。这些宣言除历数租界教育的种种弊端,指出租界教育权旁落实为外人借教育以迷醉华人的阴谋之外,还理直气壮地宣布:无论华界、租界,都是上海市区域内的土地,地域内的华人教育权当然应该属于上海市教育局;作为上海市华人唯一的教育行政机关,上海特别市教育局理应经营管理上海的华人教育。同时提出具体的收回租界教育权计划,包括:组织专门委员会,与临时法院合作,取缔租界不良学校;主持工部局教育委员会人选并不时与工部局当局保持非正式的接洽,使其明了且赞成我方之主张;对于租界内学校状况和儿童教育需要展开调查,在中外报刊公布调查结果;与租界内纳税华人会合作,使其以拒纳捐税的手段促使租界当局猛醒;极力整顿市内各项教育,以实际的教育能力,与外人所办教育效率比较;为租界内儿童增设市立学校等数条。① 宣言的这些主张和建议,大都于法于理有据,博得了社会各界的广泛同情,增加了收回租界教育权的力量。

2. 递交呈文,求得相关主管部门的支持

在发表宣言、争取舆论的同时,上海特别市教育局还向上海特别市政府和国民政府教育部积极递交呈文,提出收回租界教育权的办法大纲、交涉方略和详细步骤。其中,办法大纲内容有三条:第一,华人在租界内所设学校均应向上海特别市教育局立案,受教育局监督,工部局不得干涉;第二,租界内外所

---

① 上海市教育局档案[Z].上海:上海市档案馆,Q235-1-6.

办私立的华人学校应照私立学校例,向上海特别市教育局立案,并受教育局监督;第三,教育局会同工部局组织华人学校管理委员会,管理租界内公立学校(工部局局立学校)。该项华人公立学校应照私立学校例,向上海特别市教育局立案,并受教育局监督。

3. 借助租界内有影响的华人力量

在这方面,上海特别市教育局主要注重租界上层华人的力量,意在借助其经济影响力,进而影响租界当局的教育政策。主要做法是与纳税华人会多次会谈,希望其支持收回租界教育权的主张,并与上海特别市教育局采取共同行动。在民族利益一致的前提下,这些努力得到了积极回应。1928年,上海公共租界纳税华人会第一次代表大会就通过了相关决议,如:华人教育委员会必须以华人组织为原则;华人教育经费必须占其捐税20%,为避免预算上困难起见,除原定数目外,即须规划最少需要之数目,作为扩充华人教育之用;华人教育委员会之委员应该由上海租界纳税华人会推举,已有4名华童公学之重要行政人员,为适应华童教育需要与增进管理效力起见,自下学期始,必须聘用华人等。① 该纳税华人会头面人物虞洽卿、陈霆锐、王晓籁等均参加了上海特别市政府组织的收回租界教育权专门委员会,其中虞、陈两人曾相继担任工部局华董,虞洽卿更是在1928年至1941年连任工部局华董期间,在工部局董事会上,对于包括租界华人教育在内的华人事务屡有建言,力争维护华人的正当权益。

4. 在权力所及范围内,采取直接的教育行政措施

除以上间接行动外,上海特别市教育局还适当行使了自身的教育行政管理权力,积极采取直接的行政管理措施。如自1930年起,规定未向教育局登记注册的学校,其毕业生不得进入已向教育局登记注册的上一级学校深造,这一举措在学生出路方面给租界学校施加了压力。这些学校以及工部局立学校相继向教育局登记注册立案,并按照国民政府教育部的要求,开设了公民课等课程。

在全国民众日益高涨的民族主义、爱国主义呼声和国民政府意欲于全国范围收回租界的声势下,在上海特别市政府的支持和社会各界以及租界内华人的共同努力下,上海收回租界教育权运动取得了一定成效。这主要

---

① 上海公共租界纳税华人会.上海公共租界纳税华人会重要文件[G].上海:[出版者不详],1932—1937.

表现在：增设工部局立华人学校；① 华人私立学校得以在向教育局立案和由教育局转交申请报告的前提下享受工部局教育补助费；局立华童学校采用国民政府规定的学制，用中文授课，毕业生参加上海市教育局组织的中小学生毕业会考等。② 这些成效虽然与全面收回租界教育权的既定目标还有相当的距离，但毕竟在一定程度上行使了华人自己的教育行政管理权限，使华人在租界内的受教育权利得到了一定程度的保障。也许，在民国时期错综复杂的政治局面中，在上海公共租界和法租界一时还不能完全收回的前提下，这些成绩已经达到一个地方教育行政管理可能达到的限度。

第二节 上海城市教育法规体系的确立与教育管理的制度化建设

城市教育法规体系的确立与教育管理的制度化建设是民国时期上海教育行政管理的一大鲜明特色，两者之间有着密切的关联，前者为后者提供了地方教育法规的形式与保障，后者则以制度化的力量将前者的内容予以落实。

一、上海城市教育法规的颁布与教育法规体系的确立

上海城市教育法规的颁布与教育法规体系的确立始于上海独立建市之后。随着南京国民政府的成立与政府教育法规的陆续问世，为适应上海城市教育日益发展的迫切需求，作为地方教育行政管理机构的上海特别市教育局和上海市教育局，对教育法规也给予了高度重视。自1927年上海第一部教育法规问世直至民国末期，上海地方教育法规的建设可谓连绵不绝，除抗战非常时期外，承平建设年代每年均有数量不等的相关法规，或由市教育局局务会议通过（修正），或由市政府核准公布施行，或由行政院/教育部核准实行，其数量在个别年份甚至高达66部之多，总体上则表现为抗战前多于抗战后（参见表4-6）。

---

① 上海公共租界工部局曾在界内设立华童公学5所、华童小学9所、华人青年工人夜学与夜小学4所；法租界公董局曾在界内设立4所华童中小学校，另有1所中小学校华童约占2/3。参见李清悚，顾岳中. 帝国主义在上海的教育侵略活动资料简编[M]. 上海：上海教育出版社，1982：113—116.

② 上海公共租界工部局华文处. 上海公共租界工部局年报[R]. 上海：[出版者不详]，1930—1942.

表4-6 民国时期上海教育法规年代分布①

年 份	数量(部)	比例(%)
1927年	15	4.01
1928年	31	8.29
1929年	66	17.65
20年代末期小计	**112**	**29.95**
1930年	22	5.88
1931年	25	6.68
1932年	29	7.75
1933年	66	17.65
1934年	46	12.30
1935年	32	8.56
30年代前半期小计	**220**	**58.82**
全面抗战前合计	**332**	**88.77**
1945年	11	2.94
1946年	19	5.08
1947年	12	3.21
全面抗战后合计	**42**	**11.23**
总　　计	374	**100.00**

由表4-6可见，民国时期上海在加大教育法规建设力度方面下了很大工夫，尤其是20年代末期和30年代前半期，年均36.9部、月均3.1部教育法规出台或修正的密度，确乎表现了刚刚登上历史舞台的民国上海地方教育主管依靠法律手段刷新面貌、整治教育的决心和魄力，也便于造成改造封建旧教育，推行民国新教育所必需的摧枯拉朽的气势与威力。

除数量规模之外，民国上海教育法规具备了足够广泛的覆盖面，举凡学校教育、社会教育、教育行政机构本身等各个方面和各种教育要素，均有相应的教

---

① 据下列资料统计：上海特别市教育局.上海特别市教育法规[G].上海：[出版者不详]，1929；上海特别市政府.上海特别市市政法规汇编(初集、二集)[G].上海：[出版者不详]，1928—1929；上海市政府.上海市市政法规汇编.(三集、四集、五集、六集、七集、八集)[G].上海：[出版者不详]，1930—1936；上海市政府.上海市政府法规汇编(民国三十四年九月—三十六年十二月)[G].上海：[出版者不详]，1948.

育规程、规章、细则、简则或办法予以管辖,构成上海历史上第一个比较完备的城市教育法规体系(参见表4-7)。

表4-7 民国时期上海教育法规类别分布①

年 代	总数（部）	学校教育类（部）	学校教育类（%）	社会教育类（部）	社会教育类（%）	市教育行政自身类（部）	市教育行政自身类（%）
1927—1929年	112	44	39.29	46	41.07	22	19.64
1930—1935年	220	122	55.45	82	37.27	16	7.27
全面抗战前小计	332	166	50.00	128	38.55	38	11.45
全面抗战后小计	42	18	42.86	20	47.62	4	9.52
总计	374	184	49.20	148	39.57	42	11.23

以上三大类别中,还有若干具体分类,如学校教育类涉及学校班级编制、校舍校产、收费方式、卫生与安全、校长的任命与考核、教师的资格认定、薪酬水准与进修方式、学生的考试、课外活动与毕业、就业管理、各级各类学校教育研究(实验)活动、各种教育参观与访问交流活动,以及私立学校的立案、补助、取缔等;社会教育类包含了民众文化知识学习、娱乐休闲方式、体育锻炼等各个方面,涉及民众学校、补习学校、平民学校、职业补习学校、图书馆、博物馆、体育场馆、科学馆、动物园、植物园、民众茶园等各个空间场所,书刊小报、电影、戏剧、唱片、小说直至文物古迹等各种文字或物质载体,还包括通俗讲演、问字等各种形式;教育行政类则涉及市教育局自身机构设置、职能分工以及会议、竞赛和请假等内部管理举措。覆盖面的广泛充分说明,此期上海教育法规之颁行绝非零敲碎打式的个别现象,而是尽可能囊括城市教育各种要素和各个方面的体系化的力量,它为民国上海依法治教、以法治教的普遍推行提供了重要的可能性前提。

为了确保教育法规的可行性,民国时期上海教育行政主管十分关注教育法规的配套建设。这首先表现为总纲性的规程和具体实行细则或办法相结合。

---

① 据下列资料统计:上海特别市教育局.上海特别市教育法规[G].上海:[出版者不详],1929;上海特别市政府.上海特别市市政法规汇编(初集、二集)[G].上海:[出版者不详],1928—1929;上海市政府.上海市市政法规汇编.(三集、四集、五集、六集、七集、八集)[G].上海:[出版者不详],1930—1936;上海市政府.上海市政府法规汇编(民国三十四年九月至三十六年十二月)[G].上海:[出版者不详],1948.

以市教育局机构管理为例,除局一级的章程和组织细则外,各科处、各委员会也有自己的组织细则、办事细则或会议规则等,如《各科科务会议规则》《编审委员会规则》《编审委员会办事细则》《编审委员会编纂股办事细则》《编审委员会审查股办事细则》《编审委员会出版股办事细则》《教育讨论委员会规则》《教育讨论委员会办事细则》《党义教育视察规程》《督导工作改进方案》《视察员服务细则》等。比起规程的原则性和一般性规定来,这些细则或办法之条文显得更为具体,针对性更强。尤其是其中对相关职能机构办事程序的明确阐释,对于提高这些机构的办事效率很有助益。

例如市教育局编审委员会办事程序规定为:"1. 本委员会及本局各科编译员稿件编竣后,送交编纂股主任整理;2. 编纂股主任整理后,由主席送交审查股主任审阅;3. 审查股主任接到稿件后,会同本会委员分别审查,加以签注或酌量修改,交主席送请局长核定;4. 局长核定之稿件,即由主席送交出版股主任付印。"①

市教育局编审委员会编纂股办事程序为:"1. 编译之计划由编审委员会决定,经局长核定后施行;2. 本会编译员及各科编译员稿件编竣后,送交本股主任整理;3. 本股主任对于交来稿件得酌量修改,或提出意见、交原编译员自行修改;4. 本股主任将交来稿件整理完毕,即送交主席。"②

市教育局编审委员会审查股办事程序规定为:"1. 本股主任接到主席所交稿件时,即请本会委员1人审查,重要稿件经委员2人以上审查;2. 委员接到审查稿件后,即依照本局编审委员会办事细则第三条第三项之规定,着手审查,审查完毕,即交还本股主任;3. 本股主任接到经过审查之稿件后,当再加以审查,审查完毕,送交主席。"③

市教育局编审委员会出版股办事程序规定为:"1. 本股主任接到主席所交之出版物稿件,即将格式大小等拟定,交庶务付印;2. 付印之稿件,应设簿登记,注明印刷机关、定印格式、数量、价格、日期等项;3. 印本样张,由印刷店送到本股,即分别送交原编辑员或本会办事员校对,校毕即行送还本股;4. 出版物经商店印就交到,由本股查收登记,并交办事员分别致送或寄发;5. 致送或寄发之出版物,应将名称、所致机关及日期设簿登记。"④

以上是一般工作程序。针对可能出现的疑难问题,这些细则也规定了变通

---

① 上海特别市教育局编审委员会办事细则[G]//上海特别市教育局.上海特别市教育法规汇编.上海:[出版者不详],1929:15.
② 同上:16.
③④ 同上:17.

之法,如必要时,可以邀请其上属委员会委员和具体经办人员等集会商议,以集体解决难题。总之,细则的规定不仅详尽细致,而且对可能出现的特殊情形亦予充分考虑。如此,则这些职能机构的工作程序就变得如同产品流水线一般,既互相分工又彼此衔接,各自的职责范围非常明晰,这对于避免推诿扯皮,提高市教育行政机构整体的管理工作效率是非常有利的。民国时期,上海整个教育法规体系中,类似这样的总纲性规程和具体实行细则或办法相结合的事例还有不少。这就使得该体系具备了很强的务实性。

民国时期上海教育法规的配套建设更多地表现在围绕教育类别形成专题法规系列,比较典型的有国民教育、中小学生课外活动、毕业、升学与职业指导、卫生与健康教育、识字教育、职工补习教育和劳工教育的法规,以及师资管理、教育研究和实验活动管理(参见本节第二目相关内容)、市立学校和私立学校管理(参见本章第三、第四两节相关内容)等法规。以国民教育为例,主要有《国民教育辅导研究办法大纲》《推行国民教育补充办法》《国民教育示范区指导委员会组织规则》《国民教育示范区组织规则》《中心国民学校组织规则》和《各区中心国民学校以及保国民学校筹募修建扩充设备经费实施办法》等。其中,《国民教育辅导研究办法大纲》规定,市、区两级国民教育研究会必须承担发展上海国民教育的共同职责,研究学校行政、课程、教学方法、训育方法、推行社会教育方法等问题,并得以利用示范教学、参观、学艺表演、学科竞赛、成绩展览、推进社会教育等活动,增进工作效率。① 《推行国民教育补充办法》规定了利用公、私立中小学校舍开办免费国民教育班的办法:下午设小学班,尽先收受初入学儿童;晚间设民教班,尽量收受失学成人。② 《国民教育示范区指导委员会组织规则》规定该委员会直隶市教育局,主要负责示范区经费之预算与决算、施教方针之决定和各项工作之推进。③ 《国民教育示范区组织规则》规定该示范区直隶市教育局,设小学教育、民众教育和辅导研究各组。其中,小学教育组负责全区学童之调查与统计、劝导学童就学之计划与执行、全区国民学校行政设施与班级编制等建议改进事项;民众教育组负责全区失学民众之调查与统计、劝导失学民众就学之计划与执行、全区国民学校民教设施与班级支配之统一设计与建议改进、民间良善习俗、公共卫生以及合作教育之倡导与推进等事项;辅导研究

---

① 上海市政府.上海市政府法规汇编(民国三十四年九月至三十六年十二月)[G].上海:[出版者不详],1948:306—307.
② 同上:306.
③ 同上:309.

组负责召开辅导会议、举办示范教学与学术讲座、举办成绩展览与工作竞赛、编辑地方性教材等事项。①《中心国民学校组织规则》规定其应在为所在保办理国民教育和招收本区各国民学校初级毕业生之余,兼负辅导区内各国民学校之责。在国民教育方面,该学校应每月召集区内各国民学校校长举行一次会议,讨论各校应兴应革事宜;应督促各国民学校教员研究改进教材教学及训育等事项,至少每3个月召集各校教员举行示范教学或教育研究会一次;应每学期举办全区某种成绩展览会或运动会一次;应设置巡回图书库,巡回递送各校,供各校教员阅览等。②《各区中心国民学校以及保国民学校筹募修建扩充设备经费实施办法》规定,这些学校必须各自成立校级筹募委员会,除校长为当然委员外,其余成员由校长在地方热心教育人士、前任教职员、现任教职员、毕业校友和地方行政人员等五类人员中选聘后,报请市教育局核准。该办法特别规定:修建、扩充设备费之动用,必须预先拟订计划、编制预算,呈报市教育局核准,并且该项设备费无论是筹集还是动用,均应由委员会印制三联单编定号数,呈报市教育局验印;使用后应将第二联呈报市教育局备查。每学期终,该委员会还必须将收支数目造具清册、附同单据,呈报市教育局审核备案。③ 以上这些,构成了行政负责机构和具体执行机构相结合、计划大纲和具体办法相结合,以及示范区、中心国民学校和保国民学校相结合的国民教育系列法规。

学校课外活动方面,除综合性的《中小学实行新生活办法大纲》外,主要有关于学艺性活动的《小学自然科实验竞赛会规则》《小学健康演说竞赛会规则》《各级学校举行公开科学讲演办法》《中小学举行科学讲演比赛办法》《中小学举行科学讲演竞赛会办法》《中等学校学术竞赛会办法》,关于体育与卫生活动的《儿童假期健康活动促进会规则》《中小学健康演说竞赛会规则》《小学分团比赛运动规则》,以及大量针对某一次具体运动会的规则与办法。其中,《中小学实行新生活办法大纲》规定了该活动的六大要点,具体如下:

甲、关于礼节者:对师长行敬礼,对同学或来宾有相当礼貌,行路勿争先,谈话要谦和等。

乙、关于爱国者:尊敬国旗,服用国货,勤劳工作,锻炼体格忠诚爱护

---

① 上海市政府.上海市政府法规汇编(民国三十四年九月至三十六年十二月)[G].上海:[出版者不详],[1948]:308.
② 同上:305.
③ 同上:307—308.

国家等。

　　丙、关于友爱者：对人有诚恳态度，遇事尽力互助，养成合作习惯，培养团结精神等。

　　丁、关于纪律者：教学作息严守规则，集会结社严守秩序，养成遵守时间习惯，实行有规律生活等。

　　戊、关于整齐清洁者：衣服鞋帽要整洁。自1934年度第一学期起，中小学生一律须穿制服，身体发肤须勤洗，校舍扫除清洁，学校应有卫生设备等。

　　己、关于简单朴素者：衣服不得奢侈，食物勿求珍馐，提倡节俭储蓄，房屋器物应坚固合用，不求华丽等。

《中小学实行新生活办法大纲》还规定，各校可在遵循六大要点的前提下自订实施细目，在按学生年龄、智识、性情、家境分组各团之间，择定若干项目开展竞赛。①《小学自然科实验竞赛会规则》规定该会以引起儿童研究自然科学之兴趣为宗旨，每学期举行一次，由市立各小学和已立案私立小学每校选派高年级儿童1—2人参与，题目由市教育局酌定，各校可从中自行选择，评判标准有六条：(1) 反应及现象是否明确；(2) 手法是否安详敏捷；(3) 装置是否精当；(4) 态度是否适宜；(5) 记载是否详确；(6) 图解是否明晰。②《小学演说竞进会规则》规定该会以启发儿童思想、锻炼儿童口才为宗旨，面向市立小学，每学期举行一次，演说时概用国语，评判标准为：(1) 语言(声调辞句)40%；(2) 内容(思想结构)40%；(3) 姿态20%。③《中小学健康演说竞赛会规则》规定该会以增进学生健康知识、训练学生演说才能为宗旨，面向市立与已立案私立小学、初中、高中各学校，演说时概用国语，比赛分初赛(校内各级)、预赛(区内各小学)、复赛(分小学、初中、高中3组)、决赛(各小组代表)四个环节，评判标准为：(1) 语言(声调辞句)40%；(2) 内容(思想结构)35%；(3) 姿态25%。④《各级学校举行公开科学讲演办法》规定该讲演至少每月举行一次，其讲师以各该校教职员与学生担任为原则，必要时可聘请校外人士；地点以在各该校为原则，必要时可借用其他公共场所；时间以不妨碍学业和便利各界为原则，民众到会听讲，不收任何费用。⑤

---

① 上海市政府.上海市市政法规汇编(七集)[G].上海：[出版者不详],1935：227.
② 上海特别市政府.上海特别市教育法规汇编(初集)[G].上海：[出版者不详],1928：65—66.
③ 上海特别市政府.上海特别市市政法规汇编(二集)[G].上海：[出版者不详],1929：404.
④ 上海市政府.上海市市政法规汇编(六集)[G].上海：[出版者不详],1934：81—84.
⑤ 上海市政府.上海市市政法规汇编(八集)[G].上海：[出版者不详],1936：207.

《中小学举行科学讲演比赛办法》规定高中、初中及其同等之学校和小学高年级每学期至少举行该项比赛一次,以分级比赛为原则,其时间、地点和免费向民众开放诸点同上述公开科学讲演办法,评判标准和奖励办法皆由各校自定,优胜者代表学校参加全市竞赛。① 《中小学举行科学讲演竞赛会办法》规定该会旨在提高中小学生科学知识及讲演技能,面向全市市立和已立案之中小学校,每学期分中小学两组举行一次。必要时,设初赛、预赛和决赛。② 《中等学校学术竞赛会办法》规定该会旨在引起青年研究学术之兴趣,分设初中、高中两部,根据各校所设学科分组举行,市立和已立案之私立中等学校均须参加。竞赛分代表与个人两种,代表竞赛由校内预赛产生,个人竞赛则由各校汇报市教育局。每届竞赛会的学科范围或问题及其时间、地点与分组办法,皆由市教育局决定;评判标准亦由该局根据学科性质决定之。③ 《儿童假期健康活动促进会规则》宣称为利用假日实施健康教育,改进儿童身心起见而设立该会。其任务包括捐助经费、调用人员、送刊广告、提供意见、推荐专家义务指导和其他关于假期儿童健康活动事项等六项。④ 《中小学健康演说竞赛会规则》规定以增进学生健康智识,训练学生演说才能为宗旨,分设高中、初中和小学三组,市立和已立案之私立中小学校均应参与。竞赛分校内初赛、区内预赛、各级学校之间复赛和各组代表之间决赛四个环节,其演说题在含有健康教育之意义的范围内自行命题,皆用国语。各组决赛优胜者之演说稿可在市教育局《教育周报》上发表。⑤ 《小学分团比赛运动规则》规定该运动会面向全市市立和已立案小学四至六年级儿童,每学期举行一次,特别强调每校到场运动人数必须占各该年级人数80%以上,评判员由市教育局职员和特聘体育专家共同担当。成绩优胜的前三名学校,由市教育局特颁褒状,以资鼓励。⑥ 此外,针对某一次具体运动会的规则与办法更是数不胜数,如《私立中等体育学校参加第二届中等学校联合运动会田径赛办法》《第四届小学校联合运动会章程》等。以上这些,覆盖了从校内到校外、从学艺到体育、从小学到中学、从学期到假期的各类课外活动形式,形成了多样性的课外活动系列管理法规。

---

① 上海市政府.上海市市政法规汇编(八集)[G].上海:[出版者不详],1936:208.
② 同上:209.
③ 上海市政府.上海市市政法规汇编(四集)[G].上海:[出版者不详],1931:246—247.
④ 上海市政府.上海市市政法规汇编(八集)[G].上海:[出版者不详],1936:235—236.
⑤ 上海市政府.上海市市政法规汇编(六集)[G].上海:[出版者不详],1934:81—84.
⑥ 上海特别市政府.上海特别市教育法规汇编(初集)[G].上海:[出版者不详],1928:64—65.

毕业、升学与职业指导方面的规章主要有:《中小学学生毕业会考办法》《中学学生毕业会考办法》《师范学校学生毕业会考办法》《体育师范学生毕业会考办法》《实施中小学升学及职业指导办法》《职业指导研究委员会规则》《实施中小学升学及职业指导委员会组织规程》《×立中小学实施升学及职业指导委员会组织规则》等。《中小学学生毕业会考办法》规定会考对象为上海市市立及已立案之私立小学、初级中学、高级中学普通科毕业学级之学生,会考学科暂定为小学5门(国语、算术、社会、自然、体育)、初中8门(党义、国文、算学、历史、地理、自然、体育、外国语)、高中10门(党义、国文、算学、历史、地理、物理、化学、生物学、外国语、体育)。会考内容以部颁暂行课程标准为依据,包括各该阶段间所修之全部教材,并不以最后一学期教材为限。会考成绩一科不及格者不得毕业;有1—2门不及格科目允许复试一次,仍不及格者准予补习一学年,于下次会考时重行参加各该科考试,以一次为限;三科以上不及格者应令留级,留级亦以一次为限。①《中学学生毕业会考办法》规定参与对象为上海市市立及已立案之私立高级中学、初级中学、国立大学附属中学应届毕业之学生,经原校依照中学规程第59条、第60条之规定考查及格者。会考学科高中定为9门[公民(未实行新颁中学课程标准之年级仍应考党义)、国文、算学、物理、化学、生物学、历史、地理、外国语],初中定为7门[公民(未实行新颁中学课程标准之年级仍应考党义)、国文、算学、理化(物理化学)、生物(动物植物)、史地(历史地理)、外国语(未实行新颁中学课程标准之年级在二年级选习职业科目者应考职业科目)]。各科考试内容均以部颁课程标准为依据(未实行新颁中学课程标准之年级仍依据暂行标准),包括各该阶段间所修之全部教材,并不以最后一学期教材为限。参加会考之学校应先行举行毕业考试。毕业会考各科成绩以百分法计算,其中学校各科学年成绩占3/5,会考各科成绩占2/5。考试等第分为甲乙丙丁四等,甲乙丙为及格,丁为不及格。毕业会考各科成绩均须及格才能毕业,三科以上不及格者应令留级,但留级以两次为限。其因故不能留级者,得由原校给予修业证明书,载明毕业会考各科成绩,并注明会考不及格字样。初中有两科或一科不及格者,准其先行投考升学,录取后在参加下届各该科会考及格、得有毕业证书前,不得作为正式生。因病因故临时不能参加会考者,得由各校详查属实提出证明书,经会考委员会核准,得补考。②《师范学校学生毕业

---

① 上海市政府.上海市市政法规汇编(六集)[G].上海:[出版者不详],1934:99—101.
② 上海市政府.上海市市政法规汇编(七集)[G].上海:[出版者不详],1935:134—137.

会考办法》规定参与者为上海市市立及已立案之私立师范学校高中师范科、简易师范科及简易幼稚师范科应届毕业生。会考学科各组相同者为党义、国文、算学、教育概论、教育心理或儿童心理；师范组、高中师范组与幼稚师范组须考物理、化学、生物学、历史、地理，简易师范组与简易幼稚师范组须考理化、生物、史地；依据各组任教学校级别之差异，须分别考大学教材及教学法、小学教材及教学法、幼稚园教材与教学法和保育法。其考试内容之依据、毕业会考各科成绩计算方法、留级等规定同《中学学生毕业会考办法》。① 《体育师范学生毕业会考办法》将会考科目分为普通与体育两大类，前者含党义、国文、史地、解剖、生理和教育概论，后者又细分为学科和术科，其中学科类为体育原理和体育行政，术科类为田径、器械、球类、柔软操、垫上运动和国术。其毕业会考各科成绩计算方法、留级等规定同《中学学生毕业会考办法》。② 《实施中小学升学及职业指导办法》系为增进全市中小学各级教育效能，指导学生之升学与就业起见，并遵照部颁各省市县教育行政机关及中小学施行升学与职业指导办法大纲订定。规定小学自五年级起、初中高中自二年级起，均应依照部颁大纲关于中小学升学与就业指导之要点，以学校为主体，由市教育局指导督促进行升学与职业指导，并制定了十条相关办法，包括：组织市教育局实施中小学升学与职业指导委员会，设立上海市职业指导与介绍机关，督促并考察所属中小学具体实施情形，调查全市社会经济与职业状况并编制统计颁发各校，编制各校各项统计，定期举行各校智力与体力测验，聘请专家或指定人员负责计划各级学校实施工作，分期举办全市中小学校长与主任教员讲习会，考核各校办理成绩，以及每学期终了时依据全市中小学毕业生升学与就业之估计，规定设置中等学校数量之分配。③ 此外，还有许多更为具体的试场规则、核算成绩方法与不及格补习办法，毕业会考及升学与职业指导各级委员会的组织规程与办事细则等。它们与上述对各校毕业会考、升学与职业指导的综合性规定一起，构成了从毕业会考到升学与职业指导之间环环相扣的比较完整的系列法规。

  配套建设是教育法规体系化建设中极其重要的一个环节。借助体系化的教育法规和法规所具有的公开性、确定性和强制性的特征，这一时期上海教育的方方面面均有可能超越城市教育行政主管的人事更迭和主管人员自身的知识结构、认知水准、兴趣偏好或工作能力等局限，比较稳定地在教育法规的框架

---

① 上海市政府.上海市市政法规汇编（八集）[G].上海：[出版者不详]，1936：182—186.
② 同上：221—229.
③ 上海市政府.上海市市政法规汇编（七集）[G].上海：[出版者不详]，1935：146—147.

体系内运行。不过,民国上海教育法规的体系化并非意味着对教育的全面严厉管束。恰恰相反,这些教育法规不仅规定了教育行政主管的管理权限和方式,也规定了其不作为或不予直接管理的若干范畴。例如,市立学校在教科书、教学科目、教学进度、教学方法等一系列教学问题上拥有相当自主的选择、决定与研究权,在训育方针、方案、规则、实施方法方面亦拥有一定程度上的规定权、审定权、核定权、研究权等;私立学校则在校长人选、学校特色、发展规模等方面享有一定的自主权(详见本章第三、第四两节)。在这些领域,各学校尽可以充分发挥主观能动性,积极地、创造性地探索适合自身发展的多样化的办学模式。从这个意义上看,民国时期上海的教育法规建设,在一定程度上体现了无为与无不为相互结合的管理理念,为这一时期上海教育的发展创造了条件。

二、上海城市教育管理的制度化

在强调教育法规的体系化与操作性特点时,还有一个值得关注的问题,即民国时期上海城市教育管理的制度化。正是两者的结合,保证了这一时期上海的教育发展循着相对稳定的轨迹运行,避免了因人而异、政随人变的随意性。

这一时期上海城市教育的制度化管理主要体现在普及教育管理方面的学区制度、局办市立学校制度与捐资办学奖励制度;教育信息管理方面的督导制度与校长会议制度、教育调查与统计制度;教育资源管理方面的资源初步共享制度、各种参观访问与交流制度;教师管理方面的资格认定制度、薪酬制度与进修/奖惩制度、子女入学优惠制度;研究与实验管理方面的教育教学研究与实验制度、教师撰写教育类研究著作奖励制度;学生管理方面的考试制度及毕业/升学与职业指导制度、学生课外活动管理制度;社会教育管理方面的社教管理制度,以及市立学校与私立学校的区别管理制度、教育局内部管理方面的工作人员管理与服务制度等。以下试择要介绍(市立学校与私立学校的区别管理制度详见本章第三、第四两节)。

1. 学区制度、局办市立学校制度与捐资办学奖励制度

这三项制度保证了民国时期上海中小学教育在区域空间布局上的相对均衡与普及。其中,学区划分与学区制度的实行,有利于各个学区之间的比较和竞争,教育行政机构可以依据其间的差异,用局办市立学校制度调整中小学的空间布局,用捐资办学奖励制度激发和调动民间的办学热情,三者的这一综合,堪称以制度力量保障和促进了中小学教育的发展。

民国时期上海的学区划分,基本上以行政区划为依据。民国初年是将19个市乡分为6个学区,第一学区含闸北市、上海市、引翔港乡;第二学区含法华乡、蒲淞市;第三学区含高行乡、洋泾市、陆行乡、塘桥乡;第四学区含曹行乡、漕

河泾乡、塘湾乡;第五学区含陈行乡、三林乡、杨思乡;第六学区含颛桥乡、马桥乡、北桥乡、闵行乡。每个学区设有一名学务委员分管,全县有一名视学。① 民国中后期上海行政区划屡有变动。1935年上海市教育局开始将全市各行政区划分为22学区:市中心区;沪南1区;沪南2区;闸北区;引翔区;真如区;彭浦区;江湾区;殷行区;吴淞区;高桥区;高行区;陆行区;洋泾区;塘桥区;杨思区;漕泾区;法华区;蒲淞1区;蒲淞2区;第一特区(即公共租界);第二特区(即法租界)。②

局办市立学校制度始于1927年。其任务有二:一是以为办学示范,二是协调中小学校的空间布局,力求均衡。遇有学校在同一地点而分设男女两校者,或一校分设东西两部者,或某地学生数量众多,已有学校不能满足者,均以市教育行政力量和财政力量,或归并,或分立,或添设(参见表4-8)。

表4-8 民国期间上海市市立学校创办与扩充事项统计表③

(单位:所)

项目\年度	1927	1928	1929	1930	1931	1932	1933	1934	1935
接办幼稚园	1	—	—	—	—	—	—	—	—
接办小学校	47	133	—	2	—	—	1	1	—
接办中学校	—	3	—	—	—	—	—	—	—
接办师范学校	—	—	—	—	—	—	—	—	—
接办其他学校	—	1	—	—	—	—	—	—	—
接办合计	**48**	**137**	**0**	**2**	**0**	**0**	**1**	**1**	**0**
创办幼稚园	1	6	1	3	2	—	—	—	—
创办小学校	—	3	2	5	4	2	3	3	3
创办中学校	—	—	—	—	1	—	—	—	—
创办师范学校	—	—	1	—	—	—	—	—	—
创办其他学校	—	—	—	—	—	—	—	—	—
创办合计	**1**	**9**	**4**	**9**	**6**	**2**	**3**	**4**	**3**
增设幼稚园学级	—	—	—	—	—	—	—	1	1

---

① 上海县知事公署.上海县教育状况[M].上海:[出版者不详],1917.
② 上海市通志馆年鉴委员会.上海市年鉴(民国廿五年)[M].上海:中华书局,1936.
③ 上海特别市教育局.上海特别市教育局业务汇编(民国十六年七月至十七年十二月)[G].上海:[出版者不详],1929;上海市教育局.上海教育统计(民国二十三、二十四年度合刊)[G].上海:[出版者不详],1936:189.另有原注:"20年度小学校停办数内之16校为受日军侵沪影响而于第二学期暂时停办者;同一年度小学增设学级数之统计,系第一学期之记录,第二学期因一·二八事变,多数学校陷入非常状态,学籍变化数殊难作准。"

续表

项目＼年度	1927	1928	1929	1930	1931	1932	1933	1934	1935
增设小学校学级	12	34	9	11	26	55	52	35	57
增设中学校学级	—	2	3	1	2	2	2	—	2
增设师范学校学级	—	—	—	2	2	—	—	—	1
增设其他学校学级	—	—	—	—	—	—	—	—	—
增设学级数合计	**12**	**36**	**12**	**14**	**30**	**57**	**54**	**36**	**60**
停办幼稚园	—	—	—	—	—	—	1	—	—
停办小学校	—	—	2	—	18	1	—	—	—
停办中学校	—	—	—	—	—	—	—	—	—
停办师范学校	—	—	—	—	—	—	—	—	—
停办其他学校	—	—	—	—	—	—	—	—	—
停办合计	**0**	**0**	**2**	**0**	**18**	**1**	**1**	**0**	**0**

捐资办学奖励制度始于1927年。该制度规定：凡是以私有财产创立或捐助学校、图书馆、博物馆、美术馆及其他文化事业在500元以下者，依照其捐资多寡，分别授予褒状。捐资100元以上者，授予四等褒状；捐资200元以上者，授予三等褒状；捐资300元以上者，授予二等褒状；捐资400元以上、500元以下者，授予一等褒状。应受褒奖者，由受捐之机关呈请教育部核定授予，每半年汇报市政府与教育部备案，并登报公布。已受褒奖者如继续捐资，得计先后数目，按等晋授褒奖。① 该制度的确立与实行，进一步激发了上海社会各界人士的助学热情，仅1930年7—12月短短半年时间内，就有不下32名个人与8个团体，为5所学校（含大学1所、小学4所）捐款达113 600余元，捐地约24.5亩。②

2. 督导制度、校长会议制度及教育调查与统计制度

对教育行政管理而言，教育信息的沟通十分重要。它是进行正确教育决策必不可少的前提。对此，上海教育行政管理机构主要采取督导制度与校长会议制度的形式。

（1）督导制度

1929年教育局成立督学处，设督学4人，分区与分科视察员若干人。督学

---

① 上海特别市捐资兴学褒奖规程[G]//上海特别市教育局.上海特别市教育法规汇编（初集）.上海：[出版者不详]，1929.
② 民国十九年七月至十二月捐资兴学人员一览表[R]//上海市教育局.上海市教育局业务报告（民国十九年七月至十二月）.上海：[出版者不详]，1931：42—44.

处职责为调查与指导各区学务,视察与改进全市社会教育,监督与考成所属教育机构人员并佐理局务。各科科长于必要时,得指挥督学与视察员处理督察事宜。视察分为行政视察和教学视察。1946年改进为,督学处改称督学室,设主任督学1人、聘任督学2人、简任督学1人、荐任督学7人、荐任视察8人、委任视察8人、科员与办事员若干人。督学室分设中等教育、国民教育、社会教育三股,每股指定督学或视察1人主持。在实际督导工作方面,采取分区督导制与专科督导制。分区督导制即依照学务繁简程度将全市32个行政区分为三类,各类配备人数不等的督导人员。其中,第一类含林森、静安、新成、高桥4个行政区,每区指定驻区督学或视察1人;第二类含黄浦、邑庙、卢家湾、徐家汇、老闸、蓬莱、常熟、中正、江宁、闸北、虹口、杨思、普陀、北站、四川北路、洋泾16个行政区,每两区指定驻区督学或视察1人;第三类含提篮桥、新市街、大场、龙华、榆林、江湾、新泾、马桥、杨树浦、吴淞、真如、塘湾12个行政区,每三区指定驻区督学或视察1人。① 驻区督学或视察负责经常视察和辅导所指定区域内学校与社会教育机构,以及与教育行政有关的一切调查统计,并编列报告送局。实施视导必须随时填写记录备查,并将其每隔两周汇送督学室与有关处室传阅。各区各科督学或视察于分期视察完毕后,将视察经过、改进意见与应行奖惩事项编造总报告送局。值得注意的是,每两周一次的督导会议期间,不仅请有关各处室人员参与,而且还特别邀请了市府与民政处及各区区长出席,并由各处室供给有关材料以资参考。借助这样的方式,沟通了教育界和政界的必要联系:各区和市政府的相关负责官员可以比较及时地了解辖境内的教育发展概况,从而为教育的继续发展和改进提供必要的行政支持。在专科督导方面,各区按照自然科学、体育卫生、美术、劳作、音乐等科每科设专科督学或视察1人,负有专责。② 1947年在继续保留驻区督导制度的同时,将全市30个行政区分为六大督导区,各督导区按所辖行政区多寡和学务需求程度,或督学和视察人员同驻,或督学和视察择一派驻。其中,第一督导区含黄浦、老闸、邑庙、蓬莱、林森、卢家湾、常熟、新成、静安、江宁、普陀11个行政区,设督学2人,视察3人;第二督导区含提篮桥、榆林、杨树浦3个行政区,设督学、视察各1人;第三督导区含新泾、龙华、徐家汇、长宁4个行政区,设视察1人;第四督导区含闸北、北站、虹口、四川北路4个行政区,设督学1人;第五督导区含新市街、江湾、吴淞、

---

①② 上海市教育局督导工作改进方案[G]//上海市政府.上海市政府法规汇编(民国三十四年九月至三十六年十二月).上海:[出版者不详],1948.

大场、真如5个行政区,设督学1人;第六督导区含杨思、洋泾、高桥3个行政区,设督学、视察各1人。① 这一设计比较细致的督导制度,在历届督学和视察人员的辛勤努力下,得到了较好的执行。以1934年为例,该年上海公私立中学104所,督学5人,每学年每校至少视察2次;公私立小学431所,视察员14人,市立小学6学级以上者,分科视察,其他则每学年每校至少视察4次。视察结果除口头指示外,另有书面意见,俟学期或年度结束后,考核成绩优劣,分别加以奖惩(参见表4-9)。②

表4-9　1934年度上海教育视导考核概况③　　　（单位:所）

种　　类	甲等 (传令嘉奖)	乙等	丙等	丙下等 (令饬改进)	丁等 (令饬改进)
公私立中学	12	38	49	—	5
市立小学	11	113	49	1	2
私立小学	18	113	108	—	4

（2）校长会议制度

始于1927年的市立学校校长会议,原为"讨论市立各校应兴应革各事项"而设。④ 1928年扩充为市立与立案中小学校长联合会议,主要基于下列两点因素:探讨一些比较普遍的问题,交流优良办学经验,报告教育局改进学校的设施;校长略有调动和陆续核准立案私立中小学,使校长之间彼此需要重新熟悉与建立联络。这一会议制度为各校提供了交流的平台,也便于教育局局长直接与各校校长沟通,及时了解基层学校的教育实况。以1929年10月下旬各区市立学校校长谈话会为例,其所涉及的问题包括:各校与督学、视察员的联系问题,通盘的教育计划问题,整理、统一教育团体问题,教职员管理和进修问题,试验期间的实验小学问题,大中小学之连贯问题,乡区教育与乡村师范问题,课程标准以及如何适应课程标准问题,学生升级标准与测验材料问题,理科实验与教学方法问题,教职员子女免纳建筑费问题,学校经费、校舍与设备问题,卫生与体育问题,学生数减少、附近学校增多、各校附近私塾、学生缺课与学生免费

---

① 上海市文献委员会.上海市年鉴(民国三十七年)[M].上海:上海市文献委员会,1948:13—14.
② 上海市市政府秘书处.上海市市政报告[R].上海:汉文正楷印书局,1936:57.
③ 同上:57—58.
④ 上海特别市市立各学校校长会议章程[G]//上海特别市政府.上海特别市市政法规汇编(初集).上海:[出版者不详],1928.

问题,调查、取缔私校问题,教会干涉教育问题,校中偶像的处置问题,管理训育、学校与社会关系问题,教育观念问题,教育局管理效率问题等。① 通过校长会议制度,校长之间、教育局与学校之间,除平时的收发文和督导制度等联系形式之外,又增加了面对面这一直接沟通与实时交流的渠道,使信息交流更为快捷,城市教育行政与基层学校之间的关系也更为密切。

(3) 教育调查与统计制度

民国期间上海的教育调查活动比较频繁,主要涉及学龄儿童调查、失学儿童调查、文盲调查、市立学校调查、私立学校调查、劳工教育调查、特别(特殊)教育调查等。调查缘由或为重大教育决策提供切实依据,或为教育统计提供信息资源。

这些调查活动为上海城市教育的发展发挥了重要作用。其中,学龄儿童调查活动与义务教育的关系尤其显得密切与直接。以首次学龄儿童调查活动为例,它始于1929年4月1日,最初在15个乡区展开,继而向2个城区推进。历时8个月后,于年内终宣告结束。调查结果以列表统计各区学龄儿童数和就学率,数据显示,华界17个行政区中只有6个区的儿童就学率超过半数,最低的一个区竟然只有21.16%;整个华界地区的学龄儿童入学率为42.28%,女童仅为10.25%。② 该调查活动以确凿的事实揭示了上海儿童就学问题之不容乐观的严峻形势,为上海地方义务教育规划的出台和落实营造了良好的舆论氛围,从此,儿童入学问题在社会各界的广泛关注和鼎力支持下有了长足进步。至1948年,全市学龄儿童入学率已达75.95%,在近20年时间内提高了33个百分点。去除原租界地区合并计算的因素,这样的变化速度依然相当可观。这些成绩并非全然是上海城市教育行政主管机关的功劳,社会各方和民众自身也付出了巨大努力。其间,教育调查亦功不可没,值得一提的还有学校调查中的毕业生调查活动。它最早于1927年暑假前夕在市立小学试行,调查内容涉及毕业生志愿、升学学校、职业分类、就职状况、平均月薪等方面。以后此项活动在市立各中学推开,调查要素也由一般升学和就业状况的了解扩展至事实状况背后具体原因之追寻。不难看出,该项活动实际上是从毕业生信息调查入手,考察其适应社会的能力和社会对毕业生的使用状况,并由此进一步反观学校教育教学工

---

① 上海特别市教育局.上海特别市教育局业务报告(民国十八年七月至十二月)[R].上海:[出版者不详],1930:71—95.
② 学校教育事项[R]//上海特别市教育局业务报告(民国十八年七月至十二月).上海:[出版者不详],1930:116—118.

作的优劣短长,反映出民国上海教育行政对沟通学校与社会联系问题的高度重视,以及根据社会需求改进城市教育现状的管理思路。当然,其中还内含着对学生和社会应有的负责态度——城市教育主管部门和具体学校的管理人员,均不能满足于仅关心在校学生或视学生毕业为完事,而应该把毕业生的升学和就业状况一并考虑。换言之,应该将有利于学生的前途发展和养成社会适应能力作为设计具体教育教学工作的出发点和归宿点。这样的管理理念促成了民国期间上海学校比较自觉地关注社会需求,并根据社会需求培养适用人才的鲜明特色。

民国期间上海教育行政主管对教育统计工作也给予了很大的关注。其对教育统计与教育管理的关系有着比较正确的评判和认知,认为:"教育统计,为研究新教育之必要工具,观察大体之趋势,明了事实之真相,以为研究比较改进,非统计不为功。"① 在这样明智的理念指引下,民国上海的教育统计取得了比较显著的成绩,举凡学校教育(含各级各类学校数、学级数、学生数、毕业生数、教师数、经费数)、社会教育(含市立与私立各类学校式社会教育机构数、学生数与年龄数、教职员数、经费数,以及市立民众教育馆和公共体育场馆等非学校式社会教育机构概况)、教育研究(含教育测验、实验与编辑,教员进修、毕业会考等)、教育团体(含市区各级教育会、跨校教师团体)等有关上海教育发展的各个方面,均有确凿的统计数据,而且记载相当翔实。例如关于学生的统计涉及学生性别、年龄、学业成绩、体格、操行、免费生、缺席次数、退学原因、家庭状况、天才儿童、各级各类各专业学生数比较等;关于教师的统计涉及教师性别、年龄、专业资格、登记与检定等比较;关于学校方面的统计涉及各级各类各专业数、立别数、区域分布、设备设施、运动会等比较;关于经费方面的统计涉及教育经费占全部市政经费比重、市教育局教育经费投入结构、各校各学级经费、各校教师与学生平均经费等比较;城市教育行政方面涉及市教育局职员任免、年龄、性别、籍贯与学历、局收发文类别与时间分布等比较。仅留存至今的各种专门的市级教育统计资料汇编就不下7种。这些记载详尽、涉及面相当广泛的教育统计资料,改变了以往纯文字形式下难以避免的信息记载的模糊性,有利于比较准确、真实地把握上海城市教育发展的历史脉动,反映了民国上海城市教育行政科学化管理和数据管理的初步风貌。从历史研究的角度看,它为今日的研究者量化研究民国上海教育提供了重要的资料前提和可能。

---

① 教育研究之部[R]//上海特别市教育局.上海特别市教育局业务报告(民国十八年一月至六月).上海:[出版者不详],1929:14.

3. 教育资源初步共享制度

民国时期,除少数学校外,上海大多数中小学校的经费并不充裕,对于耗资较多或占地较广的大型教学实验性设施,以一校之力往往难以主办。有鉴于此,上海特别市教育局(上海市教育局)出资出力建立了急需的自然、理科、劳作等科目的实验性设施和电化教育巡回工作队,形成了初步的教育资源共享制度,如设立了市立公共学校园、市立理科实验室、市立劳作中心站、市立电化教育巡回工作队。

市立公共学校园于1923年设立,旨在"便于各校学生研究自然、作实物上之觉察实验与陶冶性情"。每日上午8点至下午6点开放。凡全市各校学生,均可入园研究游览,如无教师率领,须凭校徽校服或校证入园。团体参观60人以上者,须先期预约。研究游览时,如有疑问,可询问园内职员。① 路途较远、交通不便者,可以商借园内物品,带回学校细细观察。② 从1929年起,还一度增设第二公共学校园。公共学校园的设立与开放,为久居都市的上海儿童提供了亲近自然、了解自然的大好时机,也为都市学校开辟了一片校外活动和校内外结合办学的新天地,因而深受各校师生的欢迎,他们纷纷前往参观游览,或干脆直接参与春播秋播活动(参见表4-10、表4-11)。

表4-10 上海市立公共学校园概况统计表(1929年度)③

园别与项目别	主任	职员	开办年月	面积	花木种数(种)	动物种数(种)	参观人数(人)	参观团体数(人)	岁入经费数(元)	岁出经费数(元)	资产数(元)	地址
市立第一公共学校园	沈祥瑞	1名	1923年5月	5.2亩	380	21	27 883	167	3 516	3 410	54 450	小西门永宁街
市立第二公共学校园	沈骏逸	1名	1929年	3亩	155	—	12 321	26	2 160	2 163	—	止园路沈家花园
合计	—	2名	—	8.2亩	535	21	40 204	193	5 676	5 573	—	

---

① 上海特别市市立公共学校园入园公约[G]//上海特别市教育局.上海特别市教育法规汇编.上海:[出版者不详],1929.
② 上海特别市教育局.上海特别市教育局业务汇编(民国十六年七月至十七年十二月)[G].上海:[出版者不详],1929:91.
③ 上海市教育局.上海市教育统计(民国十八年度)[M].上海:[出版者不详],1931:113.

表4-11 上海市立第一公共学校园学生园艺实习概况表①

校名	种植种类（春播）	种植种类（秋播）
实小	南通棉、蓼蓝、玉蜀黍、茄梗、稻、烟草、荸荠、莲	小麦、油菜、莴苣、蚕豆、白菜、水仙
梅溪	上海棉、马铃薯、绿豆、黄大豆、玉蜀黍	大麦、山东白菜、青菜、小麦、蚕豆
崇正	美棉、黑大豆、甘薯、烟、糯稻、苎麻、扁豆、丝瓜	大麦、蚕豆、油菜、豌豆
尚文	江阴棉、粳稻、玉蜀黍、白大豆、甘薯	大麦、油菜、玉葱、石竹、小麦、菠菜、莱菔
朝宗	黄大豆、甘薯、芋、玉蜀黍、慈姑	—
养正	江阴棉、白大豆、甘薯、烟、糯稻、向日葵、菱、兰	—
南区	美棉、黄大豆、桑、粳稻、上海棉、菊	—
中道	上海棉、虹豆、菊花、大麻、甜瓜、乌桕	大麦、蚕豆、小麦、豌豆
万竹	江阴棉、黑大豆、胡瓜、漆树、糯稻、玉蜀黍、油桐	大麦、蚕豆、胡萝卜、裸麦、小麦、豌豆、芜菁
时化	美棉、黑大豆、马铃薯、甘蓝、花椰菜、粳稻、落花生、玉蜀黍、甜菜、茄	蚕豆、塌菜、芥菜、大蒜、韭、燕麦、小麦、玉葱、莴苣、芹
旦华	上海棉、大麻、百合、糯稻、扁豆、桑树	蚕豆、山东白菜、小麦、月季花
隆德	大豆、胡麻、马铃薯、大麻、辣椒、玉蜀黍	芸薹、大麦、甘蓝、大蒜、菊花、蚕豆、菘菜、芥菜、莱菔
敬业	蓖麻、黍、烟、化香、栗、芋	大麦、蚕豆、菊花、小麦、胡萝卜
明伦	江阴棉、苎麻、胡瓜、菊、粳稻、大麻、茶树、荷	蚕豆、大麦、油菜、豌豆、小麦、莱菔
西成	黄麻、甜菜、油桐、高粱、漆树、茶树	—

市立理科实验室，1929年把实验小学理科实验室与标本室移设闸北止园而成。上海特别市教育局鉴于闸北地区学校自然科设施特别简陋的情况，早有在此设立第二实验室与标本室的计划，此时适逢实验小学为实施天才儿童教学，将校舍迁入第一公共学校园，教育局遂运用城市教育行政权力，将其原有之实验、标本二部迁移，设立理科实验室。此举与第一公共学校园之设立，实际上

---

① 上海市教育局.上海市教育局业务报告(民国十九年七月至十二月)[R].上海：[出版者不详],1931：37.

内含平衡沪南、闸北两大地区公共教育资源和发展闸北、市南自然科教学的重大战略意义。如此,"沪南各校虽无实验之场所而有欣赏观察之校园,闸北各校则虽无欣赏观察之境地而亦得标本、实验二室之使用矣",①可谓用心良苦(参见表4-12)。

表4-12 上海市立理科实验室概况统计表(1929年度)②

主任	职员人数	植物标本类数	动物标本类数	植物标本件数	动物标本件数	物理仪器类数	化学仪器类数	物理仪器件数	化学仪器件数	实验次数	岁入经费数(元)	岁出经费数(元)	地址
沈骏遬	2	11	40	236	435	91	187	152	305	56	5 400	5 400	闸北止园路沈家花园

市立劳作中心站于1946年3月设立,总站设在永康路200号,分站在顺昌路560号。主要任务:供给全市中小学生实习,以培养其对于劳作之兴趣,并予以从事工业之基本训练;协助指导本市中小学校按照部颁劳作课程标准,改进劳作教学,并充实劳作设备;办理本市劳作教师之进修事宜;举办本市中小学劳作展览会。中心站设主任1人,主持一切事务;助理干事2人,协助主任管理一切实习工作以及编订教材;总务1人,担任会计以及缮写等事务;指导员1人,技工1人,担任设计教材与配备材料、整理工具等事务。全市公私立中小学生到站实习,必须在每个学期开学前,商由该站编排实习日程,指定指导员与原校教师共同指导。该站还参酌部颁标准,订定劳作实习教材,供学生实习使用。至同年9月,赴站实习者已达4 000余人。③

市立电化教育巡回工作队于1945年成立,旨在提高民众智识,倡导正当娱乐,促进社会文化。队长由教育局遴选,负责综理队务,下设总务股、机务股、教务股,各股各设干事1人,助理干事若干人,设备有借自美国驻上海新闻处之有声电影机一部。该工作队实施电化教育兼顾学校与社会两个方面,按全市行政区划,每半年至少巡回1次。成立当年1—7月实际分赴市区与乡区各学校以

---

① 上海特别市教育局.上海特别市教育局业务报告(民国十八年七月至十二月)[R].上海:[出版者不详],1929:21—22.
② 上海市教育局.上海市教育统计(民国十八年度)[M].上海:[出版者不详],1931:113.
③ 上海市立劳作中心站组织规则[G]//上海市政府.上海市政府法规汇编(民国三十四年九月至三十六年十二月).上海:[出版者不详],1948:319—320;上海市教育局.上海市教育局工作报告(民国三十五年九月)[R].上海:[出版者不详],1946:15.

及机关、工厂等放映教育影片306次,观众达25万人之众。①

4. 教师资格认定制度与进修制度

上海执行教师资格认定制度始于1929年,其后经不断修改与完善。该制度管理对象涉及中小学教员和私塾教员,尤以小学教员资格管理为典型。它含登记与检定两项(检定又分为试验检定和无试验检定两种)。就其对于教师的资历要求而言,登记高于检定,无试验检定高于试验检定。其总体趋势则表现为在学历上日益强调教育类或师范类学习背景,在经历上更为看重教育工作的实际业绩和研究成果。

上海的小学教员登记制度自1929年问世,经1931年、1933年之两度修改后基本定型。其对准予登记者之资格,从最初的中高级师范或教育系科毕业为主,高等专科和一般高中及职校毕业为辅,到清一色的中高级师范或教育院系毕业。② 那些不准予登记的高等师范以外的专科学校、高中或旧制中学、与高中程度相等之职业学校和旧制甲种实业学校等学校毕业者,则被分流到小学教员检定制度管辖之下。此外,学历条件更低者,虽符合登记制度规定学历条件,但在非教育机关和非专攻科目有关系之机关服务两年以上者,以及研究专门学术有相当成绩者,甚至连任小学教师满三年以上者,均必须参加并通过检定才能担任或继续担任小学教师。所谓检定,即对符合一定条件的被检定者实行小学相关科目的考试,级任教师必考党义、国语、算学、常识和教育;专科教师必考党义、国语、常识、教育和专科科目。③ 与准予登记者之免试待遇相比,对接受

---

① 上海市电化教育巡回工作队组织规则[G]//上海市政府.上海市政府法规汇编(民国三十四年九月至三十六年十二月).上海:[出版者不详],1948:325—326;上海市教育局工作报告(民国三十五年九月)[R].上海:[出版者不详],1946:15.

② 上海市教育局小学教师登记暂行规程(1929年12月11日核准)[G]//上海市政府.上海市市政法规汇编(三集).上海:[出版者不详],1930:303—305;修正上海市教育局小学教师登记规程(1931年6月10日核准)[G]//上海市政府.上海市市政法规汇编(四集).上海:[出版者不详],1931:26—228;上海市教育局小学教员登记暂行办法(1933年10月7日核准并咨准教育部备案)[G]//上海市政府.上海市市政法规汇编(七集).上海:[出版者不详],1935:101.

③ 上海市教育局检定小学教师规程(1929年10月31日核准施行,12月11日修正核准)[G]//上海市政府.上海市市政法规汇编(三集).上海:[出版者不详],1930:301—303;修正上海市教育局检定小学教师规程(1931年6月10日核准)[G]//上海市政府.上海市市政法规汇编(四集).上海:[出版者不详],1931:225—226;上海市教育局检定小学教师规程(1932年11月12日核准修正)[G]//上海市政府.上海市市政法规汇编(五集).上海:[出版者不详],1933:241—242;上海市教育局小学教员检定暂行办法(民国1933年9月15日核准并咨准教育部备案)[G]//上海市政府.上海市市政法规汇编(七集).上海:[出版者不详],1935:101—103.

检定者开列这些项目的考试,显然反映出教育行政主管对于小学教员任职必备条件的理解:除一般文化专业知识外,小学教员还必须了解、掌握一定的教育学和小学学科知识与技能。准予登记者在其师范类或教育类专业学习经历中,已经接触过相关内容。而未准予登记的非师范教育类高等专科学校、高中或旧制中学、与高中程度相等之职业学校和旧制甲种实业学校等学校毕业者,以及社会上的学有专攻者,虽然已经达到一定的文化程度或在相关领域具有一定造诣,却大多对教育学或小学学科等比较生疏;符合登记规定学历条件,但在非教育机关和非专攻科目有关系之机关服务两年以上者,则很可能已经将原先学校内书本上习得的相关知识泰半遗忘,弱化了其原本具备的教育学专业优势。所以所有以上这些人员,无一例外,均须通过城市教育主管部门组织的小学教员检定这一关,才能充实到小学教员队伍之中。这样的做法绝不是对相关人员的歧视,而是高度的关爱和重视。阻挡一部分不合格者进入教师队伍,是为了确保这支队伍的起码质量,并由此确保教育的起码质量。事实上,上海城市教育主管机关并非只是扮演把关守门的角色,在帮助受检定人员方面,他们也主动采取了一些有益的举措,例如在报名处提供小学教师应修教育书目和练习题,以便于受检者尽快熟悉考试内容,掌握相关知识,更好地从事小学教育。①

检定制度中关于小学教师最低学历的最初规定为简易师范科或讲习科一年毕业、初中毕业或高中肄业三年以上,1932年定为旧制中学或高级中学毕业,曾在师范学校或高级中学修业一年并充小学教员一年以上,曾在师范讲习科、简易师范学校或简易师范科毕业。此举明确地否认了初中毕业生的小学执教资格,使上海小学教师的职业门槛提高到初中毕业以上。此外,对于未立案学校毕业生,检定制度也予以有限接纳,但程度逐渐提高,从最初的中等学校提高到高中以上。这样的规定,在保证小学师资质量水准的同时,使公立学校走出了无法完全自行满足师资需求的困境,也适当地解决了未立案私立学校毕业生的出路问题。

与试验检定相对应的无试验检定出现在1933年,其出彩处在于承认学历较低者的非学历教育学习经历和实际教育工作成绩,如在教育行政机关、高中等教育院系或师范系科办理的暑期学校学习满两暑期或小学教员任职一年以上的原

---

① 上海市教育局检定小学教师规程(1929年10月31日核准施行,12月11日修正核准)[G]//上海市政府.上海市市政法规汇编(三集).上海:[出版者不详],1930:301—303.

旧制中学或高中以上学校毕业者,在上述暑期学校补习满三暑期或小学教员任职两年以上的原师范讲习科、简易师范学校(科)毕业者,在上述暑期学校补习满四暑期或小学教员任职三年以上,经教育行政机关认为确有成绩者,原师范讲习科、简易师范学校(科)毕业者,以及曾任小学教员四年以上,有关于小学教育之专著发表,经市教育局认为确有价值者等四类人员,均可以享受无试验检定,即在办理检定手续时,无须参加任何小学科目考试。① 如此规定,使无试验检定制度除名称和受检者学历略低外,其与登记制度之间已经没有了太大的实质性差异。最重要的是,通过无试验检定制度的实行,可以引导在职教师通过非学历学习提高业务能力,提倡在教育实践中不甘平庸、敬业钻研的精神。这样,一方面不至于因教员纷纷脱产进修追求高学历而影响一线教学工作的正常进行,另一方面也有利于发挥教员在职学习的特定优势——更便于将教育理论和教学实践紧密结合。

民国上海教师资格认定制度在不断的变化中,也自有其不变之处,那就是以体格检查为前提条件、检定考试的两种形式和资格认定的规定期限。所有关于教师检定的法规均明确规定:体格检查不合格者,不得参加后续的口试和笔试。这个规定反映了当局对教师身体条件的重视,它的贯彻有利于在制度上防止健康状况欠佳的文弱书生进入教师队伍,有利于将课本学习和课外学习相结合、知识学习和技能训练相结合等现代教育方法比较普遍地引入上海学校。而将口试和笔试两种考试形式列入教师检定制度之中,为的是适应教师这个特殊职业的需求。俗话说,教师是"吃开口饭"的,面对面的授课讲学,对口才要求自然很高。腹有诗书,才高八斗却期期艾艾、不善表述者是难以称职的。口试和笔试相结合的考试形式有利于选拔口才、文才俱佳者进入教师队伍。民国期间,上海还将小学教师资格认定期限规定为三年,三年之后原有资格一律作废,需要参加新一轮登记或检定。这种教师资格的期限管理实际上是对其知识技能的动态管理,它传达了如下观点,即教师必须持续不断地更新知能,才能适应上海教育发展的实际需求。而这种更换的期限,不能超过三年。如此以制度的强制力量来确保教师队伍的素质更新,有助于教师克服惰性,并由外在制度三年一度的周期性而帮助其逐渐养成不断学习的内在惯性。

除教师资格认定制度外,民国时期上海对于教师的进修问题也十分重视。教

---

① 上海市教育局小学教员检定暂行办法(1933年9月15日核准并咨准教育部备案)[G]//上海市政府.上海市市政法规汇编(七集).上海:[出版者不详],1935:101—103.

师进修的主要形式包括暑期学校、讲习会、公开演讲、各科教学讨论会、指定自修科目、巡回读物、参观等。其中,尤以暑期学校进修制度为典型,它开始于1930年,旨在"利用暑期研究教育,使本市小学校校长教师有进修机会"。实际上它与上述教师资格认定期限有着内在的逻辑关联:既然教师技能需要不断更新和提高,教育主管机关当然有责任、有义务提供教师进修所必需的条件和机会。作为这些条件和机会中的一种重要形式,暑期学校进修制度集中比较悠长的暑期中的一部分时间,用于基层小学校教师和校长的充电学习,使他们有可能于教学和学校管理第一线紧张打拼(输出)之余,获得必要的新的信息输入与储备,以应对新的教育实践的需求。这类进修所设科目一般分为学科与特别演讲两种。学科有"三民主义"与小学教育、小学组织与行政、小学课程概论、学习心理、特殊儿童心理、教育测验与统计、党义教材纲要、工作科教材纲要、幼稚园教材纲要、设计教育法、注音符号等门类,特别演讲则聘请教育专家或本市教育行政机关主要负责者进行。最初的暑期进修主要面向市立学校教师,规定市立小学教师除有特别事故须先期向教育局呈请外,均应凭教育局发给的听讲证入学。私立小学教师符合资格者,可凭学校盖章的学历说明,向教育局报名、领取听讲证入学,但不得超过100名。该进修成绩由进修暑期学校随时考核,并于各科教授完毕后,举行考试。出席时间在3/4以上,经考试及格者,教育局发给证明书。[①] 1933年开始,暑期进修学校分为市立与私立学校两种,比起以前限额参加以市校为主体的暑期进修学校,私校教员自此拥有了更充分、更平等的进修机会。这种独立的、专门的私立学校教员暑期进修形式的确立,标志着暑期学校进修制度的进一步完善,也标志着上海市教育局对于城市教育行政管理水平的进一步提升。

  与小学教师组织大规模进修形式有所不同,民国时期上海的中学和师范学校教员的进修一般以学校为单位,由各校校长负责具体实施。市教育局则负责对校长组织本校教师进修事宜的结果进行考核,并不参与具体过程。在形式上,中学和师范学校教员的进修分为身心修养与学识进修两个大类,各大类下再细分为各个小类。如身心修养包含健康组织与娱乐组织,学识进修兼及个人研究和共同研究。中学和师范学校教员在身心修养方面的进修要求完全相同。比如健康组织有球类、国术、体操等项目的训练活动和比赛活动,以及体格检查和卫生、营养方面的研究与实践;娱乐组织有音乐、摄影、远足、书画、金石、棋类,甚至家庭联

---

① 上海市教育局暑期学校简章[G]//上海市政府.上海市市政法规汇编(三集).上海:[出版者不详],1930.

欢会与家庭改良会。在学识进修的类别方面,中学和师范学校教员均分为个人研究和共同研究,差别在于研究内容。个人研究方面,要求师范教员阅读或发表关于所授科目和初等教育、师范教育、社会教育的研究成果,对中学教员则仅要求阅读和发表与其所授科目有关者;共同研究方面,中学和师范学校教员都要组织各科学术与教学研究会、读书会、讨论会、演讲会,但师范学校教员还要组织参观与考察、研究师范教育与社会教育和与地方小学之沟通问题等,中学教员则要求注意学校行政和青年训练及训育合一实施问题之研究。① 可见,在教员进修管理方面,民国时期上海的教育行政主管充分考虑了不同学校教员的异同。

教师资格认定制度和进修制度是教师队伍走向职业化和专业化的必然要求,也是教育行政管理的重要内容。民国期间这两大制度在上海的建立与发展,成为衡量该时期上海教师职业化和专业化水平的重要标尺,也是衡量上海城市教育管理水准的重要标尺。事实上,这些制度确实对于提高上海教师队伍资质发挥了重要的作用。其中,教师任职资格的规定确立了教师准入的先决条件,为保证教师队伍的起码质量设立了第一道防线;教师资格合格期的设立和各类进修活动的举行则在动态上促进了教师的不断进取,暑期学校基本免费与成绩考核的制度规定尤其体现了上海教育行政机构对提高教师队伍质量应有的义务感与责任感。两者的综合,构成了提高上海教师队伍质量必不可少的两个侧面:教师自身的不懈努力和教育行政机构以制度力量提供的支持(参见表4-13、表4-14、表4-15)。

表4-13 上海市历年度中小学教员登记及检定人数② (单位:人)

年度	小学教员登记申请人数	小学教员登记合格人数	小学教员登记不合格人数	小学教员检定申请人数	小学教员检定合格人数	小学教员检定不合格人数	中学教员登记申请人数	中学教员登记合格人数	中学教员登记不合格人数
1927	567	541	26	—	—	—	—	—	—
1928	741	641	100	—	—	—	—	—	—
1929	751	697	54	34	27	7	—	—	—
1930	383	371	12	—	—	—	—	—	—

---

① 参考《上海市教育局实施师范学校教员进修办法》《上海市教育局实施中学教员进修办法》,二者均为1934年3月10日核准并咨准教育部备案。上海市政府.上海市市政法规汇编(七集)[G].上海:[出版者不详],1935.

② 上海市政府统计处.上海市统计总报告[R].上海:[出版者不详],1946.

续表

年度	小学教员登记申请人数	小学教员登记合格人数	小学教员登记不合格人数	小学教员检定申请人数	小学教员检定合格人数	小学教员检定不合格人数	中学教员登记申请人数	中学教员登记合格人数	中学教员登记不合格人数
1931	386	289	97	—	—	—	—	—	—
1932	—	—	—	111	72	39	—	—	—
1933	3 130	2 407	723	1 302	1 021	281	—	—	—
1934	770	707	63	547	437	110	—	—	—
1935	1 093	963	130	819	709	110	1 315	1 196	119
1936	1 753	1 739	14	6 665	6 418	247	1 917	1 661	256

表4-14 上海市中等学校教职员资格比较表(1935年度与1946年度第一学期)①

1935年度	中等学校教职员人数	百分比(%)	1946年度第一学期	中等学校教职员人数	百分比(%)
国外大学本科、高师本科或专科毕业	439	10.5	国外大学	181	3.4
国内师范大学及大学教育学院科系毕业	287	6.9	大学教育院系及高师毕业	284	6.4
国内高等师范毕业	181	4.3	—	—	—
国内大学本科毕业	1 152	27.6	大学其他院系及专科毕业	2 578	58.2
国内专门学校毕业	592	14.2	大学肄业	86	1.9
受中学师范学校教员检定	236	5.7	师范毕业	303	6.8
中等学校毕业	546	13.1	高中毕业	467	10.6
职业师资训练机关毕业	13	0.3			
国内外大学专科学校或高等师范毕业有职业经验	208	4.9	—	—	—

① 上海市教育局.上海市教育统计(民国二十三、二十四年度合刊)[M].上海:[出版者不详],1936:113;上海市教育局.上海市教育统计(民国三十五年度)[M].上海:[出版者不详],1947:92.此处中等学校教职员统计不含职业学校.

续表

1935 年度	中等学校教职员人数	百分比（%）	1946 年度第一学期	中等学校教职员人数	百分比（%）
有专门职业技能曾任职业机关职务	48	1.1	—	—	—
高级职业学校或与高级职业学校程度相当之学校毕业有职业经验	32	0.8	—	—	—
受职业学科师资检定合格	12	0.3	—	—	—
其他	431	10.3	其他	523	11.8
—			未详	37	0.9
总计	4 177	100	总计	4 459	100

表 4-15 上海市初等学校教职员资格比较表（1935 年度与 1946 年度第一学期）①

1935 年度	初等学校教职员人数（人）	百分比（%）	1946 年度第一学期	初等学校教职员人数（人）	百分比（%）
师范大学或大学教育学院科系毕业	368	5.13	大学教育院系及高师毕业	823	8.5
师范学校毕业	2 489	34.71	旧制师范本科或高中师范毕业	1 883	19.4
短期师范毕业	446	6.22	师范毕业	1 961	20.2
—	—	—	大学毕业	86	0.9
专科以上学校毕业	947	13.21	专科毕业	205	2.1
中学毕业	2 277	31.75	高中毕业	992	10.2
试验检定及格	184	2.57	检定合格	1 403	14.5
其他	451	6.29	其他	2 347	24.2
总计	7 162	100	总计	9 700	100

---

① 上海市教育局.上海市教育统计（民国二十三、二十四年度合刊）[M].上海：[出版者不详]，1936：44；上海市教育局.上海市教育统计（民国三十五年度）[M].上海：[出版者不详]，1947：46. 此处初等学校教职员统计含幼稚园。

5. 教育教学研究与实验制度

民国时期上海有组织的教育教学研究与实验制度以1928年设立初等教育研究会为开端,其后相继成立的同类研究机构有各区小学教育研究会(1929年设)、小学校教育实验研究会(1932年设)、市立小学教育研究会(1933年设)、小学教育研究会(1933年设)、市区小学教育研究会(1934年设)、初等教育研究会(1935年设)、国民教育辅导研究会(1945年设)等。这些机构涵盖了市、区(学区)和市立与私立立案小学,构成了一个以各学校研究会为基础,以区(学区)研究会为中坚,以市级研究会为龙头,遍布全市范围的三级教育研究机构网络,也形成了民国时期上海以初等教育为重点的教育研究与实验特色(民国期间,上海还施行了中学师范教育、乡村教育实验区等研究与实验制度。限于篇幅,此不赘述)。一般而言,各小学校研究会以研究改进本校校务及教学训育等事项为宗旨,以校长暨全体教员为会员,是会员最为广泛、研究问题最为具体的基层初等教育研究机构,其会议经过情形必须向所属区小学教育研究会和市教育局汇报,接受其业务和行政指导。① 区(学区)研究会则以一定区域内初等教育为研究对象,并依乡区、市区初等教育的不同需求和现状区别为不同的研究机构。其中,乡区初等教育类研究会"以联络一区内小学教职员共同研究乡村小学教学上、行政上各项问题,借谋增进各区小学教育之效率为宗旨",②由各乡区小学全体教职员组织之。常会每月一次,有特别问题研究时可开临时会。开会时,教育局科长与督学得出席指导,视察员得出席参与研究。开会讨论范围与研究结果,须报市教育局备查。该规则适用于除沪南、闸北、洋泾三区之外各乡区。市区初等教育类研究会初期以研究改进所在区小学教育为宗旨,全体教职员皆为会员,由市教育局指定某小学校长为主席。会期至少每两个月一次,各会员之研究报告如有发表之价值者,由该会呈请市教育局审核发表。会前一周,须呈请市教育局派员出席指导,会后填报市小学教育研究会及市教育局备查③。后期随研究会奉部令改名而改为"以研究改进本区初等教育为宗旨",会员由各小学校长、二级以上各小学教员代表以及幼稚园主任组成。研究问题为小学行政、课程、教学方法、训练方法和其他小学实际问题。必要时得利用各种集团活动所发生之问题作为研究之中心。其所研究之问题由市教育局、市初等教育研究会、区内各小学与幼稚园和本会会员各方面提出。会期至少每

---

① 上海市政府.上海市市政法规汇编(七集)[G].上海:[出版者不详],1935:213—214.
② 上海特别市教育局.上海特别市教育法规[G].上海:[出版者不详],1929:67—68.
③ 上海市政府.上海市市政法规汇编(七集)[G].上海:[出版者不详],1935:212—213.

学期三次。会前一周将会议提案呈报市教育局派员指导,闭会后将研究结果具报备案并公告本区各学校。得视事实之需要,指定专员分组研究,但最后研究结果须经大会之通过;得视事实之需要,建议教育行政机关举办各种有关初等教育之集团活动,以为研究之根据。① 比较起来,乡区小学的集体研究活动频率更高,所受到的市级教育行政主管部门的关注更为直接,市区小学则被赋予更为繁重的研究任务,同时也享有更为充分的自主研究空间。这种差异基于乡区和市区小学不同的发展基础和研究能力,也体现了城市教育行政着力扶助相对薄弱的乡区小学的管理思路。在上述三级初等教育研究网络中,市级研究机构堪称老大,其定位为着重研究和探索综合性、全市性的初等教育难题,其中又可分为偏重实验性和偏重理论性两大类。前者以促进小学教师实验研究兴趣,增加小学教育实验效率为宗旨,由市教育局第三科实验股以及指定各担任实验研究之学校组织之。依事实需要,分为小问题实验组、中心教育组、分科教育组、课程教材组、测验材料组、教具研究组、生活指导组、行政事务组等八个小组。各组开会时得由市教育局第二科督学处派员参加讨论。其具体研究工作采取分工合作制,各校参加组数,以各该校级数之半数为标准,工作内容由各组主持学校拟订大纲,交第三科审定后,于每学期开始分工,拟订学期详细计划。会议分常会和小组会议两种形式。常会每学期始中末各一次,分别讨论该学期各组工作实施计划、报告该学期各组工作进行状况与问题讨论,以及讨论该学期各组工作之结束和下学期工作之准备事项。小组会议不定期,由各该组主持学校依事实之需要随时召集之。各校分任工作进行时,得由市教育局第三科派员、督学视察员和市教育局特请专家视导之,或由该专家开会演讲。其工作情形分别刊入局教育季刊或周刊,工作成绩分别性质另刊单行本,由市教育局聘请专家评定之,并以校为单位分别给予奖励。② 偏重理论性的研究会以研究改进全市小学教育为宗旨,其会员最初由市教育局指定各学区小学代表组成。1935年奉部令改市小学教育研究会为市初等教育研究会后,会员结构改为市教育局局长、第三科科长、督学代表、专员代表及第三科实验股主任、局长临时聘任之教育专家和各区初等教育研究会代表(沪南、闸北各5人,其他各区各2人)。这两个前后相继的研究会会期相同,均为每学期至少一次,开会时均由市教育局长或其他代表为主席。区别在于前一个研究会之研究对象不作具体规定,其研

---

① 上海市政府.上海市市政法规汇编(八集)[G].上海:[出版者不详],1936:193—195.
② 上海市政府.上海市市政法规汇编(六集)[G].上海:[出版者不详],1934:79—81.

究报告有发表之价值者,由该会呈请市教育局审核发表;后一个研究会研究范围明确规定为小学行政、课程、教学方法、训练方法和其他小学实际问题,必要时还可利用各种集团活动所发生之问题作为研究中心。所研究之问题除由市教育局、各市立及私立立案小学与幼稚园提出外,该会会员也有权提出。其研究结果除具报备案外,可编制报告书公布之。此外,还可以视事实之需要指定专员分组研究,或建议上级教育行政机关举办各种有关初等教育之集团活动,以为研究之根据。显然,后起的研究会在组织形态和功能设置上均更为成熟一些,它体现了与教育研究和实验活动密切相关的相应研究机构自身成长壮大的发展历程。①

民国期间,除上述三级研究网络系统外,上海市教育局还建有一种行政决策性的小学课程研究委员会(1930年成立),其以研究为决策手段和前提的属性,使之有别于一般纯粹的行政决策机构,可视为参与上海初等教育研究与实验的特殊力量。该委员会成员由市教育局局长亲自委任或聘任,从分科研究、实地试验入手,以教育部颁行的小学课程为依据,结合上海的具体市情,力求探索适合上海特点的小学课程体系。其具体研究方法为:指导市内各小学各自组织课程研究会以及联合组织分科课程研究会,集中这些研究会的意见加以讨论,将研究结果交各小学实地试验后重新详细讨论。其所有议决重要案件,均提交市教育局局务会议修正通过,由局长令发市立与立案私立小学遵照试验,并将试验结果呈报备核。这种自下而上又自上而下的多重反复,体现了对课程研究应有的审慎态度。在这种态度指引下,该委员会提出的小学各科科目种类和时间分量,在充分考虑到上海地方特点的同时,给各校保留了一定的自主空间。例如低年级党义课并入社会科教学;乡村小学可减去英语科,酌加他科学习时间;允许有部颁标准之外的各种集会,时间自定;为各种课外活动预留一定的时间,同时规定每周总课时的最高上限;各科绝对课时必须在最低或最高时间上下限之内,具体时间分节可依学科性质自定;强调体育课外活动必须每天进行,工作科必须特别注意课外作业等。②

由于三级研究网络系统的覆盖和小学课程研究委员会之类注重教育研究的决策性机构的指导,民国期间上海的初等教育研究开展得有声有色。以小问

---

① 上海市政府.上海市市政法规汇编(七集)[G].上海:[出版者不详],1935:211—212;上海市政府.上海市市政法规汇编(八集)[G].上海:[出版者不详],1936:191—193.
② 上海特别市教育局.上海特别市教育局业务报告(民国十八年七月至十二月)[R].上海:[出版者不详],1930:74—75.

题实验为例,仅 1930 年下半年之研究就涉及作文科命题与不命题效果比较、三年级书法印写与临写的效率比较、三年级使用部首检字法与四角检字法成绩比较、特定时间作文与机会作文效力比较等。① 除常规儿童教育外,自 1927 年年底起,市教育局还曾将第一实验小学改组,以开展天才儿童实验。该实验依据陈氏图形测验和陆志韦订正"皮纳西蒙智力测验",经过三轮严格选拔程序,在初试百余名儿童中选定 80 余名,开学之日又在实到 72 名正式生中举行教育测验、编定学级,开始不同于寻常儿童的课程实验。在具体教学实验中,还参照心理测试、平时成绩和各科标准测量体系,不断变动学级编制,以适应不同儿童的心智发展水平。该实验对这些超常儿童的体格和训导亦予关注,力求其德、智、体各方面的平衡发展。实验中,对这些儿童的家庭遗传、生长环境、个性禀赋、兴趣爱好等也进行了详尽的调查研究和资料积累。虽然由于种种原因,最终导致该实验中辍,但作为上海首次超常儿童教育实验,其间的教育经历和资料积累,均为以后的相关教育与研究提供了宝贵的历史素材。②

考虑到上海教育亟须改进研究之处不少,而一线教职员工作繁忙,缺乏充分时间与机会用资进修,坊间书籍又定价昂贵,无力购置,民国上海教育行政机构遂在实际举办各种教育研究与实验活动的同时,主持策划、编纂了一些教育理论编译丛书或教育类研究刊物。其编译丛书中著名者有《个性教育论》《社会化的教学法》《小学算术教学法》《科学的分班法》《学生分组法》《成绩记分法》《天才儿童教育》等,均交由商务印书馆等民营出版机构公开出版。其主编的定期教育研究刊物主要有《教育周报》,1929 年 5 月创刊,辟有评论、要闻报告、统计、训令、布告、法规等栏目,至该年年底已出版至 32 期;另有《上海教育月刊》,至 1930 年上半年,已出版至 14 期。以上这些教育丛书,内容务求切实,合于实际问题之研究,定价务求低廉,以便人人咸能购阅,普及一般;教育定期刊物甚至有免费赠阅者。它们的问世,为广大教员提供了来自域外的教育思路与眼光,也给上海本地的教育研究与实验成果提供了必要的交流机会。

---

① 上海市教育局业务报告(民国十九年七月至十二月).[R].上海:[出版者不详],1931:38—47.
② 上海特别市教育局业务报告(民国十八年七月至十二月)[R].上海:[出版者不详],1930:76—136.

第三节 对市立学校的直接管理与市立学校的自主空间

民国期间,上海学校的办学主体成分比较复杂,要言之,可以分为公立学校与私立学校两大类。其中,各级政府部门主办的公立学校为数不多,按主办机关的不同,可细分为国立、部立、省立、市立、局立等各个小类(参见表4－16)。

表4－16 1927—1934年度上海市公立学校级类分布概况①

年度 立别数	1927年度	1928年度	1929年度	1930年度	1931年度	1932年度	1933年度	1934年度
初等学校总数(所)	—	—	840	775	663	792	849	895
国立初等学校数(所)			1	2	1	2	2	2
省立初等学校数(所)	2	2	2	2	2	2	2	2
国立、省立初等学校总数(所)	2	2	3	4	3	4	4	4
国立、省立初等学校(%)	—	—	0.36	0.52	0.45	0.51	0.47	0.45
市立初等学校总数(所)	49	187	188	196	199	213	219	223
市立初等学校(%)	—	—	22.38	25.29	30.02	26.89	25.80	24.92
他种公立初等学校总数(所)				5	3	3	1	2
他种初等学校(%)				—	—	—	—	—
工部局立初等学校数(所)					8	14	10	10
公董局立初等学校数(所)					1	2	1	1
工部局公董局立初等学校总数(所)					9	16	11	11
工部局公董局立初等学校(%)					1.36	2.02	1.30	1.23
中等学校总数(所)	—	—	123	125	132	141	137	149
国立中等学校数(所)			5	6	4	5	6	5
省立中等学校数(所)	2	2	2	2	2	2	2	2
国立、省立中等学校总数(所)	2	2	7	8	6	7	8	7

① 上海市政府.上海市市政报告[R].上海:汉文正楷印书局,1936:59—63.

续表

年度 立别数	1927年度	1928年度	1929年度	1930年度	1931年度	1932年度	1933年度	1934年度
国立、省立中等学校(%)	—	—	5.69	6.40	4.55	4.96	5.84	4.70
市立中等学校数(所)	—	3	4	5	5	5	6	6
市立中等学校(%)	—	—	3.25	4.0	3.79	3.55	4.38	4.03
工部局立中等学校数(所)	—	—	—	—	5	5	5	5
公董局立中等学校数(所)	—	—	—	—	1	1	—	—
工部局公董局立中等学校总数(所)	—	—	—	—	6	6	5	5
工部局公董局立中等学校(%)	—	—	—	—	4.55	4.26	3.65	3.36
高等学校总数(所)	—	—	36	33	33	34	33	32
国立高等学校数(所)	—	—	10	9	8	7	7	7
部立高等学校数(所)	—	—	—	—	2	3	3	3
国立、部立高等学校总数(所)	—	—	10	9	10	10	10	10
国立、部立高等学校(%)	—	—	27.78	27.27	30.30	29.41	30.30	31.25

如表4-16所示,在民国期间上海的公立学校中,由国库、省库财政支持的国立、省立学校较少,而由市财政支撑的市立学校相对较多。这一特点与国立或省立学校占较大比例的北京等北方城市形成了鲜明对照。这与上海城市的地方财力比较雄厚不无关系。市立学校与所在城市教育行政管理机构的关系相对较密切,但其一定的数量规模也在客观上提出了如何对其实行管理和实行怎样的管理问题。对市立学校的管理,民国时期上海城市教育行政管理机构选择的是直接型管理模式与一定的自主空间相结合。

一、直接型的市校管理模式

在理论上,市立学校由市教育财政全额拨款,作为其主管机关的城市教育行政管理机构,当然对其拥有直接管理之权。但是如何实行这种直接管理,是否在直接管理的同时,还能赋予其一定的自主空间,以及在哪些方面实行直接管理,哪些方面赋予自主空间,却是大有分野的。其对教育发展的影响也大相径庭。

民国时期,上海对市校的直接管理主要表现在经济上的监督与管理、人事上的薪酬管理和对市校主要行政领导——校长的职务管理。此外,在市立学校布点、招生等方面,也采取了若干干预措施。

1. 经济上的监督与管理

民国时期上海对市校的经济管理首先表现为对校产、设备等不动产处分和经费使用状况的监督管理。在这个问题上,上海教育行政当局的态度十分明确,曾两度申明,除非呈请教育局核准,市立中等学校校长不得随意处置诸如校产学产之处分、校舍之建筑与特别修缮、包括学宿费等在内的各项经费之移用等重大经济活动项目。① 显然,这是基于市立学校的市有性质作出的重大决定。既然市立学校的产权属于市有,那么,对其一切财产的任何处置当然均须经过市级管理机构按照严格规定的一套程序所给出的有效核准,任何个人包括市校校长均无权擅自动用。

为切实有效地避免城市公有教育资产在市立学校环节上的流失与滥用,民国上海教育行政机构还本着经济公开的基本精神,在市立学校(除单级小学)相继建立了一系列相关监督机构,如购置委员会、经济审查委员会和经济稽核委员会等,办理、审核这些学校的重大经济事宜。其中,购置委员会和经济审查委员会存在于特别市教育局管理时期,经济稽核委员会活动于市教育局管理时期。除经济审查委员会之成员产生办法不详外,购置与经济稽核两委员会委员均由各校教职员互选而成。在具体职责方面,购置委员会负责"办理各该校购置事宜",各校应行购置物件,均应开单,交各校该委员会先行审核,并于事后将单据送交查验盖印;② 经济审查委员会负责"审核经济出纳事项",每月均须造具收支对照表及支出计算书各两份,连同每月按号粘入单据的单据粘存簿,在下月 15 日以前呈送教育局,转呈市政府审核。③ 经济稽核委员会则将购置委员会和经济审查委员会的各自职责合于一身,负责"审定各该校购置用品,及稽核经济出纳事宜"。其履行职责的手续规定也更为具体,如每学期开始须审核通过该校该学期整个预算和逐月办公费之支配,每月十日前须审核该校上月收支对照表与支出计算书各 4 份以及单据粘存簿,审核无误后,连同决议案呈送教育局存核,并转市政府汇销。此外,还须随时查核该校购置物品及其他支出的单据情况,凡价值在 1 元以上者,必

---

① 上海市市立中等学校校长服务细则[G]//上海市政府.上海市市政法规汇编(四集).上海:[出版者不详],1931;修正上海市市立中等学校校长服务细则[G]//上海市政府.上海市市政法规汇编(八集).上海:[出版者不详],1936.
② 上海市教育局市立学校购置委员会规则[G]//上海市政府.上海市市政法规汇编(三集).上海:[出版者不详],1930.
③ 上海特别市市立学校经济公开办法[G]//上海特别市政府.上海特别市市政法规汇编(初集).上海:[出版者不详],1928.

须取具收款人单据;其不满 1 元而无单据者,由经手人出具单据,于单据上签名盖章。① 通过这些机构的存在和运行,尤其是按期送呈相关信息的制度,上海城市教育行政管理机构能够对市校经济活动状况进行周期性的了解、监督和管理,而"随时查核"支出单据权限的行使,又使之在一定程度上可以掌握周期性信息反馈不易发觉的问题。不仅如此,城市教育行政管理机构还保留了对这些基层市校经济管理者实行随时监督的权力,如对于购置委员会进行状况,得随时派员调查之;② 对经济稽核委员会进行状况,亦得随时派员调查之。③ 在经济审查委员会时期,特别市教育局甚至还可以随时派员调查各校的收支簿册。④

市校收费办法管理也是市校经济管理中一项不可或缺的重要内容。本来全额享受市教育公共财政拨款的市立学校,其办学条件和师资的薪酬福利等应该具有一定的行政保障,但在与私立学校尤其是一些经费来源比较充足的私立学校的比较中,市立学校有时难免会显示出办学条件、师资薪酬等方面的差距,从而影响这些学校教师队伍的稳定。因此,市立学校出现学生费用过高、截留部分过度收费以及费用支配不规范等方面的问题不是不可能的。对于这部分市立学校而言,实际上是既享受了体制内的财政全额拨款,又非法地、额外地攫取和占据了体制外由市场调节带来的经济利益。由于市立学校的行政隶属关系,市民很容易将其行为直接与行政机构的作为等同齐观,所以市教育行政机构自然也会因此背负与民争利的骂名。事实上,市立学校出现这种状况,其上属城市教育行政管理机构确实难辞其咎,起码暴露出监督不力或管理无方。为未雨绸缪计,民国时期的上海教育行政机构不断加大对市校收费办法的管理力度,多次颁发有关法规,力图给予比较明确与严格的规范。以 1935 年 5 月 30 日核准的《上海市市立学校收费暂行办法》⑤为例,就详细规定了各校征收各费的种类、参照标准、存储办法、使用办法、审核办法、呈报办法以及对擅自征收者的处分。该办法规定:市立各校向学生征收各费,必须"遵照附表规定之各项目,酌定数额","以前所收杂费及其他种种名目,一律取消,不得再收,违者以侵占

---

① 上海市市立学校经济稽核委员会规则[G]//上海市政府.上海市市政法规汇编(七集).上海:[出版者不详],1935.
② 上海市教育局市立学校购置委员会规则[G]//上海市政府.上海市市政法规汇编(三集).上海:[出版者不详],1930.
③ 上海市市立学校经济稽核委员会规则[G]//上海市政府.上海市市政法规汇编(七集).上海:[出版者不详],1935.
④ 上海特别市市立学校经济公开办法[G]//上海特别市政府.上海特别市市政法规汇编(初集).上海:[出版者不详],1928.
⑤ 上海市政府.上海市市政法规汇编(八集)[G].上海:[出版者不详],1936.

舞弊论";各校校长对于各项费用,如有饰词虚报,或未经呈准,擅自征收者,一经查明,即分别予以处分。即使是市教育局规定的收费项目,也必须呈准该局后方能征收之。至于各校如遇必须向学生征收临时费用时,也须开明用途、造具收支预算,呈报市立教育局核准,方得征收。还规定:各项费用征收后,对上级主管机关和学生及其家长均应给予明确交代。首先,所收各费"应存市银行,其利息应列入预算决算,呈报市教育局备案",学费、建筑费应一律解交市教育局解转市库,其他各费应于每学期开始时,造报收支、预算各一份,呈送市教育局核定。至学期终了时,检同单据造具收支决算呈报审核。其次,所收各费,均须填用规定收据。即使学校代办性质之各费,亦应核实收支,余还缺补,并须于每月或学期终了时,在校公布,以资征信。对于宿费与膳费的管理与使用,也有具体规定。宿费应"另立簿册,与校用经常费绝对划分,并须造报收支、预算、决算,呈送市教育局核定。其余款应专款存储,呈准指定用途后,方得动用";膳费应"由教职员、学生各推代表会同组织膳食委员会管理之"。此外,对于设有学校商店者,则规定,"应将每学期营业概况、收支清单等送局备查。倘有盈余,应归学校收入,作正开支"。应该说,该办法涉及学校收费管理与经费使用管理方面的各个环节,在制度设计上不仅考虑到市教育局行政机构的监管,也注意调动学生、家长和教职员等多方面力量的参与,对于在制度上防止和杜绝市校不规范收费和随意挪用、占用甚至私吞市校经费的种种弊端,确保市校经费开征和使用方面的公开性与透明度,具有较强的遏止与威慑作用,也具有明显的可操作性(参见表4-17)。

表4-17 上海市市立中小学每期征收学生各费一览表①

项别 \ 学校数目	高中普通科	高中师范科	高中职业科	初级中学	高级小学	初级小学	幼稚园
学费	暂照各校原额征收	不收	暂照各校原额征收	暂照各校原额征收	暂照各校原额征收	暂照各校原额征收	暂照各校原额征收

① 上海市政府.上海市市政法规汇编(八集)[G].上海:[出版者不详],1936.该表附说明七条,除第一、第二条相关内容本章正文已述及外,尚有下列诸条可录:三、中小学及幼稚园膳宿费,暂照各校原额征外,如有特别情形,得呈准酌量增减。但每学期膳费宜以五个月计算,半膳减半。四、工作及实习材料费,包括讲义、实习等项。五、遵照教育部核准办法,中学新生及插班生,未曾缴付电影教育费外者,每生应一律缴电影教育费银五角,小学每生缴银二角。均以一次为限。六、中学招收新生,因有考生午膳等费用,得收报名费一元。录取与否,概不发还。七、幼稚园学生得收点心费,每生每学期以银二元为度。

续表

项目＼学校数目别	高中普通科	高中师范科	高中职业科	初级中学	高级小学	初级小学	幼稚园
建筑费及基金	暂照各校原额征收	暂照各校原额征收	暂照各校原额征收	暂照各校原额征收	暂照各校原额征收	暂照各校原额征收	暂照各校原额征收
宿费	有宿舍各校暂照原额征收	不收	有宿舍各校暂照原额征收	有宿舍各校暂照原额征收	有宿舍各校暂照原额征收	有宿舍各校暂照原额征收	有宿舍各校暂照原额征收
膳费	暂照各校原额核实征收	暂照各校原额核实征收	暂照各校原额核实征收	暂照各校原额核实征收	暂照各校原额核实征收	暂照各校原额核实征收	暂照各校原额核实征收
图书费	一元	一元	一元	一元	沪南、闸北区三角,其他各区二角	沪南、闸北区二角,其他各区一角	不收
体育费	一元	一元	一元	一元	沪南、闸北区三角,其他各区二角	沪南、闸北区二角,其他各区一角	不收
材料费	一元	一元	二元	一元	沪南、闸北区三角,其他各区二角	沪南、闸北区二角,其他各区一角	不收
制服费	依照定额征收,余还缺补	依照定额征收,余还缺补	依照定额征收,余还缺补	依照定额征收,余还缺补	依照定额征收,余还缺补	依照定额征收,余还缺补	依照定额征收,余还缺补
课业用品费	暂由各校自定,余还缺补	暂由各校自定,余还缺补	暂由各校自定,余还缺补	暂由各校自定,余还缺补	暂由各校自定,余还缺补	暂由各校自定,余还缺补	暂由各校自定,余还缺补
备注	—	师范生得征收保证金五元至十元,毕业得发还	—	初等童子军费用在体育费内开支	实小、附小、同二部制小学酌减	—	—

在市校经济管理方面,民国上海教育行政机构还注意到适度控制学校职员配置,以降低职员薪酬支出总量来降低市校办学经济成本的必要性。归纳起来,其所采取的相关措施主要有:第一,各级各类市校,均各只设1名校长。第

二,事务员和书记员的设立按照以学校学级规模配置的原则,小学以一校满6学级为起点:6学级以上者,得设事务员兼书记1人,支事务员俸。以后每增6学级,平均得增设事务员或书记1人。① 中学以一校满7学级为起点,设事务员或书记1人,以后每增3学级,得增设1名。② 第三,各校主任设置同样体现按学校学级规模配置的原则。市立小学满4学级者,得设教导主任1人;满6学级者,得设教务主任、训育主任各1人。这些主任均由级任教员兼任,不另支薪,但可酌减授课时间。满12学级者,亦仅设教务主任、训育主任各1人,但可酌减授课时间并进一级支俸。满18学级者,得设教务主任、训育主任、事务主任各1人,亦由级任教员兼任、酌减授课时间,同时得进一级支俸。③ 市立中等学校教务、训育、事务各主任均由专任教员兼任,可酌减授课时间,但一校6学级以下者不另支薪,6学级以上者,得比照其所担任专任教员薪给进一级支俸,以后每增6学级各进一级支俸,至专任教员俸给第一级止。市立中等学校的教务员、训育员亦由专任教员兼任,可酌减授课时间而不另支薪。④ 应该说,这些规定在控制市校教职员队伍数量,保证其工作效率的同时,可降低市校的运行成本。同时,兼校内职酌减授课时间的做法,也可有效降低这些教职员的劳动强度,减少对身体健康的妨碍。

2. 人事上的监督与管理

民国上海教育行政对市立学校的人事管理,主要集中在市校教职员岗位薪酬体系的确立和市校校长职务管理等方面。

教职员薪酬是近代学校教职员职业化过程中的一个敏感问题,它直接关涉教职员的基本生活保障与生存质量,关系着教职员队伍的稳定,继而影响着学校的教育与教学质量。比起私立学校来,市校教职员的薪酬问题显得更为敏感,因为前者的私立性质所带来的薪酬标准自主性使其影响一般局限于某一学校,而后者则往往牵涉整个市校教职员群体。因此,处理市校教职员薪酬尤需谨慎。从史料来看,民国上海教育行政管理机构对此给予了高度重视。

---

① 上海市市立小学教职员待遇规则[G]//上海市政府.上海市市政法规汇编(七集).上海:[出版者不详],1935.
② 上海市市立中等学校教职员待遇规则[G]//上海市政府.上海市市政法规汇编(七集).上海:[出版者不详],1935.
③ 上海市市立小学教职员待遇规则[G]//上海市政府.上海市市政法规汇编(七集).上海:[出版者不详],1935.
④ 上海市市立中等学校教职员待遇规则[G]//上海市政府.上海市市政法规汇编(七集).上海:[出版者不详],1935.

从1927年上海独立建市到1933年,总共花了整整6年时间,最终推出第一批有关市校教职员待遇的市级法规。以后经过两年的调查与探索,又于1935年推出了相应的修正版法规,由此初步形成了民国时期上海市校教职员岗位薪酬体系。这一体系的基本要点是:将市校教职员分为教员与职员两大系列,每一系列内按照所任职务繁简分为若干等级,各等级间设立5—10元的俸禄等差,两大系列同一等级之间也存在着一定的俸额差异(参见表4-18、表4-19)。

表4-18 上海市市立小学校教职员俸给分级表①　　（单位:元）

职别 俸额(元) 级别	校长	级任教员	专科教员	助教员	职员
第一级	120	110	100	90	70
第二级	110	100	90	85	65
第三级	100	90	85	80	60
第四级	90	85	80	75	55
第五级	85	80	75	70	50
第六级	80	75	70	65	45
第七级	75	70	65	60	40
第八级	70	65	60	55	35
第九级	65	60	55	50	30
第十级	60	55	50	45	25
第十一级	55	50	45	40	—
第十二级	50	45	40	35	—
第十三级	45	40	35	30	—
第十四级	40	35	30	25	—
第十五级	35	30	25	20	—

① 修正上海市市立小学教职员待遇规则(1935年3月28日核准)[G]//上海市政府.上海市市政法规汇编(八集).上海:[出版者不详],1936.其中,职员包括事务员、书记。

表 4-19　上海市市立中等学校教职员俸给分级表① （单位：元）

级别 \ 职别	高中校长	初中校长	高中专任教员	初中专任教员	兼任教员	高中职员	初中职员
第一级	350	300	260	220	—	100	95
第二级	300	270	220	200		90	85
第三级	270	240	200	180		80	75
第四级	240	220	180	160		70	65
第五级	220	200	170	150		65	60
第六级	200	190	160	140		60	55
第七级	190	180	150	130		55	50
第八级	180	170	140	120		50	45
第九级	170	160	130	110		45	40
第十级	160	150	120	100		40	35
备注	—	—	—	—	初中每周授课一小时者月薪5元,高中每周授课一小时者月薪6元	—	—

在上述薪酬体系中,各系列均以学历为依据设置不同的级别起点,一般来说,学历越低者,薪酬起点相应较低。如同为市立小学教员,"师范大学及大学教育学院教育科系毕业、经本市小学教员登记及格、初任者,支第七级俸;高等师范学校或专科师范学校毕业、经本市小学教员登记及格、初任者,支第九级俸;旧制师范学校本科或高级中学师范科或特别师范科毕业、经本市小学教员登记及格、初任者,支第十一级俸",如此等等。② 但这并不意味着薪酬永远只与学历一个因素相关。相反,在整个市立学校教职员的薪酬管理中,除了决定不同薪酬起点的学历之外,更为重要且发挥长远作用的是实际的教育服务年限和服务业绩。以市立小学为例:"校长教员在一校继续服务(经市教育局核准调任他校者,以在一校继续服务论),每满三年成绩确属优良者,得进一级支俸。

---

① 上海市市立中等学校教职员待遇规则(1933年9月9日核准)[G]//上海市政府.上海市市政法规汇编(七集).上海:[出版者不详],1935.其中,职员包括事务员、校医、会计、管理员、书记等。
② 修正上海市市立小学教职员待遇规则[G]//上海市政府.上海市市政法规汇编(八集).上海:[出版者不详],1936.

但进级支俸至第一级为止。满六学级之小学校长,得进一级支俸。以后每递增六学级时,得类推。进级至第一级为止"。各校主任在一个学校"满 12 学级时,除酌减授课时间每周 360 分钟外,并得进一级支俸。满 18 学级之小学,……除酌减授课时间每周 360 分钟外,并得进一级支俸"。"事务员、书记每在一校继续服务满三年、成绩确属优良者,均得进一级支俸。事务员至第一级为止,书记至第五级为止。""多级小学每学级学生平均出席数:高年级在 60 人以上、中年级在 70 人以上、低年级在 80 人以上者,得由校长呈请教育局核准,予各该级任教员以进级支俸。单级小学学生平均出席数在 70 人以上者,得由校长呈请教育局核准,添聘助教员分任之,或予该校长以进级支俸。幼稚园学生平均出席数在 45 人以上者,得由校长或主任呈请教育局核准,予以该级任教员及助教员合进一级支俸。计级任教员支 3/5,助教员支 2/5。"① 可见,无论是校长、主任还是普通教职员,只要在各自的教育岗位上敬业、勤恳提供服务、卓有成绩者,均有加薪晋级的可能。民国年间尤其是民国中前期,上海市校教职员较少发生大规模因薪酬而起的风潮,与上述较为合理且基于稳定的市教育财政和较有保障的市校薪酬管理体系有着密切的关联。

  需要指出的是,民国时期上海市校教员除了享受上述不算很高却相对稳定且具有一定上升空间的薪酬之外,还享有其他方面的待遇。比较典型的是免费暑期进修制度和平时进修制度。除餐饮费外,这种进修所需要的其他一切费用诸如教材费、听课费、住宿费、灯火费等皆由市教育局提供。如此由市教育行政机构买单的暑期进修制度,固然有利于提高市校的整体教育与教学质量,但在此过程中,市校教员个人无疑也是最直接的受益者。通过定期进修,他们可以不断提升教育素养,增加其本身加薪晋级的可能,还可以促进学生的发展与成长。所以,对市校教员而言,其从免费暑期进修制度所获取的实在是一种无本之利,因而暑期进修制度不仅是对市校教员的一种精神待遇,也可视为一种重要的物质待遇。此外,教师平时进修制度则规定由参与进修之教员承担半费,市教育财政补贴半费。

  除薪酬管理外,对市立学校校长的管理也在民国上海教育行政管理特别是市校人事管理实务中占据了重要地位,这可以从相关法规的制定与一再修正中得到明显印证。据笔者统计,从 1927 年起至 1934 年的 8 年间,舍去那些部分涉

---

① 修正上海市市立小学教职员待遇规则[G]//上海市政府.上海市市政法规汇编(八集).上海:[出版者不详],1936.

及市校校长管理内容的教育法规不算,仅专门性的法规、规章就有15个(次)之多,平均每两年不到就制定或修订1个(次)。其中,属于修正的就有6个(次),近于每年修正或修订1个(次)。花费如此巨大的心力从事市校校长法规的制定与修正,显然与校长对学校发展的重要性存在直接而又密切的关联。确实,尽管市教育行政机构有不少联系市立学校的渠道,但"县官不如现管",校长毕竟身处学校第一线,其作用与影响之直接和具体,恐怕是再密切联系学校的市教育行政机构都无法比拟的。因此,校长是否得人,在一定程度上确乎直接关系到学校的办学质量与声誉。而市立学校的办学质量与声誉又在一定程度上直接影响着政府在市民心目中的形象。明乎于此,民国时期上海市校校长管理之备受瞩目,也就不难理解了。

民国时期上海对市校校长的管理内容相当丰富,举凡校长之人数、职责、任职资格、任期、续聘、撤职、免职、兼课、请假、俸给、优待等诸方面,均有市教育局的明文规定。换言之,上海市校校长管理的方方面面,均在市教育行政机构的直接管理之下,这与对私立学校校长的管理形成了很大反差(参见本章第四节相关内容)。

民国时期上海对市校校长的管理规定中,有关任职资格、俸给等级、续聘与撤职、免职等相关规定最为引人注目。这些看似纷繁复杂的法规条文,形成了人格、才学与政治标准相统一、学历与工作经历相结合的任职标准与资格要求,以及注重工作业绩、无功即过的评价标准和奖优罚劣、奖勤罚懒、赏罚分明的奖惩机制。

关于市校校长的任职标准与资格,值得关注的有以下几点:第一,以1933年为界,此前除学历与工作经历相结合的规定之外,比较偏重人格与政治要求,所谓"人格高尚、服膺党义"。[①] 此后则增加了对才学的要求,所谓"品格健全、才学优长、服膺党义",[②] 最终在强调学历与工作经历的同时,形成了人格、才

[①] 《上海特别市市立小学校校长任免规程》:"以人格高尚、服膺党义,并具有左列资格之一者为合格";《上海市市立各级学校附属小学主任任免规程》:"以人格高尚、服膺党义,并具左列资格之一者为合格。"《上海特别市市立中等学校校长任免规则》:"委任标准以人格高尚、服从党义、并具有左列资格之一者为合格";《修正市立中等学校校长任免规则》:"委任标准以人格高尚、服从党义、并具有左列资格之一者为合格。"

[②] 《修正上海市市立小学校长任免规则》:"须品格健全、才学优长、服从党义,且具有下列资格之一者为合格。"《修正上海市市立中等学校校长任免规则》:"市立初级中学校长,须品格健全、才学优长、服从党义,且具有下列资格之一者为合格。"《上海市市立中等学校附属小学校长任免规则》:"须品格健全、才学优长、服膺党义,且具有下列资格之一者为合格。"

学与政治标准三者统一的任职标准设定,为选择素养比较全面的市校校长提供了明确参照。第二,随着教育发展而导致的学校级类设置的变化、受教育程度的不断提高和出国留学的日益扩展,与学历要求相关的学校所属级类与称谓也有所变化,可供选择的校长来源也相应发生变化。例如旧制中学、旧制师范和师范讲习科等逐渐消失,该类学校毕业生逐渐减少,接受高等教育包括师范类高等教育群体的数量不断增长,留学生愿意归国任教的数量亦见增加,这些情况导致民国时期上海市校校长具体任职资格上的相应变化,即旧制中学、旧制师范和师范讲习科等毕业生逐渐淡出市校校长任职资格的考虑范围,代之而起的是国内外高等学校毕业生甚至是教育学院教育系科的毕业生。这一变化对民国时期上海市校校长的专业化与职业化具有很大影响。第三,尽管与学历要求相关的学校所属级类与称谓有所变化,任职资格的具体说法也随之相应改变,但至少有一种基本精神大体不变,那就是,既要求一定的学历,又注重相关的教育工作经历,在学历要求中,更为注重与校长职位密切相关的师范类教育学专业学历。而且一般说来,学历越低,相关教育工作经历要求年限越长;师范类、教育学专业学历越低,相关教育工作经历要求年限也越长。① 对校长职位而言,这样的资格规定是比较合理的。因为在正常情况下,一定的学历毕竟反映了一定的知识背景,学历较低者,相对比较缺乏相关的知识学习与训练,而一定的教育工作经历恰恰可以在实践层面予以弥补(当然不排斥少数自学成才者,此处是就大多数情况而言)。对师范类、教育学专业学历的重视更是出于对学校教育专业性的认可和考虑。校长管理的是学校这一特殊行业,不仅需要有一般的学习经历与文化知识,更需要专业的、深厚的教育学知识与素养,只有这样才能从教育专业的角度去发现问题和解决问题,从而避免出现外行领导甚至误导学校的现象。第四,对市校校长除正面肯定性的任职要求外,还特别增加了一条否定性的规定,列举了五种不得任用的情形,其中最为引人注目的是,虽无大错但成绩平庸者也在其列。如《修正上海市市立小学校长任免规则》(1933年8月21日核准并咨准教育部备案)规定:"曾任校长或教育行政职务、成绩平庸者",不得任用为市立小学校长。《上海市市立中等学校附属小学校长任免规则》(1934年2月3日核准)规定:"曾任校长或教育行政职务、成绩平庸者",不

---

① 参考《上海特别市市立小学校校长任免规程》《上海市市立各级学校附属小学主任任免规程》《修正上海市市立小学校长任免规则》《上海市市立中等学校附属小学校长任免规则》《上海市特别市市立中等学校校长任免条例》《上海市特别市市立中等学校校长任免规则》《修正市立中等学校校长任免规则》《修正上海市市立中等学校校长任免规则》。

得任用为市立中等学校附属小学校长。

民国时期上海市校校长的职务任免(含任职、续聘、撤职、换职、免职)程序主要有两条:第一,所有市校校长的任免均由市教育局决定与执行之。历次任免规程(规则)均规定:市立各小学校校长或"由教育局任免之",①或"由市教育局遴选合格人员任用之"。② 市立各级学校附属小学主任"由该校校长呈准市教育局任免之"。③市立中等学校附属小学校长"由直属中等学校校长遴选合格人员2员,呈请教育局择一委任之"。④ 无论是任免、遴选,还是委任,其最终决定权均在市教育局。与此略有不同的是,市立中等学校校长任免不仅要通过教育局,甚至还要动用市长或市政府之大驾。他们或"由本市教育局呈准市长聘任之",⑤ 或"由本市教育局呈请市长委任之",⑥ 或"由教育局长呈请市长委任之",⑦ 或"由市教育局遴选合格人员,呈请市政府核准任用之"。⑧ 无论是呈请市长委任,还是呈请市政府核准任用,两者均表明,市立中等学校校长之赴任需要得到市教育局和市长或市政府的双重认可。这种任职程序不仅反映出对市校校长职务的重视程度,以及将市校管理直接纳入政府官方管理范围的明显意图,同时也赋予市立中等学校校长类似政府准公务员的身份。第二,实行对市校校长正反两方面的考察。其中,正面考察以业绩为重点,在考核合格基础上任期逐年递进。这种考察由市教育局进行。一般来说,市立小学校长任期为三个阶段,第一阶段为1年,第二阶段为2年,第三阶段为4年,其后每4年为一个阶段。市立中等学校校长有所不同,1933年以前为初任1年,1933年后改为初任2年,初任结束,经考察合格后,可继续任用。而每一任内是否确系"服

---

① 上海特别市市立小学校校长任免规程[G]//上海特别市教育局.上海特别市教育法规.上海:[出版者不详],1929.
② 修正上海市市立小学校长任免规则[G]//上海市政府.上海市市政法规汇编(七集).上海:[出版者不详],1935.
③ 上海市市立各级学校附属小学主任任免规程[G]//上海市政府.上海市市政法规汇编(三集).上海:[出版者不详],1930.
④ 关于上海市市立中等学校附属小学校长任免规则[G]//上海市政府.上海市市政法规汇编(七集).上海:[出版者不详],1935.
⑤ 上海特别市市立中等学校校长任免条例[G]//上海特别市政府秘书处.上海特别市市政法规汇编(初集).上海:[出版者不详],1928.
⑥ 修正公布上海特别市市立中等学校校长任免规则[G]//上海市政府.上海市市政法规汇编(二集).上海:[出版者不详],1929.
⑦ 修正市立中等学校校长任免规则[G]//上海市政府.上海市市政法规汇编(四集).上海:[出版者不详],1931.
⑧ 修正上海市市立中等学校校长任免规则[G]//上海市政府.上海市市政法规汇编(四集).上海:[出版者不详],1931.

务勤恳、成绩优良"，为是否合格、能否继续下一阶段任职的前提条件。这种主观态度与客观业绩相结合、以治校实绩为重点的考察方法，重申并强化了前述治校平庸者不得任为市校校长的基本原则，彰显了民国时期上海教育行政管理机构提倡卓越、拒绝平庸的管理理念与思路；而市校校长逐年递进的任期设定，则便于其因职务的相对稳定而比较安心地、较长期地积累基层教育管理经验，更好地管理市校，达到"以谋专业"的管理目的。对市校校长的反面考察可以归纳为三个方面：一看是否违反党义或国法，二看治校业绩是否太差，三看个人品格修为是否太劣、身心是否健康。

  民国时期上海对市校校长的管理并非仅仅停留在纸上，而是确实付诸实践。据文献记载：1928 年度末，"考核与更换市立学校校长：沪南、闸北、洋泾三区各小学校长，或据自请辞职，或办理未有成绩，酌量更换；其余 14 区小学校长，有经教育局小学教员登记时审查资格不及格者，有才不胜任、改进无方者，有经学生家属呈控到局、调查属实者，均予撤换，另委接办。庶市校主事得人，教育效率得能增高。至市立中学校长或系被控属实，或成绩平庸，亦经更委"。① 总计 1929 年下半年间，更委校长之市立中学有 3 所，小学为 50 所，撤换校长的市立小学为 2 所。② 而同期上海的市立学校总数不过 192 所，更委、撤换校长的市立学校数几乎占到了 28.65%。如此行政管理力度，不可谓不大。而详查被撤职的两名市立小学校长之原因，其中一人为"神志颓唐，校务废弛，就地公民且指该校长有烟癖者。经面询否认吸烟，唯身弱多病，自请解职。即准所请，另委……代理校长，切实整顿"。另一人则为"开学月余，到校仅一次，久旷本职，兼有他项任务。经派查非虚，即予撤职，另委……代理校长，以专职守"。③ 1931 年度上半年，市立中小学校校长因事、因病辞职者 10 人，因病出缺 1 人，撤职者 2 人，故更委 13 人，其中 1 人为市教育局科员暂代，1 人为市教育局督学兼代。④ 由上可见，民国时期对上海市校校长的管理任务相当繁重，不仅有撤、免不称职校长的主动行为，还有因临时辞职者带来的被动应付。但不管面临的是哪一种局面，既定的标准都不会改变，即便一时缺乏合适人选，宁可由市教育局职员暂时代理或兼职代理，也决不降格以求。这种严格管理为上海市校

---

① 上海特别市教育局.上海特别市教育局业务报告（民国十八年七月至十二月）[R].上海：[出版者不详]，1930：22.
② 同上：22—24.
③ 同上：24.
④ 上海市教育局.上海教育局业务报告（民国二十年一月至六月）[R].上海：[出版者不详]，1931：2—3.

校长队伍的整体质量提供了有效保障。

也许,由市教育行政管理机构直接掌控市校校长任免大权的这种状况与民国时期上海市校总量不大,因而各校只设一名校长的市校校长总量亦不大有一定关系,但更为本质的原因,应该是民国上海教育行政管理机构因对数量庞大的私立学校实行间接管理而赢得了足够的时间与精力,是其在管理理念上视市校校长的职务管理为市校校长管理的重中之重,并视市校校长管理为市校管理的当务之急。

此外,市立中学财会人员由市教育行政机构直接任命与监管的相关规定也值得关注。1933年《上海市市立中等学校教职员待遇规则》与1934年《上海市市立中等学校会计员任免及服务细则》均申明,上海各中等学校会计遵照部颁规程,"由教育局指派充任之"。细则文件还规定,会计员除遵守学校一切规章,秉承校长办理职掌范围以内事宜外,"并受市教育局之指挥监督"。如其违犯有关规定,查明属实者,校长或主管科长须"呈准局长",方能"免除其职务,并依法惩处"。① 不难看出,此举之意重在以制度力量割断市立中学财会人员由校长任命与管辖所可能连带产生的私人效忠关系,并尽力将这种关系所带来的负面隐患消解于无形。它有利于城市公有教育资产在市校环节上的正常使用和运转,也有利于营造市立学校相关人员的正常人事关系与工作环境,其积极意义不亚于对市校校长的直接管理与监督举措。

3. 对市校办学行为的干预措施

对市校办学行为的干预是对市校直接管理的一项重要内容,主要表现在市校的布点、招生与办学规模等方面。

在市校布点方面,前已述及在调查基础上注意市校与私校布点的平衡问题,其实值得一述的还有关注乡区学校的设立问题。如何保持市区与乡区教育的平衡发展是城市教育行政管理中的一大难题,民国时期的上海教育同样如此。一般来说,在城市化的进程中,乡村的人口密度、教育设施的先进程度和乡村学校的赢利回报等普遍低于市区,因而在教育发展上尤其需要城市教育行政加大投入力度。对此,上海教育行政在民国中后期给予了比较多的关注,尤其注重增设各类职业学校(参见表4-20)。

---

① 上海市政府.上海市市政法规汇编(七集)[G].上海:[出版者不详],1935.

表4-20 民国上海乡区市立中等学校增设概况①

校　　名	所在区域	增设时间
市立吴淞中学	吴淞	1924年
市立新陆师范	新陆	1929年
市立洋泾中学	洋泾	1930年
市立高桥中学	高桥	1946年
市立真如中学	真如	1946年
市立陆行中学	陆行	1946年
市立杨思中学	杨思	1946年
市立七宝农业职业学校	七宝	1947年
市立高行农业职业学校	高行	1947年
市立江湾中学	江湾	1947年
市立吴淞水产专科学校	吴淞	1947年
市立高级建筑职业学校	洋泾	1948年

在招生与办学规模方面,重点在于控制学级的编制。上海市教育局曾出台《市立小学学级编制办法》,其中规定:"各校每学期招收新生或插班生,应就规定学级及教室容量预定名额,以额满为止,不得任意收录;有七学级而欲设春季始业班者,应事先呈准本局;不得招收春季始业班之各校,不得于每学年第二学期开学时,以幼稚班等名目招收一年级新生;各校添级应一律自低而高顺序增设;预备添级各校,应于学期开始前一个半月拟订计划(为教室地位、教室容量、学校编制、预计可收学生数、需添校具等),连同校舍平面图,呈报本局核定。"②可见对市校办学规模之管理较为细致,举凡教室容量、添设学级之顺序、计划与申报程序等均有详细规定,而其管理的重心在于关注市校办学规模与基本设施的相应配套,意在于防止片面追求办学规模,盲目扩招或添级,试图通过规定和执行起码的办学规范,力图保证市校的办学质量与声誉。

二、市立学校的自主空间

需要指出的是,尽管民国时期上海教育行政对市立学校实行的是直接型的

---

① 上海市教育局.上海市教育局工作报告(民国三十五年九月)[R].上海:[出版者不详],1946;上海市政府.上海市政府施政报告(1946年9月—1948年12月)[R].上海:[出版者不详],1946—1948;上海市教育局中等教育处.上海市中等教育概况[M].上海:中正书局,1948:8.

② 上海市政府.上海市市政法规汇编(七集)[G].上海:[出版者不详],1935.

管理模式,但这并不意味着市立学校毫无生气。恰恰相反,在实行上述直接管理的同时,还明确赋予了市立学校充分的自主空间,尤其是在对学校和学生发展具有重要作用的教务与训育两大方面,市立学校的选择权利得到了比较充分的重视与尊重。

在教务方面,民国时期上海市立小学校主要拥有如下自主权力。(1)关于各科教学顺序和教科书之选择权;(2)关于各科教学方法之选择与改进权;(3)关于教育问题之研究权;(4)关于优良学校之参观权。在历次市立小学校长服务细则中,对其职务几乎均有相似规定:商承本局,订定各科教学顺序及各科图书;指导各科教学之改进;领导教员组织研究会,从事研究小学教育问题,向教育局报告研究之结果;督促教职员,出席教育局所组织各种研究会及讲习会;领导教员组织教育参观团,从事参观优良学校,并向教育局报告参观之结果,等等。① 市立中等学校除了拥有上述权力之外,还享有各学科教学方针的决定权、教学科目的支配权和各学科教学细目的拟订权。在历次市立中等学校校长服务细则中,对其职务近乎一致地规定:支配教学科目;酌定各学科教学方针;决定各学科应用图书;核定各教员所编各学科教学细目;指导各教员教学之研究改进;督同教员、指导学生升学就业事项,等等。② 与此相应,对中等学校教务主任的职务规定为:商承校长修订课程并编制关于教务方面的各种规则及表册,选定教科用书,编订教学细目;会同各教员研究各科教学改进之方法,等等。③ 可见,在遵守教育部所颁发的课程标准的前提下,民国时期的上海市校不仅普遍在教科书、教学科目、教学进度、教学方法等一系列教学问题上拥有相当的自主选择、决定与研究权,而且这种权利还得到城市教育行政管理机构的认

---

① 上海特别市市立小学校校长服务细则[G]//上海特别市教育局.上海特别市教育法规.上海:[出版者不详],1929;上海市市立小学校长服务细则[G]//上海市政府.上海市市政法规汇编(四集).上海:[出版者不详],1931;修正上海市市立小学校长服务细则[G]//上海市政府.上海市市政法规汇编(八集).上海:[出版者不详],1936;上海市市立中等学校附属小学校长服务细则[G]//上海市政府.上海市市政法规汇编(七集).上海:[出版者不详],1935.

② 上海特别市市立中等学校校长服务细则[G]//上海特别市教育局.上海特别市教育法规.上海:[出版者不详],1929;上海市市立中等学校校长服务细则[G]//上海市政府.上海市市政法规汇编(四集).上海:[出版者不详],1931;修正上海市市立中等学校校长服务细则[G]//上海市政府.上海市市政法规汇编(八集).上海:[出版者不详],1936;修正上海市市立中等学校教职员服务细则[G]//上海市政府.上海市市政法规汇编(七集).上海:[出版者不详],1935.

③ 修正上海市市立中等学校校长服务细则[G]//上海市政府.上海市市政法规汇编(八集).上海:[出版者不详],1936.

可。确切地说,是后者主动赋予了前者这些重大权利,这一历史现象值得关注。虽然上述种种所谓选择、决定与研究权只是在部颁课程标准许可范围内的有限自主,但正是这种有着一定标准与范围的有限自主,不仅保证了一定时期教学质量衡量标准的相对稳定与统一,避免了因缺乏衡量标准或标准过多而引起的混乱与无所适从,同时又有利于各市立学校本身主动性与积极性的发挥与实行,有利于市立学校之间进行各种教学探索,形成风格各异的教学特色,有利于市立学校学生在达到基本课程要求的前提下,形成各有千秋的知识风貌。此外,也在一定程度上促进了上海教科书市场的形成与发展。对于城市教育行政管理机构来说,这一管理模式有利于其自身时间与精力投向的经济、科学与高效。民国时期上海教育行政管理机构所着力开展的市、区综合性教育研究组织与活动、各种立别与地区之间直至国与国之间的教育参观、交流活动等,正是其将教学管理权力适度下放,在城市教学综合管理方面明确自身定位的表现。从长远角度看,这种有意识、有选择的有所不为和有所作为,有助于其作为城市一级教育行政管理机构履行应有的职责,也有助于其在履行这种职责义务时表现得更为轻松、愉快和胜任。

按照校长服务细则,在训育方面,民国时期上海市校一般拥有以下权利:(1)训育方针的规定权;(2)训育方案的审定权;(3)训育规则的核定权;(4)训育实施方法的研究权。在历次市立中、小学校校长服务细则中,统一全校训育均被列为市立小学校长应尽之职,而规定训育方针、审定训育实施方案、核定关于训育之各项规则等,则被规定为市立中等学校校长的当然职责。市立中等学校的训育主任还被赋予下列任务:(1)商承校长规定训育实施方案;(2)商承校长编订关于训育方面之各种规则及表册;(3)会同各主任各教员研究并实施陶冶学生品行方法;(4)处理其他关于训育事项。不难看出,民国时期上海的市立学校在训育实施方面也有一定的自主权。民国时期的所谓训育,实际关涉今日所谓思想品德教育。因而各市校在训育方面的自主权,也就意味着其在思想品德教育方面的自主权。一定时代的思想品德教育固然反映了一定时代统治阶层的意志与利益,但不应否认,任何统治阶层均无法完全背离一定民族的、传统的、优秀的思想与品德。相反,即使是仅仅为了其自身统治的长治久安,它也会自觉不自觉地保留和提倡符合民族传统的优秀思想观念与品德涵养,何况近代中国长期处于国际关系不平等的格局之中,亡国灭种之祸犹如达摩克利斯之剑时时悬挂在所有中国人的头顶。在经济、军事、外交处于劣势的前提下,民族的文化,包括民族的优秀传统思想与美德,无疑正是保存中华民族特性,免受灭顶之灾的最佳利器。因此,民国时期的训育,如果剔除其党化教育中的负面因素,应该说大量的是反映中华民族传统美德,希望受教育者传承光大的正面因素。事实也是如此。从民国上海市立学校的训育实践来看,其所共同关注与提倡的主要是公德方面的世界意识、爱国意识、公民意识、市民意识、环保意识等,私德方面则包括生理与心理健康的各个方面,如不骄不馁、好学乐学、尊老爱幼、乐于助人、遵纪守时、自尊自强、是非分明、诚信守诺、有始有终、勤俭节约、整洁卫生等。当然,在强调继承和发扬民族优秀道德传统的同时,各市校也充分运用了上海城市教育行政管理机构所赋予的自主权,根据自身的不同特点,确定了不同的训育重点。其中,对小学生的训育一般比较具体,中学生的训育范围则略为扩大。有的学校如市立仓基小学还根据不同年级的不同阶段,提出不同的训育要求:"幼上:1. 依照时刻到校出校;2. 指甲常剪;3. 每天早晚洗牙;4. 不是吃的东西,不放到嘴里去;5. 不用手指挖鼻孔、嘴、耳朵或擦眼睛;6. 我时常到镜子里去看:我的脸干净没有? 我的衣服整齐没有? 7. 痰,吐到痰盂里;8. 纸屑抛在字纸箱里。幼下:1. 拾到东西交把先生;2. 吃东西细嚼,慢吞;3. 不吃零星的闲食;4. 学校里的先生我都认到,并且叫得来;5. 先生同我说的话,我都听从;6. 先生给我玩的东西,我都能够玩;7. 对同学和气;8. 对先生尊重。对六年级学生还提出:明白现在中国在国际上的地位;明白现在世界上各国的状况;尊重他国民族的优点;有打倒帝国主义、取消一切不平等条约的主张等内容。"[①] 还有的学校如市立万竹小学则在训育形式上别出心裁,大胆创新,全校尽量不立规则,以达到"注重训练,以收无形之效"的境界。[②] 这情况说明,市立学校在训育方面拥有一定程度的自主权,这在激励上海市校主动发挥聪明才智,创造各有特色的训育模式方面发挥了重要作用。

综上所述,民国时期上海在对市立学校实行直接管理的同时,也给这些学校的基层教育管理留下了比较充分的空间,这种"管而不死"、有所不为的管理方式有利于调动市立学校基层教育行政领导的积极性和主观能动性,使市立学校有可能创造和形成各自的教学特色、教法特色和训育特色,同时也为城市教育行政管理节省了大量的人力、物力与财力,使其有可能真正履行属于其管辖范畴的重大事务,诸如城市公共教育经费的筹措与保障、义务教育受众面的普

---

① 上海市立仓基小学校一览[M].上海:[出版者不详],1931:81—89.
② 朱有瓛.中国近代学制史料(第三辑上册)[M].上海:华东师范大学出版社,1990:207.

及与相关机构空间布点的平衡、师资队伍的数量稳定与质量提高、私立学校办学行为的规范与管理,以及广泛开展社会教育,努力提升城市人口的文化素养等涉及全局性的重大问题领域。

民国时期上海对市立学校实行的这种以直接管理为主,同时留有一定自主空间的管理模式,其基本精神在于注重目标而非过程。这种管理精神并非仅仅局限于市立学校,对私立学校也是如此。

第四节 对私立学校的间接管理与对立案学校的多方扶持

由于不平等条约对外资在沪办学的开放性规定,加之民国政府对民间私人办学的政策引导和鼓励,尤其是上海民营经济或曰私人经济的相对发达,民国期间上海的私立学校为数奇多,成为近代中国与上海的一大奇观。这些学校或是由外资主办,或是华人社团、同乡公会、同业公会、私人企业和个人出资主办(参见表4-21、表4-22)。

表4-21 1929—1934年度上海市私立学校级类分布概况①

立 别 数	1929年度	1930年度	1931年度	1932年度	1933年度	1934年度
初等学校总数(所)	840	775	663	792	849	895
私立初等学校总数(所)	649	570	447	554	612	653
私立初等学校(%)	77.26	73.55	67.42	69.95	72.08	72.96
中等学校总数(所)	123	125	132	141	137	149
私立中等学校总数(所)	113	90	114	123	119	138
私立中等学校(%)	91.87	72.00	86.36	87.23	86.86	92.62
高等学校总数(所)	36	33	33	34	33	32
私立高等学校总数(所)	26	24	23	24	23	22
私立高等学校(%)	72.22	72.72	69.70	70.59	69.70	68.75

① 上海市政府秘书处上海市市政报告(民国三十一年至三十三年)[R].上海:汉文正楷印书局,1936:59—63.

表 4-22 1927—1934 年度上海市私立学校级类分布明细表①

立别数	1927年度	1928年度	1929年度	1930年度	1931年度	1932年度	1933年度	1934年度
幼稚园总数(所)	—	—	36	33	39	97	118	148
私立幼稚园数(所)	3	4	26	20	25	76	96	124
私立幼稚园(%)	—	—	72.22	60.61	64.10	78.35	81.36	83.78
初级小学总数(所)	—	—	368	348	209	202	205	233
私立初级小学数(所)	—	1	261	229	114	113	106	136
私立初级小学(%)	—	—	70.92	65.80	54.55	55.94	51.71	58.37
小学校总数(所)	—	—	436	394	415	477	510	498
私立小学校数(所)	27	50	362	321	308	365	410	393
私立小学校(%)	—	—	83.03	81.47	74.22	76.52	80.39	78.92
初级中学总数(所)	—	—	44	34	38	45	37	42
私立初级中学数(所)	—	—	43	32	35	42	34	39
私立初级中学(%)	—	—	97.73	94.12	92.11	93.33	91.89	92.86
高级中学总数(所)	—	—	—	2	2	4	4	4
私立高级中学数(所)	—	—	—	1	2	2	2	3
私立高级中学(%)	—	—	—	50.00	100.00	50.00	50.00	75.00
中学校总数(所)	—	—	53	61	72	72	71	71
私立中学校数(所)	—	—	46	55	61	62	62	67
私立中学校(%)	—	—	86.79	90.16	84.72	86.11	87.32	94.37
师范学校总数(所)	—	—	1	8	9	8	7	7
私立师范学校数(所)	—	—	—	7	8	7	6	5
私立师范学校(%)	—	—	—	87.50	88.89	87.50	85.71	71.43
职业学校总数(所)	—	—	—	25	20	11	12	18	19
私立职业学校数(所)	—	—	—	24	17	8	10	15	17

① 上海市政府秘书处上海市市政报告(民国三十一年至三十三年)[R].上海:汉文正楷印书局,1936:59—63.

续表

立别数	1927年度	1928年度	1929年度	1930年度	1931年度	1932年度	1933年度	1934年度
私立职业学校(%)	—	—	96.00	85.00	72.73	83.33	83.33	89.47
专科学校总数(所)	—	—	11	11	7	8	8	8
私立专科学校数(所)	—	—	8	9	4	4	4	4
私立专科学校(%)	—	—	72.73	81.82	57.14	50.00	50.00	50.00
独立学院总数(所)	—	—	13	10	14	15	14	13
私立独立学院数(所)	—	—	10	8	11	12	11	10
私立独立学院(%)	—	—	76.92	80.00	78.57	80.00	78.57	76.92
大学校总数(所)	—	—	12	12	12	11	11	11
私立大学校数(所)	—	—	8	8	8	8	8	8
私立大学校(%)	—	—	66.67	66.67	66.67	72.73	72.73	72.73
总计(所)	—	—	999	933	829	967	1 019	1 076

由上述两表可知,从幼稚园到高等学校,从普通学校到职业学校、师范学校,民国期间上海存在一个数量庞大、级类分布广泛的私立学校群体。对这些并非主要或全部依赖市财政支持的私立学校如何实行管理和实行怎样的管理,是继市立学校管理之后对上海教育行政管理机构提出的又一考验,甚至可以说,比起对市立学校的管理,这个考验更大:它涉及在以市场调节为主题的私立学校管理方面政府机构究竟应该如何作为,以及教育行政的有形之手与市场经济的无形之手之间究竟应该如何协调。显然,能否成功管理数量众多、级类分布广泛的私立学校群体,是民国上海教育行政必须回答的一大难题。

一、对私立学校的间接管理模式

民国上海教育行政管理机构对私立学校的管理不同于市立学校,可以概括为间接管理模式。其基本精神是,学校的具体事务交由董事会和校长全权负责,市教育行政承担重大事务的规定、审查、监督与执行。具体表现为确立私校内部管理的二权分立模式,为间接管理创造前提;借助立案管理的基本手段,规范和引导私立学校的办学行为。

1. 二权分立：城市教育行政对私立学校间接管理的重要前提与媒介

所谓私校内部管理的二权分立模式，是指私校董事会与校长这两者之间各不相同的权力分管范畴。其中，董事会主要负责两件大事：一是全权负责经营学校，二是负责校长人选的选任。校长则全权负责学校的行政管理事务。《上海特别市私立中小学校规程》(1928年3月19日市政府核准公布)规定："私立学校，须由设立者推举校董，组织校董会，负经营学校之全责；……校长对校董会完全负责，执行校务。"①《上海特别市私立中小学校校董会规程》(1928年3月20日市政府核准公布)除重申校董会应"负经营学校之全责"外，对校董会的具体职责做了更为详细明确的规定："（私立学校）校董会之职权，原则为：① 关于学校财务：经费之筹划、预算及决算之审核、财产之保管、财务之监察、其他财务事项。② 关于学校行政：选任校长、由其完全负责，不得直接参与。"显然，私立学校校长之职权虽由校董事会授予，但这种授权行为一旦成立，被授权者就获得了独立管理的充分权力，其本身及其权力均应受到充分的尊重与保护，即使是授权者——董事会也不得随意越权干涉。只有当"所选校长……确有失职"之时，才能按照一定的程序，"得随时改选之"。② 可见，民国时期对上海私立学校董事会的权力有一个十分明确的界定，它被严格限制在财务管理和选聘校长方面，严禁直接插手学校的行政事务，它有助于从制度和人事两个方面确保私立学校经济活动与教育教学活动的适度分离，有助于尽力避免前者对后者的可能干扰甚至越位。近代学校固然不能脱离社会需求包括市场需求，而私立学校作为市场经济的直接产物，其与市场之间的关系更为密切，但这绝不意味着私立学校的办学完全以市场需求为唯一要旨，更不意味着其教育教学行为直接与市场经济接轨。况且筹划经费、管理财务与教育教学等行政管理毕竟分属不同的范畴，长于此者未必也长于彼。让校董事会全权负责经费与财务等经营性事宜，让校董事会选聘的校长全权负责学校行政管理，正是充分考虑到两者不同的社会身份、分工和智能结构，并且在共同办理私立学校这一目标下，以二权分立的形式整合两者的自身智慧与社会资源。当然，这种管理模式并非上海市级教育行政之独创或首创，不少私立学校实际上也是这样运营的。但这只是事实上的自发行为，缺乏比较自觉的明晰意识。另外，的确也还有少数私立学校存在着董事会操纵学校一切事务的情况。因此，民国上海教育行政以地方教育法规的形式规定私校的二权分立模式是十分必要的，其意义在于适度运

---

①② 上海特别市教育局.上海特别市教育法规[G].上海：[出版者不详],1929.

用地方政府管理机构的行政权力,将私立学校的自发管理行为合法化、制度化与规范化。

私立学校的二权分立模式,不仅将私立学校的经营权和行政管理权在董事会和校长之间进行了适度的分离,而且为城市教育行政实现对私立学校的间接管理提供了必要的桥梁。以经营权为例,董事会虽然全权负责筹划经费、审核预算决算、保管财产、监察财务等财务事项管理,但其权力并非漫无限制。相反,它必须承担向市教育行政机构报告财务状况的义务,这种义务包括平时的定期汇报和学校解散时的清理汇报。"校董会须于每会计年度终结后一个月内,开列学校财务状况、前年度所办重要事项和收支金额以及项目,连同财产项目,呈报本局。……所设学校因事解散时,校董会应于七日内呈请本局,派员会同清理其财产,清理了结时,由清理人呈报本局。"① 市教育行政方面,则拥有必要时的稽查之权直至无归属私立学校校产的处置权:"本局于必要时,得查该校董会之财务及事务状况。……解散后之学校,其财产无所归属时,由本局处置之。"② 可见,私立学校的财务状况,连同私校董事会的事务状况均在一定程度上接受城市教育行政的管辖。以行政管理权为例,校长固然享有全权与全责,但城市教育行政机构仍然开辟了一定的联系渠道,保证了对校长管理实务的知情权与影响力。如组织立案私立学校校长参加全市校长联合宣誓典礼和全市校长联合会议就是其中比较有代表性的形式。校长宣誓典礼最初始于市校校长,私立学校校长约于1930年参与其间。这种典礼一般有教育局局长参加,仪式上一般安排宣读誓词,由局长领誓。虽然校长宣誓是一种仪式,但其意义却不限于仪式,由城市教育行政首脑参与和领誓的行为,超越了其行政领导权威的纯粹象征性意义。它重在表明,无论市立学校还是私立学校,均应承认和接受城市教育行政的实质性领导,私立学校校长尤其应该自觉地将其直接管理的私立学校置于城市教育行政的有效管理范畴之内,不能因为私立学校的产权私有性质而恣意妄为。组织立案私立学校校长参加全市校长联合会议也可作如是观。

总之,私立学校经营和行政管理的具体事务及具体操作由董事会和校长直接负责,城市教育行政则通过对董事会和校长某种程度与形式的管理,实现对管理者的管理,确切地说,是借助对直接管理者的管理,实现了对私立学校的间

---

①② 上海特别市私立中小学校校董会规程[G]//上海特别市教育局.上海特别市教育法规.上海:[出版者不详],1929.

接管理。比起对市校的直接管理,这种间接管理模式无疑大大节约了城市教育行政的管理成本。首先,市校校长由城市教育行政机构亲自制定任职资格与标准,并对其进行直接任免与考核,私立学校校长则由其董事会负责选聘和撤换,城市教育行政机构只需负责认可;其次,市立学校实行全额教育财政拨款,中等学校的财会人员还要由市教育行政部门直接任命,私立学校则由董事会承担包括筹划经费、审核预决算、保管财产、监察财务等在内的所有财务事项,尤其是办学经费全部或主要由其自行解决,城市教育行政只需负责监督其财务运行状况,提供政策性意义远甚于实际财政意义的私立学校补助(详见本章本节第三目);再次,市校行政事务中的相当部分如学级编制、办学规模等需要教育行政机构直接干预,私立学校行政则由其校长担负全责。如此种种,不胜枚举。如果联系前述上海私立学校数量奇多、比例奇高的历史特点,则这种管理成本的节约可谓相当惊人。从整个城市教育行政管理的角度来看,它为私立学校管理成本的巨额节约,为市立学校品牌的精心打磨,为教育研究的深入探寻,为义务教育与社会教育受众面的扩大,乃至为城市公共教育财政和教育行政本身管理负担的减轻,都提供了必要的前提与可能。

2. 立案管理:城市教育行政对私立学校间接管理的基本手段

所谓私立学校的立案管理,固然首先含有私立学校登记备案之意,但更深层次的含义在于,借此引导和规范私立学校的办学行为,并由此达到对教育市场的整顿与规范。其中,私立学校立案资格标准的设立和立案行为的付诸实施,具有深刻影响。

民国时期上海私立学校的立案资格标准,主要涉及经费、设备、师资与校长、教育教学管理等若干方面。首先,要求立案的私立学校必须有"确定之资产或资金,其租息足以维持其学校之常年经费;或于确定之资产资金外,并有其他确实收入,足以维持其学校之常年经费;或虽无确定之资产资金,而另有其他确实收入,足以维持其学校之常年经费"。其次,要有相当之校地、校舍、运动场、校具、教具等基本设备。第三,学校教职员应合格胜任,其中专任教员应占教员总数三分之二以上,校长应由中国人充任。除此之外,呈请立案时,还应详细开列九事项,并绘具全校平面图及说明书,送呈备查。九事项包括学校名称(如有外国文名称者,亦应列入)、学校种类、校址校地及校舍情形、学校沿革、经费来源及经常临时预算表、组织编制课程及各项规则、图书仪器标本校具及关于运动卫生各种设备、教员履历表、学生一览表附历年毕业生一览表等。只有完全符合上述所有规定者,才能顺利通过市教育局调查人员的专门调查,得到认可后,方准立案。① 不难看出,这些立案资格与条件,既包含了近代学校最为基本的几个办学要素,又考虑到学校实际的办学业绩与管理水平,实际上是规定了最低限度办学条件。其中,私校行政领导——校长应由中国人充任的规定,与前述董事会负责人员必须由中国人担任的规定一样,都是事关中国教育行政主权的严肃问题;办学经费方面反复申明的确定、确实等要求,以及专任教员应占教员总数三分之二以上的要求,无疑指向私立学校发展的稳定性与可靠性;设备方面列举的主要基本类别,既是为了明确所指,也考虑和照顾到多数私立学校的财力承受限度,因此并未提出实验室、游泳池等虽为近代教育所需却脱离当时大多数私立学校实际办学条件的设备要求。至于要求送呈教职员履历、学生一览表附历年毕业生一览表和经常临时预算表、组织编制课程及各项规则等,是为了从中了解教职员的基本学历和教学经验,知晓该校的办学规模与教育教学质量以及学校的管理状况等。上述私立学校的立案资格,综合了私立学校从硬件到软件、从静态到动态的各项指标,这些指标既是基本的,也是比较全面的。一所私立学校如果连这些最基本的条件都不能具备的话,实在很难相信和指望它能够提供起码的合格的学校教育。因此,民国时期上海私立学校的立案资格设定,不仅提供了明确和可操作的立案资格标准,而且给出了当时上海合格学校的最低标准和参照系统,为确保上海私立学校的办学质量提供了基本保障。

民国上海私立学校的立案管理,不仅制定了明确的资格标准,而且在一定程度上予以实际施行。这种施行注意到不同学校的不同区别,并根据区别,采取不同的管理措施,也给以相应的不同待遇。大体上可以分为三种情形:一种是立案态度端正,积极申请立案,办学成绩比较显著的私立学校,对此当然是准予立案,直至给以精神奖励和物质资助;一种是愿意立案但办学实绩与立案资格还有一定距离,对此是根据办学成绩,准予试办或准予改良(试办以半年为限,改良以一年为限)。② 还有一种是对立案管理不理不睬、置若罔闻或办学很糟糕的,则按规定予以取缔(参见表4-23)。③

---

① 上海特别市私立中等学校及小学校立案规程[G]//上海特别市教育局.上海特别市教育法规.上海:[出版者不详],1929.
② 上海市教育局.上海市教育局业务报告.民国二十年七月至二十一年六月[R].上海:[出版者不详],1932:34.
③ 上海特别市教育局取缔私立学校规程[G]//上海特别市教育局.上海特别市教育法规.上海:[出版者不详],1929.

表4-23 民国上海私立学校分类管理统计表(1927—1935年度)①

项目与类别	幼稚园(所)	小学(所)	中学(所)	职业学校(所)	师范学校(所)	小计(所)	小计(%)
准予立案	6	352	86	11	6	461	48.32
准予试办	2	176	17	—	—	195	20.44
应予改良	—	142	5	—	—	147	15.41
勒令停办	—	124	20	7	—	151	15.83
合　计	8	794	128	18	6	954	100.00

表4-23可以大致反映民国期间上海对私立学校进行立案管理的概貌。在1927年至1935年间,上海教育行政当局对954所私立学校(含幼稚园、小学、中学、职业学校、师范学校)进行了规范化管理的审查,平均每年达106所以上,以一年12个月计算,平均每月9所左右。以当时市教育行政机构负责私立学校管理的不足10名私校股工作人员数来看,这样的工作效率不能算很低。② 再从审查结果看,准予立案的占48.32%,准予试办和应予改良的占35.85%,勒令停办的占15.83%,应该说,多数私立学校的办学质量还是比较好的,表明立案管理起到了一定的规范化管理作用,初步达到管理者整顿私立学校办学市场秩序的初衷。

需要指出的是,民国时期上海私立学校的立案管理是动态的。换言之,私立学校立案资格的获得并非一劳永逸。如果立案后出现办学不善的情况,市教育行政保留撤销其立案的权力,得以"随时撤销之"。③ 在实际执行中,确有少数学校受到这种处罚(见表4-24)。

表4-24 1936年上海撤销立案学校校名表④

校　名	撤销立案时间	事　由
亚东小学校	1月21日	未经呈报,私行迁至偷鸡桥财神弄
青光小学校	4月20日	学生过少,提早放假,内部凌乱
德润小学校	4月20日	学生锐减,经费困难
东亚小学校	4月20日	校长办事敷衍,教职员多滥竽充数
立志小学校	12月18日	校舍简陋,教学设施又多怠忽

---

① 上海市教育局.上海市教育统计(民国二十三、二十四年度合刊)[M].上海:[出版者不详],1936:190.
② 况且当时私立学校管理股还承担着私立社会教育机构管理之重任。
③④ 上海市通志馆年鉴委员会.民国二十六年上海市年鉴[M].上海:中华书局,1937.

立案资格可以随时撤销的规定,表明民国时期上海教育行政对私立学校立案管理的重视,对某些私立学校可能出现的投机行为与短期行为也有所觉察;而撤销立案资格之权力的实际行使,则对制止和防止立案问题上的投机与短期行为起到了一定的威慑作用,有利于立案学校办学质量的长期稳定与提高。

这里,有必要考察一下私立学校的取缔问题。从相关法规来看,明文列出的取缔原因有十二种,涉及面比较广泛:(1)不以教育为主旨,或违背中国国民党党义者;(2)不依法呈请立案者;(3)经费收入不可靠者;(4)校舍不适用,或有危险现象者;(5)教员资格不合,或有欺骗行为,证据确实者;(6)学生资格不合,成绩不良者;(7)学生人数太少,或虚报学生数者;(8)课程不合标准,名称不符,重要科目不完备者;(9)教法太陈旧者;(10)有敛钱行为,经证实者;(11)小学校距离公立学校太近者;(12)其他不遵照本局规定法规法令办理者。① 但是从管理实践来看,因政治、宗教、借学敛钱等原因而被取缔的并不多见,比较多的是设备、组织编制、办理实绩以及课程、教法等方面的问题(参见表4-25)。

表4-25　1930年度1—6月上海取缔私立学校原因分类表(共计52所)②

取　缔　原　因	被取缔校数(所)
违反"三民主义"或涉及"反动"	5
宣传宗教	3
借学敛钱或募捐	2
未经规定手续设立,部令停办	1
设备简陋、编制乖方、办理不良	38(内有3所与课程、教法问题重合)
课程不合	4
教法陈腐	1
校长人格堕落、有失师体	1

由上可见,作为民国上海地方政权办事部门之一的上海教育行政管理机构,在行使其管理权力时,固然不可避免地渗透着一定的意识形态因素和政治因素,所以它绝不会容忍违反主流意识形态——"三民主义"和所谓涉及"反动"的私立学校,以及宣传宗教的私立学校在其管辖范围内的存在。对于那些

---

① 上海特别市教育局取缔私立学校规程[G]//上海特别市教育局.上海特别市教育法规.上海:[出版者不详],1929.
② 上海特别市教育局.上海市特别市教育局业务报告(民国十九年一月至六月)[R].上海:[出版者不详],1931:60—63.

"设备简陋、编制乖方、办理不良"的学校,那些校长人格堕落、有失师体的学校,那些课程不合、教法陈腐、借学敛钱或募捐的学校,更不能允许其有存在的空间。因为这些学校糟糕的办学行为与办学质量直接损害了大多数学生接受规范学校教育的权利,降低了这些学生的培养质量,由此而造成的人才损失以及对政权的危害恐怕比潜在的意识形态威胁来得更为直接与现实。

　　需要指出的是,上海的私立学校情况相当复杂,不仅数量庞大、级类分布广泛,而且在地域上涉及华界与两个租界,设立者不仅有华人,还有一些外籍人士。其中租界地区的私立学校密度又远远超过华界,这些都给立案管理带来相当大的难度。但是国民政府教育部和上海教育局对此似乎均缺乏足够的估计和准备,相反,在立案进度上有些盲目求快,结果欲速则不达,造成曾经三度突破最后期限的尴尬局面。第一个期限为1931年暑假,第二个期限为1931年年底,第三个期限为1932年。每一次都斩钉截铁地说是最后一次,但每次"大限"将至时却都无奈地宣布展期。最为滑稽的是,为维护管理者的权威,还要自说自话地寻找诸如"限期颇促"或"有特殊障碍"之类冠冕堂皇的理由代为开脱,显得颇为被动。即便如此,依然还是有少数学校或"抗旨不遵",置若罔闻,或办理不善,未能达到立案要求,因而民国时期上海私立学校的立案行为并不普遍(参见表4－26)。

表4－26　1929—1934年度上海未立案私立学校级类分布表①

立别数	1929年度	1930年度	1931年度	1932年度	1933年度	1934年度
私立初等学校总数	649	570	447	554	612	653
私立未立案初等学校	580	485	296	352	386	395
私立未立案初等学校(%)	89.37	85.09	66.22	63.54	63.07	60.49
私立中等学校总数	113	90	114	123	119	138
私立未立案中等学校数	70	42	56	47	32	41
私立未立案中等学校(%)	61.95	46.67	49.12	38.21	26.89	29.71
私立高等学校总数	26	24	23	24	23	22
私立未立案高等学校数	18	13	10	8	8	6
私立未立案高等学校(%)	69.23	54.17	43.48	33.33	34.78	27.27

---

① 上海市政府秘书处.上海市市政报告(民国三十一年至三十三年)[R].上海:汉文正楷印书局,1936:59—63.

最为典型的是圣约翰大学,其直至1948年国民政府快要垮台时才履行立案手续,国民政府尚且无可奈何,作为地方政府具体办事机构的上海教育行政部门当然只能听之任之。这种状况说明:在中外关系不平等的整体格局和中央政权媚外政策的支配下,国民政府的所谓行政管理权限是相当有限的,上海地方教育行政部门只能在力所能及的范围内行使地方教育管理权力。这是国家主权不独立在地方教育行政管理领域的必然反映。当然,私立学校立案之所以未能普遍实行,还有其他方面的原因,如社会用人单位并非以是否出自立案学校为用人标准,多数学生接受中小学普通教育并非以升学为目的,各级别非立案学校一定数量的存在,形成了相互间事实上的承认和衔接等。至于留学国外,非但不受是否在华立案的限制,相反,那些出自外籍人士设立学校(不管在华立案与否)的毕业生反而更具文化认同上的优势。在这种背景下,所谓非立案学校不得登报公开招生,非立案学校毕业生不得升入高一级立案学校或进入政府部门工作等惩罚性限制,① 几乎注定在很大程度上只是形同虚设。不过,对大多数处于平均发展水平,缺乏强有力财源支撑,只能寻求政府合法资源的私立学校来说,立案的确是其唯一的也是明智的选择。因此,尽管有些学校敢于也能够游离于教育行政管理之外,但有相当一部分私立学校还是遵照规定立案,并因而获得了许多促进自身发展的有利机会。这些学校在构成立案管理得以贯彻的基础同时,也成为彰显立案管理成效的历史佐证。

二、对立案学校的多方扶持

从私立学校的角度看,接受立案管理是一种利弊共存、利大于弊的明智选择。一方面,政府对立案学校有一定规定,接受立案意味着不能任意所为,尤其不能任意追逐办学利润和漠视办学质量;另一方面,接受立案意味着其对城市教育行政管理机构的配合与支持,这就为其自身发展营造了获取一定发展机会与条件的可能。从城市教育行政的角度而言,私立学校接受立案管理,意味着对教育行政管理权限和权威的态度认同与事实遵循,那么运用这种权力为立案学校提供一定程度的扶持,既可体现对立案学校行为的呼应与补偿,也有利于对其他处于观望、犹豫状态的私立学校发挥榜样示范与激励作用。民国时期上海私立学校的立案管理,正具备这样一种双赢互利的互动效应。

在立案学校的扶持方面,民国上海教育行政管理机构采取了以下若干

---

① 如"凡未立案之私立中等学校及小学校,其肄业生及毕业生,不得与已立案之学校学生,受同等待遇。"见:上海特别市私立中等学校及小学校立案规程[G]//上海特别市教育局.上海特别市教育法规.上海:[出版者不详],1929.

1. 经济扶持,酌予经费补助

经济扶持是对立案学校相当重要的一种扶持形式与手段,它既可视作对立案学校规范收费行为的一种经济补偿,也是为保障其达到适度利润和比较规范的办学条件与办学质量而提供的一定物质保障。因此,民国上海教育行政管理机构在实行市校全额拨款的同时,对一些"办理完善、经费支绌",确实"需要补助"的立案学校,[①] 也给予了一定数量的经费补助(参见表4-27、表4-28)。

表4-27 民国初年上海市乡私校经费补助概况及其与支拨公校经费比较表[②]

市乡别	支出总数（元）	支拨公立学校经费数(元)	支拨公立学校经费所占比例(%)	补助私立学校经费数(元)	补助私立学校经费所占比例(%)
上海市	90 054	84 580	93.92	1 896	2.11
闸北市	20 057	2 280	11.37	0	—
蒲淞市	12 703	5 976	47.04	720	5.67
洋泾市	5 895	4 210	71.42	130	2.21
引翔乡	18 781	3 742	19.92	300	1.60
法华乡	7 460	2 046	27.43	0	—
漕河泾乡	4 751	3 165	66.62	不详	—
曹行乡	4 116	2 352	57.14	0	—
塘湾乡	3 220	1 772	55.03	0	—
闵行乡	8 973	4 800	53.49	560	6.24
马桥乡	5 256	2 958	56.28	0	—
颛桥乡	1 562	928	59.41	80	5.12
北桥乡	2 249	996	44.29	0	—
高行乡	6 468	3 088	47.74	80	1.24
陆行乡	6 468	4 075	63.00	不详	—
塘桥乡	2 986	1 305	43.70	96	3.22
三林乡	3 381	824	24.37	970	28.69
陈行乡	2 599	1 396	53.71	0	—
杨思乡	10 476	4 568	43.60	0	—

---

① 上海市教育局.上海市教育局业务报告(民国二十年七月至二十一年六月)[R].上海:[出版者不详],1932:15.
② 姚文枏,秦锡田,等.民国上海县志·卷三"市乡教育费支出表"[M].上海:[出版者不详],1935.

表 4-28 民国中后期上海私校经费补助概况及其与市校拨款之比较表①

年度与项目	事业费（元）	事业费（%）	市校拨款（元）	市校拨款所占比例（%）	私校补助费（元）	私校补助费所占比例（%）
1928 年	798 824.05	100	665 200.65	83.27	28 928.41	3.62
1929 年	953 209.29	100	786 907.18	82.55	19 188.97	2.01
1930 年	968 708.87	100	836 031.19	86.30	20 757.83	2.14
1931 年	848 781.11	100	613 675.62	72.30	17 097.00	2.01
1932 年	1 179 259.70	100	884 332.35	74.99	28 469.00	2.41
1933 年	1 390 992.36	100	1 056 319.52	75.94	22 087.00	1.59
1934 年	1 531 708.25	100	1 175 057.78	76.72	37 586.00	2.45
1935 年	1 616 472.00	100	1 164 204.00	72.02	32 400.00	2.00
1945 年	92 889 712.39	100	6 241 050.00	6.72	18 000 000.00	19.38
1946 年	611 592 284.41	100	50 072 314.88	8.19	211 391 924.00	34.56

由以上两表可知,至迟在 1923 年,上海已经开始注意对立案学校的经费扶持,1928 年以后更是形成了一种比较持久的制度性行为。自此至 1935 年,这种经费扶持累计已达到 20 651 421 元,在抗战甫胜的 1945 年和 1946 年,还大大增加扶持额度,其在城市整个教育事业费中所占比重,甚至破天荒地超过了对市立学校的拨款额度,分别达到 19.38% 和 34.56%。上海对立案学校实行的这一长久的经费扶持政策,无疑给立案学校提供了切实的经济支撑,也是这些学校能够长期发展的一个重要经济原因。

2. 公平待遇,提供展示平台

除经费扶持外,能否获得各种展示平台无疑也是关乎立案学校生存与发展的重要条件。确切地说,在具备一定办学经费的前提下,能否切实提高教育质量,充分展示自己的办学水平,是私立学校能否长久立足于教育市场的关键所在。民国上海教育行政管理机构对此不仅给予了应有的注意,而且大胆地将立案学校和市立学校置于同等的展示平台。以各种名目繁多的成绩展览会、学术演讲会、体育运动会和竞赛会等大型全市性学校活动为例,立案学校就与市立学校一起被赋予公平参加的权利与机会(参见表 4-29)。

---

① 本局历年度教育经费比较表[M]//上海市教育局.上海市教育统计(民国三十五年度).上海:[出版者不详],1947:19.

表4-29 民国时期上海立案私校与市校共同参与全市性校外活动概况①

活动名称	宗旨	举行时间	举行地点	参与对象	活动种类与分组依据	名次与奖项设置	经费来源
上海特别市教育局小学联合运动会	提倡儿童体育，崇尚公平竞赛	1928年起每年10月	临时酌定	市立与立案小学各校选派	团体运动、国技、田径赛三种，男女分组	优胜者由该会呈请市政府特给奖章褒状	筹备会造具预算书，呈请市政府核拨
上海特别市教育局小学分团比赛运动会	使小学儿童注重体育	1928年起每学期一次	西区大吉路公共体育场	市立与立案小学四至六年级儿童（须占各年级学生数80%以上）	种类由教育局规定	成绩优胜之第一、二、三校，由教育局特颁褒状	—
上海特别市教育局小学自然科实验竞赛会	引起儿童研究自然科学之兴趣	同上	临时决定	市立与立案私小，各校选派高年级儿童1或2人	各校根据局定大纲自行精选实验题目		会中费用由市教育局拨给，试验用具与消耗品由各校自备
上海市教育局中等学校学术竞赛会	引起青年研究学术之兴趣	1930年起初、高中两部每学年年终各一次	由市教育局临时决定	市立与立案中等学校（未立案中等学校如欲参加，须提前2周呈请市教育局核准）	分初、高中（含职业学校）两部，依据各校所设学科分组。竞赛学科范围或问题由市教育局定	分设个人奖、学校奖两种，以前5名为限（如与赛人数较多，得奖者可酌加），由市教育局特颁褒状或奖品	会中费用由市教育局拨给，试验用具及消耗品各校自备

① 上海特别市教育局小学联合运动会规则；上海特别市教育局小学分团比赛运动会规则；上海特别市教育局小学自然科实验竞赛会规则；上海特别市教育局小学演说竞进会规则。以上均见上海特别市教育局.上海特别市教育法规[G].上海：[出版者不详]，1929。上海市教育局中等学校学术竞赛会办法[G]//上海市政府.上海市市政法规汇编(四集).上海：[出版者不详]，1931；上海市第四届小学校联合运动会章程，上海市教育局中小学健康演说竞赛会规则，上海市第二届中等学校联合运动会[G]//上海市政府.上海市市政法规汇编(六集).上海：[出版者不详]，1934；上海市第三届中等学校联合运动会规则，上海市中小学科学讲演竞赛会办法[G]//上海市政府.上海市市政法规汇编(八集).上海：[出版者不详]，1936.

活动名称	宗旨	举行时间	举行地点	参与对象	活动种类与分组依据	名次与奖项设置	经费来源
上海市第四届小学校联合运动会	—	1932年10月27—29日	大林路市立第一公共体育场	市立及立案小学	分竞技、团体运动两类	优胜者酌给纪念品	—
上海市教育局中小学健康演说竞赛会	增进学生健康智识、训练学生演说才能	1932年12月20—23日预赛,26日复赛,28日决赛	预赛在各小学,复赛、决赛在市立务本女中、市立和安小学及民众教育馆	市立与立案私立中小学	分小学、初中、高中三组,以健康教育意义之范围内自行命题,预赛、复赛、决赛题目须一致	中学组设个人奖5名,小学组设个人奖10名,各给奖章;学校奖每组3校,各给奖状。各组决赛优胜者演说稿在局教育周报上发表	—
上海市第二届中等学校联合运动会	促进全市中等学校之体育	1933年4月27—29日	借用劳神父路中华全国体育协进会田径赛场	市立及立案中等学校(其他公立中等学校亦得选派学生参加)	分团体操、田径赛两部分	团体表演操有优良成绩者,特给奖品。田径赛分男女甲乙组团体、男女甲乙组个人各4种。私立中等体育学校参加各项田径赛运动,其竞赛办法另订	—

续表

活动名称	宗旨	举行时间	举行地点	参与对象	活动种类与分组依据	名次与奖项设置	经费来源
上海市第三届中等学校联合运动会	促进全市中等学校之体育	1934年11月8—10日	借用徐家汇路国立交通大学操场	市立与立案中等学校（其他公立中等学校亦得选派学生参加）	分团体操、田径赛两部。田径赛设男女甲乙团体4种	团体操有优良成绩者特给奖状。中等体育学校参加田径赛运动均为自由表演性质，概不记分	—
上海市中小学科学讲演竞赛会	提高中小学生科学知识及讲演技能	1935年起每学期一次	由教育局公告	市立与立案中小学	分小学、中学两组	—	—

表4－29令人感兴趣之处不仅在于立案学校享有平等参与各类校外活动的权利，更在于这些活动中竞赛名次与奖项的设置方式：它们均以学校级类（如小学、初中、高中）、学生性别和运动项目来分类（组），而非以市立学校或立案学校相区别。这充分说明，至少在校外活动领域，民国上海教育行政是把立案学校和市立学校置于平等的城市教育管理体系中通盘考虑的，并未另眼看待。这一点甚至比允许立案学校分享市教育财政费用、平等参与这些活动本身还要意义深远，它从一个侧面体现了民国上海教育行政对私校管理政策的重要特点。如果从市立学校与立案学校两者各自发展的角度来说，同台竞赛的机会则使立案学校获得了展示风采的机会与舞台，提高了参赛立案学校的人气，扩大了其知名度与竞争力；市立学校也可以通过这些活动对自身的办学质量进行公开检阅，有利于促进其在与立案学校的整体竞争中不断祛除惰性，保持活力。

3. 充分信任，委以重任

立案学校能够获得与市校相同的公平待遇固然是重要的，而能够获得城市教育行政机构的信任和重任，更是殊属不易。民国时期上海立案学校所获得的殊荣主要有应邀参与城市若干重大教育行政事务的决策、咨询或调查，接受委托代为培养某些学科的师资力量等。

以1931—1935年为例,上海立案私立学校被允许参与的市级重大教育决策、咨询、调查等机构大致有教育讨论委员会、中小学学生毕业会考委员会、中学/师范教育研究会、识字教育委员会各区调查委员会等。这些机构或承担讨论教育行政之设施、教学方法之改进、教育学理之研究和其他关于教育事项;或负责核定中小学毕业会考的考试日期、地点与分区,支配试验科目及时间,审核考生名册及品学成绩,审定各科试验标准及方法,撰拟各科试题,拟订各项规则,主考及监考,评定各科成绩,决定毕业、留级及补考,以及其他关于会考之重要事项;或分工研究教育部、市教育局、各中学与师范学校及各会员所提关于中学与师范学校之课程、教学、训育、经费支配及校务管理等实际问题,其分组研究提出具体方案经大会通过后,由市教育局转呈教育部核定;或分管调查区内失学民众,调查区内可供借设识字学校之公共场所,选派调查人员,分配调查区域,酌定调查时日,指导调查方法,督促分头调查,择要抽查调查区域,将调查表装订成册,以及其他关于识字教育之调查事项。① 无论务虚务实,所为皆属对上海城市教育发展至关重要之事。上海立案私校能够被允许参与其间,与市教育行政管理层一起共同探讨切磋,意味着它们被赋予了在重大教育决策领域发言的宝贵权利,这一点恰恰又表明一个更为重大的事实:民国上海教育行政机构并非仅仅从减轻政府教育财政负担的消极角度来看待私立学校,而是将私立学校与市立学校一起作为城市教育发展不可或缺的重要生力军予以重视。

上述史实表明,民国时期上海的立案私立学校并没有被视为异类而遭遇歧视或不信任,相反在一定程度上以某种形式参与了城市的教育行政管理,它们不再仅仅是被管理的对象。这对调动立案学校的积极性和主动性,融洽其与城市教育行政管理机构的关系,共谋城市教育繁荣之大计,作出了重要的历史贡献。

三、对私立学校若干办学环节的干预与调控

以立案为核心的私立学校间接管理模式,其要旨在于顺应教育市场的需求,赋予私校足够的自主空间。但这并不意味着对私校的管理可以完全委诸其董事会和校长,更不是完全听凭教育市场这一无形之手的摆布。相反,在若干重

---

① 上海市教育局教育讨论委员会规则[G]//上海市政府.上海市市政法规汇编(四集).上海:[出版者不详],1931;上海市教育局中小学学生毕业会考委员会组织规程,上海市教育局中小学学生毕业会考委员会办事细则[G]//上海市政府.上海市市政法规汇编(六集).上海:[出版者不详],1934;修正上海市教育局教育讨论委员会规则,上海市中学师范教育研究会组织规则,上海市识字教育委员会调查失学民众办法[G]//上海市政府.上海市市政法规汇编(八集).上海:[出版者不详],1936.

大问题和关键环节上,城市教育行政依然必须行使必要的和有效的管理与干预。

民国时期,上海教育行政对私校干预较多的环节主要集中在经济和办学两大方面。

1. 经济方面的干预

私校最易为人诟病者,在于其经费收支、经募捐款等经济行为方面的任意和无度。① 有鉴于此,民国上海教育行政采取多种方式予以干预。在经费收支方面,注重收费方式的改革和全免费比例的规定,抗战胜利后更是明确强调,"各校收费应以分期征收为原则,学生膳费尤应按月征收。并组织膳食委员会公开支配。各校学生免费应规定学杂费全免之免费学额。小学不得少于20%,中学不得少于15%"。② 为使这一保障贫困学生就学权利的政策得以有效执行,上海市教育局还规定了具体的呈报与审查方法:"各校应于每期收费后,就所收各费,按照学生名册,分别全收、减免,作成收款清单、免费清册及收支预算书各一式三份,于学期终了后,就全部收支作成详细决算书一式三份,送由全体经费稽核委员审查盖章后,一份呈报本局,一份公布,一份存查。呈报日期不得逾收费期开始日或学期终了日四十天。"③这些规定在收费制度上给提前预收学费、免费学额不确定等不规范操作设置了有力屏障。为确保私校经费在使用方面的相对公正、公开和透明,民国上海教育行政还参考和借鉴了其对市校经济管理的若干经验,于抗战胜利不久,在各私校组织设立了由其教职员工互相选出的中小学经费稽核委员会,负责"审核收支账目及单据"。要求于每月、每学期和每学年终了之时,该委员会均应开会审核相应时期内的收支情形,并对各项校产、校具加以点查或抽查。开会时,得请经管经费人员出席说明,审核遇有疑义时,得向有关方面调查。为确保该委员会的独立与公正免受干扰,还采取了相应的回避措施:"凡经管经费人员,如事务员、会计员等,皆不得当选。"④此外,稽核委员会必须切实执行定期呈报制度,将所在私立学校的经费存储情况与使用情况等,如实向市教育行政机构呈报,这些规定使市教育行政对私校享有了一定程度的经济管理权:"各校所收费用,应全部存入可靠银行,按照收费种类分别开立该校某费账户,同时将银行名称、行址、户名、账号及全体经费

---

① 关于上海私立学校收费方面的种种问题可参考:施才栓.民国初期教育收费研究——以上海地区为例[J].史林,2003(6).
②③ 上海私立中小学收费及稽核补充办法[G]//上海市政府法规汇编(民国三十四年九月至三十六年十二月).上海:[出版者不详],1948.
④ 上海市私立中小学经费稽核委员会规则[G]//上海市政府法规汇编(民国三十四年九月至三十六年十二月).上海:[出版者不详],1948.

稽核委员印章,呈准本局。孳息应并入原收费用项下合计。但支配后剩余之零数,得依经费稽核委员会之决议,作适当处分。并于决算书内说明,每月银行结单,亦应送由稽核委员会审核盖章。……各项收支应照原定收费种类及本局关于保障教师待遇之规定处理,不得挪移。"①

在募捐方面,有1935年颁行的《修正上海市经募兴学捐款暂行办法》(以下简称《办法》)和1947年出台的《上海市私立中小学募捐监督规则》(以下简称《规则》)。比较起来,1947年的《规则》似乎更为简洁,它删除了1935年《办法》中对经募学校的资格限制、经募期限限制、经募期内的定期呈报规定、不得随意变更捐款人意愿的规定以及登报公布收到捐款和支用捐款情形等规定,但增加了"不得向路上行人或不相识之住家、商店、工厂劝募,不得强迫在校学生认捐"和空白捐册与收据缴送教育局注销等限制,还增加了正反两方面的行政举措:"凡捐款满相当数额者,按国民政府颁布捐资兴学褒奖条例,呈由本局分别呈请给予褒奖","凡未遵前项规定先行呈准,擅自公开向外募捐者,除制止外,并予议处"。《规则》更倾向于强化政府部门的行政监督而非社会和舆论的监督。从教育行政对私校募捐行为的监督管理来看,《规则》虽然省略了募捐行为中定期审核的繁琐事务,却囊括了其流程的全部环节。其中,募捐前对募捐用途、数额、办法、起讫日期和褒奖办法详加审核的核准制度意在监督其是否具有确实和正当的理由,募捐截止后一周内必须将募捐造册、收据存根送局仔细审核的规定,以及空白账册与收据送局注销、募得捐款存储银行以及募捐用途造具清册送局核销等规定,则重在掌握所募数额、用途和募捐行为本身的真实性,防止侵吞行为和假冒募捐行为的发生。另外,"两个不得"("不得向路上行人或不相识之住家、商店、工厂劝募,不得强迫在校学生认捐")的特别限制则进一步规避了募捐的随意性和强制性,应该说这是一个在设计上比较周到的管理法规。

2. 办学方面的干预

除部分名校外,私校的存废往往不大稳定,其办学质量亦往往不大令人信任,这对其自身的生存和私校学生的发展无疑构成了较大挑战。此外,一定数量未立案学校的存在,也给这些学校学生的升学和毕业等造成一定困难。诸如此类,均需城市教育行政进行有效的干预。对此,上海教育行政也给出了一定

---

① 上海市私立中小学经费稽核委员会规则[G]//上海市政府.上海市政府法规汇编(民国三十四年九月至三十六年十二月).上海:[出版者不详],1948.

的回应。

首先,在私校立废管理方面,除明令其不得随意关闭外,对必须关闭或已经关闭的私立学校,采取启动甄别审查程序等措施,设法使其学生安然转学,继续学业。如1931年间,私立南洋医学院因办理不善,"发生学潮,奉教育部令饬停办。经按照部定处置停闭私立学校办法第四条,商同国立中央大学医学院推派人员,会同组织甄别委员会,甄别该学院学生。登报通告,除本年新收一年级生不必与试外,其余各级学生,于4月4日以前到局报名,7、8两日在市立务本女子中学校考试。计受甄别者,各级共92人。成绩评定后,填发证明书,及成绩表,俾便转学"。①

其次,对未立案学校学生的转学与升学问题变通处置,使其与立案学校或公立学校相衔接。以1931年为例,就曾办理未立案私立高级中学毕业生的升学预试:"本局为使未立案私立高级中学毕业生得能升学,呈奉教育部核准,按照去年成案,办理本市未立案私立高级中学毕业生升学预试,经先拟订升学预试章程,呈准公布。聘委中等以上学校教员,组织委员会办理考试事宜。于6月16日开始报名,至6月28日止。7月1日、2日考试,评阅成绩及格者178名,发给升学证明书,其考不及格者,分别给以转学证明书,以便转学"。② 应试及格者"准予投考公立或已立案之私立专科以上学校",应试不及格者,"依照程度分别降低年级,给予转学证明书,准其投考公立或已立案之中等学校"。③ 对未立案之私立专科以上学校学生,也本着为其前途着想的基本精神,举办专门的甄别试验。如1931年,"奉部颁发章程,令由本局遵照办理。经即分别聘委现任公立或已立案私立专科以上学校校长教员、学术专家、本局职员,组织甄别试验委员会及资格审查委员会,于5月18日开始报名,至6月10日止,报名截止后,由资格审查委员会审查,准予考试者71人,共分13系。6月26日起考试3日,应试终场者55人,由各委员评定成绩,将试卷、试题等件,呈送教育部核定揭晓,各发证明书,以资证明"。④ 此外,对已经毕业于未立案学校的往届毕业生,上海教育行政机构也本着务实与灵活相结合的管理方针,对其毕业生资格给予了追认。⑤

---

① 上海市教育局.上海市教育局业务报告(民国二十年一月至六月)[R].上海:[出版者不详],1932:4.
②③ 同上:8.
④ 同上:7.
⑤ 上海市教育局追认私立小学校立案前毕业生及肄业生资格办法(1930年8月2日核准)[G]//上海市政府.上海市市政法规汇编(四集).上海:[出版者不详],1931.

前已述及,因上海教育行政对立案管理难度的估计不足,造成有关立案管理行为三次展缓期限但仍然有令难行的史实,这固然有损教育行政的权威,但难得的是,相关学校学生并未因此受到殃及,个中多少体现出民国时期上海教育行政管理的理性化和人性化色彩,因为不管私立学校出于何种原因未能立案,其学生总是无辜的,不应将学校未能立案的责任转嫁到他们的头上。再者,如果未立案学校学生的升学、转学、毕业资历等问题得不到妥善解决,那么受到损害的将不只是这些学生及其家庭,其所在的城市、社会也会受到影响。因此,明智的做法是顾全大局,适当变通,这也是城市教育行政管理的一大策略。

第五章

引领潮流的上海女子教育①

近代上海因其"江海通津"的优越地理位置和"五方杂居"的城市人口格局而迅速崛起,并发展成为中国的经济中心和远东重要的商贸城市。伴随上海社会经济机制的现代转型,脱胎于数千年封建制的文化教育也迈出了坚实的时代步伐。其中,上海女子教育成为一枝夺目的奇葩。

上海女子教育的大规模发展应追溯到辛亥革命以后,随着男女平等教育权的确立以及"新学制"的实施,女子学校教育趋于系统化、完备化和本土化,并逐渐融入国家的主流学制。然而,由于社会的急剧动荡,加之抗日战争爆发和上海沦陷,女子教育遭受了巨大创伤。从1912年到1949年的38年间,上海女子教育历经时代的风霜雨雪,走过了艰难曲折的发展路程。

第一节 民国时期上海女子教育的发展

一、女子教育的探索与发展

上海现代女子教育以教会女学为先导,在鸦片战争时期开始萌芽。维新运动时期,随着民权思想的传播,男女平等观念逐渐深入人心,在上海开始出现国人自办的女子学校。据不完全统计,到辛亥革命之前,在上海设立的教会女学至少有10所,国人办理的女子学校也超过12所。② 而就女子教育最初70年的发展来看,上海女子教育始终处于对西方女子教育的模仿和学习阶段。直到辛亥革命之后,上海女子教育开始进入本土化的探索和发展时期。

1. 辛亥革命后女子教育的探索

清政府在日暮途穷之时,终于承认女子的受教育权利。然而,朝廷此时已自顾不暇,更无意发展女子教育。南京临时政府成立后,将男女平等的教育思

---

① 本文使用了采访的部分口述资料,采访时间和地点以初次注释为准,后不再加注。
② 上海市教育局.上海市中等教育概况[M].上海:中正书局,1948:5—7.

想纳入国家教育体系,对封建学校教育制度进行了彻底改造,明确规定女子不仅可以接受小学教育和初等师范教育,而且可以进一步接受中等教育和高等师范教育;初等学校实行男女同学;男女教育内容基本相同。民国初年的教育改革从根本上否定了封建的女性观和"男女授受不亲"的保守思想,突破了传统思想对女子教育发展的桎梏。在"新学制"的积极推动下,上海女子教育获得了重大进步,新兴女子学校不断涌现,女子教育渐成体系。

(1) 以初等教育为发展主体,女子学校的数量迅速增加

"男女平等"被确立为国家教育的指导思想后,女子就学的社会风气也开始形成。曾任中西女中校长的薛正女士回忆道,① 在辛亥革命之前,"女孩子是不能进学校读书的,为了读书,我只好女扮男装,直到1911年辛亥革命爆发"。随着社会风气的转变,人们对女子教育的需要日渐迫切,上海女子学校教育也呈现出勃勃生机,此期集中表现为初等教育的发展。就数量来看,截至1914年,除清末设立的万竹女子初等小学校、中兴女子初高等小学校等10所女子小学外,还开办了县立第一女子高等小学校、爱群女子初高等小学校、安定女子初高等小学校、新民女子初高等小学校、竞雄女子初高等小学校、求是女子初等小学校、培淑女子初等小学校、闰范女子初等小学校、纯嘏女子初等小学校、夏氏女子初等小学校等,女子初等学校已达20所之多。② 其中,爱群女学是袁希浩女士于1912年创办的,开学之初,学生只有7个,都是年龄在十四五岁的姑娘,学生虽然不多,但文化程度参差不齐。为了因材施教,她们被分成三个班级,分别接受辅导,袁女士亲自担任所有课程的教学任务。在全校师生的共同努力下,到1915年时,学生数量已增加到100人。在女子初等教育的发展过程中,女子中等学校的数量也有了一定程度的增加,但女子教育发展的重心仍是初等教育阶段。

这一时期,不仅女子学校数量增加,女子学校类型也不断扩大。民国初年,上海既有教会女学,也有地方人士创办的私立女学,此外,上海县政府和同乡会也纷纷开办女子学校。办学渠道的多样化,不仅为上海女子教育的发展提供了较为广泛的经费来源,也使女子学校数量持续增加。

(2) 女子教育结构纵向明晰,横向扩展

民国之前,上海女子学校教育没有明确的层次划分,女子学校多为初等教

---

① 上海第三女子中学.上海第三女子中学校百年校庆纪念册[M].上海:[出版者不详],1992.
② 上海县知事公署.上海县教育状况[M].上海:[出版者不详],1915.

育水平,但学生水平参差不齐,学校初、中等教育兼而有之。民国政府成立后,上海女子教育适应新的学制要求,逐渐划分为高低不同教育层次。女子初等教育分化为初、高两级,其中既有初等女子小学校和高等女子小学校,又有初、高等合办的女子小学校。随着女子初等教育的发展,中等女子学校数量也不断增多,规模逐渐扩大;一些历史较长的女子学校,如民立女子学校、爱国女学、城东女学等私立女学以及圣玛利亚女学、启明女学等部分教会女学先后升级为中等教育性质。在教育纵向结构形成的过渡时期,为了保证中学的教学质量,女子中学除本部外,还开设了预科,以整齐和提高学生的学习水平。

除普通中等教育外,为培养女子教育师资,上海女子师范教育也同步发展起来。城东女学由普通女学改办师范学校;南洋女子师范学校由湖州旅沪公学校长凌铭之(祖寿)、务本女中教导主任吴公之、民立女中教员徐一冰等人共同筹划,于1912年在上海设立。① 女子师范教育的发展不仅表现为师范女校的设立,而且爱国女学、务本女中等一些普通女中也纷纷设立了师范科,它们与师范学校一道,共同担负起培养女子教育师资的重任。女子师范教育的进步,适应了女子教育的快速发展,缓解了上海及其他地区女子教育师资缺乏的燃眉之急。

民国初年,伴随资产阶级革命高潮的来临,女子参与社会工作的热情空前高涨,为了培养高层次的知识女性,上海女子法政学堂、女子工业大学校等高等女子学校也得以开办。但由于女子高等教育缺乏足够的社会支持,学校经费和师资难以保障,因而,女子高等学校很快便从民国初年的历史记载中消失了。

2. 五四运动中女子教育的发展

五四运动前后,上海女子教育获得快速发展。新文化运动的开展,使男女平权思想的热潮一浪高过一浪,女子教育也受到世人的广泛关注。自1919年3月开始,国民政府教育部连续颁布了一系列女子教育的法令规程,包括《女子高等师范学校规程》《令各省女子中学校得设简易职业科》《令各省女子中学校应注重家事实习》《女子中学课程及女子师范学科》《设法筹办女子学校》等,以促进女子教育的普及。1921年7月12日,又发布训令《速设女子中学校》,使女子教育的发展成为不可遏止的社会潮流。1922年,不分性别的男女平等教育制度终于出台,女子教育获得了前所未有的发展机遇。在国民政府教育部和地方社会力量的大力协作下,上海女子教育突飞猛进。

---

① 据南洋女中(南洋女师后改办女中)校长吴若安女士所言,该校创设于1916年;但大多数史料记载学校的创设年代为1912年。

(1) 女子教育的整体结构不断趋于完整

这一时期,由于女子教育在学制上取得了与男子教育完全平等的地位,因而,女子教育在纵向上逐渐向高等教育延伸,在横向上,女子职业教育的范围不断扩展。受五四运动"民主"和"科学"思想的影响,自1919年起,上海私立大同大学、沪江大学等原先只以男生为招收对象的大学开始向女子敞开了大门;在著名画家、上海美术专科学校校长刘海粟的支持下,神州女学图画专修科毕业生于1920年进入该校学习,上海女子高等教育从此开始起步。1922年"新学制"颁布以后,女子高等教育有了进一步的发展,① 两江女子体育专科学校、上海女子商科大学、东南女子体育专科学校等女子高校相继创办,自初等至高等的上海女子教育体系初步形成。

第一次世界大战爆发以后,帝国主义忙于战争而暂时放松了对中国的经济侵略,上海民族工商业获得了迅猛发展。现代经济的崛起对知识技能女性的需求推动女子职业教育向前发展,美术、音乐、英文、医护、刺绣以及女红各科在上海女子教育中的地位日益重要,人和产科学院、私立上海女子美术学校、女子英文图画音乐专修社、上海女子美术刺绣传习所、上海女子手工传习所等专门学校纷纷开设。在上海各类女子职业教育中,女子师范教育占有重要地位,② 除原有的南洋女子师范学校外,还有郑毓秀和朱剑霞开办的勤业女子师范学校、外籍商人哈同创设的圣仓明智学校、秋社成员徐自华等人创办的竞雄女学等,中国女子体操学校也具有培养女子师资的性质。

但这一阶段国内军阀为争权夺利而忙于混战,政府对学校教育极少投入,控制也相对较弱,所以女子教育主要由私人和教会承担,女子学校的办学多是根据学校和学生自身情况,从社会需要出发进行的,普通学校可以加设职业科,职业学校内部科目则依据生源和就业状况来调整和决定。

(2) 中等教育成为这一时期上海女子教育的发展重心

女子初等教育规模的扩大,初等学校对女子的启蒙,使上海女界的求知欲逐渐提高。为了满足女子进一步接受教育的需要,新文化运动前后,上海女子中等教育进入了快速发展时期。1921年出版的《上海求学指南》一书介绍的女子普通中学达17所之多,其中教会女中主要有中西女塾、圣玛利亚女书院、启明女学校、清心女学校、晏摩氏女学校、裨文女学校、麦伦女塾、惠中女学校等;

---

① 忻福良,赵安东.上海高等学校沿革[M].上海:同济大学出版社,1992:附录.
② 王寅清,柴藏湘.上海求学指南(下册)[M].上海:天一书局,1921.

私立女中主要为爱国女学校、私立上海女子中学校（民立女中前身）、启秀女校、神州女学、坤范女子中学校、兴华中西女塾、柏美兰女塾等；此外，还有中华基督教会设立的灵生女子中学校，以及上海县立务本女子中学校等。"新学制"确立后，上海又先后出现了道中女子中学、培成女子中学、培明女子中学、审美女子初级中学以及天主教会设立的进德女子中学、晓明女子中学等普通女子中学。据不完全统计，自1918年至1927年，上海先后创立各类女子中学17所。

在上海女子中学不断涌现的同时，原有的男子中学也逐渐向女子打开校门，特别是中等教育实现男女同学，为女子提供了更多接受中等教育的机会。与此同时，女子中学普遍开设附属小学也决定了女子中等教育的重心地位。伴随普通女子中学规模的不断扩大，女子中等职业学校在女子教育中的重要性也日渐增强。

从总体来讲，在五四运动前后的近十年间，城市经济的繁荣和社会局势的相对稳定，为上海女子教育的发展提供了适宜的社会环境，女子教育完整体系的雏形基本形成。但是，此期地方政府对女子教育的重视还远远不够，县政府设立和直接管理的男子中学达6所，其中有3所为民国成立以后所设；而在女子教育方面，除接收私立务本女学改为县立学校外，并没有设立另外的女子学校，而对私立女校和教会女校的管理也仅限于宏观把握，没有制定相应的规章制度，对女子教育的实施多采取放任自流的态度。在公立女子教育进展甚微的情况下，上海的开明士绅认识到女子教育的重要性，不惜投入大量资金办理女子学校，使国人私立女学的数量超过教会女学，推动了上海女子教育的重大进步，使女子中等教育日趋本土化。上海女子教育的本土化趋向有利于削弱其殖民色彩，发扬民族特性。

二、女子教育的正规化走向

北伐战争胜利后，国民政府针对上海在国内所处经济中心和文化中心的重要地位，以及在国际关系中的特殊作用，将上海撤县而成立特别市，由中央直接管辖。上海特别市政府在加紧市政建设的同时，加强了对教育的控制和改造，女子教育也受到一定程度的关注。至抗日战争爆发前，在相对安定的社会条件下，上海女子教育同整个教育体系一道，走上了制度化和正规化的道路。

1. 政府加强对女子教育的宏观控制和微观管理

1928年，上海特别市政府出台了一系列教育法规，[①]将上海所有市立中小学校长和教师的任免权掌握到特别市教育局手中，规定中学校长须由市长亲自任

---

① 上海特别市教育局.上海特别市教育法规[G].上海：[出版者不详]，1929.

命,政府通过市立学校的样板作用,对全市学校教育的整体发展进行规范和统整。

为了保证私立学校的办学质量和发展方向,市教育局还专门制定了《上海特别市私立中小学校规程》和《上海特别市私立中小学校董会规程》以及《上海特别市私立中等学校及小学校立案规程》。其中,《上海特别市私立中小学校规程》明确规定:"凡本市之私立学校,须受本市教育局之监督及指导。"如果"私立学校办理不善,或违背法令时",政府有权责令其解散。为了确保私立学校有固定的经费来源,上海特别市教育局规定,所有私立学校必须成立董事会,经过教育局确认的董事会为学校设立之代表,负经营学校之全责;董事会须对于学校经费的筹划、预算决算的审核、财产保管、财务监督等财务事项负责,并负责将学校年终结算呈报教育局;针对私立学校中存在的经费不足、校舍过分简陋、教学设施极不完善的状况,教育局通过私立学校立案程序予以检查和监督,规定"凡未经立案之私立学校,应依照私立学校立案规程呈请立案"。立案之私立学校须具有"足以维持其学校之常年经费""有相当之校地校舍运动场""教职员合格胜任,专任教员占全数三分之二以上",对于拒绝和拖延立案的私立学校,教育局采取对其学生"另眼相看"的办法制约校方"非法"办学。上海特别市教育局通过各种教育规程规范着学校教育的发展。

在规范化办学的过程中,上海女子学校作为上海教育的重要组成部分也被纳入政府公私立教育的管理范畴。然而就历史资料来看,私立学校立案的进行并不顺利,到1929年时,① 真正向教育局立案的女子学校并不多,就女中而言,仅有南洋女中、爱国女中等7所女中,而未立案的女中达20所之多。到1935年时,② 55所私立女子中学中,立案者已有32所。尽管教育政策的落实情况并不理想,但地方教育法规的制定加强了市政府对公、私立学校从开办到具体办理过程的管理和控制,在某种程度上结束了女子私立学校放任自流的局面,对于上海女子教育质量的提升发挥了一定的效用;同时,教育政策法规的制定,表明上海地方政府对教育发展的关注,也使女子教育的管理水平有了很大提高。

2. 对教会女子教育控制权的限制和制约

教会学校在中国和上海自成体系的发展,引起了国人的强烈不满,收回教育权的呼声日渐高涨。民国政府教育部于1927年专门制定了对教会学校的限

---

① 上海市教育局.上海市教育统计(民国十八年)[M].上海:[出版者不详],1931.(以下未注明的1929年资料均见本书)
② 许晓成.上海大中小学调查录[M].上海:龙文书店,1935.(以下未注明的1935年资料均见本书)

制办法,上海市教育局随之也采取了相应措施,将教会学校纳入私立学校系统进行管理。1928年制定的各项规程中规定:外国人及教会设立之学校属于私立学校,凡私立学校须受本市教育局之监督及指导;教会学校须向地方政府教育局申请立案;私立学校校长须以中国人充任;私立学校董事会成员应以中国人占多数方为有效;校董事长或董事会主席须由中国人充任。以上规定首先确定了中国人对教会学校的领导权和控制权,在一定程度上打击了帝国主义在上海文化领域的嚣张气焰,削弱了教会学校的殖民性。此外,规程还明确规定:教会学校不得以宗教科目为必修科,亦不得在课内做宗教宣传,私立学校如有宗教仪式,不得强迫学生参加。这些规定从教育内容上对教会学校的宗教活动进行了限制,有助于减弱教会学校的宗教色彩,给中国学生更多的自主选择权。

上海特别市政府对教会学校的控制和制约,限制了外国人在上海教育中的特殊权利,在一定程度上收复了中国的教育主权。1929年时,向教育局申请立案的教会女学只有清心女中一所,但到1935年时,除圣玛利亚女中、进德女中、惠中女中、晏摩氏女中等几所教会学校尚未立案外,其他教会女中均已完成立案事宜。在教会学校立案的同时,各教会女中的外籍校长已先后由中国人替代,如中西女中校长改为杨锡珍,清心女中校长为张蓉珍,晓明女中校长是赵承俊,进德女中校长为邬明瑛⋯⋯尽管教会学校校长多由中国教徒担任,但往往存在有职无权的现象,且基督教科目在许多女子学校仍作为必修科目来开设。20世纪40年代曾就学于清心女中的曹锦孚女士谈道:

> 我们清心属于长老会,学校里的宗教气氛比较浓。每个礼拜都有圣经课,《圣经》要一章一章教下去,牧师来教圣经课,是正式课。①

不仅如此,清心女中的学生每顿饭前都要唱谢饭歌。尽管国民政府实施了教育独立政策,但并没有从根本上改变西方教会对中国女子教育控制的局面,西方文化势力对女子学校的影响仍然广泛存在,但对教会在上海女子教育权利上的限制,则有力地推动了女子教育的独立化和本土化进程。

3. 上海女子社会教育广泛开展

伴随着上海工商业的繁荣发展,女子就业的机会日渐增加,进入工商界的

---

① 本章涉及的人物访谈,具体的采访时间、采访地点可参见本章末尾所附《民国上海女子教育访谈信息表》。

女子越来越多。为了改善自己的生活景况和工作条件,女子们急于提高自身的工作能力和知识水平;而为了尽快适应社会各行业对女性人才的需要,各种类型的女子社会教育在30年代也如雨后春笋般开办起来。

1929年,当各种社会教育团体在上海初步发展起来之时,女子补习性学校还寥寥无几,只有浦东劳工新村妇女班、上海市丝厂女工会东联会女工夜校等少数几所,社会教育主要是面向在职女工。到1935年时,各类女子补习性学校已达14所之多,其中,上海女子补习学校、上海华英文打字传习所创设于30年代初,它们不仅以在职女性为招收和教育对象,而且面向全上海急于求职和在职的所有女性。

女子社会教育以国文、英文、打字、音乐、绘画、刺绣、家事、算学、簿记、商业等实用知识为主要学习内容。开办渠道和办学形式多种多样,① 既有市立的教育机构,也有私立的教育机关;办学形式有补习学校、民众学校、函授学校、职业传习所等不同种类;在不同的教育机关中,既有专门为女子开设的职业补习性学校,也有不分性别、男女兼收的学校。市立补习学校和民众学校面向全市男女青年招生。其中,市立补习学校创始于1927年10月,至1935年共招收学生十届184个班11 982人,其中女性占4 589人;市立民众学校于1928年10月开办,至1935年底招收学生30 589人,其中女性为13 009人。私立补习学校是当时女子获得求职技能的重要场所,其中,上海基督教女青年会创办的4所女工夜校影响较大,共容纳女工646人。40年代,女工夜校逐渐扩展为7所。女工夜校既相对独立又横向沟通,教学形式灵活多样,受到女工的普遍欢迎。上海妇女补习学校的学生多达777人。在其他私立补习学校中,也不同程度地为女性提供就学机会。

上海女子社会教育的繁荣,既反映出社会发展对女子教育的巨大需求,也反映出广大女性进入社会的强烈愿望。女子社会教育的发展,在更大范围内影响到社会女性观念的转变,而女子社会教育与女子学校教育的共同发展,又在更大程度上提高了上海女子的整体就业能力和文化素养。

三、女子教育的维持、改造和推进

1. 抗战时期女子学校的艰难维持和发展

1937年卢沟桥事变发生以后,日寇的铁蹄踏上了黄浦江两岸的土地,租界

---

① 上海市教育局.上海市教育统计(民国二十三、二十四年度合刊)[M].上海:[出版者不详],1937.

沦为战区中的"孤岛",上海陷入灾难的深渊。1941年太平洋战争爆发后,日本帝国主义将租界进一步控制到自己手中,整个社会笼罩在战争的阴影下,动荡年代给上海女子学校的维持和发展带来了极大困难。

(1) 战争带给女子教育的创伤

在租界之外的战区,学校校舍大多被毁被占。其中,爱国女中地处炮火前沿,更是在抗战初期遭受重创。据学校历史资料记载:"八月二日,季校长既租定公共租界南洋路大厦两座及运动场以为校舍。适以飓风袭沪,未能迁移。至六日起,乃开始迁移文物校具,因空气紧张,人心惶惶,雇车极难。十二日江湾已不能通行。十三日战争猝起,本校适当其冲。所有全部校舍暨未迁移之物,悉数被毁。"① 处于江湾的两江女子体育师范学校是一所在国内外极具影响的女子学校,教学生活设备先进,然而日军的炮火将其毁于一旦,放满两房间的学校史料和各种奖品全部被烧光,马赛克铺就的游泳池也变成日军的马粪池。日军占领租界后,上海最有名的教会学校中西女中也被迫搬迁,其江苏路校址被辟为日军的伤兵医院。

日本侵略者在上海的暴行使上海人民遭受了深重灾难,女子学校的损失极其惨重。据上海市教育局在战后的统计:务本女中、中西女中、爱国女中、启秀女中、民立女中学校损失都已超过20万元。② 调查表粗略计算,上海仅中学损失就将近1 600万元之巨,其中女子中学在战争中所遭受的经济损失达480万元,崇德女中、惠群女中、东南女子体育师范等学校因损失过大,最终不得不停办。战火使女子学校的生源普遍减少,中国女中学生由340人减至150多人;爱国女中学生由230人减为180人;民立女中原有900人,战争中只剩400人;爱群女中由300多人减为130—140人,等等。③ 外地在沪学生不愿再进入战区冒险,战区的父母也不放心让女儿出门学习,失业的家庭更无力送女儿出来读书。战事使整个社会陷入一片混乱,给女子学校带来严重的生源短缺,抑制了女子教育的发展。

(2) 女子教育在战乱中艰难维持

艰难困苦并没有动摇女子学校师生发展女子教育的决心,为了尽快恢复学校的教学,各战区女学的教师们在房屋紧缺、房价奇贵的情况下仍想方设法在

---

① 本校四十五年来之发展史[M]//爱国女中四十五周纪念特刊.上海:[出版者不详],1946.
② 上海市教育局.上海市中等教育概况[M].上海:中正书局,1948.
③ 妇女生活[J],1937,5(5).

租界为学生寻找一块"净土"。如爱国女中从江湾搬到哈同路南洋路(今铜仁路),启秀女中搬至霞飞路(今淮海路),民立女中暂时与正行女中合用校舍,务本女中不得不借用青年中学的校舍,清心女中位于租界的边缘,为了学校的生存,也搬入静安寺路协进中学。此外,还有爱群女中、裨文女中、两江女子体专、东南女子体专、明德女中、上海女中等8所女中进入租界。为了缓解战时教室紧张的困难,女子学校只能因陋就简,很多女子学校不得已采用半日制教学形式,高中部上午上课,初中部下午到校;有些学校只能与另一所学校合用校舍,上下午分开使用;为了弥补教学时间的不足,保证教学质量,星期六、星期天照常上课,有些学校甚至晚上都安排有教学活动。

为了吸引学生,维持教学,各个女校不得不降低学费或免收杂费,但学校收入的大幅度减少,又使学校处于窘迫的状态,而租赁房屋更使学校雪上加霜。务本女中因经费短缺,教师只能发放原工薪的四成;民立女中收入比过去降低三分之一,教师只能拿到原工资的四成;清心女中的教师工资按五成发给;明德女中教师只能支给微薄的生活费。女子教育界同整个社会一样发生了严重的生存危机,然而女子学校教师并没有放弃自己的工作,而是与学生一起共渡难关。在上海女子教育界师生的共同努力下,抗战期间,女子教育尽管历经无数坎坷,但前进步伐并没有停滞,所取得的成绩更不容忽视。

2. 抗战胜利后女子教育的改造和推进

抗战胜利后,国民政府收回主权,上海教育逐渐步入了正常发展的轨道。上海女子教育一方面尽力恢复正常的教学秩序,另一方面努力寻求新的发展机遇,提高女子教育质量,以适应社会发展需要。

为了尽快恢复和重建上海的女子教育,广大师生投入了极大的热情和精力。上海沦陷时期,日军曾将中西女中作为伤兵医院。原中西女中教师黄凤贞描述了抗日战争胜利后她们立即开始整理校舍时的情形:

> 我们把带血纱布嘛拿掉,什么拐杖喽,外科手术器具喽,大草地(里扔得)是一塌糊涂,乱成一片;宿舍后面房子里的东西,乌七八糟,他们要走了嘛,什么都一塌糊涂呦!

两江女子体专校长陆礼华回到江湾两江校舍后,看着残垣断壁伤心不已,为重振两江,她维修校舍,亲自洗刷被日军马粪严重污染的游泳池。1946年暑假,清心女中也陆续从原租界斜桥总会狭窄的洋房搬回到南市的老校舍。其他租住在租界的女校也逐渐搬回到原来的校舍。爱国女中由于地处江湾,校舍损毁严重,战后一面改建原校舍,一面在南阳路赁屋坚持教学活动。在恢复的基础上,女子教育规模也有了一定的扩展。

上海市教育局也尽力恢复和发展女子教育。除收复原有市立务本女中的所有权外,又将汪伪管理的原租界学校收归市立,将原工部局女中改组为市立第一女中。在收复原有女中的基础上,上海市又于1945年建立女子师范学校,1947年设立高级助产职业学校和高级护士职业学校,体现了上海市"今后当力求质的改善,以提高教育的效能;致力于职业教育之推进"①的教育发展思想。在市立女子教育发展之时,静文女子初级中学、人和高级助产职校和中山高级护士职校等私立女子学校也相继设立。

民国时期,尽管中国国内战乱迭起,外敌数次入侵,上海遭受重大损失,但上海利用其特殊的政治环境和国际地位,排除各种干扰,按照既定的历史轨道继续前进,女子教育也取得了很大进步。②

从上海成立特别市后的1929年、全面抗战爆发前的1936年以及抗战结束的1945年三个代表年份来研究上海女子教育的发展可知,三个年度,各级教育中女学生的数量都呈明显递增态势。1929年度,上海初等学校女生人数为31 977人,占学生总数的28.3%;到1945年度,初等学校女生人数发展为111 683人,占学生总数的37.1%;初等教育女生人数增加了2.5倍,增长了近8.8个百分点;中等学校中,1929年度女生为5 761人,占学生总数的25.5%;1945年度,女生有23 809人,占学生总数的35.7%,女生增加3倍多,增长10.2个百分点;高等学校在1929年度有女生1 573人,占总数的11%,1946年度第一学期有女生5 980人,占总数的21.3%,女生增加了2.8倍,增长了10.3个百分点。从女学生的增长比例来看,上海女子教育在向高层次、普及化方向发展。拿上海和全国的总水平来比较,除上海女子高等教育保持3个百分点的优势外,全国1946年度的女子普通教育整体水平尚未达到上海女子教育在1929年时的状况,较上海落后大约15年以上。在民国时期38年的发展中,上

---

① 上海市教育局.上海市中等教育概况[M].上海:中正书局,1948:序.
② 相关年份数据见下列资料:
上海教育局.上海教育统计(民国十八年度)[M].上海:[出版者不详],1931.
上海教育局.上海市教育统计(民国二十三、二十四年度)[M].上海:[出版者不详],1937.
施翀鹏.上海市三十五年教育统计[M].上海:[出版者不详],1937.
中华年鉴(下)[M].上海:中华年鉴社,1948.

海女子学校的数量和规模都有了大幅度提高,女子教育的进步极为显著。

综观民国时期上海女子教育的发展,其间经历风风雨雨,走过了很多艰难曲折。但是,社会的发展是不以人的主观意志为转移的,随着社会的发展和观念的进化,加之女子教育本身所具有的强大生命力,民国时期上海女子学校的数量和规模都有了大幅度提高,女子教育的现代化取得了重大成就。

第二节 上海女子中学的基本状况

民国时期的上海实行以租界为势力范围的西方殖民统治和以华界为区域的中国国民政府统治体制,而代表西方文化殖民势力的基督教和天主教实际成为西方控制中国教育,使中国西化和基督化的有效工具。辛亥革命前后,争取民族独立和国家主权的呼声不断高涨,国民政府和民间人士开始努力发展本国教育,以逐渐建立起本民族的学校教育体系。上海本土的公立、私立女子学校在数量和办学规模上都超出教会女学而成为女子教育的主体。据1948年上海教育资料统计:①上海共有教会女中15所,其中天主教女中8所,基督教女中7所;上海市政府设立女子学校5所,国人所办私立女中26所。②

上海女子教育中,除了激烈的中西文化之争外,现代文化与传统文化之争同样存在。民国时期,女子中等学校由于其在女子教育中所处的重心地位而成为中西方文化、新旧文化争夺的重要阵地,各种文化势力纷纷通过设置学校、开设课程、建立一定的管理和训育制度来培养女性人才,以此影响中国社会的变革。

一、女子中学的类型和主要生源

受上海多元文化的影响,上海市政府、租界当局、西方教会、社会团体以及个人都基于不同的政治和文化背景,从不同的需要出发,按照一定的办学意图制定相应的教育宗旨,开办女子学校,以图实现各自的目的。

民国时期,上海女子中学主要分为四类:第一类是市(县)立女中,数量很少,在抗战胜利之前只有务本女中(即现上海市第二中学前身)一校;第二类是私立女中,主要由民间人士和社会团体创办,如民立女中、南洋女中、南屏女中、智仁勇女中和爱国女中等,这类学校数量相对较多;第三类是公共租界工部局创设的工部局女中,抗战胜利后被改组为市立第一女中(即现上海市第一中学

---

① 上海教育局.上海市中等教育概况[M].上海:中正书局,1948.
② 国民政府将教会女中与国人私立女中统称为私立学校,本章的私立女中仅指国人所办私立学校。

前身）；第四类是教会女中，其中又可分为基督教女中和天主教女中两种。基督教女中主要有中西女中、圣玛利亚女中、清心女中、晏摩氏女中、裨文女中和惠中女中等；天主教女中主要有进德女中、启明女中、培明女中、晓明女中、震旦女中、徐汇女中等。教会女中在上海女子教育界具有举足轻重的影响。各类女子中学由于办学宗旨和培养目标不同，因而招收对象也各有不同。

1. 市立务本女中

务本女中是国人在上海所办女子学校中历史最为悠久的女校，它既是社会革命的产物，又是妇女解放的结果。学校初开，为"益家善种"，既定"以改良家庭习惯，研究普通知识，养成女子教育儿童之资格为宗旨"。民国期间，改宗旨为"完成普通教育，造成健全国民，授以女子适用之知识技能，并培养女子固有之美德、健全之体格"。学校的办学宗旨发生了根本性的改变，女子的培养目标从"贤妻良母"变为"健全国民"，女子的角色从家庭逐渐扩展到社会。为了使女子成为在知识技能、美德和体格等方面得到发展的"国民"，务本女中注重招收中等社会家庭的女子。务本女中毕业生徐修梅女士曾谈到其母校及其学生的来源：

> 我叫徐修梅，1928年进务本女中。我在那里念了六年，进去的女学生都是中等家庭的女孩子。我们那时候都是穿校服，就是学校指定的布做的旗袍吧！当时上海的小姐们穿得都很漂亮，可是我们学校特别朴素，因为她朴素，所以我们中等人家的女孩子还念得起这个学校。我的同学家庭一般中等、小康，一部分呐，小康高一点；一部分呐，小康低一点。因为完全没有钱，不可能进学校读书。

由于上海市政府将务本女中作为女学的榜样加以扶持，给予一定的财力支持，所以当时公立务本女中的收费低廉，而教学质量相对又有保障，因而成为社会中等家庭女生求学竞争的焦点。作为竞争的胜利者，当时能够进入务本的女生一般学习成绩比较好，她们的家庭基本不顾虑温饱问题，且有一定的余钱供子女读书，故以商人、银行职员等小康阶层水平的职业家庭为主。富贵人家的女子当时多不屑入此类学校。

2. 教会女中

与市立女中相比，教会女中多由西方教会创办，其资金相对雄厚，教学设备先进，师资力量较强，教学质量较高，因而在上海女子教育中占有重要地位。在教会女中里，既有天主教女中和基督教女中，同时各学校又因分属不同的宗教派别,表现出不同的特点。

(1) 教会女中追求西方化和贵族化

教会女中开办的初始目的是以社会上层家庭的女孩子为招收对象,把自己的学生培养成为有教养的大家闺秀、贵妇人。中西女中原校长薛正曾写了《我所知道的中西女中》①一文,介绍了中西女中的发展历史,其中就有学校创办人美国传教士海淑德提出办学宗旨的记载:

> 办学宗旨,按海淑德的说法有下列四点:
> 1. 面向中国主要是富贵豪门的女儿,提供高等普通教育,中英并重。
> 2. 教授西洋音乐(选修)。
> 3. 从思想上和道德习惯上对中国女子施以"健全"的西方教育和影响。
> 4. 最后也是最主要的是传授基督教的基本要道。

这一宗旨带着极强的西方文化优越感,对中西文化教育进行了价值判定,明确反映了中西女中的文化特色,就是要培养上层社会家庭的女子,将西方所谓"健全"的世俗文化和宗教文化纳入其意识形态,从而全方位影响中国社会的发展。这一宗旨虽然是中西女中的办学方向,但实际上也是西方在华教会办理女学的整体指导思想。

为了贯彻教会学校的办学方针,教会学校还注意利用教学质量吸引上层社会的女子,力争办成"最好的学校"。此类学校收费昂贵,其整体设施倾向西方化和贵族化,因而多为社会政治、经济、文化等领域的上层人士所青睐,并非中等人家的女子能够问津。

(2) 教会女中之间存在等级差别

中西女中在招收学生时除以考试成绩为参照外,特别要求必须有相当社会地位的人作保,且家长能够提供足够的费用。在上海,像中西女中这样专供上层社会家庭女子接受教育的学校还有几所,如天主教会创办的启明女中、晓明女中等。当然,教会女校中,并非每一所学校都像中西女中那样"高贵",由于开办学校各教派在政治、经济实力上存在强弱差别,故各校的教学设施、教学质量也呈现出不同层次,教会学校之间自然形成一定等级。原晓明女中毕业生于昌

---

① 中国人民政治协商会议上海市委员会文史资料工作委员会. 解放前上海的学校(上海文史资料选辑第五十九辑)[M]. 上海:上海人民出版社,1988:283.

萱女士曾谈起天主教女中之间的等级差别:

> 上海天主教女中大概有这样几个,启明女中、晓明女中、徐汇女中、震旦女大附中,不多的。徐汇女中嘛,劳动人民的女子多一些,它不是天主教会办的,是中国修女组织的献堂会办的女中,收钱比较便宜;我们两个学校启明、晓明收费比较高一点,大概启明比晓明还要贵一点。启明女中是拯亡会的,我们两个学校是姐妹学校。

曾在天主教进德女中学习的严凤霞女士谈道:

> 我父亲是工部局职员,我母亲老早死掉了。我们的经济状况是很苦的,很苦很苦,父亲是一个公务员,他要养活奶奶,我母亲生了两个,我的后母又生了三个,一直在生,人口很多,就靠他一人过生活。……在我们同学中,太苦的比较少,差不多都是中层的。太苦的也念不起学。太苦的念到初中就不念了。除了两个同学,经济实在差的,像我这样经济差的不大有。我要不考取奖学金,我也只有进护校了,护校不要学费的。

民国时期,不仅天主教学校之间存在等级差别,基督教女中的等级性也明显存在。中西女中、圣玛利亚女中、清心女中可以说是上海的三大基督教女中,尤其是中西女中,更是以其贵族性知名而远远超过别的教会女中。据称每个周末,接宝贝女儿回家的高级轿车将该学校所在的江苏路堵得水泄不通,其景象极为"壮观"。至于像神文女中、晏摩氏女中等教会女校虽历史悠久,但设备相对简陋,教学质量不高,其社会影响远不及上述三所基督教女校,在教会女校中居于中下层地位,只能招收中等家庭的子女入学。

美国传教士狄考文曾明确表示:"真正的教会学校,其作用并不单在传教,使学生受洗入教。他们看得更远,他们要进而给入教的学生以智慧和道德的训练,使学生能成为社会上和教会里有势力的人物,成为一般人民的先生和领袖。"[①] 教会女学的开办者就是希望通过宗教教义的宣传、西方生活习惯的培养,潜移默化地向中国女子灌输所谓的西方文明,通过她们来使中国社会全方位西方化、基督化。

---

① 顾长声.传教士与近代中国[M].上海:上海人民出版社,1981:233.

3. 工部局女中

在上海教育历史上,存在时间很短但影响比较大的一所女校是工部局女中。该校于1931年由中国教育家、时任公共租界工部局华人教育处处长的陈鹤琴力主创办,聘请有办学经验,曾留学美国的原金陵女大毕业生杨聂灵瑜①担任女中校长,专门招收租界纳税人家庭的女子入学。杨聂灵瑜曾就学校的工作进行了总结,指出:鉴于学校专为华人子女而设,故学校采用国民政府教育部制定的课程标准办理学校,以求"学生将来升学较易,既服务社会,亦更能适合社会之需要",可见,学校的办理方针为培养女学生适应社会、服务社会,以培养职业女性为其办学目标。针对学校今后的发展,杨聂灵瑜认为:②

> 近年以来,女子经济独立之呼声颇高,但求之实际,若不施以适宜之教育,亦不过空泛之名词而已。本校同人,慨于今日中国女子教育之畸形发展,引为杞忧,认本校今后之训练应注意下列数端:
>
> (一)注重中国文化。沪地为通商巨埠,华洋杂处,青年子女,多鄙弃自家文化,而以欧风为时髦,长此以往,殊非民族前途之幸福。本校有鉴于此,对于课程,中西并重,对于中文及历史诸科,……以挽舍本逐末之颓风。
>
> (二)人格训练。吾国年来政治不修,社会紊乱,虽原因复杂,然究其极,人心丕变,人格堕落,实为主要原因。……吾人如欲希望未来之理想中国实现,吾女界对人格训练一端,实为责无旁贷。
>
> (三)手脑并用。以往中国之教育,只可称为书本教育,善读者往往只读死书……本校注重手脑并用,手工、烹饪、缝纫、栽种诸科,无论矣,既其他科学,亦必使之实习而达学以致用之目的。
>
> ……

杨聂灵瑜的话反映出她从民族前途考虑,有志纠正沪地崇洋习气,改变中国女子教育弊端的精神,极为可嘉。

由于学校地处租界,而工部局又有稳定的华人税款来开办学校,因而,工部局女中的教学条件相对优越,教学质量也较有保障。但由于工部局女中与教会女中的开办目的不同,因而,工部局女中学生的来源并不像贵族教会女中那样

---

① 民国时期,妇女嫁人多随夫姓,杨聂灵瑜本人姓聂,夫杨怀僧,故称杨聂灵瑜。
② 杨聂灵瑜.两年来本校之进展及今后之训练方针[Z]//上海市第一中学六十周年校庆纪念册.上海:[出版者不详],1992.

主要以上流社会家庭和宗教界人士的女子为招生对象,而是着力培养中产阶级家庭的女子。工部局女中毕业生盛靳先女士的一席话印证了这一点:

> 工部局女中成立于1931年,它是适应了时代的需要。一些开明的家长希望女孩子也进校读书,另外像我们这样的家庭呀,实际达不到中产阶级,才是职员呀,甚至是小市民呀,因为我父母就不是知识分子,但是呢,他也受到社会的影响,因为他不是也有老板吗?看到老板的女儿都念书了,所以他就给我念了。当时他已接近小康了。

工部局女中主要招收租界纳税人的女子,以培养她们的自主意识,训练其社会实用知识技能及对善恶优劣的辨别能力,以求女子的经济独立,并为社会发展作出贡献。

4. 私立女中

上海女子普通中学除了公立女中和教会女中之外,数量最多的当数私立女中。这类女校中,既有外国人创办或教会创办后为中国人接办者,也有中国人自己创办者,还有团体主持者。由于私立女中的资金来源不同,学校管理相对各自为政。

(1)私立女中良莠不齐

由于开办者和办学动机不同,因而私立女中的办学质量差别很大:有些学校以女子教育为事业,以培养女子的独立能力、独立意识为宗旨,以提高教学质量为学校生命;有些女子学校则以办学为谋生手段,把维持学校生存作为基本要求,尽管学校教学质量有一定保证,但学校的发展并不是办学的重心;也有学校将办学作为发财之道,以贩卖文凭作为其办学动机,教学质量可想而知。当然,事物是发展变化的,每所学校的存在方式也并非绝对不变。私立女中数量较多,办学目的不一,因而,各学校之间的水平难以整齐划一,对上海女子也就具有不同的吸引力。

南屏女中是全面抗日战争爆发后,浙江省立杭州女子中学部分教师辗转到达上海,为解决杭州女子中学流亡来沪同学的失学困难而于1938年开办的。该校毕业生许庭曾这样介绍她的母校:

> 我们学校只有短短的十八年,但它为我们国家培养了很多的人才,这与曾校长的办学思想和为人很有关系。她本人就是一个自强自立的女性,

她要求我们每个女学生成为有作为的、独立人格的人。要成为这样的女性,就一定要勤奋学习,掌握本领。另外,在思想品德方面,结合我们提出了六字校训:"忠、诚、仁、毅、宏、勤",教育我们待人要诚恳、宽厚、正直,不要自私、不要嫉妒,要勤奋学习,这些教育对我们言传身教影响很深。

在上海滩,真正发展女子教育,以女性自强自立为培养目标的学校不在少数。但是,不能否认私立女中也有一些教学质量很差的学校,这种学校以谋取利益为目的,以贩卖文凭为手段,满足了社会上一些人希望获取文凭,以学校教育为装饰品来提高婚姻身价的愿望。曾在私立女校任教的王芷涯谈起学店式的女中时说道:

> 学店式的学校,在女中中有,男女合校中也有。这些学店式学校办得很差劲,学店的校长像个老板,是想着赚钱的,不是专心办学,智仁勇女中就是这样。实际上智仁勇女中是一个办学很早的学校,是很有名的,后来我在教的时候,就不行了,很差,包括聘用老师,教学质量很差,根本没有什么校纪校规,学生学习不认真,不爱上课,讲打扮,有时候,还将男朋友一道带来。学生背着小皮包来学校,我叫她们拿出纸头来测验,她们拿不出,有人就拿出发票来在上面写,这给我的印象太深了。这些小姐都是不念书的小姐。

(2) 私立女中生源以中产阶级家庭女子为主

相对教会女学而言,私立女校学生的家庭总体社会地位要低得多,家境比较清贫的占有一定比例。但就内部来看,真正难以解决温饱的家庭并不是多数。因为连温饱都无法解决的家庭更关注的是柴油米面,而不是送自己的女儿去学校学习。

南屏女中毕业生许庭曾说:

> 南屏女中的学生来源比较广泛,但还是住在附近的学生居多。同学中也有家庭比较有钱的,我们班沈玉蓉(音)家里有钱的,她父亲开了一个自行车行;其他的,一般的比较多。我9岁时,(当职员的)爸爸就过世了,所以,我们家是比较清贫的。在南屏,不收我的学费,我是一分钱的学费也没付过,就从初一到高三毕业了。在南屏,我这种情况不是个别的,顾婉先、陆宗慈的家庭跟我的差不多。

吴彼得是上海女子教育家吴若安的养子。他介绍了南洋女中的学生情况：

  南洋女中的位置是在"下只角"，是经济条件差的人家住的地方，在闸北区西藏路桥的北面，以前是中国地界，又是中国地界中比较差的。因而，这个学校的学生多数都是经济条件差的。早期，学校刚开办那段时期（南洋女中约在1912年开办），上学的学生中间经济条件好的多，就是限于当时的历史环境吧，有钱人家才会把女孩子送去上学。

  从以上两位所谈的情况可知，私立女中的生源有着地域的不同，如租界是当时上海大户和中层人家的主要居住地，因而，该地私立女学的生源家庭经济状况就较华人区要好；华界的南市区由于住户经济条件相对较好，生源整体趋于中层经济状况人家，而闸北等区，由于住户多较为贫困，生源家庭经济状况也就差一些。南屏女中处于租界，因此生源经济条件整体较好，而南洋女中学生的家庭经济就相对清贫。

  吴彼得还谈到南洋女中的历史发展，指出其早期入学女子多来自富足之家，但随着社会的开放，女校生源不断向社会中下层延伸。南洋女中的这一发展特点在上海女子中学中应该具有一定的普遍性，这种普遍性不仅存在于私立女中，在公立女中和教会女中同样存在，这是女子教育历史发展的必然趋势。

  就上海女子学校的总体而言，财力越强，教学质量越高，学校的知名度也越高。而学校的知名度不同，收费标准也不同，知名度越高，学生的学习费用越高，学生来源的社会等级也越高。据1921年的教育资料推算：中西女中和圣玛利亚女校每位学生的年收费在300元上下，而裨文女中、清心女中、启明女中等教会女学的收费大致在150元上下，国人私立女学收费在100元左右，当时唯一的市立女校务本女中年收费约为80元。① 可见，女校之间的收费差距是相当悬殊的。

  在中西女中，住宿生每年需交学费60元，膳宿费60元，学琴费60元，外加修琴费4—6元，理化实验费10元，验身费4元，此外，游艺专科费48元，唱歌专科费60元，家政科零费4元，生理、植物、矿物、动物等科加5元。教会女中本身因为早期有来自教会的财力支援，一般校内各种硬件设施较国人所办的女校条件为好，有的学校甚至是以外国模式建设起来，这些学校重视开设家政、音乐或

---

① 王寅清，柴藏湘.上海求学指南（下册）[M].上海：天一书局，1921.

美术等专科,以培养社会上层高贵女子为目的;而学生选修这些科目需要很多的费用,也不是一般中等人家能够承受得起的。

爱国女中、坤范女中、南洋女中等私立女校,其初期经费主要来自个人,以后则靠学生的学费维持,其财力无法与教会女中相比,因而,这种学校主要面向中层家庭。以爱国女中为例,中学住宿生年收费为:学费30元,膳费50元,宿费12元,杂费4元,共96元;如果走读,就更为便宜。除了正常的普通教学,一般无力开设当时带有奢侈色彩的选修科目,并且学生也难以承受这笔开支。20世纪40年代,随着受教育范围的扩大,学校又逐渐向下层有志女子开放。

就上海两所公立女中务本女中和工部局女中在30年代初的收费情况而言,务本女中因为有上海市教育局的财力支持,学校对学生学费的依赖相对较弱,徐修梅女士30年代初在务本上高中时所交各种费用72元,其中高中学费20元,膳费36元,杂费10元,而此期盛靳先在工部局女中时仅学费就35元,说明市立女中收费明显低于工部局女中。

据务本女中1929年的资料:①本年度第二学期,上海市立中学共有学生815人,其中家长为商人的466人,占总数的57.2%,学界的为126人,占总数的15.4%,政界为57人,占总数的7%,其他如军警、医生、律师、交通、工、农等各占一定比例。这一数据虽为市立女中学生的家庭职业状况,但在一定程度上反映了上海女子中学的学生来源以社会中上层家庭为主。以上学校的收费情况及学生家庭的职业分布在一定程度上反映出民国上海各类女子学校的不同学生来源及其家庭经济状况。

民国时期的上海,收费高低成为衡量学校办学质量的一个重要标准,它在某种意义上决定了学生来源的社会等级差别。教会女学总体"财大气粗",各方面条件优于上海市办女学和私立女学,因而,学生家庭的政治地位和经济状况居于社会中上层,学生也以能入这类学校为自豪;私立学校财力有限,学校办学主要依靠学生学费,所以学费相对公立学校较高,学生来源多为中层家庭,但私立学校也有一定的免费学额,因而吸收了一部分较贫困学生;公立女学的学费较教会女中和个别私立女中低廉,教学质量有保障,但由于学额有限,生源也以中层人家为主,兼有少量贫寒生源。民国时期,由于上海各级学校教育中女学生数量呈现明显的金字塔结构,女学生升学学级越高,其家庭的社会等级也就越高;许多女学生由于家庭经济无力供其继续就学,纷纷在小学、初中就离开了

---

① 上海教育局.上海市教育统计(民国十八年度)[M].上海:[出版者不详],1931:102.

学校,寻找工作,开始养家糊口。许庭女士曾说,她们班有位同学,初中毕业后就到鱼肆去卖鱼了,此类情况在当时是很多的。

但从历史发展来看,随着社会观念的不断开放以及女子向社会各职业的不断渗入,要求接受学校教育的女子也越来越多,女子学校的数量增加和规模扩大,使受教育女学生家庭的社会地位日益向中下层扩展。在1922年"新学制"实行之前,受社会观念的局限,女子学校数量稀少,仅国内大资本家、高级知识分子、社会名流、教会人士等上层社会家庭的女儿有机会进入女校接受学校教育;到20世纪20年代中后期,随着女子教育的发展,能够接受女子的学校面逐渐放宽,中等社会家庭的女子开始迈入学校的门槛。30年代,伴随着经济发展和社会职业的扩展,各类商业机构、行政机构的职员也意识到女子教育的重要,愿意为女儿进行教育投资,女子教育开始面向中等社会家庭女子开放。40年代,在上海社会的动荡之中,社会阶层不断分化,女子接受学校教育的风气开始向社会下层传播,一些贫苦家庭也努力创造条件为女儿提供学习机会。民国时期,不论教会女学、私立女学或公立女学,都逐渐向社会的下层打开校门,入学学生家庭的社会层次逐渐从高等向中下层过渡,上海女子教育的民主性渐渐增强。

经过民国时期几十年社会经济的发展,上海社会阶层的分化整合基本完成,由职业、财产、家庭社会地位、受教育程度等因素所决定的社会等级日趋形成。忻平教授在其著作中曾对上海人口的社会等级进行了研究,[①]将其划分为三个层次:第一层次为社会上层,由官僚、绅士、资产阶级构成,多为有钱、有势之人;第二层次为中层,主要包括职员、知识分子和自由职业者,其中由于职业的不同,其经济状况也有很大差别,但其共同性表现为受过较高的教育,有一份体面的职业或专门的技术;居于上海人口绝大多数的工人、苦力等构成社会的第三层次,这部分人在社会政治、经济、文化等方面都处于贫困状态。在社会的三个层次中,能够享受教育的主要是第一、二层次的家庭,第三层次的家庭困难的经济状况限制了女子的入学机会。而经济背景和社会背景的不同,又使各层次家庭的女子所能进入的学校层次有明显差别。

二、女子中学的课程与教学

在中国历史上,女子教育的内容曾囿于"三从四德",即便是有才之少数女

---

① 忻平.从上海发现历史——现代化进程中的上海人及其社会生活[M].上海:上海人民出版社,1996.

子也仅涉猎文史之学。随着历史的不断前进,现代新兴知识体系被引入中国教育领域,而开埠通商又使上海女子较早受到现代知识的熏陶。这样,现代科学知识与中国传统学科的结合,构成上海女子教育的内容主体。

就普通女子中学的教育而言,① 现代教育内容体系基本形成,并确立了以语文、数学、外语三科为学科体系的核心和基本,向外延伸到物理、化学、地理、历史、生物等科为学生学习的主要科目,其中,地理与历史两科已分化为本国地理历史和外国地理历史两大部分。在开设主要学科的同时,还辅以论理学、图画、音乐、体育、卫生等科目,借以扩充学生的知识结构,陶冶学生的情操。此外,还根据社会需要,开设了公民、军事看护和家事等科目,对女学生进行思想的训练和实际技能的培养。从女子学校所设的学科来看,我们今天学生的所有学科当时都已基本具备,上海女子教育的现代学科体系基本形成。

上海女子中学的学科设置不仅限于一些基本科目,而且在部分女子中学已开始设立选修科,以提高学生的知识水平,培养学生的现代思维习惯。如务本女中高中普通科分别开设有国民概要、中国文学史、英文应用文、英文修辞学、分析化学、微积分大要、簿记、经济学、国画、西洋画等学科,以供学生根据兴趣和爱好选择学习。上海女子中学选修科目的设置,旨在根据学生的不同智力水平、不同的兴趣和爱好自由选修,以使女子教育的教学照顾到学生的不同需要,一方面为学生提供进一步深造的机会,加深学生的知识层次;另一方面扩展学生的知识范围,使不同能力的学生能够得到充分发展。

民国时期,上海女子中学的课程设置初具现代科学体系,在教学过程中也开始注意改进教学方法,为学生提供充分发展的机会,以使女子教育的教学更具科学性。然而,上海不同类型的女子学校为实现其不同的办学动机,除按照国民政府教育部制定的课程标准开设课程外,每个学校还形成自己的课程和教学特色,通过开设一定的课程,将学科内容融于教学活动之中,以实现学校的办学目标。

1. 务本女中

务本女中是上海市教育局直接掌管的女子学校,它"根据教育部修订课程标准编排课程。教学方面注重学生之自发自动,尤注意于实验与观察。各种练习除书本上之习题外,另加补充练习题以期其熟练。体育与童军方面,注重锻

---

① 上海第二中学(原务本女中)历史发展概况[Z].上海:上海第二中学档案室.

炼学生之健全体格及养成严守纪律之习惯"。① 作为一所示范学校,务本女中对教育教学抓得很紧,教学质量比较过硬。

务本女中毕业生徐修梅介绍了学校的教学情况。首先,学校教师认真负责,水平很高。务本女中的校长是王孝英,北京女子高师毕业,她办学既严格又比较开放,并且请了一些好老师,特别是20世纪30年代初请的教务主任曹一华,既能干,又严格,还热情。作为教务主任,曹一华又请了一大批好老师,如高中英语老师高自芬,还有中文老师俞长源。学校基本以男老师为主,这些老师都是从名牌大学毕业,而且是高材生,他们个个认真热心。正是曹一华请来的一批好老师,使学校形成了良好的校风和强大的师资力量,有助于务本女中教学质量的快速提高。其次,学校课程相对完备、教学严谨。在王孝英和曹一华的管理之下,学校教学内容安排相对完备,教学活动井然有序,当时已开设了中文、英文、中外历史、人文地理、物理、化学、生物、生理卫生、体育等课程。为了提高教学质量,还在高中课程中开始使用大学教材,且选用物理、化学、代数、世界历史等英文原本教材。再次,务本不仅重视正课学习,而且注重体育锻炼。徐修梅在学时,务本选聘了两位北京女师体育专业的毕业生蹇华芬和王孝英的妹妹王紫芝,她们在体育课上对学生进行正规训练,教徒手操、游戏活动、排球、篮球、短跑、跳高、跳远等。此外,还注意抓好每天课前的十分钟晨练。

从徐女士的介绍来看,务本女中是一所注重教学质量的学校。校长王孝英和教务主任曹一华对教育工作极为负责,对教务更是非常精通,因而受到学生的欢迎。她们开设了相对完备的课程,聘请了一批从名牌大学毕业的高材生来校任教,这些教师为人正派,教学认真负责,使学校形成了良好的学习氛围。由于教师质量高,学校学风好,很多同学在中学毕业以后,只要家里能够供她们上大学的,都考上了国立大学。

那么务本女中教学工作的硬件条件如何呢?就女子学校之间相比,务本女中的条件属中等水平。从务本女中的历史照片可见,学校是老式的两层楼房,教室比较宽敞;供部分学生居住的宿舍外观陈旧,也不是上海滩的洋房式样。由于务本女中是公立学校,经费来源主要依靠教育局,加之学生收费低廉,故学校的建筑设施相对陈旧,无法与教会学校相提并论。

至于教学设备,在曹一华担任教务主任以后,学校开辟了一个理化实验室。当时把一个教室腾空,摆上八个试验方桌,形成了一个很大的实验室。至于生

---

① 上海市教育局.上海市中等教育概况[M].上海:中正书局,1948.

理卫生课,学校购买了一副人体骨骼,为学生学习人体构造提供了直观教具。在体育设备方面,主要就是排球,由于务本女中的排球水平高,各班努力培养排球苗子,所以体育活动以排球为主,此外就是秋千架,初中一年级女生都争相练习打秋千。对于学校的教学设备,徐女士感慨道:"办理化实验室很花钱的,你们现在有理化实验室不稀奇的,我们那个时候有个实验室很稀罕!有很多东西,物理化学实验都在这儿上。那个时候,教学设备差得很呢,我们都还算是应有尽有吧!当然,没有现在这么丰富。"

务本女中是一所比较正规的女子中学,对教学质量非常重视。为了提高教学水平,不仅力求课程完备,而且在教学设备的改良上也下了一定工夫,不惜花费大量财力创建理化实验室,通过实验让学生理解和掌握知识,并培养学生的动手能力,这样的教育教学方法与中国传统的背诵式教学相比,已经有了很大进步。务本女中在学生学习智育课程的同时,还注重让学生进行体育锻炼,坚持早操活动和课余排球训练,并扩展体育课内容,以丰富学生的学习生活,使学生在智力和体能上都得到发展。但是务本女中只有两幢旧式的两层楼房,物理化学实验在一个实验室,体育设备就只有排球、篮球和秋千架,教学条件总体来说还是非常有限的。

2. 私立女校

由于私立学校各办学者的背景和经费来源不同,因而在教学实践过程中,教学设施和教学活动存在明显差异,教学质量也高低不同。许庭曾经向笔者谈起南屏女中在比较艰苦的条件下从事教学的情况:

> 南屏女中的校舍不算大,它是一幢三层楼的小洋房,但有一个大厅,算我们的礼堂,它可以容纳四五百个学生。大厅的前面有一个平台,我们都喜欢这个平台,课间休息呀、复习功课呀,喜欢三三两两到这个平台上。平台的前面是一个很宽阔的过道,过道对面就是我们的操场。操场的四周有花,有假山;操场本身占地不大,好像一个小花园,两边树个竿,中间拉个排球网,就是我们的排球场;再两端就是篮球架。这个天地不是很大,但对我们每个南屏的学生来说,非常亲切,好像进入一个家一样。
>
> 我们有实验室,但很小,只有很少的仪器,只能做很简单的化学实验、物理实验,很简陋,不是很正规的。一般正规实验我们借市一女中的实验室去做。她们的实验条件比我们要好得多。她们很正规的,原来是工部局女中。

许庭女士在南屏女中接受了六年中等教育,她对自己的母校充满了感情。南屏女中对许女士来说是一个温馨的家,但这个"家"却条件艰苦:没有开阔的操场,没有设备良好的实验室,甚至没有地方去建一幢宿舍楼,但就是在这个教学设备紧缺的私立学校中,培养出许多能考取清华、燕京等当时的名牌大学的女性人才。她们是如何进行教学工作的呢?

> 我们开很多课。初中呢,语文、英语、数学,数学在第一学期就是四则运算,第二学期开始学代数;另就是几何、历史、地理,初中还有动物学,还有音乐课,我们的音乐课是唱英语歌的;还有体育。高中嘛,数学、语文、外语,还有生物,是王元璋老师教的,高二是化学,高三是物理,地理、历史每个年级都有,是世界地理、历史,体育、音乐也都有。我们南屏非常重视师资质量,学校老师都是大学毕业,其中,英语老师是复旦大学的英文老师,还有很多老师都是从浙江大学、金陵女大出来的。

> 我喜欢的老师很多,曾弥白是我的初中班主任,也是我们的英语老师,她对学生很好,我对她感情特别深。我还喜欢我初中时的语文老师姚韵漪,她是杨贤江的爱人,她对学生的作文是从鼓励出发的,修改得比较少,比较尊重学生原意;但也要改的,写得好的圈三圈,写得不大好的给你点出来,所以我们学生跟她学很有信心。还有我的数学老师周芬,她教数学非常清楚,我的印象特别深,后来我高中毕业去读数学,就是觉得数学很有味道。到了高中,我们的语文就是曾校长教的,她教我们文学史;我们还学《论语》《孟子》,这是沈亦云先生教的;我们南屏的师资力量很强,特别是这些老师对学生都很亲近,都很关心。

南屏女中虽然是一所私立女校,但校方在艰苦的办学条件下,丝毫不放松教学质量,学校想方设法,实验设备不够就借用别的学校的设备,除现代知识体系外,还在高中阶段开设文学史、古文等传统课程,让学生了解中国传统文化,以开阔学生的知识视野。那时尽管不提德智体全面发展,实际上学校在三方面都是注意的。学校提出"忠诚仁毅宏勤"的六字校训,就是对学生品德的要求。学校虽然很小,只有一个能容纳四百人的小操场,但在这个小的天地里,南屏学生进行班对班的排球比赛、篮球比赛,冬天还有跳绳比赛,踢毽子比赛,几乎每个同学都参加进来;学校还借胶州路体育场举办每两年一次的全校运动会。可见当时有一批热心教育、以女子教育为事业的人,他们努力克服办学中的经费和设备困难,以培养对社会有用的女性人才。

当然,就上海存在的相当数量的学店式女校来说,由于连基本的教学质量都难以保证,就更谈不上对学生的多方面培养了。

《上海市教育局业务报告》(民国二十年七月—二十一年六月)(1931年7月—1932年6月)中对博文女子初级中学的情况有所反映:"一、二、三年级合班上课,校舍租借,除课室外,无其他活动场所,图书寥寥数种,仪器标本阙如。课程不完备,教法板滞,学生成绩平平。该校成立十数年,一切设施均尚未臻完备,殊可惜也。"

曾在智仁勇等女中任教的王芷涯女士也谈道:

> 讲工部局女中时,谈上海女子教育好的地方比较多,它有点特殊,因为工部局女中有个校长杨聂灵瑜,上面还有一个华人教育处的陈鹤琴,他们都是教育家,都有比较开明的教育思想。他们是专心搞教育的人,其出发点是将女性培养成职业妇女。但当时大多学校可能都是智仁勇女中这样的学校。在当时上海的一些学店式或野鸡式的学校里,老师有一点点本事就好了,就可以博得很多学生的满意,因为好多老师根本就不怎么上课,"拆烂污"①的。你稍微教得好一点,她们就觉得你很了不起。不像那些历史悠久的、正规的学校,教学质量都比较高的。

由此可见在私立女校中,学校设备短缺、师资水平低劣,不追求教学质量的学校仍占相当的比例。

当然,并非只有国人自办的女学办学质量很差。20世纪30年代初,上海市教育局宣布《取缔腐败私立学校及私塾》的通告,②明确表示:"本市私立学校成绩优良者固属不少,而办理腐败,迹近敛钱,亦属难免。本年度调查所得起腐败者,加以取缔。"其中基督教教会学校晏摩氏女中因教学质量太差,被勒令停办。

3. 教会女中

教会女校为了吸引中国上层社会的女子入学,特别注重保持并提高学校教学质量,并用西方世俗文化和宗教文化同化中国人。在上海的女子学校中,因为教会学校有教会的财力支持,加之校友的大力帮助,还有学生所纳高昂学费

---

① 上海方言,意为敷衍马虎,不负责任。
② 上海市教育局.上海市教育局业务报告(民国二十年七月至二十一年六月)[R].上海:[出版者不详],1932.

为后盾,学校教学设备先进,教师资历较高,教学水平从总体上来讲,处于上海女子教育的前列。然而,由于宗教教派不同,学校教学也表现出不同的特点。

(1) 清心女中的教学特点(曹锦孚女士介绍)

第一,清心女中很注重教学质量。张蓉珍将功课抓得很紧,她请的教师,教学经验都比较丰富,资历比较高,教学水平也比较好。傅东华是《飘》(*Gong with the wind*)的翻译者,他的女儿傅娟教初中英语,还有导演柯灵的爱人陈国蓉教初中语文,历史老师秦铨中通过历史教学,给学生介绍许多不平等条约,激发大家的爱国热情,他组织时事竞赛,认为女同学也应关心时事,多看报纸,他在同学中威信很高。因此,同学在清心女中打下了比较扎实的基础。

第二,教学上,语文、数学、外语最受重视。尽管是教会学校,但清心女中对国文课却非常重视。学校选聘了两个功底很深的国文老师专教诗词和古文,所以学生在中学时期就打下了古文基础;数学选用当时比较流行、比较专深的《范氏大代数》,该书在当时世界上有一定影响,尽管学校对理科不是很重视,但数学还是放在很重要的地位上。那时有体育课,但曹女士觉得学校对体育不大重视。初一时还开设有家政课,做个枕头套,贴布、滚边,用各种颜色做花边,老师示范,学生自己做。清心女中还为女孩子们开设了烹饪课。

第三,教会学校受英美的影响较大,宗教气氛浓厚。清心女中副校长是一个美国人,叫 Ms Dalin,她是教会派来的。清心女中属于长老会,学校里宗教气氛浓厚,每个星期都有圣经课,《圣经》要一章章教下去,牧师来上圣经课,是正式课,每个星期都有,一个星期一次。学生要做礼拜,这是要点名的,还要考试。

第四,学校非常注重英语,高中英语是两个外国人在教,Ms Dalin 和英国人 Ms Lugen,上课是用英文,平时讲也用英文。在那里,要求你毕业后也能讲英语。老师讲课都用英文,所以学生毕业后,英语会话还可以。另外还有英文写作,每一班毕业都要出一个级刊,由学生自己编,里面很多文章是学生用英文写的。课本是用英文本,物理和化学教课不讲英文,但本子都是英文本,所以,学生的英文基础比较好。

第五,学校财力比较雄厚,硬件条件好。在南市学校中,清心女中的校舍是最漂亮的,有一片很大的草地,两边是宿舍房子、教学大楼、健身房、餐厅,教学楼是四层楼,现在仍然保存。健身房里有秋千、猢狲架,就是一根一根的钢丝;教学设施有实验楼,生物实验、物理实验、化学实验都有实验设备,在生物实验时要解剖青蛙,不过,相比之下,学生的动手能力还不强。

基督教清心女中相对于上海市立女学和私立女学而言,明显具有物质方面的优势,它除了有优美的花园洋房做教室,还有宽敞的绿地校园、实验设备一应俱全的实验楼、西方化的健身房和餐厅,这种条件非一般私立学校可比。它以雄厚的物资做后盾,拥有教会的支持,能够请来当时具有较高水准的教师,以保证学校在教学质量上占有优势。尽管清心女中的条件相对优越,但从曹女士的介绍中,也可看到这所学校的严重不足,如理科知识的地位低于文科;对教学实践性环节不够重视,实验条件完善,但实验并没有给学生留下深刻印象,学生的动手能力没有得到培养;体育运动遭到冷落,现代化健身房未能发挥出其应有的效用。从历史发展来看,这是封建传统教育中贵族性的遗留,是封建女子教育观在现代社会的无形沿袭。

(2) 其他基督教女中的教学特点

中西女中位居上海教会女中之首,在教学和生活等方面的硬件条件较其他教会学校更为优越,不仅教师水平高,而且校园如同江南园林,教学条件极为优越。黄凤贞女士曾谈道:

> 我们有实验室。我们过去都是一人一套东西,不像现在还是两人一套。物理喽、化学喽、生物喽,实验都做的,杀青蛙、杀鱼,我们都搞的;中西实验室里有十几台显微镜,这种显微镜大约一千块钱一台,很贵重。还有四十间琴房,这都是成套的。

这一系列教学设施表现出中西女中浓重的贵族性特征。学校非常重视宗教宣传,将《圣经》作为正式的教学内容,贯穿在学校教学活动的始终。

在基督教学校中,由于宗教派别不同,学校也表现出不同的教学特征。圣公会属于较老的派别,而卫理公会则是新兴教派。中西女中是由美国卫理公会创办的,它采取的是开放型办学模式,其办学方针是以培养社会上层人物为主,故而,学校在注重教学质量的同时,尤为注重培养"贵妇人"和"外交夫人"的气质,把外语、宗教、家政、音乐、钢琴作为教学内容的重要课程,甚至坐姿、走姿、眼神及面部表情都需要在表情课上进行专门训练。圣玛利亚女中属于圣公会,其办学模式则较为保守,虽然它和清心女中、中西女中都属"贵族学校",但后两所学校没有西方生活习惯养成和表情的专门训练,其贵族性和西化程度都不及中西女中,而其他基督教学校的贵族性和西化程度又远不及这三所女子学校。

(3) 天主教女中的教学特色

不仅基督教派特点各异,而且不同国家的天主教派也具有不同特点。如美国天主教倾向于开放,法国天主教比较保守,这一点在上海教会女中也有明显的表现。在法国人开办的天主教学校中,智育和宗教教育是学校的重要内容,但对体育运动极不重视。当笔者问及晓明女中1942届毕业生于昌萱,她们学校是否有体育课时,她对此已经没有记忆了。在谈到实验课时,她说:

> 我们有实验设备,物理有,化学也有,老师拿到课堂上给大家做一下演示,但同学不做的,做得很少。我们晓明女中是法国拯亡会办的,震旦女大是美国圣心会办的,所以,震旦女大比拯亡会的学校要开放。

天主教女中的保守性不仅体现在偏重智育和宗教,而且在各科教育内容中也有体现。蔡晬盎女士是蔡元培先生的女儿,抗战期间曾在震旦女中就读。她介绍其母校说:

> 震旦女中就是震旦女子文理学院附中,它是法国教会办的学校,课程比较老式,但外语是比较好的,有英语和法语两门外语,法语是法国人教,英语是英国人教。还有一种叫修身课,宣扬达尔文的进化论是错误的,讲人是上帝创造的,动员学生入教。因为我父亲主张"以美育代宗教",所以我没有入教。我们的英语念的都是古典的,从乔瑟、贝森莱一直念到拜伦、雪莱,莎士比亚的诗我们也背的。

总体而言,天主教女校是贵族性与保守性结合比较紧密的学校,它注重对学生的知识灌输,轻视动手能力的培养,至于体育运动,在女子学校中更是毫无地位可言。

不论是基督教女校还是天主教女校,也不论是倾向现代还是倾向传统,都有西方教会的后台。尽管由于教会派别本身的财力不同,社会影响力有大有小,从而使学校内部也有教学设备的优劣、教学质量的高低、教学侧重点的不同和学生社会等级的差别,但就总体状况来讲,教会女中比较欧化,接受西方的东西较多,治学较为严谨,请的教师也都比较负责,当然校方更希望学生西化。

4. 工部局女中

女子中学中颇具现代气息的当数工部局女中。工部局女中教育经费比较充足,教学设备条件优于私立学校。校长杨聂灵瑜是一个接受过现代美国教育,具有新思想的自强女性,在她领导下,工部局女中的教学内容和手段较前述女中更为进步和科学。盛靳先女士谈起学校及其教学情况：

> 我们住的房子是新盖的,我1933年进去,1934年开始盖的,我们还去种树,非常好,完全按照欧洲的风格。一个教室的后面有个小间,是更衣室。小间里面挂满了衣钩,每人固定一个位置;雨伞吗,下面有木格子,一把一把搁在里头。我们教室的地板比现在都好,都是柳桉木的。后来我们校园里还盖了一个健身房。健身房在当时女子中学里不大有的。如果要进健身房,就要换跑鞋了,皮鞋不好进去,里面有吊环、鞍马、爬绳,还在里边拿大顶。

这说明了学校教学硬件设备的优越。以教学设备为物质保障,学校还聘请了许多高水平的教师：

> 我们学校都是女老师。我们学校请的女老师都是妇女里面拔尖的。我们老师第一届最出名的大概是黄庐隐,她是个作家,是北京女师六君子之一。还有一个是李辉群,是文学家刘大杰的爱人。不管是音乐、体育,还是家政,副科老师也很强。我们那时是唱英文歌的,而且是四部合唱,因为我们的音乐老师也是留学的。教中国地理的老师是大学毕业,教外国地理的老师留过学。数学老师"王老虎"① 属于数学教师中的佼佼者。

与市立女中和私立女中相比较而言,工部局女中的师资确实阵容强大。就笔者所掌握的资料来看,当时上海教育界的情况,一般留学生任教于大学,大学生任教于中学,像工部局女中这种聘请留学生任教的女中确为比较少有。除了保证正常课业的高质量外,注重体育锻炼也是工部局女中的一大特色。

工部局女中放手体育教师进行教学改革。除充分利用体育课进行体育器械练习外,还要求学生不分春夏秋冬,每天坚持跑操,并将会骑自行车作为学生毕业的必需条件。学校将女学生的身体训练放在重要地位。不求体育名次,但求增强全体学生的体质,这是工部局女中着力培养有独立能力、广泛知识和强健体魄的职业女性思想的充分体现。

---

① 王姓数学老师名王承诗。因该老师非常严格,又长有一颗外翘的门牙,故学生戏称其"王老虎"。

上海各类女中的办学条件有很大差异。教会女中由于有外来经济的支持,加上富足学生所交的学费,因此物质基础雄厚,一般都有较大的校园、典雅的西式洋楼、舒适的生活设施和尽可能现代的教学设备,学生在学校以学习现代知识为主,但其日常生活实际上依然是大小姐生活的延续。公立女中在上海市教育局或工部局的扶持下,教学条件和学生生活条件相对较好,学生以走读为主,学校各方面的活动在经济上较有保障,教学质量不断提高。而私立女校的情况较为复杂,既有勤俭办学,尽力改善教学条件,以保证教学质量者;也有能够获得一些援助,学校发展较为顺畅者;还有经济能力有限,教学设施不够完备,处于比较艰难的生存境地者;当然,还有一些私立女校将学校作为赚钱的门路,将学费据为己有,这种学校的教学条件更是无法提及。

总体来看,民国时期上海女子学校的课程和教学表现出以下特点。

第一,认真办学的女中都非常重视开设完备课业。民国时期,上海女子教育的课业内容与男子学校已基本一致,囊括了现代各门科学,从基本的中文、数学、外语,到自然科学的物理、地理、化学、生物,到社会科学的历史,以及辅助性的美术、音乐、体育、家事、公民等科目,中学现代课程体系已基本形成。有些学校甚至开设了一系列选修课程,如南屏女中开设文学史课程,中西女中和圣玛利亚女中设立钢琴科、洋琴科、美术科等艺术科目,供学生选修,学生可以主修艺术科,获得学校艺术科毕业文凭。学校尽可能地聘请好的教师,开设完备的课程,选用内容较深的、较好的教材来教育学生。女子学校将现代科学知识纳入女子学校教育体系,对女子适应现代社会极为有利。

第二,中西文化并重,英语占有重要地位。上海女子学校尤其是教会女学,对英语非常关注,各类学校只要经费允许,都聘请外籍教师教授英语,外语教学贯穿学校生活的每一天。此外,学校还选用一些外文教材,并让学生编写英文毕业年刊,以培养学生的外语实用能力。在中学阶段,学生的外语听说读写能力都受到一定训练,这在客观上有利于女子扩大知识视野,增加女学生将来与外部社会的接触机会。但是,由于女子学校是在中国国土,其生存必须以适应中国文化为基础,因而,不仅私立学校和市立女学带有浓厚的中国本土特征,即便教会学校也开设一定比例的中文课程,选读中国古代文化典籍。

第三,宗教教育在教会女中极为重要。为了培养具有基督精神的中国女性,教会女中极为重视宗教课程。天主教女校的宗教活动虽是学生课后的自愿功课,但教会将天主教堂建于学校,势必对学生产生无形的影响。基督教学校除日常宗教活动外,还将《圣经》作为一门主要课程贯穿学生学习过程的始终,使基督教义学习成为学生日常生活必不可少的内容。一些私立女校,如培成女中、启秀女中等由于其办学者均为基督教徒,因而这些学校也存在一些宗教活动,但传教并不是学校的根本目的。

第四,对体育活动的态度各不相同。在教会女校中,注重体育活动的学校并不十分普遍,中西女中作为一所美国基督教会开办的女校,注重体质训练,对体育活动相当重视,而圣玛利亚女中和清心女中对体育却比较忽视,天主教女校对体育的重要性更是置之不提。公立女校的务本女中和工部局女中(包括其后身市立第一女中)给予体育及课外活动以足够的注重,尤其是工部局女中,使体育活动成为学生的每日必修课,并把体育成绩作为学生毕业的一个标准。私立女校对体育的态度则不一,爱国女中、南屏女中、民立女中等都组织各种体育队,体育活动十分活跃。民国时重视体育活动,提倡女子身体锻炼,与民国之前强迫女子缠足、束缚女子于家庭是完全不同的。现代女子教育提倡女子走出家庭,而走出家庭的第一步就是放开双足,强健身体,因而,将女子体育放在学校教育的重要位置实质上是学校教育不断开放和女子教育现代性不断增强的体现。

女子学校的教师是女子教育进步的关键。民国早期,上海女中教师多以国内专科和师范科毕业生为主,但随着教育的发展,对女中教师的学历要求也有了很大提高,开始以国内大学和专科毕业生为主。从务本女中的师资情况来看,① 1923 年时,学校有教师 39 人,其中国外专科毕业 1 人,国内大学毕业 4 人,国内专科毕业 3 人,高师毕业 2 人,中师毕业 13 人,中学毕业 5 人,到 1932 年,共有教师 76 人,其中国外大学毕业 4 人,国外专科毕业 2 人,国内大学毕业 20 人,国内专科毕业 11 人,高师毕业 3 人,中师毕业 10 人,中学毕业 2 人。从两个年度教师的总人数和教师学历看,教师的知识水平有了明显提高,国外留学人员增加,专科以上学历的教师比例扩大,低学历教师比例明显降低。这一数据虽然只是务本女中一校的情况,但它在一定程度上反映出上海女子中学师资队伍的整体发展情况,表明教师知识水平的提高必然推动上海女子中学教学质量的不断改善。

然而,数量较多的上海女子中学并非每一所都认真办学,其中的"学店式"学校和"野鸡式"学校也客观存在,其办学质量很难与正规学校同日而语。尤其是在抗战期间及以后,由于上海社会的动荡、商品化经济的畸形发展,区区弹丸之地,女学纷出,良莠不齐。各种类型、各种情况女子学校的存在也正是民国时期上

---

① 上海市立务本女子中学校年刊[M].上海:[出版者不详],1933.

海社会复杂性的反映。正如时人所言:"把学校的质一方面做标准的,若是详细调查一下,精密地分析起来,只能把佛家一句话来代表,就是'不可说'三字。"①

三、女子中学的管理特色

民国时期是中国从传统农业社会向现代工业社会发展的过渡时期,在文化上也表现出新旧杂糅的特点,而中国传统社会与现代社会在女性观上的严重对立,更使民国女子教育成为社会变化的晴雨表。上海作为中西文化和新旧文化接触的前沿阵地,其文化表现也更复杂多样,而上海女子中学的管理模式集中体现了各类文化之间的激烈斗争。

上海单独设市后成立了教育局,此后,市级教育管理体制得以不断完善,并逐渐将学校教育的管理权从教会和私人手中收回,纳入国民政府教育局的管辖范围。1929年,上海特别市教育局出台了《上海特别市教育法规》,除了保有对市立中学的管理权外,还将国人私立中学与教会私立中学统称为私立中学,要求所有私立中学向市教育局申报立案,并对私立学校作出了明确规定,有关条款如下。

第一条,凡私人或团体设立之学校,为私立学校。外国人及教会设立之学校均属之。

第二条,凡本市内私立学校,须受本市教育局之监督及指导。

第四条,私立学校之设立、变更及停办,须得本局之许可。

第七条,私立学校之组织课程,及其他一切事项,须遵照现行教育法令办理。

第九条,私立学校办理不善,或违背法令时,政府得解散之。

上述规定明确了市教育局对私立女中(包括教会女中和私立女中)的管理权,但这种管理是一种宏观性管理,即只在私立学校申报立案之时和私立女学违背法令或办理不善被曝光之时得以显现,而在学校办理过程中,私立女中和教会女中仍能够按照自己的意愿来确立学校的管理人选和董事会人选,学校在整个运行过程中仍保有极大的自主权。女子中学的管理主要体现在学校职权所在、学校管理模式、教师任用、学生招录、考试制度等方面。女子中学类型不同,既呈现出共同的管理模式,又具有不同的管理特色。

1. 女子中学管理的基本模式

(1)私立学校实行董事会制度

在公立女中资金来源相对有保证的同时,为了保证私立学校(包括教会学

---

① 上海教育年鉴社.廿八年上海教育一览[M].上海:[出版者不详],1939:序言.

校和国人私立学校)有可靠的办学经费和相对完备的教学设施,当时政府教育部规定,所有私立学校必须设置董事会,由董事会负经营学校之全责。在财务方面,董事会负责学校经费之筹划、预算及决算审核、财产之保管、财务的监督等事宜。对于学校行政,明确规定由董事会选举校长完全负责,校董会不得直接参与。这些条款的实行,既保证了学校经费有较为可靠的来源和用途,限制了校长对学校经费的独断使用,又使校董会成员不直接干涉学校的具体事务,有助于保证学校内部教学事务的独立性。南洋女中校长吴若安女士曾在清心女中担任董事会成员,其子吴彼得曾谈道:

> 校董不在学校担任具体工作,只是开开校董会,给学校出出点子。抗日战争时期,上海沦陷,教会学校除了学费,外国捐款来不了,校董会就给想想办法。学生表演时,要义卖票子,校董会成员都要承包多少张票子,比如一百张。因为人家打电话,让我母亲一定要承担多少票子,她就买了去送人。因为我和她去看,这我是知道的。

王芷涯女士在进德女中任教时,对学校董事会情况也有一定了解,她向笔者谈起一件事:一个即将毕业的学生作为教会女中的代表到南京去请愿,后来学校要开除她,校董会讨论这个问题,有位英语老师是校董,她说:"人家毕业也毕业了,你开除她干什么!"后来没有开除,让她毕业了。可见,校董会还是有一定权力的。

在董事会制度的执行过程中,董事会成员直接参与学校财务管理的情况并不多。启秀女中毕业生刘珍宝谈到,启秀也有校董会,但这个校董会是不出钱的,只是名誉的。一般来看,校方聘请校董一方面是借校董提高学校的知名度,扩大学校的招生规模,提高档次;另一方面是借校董为后台,尽力避免外部干扰,以保证学校的顺畅发展,如政治性人物陶百川、吴铁城,黑道人物杜月笙等,都曾担任多所女子中学的董事会成员。

(2) 女子中学采取科层管理体制

民国时期,上海女子学校在内部管理上借鉴现代管理模式,采取了科层管理的办法。在学校校长的直接领导下,将学校事物按性质进行分类,分别设置不同机构和聘请人员承担不同的工作,通过相互配合,协同完成学校的各项工作。1934年《上海市立务本女子中学概况》一书刊载了务本女中的组织行政系统,大致是学校在校长领导之下,设立校长办公室,协助校长安排日常校务;之下设教务处、训育处、事务处负责学校的教育教学、管理训育、后勤事务等各项工作;至于各项对外联络和一些整体性工作则设立校务会议,由校务会议协助校长负责具体执行;校级管理上实行分片管理、分工实施的工作责任制。在校级之下,学生实行年级和班级制管理,采取分科教学的方法,推行教师级任制和科任制;在同一年级学生人数不多的情况下,实行教师级任制,由级任老师负责管理全年级学生的学习生活和思想动态;其他教师实行科任制,担任某一班级或某一年级的一科教学工作,保障教学工作的正常进行。

女子学校管理的科层制、分科制、年级制体现出民国时期女子教育发展的现代特色。当然,务本女中作为市立女中,其管理模式相对比较规范;但在一些私立女中,由于经费困乏,不可能有完备的行政管理体系和充足的人员构成,但学校内部事务也基本按照教学、训育、事务三块来实施,只是人员安排相对集中而已。私立启秀女中校长徐婉珊既全面管理学校的人事和工作安排,还负责每天为学生采购食品,处理日常事务;而教务主任陈昭悦在管理全校教务的同时,还亲自抓自习,亲自动手为学生油印学习资料。刘珍宝谈到启秀女中时说:"学校教务都是教务主任一手在抓,那时候学校管理编制不大的。如果编制太大,收入和支出不能平衡。"

女子学校这种科层管理的办法,将学校工作合理划分,责任到人,一方面减轻了校长的管理负担;另一方面也使学校管理趋于民主化和科学化。

(3) 女子中学实行教师聘任制

就教师的任用制度看,民国时期的上海在教师的使用上采取聘任制。1928年11月上海特别市政府公布的《上海特别市立中等学校教员任免规则》规定:"市立各中等学校教员,由校长聘任,呈请本市教育局核准备案。呈报时并应呈验履历及毕业证书、服务证书或著作品等,以凭审查。"并且规定,教师聘任期为一年,聘任期间,校方不得无故更换;教学成绩优良者,继续聘任,也须经过教育局核准。对于私立学校,市教育局为确保学校教学质量,1928年也规定,学校教职员合格胜任,专任教员必须占三分之二以上。从当时的规则可以看出:聘用教师的规格,教育局有明确规定;而聘用哪些教师,校方可以自行决定;有些教师不能按照学校的办学意图从事教学工作或者教学不够认真,教学效果不好,学校就可以解除聘约。

刘珍宝女士回忆道:

我们那个时候,教师是发聘书的。一个学期一个学期发聘书,学生反映不好的,就回掉,另外再请。半年一次聘书,所以,那时候竞争是很强的。

王芷涯女士回忆起她在女子中学任教时由于参加地下党女子中学学生运动而数次被学校解聘的经历:

> 毕业后,我去中学任教,我是学化学出身的,但我什么都教,除了体育、音乐、美术、语文,其他的我都教过。我在爱国女中、智仁勇女中、进德女中都教过的,还有被国民党所接管的、由工部局女中变成的市一女中我也代过课的。进德女中我教的时间比较长一点。当时,除了地下党组织布置的任务要去完成外,教书本身也得是模范,也要做得很好,不是"拆烂污"的。我为什么转来转去转了那么多学校呢? 我在女中搞学生运动呀,学校发现了,就借故解聘我了。我只得到另一个学校去任教。

学校从自身的发展需要出发,尽可能聘任好的教师担任学校的教学工作,以保证学校的教学质量。王芷涯女士尽管以很高的质量完成了教学工作,获得了学生爱戴和尊重,但由于她的行为具有政治色彩,会给学校带来不必要的"麻烦",因而屡遭解聘。当然,客观地从学校教学层面来讲,学校教师的聘任制度在一定程度上保证了教师对工作应有的认真和敬业态度,同时使学校教学质量保持在一个较高的水平并处于相对稳定的状态。

(4) 女子中学形成学生自治组织

女子中学管理的现代化还表现在学生自治组织的出现。学生自治会或学生会是在五四运动时期出现的学生组织,是社会民主化进程在教育领域的表现。这种学生组织在民国时期的上海女子中学已普遍存在。据记载,1933年务本女中发生的抵制不良教务主任的事件就是在当时务本女中学生会的领导下开展的,虽然事件最终导致校方解散学生会,开除领袖学生,但斗争还是取得了一定胜利。杜淑贞女士在培成女中学习期间担任学生会主席,她介绍了她们当时的工作: ①

> 中学时候,我是学生自治会主席,这是高二那年,高三呢我是集联会主席。那是1941年,太平洋战争爆发,日本人进了租界,就不能成立学生自

---

① 采访时间: 1999年4月26日;采访地点: 上海市乌鲁木齐南路杜淑贞女士家中。

治会,我们就改头换面,搞集会,集会他们不去管,集会联合起来,就叫集联会。相当于我两年都是学生自治会主席。

我们的教务主任曹未风(音)是比较开明的。日本人进租界时,他就要烧学校里的书,因为我们学校图书馆里有很多进步书籍;也不让我们学生自治会搞下去,还要求我们停掉。我记得我代表学生自治会跟学校谈判,当然有地下党的同志在旁边促进,我就出面找曹未风谈,提出三条:第一条,我们学校不要抓人,不要到汪伪政府去登记;第二条,不要烧掉我们图书馆的书,可以将它们转移、藏好;第三条,学生自治会不能成立,就成立各班集会联合会。这些条件当时他都容忍了。

培成女中校方在学校管理中采取了较为开明的政策,允许学生在校内开展政治活动,开办校刊《晨钟》,宣传抗日爱国,介绍革命根据地的情况;在校内成立文学研究会、社会科学研究会等学生团体,学习和宣传进步思想;杜淑贞女士在担任学生自治会主席期间组织同学与校方谈判,主张与日本人及汪伪政府进行斗争,都获得了学校的首肯。由此可见,当时女子中学学生组织发挥了一定作用。当然,像培成女中这样带有政治性的学生组织并不普遍,像南屏女中、启秀女中等校学生会在抗战期间的救助前线将士、尊师互助等活动中都起到很强的领导作用。通过这些事例可以看到,随着社会的不断演进,女子学校学生自治组织在不断发展,上海女子中学的管理也日益民主和开放。

2. 不同女子中学的管理特色

随着社会的不断发展,上海的开放程度不断加深,但保守观念在上海仍然具有很大的市场,女子学校对学生的内部管理仍以封闭式为主,对学生的思想和行为给予了密切关注,这使开放和保守共存于女子学校之中。当然,不同类型的女中表现出不同的管理特点。

据徐修梅女士介绍,上海女子中学的保守性表现为两种类型:一种是中国式的封建性保守;另一种是西方式的宗教性保守。

(1) 务本女中表现出封建性的保守

中国长久以来提倡"男女授受不亲",社会注重女性的单方面"贞洁"和家族的声誉,将男女社交视为败坏门庭之举,而在女子走出家庭八十年之后,尽管新的生活观念已久居上海,"男女平等""社交公开"已成为社会的共识,但人们的思想仍难以摆脱旧观念的桎梏。加之上层社会生活糜烂奢侈,黑道猖獗,为了少生事端,许多父母都避免让女儿进入男女合校读书,这使单收女子的女中受到广泛欢迎,而女子学校的办理者们也以"防微杜渐"为原则,将女子置入新的"闺阁"。这种旧观念的存在必然导致女子学校在对学生进行管理时,采取专制而保守的措施。

务本女中徐修梅向笔者讲述了一件事:

> 我们同学中不是有订婚的人吗?她们的未婚夫不是来看她们吗?下午四点以后,没有课了,就来看看未婚妻,他们在会客室里谈话,我们的训育主任就站在窗子外头,窗子没有窗帘,她就在外面走过来,走过去,走过来,走过去……一直要等到盯着这个未婚夫走出大门,她才停止不走。现在的人听了一定很奇怪,实际上不奇怪。我们那个学校是很老式的,带点封建,就是不许女学生轻举妄动。

务本女中严格限制学生的交往自由,不仅在行为上加以约束,而且剥夺了信件来往的自由。在学生的书信往来中,如有"可疑"信件,训育主任会随时查阅,这在当时的学校管理中都属于合法行为。务本女中作为全面抗战之前上海市属的唯一女中,实际是教育局的一个"门脸"。它一方面要注意把握教学质量,为上海市女子学校树立榜样;另一方面也非常注重管束女子的行为,以防其越过雷池,出现"伤风败俗"之事,给教育局"丢脸"。因而,学校在女学生的管理方面,仍然采取了比较保守的措施。

(2) 天主教女中用宗教性校规束缚学生的言行

按照徐女士的看法,比务本女中还要保守的是西方教会在上海开设的天主教女中。"上海有两种保守学校,一种是我们,带封建的保守;还有一种是天主教学校,在徐家汇,就是启明女中。去那里念书的都是有钱人家的小姐,她们管得比我们还要严,她们要四个礼拜才能回家一次,但她们的管法是嬷嬷那种管法,比起她们来,我们文明多了。"

1938年制定的《私立启明女子中学校章程》①给学生制定了明确的校规:

> 一、学生操行应趋庄重,举动须合礼貌,外表务须整洁。平日一律穿制服。
>
> 二、学生在冬天及夏天一律穿黑鞋。胭脂口红,以及一切染色化妆品,

---

① 朱有瓛.中国近代学制史料(第四辑)[M].上海:华东师范大学出版社,1993:237-283.

绝对禁止。

三、学生须按时上课，严守静默，专心学业。

四、自修室、实验室、图画室、工作室及卧室均须严守静默。

……

七、学生来信（除父母之信外）须经校长阅看。

八、一切书报、杂志、小说之类，须经校长同意，方准阅读。

……

20世纪30年代末期，启明女中采取学生寄宿制度，其管理举措将女学生的活动牢牢置于校方的监视之下。为了让学生"专心学业"，要求学生不许接触外界人士，不许化妆，要求学生穿着制服。为保持淡泊的心态，规定不许随意阅读课外读物，校内不得大声喧哗，甚至卧室也须"严守静默"。更有甚者，校长可以私自拆阅学生的信件。这种专制的管理模式不仅限制了女生的人身自由，而且也禁锢了她们的思想，这无疑是在女生摆脱家庭的桎梏之后，重又进入校园的牢笼。那么，其他天主教女中的管理情况又如何呢？请看20世纪40年代晓明女中毕业生于昌萱女士的感受：

> 学校在生活上要求是比较严的。我们那时穿校服的，是蓝色或黑色的裙子。里面嘛，是白色或黄色的衬衣，裙子是带背带的，我们的校服蛮好看的。还有校徽，我们校徽是一定要戴的，不戴要扣分的。另外，进了校门后，不能随便出校门。我是住校的，我们下课的时间有嬷嬷来看的；睡觉时，寝室里一点声音都没有，里面挺大的，能住好几十个人，很静的，一点声音都没有；也很干净的，没有扔纸屑呀、吐痰呀。到了早上打铃，一定要起身的。中午吃饭也没有一点声音。自己带的东西放得也很有规则，带什么东西、怎么放法，都有规定。但民主啊，那当然是不够。还有一点，就是上面老师上课，下面有个修女坐在那里。课余活动我们是没有的。聊天都没有，空闲不多的。

于昌萱女士在晓明女中的学习经历说明，天主教晓明女中对学生管理的保守程度并不逊于启明女中。校方不仅给学生规定严格的学习和生活作息制度，而且要求学生时刻保持严谨刻板的生活作风，并用繁重的课业取代了学生的所有课外活动，甚至四个星期才能回家一次，这种管理制度对年轻活泼的女孩子来说有点过分严酷。更为可笑的是,为了防止男老师和女学生之间发生"不轨行为",学校专门派出修女坐在教室进行监视。

蔡睟盎女士在天主教学校震旦女中的经历也印证了校方的"过敏反应":"我们学校有男老师,但年龄都比较大;有一次,教化学的老师病了,她是圣约翰大学毕业的,她就请了同学来代课。这位代课的男老师比较年轻,结果教室的后排坐了一排嬷嬷来监视。"

当西方现代文明的潮流不断涌向东方之时,一些消极因素也同时涌入。中国在对西方先进物质文明产生崇拜并进而学习模仿的过程中,也会不自觉地受到其消极文化因素的影响。天主教学校的管理措施实际上正是西方落后行为方式向中国的迁移,这一迁移与中国封建保守思想相呼应,在上海成为一股与现代社会观念相抵触的思想逆流。

(3) 基督教女中相对开放活跃

由于基督教历史较天主教为短,其内部的现代色彩较为浓厚。但由于其中派别不同,其开放性又有所差异。如开办中西女中的基督教卫理公会属于西方的新兴教派,其观念趋于开放;而创办圣玛利亚女中的基督教圣公会则属于比较古老的派别,创办惠中女中的安息浸礼会的历史也比较久远,因而,圣玛利亚女中和惠中女中的管理模式就较中西女中传统和保守。圣玛利亚女中的前身圣玛利亚书院曾明文规定,非至亲之青年男子不得来校探望;所有信件须经校长审阅,查出与非至亲青年男子通信者即行开除。由此可见民国早期基督教女学的保守性所在。

伴随历史的发展,基督教女中内部开始实行对外封闭、对内搞活的管理策略。惠中女中毕业生范敬敏回忆:抗战时,抗日英雄谢晋元被暗杀,同学去参加悼念活动,但校方坚决反对,将住校生牢牢地关在学校里。而在校内,学生不仅学习智力课业,而且可以参加各种活动,举行排球比赛等。教会女中沿袭下来的女生住校制度成为严密控制女子思想和行为的有效手段。正如范女士所说,她的姑妈送她到惠中女中的原因在于教会女校管理严格,而"女孩子就应该管严一点",这反映出人们对女孩子教育的普遍心态。当然,基督教女中除了宗教活动和正常课业外,还支持学生从事一些课外体育活动,较之天主教女中而言,又表现出较为开明的一面。

中西女中是最具开放性的教会女中,校内学生活动相当丰富。黄凤贞女士为我们介绍了中西的学校生活:学校原规定每四周放假一次,后放宽到每两周放假一次;当时上海女子学校大多为六天学习制,而中西很早就实行五天学习制度。学校为学生自由发展创造了条件。学生有丰富的课余生活,除了宗教以外,学生可以参加各种体育锻炼,学校有篮球队、排球队、足球队等,甚至有现今都不曾普及的网球和垒球运动,学生课余还可以选修钢琴、舞蹈。毕业班的学生在毕业之前的几个月,学校会聘请文化名人或艺术家来校,指导排练中西方话剧,毕业典礼时举行文艺演出,将其作为一种向学校、向家长的成绩汇报,汇报英语学习情况、音乐学习情况,以及表情课的学习情况等,演出活动也是学校向社会展示其学生才能和提高学校社会地位的一次机会。中西女中每年一次的毕业演出,往往成为轰动当时上海的一件盛事,其演出水平之高,为专业人士所首肯。此外,学校图书馆还购置有大量的各类书籍报刊供学生借阅,甚至可以看到共产党解放区出版的书籍。这一系列开放性在别的学校,尤其是在天主教学校或市立学校是不可能出现的。注重培养学生的高贵气质和多方面才能是中西女中贵族性的表现,这确实活跃了学生的课余生活,锻炼了学生的组织能力和活动能力,陶冶了学生的性情,有利于学生现代人格的形成。

但是,在中西女中较为开放的管理方式中也存在保守性的一面。黄女士谈道:

> 所有的教师一定要有担保人才能进来做教师,一定是教会介绍的,或者是在校董中有认识的人,一定要是靠得住的人。过去的中西女学,送孩子进来,可以不要考的,但在学校一定要有认识的人,晓得你是怎样一个家庭的女孩子。我们这里还有一件事情,你们不大理解的。学校另外有一间黑房子,专门针对那些做了基督徒的人,如果做了不好的事情,就到这个黑房间向上帝汇报,要讲自己犯了什么罪了,我们同班同学中就有这种情况。其实都是很小的事情,什么不起床了、没有做作业了,要向上帝交代、忏悔!

为了确保学校的"纯洁性"和贵族性特点,中西女中及其附属小学采取完全封闭式的管理,学生在学必须全部住校,回家返校要求有家人接送,以免在路途沾染不良习气。针对社会事务,中西女中校方反对学生参加社会政治活动,对学生的社会服务活动也不予支持。曹锦孚女士也曾提到,当时中共地下党就将清心女中称为"密封罐头"。反对学生接触社会政治、参与社会活动是教会女中西方化和宗教化的普遍反映。

(4) 采取开放式管理的工部局女中

中西女中以培养"贵妇人"为目标,而工部局女中是以培养具有独立人格的职业女性为目标,因而,两者的管理方式有很大不同。盛靳先女士和王芷涯女士对母校的管理比较满意。

工部局女中聘用教师以才取人,在教师管理上,以保证和提高教学质量为前提,注重发挥教师的主观能动性,允许并支持教师进行教学改革。体育教师陈咏声两度赴美留学,回国后立志振兴女学,以养成女子健美的体格。她在1990年7月91岁高龄时,向人谈起她在工部局女中从事体育教学改革,实行"小先生制"的情况:

> 体育活动中,"小先生"最忙的时候,要算是每年春天了。每逢五月,学校要举行一次规模盛大的体育汇报表演会。汇报一年来的体育教学成果。会上,邀请家长、校外师生及社会知名人士参加。
>
> 表演会从筹备到举行,工作量很大,这全由"小先生"配合我。每次,我都得召集"小先生"下达要求等,于是她们就忙开了。每个班级必须在"小先生"负责下,至少出一个节目。

工部局女中注重教学质量,放手体育教师进行教学改革,并将体育教学与学生各方面能力的培养结合起来,将学生的全面发展作为自己的办学方向。

在学生管理方面,盛女士认为,教会女学对女子的要求很多,管束得很厉害。学生更喜欢工部局女中,因为它更开放一点、自由一点、开通一点。工部局女中招收学生不讲门第,只要是租界纳税人子女都可进入该校学习。

女中虽然是租界工部局所办,但杨校长本人是一个虔诚的基督徒,然而她思想开放,学校既不设宗教课程,也不许教师在学校宣传宗教,不许从事宗教活动。在提倡科学知识学习的同时,还提倡丰富多彩的课余文化生活。除了各种体育文艺活动外,学生有很多时间可以看书,每个班级黑板底下都有个小的图书馆,就是书橱。大家都从家里拿些书来,摆在那里,大家互相换着看。学校有学校的图书馆,班级有班级的图书馆,学生可以自由选看。工部局女中学生采取走读式学习,倡导学生联系社会生活,关心社会发展。

工部局女中的训育工作细致入微。每次在大考结束发成绩单时,校长要把每个班的每个同学叫到她的办公室去,当面和学生谈一次话,根据学习情况,深入学生实际,工作非常细致,校长和学生的情感非常深厚!但校长严格的时候也很严格。盛女士谈了一件事情：

> 我记得很清楚,我们初一进去时,有一个很小的同学,她大概拿了人家的东西,后来校长发现了,就非常严厉地教育她:"这种行为是一种偷窃行为,如果发展下去……"那个小同学可怜巴巴的,我印象很深的。

工部局女中在管理上一方面吸收了教会学校的先进管理经验,提倡学生全面发展;另一方面又避开了教会女学的宗教性和贵族性,同时又有别于市立女校注重教学质量而忽视学生面向社会、多方面能力培养的弊端,这种面向社会、面向国家的开放式管理对于培养独立的职业女性,推动女子走向社会承担社会义务产生了很好的导向作用,是一种良性的现代化管理模式。

（5）私立女中的管理追求稳定

私立女中总体教学条件较差,教学质量参差不一,但因私立女中相对来讲有较大的管理自主权,所以在招生制度上要比公立女中和教会女中具有更大的开放性。一些办理有序的女中由于在办学过程中贯彻先进的女子教育思想,所以,私立女中的教育教学管理同样具有开放性和民主性。许庭女士对此深有感触:

> 曾校长由于是从金陵女大毕业出来的,她在管理方面很放手,很注意培养我们的自治能力。我们学校的学生自治会很活跃,演各种戏呀,举行各种比赛呀。尽管当时不提德智体全面发展,但那个时候,各方面都很重视。条件尽管不好,但经常举行排球比赛,我也参加排球比赛,还有篮球比赛,班对班的,丰富多彩,也是培养学生的一种能力吧!

黄健霭是新中国成立前夕南屏女中的高三学生,她谈到南屏的管理情况:

> 曾季肃是一个很认真的人,她非常重视抓教育质量。曾校长根本就不愿意和国民党来往,但她还必须按教育部的规定办。她是一个清高的、为教育而教育的校长。学习好的,她非常高兴非常喜欢,你去搞那个运动,她就很恼火。曾先生有一次说我们:"你们这个班太活跃,等你们毕业了,我们学校就太平了。"

从两位女士的回忆中可以看到,没有政治后台,缺乏经济支持的私立女中在上海女子教育界的处境是非常困难的。一方面想把学校办好,提高教育质量,培养出有才能的新一代女性;另一方面又不得不尽量避免与外界的接触,在政治的风云变幻中,保持学校内部的相对安定,努力发展女子教育。为了维持一方女子教育热土,私立女中在管理上以追求学校稳定和和谐为目标,反对学生卷入政治漩涡。因而,从历史发展的角度讲,私立女中的管理开放和保守并存,且其保守性明显存在。

从总体来看,在纷繁复杂的社会背景之下,各类文化以不同的方式影响着上海女子教育的发展,各类女子学校的管理方式也表现出各自的特征。

在华教会组织希望通过女子教育来影响中国社会的上层统治,从而达到制约中国社会发展的目的。以此为出发点,教会女中的管理一方面注重学校教学质量,力图把先进的科学知识传授给中国女子,以吸引中国的中上层女子;另一方面严格控制教师的进入和学生的来源,避免女生接触社会下层,沾染"不良"行为习惯,而用西方"高贵"的生活方式去培养中国未来的"贵妇人",与此同时,将西方的宗教融入学生的日常生活,使宗教教义深入女生的心田。然而在学生的能力和发展上,天主教女中采取了保守的管理方式,取消了学生的课外活动,没有设置学生的自治组织;而基督教女中的管理则比较开放,学校不同程度地开展了各种文艺体育活动,让学生自己组织安排,既丰富了学生的课余生活,活跃了学生的性情,也锻炼了学生的能力。

务本女中和工部局女中是上海市的两所公立女子学校,它们分别隶属于上海市教育局和公共租界工部局。由于两所学校所属不同,其管理特点也不同。务本女中由国民党掌管,由上海市教育局直接委派校长、教务主任、训育主任,在管理上注重把学生的注意力集中到知识的学习上,对学生的学习和日常生活采取严格管理。为了避免学生参与政治活动,往往用繁重的课业和频繁的考试来压制学生对社会的关注。

工部局女中与务本女中不同。校长杨聂灵瑜吸收中西方学校的优点,避开各类学校的弊端,一改中国女子教育的保守面貌,采取德智体美全面发展的女子教育方针;既注重学生的课业学习,保证教学质量,又提倡全校性文艺体育活动,训练学生能力,锻炼学生的体魄,既注重学生的思维训练,又注意发展学生的动手能力,以使女校学生成为精力旺盛、思维活跃、性情开朗、能力多样的新一代职业女性。与上海其他女校相比,该校体现出明显的开放性和现代性。

私立女校的管理各有特点。由于私立女校多没有很强的靠山,而学校经费又来源不足,加之学校数量较多,各自为政,管理规范性较差,因此,私立女校在上海教育界的总体地位较低。某些女中管理松散,质量很差,以营利为目的,甚至被人们贬称为"野鸡学校"(当然,也包括几乎所有教学质量很差的私立学校),有些学校则以维持为本意,在管理上采取以教学代替一切的方式,这两种女校在管理方式上倾向消极保守。当然,也有许多办理井然有序的私立女校,如南屏女中虽极艰难,但校长和教师以校为家,以女子教育为终身事业,学校不仅向学生传输现代知识,而且培养学生各方面的能力,以使其将来能够自立于社会,这类女子中学的管理一般较为积极开放。

四、女子中学的训育特点

在上海女子教育的发展中,由于新旧文化的斗争和影响,社会对于女子接受教育的目的的看法并不完全一致,有些学校和个人是将培养独立的职业女子作为教育目标,而有些则将女子接受教育作为提高地位、增加身价的砝码,更有些人将"女学生"的头衔作为一笔丰厚的嫁妆。不同的学校培养目标不同,发展方向不同,训育过程也呈现出各不相同的特点。

1. 务本女中提倡"温、诚、勤、朴"

吴若安是1906届务本女学毕业生,她在97岁时,回忆起务本女塾的一段生活:①

> 务本女塾崇尚朴实。在生徒规约第一条,即明确提出:起居容服,必朴雅整洁,勿效时装。学生多能恪守,社会有所好评。务本女塾建校宗旨,首以养成学生温诚勤朴的德行,注重学科知识,讲究教学方法,尤其重视家事教育,如烹饪、缝纫、医药卫生常识等作为培养贤妻良母之基础。

她的描述印证了辛亥革命之前务本女学以中国传统的民族思想为指导,以贤妻良母为学校培养目标。那么辛亥之后务本女中又是如何变化的呢?徐修梅女士做了介绍:

> 那个时候,每个学校都有校训,我们学校的校训是"温、诚、勤、朴",为什么放个"温"字呢?因为我们是女子学校。到了高中的时候呢,我们教务主任曹一华认为"温"字不好,就改成"勇、诚、勤、朴",那么,在我中学六年中,大概五年提倡"温、诚、勤、朴",所以,你就可以想到,我们那个学校提倡的是什

---

① 朱有瓛.中国近代学制史料(第二辑下册)[M].上海:华东师范大学出版社,1989.

么。这四个字代表着一种校风,我在里面,真是觉得这个校风是执行的,并不是字面随便讲讲,给人家看的。我们的校风比较淳,没有那个奢侈、浪费、说假话,刁钻古怪都没有,这些东西在学校都是被排斥的。我们学校不是追求时代的,校风方面比较保守。不许化妆,不许交朋友,不许穿自己的衣服。告诉你一个有趣的事情。我们不是有训育主任么,我们每天早上上早操,如果哪个同学搽了胭脂,(那个时候,搽口红不敢的,根本不敢。)就是搽一点胭脂,脸上抹一点红,她就拿一块白手帕,在大庭广众之下帮你擦了。哈哈! 训育主任一般都是比较严格的,而且是古板的。我们怕她。怕,女孩子嘛!

从徐女士的谈话中可以感受到务本女中所发生的变化。务本女中在清末民初的三十余年间,始终坚持"温、诚、勤、朴",注重养成女学生的传统女性气质,以培养家庭的贤妻良母,直到30年代,才变强调"温"为追求"勇",针对中国女子的柔弱品性,培养女子坚强勇敢的现代品格。一字之变化,实际反映出女中的办理者在教育意识和女性理想人格方面所发生的思想观念的变化,这既是女子教育发展的必然结果,也是现代社会对女子教育提出的新要求,展现出务本女中训育观念的进步。但是,在女生"勇"方面的培养,校方并没有采取切实的措施,除了初二时学生短期的"童子军"操练外,真正参加体育运动的人并不多。徐女士曾说:"那个时候,很多同学都是文雅得不得了,她们只敢看,哪敢上场的呀! 当然,也有几个短跑手,可是百分之八十都是不喜欢运动的,还是带点老式女学生的味道吧。"除此以外,由于务本女中隶属上海市教育局,反映一定的政治倾向,在国内政治矛盾日趋尖锐的情况下,教育局选派国民党员担任学校公民课教师,由训育主任和公民教师控制学校的训育制度和学生思想动态,以保证学生不问社会政事,又反映出务本女中训育上反动和保守的一面。

2. 天主教女中严谨刻板的训育要求

由于天主教宗教教义的保守和严谨,天主教女中的训育方式在上海女中里最保守最呆板,从思想到具体行为,包括生活方式,都对女生作出了严格规定,使女生不得越雷池半步。

启明女中在学校章程中明确规定:"本校设立宗旨,在养成道德健全,智识丰富之优秀女子。对于来校学生,是以严格教育,充实学问,使能散布光明、真理,为家庭、社会、国家切实服务。"[①] 落实到教育方针中就是形成良好风尚,注

---

① 朱有瓛. 中国近代学制史料(第四辑)[M]. 上海: 华东师范大学出版社,1993.

重道德、智识培养。

天主教女中要求女生生活作风严谨,一丝不苟,为女生订立的形象标准是"庄重""整洁""礼貌""静默""守纪",完全是一副"大家闺秀"的形象。天主教女中学生上学必须穿校服,校服以裙装为主,一般要求裙长必须低于膝盖之下一寸,上衣一律长袖,衣裙以素雅纯色为主,以示宁静和纯洁。曾在天主教进德女中学习的严凤霞女士印证了这一点。她在进德女中学习之时,学校不允许穿短袖衣,她就在短袖上安上揿纽,去学校时套上袖子,回来就把袖子卸掉。服装统一,可以避免形成攀比风气以致分散精力而影响学业。蔡晬盎女士也谈到天主教震旦女中对学生行为方式的具体要求,与启明女中和进德女中相比,有过之而无不及:

> 震旦女中的管理是很严格的。学生都穿校服,冬天是黑色的旗袍,黑鞋黑袜,夏天是浅蓝色的旗袍,白鞋白袜,不准穿其他颜色。穿大衣也一律是黑的。不准穿短袜,老师也不准穿短袜,还不准穿短袖衣。化妆是不受限制的,有些阔气的学生带金刚钻戒指,这都不限制,只有服装限制。回到家就不管了。
>
> 学校规定教室里不准说话。课间休息,排了队到屋顶阳台上去散步,走路时也不许讲话,只有到了阳台上,才可以讲讲话;每人发一张卡,犯规了就扣分,穿一次短袜扣两分,穿一次短袖扣两分,老师也不许穿。就是这样死板。
>
> 学校有个嬷嬷是专管我们的,叫莫莱黑索阿(法国名),因为音跟好莱坞有点像,我们大家叫她好莱坞嬷嬷。那时候,有两块板,就像现在说相声的那种板,一听到敲板的声音,大家赶快注意,不然她要扣分,扣到一定程度就要开除。我在苏联碰到过一位,她曾就读震旦女中。她告诉我,有一次也是这样,嬷嬷走过来,她听到板响,就赶快跑,结果两颗牙给摔掉了。我们很害怕嬷嬷,扣分扣得很严的,不做作业、不交作业都要扣分。

天主教学校不仅对学生日常行为习惯做了严格规定,还规定学生之间不准借钱借物,以形成严谨的生活作风。此外,学校还通过限制学生阅读的书籍和拆阅学生的往来信件来控制学生的思想,并且禁止校内学生的交谈,限制学生的交流范围,为了避免"无事生非",校方给学生施加了繁重的课业。于昌萱女士曾提及这一点:

> 课余活动我们没有的。我们每天四点以后干什么？看看书哇，很忙的！聊天都没有的，空闲不多的。中学时，笔记很多要整理的，数学题不是一道两道，是十道二十道这样做的！早操？我们没有，哪有早操？！周末回家以后干什么？我们整天忙得不得了，整天扑在学习上，还要自我奋斗，不像现在，女子工作好找。

天主教女中繁重的课业和严格的学习要求使学生无暇他顾，只能专心学习。因而蔡女士曾说，天主教学校的学生们都是不问政治的。天主教女中对女生的管束基本相似。学校以西方天主教徒的做派来要求中国女学生，将西方的宗教保守观念和呆板生活作风引入上海女子中学，抑制女学生的个性发展和思想开放，为中国女子套上了一副无形的枷锁。

3. 基督教女中浓厚的宗教气氛

天主教女中将教堂建在女中校园，让学生在浓重的宗教氛围中学习世俗课业，而对于学生是否参加宗教活动，是否诵读《圣经》，是否愿意成为天主教徒，仍采取自愿的态度。与此不同，基督教女中则将学校教学和生活与宗教活动紧密地联系起来。

惠中中学是基督教安息浸礼会在上海创办的一所历史比较悠久的教会学校，分男校女校两部。女部为惠中女中。范敬敏女士对这所学校的宗教活动记忆犹新：

> 我中学是在惠中女中读书，那也是一所教会女校。不过我在时，学校规模还是比较小的。惠中女中呢，生活比较单调，里面教会的人对我们抓得很紧，宗教气氛很浓。教会里面几个女的专门从事传道。在学校里，《圣经》是必修课，差不多要求我们每天早晨都看《圣经》，晚上也读《圣经》，还要经常做礼拜。我们每天呢，上完两节课以后，就要做一个小礼拜，做完后，再上后面两节课。每天都是这样。
>
> 安息浸礼会是星期六做礼拜。星期六我们叫它安息日。安息日是随便什么事也不许做的，不许做功课，不许写信，洗衣服也不行，只能到教堂去做礼拜。上午呢，在学校里面读《圣经》，下午呢，先是分开做小礼拜，再是集中起来做大礼拜，一直到四五点钟，差不多一天就过去了。所以，这一天，除了宗教，什么事也不能做。

惠中女中所在的浸礼会是基督教中比较古老的派别，对于宗教活动非常重视,学校安排有专职的传道人员,有必修的宗教课程,不仅每天从早到晚进行数次宗教活动,而且星期六更是成为专门的宗教活动日,宗教教育渗透到学生生活的每一个环节。范敬敏女士认为,与清心女中相比,惠中比较古老。清心女中的开放程度介于中西女中与惠中女中之间。

清心女中毕业生曹锦孚介绍了清心女中的情况:

> 我们清心属于长老会,学校里的宗教空气比较浓,每个礼拜都有圣经课,《圣经》要一章一章教下去,牧师来上圣经课,是正式课,每个礼拜都有,一个礼拜一次。这个圣经课是从你一入校一直到毕业每个礼拜都要上的,没有结束的,圣经课是要考的。另外,学生要做礼拜,这是要点名的。礼拜天上午做礼拜,大概两个礼拜一次,我印象是这样,就是要到礼拜堂做礼拜。清心呢,它原来有一个专门的礼拜堂,叫清心堂,就是清心女中和男中做礼拜的地方。清心的学生是住宿的,每天晚上都要做夜礼拜,每天晚上七点到七点一刻,全部学生都要到大礼堂集中,各班的班长,一般是高年级的班长到台上去领夜礼拜,不是牧师去领了。什么内容呢?一个是唱赞美诗,一个是念一段《圣经》,有时候就背主祷文了。我也领过的,因为班长是轮流领的嘛!这是每天都要做的。还有呢,住宿要吃饭,一天三顿饭,每顿饭之前,要站在那儿谢饭,唱一个谢饭歌,就是要谢谢主给我饭吃,这些饭菜都是上帝赐给的。

基督教女中将宗教直接融入教学内容之中,并通过日常生活对学生进行潜移默化的影响,让每一个学生都在无形中接受宗教的陶冶。当然,教会学校不仅利用说教的方式传播宗教理念,而且将西方的复活节、圣诞节和万圣节等宗教节日也纳入教会女中的活动之中,通过宗教娱乐活动使西方的世俗文化和宗教文化更深地渗入到女学生的心田。另外,教会女中沿袭下来的女生住校制度成为控制女子思想和行为的有效手段,客观上有利于西方宗教文化的传播。当然,基督教女中除了宗教活动和正常课业外,还不同程度地支持学生从事课外体育活动,锻炼学生强健的体魄。正如中西女中校歌中所唱到的:"更愿身心健与康","积中发外兮端且庄"。就注重身体强健而言,基督教女中较天主教女中表现出其开明的一面。

4. 提倡爱国自立的工部局女中

近代中国社会饱受艰辛和屈辱,民国年间,中国人民仍然遭受着列强的蹂蹦,人们的爱国热情空前高涨,争取民族独立、国家主权成为广大民众的共同心声。然而,在追求民族解放、民主科学的浪潮中,西方社会的民主思想也为人们所普遍接受,上海文化教育界也出现了崇尚西方文化的新时尚,女子中学内部逐渐形成了"崇洋"的习气,而中国民族文化反被置于忽视甚至否定的地位。

在这种社会状况下,工部局女中校长杨聂灵瑜指出:"青年子女,多鄙弃自家文化,而以欧风为时髦,长此以往,殊非民族前途之幸福。"进而提出"纠正学生今日偏侧之见解,以挽舍本逐末之颓风",而注重对学生进行朴素的爱国主义教育。① 盛靳先女士回忆道:

> 抗战的时候,她就把刘良模②找来为学生做演讲。他在上海做演讲,很有影响,地下党的人都请他。对我印象最深的还是他来教我们唱革命歌曲,《二月里来》就是刘良模第一次教我们的。我们生活的年代,国家多难,受欺负呀、国耻呀,都是很多的,所以,在一般的教学里老师也讲文天祥,讲岳飞,强调爱国主义的精神,对于怎么样振兴我们的国家都经常涉及,我们从小就有了朴素的爱国主义。
>
> 女中不仅对学生进行爱国主义教育,而且教育学生懂得基本的道德行为规范。每个星期六学校都要召开晨会,校长在会上做全校性的训话,训话不是骂人,而是讲道理的,讲清洁卫生、偷窃行为、待人礼貌、师生关系等,每次训话的时间都不长,不到一个小时。大家都很安静地听着,觉得得益很深! 因为它很切合生活,并且很短,能够抓住学生的一件思想活动或行为,就事论事,就讲一件事,讲其危害性,让学生懂得应该怎样。

培养爱国主义和社会道德观是学生立身的根本,为了培养爱国实干的女性职业者,工部局女中校长制定了"非以役人,乃役于人"的校训。盛靳先女士谈道:我们的校长办学有个特点,她强调女权思想,希望女性独立。"我们的校训中,役就是使役的役,就是学校培养学生并不是为了奴役别人,而是应该为人们服务,其实就是为人民服务。这是一个很好的校训。我觉得工部局女中不是在

---

① 杨聂灵瑜.两年来本校之进展及今后之训练方针[Z]//上海市第一中学六十周年校庆纪念册.上海:[出版者不详],[1992].
② 刘良模,浙江镇海人,1932年夏毕业于上海沪江大学,后入中华基督教青年协会工作,任学生部干事。曾为青年会办歌咏会,深入民众发表抗日演讲,教唱抗日歌曲,是抗战时期上海宗教界著名的爱国民主人士。

培养贵妇人,更多的是培养职业妇女,希望你将来能够独立自强,服务社会。"

增强全体学生的体质是工部局女中培养有独立能力、有广泛知识和强健体魄的职业女性思想的组成部分。盛靳先女士和王芷涯女士都谈道:

> 每个学期学校都开运动会,一次是田径运动会,跑呀、跳啊、跳高、跳远、跨栏、铁饼、铅球,我们都要参加,真是一个"全民运动"。那个时候呢,老师从来不叫我们出名次,但是每一样都要考试,都得及格,如果体育不及格的话,不能升级,高三时不能毕业,不给你文凭。我们到最后快毕业的时候,老师要求每个人都会骑脚踏车。现在骑脚踏车不稀奇,大大小小马路上都是脚踏车,但是我们那个年代,38年(1938年)、39年(1939年),女子骑脚踏车很突出,那真是很少很少的。所以那个时候我们同学为了考试及格,在校园里练脚踏车,练得很苦。另外有一次运动会是跳舞、体操,都是集体的。舞蹈是一男一女跳英国土风舞、苏格兰舞。我们还做裙子,高点的人扮男的,矮一点的人做女的,跳进跳出,而且到举行时家长都被请来。另外新校舍里还盖了健身房,健身房里有吊环、鞍马,还有爬绳、拿大顶。后来,还有背鱼、高跷、溜冰,四个轮子啊,都是在校园里一条很长的水泥地,每天中午都练呀!

工部局女中从培养具有爱国精神、崇高道德、坚强意志、强健体魄的"役于人"的职业女性出发,综合了各类女子学校的训育优势,进行德智体全方位的引导,充分体现了女子学校现代训育的开放性特点。

5. 极力远离政治的私立女中

在上海纷繁复杂的社会形势下,私立女中在开办过程中不同程度地受到社会各方面的影响和制约,因而显示出不同的训育特点。有些女中有一定的政治渊源,和某些政治势力有着千丝万缕的联系,因而无形中被赋予一定的政治色彩。而大多数学校缺少强硬的政治和经济后台,为了避免外在政治和黑道势力的侵扰,学校极力反对学生参加政治斗争和派别之争,要求学生专心学业,养成良好的中华传统美德。

杜淑贞女士曾谈到,爱国女中、崇德女中等学校还是抓教育,以教育为目的的,比较注重学生读书,但是因为有社会名流和国民党的渊源,国民党对学校着意控制,尤其是抗战胜利后,就有一些国民党的"党棍"安插进去。像爱国女中就有国民党派的人,比如校长啊、教务主任啊、公民教师等。当时爱国女中的校方就和上海国民党的陶百川、陶西川兄弟俩有关系。这类学校学生的学业比教会学校稍微差一些,但也还是读书的。这种学校在国共合作时期情况好一点,学生可以搞一些助学性活动,这和学校利益是一致的;但是只要稍微搞一点与政治有关的活动,学校就要反对,就要镇压了。徐修梅女士也谈起,那个时候,学生不懂政治,也害怕政治:"学校里国民党的'党棍'不少呢!派来先做公民教师,先渗透进来,过一年两年提升一下,然后再派一个,就这样子。"国民党就是通过开设公民课和搞会考,控制学生的思想,并把学生拴在学校里边,不让出去,还以选派教务主任和训育主任的办法,监视学生的言行,避免学生接触共产党,从而树立她们的"正统"观念。

当然,对于一些没有政治背景的学校而言,校方往往抱着"教育清高"的思想,力图摆脱政治的纠缠,尽力避免学生接触政治。南屏女中学生黄健霭谈到她的校长时说:

> 我那个校长呢,我对她印象不太好。她总是卡壳卡着我,我参加(政治)运动时,她写了一个条子,通知家里让家里管住我。当然,曾季肃先生是一个清高的为教育而教育的先生。与曾季肃具有相似背景的启秀女中办学者也反对学生参与政治斗争,校长除去业务上与教育局的关系外,她们跟国民党没有什么联系。

与南屏女中、启秀女中相类似的还有培成女中。杜淑贞女士介绍说,学校也有怕学生搞革命运动越轨的一面,教务主任曹未风曾要求学生遵守校规,"当时我们搞了一些青年会的组织,开展了一些活动,他们可能受到一些压力,害怕了,开除学生。可在形势好一点的情况下,他又比较开放,让我们去活动,立场有一点摇摆。但从爱国这一点来讲,校方和我们站在一起,属于爱国开明这一类"。对于大多数私立女中而言,尽力避开政治斗争的漩涡,要求学生不参与政治斗争,以使学校教学能够顺利进行,是当时学校和大多数家长的共同愿望。

但在民族危亡的时刻,校方和学生则取得根本利益的一致,私立学校还是大力支持学生参加爱国运动的。刘珍宝回忆道,启秀女中在抗战期间活动特别多,一·二八事变以后,所有同学停课,踏缝纫机做棉衣,支援绥远前线。高年级同学从家里抬来缝纫机,做棉衣支援前线。学校还举办爱国国货展览会,要求学生买国货。那时,日本人在上海很猖狂,日货在上海很多,学校宣传抵制日货。还有学生到南京请愿,校长和教导主任很支持,她们是既爱国又独立。

那时候,这些事情使学生们受到深刻的爱国思想教育。黄健霭女士在谈起她们的爱国行动时说:

> 那时我们年纪很小,抗日情绪很高,也想为抗日做点事,因此去棚户区办了一个义务小学,叫同舟义务小学。我们是在假期去办,由我们给他们上课,英文课、国文课、算术课都上。来学的孩子很多,都是贫困家庭的孩子。我们自己约了几个同学,一起去募捐,书都是由我们募捐得来的钱买的,买了发给这些孩子。我们找一个同学的哥哥来帮忙,帮我们搞了一个地址,在那儿办学办了两个月,那时我们都只有十几岁,人家都在抗日,我们什么也干不了,就去办教育。

抗日战争时期,"天下兴亡,匹夫有责",学生的社会义务感很强,她们勇敢地承担起国家振兴的责任,女子中学的教师对学生的爱国行为也很支持,勇敢地和学生们站到同一条战线上。日本占领上海后,对上海教育界开始进行奴化教育,规定每所学校都要开设日语课,并派一名日本人任教。学校校方既不能拒绝,也难以答应,南屏女中校方就请了两位中国人,黄九茹和夏衍的夫人来校教日语,为了民族的尊严,为了应付这个场面,可见曾校长确实煞费苦心。

私立女中校方虽然反对学生参加政治斗争,但对于学生的课外文化生活非常支持。黄健霭讲道:

> 那时,我们有演讲、辩论,在大会堂里搞,这些活动不带政治色彩。有次演讲,我是主讲,但没得名次,只得第三名,记得是关于科学的问题。

培成女中在训育方面也相对开放,杜淑贞女士说起:

> 我们通过学生自治会来开展活动,办社会科学研究会、办小剧团、演戏。那时我记得我们请于伶的爱人伯里(音)来给我们做导演,演过一些话剧、活报剧,办图画学习班、音乐学习班,暑假搞消暑室,寒假搞消寒室。假期里和老师讲好,搞一个教室布置一下,放些各式各样的书让同学来看,放各种各样的棋子、小玩具,开展各种各样的活动。

在女中内部还提倡女子的健全发展。启秀校歌中明确提出学校的办学目

的,就是解放女子,培养女权、女教。南屏女中也提倡丰富的文体活动。黄健霭回忆道:

> 我们在学校唱歌、跳集体舞、演戏、打球,样样都来,打球一般打排球、篮球,还有baseball,就是垒球,因为我们院子太小,不是正式的,只是练练基本功。学生都参加,没有不参加的。

启秀女中的体育运动比较有名。那个时候,上海中学有一些篮球比赛、排球比赛,启秀女中总是要参加。当时学校为了吸引打球好的学生报考,实行特招免费制度,重视体育。另外,如民立女中、崇德女中、爱国女中等都重视体育,经常进行排球、篮球等各类比赛。据记载,爱国女中和启秀女中势均力敌,竞争激烈,民立女中的排球在上海女中可谓名列前茅。

私立女中为培养有用的人才,对学生品德的培养极为关注。南屏女中校长本身就是一个自强的女性,她要求每个女学生都应成为有作为的、独立人格的人。而要成为这样的女性,就一定要勤奋学习,掌握本领。在思想品德方面,学校结合学生的生活实际,提倡伦理道德教育,当时的校训是六个字,即"忠、诚、仁、毅、宏、勤",教育学生待人诚恳,不要自私,不要妒忌,勤奋学习,对人宽厚,正直等。通过教师的言传身教,对学生产生了深刻影响。所以,许庭女士说:

> 南屏学生都很宁静的,不是自以为是,夸夸其谈,这直接反映了曾校长的为人和办学思想。南屏在选聘老师上也是这样,也是根据这些标准选择老师的,老师都很朴实,我没碰到过夸夸其谈的老师,她们都把教育事业作为自己的神圣职责。

民国时期,私立女中为了巩固自身的存在和发展,一方面极力摆脱政治对教育的干扰和影响,反对学生参与政治斗争,保持教学秩序的相对稳定;另一方面从学生自身的发展出发,激发学生的爱国主义思想,培养她们的良好民族道德,注重其能力和体质的健全发展。当然,在民族矛盾和阶级矛盾错综复杂的民国时期,女子学校根本无法避开社会政治的影响,女学生也不可能走入远离政治是非的"世外桃源",社会风云变幻在女学看似平静的湖面上总是激起层层波澜。

五、女子中学学生的出路

中国近现代女性角色从家庭向学校的扩展,经历了艰难曲折的历程,而女性最终从学校走向社会,同样经受着历史的煎熬。民国时期的上海女中学生在接受完一定的教育后该何去何从呢?她们是否有机会在高等学校深造,能否在社会的坐标上找到自己的位置?在社会和家庭的压力下,知识女性是否可以主宰自己的命运,不必重蹈母辈的生活轨迹呢?

由于上海的相对开放,人们思维较为活跃,民国时期上海的女子教育观已发生重大变化,尤其是随着上海资本主义经济的发展,女子接受学校教育已被大多数人所认可,女子能否接受教育,能接受到哪一级的教育,已开始与家庭经济状况产生直接的联系。20世纪30年代之前,上海少有专门的女子高等学校,男子高校也多未开放女禁,上海女子要想接受高等教育,或北上或留学海外,但到30年代以后,旧有高等学校逐渐招收女生,上海女子医学院、震旦女子文理学院等高等女子学校开始出现,为上海女子接受高等教育创造了有利条件。

当然,民国时期能够进入高等学校的人数毕竟有限,大学并不会向每一个愿意进入其中的女子敞开大门。经济的困难仍限制着许多有志于学的女子,她们或为糊口养家,或为个人经济独立,或为服务社会而走上了社会职业生涯。而上海社会从传统经济行业向现代工商业的快速蜕变,第二、第三产业的相对繁荣,也为女子进入社会提供了日益增多的就业机会,上海不断壮大的职业女性队伍在历史铺就的社会道路上艰难地行进着。

就女学生的总体出路情况来看,接受高等教育并不会也不可能是每个女子及其家庭的必然选择,而走向职业在当时对大多数女子来说,也是一种无奈的生活所迫,无论接受怎样的教育,无论选择怎样的职业,女学生的主流部分仍然以"出嫁"为生活的最终归宿,以"相夫教子"为人生的主旋律。在当时的情况下,不同的家庭背景和学校出身,女学生所经历的生活道路有着很大的不同。

1. 艰难的女子求学之路

民国时期的上海,女子获得教育权的程度还远远谈不上"充分",许多希求获得受教育机会的女子,因无法如愿而洒下了辛酸的眼泪。徐修梅女士是在1934年从务本女中高中普通科毕业的,她这样说:

> 那个时候,中学毕业最大的遗憾就是不让我考大学。因为我认为我功课很好,可以考得取,而且可以考取公立学校,花钱也不是太多的,但家里也没有让我考,所以当时我很不高兴。当时我的哥哥有的已经大学毕业,

有的还在念,但家里让我停下来,就是希望我找个工作,挣点钱,贴补家用,最低限度可以养活自己。我还要出嫁呢,出嫁还要一笔嫁妆呢!从前,出嫁一点嫁妆没有,不像样子。他们硬不让我念大学。那时候,我气得嘞,气得死去活来,觉得自己老委屈!唉!在过去,这样的事情多嘞!

在20世纪二三十年代的上海,虽然女子在家庭和社会上已取得了一定地位,女子教育也逐渐被人们所认同和接受,但在家庭经济状况并不十分富足的情况下,父母会毫不犹豫地将受教育的机会提供给男孩子。这一现象在民国时期的上海并不奇怪,上海古来重男轻女之风盛行,其俗语道:"养囡女八面下风",视生女为丢面子之事,且女儿自小被当作"人家人"。这种落后观念的存在,使女子受到家庭和社会的不公正待遇。

针对女中学生的这一现象,曹锦孚女士作为历史的见证人,给出了她自己的分析和理解:

> 我觉得,到女中去的女孩子,多数都是有钱人家的女儿。那么,女学生在家有个特点,虽然有些人出生在有钱人的家里,但她在家里的地位并不高,因为,这是封建社会的习俗。当家里条件不好的时候,失学的困难首先需要她们承担,在物价飞涨、金圆券贬值、民族资本家破产的时候,困难的首先是她们。另外还有一些同学,虽然是出生在大资本家家庭,但或是寄养在人家家里,如寄养在姑妈家,还有的生活在继母家庭,有些是小老婆生的,有些是大老婆生的,但母亲遭到遗弃的,所以,有许多人在家里的地位并不是很高。

女子中学的学生尽管多出生在中上层社会家庭,但她们中的很多人同样存在着家庭地位低下的问题。从表面来看,她们是天之骄子,锦衣玉食,但由于她们生为女子,而无法得到与其兄弟同等的待遇。正是这一根深蒂固的旧观念,将中国女子推上荆棘满布的艰难解放之路。

尽管中上层社会的女子在家庭和社会的地位时时受到威胁,但与广大下层社会女子相比,能够昂首挺胸进入中等学校,无疑证明她们是不幸中的幸运者。然而,同为幸运者,不同的学校和家庭出身,获得升入高等学校的机会又有着很大不同。教会贵族女中的学生由于家庭社会地位高,家庭经济条件优越,学生毕业后,只要愿意,就可接受大学教育,甚至出国深造。教会教育在中国及上海自成系统的发展,也为她们接受高等教育提供了得天独厚的条件。黄凤贞女士谈到,上海教会女中与教会大学存在着纵向联系,中西女中学生只要考试在八十分以上者,就可以免试直接升入圣约翰大学;而圣玛利亚女中由于和圣约翰大学同属一个教派,则所有学生都可以直接升入圣约翰大学。清心女中曹锦孚女士也曾谈到她们学校和一些教会大学的关系:

> 我们学校因为是教会学校,和燕京大学是有关系的;我们班级里面的前二十名,可以在大学考试,就是大学正常入学考试之前一个月或两个月,参加专门的一次考试,燕京大学专门到我们清心来举行入学考试。我们和沪江大学也有关系,关系很密切。这样办,教学容易相通啊,毕业以后,考教会大学就比较容易。

民国时期,教会教育有计划的发展使各级学校之间形成了纵向联系,教育内容纵向衔接,教会教育的系统发展也为教会女中学生进入教学质量较高的教会大学提供了便利条件,使教会在华高等教育始终保持着充足的生源。这种少数教会女中学生所享有的进入大学校门的特殊优待,一般教会女中的学生无法拥有,而公立或私立女中的学生更是难以涉足!

然而,从历史发展的角度来分析,不同时期毕业生获得深造的机会不同。20世纪二三十年代,社会并不以女子接受高等教育为必要选择,女子中学毕业生追求高学历的比例并不高。黄凤贞女士曾谈及她的同学,毕业后很少出去工作,升学的也不多,绝大部分出嫁做了官太太。随着女子就业面的拓展和人们观念的开放,到40年代,女子接受高等教育的愿望才日益迫切,女中学生升入高等学校的比例才不断增加,女子逐渐把接受大学教育作为自己生活准备的最后阶段。此时,也有一些家境较为贫困的女子,为改善生活状况,仍想方设法求学深造。王芷涯女士谈到她在圣约翰大学学习时学生休息室里的情景,有一些女生整理、化妆、吃零食、闲聊天,也有个别人躲在角落里靠大饼油条充饥。陈美廉女士1946年毕业于圣玛利亚女中,后升入圣约翰大学。她介绍她大学的同学时说,当时学生可以分成两类,一类学生家里确实比较有钱,或者在社会上有一定知名度;另一类学生是享受助学金的,这些学生家里比较清贫。严凤霞女士通过自己的艰苦努力,获得了大学奖学金,才保证她完成了圣约翰大学的学业。

就总体而言,一般教会学校和私立女中的学生由于家庭政治地位偏低且经济状况相对较差,其升学机会与贵族教会女中的学生根本无法相比。经济条件限制着女子接受进一步教育,而思想观念的落后,更将女子看作"嫁出囡女泼出水",正是低下的家庭地位和社会地位,使许许多多的女子不能圆其教育之梦。

2. 狭窄的女子就业门径

接受高等教育只是女子生活准备过程的一种选择,并不是她们人生的最终出路。五四运动以后,知识女性开始进入教育领域、医护领域和商业领域,就业面逐渐扩大。然而民国时期的女子就业范围仍然十分狭窄,社会就业需求量还是很小,社会对女子就业仍多持否定态度,所以,是否能够就业并不以女子的意志为转移。黄凤贞女士恰有学校传教士的帮助,得以留校任教;而徐修梅女士希望如其父母所愿,找个工作养家糊口,积攒嫁妆,但社会实际并不能令她们满意:

> 那个时候,我就没有再上大学,也找不到工作。就这样,三年吧,中间也做过一些临时工,给人抄写呀,为人家编小册子呀,给人誊写论文呀,协助教授呀,挣点零钱吧! 就在1937年,我才找到了一份家庭教师的工作。

整整三年,徐修梅女士,一个市立女中毕业的高材生,靠给人帮工挣一点钱来养活自己,可见当时女子寻找工作之艰难。王芷涯女士也谈起她找工作时的情况:

> 我进圣约翰大学是1943年,太平洋战争已经爆发。我在学校好好念书,希望毕业以后找个好工作。当然,那时毕业就是失业,要想找个好工作,一方面靠自己的学业,一方面还要靠背景,你有关系、有背景,你就可以找到好职业。我专业选得不好,又没有背景,我父亲跟官方也没有什么关系,找不到好的职业,就随便教教女中。

两位女士的谈话让人感觉到,在民国时期的上海,要找工作,尤其找好工作,并不是一件容易的事情,不仅需要有"好"的专业、强的能力,更重要的是要有强硬的社会关系。王女士的谈话令我们感到在没有社会背景,没有"贵人"襄助的情况下,充当教师成为知识女子谋生的权宜之计。

上海市第二中学档案室珍藏的务本女中年刊对学校历年毕业生的出路做了一个统计。[①] 截至1933年,务本女校共毕业学生1 666人,其中,服务于教育

---

① 上海市立务本女子中学校年刊[M].上海:[出版者不详],1933.

界者占34%,升学者为27%,留学国外者占1%,机关干事为5%,家庭服务者为20%。从务本女中学生的出路来看,民国早期女性就业的主要渠道是教师。另据统计,① 1945年度上海全市初等学校(含幼稚园)教员中女性为6 024人,中学女教员1 179人,专科以上女教员575人。这一相对庞大的女性教师数量反映出女性知识分子在上海教育界已逐渐占据一定地位。然而民国时期,女性就业范围十分有限,就业者数量非常少。刘珍宝女士的话印证了这一点:

> 那时候,老师的地位不高的。好的工作,像海关、邮电局,已经有女子进去工作。有些同学就去考,考取了,觉得很光荣。挺难考的,是铁饭碗,那个时候不叫铁饭碗,叫金饭碗、银饭碗。

刘女士的话语反映出,当时许多行业都开始招收女子就业,但女子就职的行业往往不是"金饭碗""银饭碗"。

从历史资料中可以发现,上海社会众多人口中贫富差距悬殊。② 20世纪30年代,社会上层的买办、官僚、资本家们拥有丰厚的工资、佣金、回扣、红利、利润等,如英美烟草公司买办郑伯昭佣金年收入在50万元以上,同一时期的商店职员月薪基本在20元左右,可见两者之间的经济状况存在天壤之别。教师职业收入虽然远高出工人、店员的工资水平,但无法与商人、洋行职员相比。即便同为教师,级别不同,其经济状况也存在着很大差别,中学教师月薪约50—140元不等,而小学教师约30—90元,可见,同处于中层社会的各级教师之间在经济待遇上差距也非常大。总体分析,中小学教师的经济状况虽比社会下层贫民要好得多,但在知识阶层中属于偏下水平。陈东原先生对当时女教师的生活记录可以使我们对她们的生活和工作状况有进一步的了解:③

> 中国今日从事职业的女子怎样呢?女教员们一周担任二三十小时功课,回家还要带小孩子、烧饭、洗衣,晚上还要改卷子,预备功课,一有闲暇还想打毛绳衣,做小孩子的鞋袜,即使雇有女仆,有许多事还是要亲自做的;这生活该有多苦!但这是平时的现象,如果又怀了孕,便不得不为生计着急

---

① 上海市教育局.上海市教育统计(民国三十五年度)[M].上海:[出版者不详],1947.
② 忻平.从上海发现历史——现代化进程中的上海人及其社会生活[M].上海:上海人民出版社,1996:320.
③ 陈东原.中国妇女生活史[M].上海:上海书店,1984:397.

了。差不多时,便得暂停职业,一个孩子出了世,精神衰退了一大半,对于职业就要发生厌倦了。所以,那结过婚的女子从事职业总是站不长久的……

从事职业的未婚女子,认结婚是一件可怕的事,为衣食的原故,不得不牺牲那可爱的青春。晚之又晚,到头来,往往失却了结婚的机会。感受晚婚——甚至不婚底痛苦的女子,现在中国知识阶级里多极了。

正如陈先生所言,在民国时期的上海,知识女子结婚后的出路往往就是回归家庭。在当时,女子既要事业又要家庭,往往是鱼和熊掌很难兼得。知识女性为了自身经济和人格的独立,在事业与家庭的两难选择中毅然放弃了对幸福家庭的追求。民国时期,单身职业女性的存在极为普遍。在我们所接触的女子中学里,中西女中早期毕业生、允中女中校长沈均,务本女中早期毕业生、南洋女中校长吴若安,圣玛利亚女中毕业生、中西女中校长薛正,清心女学校友、后做清心女中校长的张蓉珍,启秀女中校长徐琬珊,南屏女中校长曾季肃,爱国女中校长袁希浩等,都是为追求事业而最终放弃组建家庭的一代知识女性。范敬敏女士这样谈起她的两位姑姑:

我的大姑妈从务本女中毕业,后来进了上海女子医学院;小姑妈呢,也在女子医学院,外国人办的,在苏州。她们后来去美国费城医学院留学。小姑妈回来,在妇产科医院工作;大姑妈在上海女子医学院教组织学、胚胎学。她们两人都没有结婚。她们觉得结婚以后嘛,受到家庭的束缚。她们不结婚也可能是受家庭影响,她们大概看到我祖母常常受我祖父的气;祖父呢,还有一个小老婆,祖母还要受她的气。这些事情大概对她们影响比较大。

范女士的姑妈是中国社会早期的高级知识女性。她们接触到西方文明,同时又目睹自己母辈所遭受的苦难,对比之下,她们深深认识到中国社会的落后和男女不平等,她们是中国早期觉醒的一代女性,她们不愿去重蹈母辈的覆辙,宁愿忍受孤独的煎熬。

为什么知识女性不能享有家庭和事业的双重幸福?陈东原先生从物质层面解释了这一问题:"因为我们家庭组织还是原始的形式。没有把家庭劳动弄得简单,还不能与妇女分工的情形适合之故。"① 徐修梅女士从实际生活和人

---

① 陈东原.中国妇女生活史[M].上海:上海书店,1984:397.

们的观念上分析了这一问题：

> 过去有个很古怪的现象，就是许多有学问的女的不愿意结婚。从前有个坏的毛病，结婚了就不让你做事了。让太太出去做事，先生不好意思，觉得脸上不光彩，养不活她嘛，才让她出来做事。过去许多老校长、老训育主任，都是老小姐，多半都是不结婚的。因为结婚呢，事业只能丢掉。那时，男女是不怎么平等的！

除了排除来自家庭和社会的重重阻力之外，知识女性在参与社会工作的过程中也可谓困难重重。旧的观念时常会沉渣泛起，男女平等在实际生活中往往会遭到嘲弄。1939年4月《妇女生活》杂志曾刊登文章《孤岛上的呼声》，反映上海邮局招聘职员时，不准外界女子参加职员考试，驱逐女性于职业大门之外，引起了上海知识女界的强烈义愤。在资料中还可以看到，有些学校在选聘女教师时明确规定，拒收已婚女性加盟。如进德女中校长许瑞圭在招聘教师时就明确宣布：一要女的，二要未婚。此外，妇女进入社会踏上"陷阱"的事件也常有发生，使妇女对走上职业心有余悸。工部局女中学生朱传慧在她的文章中说："就实际看来，妇女运动的结果如何，一看就可明白。在社会上既没有正当的职业，在家庭内也没有优越的地位。男子仍以女子为玩物，甚至称职业妇女叫'西施''花瓶'。奇耻大辱，没有再比这个大的了。"① 从这一系列表现，可以充分反映出社会保守势力对妇女解放的阻挠，也映衬出妇女走出家庭、服务社会道路的曲折。

3. "出嫁"仍是女学生的主要出路

就民国时期上海的历史发展而言，知识女性还不可能参与社会职业，她们大部分仍然要成为居家主妇，仍然要以父母公婆丈夫孩子为中心。黄凤贞女士说：

> 我们同学毕业以后，当老师的很少很少。解放以前，女学生毕业后都是蹲在家里做女人、做太太的，参加工作的很少。因为家里条件好，父母不需要她出去赚钱。她们的父母让她们读书，是想让她们做官太太。过去中西的学生做官太太的很多很多，圣玛利亚的也很多。

---

① 上海工部局女中丁丑年刊[M].上海：[出版者不详],1937.

黄凤贞女士的谈话反映出,中西女中、圣玛利亚女中等教会女中以培养"贵妇人"为其办学目标,毕业生出了校门,主要出路就是出嫁豪门望族,以做官太太、贵妇人为本职,她们不必为生计考虑,无须承受职业的艰辛。黄女士的两个姐妹就是中学毕业后以结婚为生活的选择,姐姐甚至没有毕业就嫁人为妻了。

天主教徐汇女中在其八十周年纪念刊上总结学校的成绩时说:①

> 在此八十年中,共计在校肄业的学生有七八千人,其中入各修会者520余名,在教育界服务者不计其数,她们都是忠诚可嘉的教员,栽培学生成为国家和圣教的有用人才。在社会服务者也不乏其人。此外多做了贤妻良母,教育出优秀的子女,使子女长大以后,或修道或成家,做一个为教国有用之才。

从上述文字可知,女中毕业生虽有进入社会谋职者,但仍以持家教子者居多。吴彼得先生也谈起一件事情:

> 我母亲有个学生,家里是一个富户,她是家中老大,没结婚,做了管家婆。她们是大户人家,兄弟娶媳妇,大兄弟、二兄弟、三兄弟,一房一房娶进来,真令她苦不堪言! 她这个大管家,不知怎么就得罪了大弟媳妇,不知怎么又得罪了二弟媳妇,家里钱是绝对不缺,但人际关系却复杂得不得了。让别人看,她是大户人家大小姐,穿金戴银,出入小轿车。可她内心苦不堪言。

尽管大户人家的千金小姐不需要寻找职业,也无须为自己的一日三餐忧虑,但她们却是在每日的封建家庭关系中经受着痛苦的煎熬。尽管她们可以不结婚,不必为家务劳作去辛苦,却不能不为复杂的社会人际网而烦恼。有多少女子毕业后被迫将满腔热情沉溺于家庭的烦琐,有多少女子将所得知识和才能反用于牌坛闲聊,1930年出版的《妇女》杂志登载了一篇文章,② 表现了一位女学生在成为少奶奶后的苦闷:

> 我是完了,什么都已完了! 昔日的梦幻,都成泡影。现在回想过去,什

---

① 李楚材.帝国主义侵华教育史料——教会教育[M].北京:教育科学出版社,1987:250.
② 妇女杂志[J],1930,17(1):17.

么都是空无所有,唯一的真实,便是此身使我觉得我还生在世上。我每天每天受那生活的痛苦的煎迫,为了生活只有低首下心,屈服于现实了。我是已准备着为一架育儿的机器了。哎!这是女子的任务吧!

这是一位性情活泼的女学生,她有过愉快的学生生活,有过朋友间的切磋琢磨,也曾做过美丽的未来之梦,可当她为人妻之后,周围的生活突然变了,自己无处可去,朋友再无音信,丈夫终日在外奔忙,日日相伴的就是孤独。虽有女佣伺候左右,却丝毫没有幸福的感觉。这是那个时代众多女学生的共同命运。她们有头脑,可她们不需思考;她们需交流,朋友却无处可找;她们不想游手好闲,可生活不需要她操劳。这是有着走出家庭经历而后又不得不钻入家庭牢笼的女子在无聊的婚姻生活中发出的痛苦呻吟,这一呻吟预示着知识女性已不再麻木,她们希望获得社会的承认,表明内心寻求社会承认的内在驱力在不断增强!

民国时期,女子接受高等教育的社会范围还非常狭窄,很多女子由于经济条件所限不能跨入高等学校的大门,接受高等教育仍然是中上层社会女子的特权。而此时上海社会为女子提供的就业机会又极为有限,知识女子的就业比例很低,担任初中等学校教师成为女子的主要职业选择,绝大多数女子在完成女子中等教育后只有回归家庭。尽管如此,但就实际的社会效果分析,知识女性接受教育的社会作用是不容抹杀的,不论其就业,还是居家,有知识的一代女性对家庭、社会所起到的作用是封建时代旧式女子根本无法与之相提并论的。

第三节　别具特色的上海女子职业教育

伴随上海资本主义工商业的产生和发展,在工业、医疗、卫生、文化等部门陆续出现了最早的职业女性。民国时期,社会风气逐渐开放,男女平等思想日渐深入人心,一方面,接受教育的女子越来越多,女性知识视野的不断扩展和意识的不断觉醒使女子清晰地体会到自己所处的从属地位和不公正待遇,从而渴求经济的独立和人格的平等;另一方面,由于社会经济体制的演化,教育、医疗、文化、服务、商业等领域对女性知识劳动者也产生了迫切的需求,女性开始渗入到社会的各个领域。女性职业者数量的不断增多,使女子职业教育迅速发展起来。

一、多类型多层次的女子职业教育

民国时期的上海,女子职业教育有了相当进步,尤其是上海特别市成立后,女子职业教育的类型更趋多样,女子不仅可以接受医护教育、师范教育,而且女子体操教育、美术教育、音乐教育和商业教育也取得了重大成绩。在中等教育的基础之上,上海女子高等专科教育逐渐进入萌芽和生长时期。但总的来说,直到全面抗战之前,上海还没有专门的市立或公立女子专业学校,一些私立女子专科学校亦多如昙花一现,考其原因,"因困于经济,旋告停办"。① 但由教会创办的上海女子医学院、震旦女子文理学院等学府培养出一批女性专门人才,在上海现代女子教育发展史上璀璨一时。然而,在上海女子职业教育中,生命力最旺盛、声誉最高、影响面最广的当数女子体育。

1. 充满生机的上海女子体操教育

(1) 女子体育学校产生的契机

上海是中国现代体育的诞生地之一。随着上海的开埠通商,现代体育项目作为西方文化的组成部分也传入中国,上海成为现代体育运动的登陆地。其时,一些爱国志士抱定"强国必先强种,强种首须健身"的理念,开始在女子学校推广现代体育运动,体育遂成为女子教育内容的重要组成部分。由此,女子的活动范围不断扩大,女子教育的学习方式也从传统的"静"态学习转为"动""静"结合。辛亥革命之后,女子的培养目标在理论上从"贤妻良母"转换为具有"固有之美德,健全之体格"的"女国民",这一转变强化了体育在女子教育中的地位,体育成为所有女子学校的必修课程,从而推动了上海女子体育的快速发展。

1908年,中国女子体操学校开办。当年的《直隶教育》杂志专门登载了学校开学的情形:②

> 昨日爱尔近路均益里中国女子体操学校第一次开校之期,学生二十余人。体操科聘请日本女子体操学校毕业生汤琳女士等担任,科学教员都系沪上积学之士。是校之组织,系前创办中国体操学校之诸君。③ 盖诸君以各处女学虽渐次振兴,而体育一科多假手于男教员,不便躬自矫正生徒之姿势,种种窒碍实阻女子体育前途之发达。是校意在养成女子健全之体格,除现有之流弊。

清末,尽管男女平等思想已为人们所认可,但"男女授受不亲"的社会旧俗

---

① 本校四十五年来之发展史[M]//上海爱国女子中学爱国女学四十五周年纪念特刊.上海:[出版者不详],1946.
② 朱有瓛.中国近代学制史料(第二辑下册)[M].上海:华东师范大学出版社,1989:719.
③ 中国体操学校系王季鲁先生等人创办。——笔者注

仍十分盛行,为了发展中国的女子教育,使中国女子在品德、智能和体格等方面接受到完全培养,就必须为女子学校培养专门的女性体育师资。可见,上海女子体育学校的早期发展是以师范教育的性质呈现的,而民国时期女子学校的大量涌现,则促使女子体操学校应运而生。

在民国成立后的上海,对女子体育产生重大影响的是中华基督教女青年会全国协会于1915年在上海开办的女子体育师范学校,简称女青年会体育师范。这所学校由美国教会出资开办,其教师多为美国人。学校的设立目的是为中等以上女子学校培养师资,校长是曾在美国威斯康星大学从事全校女生公共体育训练长达十年的教师梅爱培(Abby Shaw Maybew),副校长是曾在上海中西女塾(中西女中前身)念书,后去美国韦尔斯利学院留学,并获得体育学士学位的中国女士陈英梅。该校教学内容丰富,融体育与舞蹈于教学之中,并将体育运动与文化理论相结合。在办学的十年中,该校共为大中学培养体育师资150人。[1]

尽管上海女子体操学校在开办初期存在经验不足、规模较小、设备条件极为有限、学校层次较低、多为中等师范教育性质等缺憾,但它为中国培养了第一批女性体育教师,这些女子犹如一颗颗火种,将女子体操教育推向上海、推向江南,为女子体育在全国的发展准备了一定的师资条件,而女子体操教学又对我们国家女子体育的发展提供了最初的借鉴。

在体育界先辈的努力下,民国时期的上海出现了许多女子体育学校和女子体训班,如1914年开设的爱国女中体育训练班、1922年设置的两江女子体育师范学校和1925年初设立的东南女子体育学校等,其中最有影响的当数两江女子体育师范学校。

(2) 两江女子体育师范学校

两江女子体育师范学校(1927年更名为两江女子体育专科学校,统一简称为"两江")是一所享誉国内、威震亚洲的中国女子体育学校。该校的创办人是陆礼华女士,她早年毕业于王季鲁先生创办的中国女子体操学校,因学习成绩优秀留校协助校长工作。五四运动之后,由于上海女子学校逐渐增多,体育教师严重短缺,陆礼华便立志创办高质量的女子体育学校,以为中国女子教育事业培养女性体育师资。《上海体育史话》1990年第2期曾登载了陆礼华的文章《我的办学生涯》,叙述了她当年的办学生活:

---

[1] 中国人民政治协商会议上海市委员会文史资料委员会.体坛先锋(上海文史资料选辑第六十五辑)[M].上海:上海人民出版社,1990.

1922年，我23岁，在上海虹口区邓脱路（今丹徒路）谦吉里租赁到一幢房子，创办了上海两江女子体育师范学校，目的在于中国妇女的解放，通过学校的体育教育，达到强健妇女体格，培养女子体育师资，为在中国开展女子体育运动训练骨干。第一学期招收18名女青年，学校开设有田径、球类、体操、音乐、体育原理、体育教学法、国语、英语等科目，聘请在社会上享有盛誉或学术上有一定成就的人士任课，如文学家洪深、戏剧家欧阳予倩、著名武术家王子平等。同时又与兄弟学校、体育团体，如精武会互换师资，以保证学校质量。毕竟办学不是一件容易的事，我一没有经验，二没有经费，再加上社会的动荡，学校几易其所，我备尝艰辛。

通过师生们的努力，两江女子体育师范学校的规模不断扩大，学生人数日益增多，影响逐渐提高。1927年，学校从中等师范学校改组为高等体育专科学校。在办学过程中，学校注重引进先进的教学设备，改进教学和生活环境，而且在教学方面严格要求，聘请高水平教师，开设较为完备的课程，教学质量力求精益求精。两江女子体育专科学校20世纪30年代的毕业生容淑柬女士介绍说：

我去的学校是两江女子体专，它是一所大专学校。当时它在全国比较有名，校长是陆礼华，是个女的，很能干。校长对学校的管理很严格，师资条件非常好。都是从全国招的最好的老师。现在中国舞蹈学院有个吴晓邦院长，已经退休，那时是我们的芭蕾舞老师，芭蕾舞不是专业，是一种体育课，体育课里还有形体课。舞蹈老师也是很出名的，是从日本请的，连丹麦操也教的。所以老师质量很高。当时，如果老师不认真，对不起，半当中就辞退。校长很严格，只要不称职，就辞掉，不留情面的。每年都要重聘一次，都是请好的，全国最好的。

我们那时很正规。课程有基础课，比如，语文、数学、地理、历史、外语，都是基础课。此外，文化课与技术课是分开的，技术课程比较多一点。专业有很多，像篮球系、田径系等。当时我是田径系。因为我们将来出去都是教人家的，所以也加了很多的舞蹈。两江最出色的是篮球，训练得很好，老师都是精华。我们都会游泳。那时候，田径的学生跨栏、篮球、排球、足球都要学一点的，舞蹈、体操也要学的，钢琴也学的，是必修课。我们那时很正规，当时没有录音机，就有个手摇电唱机，放在体育馆里，学生在那里伴着音乐跳舞。

学校对科学也很重视,我们生理学、心理学这些科目都学过的。学校对文化课要求很严格,考试不及格要补考的,而且基础课不及格也要补考。老师们都很紧张。有些课考试校长要看的,老师也不能随便打分。

容女士的谈话使我们感觉到,陆礼华是一个非常严格的学校管理者,为了保证学校的教学质量,十分注重形成强大的教师阵容。她聘请全国一流的各科师资,以便对学生进行最好的教育和训练;为充分发挥教师的作用,她注重对教师的管理,经常检查教师的教学情况,甚至亲自检查考试。为了保证教学质量,校方对学生采取了封闭式管理,不仅实行生活封闭,不允许学生参加校外的政治性活动,而且要求学生每天按部就班完成学业,将学生的知识学习和技能培养作为学生的唯一生活内容,其培养目的就是要将女学生培养成文化知识扎实、运动技能全面的大中学体育教师。

从1922年开办,到全面抗战期间停办,两江女子体育师范学校走过了艰难的历程。陆礼华回忆起当年的往事:[①]"1919年的五四运动,给那时的年轻人以很大的鼓励,我和许多青年一样,寻求救国之道。我是学体育专业的,毕业后到学校任教,把两年半的工资积攒起来。就凭这点钱,在体育界前辈的大力协助下,创办了学校。第一届,只招了十八名学生,有两名是小足,其中的范慕英后来成了湖南的第一位女体育教师……"她感慨地说:"办学真不易啊!从军阀混战到抗日战争,学校几经炮火洗劫,我的精力就主要花在一次次的重建校舍上。"就是这位希望通过不懈努力来拯救中国的女性,在混乱之世屡受挫折,耗尽自己的精力,却难以施展人生的抱负。但是,陆礼华及其同事们在两江开办的近三十年里,含辛茹苦地培养出了两千多名学生,对中国女子体育事业的发展作出的贡献永载史册。

民国时期的上海,女子体育专科学校不止两江一所,一些男女兼收的体育专科学校也培养出许多女子体育人才。在她们的积极努力下,体育活动在上海的许多女子学校都搞得红红火火。1915年8月出版的《东方杂志》刊出上海女子运动会的照片,其中有神州女学、上海女子中学的体操表演,晏摩氏女学表演的儿童舞蹈,另有女青年会、启秀女学、神州女学、晏摩氏女学联合排演的蝶舞等。可见民国初年,上海女子体育活动已非常普及。像务本女中、工部局女中、中西女中、爱国女中、崇德女中、民立女中等女子学校对体育活动都极为重视,

---

[①] 湖南体育报[N],1982-12-03(4).

排球、篮球、跳绳等体育活动都成为女校课外活动的重要内容,垒球、自行车、土风舞、足球也常见于女子运动,体操、鞍马、跳远、跳高等现代运动项目已成为每所学校体育课的必修内容。中西女中三六届毕业生黄凤贞女士在学校就读期间就曾担任该校体育会会长,并参加过篮球、排球、足球比赛,还喜好垒球和网球。从资料来看,20世纪30年代,现代体育项目在上海已经基本俱全。不仅如此,体育活动在女子学校也有了一定普及,上海市校际体育比赛几乎每年举行。上海女子体育学校培养出的女性人才进入女子教育界,对上海女子体育和中国女子体育的进步起到重大的推动作用。当然,上海女子体育繁荣的意义并不仅限于此,更在于为中国女子步入职业打好体力基础,为女子人格独立创造基本的生理条件。

2. 别具特色的上海女子师范教育

（1）上海女子师范教育的演进

上海女子师范教育早在清末国人创办私立女校时就已起步,它是上海女子教育发展对师资需求的必然结果。务本女塾是上海最早设立的私立女子学校,办学次年,即1903年,学校即设特科,为师范教育性质。创办人吴怀疚先生曾去日本考察教育,对学校体制做了较大变动,明确改特科为师范专修科,旋又改为师范科,民国后捐归公立。1929年,市立务本女中将高中分为普通和师范两部,始终重视女性师资的培养。爱国女学也将师范教育放在重要位置,除开办小学科、中学科外,还专门开设国文科、高中师范科、体育师范科,以养成中小学教员、体育主任或体育教员。可见,上海最早的两所私立女中自创办起就从实际需要出发,将师范教育作为重要的办学方向。然而,早期女子师范教育主要附设在女子学校内,并没有与女子普通教育完全分离。

民国成立后,孙中山先生大力提倡师范教育,主张"师范教育宜急办",自此,女子师范教育开始有了独设学校,并在上海逐渐发展起来。凌铭之先生于1912年6月首先在南市方斜路三多里赁屋独资创办了南洋女子师范学校,是为上海第一所国人私立女子师范学校,随后女子师范教育逐渐发展起来。然而,就史料来看,民国时期上海女子师范教育的发展并不顺畅,南洋女子师范学校因社会恶势力的阻挠而不得已改为普通中学,一些学校因经费等原因也被迫停办。而教会女中自始至终都是以普通女校的面目出现,并不以培养职业女性为职志,加之上海市政府对女子教育缺乏重视,对女子师范教育也是无暇顾及。到1945年之前,上海全市共有初等学校1 419所,中等学校226所,[①] 而此时及

---

① 上海市教育局.上海市教育统计(民国三十五年度)[M].上海:[出版者不详],1947.

之前,上海唯一的公立女子师范就是务本女中的高中师范科,而该校每年的师范毕业生也仅40人左右。直到1945年11月,才由教育家陈鹤琴提议并创办第一所单设的市立女子师范学校。可见,三十多年里,公立女子师范教育基本处于相对停滞的状态。而据1921年出版的《上海求学指南》统计,当时女子师范学校和含有师范性质的私立女子学校有:南洋女子师范学校、勤业女子师范学校、仓圣明智女学、竞雄女学、爱国女学、中国女子体操学校、上海女子美术学校等7所;而在1935年时,① 上海幼稚师范学校(1928年1月办)、中国女子体育师范(1908年立,前身女子体操学校)、两江女子体育师范、② 东南女子体育师范、培明女中、华东女中、爱国女中等私立女子学校实际上也承担起上海女子师范教育的重任,成为上海中小学女性师资的摇篮。

(2) 上海女子师范教育的实践

1912年民国成立后,临时政府教育部为了发展师范教育,特作出规定:"师范学校、高等师范学校学生免纳学费,并由本学校酌给校内必要费用。"根据这一规定,接受师范教育的学生免交学费,并且还可获得一定的伙食补贴。师范教育的优惠政策在某种程度上为生活较为贫困家庭的子女打开了学校大门,为社会中下层家庭的女子早日自立提供了一条出路。务本女中三九届师范科毕业生徐修娟女士介绍说:

> 我为什么进师范科?师范科不收学费,吃饭也补贴的。所以,我们这些没有钱念下去的同学,就进了师范科。我们同学里,很富裕的不大有,有钱的人一般都会去念教会学校。

由于徐女士出生在小商人家庭,高中阶段因家中经济条件有限,不得不选修师范科。由此可见,师范教育的免费性使其成为社会中下层女子进一步求学和自立的重要途径。

由于师范教育的职业性和示范性,师范教育提出如下培养目标:"务期女同胞咸受应用之知识技能足以自治,而具有独立之精神,养成博爱心、责任心及勤勉诚实、克己公正诸美德,俾将来成为完全师资及各有其职业,以为社会表

---

① 许晚成.上海大中小学调查录[M].上海:龙文书店,1935.
② 两江女子体校为私立学校,在1935年时其学级性质为中等或高等并没严格区分,史料记载不一。

率。"① 中国自古至今都是从德才两方面对学生提出要求的,师范教育对女学生提出的标准同样围绕着"德"与"才"。为使学生在独立性、博爱心、责任心及勤勉诚实、克己公正诸美德的基础上获得适用的应用知识与技能,使其成为完全师资,学校十分注重选用高水平的教师,开设尽可能完备的师范培训课程。徐修娟女士说:

> 我们学校老师,总归是大学毕业了。有些还在大学里边教书。因为我们学校给老师的待遇比其他学校高一点,所以请好的教师容易一点。我们体育老师是全国标枪冠军,拿了标枪能从操场这头投到操场那头,能投六十多米;还有个体育老师,叫钱行素,她跑得很快,长跑、短跑都是全国冠军。我们图画老师也很有名,还有音乐老师仲子通先生水平也很高。
>
> 我们师范科和普通科在课程上有些相同,像语文喽、数学喽,这些是相同的。但我们有教育概论、心理学,关于学校教育方面的,我们加了一部分课程。我们师范科嘛,还有个特点,就是要学钢琴,普通科不学的。有架钢琴专门是给我们班级的。全班同学排好时间,平常我们没空,下午四点以后,每个同学都要练的。音乐课时要回给老师听的。老师对每个同学的要求不同。他说,音乐天赋是每个人不同的,所以他不限制每个人每个星期一定弹多少,能力强的多弹一点,能力弱的少弹一点,但每个星期至少要弹一个钟点,因为要回给他听的呀!老师在课堂上教了指法,课后钢琴自己练。我记得当时我们学的是《贝尔》这本钢琴教材,一支曲子一支曲子地往下练。一学期下来,有人能弹二十支曲子,有人能弹四十支曲子,随便你,个人能力不同嘛!音乐课是必修课,平时唱歌也唱的,唱歌也是他教的。

务本女中师范科的课程除一部分与普通科相同外,还根据其师范教育的特点,开设教育学、心理学等教育类课程。这些课程多是伴随现代师范教育的发展从国外借鉴而来,成为师范学生的必修课。从 1921 年出版的《上海求学指南》中可以看到,当时私立南洋女子师范学校开设的教育类课程包括心理学、论理学、教育学、教授法、保育法、管理法、教育史、教育制度、教授实习几项,由此来看,作为培养师范生的教育学类课程的基本框架在 20 世纪 20 年代初已经形成,并在女子师范教育中予以采用。新课程的引入改变着中国固有的知识体系

---

① 王寅清,柴藏湘.上海求学指南(下册)[M].上海:天一书局,1921.

和教学模式,使未来的教师能够根据儿童生理和心理发展的客观规律,有针对性地进行教育工作,也使女子师范教育本身在具体操作中更具科学性。就徐女士的亲身经历而言,为了培养学生多方面的能力,除了一般的智育课程外,师范科还开设了音乐课,对学生进行基本的发声训练,并在音乐课上注重传授钢琴的弹奏技巧,使女学生在学校获得较为全面的知识陶冶和技能训练。她的音乐老师仲子通在对学生进行音乐教育时,能根据不同学生的个性特点,对学生提出不同要求,而不强求一律,说明教师已按教育规律指导自己的教学工作。

据务本女中的文字史料记载,① 务本女中师范科在教学内容上非常注重学生的职业训练,教育学科的教学内容很细,三年曾开设不同的课程。就学生用书看,第一年选用庄泽宣的《新中华教育概论》、张家辉的《新中华幼稚教育》等,属于选修内容;第二年使用杜友之的《新师范心理学》、吴研因的《小学教学法》及俞子夷的《小学行政》;第三年选用廖世承的《教育统计与测验》、朱翎新的《小学教材研究》、朱鼎元的《现代小学教学法纲要》、胡叔异的《实习指导》、古梅的《乡村教育新论》。从教学用书来分析,20世纪20年代中后期,上海师范教育教育类课程的发展基本结束了单纯借鉴国外的阶段,已有了一批自己的教育理论工作者和教育著作,上海的师范教育也可以使用商务印书馆、世界书局、中华书局等几家大图书出版机构出版的系统教育学论著,中国的教育学教材基本实现了自给。

严格管理是保证教学质量的关键。为了保证学校培养合格师范生,务本女中严把入学关。师范科面向全市招生,但本校学生进入高中师范科同样要参加考试,而且在学习期间,学生的考试都是极端严格的。徐女士说:"学校对我们要求很严格。我们教室是三间三间相通的;平常中间用隔板隔开;每学年大考时,将隔板拿掉,成了一个大考场;三纵排,第一排是一年级,第二排是二年级,第三排是三年级,都是安排好的。毕业考试比较严格。我们师范科毕业前,联系一个小学,每个学生去讲一个钟点,下面有许多人评分,如果评分可以的,就可以毕业了。"

务本女中意识到考试对教学的巨大影响,认为严格学习成绩考查方法,一方面可以督促学生努力上进,另一方面可以为教师改进教学方法提供参照标准。在这一思想的基础上,学校制订了明确的考试办法,将对学生的考查分为

---

① 上海市立务本女子中学校年刊[M].上海:[出版者不详],1933.

平时、定期、会考三种形式。在定期考查中,制订月考、学年实验及学期会考三种方式,为了客观公正地检验学生的学习,学校规定:"由会考委员会决定各班会考科目,并负责命题(原担任教师不得命题),汇合其他各班,于一公共场所举行之。"① 以此督促学生认真学习,教师认真工作。学生学习情况不仅由学校统一考察,而且学校教学质量是否过硬,学生毕业是否合格,还要请社会人士亲自检验,加以评判。以社会需要为标准,将学生培养成为适应社会的人才,体现了女子教育的发展趋势。

3. 颇具吸引力的女子医护教育

上海女子医护教育的发展是社会需要在女子教育领域的客观反映。民国时期,由于上海社会经济的快速发展,有钱阶层的不断扩大,强化了人们对医药卫生的需求,"各医院医务渐紧,病榻日增,各院护士佥感不足,因思广植人才,以应需要……"②民国的三十多年间,上海女子医护教育呈现良性发展的势头,女子医护学校不断增加,到1948年时已达20所之多。上海女子医护学校多为慈善团体或私人医生设立,附设于医院,主要为医院培养医护人员,由于这类学校本身依托经济实体,故学校经费相对有保障,因而护士职校和助产职校处于相对稳定的持续发展状态。

上海女子医护教育的培养目标是为社会提供实用性人才,主要是护士、助产士,此类职业均属于服务性行业,故其社会地位相对不高,非社会上层家庭和有钱人家女子所希求。但是,医护教育的实用性对广大中下层社会的女子却具有很大的吸引力。

1932年,国民政府公布了《职业教育法》,其中规定:"职业学校以不征收学费为原则。"在具体操作中,由于学校背景不同,学生所获得的待遇也不同。据资料记载,③ 私立中德高级助产职业学校"多数同学家境清寒,入学是为了将来求得职业独立谋生,摆脱封建家庭的男尊女卑或封建家庭的束缚……"私立惠生高级助产学校在1948年物价飞涨之时,发生学生争取生存权和读书权的斗争,其中谈判要求有:增加免费学生名额;实习生饭费应由院方开支。由此看来,惠生高级助产学校作为一所私立学校,是向学生征收学费的,只是有一定的免费学额,而学生食宿费自理。广仁高级护士学校毕业生杨氏曾谈起学校学生

---

① 上海市立务本女子中学校年刊[M].上海:[出版者不详],1933.
② 上海市教育局.上海市中等教育概况[M].上海:中正书局.1948:329.
③ 中共上海市委党史资料征集委员会.战斗到黎明(解放战争时期上海女子中学和专科学校学生运动史专辑)[M].上海:上海翻译出版公司,1989.

的待遇情况:①

> 这是个教会办的学校。我们进护校不交学费,但很多东西都要自己备好,白袜子、白皮鞋、床单子、枕头,什么规格,都有明确规定。白长筒袜、衣服、白帽子、白大褂,都是医院给的。学校吃饭不要钱,伙食还是不错的,上早班,十点还加一餐点心,牛奶、馒头。

不论具体情况如何,就总体而言,相对优惠的学生待遇使医护学校受到社会中低层次家庭的普遍欢迎。被访者严凤霞女士曾提起,当年若不是考取高校助学金,她只有进入护士学校了。杨氏还介绍了广仁护校的教学和生活条件:

> 我们住的大楼叫爱伦大楼,是一个外国人专门为护士造的,所以,我们住宿条件较好。有四个人的,有两个人的。每人有一个大橱,还有一个小方橱,放点日常杂用。你要带箱子,还有一个箱子间,你要拿东西,就去问舍监要钥匙,开门自己去拿。有工人专门收拾房间的。
>
> 我们教学,什么设备都有,医院有什么科就有什么设备,都是医院里的。但跟现在不好比了。所有医疗用具不需要我们去准备,都是医院的。

从杨氏所谈可知,广仁高级护士学校作为一所教会创办的学校,附设于教会开办的广仁医院,与国人办理的护士学校相比,这所学校的教学条件和生活条件要好得多。学校学生入学全部免除学费,学生的伙食也是由学校全包,甚至医院还向值早班的实习学生提供加餐服务。学生住宿条件很好,两人或四人一间寝室,有专人为学生打扫房间,因学校附设在教会医院,其教学设备自然就不成问题。但在上海的医护学校中,国人开办的学校则由于经费短缺,各方面条件明显要差得多。私立同德高级助产学校是中国人所办,附设在中国人开办的医院,其学生在医院实习要向医院交实习费,还必须自备医疗器械和手套,自理夜班点心,损坏医院东西要赔偿,这一系列规定都说明该校的经济实力远不如广仁护校。

医护学校为了增强学生的业务能力,注重对学生的专业教育。据杨氏所

---

① 这位女士不愿通告姓名,拒绝拍照。只知其丈夫姓杨,故称其杨氏。

言,广仁高级护士学校除了聘请专职的护校教师外,还聘请圣约翰大学毕业的医院医生兼职任教,为学生开设了各类学科,除基础性学科,如生理学、解剖学之外,还专门开设内科、外科、妇产科、鼻喉科、眼科、胸科等,将学校的学习内容和医院的现代医疗分科紧密地联系起来,这种学科划分方法将医疗理论和医疗实践有机地合而为一,使医学的科学性和应用性紧密结合,有助于学生活学活用。

作为一种应用性和操作性都很强的专科教育,为了培养女学生的实际工作能力,医护学校将医学理论学习与医学实践同步实施。那时候,学生一进校就一边上课一边实习,有课就随班上课,没有安排课时,学生就轮流在病房值班,第四年,即学生毕业前一年,不设课程,专门实习。学生实习制度一方面使学生学用结合,既牢固掌握了各科医学知识,又练就了娴熟的护理技能;另一方面也缓解了医院内部护士缺乏的矛盾,能够收治更多的病人。经过这一教育过程,学生都具有较强的适应性,能很快进入职业角色,无须经历重新适应的过程。

广仁高级护士学校的管理以严著称。杨氏回忆说:

> 我们是初中毕业考到护士学校的,我们有些同学还是高中毕业考来的。别的省份的护校,小学毕业就可以上了,我们不行,因为我们是高级护士学校。进校前半年是试读期,后三年半才是正式入校学生,学制是4年。我们一个班大约二三十个人。但试读考试不及格,就要淘汰了。一个班就淘汰两三个吧!我们考进护士学校有严格的体检,因为护士是大半个劳动力喽,抢救病人,就要跑来跑去,所以体检很严格。身高还要求的。

据史料记载,当时上海许多助产学校的学制都是3年,也有一些护校的学制为3年或3.5年不等。广仁护校作为一所高级护士学校,学制长达4年。学校对于入学学生的质量比较关注,推行学生半年试读期制度,尽管淘汰学生数量并不多,但对学生的初期学习形成一定压力,有助于督促学生专心致志地学习。该校还注重对学生的考察,1948年《上海中等教育概况》曾介绍该校"成绩考察,分月中考试、季中考试及病室实习之经验"。学校制订了严格的考核制度,定期检查学生的学习情况,保证了学校的教学质量。

据杨氏介绍,在上海的护校中,因为广仁护校的管理比较严格,因而出去的学生评价较好,毕业生的出路也相对较好。当时,一部分学生留院,一部分自己出去找工作,也有一些护士嫁人后就不工作了。杨氏毕业时,刚好赶上解放,就留在了医院。她之前的几届毕业生,人数不多,大多留院工作了。从广仁护校毕业生的出路状况来看,绝大多数选择了就业道路,并且就业方式灵活多样,既可找正式工作,也可做临时的特别护士。

上海女子医护教育除中等教育性质的护士学校和助产学校外,1914年9月,由美国女公会、监理会和浸礼会三团体共同创办了上海女子医学专门学校,招收大学预科毕业生。1927年,学校向上海特别市政府立案,改聘华人王淑贞为校长,实行改组,定名为上海女子医学院,改招高中毕业生入学。自此,学校取得了较大发展。然而,1932年一·二八事变爆发,学校难以存身,遂并入圣约翰大学医学院。女子医学院存在的近二十年虽然困难重重,但为中国培养了一批高层次的女性医学人才,在一定程度上改善了女性的医疗状况,促进了女性医学教育的发展。

从总体上看,上海市各类医院的设立和发展,对护士和助产士的需求相对迫切,因而,医护职校的毕业生较其他学校的学生更为抢手,医护学护校成为民国时期最具吸引力的女子职业学校。

4. 居于前列的女子艺术教育和商业教育

民国时期的上海,女子美术、音乐等艺术教育和商业教育都十分发达,在国内具有重要影响。

在女子学校开办之初,女子学校音乐教师和美术教师就出现了短缺,为了尽快培养女性艺术师资,女子音乐和美术等艺术类教育被置于重要地位。如神州女学从社会需要出发,专门开设美术专修科,招收女子进行艺术培训。民国初年,中华女子美术学校开办,专门培养高层女性美术人才。1917年,以刘海粟为校长的上海美术专科学校开放女禁,女子有了接受高等美术教育的机会。上海美专因学生风潮停办后,1926年美专的部分师生又创办了上海新华艺专,设置国画、西画、音乐和工艺美术四个专业,培养了各类女性人才。1929年,艺专专门添设女子音乐体育专修科,以培养音乐和体育女性人才。①

上海女子艺术教育除美术教育外,还有一些女子学校专门开设钢琴、声乐等选修课,供女子学习,以培养女子的艺术才能。中西女中除开设音乐课、表情法课和舞蹈课三门选修课外,还专门增设了琴科,学生可以在琴科毕业。据中

---

① 中国人民政治协商会议上海市委员会文史资料委员会.解放前上海的学校(上海文史资料选辑第五十九辑)[M].上海:上海人民出版社,1988.

西女中史料记载：①

> 音乐本科以钢琴为主，包括声乐和弦乐。学习年限从小学开始，不少于12年。学生一面学习正课，一面学琴；学校规定学琴者每天练琴不得少于2个小时。此外，还为琴科学生开设乐史、乐理和创作等课程。女中学琴者占到全校总人数的三分之一到二分之一。
>
> 舞蹈课根据学生和教师情况而定，学生喜欢什么就教什么，教师能教什么就学什么。主要教授欧美民间舞和古典舞。舞蹈教师一般聘请欧美妇女来担任。
>
> 表情法课只有高中英文成绩优良者才可选修。主要学习朗诵欧美文学作品，或表演独角戏。学习年限3年。经过表情法课，学生可以娴熟地表演话剧，毕业前夕，以盛大的表演会向家长和社会汇报。

在上海女子中学里，除中西女中外，像圣玛利亚女中、清心女中、启明女中等教会女中从培养社会上层女子的目的出发，都比较重视对学生的艺术教育，开设有专门的钢琴课和舞蹈课等，以培养学生的艺术才能。在上海女子音乐教育中，值得一提的还有上海音乐专科学校。该校创立于1927年11月，是我国最早的新型音乐高等学府，学院的创办者和首任校长是提倡"以美育代宗教"的教育界泰斗蔡元培先生。学校学制分预科、本科、师范科、选科和特别选科五部分，进行音乐作曲、键盘乐器、乐队乐器、声乐、国乐五项教育。上海音专在民国的二十余年时间里培养了大批有才之士，其中不乏女流之辈。

民国时期上海女子艺术教育丰富了女性知识分子的生活，提高了女性的艺术才能，为新中国艺术教育的发展做了准备。

与上海经济迅猛发展相适应的是新型女子商业学校的不断涌现。抗战前，② 上海就出现了五伦女子职业中学、明德女子商业职中、虹蜚女子职业学校、国祥女子职业中学、群益女子职业中学、思惠女子初级中学等女子商业学校，职业培训的内容极为丰富，涉及商科、缝纫科、染织科、家事科，其中商科的开设最为普遍。除专门的职业女子学校外，爱群女中、华东女中、持志学院附中女子部、正行女中、之江职业中学、中国女中、工部局女中等学校也专门为女子

---

① 薛正.我所知道的中西女中[M]//中国人民政治协商会议上海市委员会文史资料委员会.上海文史资料选辑第二十辑.上海：上海人民出版社,1978.
② 许晓成.上海大中小学校调查录[M].上海：龙文书店,1935.

开设有各类职业科,对女子将来就业提供可能的职业准备。

除正规的女子职业教育外,上海还开办了许多业余性职业学校。如上海女子补习学校、上海女子华英文打字传习所、上海妇女补习学校、女青年会女工补习学校、中华妇女补习学校、申报馆附设妇女补习学校、节制女子家事学校、道中妇女补习学校、福慈妇女补习夜校等女子补习学校,这些学校一方面为学生补习基本的文化知识,另一方面对女子进行打字、英文、日文、法律、商业、新闻、信托、银行、缝纫、刺绣、音乐等方面的职业训练。在一些非单独招收女性的正规职业学校和非正规职业学校中,女子受到了广泛的职业培养。上海经济的快速发展对拥有一定职业知识和劳动技能的职业女性的急迫需求,促使女子职业教育快速发展。

由于职业教育的服务性特征及其收费较低或不收费的特点,职业学校对社会中下层的女子具有一定的吸引力,她们一般家庭比较清苦,能够吃苦耐劳,因而接受职业教育是她们能找到的改善生计、谋求经济独立的一条有效途径。就教育的内容和过程来看,职业教育将各类专业知识与实际的工作需要相结合,将"教、学、做"三者合而为一,既符合教育过程的实际规律,又适应了当时社会的需求,因而,培养出来的学生专业知识扎实,实际操作熟练,能够很快适应各类工作。可见,职业教育与社会需要的紧密联系是上海女子职业教育得以快速发展的关键。

二、女子职业教育的基本特点

纵观近代上海女子职业教育的发展,在社会经济发展的大力推动下,随着社会思想的不断开放,上海女子职业教育始终走在中国社会的最前沿,并表现出自身独有的特点。

1. 上海女子职业教育起步早、发展快

上海作为中国近代经济最早起步的城市之一,对专业技术人才的需求日益迫切,尤其是江南丝织业的发展,对具有养蚕织丝技能女子的需要更是急迫。1904年,史家修(史量才)募集款项,于上海西门外斜桥南桂墅里设立女子蚕桑学堂,以"扩充女子职业,挽回我国利权"为宗旨,招收15岁至35岁女子,授以栽桑、养蚕、制种、缫丝之法,女子只要身无疾病,均可入学。是为中国女子专科教育之始。

上海女子体操教育可谓中国女子接受现代体育之嚆矢。1905年,汤剑娥在上海创办中国女子体操学校。1908年,徐一冰在上海西门外方斜路赁屋创办女子体操学堂。同年,我国第一所培养女子体育师资的学校——中国女子体操学

校由王季鲁先生创办于上海。中国早期女体育家张汇兰女士曾撰文记载此事：这所学校招收高小毕业生入学,学制为一年半,学生多来自江浙两省,限于经费和校舍,每届只招收 20 余名学生,而且要等到上届毕业后才招下一届,学校条件十分简陋,"但是,它为我国培养女子体育师资和妇女接受体育教育开创了先例"。① 这些体校为中国培养了第一批女子体育健将和女子体育师资,为中国女子生活方式的根本改变奠定了物质基础。

此外,上海女子医务教育的起步也很早。1904 年,出身中医世家的李钟珏与广东番禺著名西医张竹君女士因悯中国女界疾病之苦、分娩之危,在公共租界西区创办上海女子中西医学校,招收女学生 40 名,延请名师,分授中西医学及各科医学,同时在校侧开办附属女医院,以为学生实习之所。张竹君担任校长,讲授西医课,李钟珏亲自讲授中医课。这是国人在上海最早创立的女子医学校,也是中国最早的女子医学校之一。

上海女子职业教育不仅起步早,而且发展速度快。民国年间,女子医护教育以护士职校和助产职校两种形式快速推进。创办于 1894 年的仁济高级护士职业学校于 1912 年开始颁发毕业证书,1914 年向中国护士会注册,1918 年开始参加护士会考。在民国建立后的十年里,上海又陆续出现广仁、伯特利、协和、红十字会 4 所护士职业学校和人和 1 所女子助产学校。到 1937 年时,护士职校中又增加了济民护士职校;助产职校中,出现了同德、中德、大德、惠生、生生、太和 6 所学校,此期助产学校增为 7 所。截至 1948 年,上海两类女子医护学校共有 18 所。抗战胜利后,上海市教育局和卫生局又联合设立护士学校和助产学校各一所。

上海女子职业教育在向纵深发展的同时,其范围也在不断扩展,除医护教育、体操教育、师范教育外,音乐教育、美术教育、商业教育等各类女子职业教育都取得了前所未有的成绩。女子职业教育系统逐渐形成,除中等职业学校外,女子高等职业教育获得了空前的发展机遇,女子职业教育的发展势头喜人。尤其是 20 世纪 30 年代,上海社会经济处于大发展时期,为了适应社会对女子职业人才的需求,女子职业学校和职业科数目猛增,不仅开设有明德女子商业职中、虹蜚女子职业学校、国祥女子职业中学等正规的女子职业学校,而且女子中学本身在开设普通科的同时,又兼开一些职业性科目。如当时的工部局女中在高中阶段除了开设普通科,还设置了师范科和商科;务本女中在高中阶段兼设

---

① 张汇兰.早期培养女子体育师资的学校[M]//中国人民政治协商会议上海市委员会文史资料委员会.体坛先锋(上海文史资料选辑第六十五辑).上海:上海人民出版社,1990.

普通科和师范科;私立爱国女中除高中普通科、师范科外,兼设体育师范科。在女子正规职业教育开设的同时,女子职业函授教育和补习教育也在上海遍地开花,仅基督教女青年会开设的女工补习学校就多达5所,至于其他私人开办和团体开办的业余女子学校,更是数目繁多。

2. 女子职业学校类型多、规模大

就女子职业学校的种类而言,有起步最早的女子蚕桑教育,也有缝纫、打字、商务、家事、刺绣、英文等商业性、实用性教育,还有最具吸引力的护士和助产教育,更有颇受女子欢迎的师范教育和具有师范性的体育教育、美术教育和音乐教育等。民国时期,女子职业教育不仅在中等教育阶段实施,而且高等教育阶段更是实际承担着女子的职前培训任务,以培养高层次的女性医生、工程师、教师、画家、音乐家和运动健将等。

女子职业教育的发展不仅得益于国家教育机构,而且社会团体也成为女子职业教育的重要承担者,如旅沪同乡会、基督教教会、出版机构、医院等都创办了自己的女子职业学校。私人捐资办学更是上海女子职业教育发展的主要方式。

女子职业教育在类型多样的基础上,规模也不断扩大。两江女子体育专科学校在20世纪30年代已发展成一所校园开阔、设备先进、学生来源广泛、影响力大的体育院校。就容淑柬女士的介绍看:

> 学校有体育场,有游泳池,有体育馆,还有篮球场;还有园林,因为学生住校,这是学生休息的地方。游泳池是跟国外一样的,很漂亮;还有划船运动所需的人工河和配套设施,音乐室增添至十四间,间间有钢琴。两江是个很像样的学府。
>
> 宿舍也很整齐。校园一进去,两边两排宿舍。一个宿舍六个人,三个三个相对,有六个木橱,一人一个。进去是打了蜡的地板,擦得亮亮的,每天值日生都要收拾得清清爽爽。学生自己打扫。校园中间有个花坛,管理得很好。
>
> 学校的房子盖得蛮像样的。体育馆呢,不是健身房,进去要换鞋子;有一间一间的更衣室;因为我们校长经常到外国去,把外国的东西学得来,十几个人一个洗澡间,洗澡水都是连冲带喷的。

两江女子体专从招收上海籍女子扩展到招收全国各地女子入学,为全国各类学校培养体育教员和体操健将,赢得了广泛赞誉。学校优良的教育质量还吸引了南洋华裔女子回国学习,从而进一步扩大了学校规模。

能够与体育学校相抗衡的当数医护学校。在上海65所女子中等学校中,仅助产职校和护士职校就有20所,占到全部女子中学的30%强,其规模之大、数量之多可见一斑。广仁高级护士学校附设在医院里边,学校有专门的教学大楼,是一栋两层大楼,学校医疗设备基本俱全,医院有什么科就有什么设备,都由医院直接提供。从学校组织看,护校有校长、教导主任,校长的名字叫张景梅,在上海医学界享有名气。护士在学习期间,还参与实习,以两个月为一个时段,分别在内科、外科、眼科、妇产科、泌尿科、开刀间等科室轮流实习。从广仁护校的硬件设施和实习医院的规模来看,它是一所极为正规的医护学校。可见,从女子职业学校的种类、数量和内在设施看,上海女子职业学校类型多样,形成了一定规模。

3. 女子职业教育重实践、水平高

女子职业学校从社会的实际需要出发,随时调整办学方向,设置了不同学科专业。为使毕业生能够很快适应社会,职业学校在课程安排上注重实践操作,将打字、英文、日文、银行、缝纫、刺绣等行业的适用技术直接教给学生。此外,还非常注重将专业理论和实践环节紧密联系,如护士学校将护士的理论学习和技能操作结合起来,自入校第一天起,就边学专业边做实习,到毕业前一年,完全进入工作状态,轮流进入各个科室进行实习。护士学校的杨氏告诉笔者:

> 我们护士学校什么专业都要学,学生实习,专业要轮的。这两个月做内科,下两个月做外科,再做眼科、妇产科,还有两个月做开刀间,什么科都要去的,还有泌尿科,也要轮的。我们一进去蛮辛苦的。那时候,护士学校也是利用我们年轻人在病房工作,一个病房只有一个护士长,其他都是护士生在工作。

医护教育的实用性要求学生必须注重实践,练习操作,以尽快适应工作需求。师范教育尽管对动作技能的准确性没有很高的要求,但对师范学生是否掌握教育学基本理论,是否懂得学生心理,能否因势利导开展教学也需要进行操作性训练。徐修娟女士说:

> 我们师范科有实习。但搬到租界以后,学校房子不够,没有办小学。不过,我们同学办了一个义务小学,我们每个同学拿出钱来,买铅笔、教科

书、练习本,买好了,送给小孩子,让他们免费来念。这些小孩子都是我们同学的邻居。我们住的里弄里,一些小孩子读不起书,我们就介绍他们去读。我记得,我们里弄里有一家,母亲生了很多孩子,穷得连书也读不起,他们干什么呢?扎了一捆地芦秒,摆在路边去卖,卖一根几个铜板。我就请他到我们义务小学来念,这些小孩到学校来念,学得很认真。义务小学上课,是在我们下午四点下课以后,四点到六点给他们上课。我们在学校师范科只上了三年,义务小学可能办了两年。

我们师范科毕业前,要联系一个小学,每个学生去讲一个钟点,下面有许多人评分,如果评分可以的,就算过去了,就毕业了。因为我们在义务小学教课许多年,所以评课我们也无所谓了。本来学校应该带我们到小学参观的,可那时打仗,也就没去。

从徐女士的谈话中我们可以清晰地感到,师范学校对学生实践能力的培养极为关注,要求学生将知识学习与实践活动相结合,通过实际锻炼来培养学生的教学能力。由于有较长时间的实习,学生能够驾驭教材,从容地处理好教学过程的各项活动,熟练地掌握知识并发展能力。

作为师范教育的一部分,体操教育同样将实际操作和理论学习联系起来。在两江女子体专,不仅开设基础课,让学生掌握基础知识,还为学生设置文化理论课,使学生懂得人体生理结构和体育工作原理,尤其重视让学生掌握各项体育活动的技巧。尽管容淑柬女士是田径专业,但她在篮球、排球、游泳、舞蹈等各方面都受到训练。学校还将钢琴作为必修课让学生勤奋练习。两江女子篮球队在出征日本和南洋的比赛中,屡战屡胜,为国争光。所以,容女士说,两江的学生毕业以后,除了到中学以外,还有到大学去任教的:

两江的学生拿得出去,很受欢迎的。从这个学校出来,能够适应社会。拿我来讲,我们在学校学了很多东西,毕业以后,回爱国女中,就在爱国女中搞各种活动。当时,在爱国女中也是很出风头的。因为我们从这个学校出来,各方面的知识懂得不少,在国家活动中,都派得上用场。

上海的女子职业教育从实践出发,注重学生操作能力的训练,使学生掌握了牢固的专业知识,形成了娴熟的专业技巧,达到了很高的专业水平,成为受社会欢迎的人才。

附：

民国上海女子教育访谈信息表

	被访人	采访时间	采访地点	就读学校或其他情况
1	曹锦孚	1999年4月7日	上海天目中路曹女士家中	清心女中1949届
2	黄凤贞	1998年12月22日	上海北京西路黄女士家中	中西女中1936届
3	徐修梅	1999年4月23日	上海新闸路徐女士家中	务本女中1938届普通科
4	于昌萱	1999年6月16日	上海董家渡天主教堂内	晓明女中
5	严凤霞	1999年1月5日	淮海中路严女士家中	进德女中、工部局女中
6	王芷涯	1999年1月9日	上海高安路王女士家中	工部局女中
7	盛靳先	1999年1月9日	上海高安路王女士家中	工部局女中
8	吴彼得	1999年6月1日	上海吴彼得老师家中	南洋女中
9	容淑柬	1999年7月25日	上海华亭路容女士家中	爱国女中、两江女子体专
10	刘珍宝	1999年7月25日	上海华亭路容女士家中	启秀中学
11	杜淑贞	1999年4月26日	上海乌鲁木齐南路杜女士家中	培成女中
12	范敬敏	1998年12月30日	上海第三女中校务办公室	惠中女中
13	徐修娟	1999年6月15日	上海康定路徐女士家中	务本女中师范科
14	许 庭	1999年6月1日	上海高安路许庭女士家中	南屏女中
15	蔡睟盎	1999年4月19日	上海蔡女士家中（蔡元培故居）	震旦女子中学
16	瞿明明	1999年5月26日	上海天目中路瞿女士家中	中西女中1949届
17	程芍华	1999年6月7日	上海东安路东安一村程女士家	圣玛利亚女中
18	陈祥珍	1999年6月22日	上海重庆北路陈女士家中	女青年会女工夜校
19	陈美廉	1999年6月23日	上海华东师大泉州楼424房间	圣玛利亚女中

续表

	被访人	采 访 时 间	采 访 地 点	就读学校或其他情况
20	曾弥白	1999年5月31日	中科院上海细胞研究所曾女士办公室	南屏女中教师
21	王灿华	1999年7月1日	上海广中路王老师家中	东亚体专
22	聂梅励	1999年6月28日	上海胶州路聂女士家中	上海女工夜校教师
23	杨傅氏	1999年6月29日	上海石门二路杨氏家中	广仁高级护校1949届
24	周子东	1998年12月22日	上海华东师大一村周、黄家中	黄健霭之夫
25	黄健霭	1998年12月22日	上海华东师大一村周、黄家中	南屏女中1948届
26	钱　青	1999年9月	上海同济大学同济新村钱女士家中	工部局女中教师

第六章

中国现代教育思潮的策源地

作为近代中国对外开放的一个窗口,上海是世界教育潮流的晴雨表,是中国现代教育思潮的策源地。在五四新文化运动及其后的一段历史时期,经胡适、陶行知、陈鹤琴、舒新城等人的自觉探索和大力提倡,"新教育"在上海得到广泛传播,并激起阵阵波澜,影响全国。与之相应,马克思主义教育思想也很早就在上海涌动和发展,孕育出像杨贤江这样著名的红色教育家。更为可喜的是,一批专业教育家借助上海社会经济迅猛崛起之机,在基础教育、高等教育、职业教育、民众教育、音乐教育诸方面大胆开拓,率先垂范,从而为民国上海教育乃至全国教育发展作出了突出贡献。海纳百川、博通中外、求实创新是民国上海教育思想的重要特征,也是上海之所以成为中国现代教育思潮策源地的重要原因之一。

第一节 新文化与"新教育"在上海的传播

近代以来,上海素以得风气之先而闻名。民国之后,更以肇始新文化精神和推进"新教育"改革享誉海内外。这固然是上海社会经济文化长期积淀使然,但也与陈独秀、胡适、陶行知、陈鹤琴、舒新城等一批大师级人物纷纷落户上海密不可分,虽然他们在沪居住的时间长短不一,但都以自己独特的风格推动了新文化和"新教育"在上海的传播和发展。

一、新文化与"新教育"在上海萌发

作为最早开放的五个通商口岸之一,上海很早就接触西方近代文明。进入20世纪以后,由罗振玉、王国维主编的《教育世界》(1901—1908年)在上海出版,较系统地引进了日本教育制度,以及由日本转译过来的欧美教育理论,苏格拉底、柏拉图、亚里士多德、夸美纽斯、卢梭、赫尔巴特、洛克、裴斯泰洛齐、福禄贝尔等西方教育家的学说及其事迹开始在中国得以广泛传播,其中赫尔巴特的教育理论一度备受推崇。其后,又一本影响深远的教育学术刊物《教育杂志》在

上海创刊(1909—1948年),它以更加开放的姿态介绍世界各国的教育实践经验和发展态势。此外,上海商务印书馆以及后起之秀中华书局更是精心策划,相互竞争,一些西方教育名著,如斯宾塞的《教育论》、卢梭的《爱弥尔》、杜威的《民本主义与教育》、克伯屈的《新教育原理》、拉伊的《实验教育学》等陆续出版问世,同时,国人结合中国国情编写的新式教科书也由这两家出版社竞相出版。

从总体上看,民国成立前的上海媒体已开始注意西方教育,民国成立后更是把目标聚焦在西方教育中的美国教育上,这不仅是因为美国所标榜的民主教育精神契合民主共和旨趣,更重要的是,持续不断的军阀混战和帝制复辟的闹剧表明,儒家传统教育思想观念仍然根深蒂固。因此,借用以美国为核心的西方民主、科学精神,谋求破除种种传统陋习与迷信,重估一切价值的中国思想解放运动拉开了序幕。1915年9月15日,由陈独秀主编的《青年杂志》在上海出版,次年9月该刊第二卷即改名《新青年》,编辑部也因陈独秀新任北京大学文科学长而移往北京,但仍在上海出版。《新青年》的诞生,不仅标志着旧时代的结束,而且更预示着新时代的来临。它声称,要不惜一切代价,哪怕"断头流血",也要将"德先生"(指民主,democracy)和"赛先生"(指科学,science)引入中国,强调"要拥护那德先生,便不得不反对孔教、礼法、贞节、旧伦理、旧政治;要拥护那赛先生,便不得不反对旧艺术、旧宗教;要拥护德先生又要拥护赛先生,便不得不反对国粹和旧文学"。① 概言之,《新青年》对"新鲜活泼之青年"寄予深切期望,要求他们勇敢地拜别奴隶的、保守的、退隐的、锁国的、虚文的旧观念,自觉地树立自主的、进步的、进取的、世界的、实利的、科学的新观念,为20世纪的中国思想学术文化发展开辟新路。

就教育而言,《新青年》的志士们明确表明了自己对西方"新教育"的赞赏与歌颂。以陈独秀为例,他通过考察西方近代教育的精神旨趣,并与中国传统教育进行理性比较,指出西洋教育"是自动的而非被动的,是启发的而非灌输的","是世界的而非神圣的,是直观的而非幻想的","是全身的,而非单独脑部的"。② 有鉴于中西教育的深刻差异,陈独秀强调,中国教育应当在综合比较世界各国教育特点与优点的前提下,审察国势要求,提出与时俱进的教育方针,这

---

① 陈独秀.本志罪案之答辩书[M]//陈独秀,等.新青年.郑州:中州古籍出版社,1999:296.
② 陈独秀.近代西洋教育[M]//任建树,等.陈独秀著作选(第一卷).上海:上海人民出版社,1993:324—325.

就是"现实主义""唯民主义""职业主义"和"兽性主义"。其中,"兽性主义"并不是要否定人性,而是要以兽性般的"顽狠""善斗"之强力,去破除手脑分离的传统虚文主义教育,改造过于软弱的国民性,养成身心和谐发展的健全人格,抵制帝国主义的野蛮侵略。与陈独秀一样,胡适、李大钊、鲁迅等启蒙教育家也都以不同方式表明了自己对中国传统教育的激烈批判和对西方以科学、民主、个性独立为旨趣的新教育精神之极力推崇。

1919年4月30日,美国著名教育家杜威应邀来华。胡适不仅随同杜威在上海、北京、山西等充当翻译,而且在《新青年》《新教育》等刊物上大力宣传实用主义教育理论。此外,陶行知、陈鹤琴也都以各自的方式大力弘扬杜威的"生活教育"理论,并结合各自的教育经验进行理论探索和实践创新。其实,早在杜威来华之前的1913年,黄炎培已在上海《教育杂志》第5卷第7号发表《学校教育采用实用主义之商榷》,对脱离生活实际的学校教育进行过猛烈抨击。1914年,《教育杂志》还特别组织发表了有关实用主义教育的专刊,进行专题介绍和讨论。虽然黄炎培所介绍和提倡的实用主义包含有浓厚的传统实学精神,与杜威的实用主义教育理论并不完全一致,但他的前期宣传确实为其后杜威在上海乃至全国的广泛传播,起到了推波助澜的作用。1920年,《杜威三大演讲》(即"教育哲学""试验论理学""哲学史")在上海泰东图书公司结集出版。1922年,杜威最重要的著作《平民主义与教育》(又译《民本主义与教育》《民主主义与教育》)由上海商务印书馆隆重推出。1923年,杜威的另一本著作《教育上的兴味与努力》也由商务印书馆正式出版。

在杜威实用主义教育传入中国的同时,标榜儿童中心主义的设计教学法和道尔顿制也被相继引入。一些教育家如俞子夷、沈百英、舒新城等,在学习外国教育理论的过程中十分注意自觉地开展教育实验。其中,舒新城在上海吴淞中学进行的道尔顿制实验一度引起国人的高度重视,其影响范围早已越出上海而流播于全国。

为了进一步说明"新教育"在上海的传播,下面特选择几位著名教育家,着重探讨他们在上海的教育实践与理论思考,追溯其与上海乃至全国新教育发展的内在关联。

二、胡适与实用主义教育在上海

胡适(1891—1962),原名洪骍,后改名适,字适之。生于上海,但大部分童年是在安徽绩溪县上庄村度过的,接受过九年的家乡私塾教育。13岁时,他又来到上海,先后进了梅溪学堂、澄衷学堂、中国公学和中国新公学,历时六年

(1904—1910年),饱尝了清末新式教育的滋味。其后,他留学美国七年,逐渐认同并信奉杜威的实用主义教育哲学。1917年回国,历任北京大学教授、上海中国公学校长、驻美大使、北京大学文学院院长、北京大学校长、台湾"中央研究院"院长等职。胡适是杜威实用主义教育思想的热烈崇拜者和积极传播者,他于1928—1930年在上海执掌中国公学,这不只是他个人的一次独立办学实践,也可视作实用主义教育理念在上海的一次完整实验,从中我们不难体会到其对上海"新教育"发展的直接推动之功。

作为杜威的弟子,胡适在老师来华期间极尽弟子之礼。从1919年4月30日,胡适与陶行知等人亲至上海迎接,到先期在江苏省教育会讲演"实验主义",为杜威正式讲学做铺垫;从频繁担任杜威在上海、北京、山西、济南、天津等地讲学的翻译,到多次为《新青年》《新教育》等当时重要报刊发表阐扬杜威实用主义思想的通俗理论文章;从公开在北京大学开设"杜威著作选读"课程,到1922年参与"新学制"起草时极力渗透杜威实用主义教育精神,胡适堪称杜威实用主义教育思想在中国传播的急先锋。但由于常年在北京大学任教,他无缘将杜威实用主义思想应用于实际的办学实践。直到1927年5月,胡适旅欧回国,因当时发生"四一二"政变,成立了国民党新政府,北洋政府摇摇欲坠,胡适遂听从学生顾颉刚的劝告而暂住上海。居沪期间,除短期担任私立光华大学(1927年8月—1928年4月)教授外,胡适还尝试着以实用主义教育理念,并融合中西办学经验,开始了中国公学的新教育探索(1928年4月—1930年5月),形成了自己独特的办学特色。①

1. 主张民主办学,倡导学术自由

中国公学是留日学生于1905年因抗议日本政府而集体回国,在上海创办的一所学校,素以民主治校闻名遐迩。胡适留美之前曾在该校读书,对中国公学的革命性质和民主传统十分了解。民国成立后,中国公学并没有得到政府的经济资助,仍由私人或公司捐资办理,学校经济负担十分沉重,教学管理均成问题。至1928年,胡适接掌中国公学时,学校已是破败不堪。

面对这样的情景,胡适想起了杜威"情境—问题—解决"的实用主义思维术,他对陪同一起参观中国公学的杨亮功说:"你既系研究教育的人,以从事教育为职志,不妨以此作为试验。"② 于是,他们开始运筹帷幄,合计着如何进行

---

① 黄书光.胡适教育思想研究[M].沈阳:辽宁教育出版社,1994:72—90.
② 杨亮功.吴淞江上——我在中国公学一段办学的经历[M]//王云五,丘汉平,阮毅成,等.私立中国公学.台北:南京出版有限公司,1982:128.

有效的办学。胡适先是精简了原来百多位的庞大董事会,形成了以蔡元培为董事长的15位新董事成员,由董事会聘请胡适为校长,校长聘请杨亮功为副校长。之后,胡适又以学校的实际经济状况为依据,裁并院系,精简机构,将原来四个学院及十七个学系压缩为三院六系,即"文理学院,属此者为文史学系、数理学系;社会科学院,属此者为政治经济系、法律系;商学院,属此者为普通商学系、银行会计系"。① 其中,文理学院旨在打破文、理科壁垒,使之交叉渗透,颇具新意。至于行政管理人员,也是以少而精为原则,重在提高工作效率。

与行政管理的创新相契合,胡适在教学管理上主张师法蔡元培的治校作风,倡导兼容并包的学术自由。他聘请教授,反对论资排辈,而以学术水平为重,许多学有专长的学者被网罗进来。罗尔纲说:"他(胡适)聘请教授,有蔡元培的作风,不限资格,不分派别。以中国文学系来说,有王闿运的学生马宗霍教先秦文学、许慎《说文》。有左派作家白薇教戏剧,有陆侃如和冯沅君教古典诗词的考释,有青年作家沈从文教小说创作,郑振铎教西洋文学史等。沈从文没有学历,是胡适首先把他安排上大学教坛的。"② 除此之外,还有高一涵讲授"欧洲政治思想史",徐志摩讲授"中国文学史",潘光旦讲授"优生学",胡适自己则主讲"中国文化史",一时间名家云集,盛况空前。

为了进一步活跃学术空气,胡适还经常举行全校性的学术讲座,不仅自己登台演讲,而且常请校外著名人士来校作报告。如王云五就曾在中国公学礼堂讲演其如何发明"四角号码检字法"的故事,讲得生动有趣,很受学生欢迎。

除课外学术讲座外,胡适对学校的各种刊物、壁报总是予以热情的支持。有一次,一群青年学生办了一个校内文艺杂志,特请胡适为封面题字,胡适不假思索地题上"野马"两字,"取其野马不羁,可以自由自在的意思"。③ 至于学校办公室前树起的许多木牌、壁报,更是学生自由发表思想学术的重要场所,"有左派办的,有国民党办的,有国家主义办的,有无党无派办的。胡适一视同仁,准许学生各抒己见"。④

2. 注重治学方法,阐扬"十字真言"

胡适是个"方法迷"。他尝自称:"我治中国思想与中国历史的各种著作,都

---

① 马君武.中国公学校史(二)[M]//王云五,丘汉平,阮毅成,等.私立中国公学.台北:南京出版有限公司,1982:15.
②④ 罗尔纲.关于胡适的点滴[M]//颜振吾.胡适研究丛录.北京:生活·读书·新知三联书店,1989:13.
③ 江厚垲.忆中国公学[M]//王云五,丘汉平,阮毅成,等.私立中国公学.台北:南京出版有限公司,1982:242.

是围绕着'方法'这一观念打转的。'方法'实在主宰了我四十多年所有的著述。从基本上讲,我这一点实在得益于杜威的影响。"①胡适所说的方法,即是其津津乐道的"十字真言"——"大胆的假设,小心的求证",这是对杜威思维"五步法"的进一步提炼。胡适认为,杜威"五步法"中的第三步最重要,前两步的"疑难情境"及"指定疑难之点究竟在什么地方",都是为了引出第三步的"种种假设",因此他曾主张把杜威的"五步法"归结为三步法,即"细心搜求事实,大胆提出假设,再细心求实证",②更多的时候则直接简化为二步法——"大胆的假设,小心的求证"。

胡适的"大胆的假设,小心的求证",隐藏着"愈大胆愈好"的主观主义倾向,因此一度引起务实之士的疑惑。为此,胡适不得不强调材料证据的重要性。他说:"考证家若没有证据,便无从做考证;史家若没有史料,便没有历史。"③为了进一步表明自己的态度,胡适在中国公学《吴淞月刊》的发刊词中特别指出:"第一,我们要'小题大做'。……第二,我们要注重证据,跟着事实走,切忌一切不曾分析过的抽象名词。……如果我们敢希望中国公学有个新学风,这个新学风应该建筑在这两条戒约之上。"④

需要指出的是,胡适强调材料证据的重要性,并不意味着放弃了其"十字真言"的治学方法。在他看来,"大胆的假设"重在调动人的主观能动性,而"小心的求证"则体现了尊重事实的客观态度,二者的有机结合,方是他所崇尚的科学治学方法。胡适执掌中国公学期间,其校长办公室的门常是敞开的,有学生前来索求墨宝,胡适总是有求必应,其中题词最多的就是他常挂在嘴边的"十字真言"——"大胆的假设,小心的求证"。

3. 强调和谐教育,崇尚健全人格

注重读书治学是胡适执掌中国公学所营造的一种良好风气,与此同时,胡适认为,光有知识上的进步还不够,应该有张有弛,实施德智体和谐教育,以养成身心全面发展的独立健全人格。正是出于这样的办学理念,胡适十分注重文娱、体育等课外活动,整个学校充满了勃勃向上的盎然生机。有一次,胡适还为公学运动会谱写白话会歌,勉励全校的运动健儿们"要个个争先",为集体争光,

---

① 胡适.胡适口述自传[M].唐德刚,译注.上海:华东师范大学出版社,1993:94.
② 胡适.胡适哲学思想资料选(上册)[M].葛懋春,李兴芝,编辑.上海:华东师范大学出版社,1981:217.
③ 胡适.治学的方法与材料[M]//胡适.胡适作品集(第二卷).台北:远流出版事业股份有限公司,1986:352.
④ 胡适.胡适文存(三集)[M].上海:亚东图书馆,1930:卷七.

但同时,他也要求大家遵守体育道德,即使失败了,也要败得欣然,败得光荣,重在共同参与,"大家齐来"。又有一次,胡适在军训典礼上发表即兴演说,强调身体是事业的基础,只有锻炼好身体,才有本钱承担"救国救民的责任"。

由于秉持身心和谐教育的办学理念,中国公学常常呈现出一种紧张有序而生机活泼的场景:"你要用功,可到图书馆阅书,也可以回到宿舍自修;疲倦了,你跑到操场,在绿茵地上,树木丛中,或坐或卧,随心所欲,看你喜欢读的书。"[1] 也许这种教育更贴近自然,贴近生活,贴近胡适所崇尚的"生活教育"旨趣。

诚然,自由和谐的生活环境是健全人格生长的必要土壤,但自由并不意味着不讲原则与责任。在胡适看来,健全人格恰恰需要大无畏的精神,需要直面现实的勇气和锐气。这一点,胡适也为中国公学师生们做出了榜样。执掌中国公学期间,胡适不遗余力地抨击国民党政府,明确表示对"党化教育""决不能附和"。[2] 他撰写了《人权与约法》《知难行亦不易》《新文化运动与国民党》《我们什么时候才有宪法》等文笔犀利的政论文,对国民党政府的治国方略及其文教政策提出过激烈的善意批评。不可否认,中国公学学生的成长离不开这种宽松自由而又不失原则的人文环境的熏陶。

胡适执掌上海中国公学是短暂的,1930年5月,他被迫辞去校长之职,前后算起来只有两年多。但在这短短的两年多时间里,胡适将学生由原来的300人发展到1 300人,培养出像罗尔纲、吴健雄、吴晗这样的杰出人才,彪炳于史册,为后人所称道。他为上海"新教育"发展树立了一面旗帜,也为中国高等教育的现代化增添了光彩。正如中国公学董事长蔡元培在胡适离别之际所说:"两年多的中公,无论从学生数量或思想上,都有很大的发展。无论何人,到于今不能不承认中国公学是中国较好的大学。然而这是两年前将近破产的学校,把这个学校从破产中救了出来,使他有很大的发展,这是先生两年多的努力。"[3]

三、陶行知与"生活教育"在上海

陶行知(1891—1946),原名文濬,曾改名知行,再改名行知。安徽歙县人。先后在歙县崇一学堂、杭州广济医学堂、南京汇文书院、金陵大学求学。1914年赴美,入伊里诺大学。后转入哥伦比亚大学师范学院攻读教育学专业,师从杜

---

[1] 江厚垲.忆中国公学[G]//王云五,丘汉平,阮毅成,等.私立中国公学.台北:南京出版有限公司,1982:238.
[2] 胡适.胡适往来书信选(上册)[M].中国社会科学院近代史研究所中华民国史研究室.北京:中华书局,1979:447.
[3] 同上:14—15.

威、孟禄等名家。1917年夏,获该校"都市学务总监资格"文凭。是年秋回国,先后担任南京高等师范学校教员、教授、教务主任,东南大学教授、教育科主任,中华教育改进社主任干事、《新教育》主编。1927年3月,在南京北郊创建晓庄师范学校,开展乡村教育实验。1930年4月,晓庄师范学校被国民党政府封闭,陶行知被迫流亡日本。1931年春,陶行知回到上海,开始新的韧性的战斗。他不仅以大无畏精神针砭时弊,反思"生活教育",而且以实际行动倡行"科学下嫁",创办上海工学团,建立"小先生制",投身国难教育。陶行知在上海的时间虽然不长,只有五年多,但他极大地深化了"生活教育"的理论思考,并有力地推动了上海乃至全国"新教育"事业的深入发展。

1. "生活教育"理论的沉思与再探索

与胡适一样,陶行知也曾是杜威实用主义教育思想的热情传播者,他不仅在《新教育》等刊物上介绍杜威的教育理论,而且多次担任杜威在南京等地讲演的随从翻译。然而,陶行知所经历的一系列教育实践,特别是亲自创办南京晓庄师范学校的实践,促使他对杜威教育理论做了大胆的改造,将其"教育即生活""学校即社会""做中学"改造成"生活即教育""社会即学校""教学做合一",逐渐形成了具有中国特色的生活教育理论。但遗憾的是,这一理论所蕴藏的民主进步精神却引起国民党专制统治的极度恐惧。1930年4月,国民党政府粗暴地封闭了学校。

专制统治集团可以封杀有形的学校,却挡不住勇士对真理的不懈探索和一颗至诚的报国之心。陶行知在日本避难数月之后,于1931年春秘密返回上海。《申报》总经理史量才得知陶行知近况后,深表同情,特聘他担任《申报》总管理处顾问。此后,陶行知不仅经常与史量才商议《申报》的编辑方略,建议突出报纸的民主自由精神,而且常以"不除庭草斋夫"之名在《申报》"自由谈"专栏发表时论,抨击日本帝国主义的侵略行径和国民党政府的消极抗日政策。与此同时,陶行知并没有因为关注时政而淡忘自己所钟爱的教育事业,积极发表了诸如《化磁为电》《佛兰克林》《战时的功课》《新旧时代之学生》等许多科普、教育方面的文章。

从1932年5月起,陶行知在《申报》连续发表了具有重要理论价值的长篇教育小说《古庙敲钟录》,以生动活泼的文学形式表达了自己崇高的教育理想和追求,既有对自己以往生活教育实践的形象解说和总结,又不时闪现出新的思想火花。它详细描绘了古庙村的社会生活与教育是如何打成一片的,以及村民们心灵深处的激烈跳动。书中常借"钟人"与"朱先生"的对话交流,批判与生活绝缘的传统"死教育",对"四体既不勤,五谷也不分。达则做官去,穷则教学生"的传统士人屡加训斥;主张"生活即教育""社会即学校",设想心中的学校应该"以青天为顶,大地为底,二十八宿为门墙",强调这样的学校乃是"森林似的大学校",而不是"鸟笼式的小学校"。① 然而,这样的学校在当时还只是一个美好的愿望,传统力量正无时不在地进行严酷的压制。为此,陶行知强调,只有起而抗争,"做"字当头,在行动中追求真理,方有达致理想目标之一日。

值得注意的是,陶行知在《古庙敲钟录》中还饶有兴致地讨论了新型的办学形式——工学团。他借书中朱先生之口,指出"我们在这里所办的虽是一个小学堂,但同时是一个小工场,又是一个小社会。学堂的主要意义是长进;工场的主要意义是生产;社会的主要意义是平等互助,自卫卫人。……我们这小小实验是将工场、学堂、社会打成一片"。② 在陶行知看来,呆板地办工场,呆板地办学校,呆板地干社会工作都没有什么意思,但是,"你若是办一个工场,如果你同时注意到工人之长进的机会和平等互助的关系,便立刻变成一个有意义的工场了。你若是办一个学校,如果你同时注意到师生之生产的机会与平等互助的关系,便立刻变成一个有意义的学校了。你若是在改造一个社会,如果你同时注意到各分子之生产与长进的机会,便立刻变为一个有意义的社会了"。③ 他指出,制造"废人"的传统学校已经"山穷水尽",追求"合理的人生"的工学团必将取而代之,声称"工学团是中华民族之救命圈","中华民族之新生命是在工学团的种子里潜伏着,我有这种认识,我有这种信仰,我愿意做一个园丁将这种子遍撒人间"。④

2. 倡行"科学下嫁"

早在五四新文化运动时期,陶行知即以极大的热情投身到科学教育化和教育科学化的洪流中。避难日本的短暂停留,使他对日本何以富强更有了亲身的体察,认为日本之强即强在科学,其工业发达即与科学密不可分。陶行知说:"科学是工业文明的母亲,我们要创造合理的工业文明,必须注重有驾驭自然的力量的科学。"⑤ 在他看来,一国科学之繁荣与否与该国的科学教育不无关联。当陶行知与《申报》总经理史量才谈及自己的观察心得时,史先生颇为赞赏,并表示愿意拿出 10 万元资金,供陶行知从事科学教育研究之用。陶行知深受感动,并迅即开始了其谋划已久的"科学下嫁"运动。

---

①② 陶行知.古庙敲钟录[M]//陶行知全集(第三卷).成都:四川教育出版社,1991:39.
③④ 同上:94—95.
⑤ 陶行知.中华民族之出路与中国教育之出路[M]//陶行知全集(第二卷).成都:四川教育出版社,1991:629.

所谓"科学下嫁",即要把近代科学知识普及到最广大的工农大众中去。陶行知解释说:"我们要使做工种田的人,拾垃圾的孩子,烧饭的老太婆,也要享受近代科学知识。要把科学变得和日月空气一样普遍,人人都能享受,这就需要一个科学下嫁运动。"① 依据这一行动宗旨,陶行知召集了丁柱中、戴伯韬、董纯才、吕镜梅、方与严等志同道合者,租下上海西摩路一所三层楼房子,立名为"自然学园",开始进行自然科学的实验探究和科普创作工作。其后,长子陶宏也参加进来,流浪在沪的科学家高士其也被请到自然学园。在这一和暖的"自然学园"大家庭里,他们整日里自由而紧张地忙碌着,希望能够写出真正为儿童及工农大众所喜闻乐见的科学丛书。与传统的自然科学教科书不同,陶行知要求大家不仅要写得明白晓畅,而且必须在写作之前自己先动手玩一下"科学的把戏",自己会玩了,小孩子才能玩得有趣并得其科学之要领。这样的教科书就不是呆板的教科书,而是鲜活的"教学做合一"的教科书。陶行知深知儿童好动、爱玩耍的心理,强调科学教育正是要因势利导,从"玩科学把戏"中培养其乐于探究的科学精神。他说:"我们提倡科学,就是要提倡玩把戏,提倡玩科学的把戏。科学的小孩子是从玩科学的把戏中产生出来的。我们要小孩子玩科学的把戏,先要自己将把戏玩给他看。"② 在自然学园里,园工们除了看书、研讨、查阅中外资料,他们还配备了望远镜、显微镜、玻璃仪器等实验工具,陶行知经常与同仁们一起观察宇宙星象,探讨天文科学,交流研究心得。

经过同仁们的艰苦努力,百余册的《儿童科学丛书》先后完成,并交儿童书局出版。其中,高士其著有《微生物大观》,丁柱中译有《巴士德传》,陶行知自己编写了《空气的把戏》《肥皂的把戏》等科学读物,并与长子陶宏合编《儿童科学指导》等书。由于"通缉令"尚未解除,陶行知不便署名丛书主编,而由丁柱中、陈鹤琴署名,但陶行知的"生活教育"思想、陈鹤琴的"活教育"精神均贯穿其中,并成为同仁们编辑各自书稿的指导方针。其实,除编写丛书外,陶行知还在《申报·自由谈》经常发表诸如《伽利略与木星的月亮》《怎样学爱迪生》《法拉第》《佛兰克林》等科普文章。他深信,在20世纪日新月异的科学世界里,"应该有一个科学的中国,科学的中国要谁去创造呢?要小孩子去创造!等到中国的孩子都成了科学的孩子,那时候,我们的中国便自然而然地变为科学的中国了"。③ 同时,陶行知还深切地寄望未来勇攀科学高峰的孩子们,要"把那肥大的果子摘下来

---

① 陶行知.科学下嫁[M]//陶行知全集(补遗一卷).成都:四川教育出版社,1991:324.
② 陶行知.儿童科学教育[M]//陶行知全集(第三卷).成都:四川教育出版社,1991:486.
③ 陶行知.科学的孩子[M]//陶行知全集(第二卷).成都:四川教育出版社,1991:130.

给全世界的人吃,不要只顾自己吃得一肚饱,忘了树底下的民众"。①

1932年一·二八淞沪抗战爆发以后,由于战争的影响,《申报》馆总经理史量才被迫停止了对自然学园的经费支持。为了完成业已开始的科学教育事业,陶行知和同仁们商议用自己的稿费及社会捐款,于1932年6月创办了一所别开生面的儿童科学通讯学校,学校的主体就设在自然学园内,所设科目有天文、气象、物理、化学、生理卫生、农科等。学校按时寄发讲义,学员以自学为主,有疑难问题可随时到学园问教。初办时,招生100余名,以后每年招生,直至1935年10月,因经费极度困难而被迫终止。此外,陶行知还创办了一所"空中学校",旨在通过"无线电讲座",为那些无力上学的儿童提倡最基本的科普知识。

3. 创办山海工学团

有感于中日社会发展的鲜明对比,以及九一八事变所带来的空前的民族危机,陶行知急切地求索中国民族的出路和中国教育的出路。在倡行"科学下嫁"的同时,他又谋划着内涵更加丰富的新型教育组织——工学团。

对心目中的教育理想,陶行知已先期在《古庙敲钟录》中做了形象的描绘。他设想这样的新型教育组织仍应设在最能代表中国社会国情的乡村,认定乡村是工学团的"最好的育苗场",强调工学团的实质乃是为大众服务的,是以捍卫并提高大众的生命质量为旨趣的。陶行知说:"工是工作,学是科学,团是团体。说得清楚些是,工以养生,学以明生,团以保生。说得更清楚些是,以大众的工作,养活大众的生命;以大众的科学,明了大众的生命;以大众的团体的力量,保护大众的生命。……它是将工场、学校、社会打成一片,产生一个富有生活力的新细胞。"②

言必信,行必果。经过仔细的实地勘查,陶行知和弟子们决定将上海沪太路孟家木桥附近的一所红庙作为工学团总部所在地,立名为"山海工学团"。"山海"二字,表层意义指该团位于宝山县与上海市之间,深层意义盖谓天下第一关的"山海关"已危在旦夕,旨在激发国人的爱国精神,不忘出关收复失地。1932年10月1日,孟家木桥儿童工学团率先成立,这一天也成为山海工学团诞生的纪念日。陶行知派马侣贤任团长,实行"来者不拒,不来者送上门去"的开放式办学方针,初次共招到学生二十四名,后增至四五十人。依据私立学校的相关法规,山海工学团以"山海实验乡村学校"的校名,并以当地农民陈立廷的

---

① 陶行知.科学的孩子[M]//陶行知全集(第二卷).成都:四川教育出版社,1991:131.
② 陶行知.普及什么教育[M]//陶行知全集(第三卷).成都:四川教育出版社,1991:126—127.

名义向宝山县申请立案,获得批准。

与传统学校不同,以山海工学团为榜样的乡村工学团是陶行知生活教育理论——"社会即学校""生活即教育""教学做合一"的又一次重要实验。它冲破了封闭的传统学校生活,主张将工场、学校打成一片,要求以最敏捷的手段对广大民众实施"(一)普遍的军事训练;(二)普遍的生产训练;(三)普遍的科学训练;(四)普遍的识字训练;(五)普遍的民权训练;(六)普遍的人种改造训练"。① 这"六大训练"以及通过这些训练而达致的理想国民与社会,寄托着陶行知对乡村工学团的殷切期望。陶行知认为,乡村工学团的主体理应是"本村之真农人",它必须想农民之所想,急农民之所急,一心为农民谋福利。从这个意义上说,乡村工学团必须切近农民的日常生活实际,办得生动活泼,为农民所喜闻乐见。以山海工学团为例,其活动形式的一个重要特点是半工半读,手脑并用。除学习国文、算术、自然、历史等基本文化科学知识外,学生必须进入木工、袜工、藤工等手工工场,跟工匠学做手工,或跟生物工师学做养兔、种菜等农副业生产,强调要在实践活动中领会和掌握科学知识。此外,山海工学团还设有小诊所,聘请医生为农民免费治病。同时,工学团十分注意与当地农民进行思想情感交流,经常举办同乐会,共享生活乐趣。

由于工学团贴近农村生活实际,很受当地农民的欢迎。除孟家木桥儿童工学团外,临近的萧场、沈家楼、夏家宅、侯家宅、越泾巷等也都相继办起了各种形式的工学团。既有按年龄性别划分的儿童工学团、青年工学团、妇女工学团等,又有按生产种类划分的棉花工学团、纺织工学团、养鱼工学团、养鸡工学团等。除上海郊区农村外,工学团还向市区及邻近城市辐射,较著名的有静安寺报童工学团、流浪工学团、北新泾晨更工学团、无锡西桥儿童工学团等。此外,还涌现出一批类似工学团性质的识字班、女工读书班、工人夜校等组织。很显然,经过陶行知及其弟子们的大力提倡,工学团这一新型的教育组织在上海及其周边地区办得有声有色,引人注目,成为当时全国基础教育改革的一面旗帜。

4. 建立"小先生制"

实践出真知。各地工学团的蓬勃开展,迫使陶行知不断思考和探讨师资的给补问题。在实践中,他渐渐发现普及教育的一个奇妙而又省钱的"穷办法"——"小先生制"。

---

① 陶行知.对于乡村教育的一个新建设——乡村工学团之试验[M]//陶行知全集(第三卷).成都:四川教育出版社,1991:498.

所谓"小先生制",即指小孩自己能够做先生。这一点,陶行知早在推行平民教育时即有所察觉,他惊奇地发现年仅6岁的儿子居然能教祖母学习《平民千字课》。晓庄师范学校被关闭以后,尽管此时老师不在,但10名小孩子相约办起了晓庄佘儿岗"儿童自动学校",实施"小孩自动教小孩"的方针,办得红红火火,赢得了许多赞誉。新安小学的7名穷小孩联合组成了"新安旅行团",勇敢地闯荡上海,频频在上海大、中、小学演讲,表现出非凡的独立意识和生活能力。凡此种种,都令陶行知大开眼界,使他对儿童的潜力和能力充满信心。1934年1月28日,陶行知在山海工学团召集有17处工学团共316人参加的普及教育总动员大会,正式提出"小先生制",并在会上举行庄严的授旗仪式。其后,陶行知便多次亲赴杭州、安庆、凤阳、济南、南京等地,进行大力宣传。

普及教育的呼声由来已久,但效果极差。1933年4月,陶行知在一次会议演讲中指出:"据最近教育部统计,中国今有一千万儿童,实际上达就学年龄之儿童应有八千万,而且以数年来提倡义务教育的效果论,今日就学的儿童,亦应有四千万;故事实上仍只有一千万者,原因虽多,普及教育方法的不妥善,实在是主要的阻碍。"① 在他看来,依据当时中国经济的发展状况,特别是农村普遍破产,"经济万分拮据之秋","如果能将小先生的办法尽量推行,不出两年,即可使教育普及"。② "小先生制"何以有这样的灵妙呢? 陶行知分析说:

其一,"小先生制"可以解决普及教育的难题——女子教育问题。由于受传统观念和习惯势力的影响,中国女子教育特别是乡村女子教育存在着诸多障碍。小孩当先生,则可以免除乡村女子的种种顾虑,而乐意领教。

其二,"小先生制"有利于培育民族精神,唤醒民族朝气。针对中国根深蒂固的小成人观念,常把小孩教成小老翁,陶行知认为,"小先生制"可以使人们获得"一种少年精神",整个中华民族也必然会因此"转老还童,而得一种新兴的少年精神"。③

其三,"小先生制"能够破除教育的私人占有观念,重塑"知识公有"意识。"小先生制"所奉行的是"即知即传人"的原则,任何企图独霸知识的教育观念都被撕得粉碎,它提倡的是机会平等,人人都有权接受教育。

---

① 陶行知.小先生与普及教育[M]//陶行知全集(第十一卷).成都:四川教育出版社,1991:537.
② 同上:538.
③ 陶行知.小先生与民众教育[M]//陶行知全集(第三卷).成都:四川教育出版社,1991:305.

其四,"小先生制"是沟通学校、家庭与社会的流动电流。与传统学校、家庭及社会的相互隔阂不同,"小先生制是一根根流动的电线,这一根根电线从四面八方伸展到社会底层,构成一幅生活教育网、文化网,把学校与家庭构成一体,彼此可以来往,可以交通。它把社会所发生的问题,所遇到的困难,带回学校,再把学校里的知识技能带回社会去"。① 在陶行知看来,"小先生制"生动地再现了其"社会即学校""生活即教育"的学术旨趣,是其生活教育的重要组成部分。

正因为"小先生制"具有如上的重要价值,因此其发明不久便风行海内,不到一年时间,全国就有23个省市起而效法。仅上海地区,就多达万余名小先生。1934年12月30日,陶行知应邀在上海市教育局的一次大型讲演中指出:"现在上海方面已有一万多小先生,如果再经潘局长的提倡,大家同心合意地联合起来推行,我可以说两年以内上海市的教育就可以普。……上海的地位非常重要,因为上海是中国经济的首都,如果上海干得有办法,自会风行全国。"②毫无疑问,"小先生"对上海乃至全国的普及教育起到了积极的推进作用。

5. 投身国难教育

陶行知在创办工学团、"小先生制"的同时,还密切关注民族国家的命运,除不时抨击国民党当局的消极抗日政策外,他还在上海积极参加了许多抗日救亡活动,组织国难教育社,将"生活教育"理论融入民族解放的时代洪流中。

1935年12月12日,在一二·九运动爆发后数日,陶行知就参加了以马相伯为首的283位联名发表的《上海文化界救国运动宣言》,该宣言提出了八条具体主张:③

1. 坚持领土和主权的完整,否认一切有损领土主权的条约和协会;
2. 坚决反对在中国领土以任何名义成立由外力策动的特殊行政组织;
3. 坚决反对以地方事件解决东北问题和华北问题——这是整个的中国领土主权问题;
4. 求即日出兵讨伐冀东及东北叛变的组织;
5. 要求用全国的兵力财力反对敌人的侵略;

---

① 陶行知.小先生与民众教育[M]//陶行知全集(第三卷).成都:四川教育出版社,1991:306.
② 陶行知.大上海普及教育[M]//陶行知全集(第十一卷).成都:四川教育出版社,1991:594—595.
③ 陶行知.上海文化界救国运动宣言[M]//陶行知全集(第三卷).成都:四川教育出版社,1991:762.

6. 严惩一切卖国贼并抄没其财产；

7. 要求人民结社、集会、言论、出版之自由；

8. 全国民众立刻自动组织起来，采取有效的手段实力自卫。

    这一严正宣言，对此后上海乃至全国的抗日救亡运动产生了十分重要的影响。

    1935年12月27日，上海文化界救国会在西藏路宁波旅沪同乡会正式成立，陶行知被举为执行委员之一。1936年1月28日，上海各界救国联合会宣告成立，陶行知又被推选为联合会理事。其后不久成立的"全国各界救国联合会"，陶行知又一次被推选为大会执行委员，参与起草大会相关文件，特别是教育方面的文件，从而极大地推动了民族解放运动和非常时期"生活教育"理论的健康发展。

    生活变化了，教育就不能不发生变化，"生活教育"不能不与时俱进而有所创新。陶行知指出，一二·九运动的爆发表明中国社会已进入了前所未有的危机，强调"现在国家的危险比五四时代要严重一百倍"。① 在民族生存出现空前危机的严峻时刻，我们除了反抗斗争，没有别的出路。就教育而言，陶行知认为，我们也只有一条路，那就是厉行国难教育，成立国难教育社，以唤醒民众的国家精神和民族意识，齐心协力，救亡图存。

    1936年2月23日，国难教育社在上海的一所小学正式成立，大会一致推选陶行知为社长，通过了"国难教育社成立宣言""国难教育社简章""国难教育社工作大纲"。其后，陶行知和国难教育社的同仁们一起先后在沪西、沪东、闸北、南市、浦东、大场等地组织分社，举办了形式多样的抗日救亡活动，直接推动了上海乃至全国抗日统一战线的形成，有力地打击了日本侵略者。与常规教育不同，国难教育是非常规教育，其目标、对象、课程、方法等都不可避免地带有非常时期的独特性。就课程而言，着重要求开展："（甲）政治经济军事之演讲讨论。（乙）防卫作战技术之操练。（丙）医护救护之实习。（丁）交通工具运用之实习。（戊）国防科学之研究。（己）大众教育之研究推广。"② 可见，举凡与抗战相关的知识、能力和行动无疑备受关注，此时教师的责任"不仅是指导学生，而且要与学生参加救国运动，通过救国生活，共受救国教育"。③

---

① 陶行知.十二月运动与五四运动[M]//陶行知全集(第三卷).成都：四川教育出版社，1991：698.

② 陶行知.上海文化界救国会国难方案[M]//陶行知全集(第三卷).成都：四川教育出版社，1991：406—407.

③ 同上：408.

为了进一步阐明非常时期国难教育的重大意义,陶行知特撰文进行系统分析,指出国难教育的五个特质。①

其一,它是单一的。强调国难教育只有一个目的,即"保卫中华民国领土主权之完整以争取中华民族之自由平等",它是"以民族的生命为生命",一切教育活动都不能偏离这一目的和宗旨。

其二,它是大众的。声称国难教育的任务,就是唤醒大众共同救国,指出"不许大众救国的教育,乃是亡国的教育,而不是救国的教育"。

其三,它是联系的。主张国难教育应注重三方面的联系:一是内容的联系,"一切科目活动都以解决国难为中心而取得联系";二是组织的联系,"各界各团体都以解决国难为中心而取得联系";三是历史的联系,"把现在中国民族解放运动与历史的教训密切的联系起来"。

其四,它是对流的。批评"由上而下"的脱离群众现象,提倡双向对流,指出"解决国难教育的方案是必须容许上层下层的对流"。

其五,它是行动的。强调高谈阔论不能救国,而"只有实际的救国的行动才能把将亡的国救回来"。当然,这种行动必须是有理论、有组织、有计划、有纪律的行动,"不能盲行盲动"。

毋庸置疑,国难教育的实践与探索是陶行知"生活教育"理论发展的重要阶段。此时,他颇能自觉地将"生活教育"与整个中华民族的生存发展和历史使命联系起来,指出:"中国已经到了生死关头,争取大众解放的生活教育,自有它应负的历史的使命。为着要争取大众解放,它必须争取中华民族的解放;为着要争取中华民族之解放,它必须教育大众联合起来解决国难。"②

综上所述,陶行知在上海的时间只有五年(1931—1936年),其后出访世界各国进行抗日宣传,回国后在重庆创办育才学校和社会大学,直至临终前不久才又回到上海。在这整整五年的日子里,陶行知通过倡行"科学下嫁",创办山海工学团,建立"小先生制",开展国难教育等种种实际行动,将业已形成的"生活教育"推向了一个新的高潮。这五年对新教育的不懈探索,既有对晓庄师范学校封闭之后的"生活教育"理论的冷静反思,又不乏直面现实变革的教育智慧创新,是其"竭蹶尽瘁探求最频的一段教育生涯,也是成绩累累颇可纪念的一段

---

① 陶行知.大众的国难教育方案之特质[M]//陶行知全集(第三卷).成都:四川教育出版社,1991:444—446.

② 陶行知.生活教育之特质[M]//陶行知全集(第三卷).成都:四川教育出版社,1991:717.

生活行程"。①

四、陈鹤琴与"活教育"在上海

陈鹤琴(1892—1982),浙江上虞人。童年在家乡接受私塾教育,后入杭州蕙兰中学、上海圣约翰大学和北京清华学堂。1914年秋,赴美国霍普金斯大学,1917年转入哥伦比亚大学师范学院,攻读教育学和心理学,并于1918年夏获该校教育硕士学位。1918年8月回国后,历任南京高等师范学校教授、东南大学教授等职。1923年,创建南京鼓楼实验幼稚园,开始了其独具特色的中国化新教育实验。其后,他先后担任南京市教育局学校教育科科长(1927—1928年)和上海工部局华人教育处处长(1928—1939年)。在上海工部局华人教育处任内,陈鹤琴仍然孜孜不倦地进行新教育中国化的探索,从而为之后(1940—1945年)"活教育"理论的形成奠定了基础。1945年9月,陈鹤琴由江西回到上海,继续开展"活教育"实验。概言之,陈鹤琴"活教育"理论的形成和发展离不开其回国的种种新教育探索,这其中也包括他在上海的长期实践与探索。他不仅为上海近代教育的发展做出了突出贡献,而且为整个中华民族教育事业的发展立下了不朽功勋。

1. "活教育"在上海的酝酿

与胡适、陶行知一样,陈鹤琴也毕业于美国哥伦比亚师范学院。1919年8月,他回国之后便全身心地投入于教育科学化与民主化运动,首创中国化实验幼稚园——南京鼓楼幼稚园,并在实验探索的基础上先后完成《儿童心理之研究》《家庭教育》两部划时代巨著,提出了具有中国特色的幼稚园教育宣言书《我们的主张》。随着时间的推移和时势的变更,陈鹤琴曾长时间参与教育行政工作(1927—1939年),但即使走上教育行政岗位,他也从未放弃其认定的新教育中国化的探索,而是利用行政上的便利进行规模更宏大、形式更多样的教育实验研究。陈鹤琴曾回忆说,自1929年,"此后十年中,笔者在上海把初等教育同中国自己的文化和精神协同起来,在环境允许的情况下,对学校的教学和学习进行了各方面的改革。这是值得回忆的一件事,因为它标志着在过去租界内新教育运动的开端"。② 此时,陈鹤琴"活教育"理论虽尚未正式提出,但他所进行的关于教材读物编写、学科教学改革等方面的新教育探索,不妨视作"活教育"在上海的酝酿。

---

① 章开沅,唐文权.平凡的神圣——陶行知[M].武汉:湖北教育出版社,1992:316.
② 陈鹤琴.陈鹤琴全集(第六卷)[M].陈秀云,陈一飞,编.南京:江苏教育出版社,2008:298.

关于教材读物的编写,陈鹤琴深知其在教育改革中的重要性而投入了大量精力。据不完全统计,在他主持上海工部局华人教育处的11年时间里,先后编写、主编或参编的教材读物有:《幼稚园课本》(16册)、《儿童国语课本》(包括中部、北部、南部各8册)、《儿童作文课本》(12册)、《中国历史故事》(40册)、《小学自然故事》(又称《自然教材》40册)、《儿童科学丛书》(100册)、《儿童图画诗歌》(12册)、《世界儿童节奏集》(2册)、《最新英文读本》(4册)、《最新英文习字帖》(5册)、《儿童英文诗歌》《少年英文诗歌》《小学生应用图表》《儿童活页手工教材》《算术练习片》《四季故事唱歌集》《世界儿童歌曲》等。这些教材读物出版后,深受儿童欢迎,广为流传。

陈鹤琴认为,作为儿童精神食粮的教材读物,首先要贯彻科学化原则。在他看来,编写教材不仅要做到取材科学化,而且要使编写符合儿童心理特点和教育规律。以编写国语教科书为例,陈鹤琴认为,既要顾及"大自然""大社会",又要根据儿童的心理需求,注重"做"的原则,才能引起儿童持久而强烈的兴趣。他批评普通的教科书只是给儿童听的、读的或看的,提倡要编写出儿童可以做的教科书。他说:"现在可以把'做'分做几个方面来说:① 小孩子可以画的;② 小孩子可以唱的;③ 小孩子可以想的;④ 小孩子可以玩的。这四种方式都是小孩子自己愿意去做的。用这种方法编的教材可说是活的教材,不是死的教材;用这种方法编的教材不但可以引起儿童的兴趣,而且可以支持儿童的兴趣。"① 同理,陈鹤琴在编写《小学自然故事》(40册)时,也同样注意尊重儿童的生活经验和心理特点,突出了以"做"为中心的学术旨趣,主张通过"观察""实验"以激发儿童的学习兴趣,并进而获得相应的科学知识。

与科学化相呼应,陈鹤琴强调教材编写还应体现民族化原则,以弘扬祖国的优秀文化精神。在风雨如磐的20世纪30年代,日本帝国主义悍然侵略中国,民族存亡危在旦夕,陈鹤琴毅然于1938年主编了《中国历史故事》(40册)。其中,"中国民族的由来""陶朱公救国救民""鞠躬尽瘁的诸葛亮""精忠报国的岳飞""革命领袖孙中山"等分册,都带有讴歌民族英雄、弘扬民族精神的深刻寓意,旨在激发非常时期国人的爱国主义情操。陈鹤琴坦称:"研究民族过去奋斗的精神,来激发我们的民族意识,加强我们救国的信念。"② 在他看来,平时教材不适合于战争年代,战争时期的教材除了要遵循儿童学习

---

① 陈鹤琴.陈鹤琴全集(第四卷)[M].陈秀云,陈一飞,编.南京:江苏教育出版社,2008:222.
② 同上:660.

的心理特点外,特别要注意根据当前社会的需要,如中日国力的比较,中国和国际的关系等,比如《消灭我们后方的敌人——汉奸外国间谍》(见《抗战三日刊》第一号)、《黄梅兴壮烈之死》等,都是非常时期中比较适用的教材。①

关于学科教学,陈鹤琴也颇为重视,他经常亲临教学第一线,对许多学科教学进行耐心细致的实证研究,并提出相应的改革策略。在他看来,教师不仅要了解儿童的自身心理,而且要注意学科心理,要努力"研究什么样的教材,才适合儿童的心理,适合儿童的能力"。② 以算术教学为例,陈鹤琴认为,小学一、二年级算术教材不宜太深,强调儿童的数目观念是逐步发展起来的,算术教师应当视学生的原有程度而因材施教,指出任何超越和滞后于儿童数目发展的教学都是有害的。又如国语教学,陈鹤琴主张,要针对儿童的好动、好游戏等心理特点进行教学改革。他说:"因儿童好动,所以教学儿童们读书也应当打破呆板机械的方法,如教生字用闪烁片,教读书用'活动影戏''认字圆盘'等。"③再如自然教学,陈鹤琴强调不要局限于狭隘的书本知识,而要开阔视野,把教学建立在大自然、大社会的基础上。此外,陈鹤琴还探讨了图画教学、写字教学等,兹不详述。

与学科教学的研究相契合,陈鹤琴十分重视"整个教学法"的理论价值。在他看来,小学阶段仍不宜把功课分得很细,不宜实行大学式的分科教学,主张打通学科的壁垒,以问题为中心开展大单元教学。以当时仍在进行的抗日战争为例,他主张"从一个非常时期的战争问题做中心,把各科打成一片,混合教学。这样,教材既能适合社会的需要,教学时,亦易引起儿童学习的兴味"。④

除教材读物的编写和学科教学改革外,陈鹤琴在担任上海工部局华人教育处处长期间,还始终积极维护租界区华人的教育权益、努力探讨规范化和人性化的学校管理、精心创办并推进中华教育社、投身难民教育和义字改革活动等。⑤ 这些改革虽然在某种程度上可能受到租界区政治环境的限制,但从其所涉及的具体内容分析,不能不说是"活教育"在上海的先期探索。

2. "活教育"在上海的探索

20世纪30年代的陈鹤琴虽然殚精竭虑于当时种种教育改革,但上海工部

---

① 陈鹤琴.陈鹤琴全集(第四卷)[M].陈秀云,陈一飞,编.南京:江苏教育出版社,2008:209.
② 同上:510.
③ 同上:65.
④ 同上:209.
⑤ 黄书光.陈鹤琴与现代中国教育[M].上海:上海教育出版社,1998.

局的处境显然不利于其教育改革的自由推进和深入发展。特别是他不断参与抗日救亡的民主活动,引起了汪伪的嫉恨并预谋进行暗杀。1939年10月,他被迫离开上海,1940年来到江西泰和文江村大岭山,创建了江西实验幼稚师范学校,开始了系统的"活教育"实验,并逐渐形成了独具中国特色的"活教育"理论。抗战胜利后的1945年9月,陈鹤琴回到上海,先后担任上海市教育局督导处主任、上海市立幼稚师范学校(1947年后改上海市立女子师范学校)及国立幼稚师范专科学校校长、上海特殊儿童辅导院院长。其中,上海女子师范学校作为陈鹤琴的主要实验基地,极大地推动了"活教育"理论的纵深发展。

为了进一步探索"活教育"实验,陈鹤琴明确要求以"做人,做中国人,做现代中国人"作为其主持上海市立女子师范学校的实验宗旨,并依据这一宗旨,对学生提出了具体要求:①

1. 锻炼强健身体;
2. 陶融道德品格;
3. 培养民族文化;
4. 充实科学技能;
5. 养成勤劳习惯;
6. 启发儿童教育之兴趣;
7. 培养终生服务教育之精神。

这些具体要求较此前陈鹤琴所述的"现代中国人"的"五个条件"——健全的身体、建设的本领、创造的能力、合作的态度、服务的意识,显然更加具体化了,体现了他对健全人格的一贯追求和向往。为了落实这一办学宗旨和目标,陈鹤琴聘请了许多专家学者,其中包括一些因宣传进步思想而被国民党当局解聘的知名教授,如杨晦、夏康农等。此外,因参加进步学生运动而被一些学校开除的学生,如林雪娟、王叔君、高亦书、项爱月等,也一概收为门下。不难看出,陈鹤琴对学生的爱是纯洁无私的,他总是把对"现代中国人"的教育追求与中华民族的进步解放事业紧紧地联系在一起。

"大自然、大社会都是活教材"的"活教育"课程论精神在上海市立女子师范学校也得到了充分体现。依据陈鹤琴的设想,学校的所有教学科目都被归

---

① 上海市立女师(两周年纪念刊)[M].上海:[出版者不详],1947:3.

入相互关联的"五种活动"——儿童健康活动、儿童社会活动、儿童科学活动、儿童艺术活动和儿童文学活动。在这一课程编制方案中,所突出的无疑是单元活动教学的价值意义。以1946年11月所组织的"上海研究"单元教学为例,其教学步骤就是从观察参观开始,先让学生参观市政府、教育局、报馆、盲童学校、自来水公司、火车站、造船厂、百老汇大厦、国际饭店等;然后,要求学生阅读参考与上海有关的各种材料;之后,学生依据自己的感受进行创作发表,如撰写游记(属"文学活动")、绘制图画(属"艺术活动"),等等。最后,师生可以在相互交流批评的基础上进行必要的深度研讨。很显然,整个教学活动是按照"活教育"的四个步骤——观察实验、阅读参考、创作发表、批评研讨依次展开的,其中内藏着相互关联的五种活动,突出了儿童的主动参与精神和日常生活经验。虽然整个教学活动有弱化系统知识传授之嫌,但绝非不要书本知识,而是把书本知识作为必要的参考资料。也正是在这个意义上,它突破了传统书本至上的狭隘课堂观念,有利于学生主体创造精神和社会实践能力的养成。同时,它有助于启发学生走出校门,参与到伟大的社会变革实践和民族解放事业中去。

"做中教,做中学,做中求进步"的"活教育"方法论同样在上海市立女子师范学校等校大显身手。陈鹤琴深知传统"死读书"观念的危害,鼓励教师在做中教,学生在做中学,在教与学的实践中谋求教育观念的不断进步。在女师,他支持学生组织"大姐姐服务团",开展各种社会实践活动。1947年暑期,幼专学生十余人在陈鹤琴先生的鼓励下,先后在市郊沈家楼、孟港巷、杜桥头、姚家庵办起了四所农忙托儿所,共招收132名婴儿,为当地农民排忧解愁,深受农民兄弟的欢迎。此外,陈鹤琴还支持幼专学生为市区平民井设平民夜校,招收工人、店员、小贩以及各种失学青年入学,引导学生讨论国家大事,在客观上推动了上海民主进步运动的发展。陈鹤琴本人也在日益高涨的民主进步运动中不断提高政治思想觉悟,成为中共地下组织领导的进步团体——"上海市小学教师联合进修会"和"上海市校教师福利会"的顾问,并因此在上海解放前夕两次遭到国民党当局的逮捕。

概言之,陈鹤琴业已形成的"活教育"理论在上海得以继续开展实验,并在新的历史条件下获得了新的价值意蕴。它不仅推动了上海近代教育的健康发展,而且对上海乃至全国的民主革命运动起到了积极的推动作用。

五、舒新城在上海的"新教育"探索

舒新城(1893—1960),湖南溆浦人。早年接受私塾及书院教育。1913年考入湖南高等师范英语部,1917年夏毕业后,至兑泽中学任音乐和英文教员。1919年,任福湘女学教务主任,兼任教育学和心理学教师,同时创办《湖南教育月刊》。1920年7月,受聘为湖南第一师范学校教育学教师。1921年7月,应邀担任上海中国公学中学部主任,致力于学制、课程、德育等方面的改革探索。1922年,竭力宣传道尔顿制,率先在学校开展实验。1923年1月,应聘任东南大学附中研究股主任,继续进行道尔顿制实验。1924年10月,任国立成都高等师范学校教育学教授。1925年后,主要从事教育理论、中国教育近代史研究,历任上海中华书局编辑所所长兼图书馆馆长、中华人民共和国第一届和第二届全国人民代表大会代表、中国人民政治协商会议上海市委员会副主席等职。他不仅主编了《辞海》,编辑了《近代中国教育史料》(共四册),撰写了包括《近代中国留学史》《教育通论》等多种教育学术著作,而且更为重要的是,他最早在上海主持开展道尔顿制实验。虽然该实验最终以失败告终,但他对当时上海乃至全国教育界产生了重要影响。下面,着重探讨他在上海中国公学中学部(后改吴淞中学)的教育改革实践及其办学理念。

1. 初任上海中国公学中学部主任的改革探索

1921年,舒新城应中国公学主任张东荪之请,担任中国公学中学部主任。在此之前,他已在长沙湖南第一师范学校参与了该校的教育改革,此次受聘中国公学中学部主任,便立志进行多方面的自主探索。

其一,倡行选科制和学科制。所谓选科制,即指学生在必修课之外,可以根据自己的爱好和兴趣自主选修若干课程。学科制则是指学生可以依据各自的能力和程度分科学习,并按学科成绩升级。这两种教学组织形式都不同程度地突出了学生的个性,注意到学生的个性心理以及智力水平的差异。舒新城说:"人之个性,至不齐一。……儿童青年期,个性之差异渐显,个人之需要渐异,有偏长于艺术者,有偏长于数理者,有偏长于其他各科学者,有宜深造者,有宜浅就者。"① 与学生的个性差异相契合,学生的智力水平也有强弱之别,"同一程度的功课底学习时间,智力强的学生和智力弱的,在实际上有迟速的不同"。② 如果按学年制统一升级或留级,则不可能顾及这些差异,"教材上如果顾及着优等生,在劣等生就觉得不及;如果顾着劣等生,优等生又觉得进步太缓,空耗时间"。③ 即是说,学年制下的班级授课制难以做到因材施教,违背了五四以来个性教育的基本精神。况且,学生在事实上也不可能全然升学,办学者不能不同

---

①②③ 舒新城.中学学制问题[J].教育杂志,1922,14(1).

时关注社会上的职业需要。这种兼顾升学预备和职业教育的办学目的和指针,促使舒新城对习以为常的学年制进行大胆改革,而代之以面貌一新的选科制和学科制。

其二,重组课程结构。依舒新城之见,课程乃是达到教育目的的一种方法,强调课程设计应遵循以下原则。①

(1) 中等教育的目的在兼顾普通文化与职业教育,课程的内容也应当两方顾到。

(2) 中学生发育正盛,思想变迁甚速,课程科目应有选科以应其需要。

(3) 中学生活动力强,课程材料宜选择与日常生活切近者,使与环境多有接触。

(4) 中学生感情特盛,课程的科目宜多,方面宜广,以丰富其生活而使之社会化。

(5) 中学教育非以研究纯粹科学为目的,课程材料的排列宜多心理的少论理的。

(6) 中等教育应注重学生自动,故授课时间每周最多不得超过三十小时。

正是在这些原则下,舒新城制定了中国公学中学部的具体课程表,将课程分为必修科、选修科和分科。必修科有伦理、国文、英文、数学、理科、史地、图画、音乐、体操,共169学分,每个学生都必须学;选修科有英语、国文、心理学、法制、论理、经济、簿记、社会学、进化论大意、近代思想论等,共47学分,可任选27学分;分科有文、理、商、师范四系,每系所设的各种课程均为54学分。规定修业年限为5年,前3年学普通课程,后2年学分科课程。若学生所修学科已满规定学分,4年可毕业;学分不及格,则须延长1年。② 不难看出,舒新城所列的课程表确实兼顾了普通文化知识和职业教育两方面的需求,通过开设选修科,拓展了学习科目,注意到学生的多样化兴趣,突出了学生主体意识,体现了对学生个性的尊重。但必须指出,多样化的课程结构必然对教师的教学工作提出一系列新的挑战,同时也对学校的配套设施提出了新的要求,需要在改革中随时予以调适。

---

① 舒新城.中学课程的研究[J].教育杂志,1922,14(号外《学制课程号》).
② 舒新城.中学学制问题[J].教育杂志,1922,14(1).

其三,反思并重建学生自治会。除学制、课程改革外,舒新城在初任中国公学中学部主任期间还对当时中学的德育问题进行了独特思考,其中对学生自治会的反思尤为突出。诚然,五四新文化运动以来,民众的政治参与意识空前高涨,团体生活需要明显增强,旨在养成学生独立个性和团体生活能力的西式学生自治会也应运而生,这本是中国德育进步的一个表现,也确实对当时的反帝反封建斗争发挥了重要作用。但遗憾的是,学生自治会在实际运行过程中也出现了问题,如简单地把学生自治会视为"议会式的机关";以为学生自治会可以独立于学校行政,"不受职教员之监督";而素乏训练的学生往往是"强者越位操纵,弱者不负责任"。凡此种种,非但不能养成个体的独立性和团体的凝聚力,反而导致极端放纵主义,甚至造成"团体生活的反习惯——即少数人操纵,多数人不负责任"。① 有鉴于此,舒新城敏锐地指出,当时学生自治会的一个重要缺点是缺少教师指导。在他看来,中学生"心身发育正盛,自我性虽极向外扩张,但其经验智识殊不足以副之",此时若不予以"相当的指导,任其绝对自由活动,前途实极危险"。然而,如果借指导、监督之名,而"予以严格的规定,则又过于机械,仍不足以发抒青年的个性而使其言行趋于正轨"。② 因此,舒新城强调,教师既要参与学生自治会,又不能过分地干预,主张"(1)教师与学生同为团体活动之分子。(2)团体组织以学生为本位,教师只利用机会引起其动机,自立于辅导地位。(3)团体活动完全由学生自主,教师只在旁监察"。③ 很显然,舒新城强调,教师应立足于参与、指导和监督的地位,而学生的自主独立精神同样必须得到尊重,"学生范围以内的事情,完全由其独立处理"。他还特别指出,"学生自治权的范围,是与年龄成正比例的——即年级愈低者自由之范围愈狭,诸事都有教师在旁指导,年级愈高者,自由的范围愈大,一切关于日常生活上的处理,都由学生自主,教师只在旁监察"。④ 这个认识无疑是符合学生年龄发展特点的,是值得肯定的。

2. 道尔顿制的引进与实验

学科制、选科制等一系列改革确实让舒新城体会到改革的乐趣,但由于这些改革并没有冲破以钟点为单位的班级授课制模式,致使进一步改革出现了许多困难。如学科制、选科制之下的班级势必增多,而当时学校又不可能多聘专任教员,"学生多,教员少,课表的排列很不容易"。⑤ 又如,学科制、选科制旨在

---

①②③④ 舒新城.一个改革中学生自治的具体方案[J].新教育,1923,7(5).
⑤ 舒新城.什么是道尔顿制[J].教育杂志,1922,14(11).

因材施教以发展学生的个性特长,使人才尽快脱颖而出,但实际上学生的学科水平参差不齐,即使是同一个学生,其学科发展水平也不一致,程度好的学科已达毕业水平,而程度差的学科则可能要两年后才能毕业。同时,选科制虽好,但所选的学生若没有10人以上,教师则不能为之开班,致使这些学生"不得不改学其不愿学的学科"。① 正当舒新城的学科制、选科制等改革出现种种困难之际,从欧美传来了道尔顿制。对此,舒新城如获至宝,"觉得这种办法在事实上可以解决我们困难底大部分,在理论上也可以答复我们疑难底一大部分,于是我们很高兴地研究,并敢大胆地试验"。②

道尔顿制又称"道尔顿实验计划"(The Dalton Laboratory Plan),它是美国教育家帕克赫斯特于1920年在美国马萨诸塞州道尔顿市立中学创立的一种有别于传统班级授课制的新型教学组织形式——实验室计划。其基本原理有三:一是"自由",指允许学生"自由创造其事业,自由组织其工作",强调"学生对于某种学科或事业最有兴味的时候,一定要许他自由工作,因为只有这个时候他底精神较锐敏、较快活,而解决问题的能力较强"。二是"学校即社会",指"学校中各种团体一定要时常相互活动,使学校成为实在的社会",强调在学校这一雏形社会里,各种团体以及师生之间都应该建立良性的合作互动关系。三是"知而后行",指儿童在知晓某事的情况下而有计划地实行之,认为"一个儿童对于他所不了解的任何事情,决不自由担任;他能够知道某事,然后创造这事;当他创造自己底事业底时候,他注意于事业之各方面,并计划怎样达到目的"。③ 依据以上三个原理,柏氏一反传统的班级授课制,为不同需求的学生设立了多样化的分科实验室(又称作业室),师生订立学习公约,学生可以在专任教师的积极指导下自由进行学习,学生完成学习离开作业室时须交作业进度记录表,教师有权随时督察。这一新型的教学制度一经产生,立即风靡美国,并很快传入中国。

较早系统介绍道尔顿制的中国学者有鲍德征和余家菊,前者在《教育杂志》第14卷第6号上发表《道尔顿实验室计划》,后者则在《中华教育界》第12卷第1号上发表《道尔顿制之实际》。但最早将道尔顿制引入中国学校进行再实验,则是上海中国公学中学部的舒新城及其领导下的教师群体。

1922年10月的一天,中国公学中学部的一间教室被正式改造成道尔顿制实验室(又称作业室),房间里摆着四张长桌,靠南的桌子上置放了各种辞典和

---

①②③ 舒新城.什么是道尔顿制[J].教育杂志,1922,14(11).

地图,旁边设一个报架及两个书橱,墙上挂满了许多地图、文学家及画家的像。学生初到作业室,顿觉耳目一新,但疑惑参半。国文教师沈仲九随即解释道:"这是你们的图书室,是你们的研究室。现在虽然没有把教室这名字取消,但已经不是教员'教'的地方,是你们自己'学'的地方了。教员仍旧在这里,但他也和你们一样的'学',你们学你们的,他们学他们的,所学的虽然不同,还是一样的'学'。'教'是人家给你的,'学'是自己得来的。你们此后要靠自己,不要专希望人家给你们。你们有疑惑,尽可问教员,尽可和教员讨论,但这疑问也必须你自己发生的,必须你自己从研究中发生出来的。"①原来只习惯做听众和笔记的学生,今后都必须主要靠自己学习、自己研究;原来喜欢"满堂灌"的教师也失去了自己的舞台,需要提高自身的教学艺术并努力改善其教学方式。这些变化,对师生而言都是一种前所未有的挑战。具体而言,学生须依据师生共同订立的"工约"来完成任务,并填写"学生工作登记表",教师则把学生应学习的功课制成一表——工作概要表,标明工作的种类、标准和范围,同时要做好"学生工作成绩表"。

先行一步的中国公学中学部国文科经过一个月的实验,效果十分明显。比如,原先顾虑因学生自由度加大可能发生秩序问题,结果发现学生"不是低头看书,就是执笔写字",能够自己养成"自治的习惯"。此外,学生的自动心和自觉性也都显著提高,以至于到放假时还有学生询问"作业室开放不开放"。不过,在实行过程中也存在一些不容忽视的问题。就学生而言,有些学生滥用自由,滋生惰性,对功课很不当心,甚至根本懒得去作业室;有些学生则觉得自己缺乏研究能力,畏难不前。就教师而言,因为每天须8小时在作业室,且须随时检查学生的读书录、作文等,其工作量"至少比以前增加一倍"。②

与当时国文科合设一个作业室的社会常识科实验,在初期实行的结果也出现了类似情况:许多学生因"作息可以自由,快慢可以伸缩",感到很有兴趣,也很开心,但也有个别学生不够用功;同时,所提供的参考书也确实太少。但不管怎样,参加实验的教师们都坚信,道尔顿制"比以前呆板的教法似乎好些,所以也值得一试"。③

3. 道尔顿制的影响与反思

道尔顿制在实行初期虽然暴露出一些问题,但这些问题与其彰显出的对学

---

①② 沈仲九.国文科试行道尔顿制的说明[J].教育杂志,1922,14(11).
③ 刘京力.社会常识科试行道尔顿制的说明[J].教育杂志,1922,14(11).

生自动精神和独立个性的促进相比,在舒新城等人看来,只能理解为是改革带来的必要阵痛,是可以逐渐消除的。为此,舒新城一边设计并参与实际的道尔顿制实验,与沈仲九等人仔细商量实验细节,一边大力进行理论介绍和宣传,与当时《教育杂志》记者周予同共同策划出版"道尔顿制专号"。一时间,很快在当时全国教育界掀起了道尔顿制的高潮,许多教育工作者纷纷前来参观学习,有关道尔顿制的学术讨论也热了起来。舒新城乘势要求在全校推行道尔顿制,并得到当时校务会议的通过,但遗憾的是,该消息传出后却引来了诸多书面和口头上的强烈反对,几乎要闹出一场风潮。此时正值校长更替,新任校长陈筑山遂决定取消实验。正是在这种情况下,舒新城于1923年1月20日被迫辞职,并离开了学校。

中国公学中学部的道尔顿制实验虽然被迫取消了,但它的影响早已溢出上海而流播于全国。据1924年统计,全国试行道尔顿制的中小学校多达110多所。① 舒新城离开中国公学中学部,先后应聘担任东南大学附中研究股主任及成都高师教育学教授,继续推行道尔顿制实验,但均很快离开,无果而终。这期间,舒新城还自费参观了全国各地学校的诸多道尔顿制实验,但出乎意外的是,有的学校只是一味地趋新而根本不知道道尔顿制为何物,有的学校则明显缺少最起码的图书设备。凡此种种,都促使他对道尔顿制及其中国化实验进行更加理性的思考。

作为道尔顿制在中国实验的最早倡行者,舒新城深深地体会到,任何外国所发明的新教育制度和方法即使非常先进,也不能简单地照搬,在他看来,道尔顿制的产生有其"特殊的历史",将其移植到中国,不能把它当作"点金术",而应该在充分考虑中国国情的基础上进行再实验与再创造。他明确指出:"第一,我希望国内教育者对于道尔顿制抱试验的态度;第二,我希望国内教育者本此制的精神创造出适合国情的新制度。"他认为,"变动是人生底本体,创造是人类底本能",同属人类的中国人一定能够在实验中"取长弃短,创造一种含有普通真理适合国情的新方法"。②

诚然,舒新城在上海主持道尔顿制实验的时间太短,仅一个学期,他的诸多创造性思想还不能得到充分显现,但即使在这段有限的时间里,他还是做了不少有价值的独立探索。比如,在道尔顿制作业室方面,他明确提出了"科学的环

---

① 舒新城.中国的道尔顿制[M]//华东师范大学教育系.中国现代教育文选.北京:人民教育出版社,1998:367.
② 舒新城.什么是道尔顿制[J].教育杂志,1922,14(11).

境、美化、经济"等三个原则,其中,美化与经济原则恰恰为帕克赫斯特所忽视。同时,在道尔顿制作业室方面以外的生活,舒新城则主张"采用格里(又称葛雷)学校制度的精神——并可采取其方法之大部分"。① 毫无疑问,舒新城这一结合国情、综合创新的探索精神是值得肯定的。

第二节 马克思主义教育思想在上海的涌动

上海不只是"新教育"的研究基地和传播中心,它还是早期中国马克思主义教育家的主要思想阵地。陈独秀、瞿秋白、李达、杨贤江等人都先后在上海积极传播马克思主义及其教育思想,并通过上海而辐射全国,从而为马克思主义教育思想的中国化进程作出了巨大贡献。

一、早期马克思主义者在上海的教育求索

马克思的名字及其思想早在晚清即已传入中国。1917年十月革命一声炮响,很快把中国的马克思主义研究推向高潮。1919年5月,《新青年》开辟了"马克思主义研究专号",李大钊的《我的马克思主义观》、陈独秀的《马克思学说》、李达的《马克思还原》等著名论文先后发表。1920年后,《新青年》实际上已成为上海共产主义小组的机关刊物。此外,上海共产主义小组还委托李达主编《共产党》月刊,李汉俊负责《劳动界》、蔡和森负责《向导》(后迁武汉)等。其后,随着中国共产党的第一次全国代表大会(1921年7月)、第二次全国代表大会(1922年7月)在上海相继召开,马克思主义及其教育思想在上海得到了广泛传播。这里着重选择若干代表性人物,剖析其在上海进行的马克思主义教育思想传播活动。

1. 陈独秀

陈独秀(1879—1942),字仲甫,安徽怀宁(今属安庆)人。早年在家乡接受儒家教育,1898年考入杭州求是书院。1901年东渡日本入东京专门学校,1903年5月回国,曾在上海协助章士钊主编《国民日报》。1904年3月在芜湖创办《安徽俗话报》,次年,兼任安徽公学教职。其后,为从事革命事业,多次来到上海,并由上海前往日本。1915年9月15日在上海创办并主编《青年杂志》,次年因就任北大文科学长而将编辑部移至北京,改名《新青年》,从而在中华大地掀起了轰轰烈烈的新文化运动,陈独秀也成为当之无愧的新文化运动之总司令。

---

① 舒新城.中国的道尔顿制[M]//华东师范大学教育系.中国现代教育文选.北京:人民教育出版社,1998:369.

1917年的俄国十月革命,特别是1919年五四运动爆发后,陈独秀迅速由激进的民主主义者转变为马克思主义者。1920年1月,他应汪精卫、章士钊的邀请前往上海商谈筹办西南大学事宜。其后数年,陈独秀许多重要的政治和教育活动都与上海紧密地联系在一起。

在政治上,陈独秀公开宣传马克思主义,大谈社会主义理想,并致力于党的组织建设。为了便于开展政治工作,他将《新青年》搬回上海,使之成为上海共产主义的机关刊物,先后发表《主义与努力》《谈政治》《关于社会主义的讨论》《答蔡和森(马克思学说与中国无产阶级)》《国庆纪念底价值》等文章,公开反对实用主义和无政府主义,努力阐述唯物史观,坚持社会主义发展方向。与此同时,他与李达、李汉俊、陈望道等发起组织上海马克思主义研究会(即上海共产主义小组),从而为其后中国共产党第一次全国代表大会在上海举行奠定了思想和组织基础。1921—1927年,陈独秀共担任了五届中国共产党中央总书记,因犯右倾错误,对大革命失败负主要责任,后被开除党籍。

在教育上,陈独秀深入基层,关注工农群众教育。他常常主动到工厂调查工人的生活状况和思想动向,并向产业工人进行马克思主义的教育宣传。1920年5月1日,陈独秀在上海船务栈房工界联合会上发表题为《劳动者底觉悟》的演讲,说:"这世界上若是没有种田的、裁缝、木匠、瓦匠、小工、铁匠、漆匠、机器匠、驾船工人、掌车工人、水手、搬运工人等,我们便没有饭吃,没有衣穿,没有房屋住,没有车坐,没有船坐。……只有做工的人最有用最贵重。"① 但遗憾的是,做工的人在现实中是被压在社会的最底层,为此,陈独秀启发中国工人们要"快快觉悟自己",与世界劳动者联合起来,不仅要求改善待遇,而且要一变其"治于人"的遭遇,努力争取参与"管理政治、军事、产业,居于治人的地位"。② 为了提高工人的政治觉悟,推动马克思主义与工人运动的结合,陈独秀希望上海工人们要赶快组织起来,形成真正属于自己的工人团体。1920年10月3日,他在上海机器工会发起会上说:"现在世界的工会,只有三个团体,要是彻底联络了,那就社会上一切物件,都要受他底支配,就是政府也不得不受其支配。我听说有七八十个机器工人,发起这个上海机器工会,算得一个很好的事。我希望这个工会到了明年今天,就有几千或几万的会员,建设一个大力量的工会。"③ 此外,陈

---

①② 陈独秀.劳动者底觉悟——在上海船务栈房工界联合会的演说[M]//任建树,等.陈独秀著作选(第二卷).上海:上海人民出版社,1993:135.
③ 陈独秀.在上海机器工会发起会上的演说[M]//任建树,等.陈独秀著作选(第二卷).上海:上海人民出版社,1993:183.

独秀还参与创办上海《伙友》。他在《伙友》发刊词中说:"从广义说起来,凡被雇的同薪劳动者都属于劳动阶级,所以商店里的伙友可以合工厂矿山劳动者及交通劳动者成一个大团体,分开来这三种可以说是阶级战争底三大军团。"①他强调创办《伙友》的目的是:"(一)诉说伙友们现在的苦恼。(二)研究伙友们将来的职务。"②

需要指出的是,陈独秀并不是就教育论教育,而是强调工人教育权的获得是与其经济、政治斗争分不开的。他说:"我并不是看轻了工人教育,而很希望有强迫工人教育制度出现,但不愿意拿这个做讨论别的问题的条件,失了别的问题的独立精神。"③

2. 瞿秋白

瞿秋白(1899—1935),江苏常州人。早年在觅渡桥冠英两等小学堂和常州府中学堂读书,后入武昌外国语专修学校及当时外交部办的俄文专修馆学习。1920年3月,参加李大钊等发起的马克思主义研究会。10月,以记者身份前往莫斯科,发表了许多后来被汇编为《赤都心史》的通讯报道,以及专著《俄乡纪程》《俄罗斯革命论》,热情讴歌十月革命以及列宁所领导的布尔什维克党。1923年6月,参加了在广州举行的中国共产党第三次全国代表大会,会后即回上海,出任上海大学教务长和社会学系主任,主讲"社会科学概论"及"社会哲学"。此后数年,他以上海大学为基地,与邓中夏、张太雷、李达、蔡和森、萧楚女、恽代英等马克思主义者一道,共同研究马克思主义基本原理,并结合当时革命斗争实际进行深入浅出的理论宣传,使上海大学很快成为中国共产党领导下的一所名副其实的革命大学。居沪期间,他还担任中国共产党的机关报《新青年》及《前锋》主编,并兼任《向导》编辑;参加了1925年1月在上海举行的中国共产党第四次全国代表大会,并当选为执行委员会委员,与陈独秀等人共同领导五卅运动,为马克思主义及其教育思想在上海乃至全国的广泛传播作出了杰出贡献。

作为早期的中国马克思主义者,瞿秋白既是理论家,又是实践家,是一个能够将理论与实践进行紧密结合的红色教育家。由于亲历十月革命后俄罗

---

① 陈独秀.《伙友》发刊词[M]//任建树,等.陈独秀著作选(第二卷).上海:上海人民出版社,1993:184.
② 同上:185.
③ 陈独秀.再答知耻(劳动问题)[M]//任建树,等.陈独秀著作选(第二卷).上海:上海人民出版社,1993:171.

斯社会的巨大变革,瞿秋白很快成为坚定的马克思主义者。1923年,他谢绝了胡适建议他到商务印书馆工作的推荐,接受了李大钊的邀请,加盟上海大学。虽然当时的上海大学只是一个"弄堂大学",薪俸也极其微薄,但它所显示出来的蓬勃的革命精神深深地吸引着追求上进的瞿秋白。他很希望通过自己及其他同仁的共同努力,能够把上海大学办成"南方的新文化运动中心"。①

1923年7月,瞿秋白在《现代中国所当有的"上海大学"》中痛陈当代中国学术文化的衰微,坦言"远东四五千年的古文化国,现代反而落后"。强调社会科学理应勇敢地面对复杂的社会现象,进行系统而切实的研究,声称:"切实社会科学的研究及形成新文艺的系统——这两件事便是当有的'上海大学'之职任,亦就是'上海大学'所当有的理由。"② 基于此,瞿秋白极力主张学校应设立社会科学院与文艺院,并提出建立社会学系、文学系及艺术系的具体构想和教学计划。此外,他十分关注各系的研究会制度,认为该制度的好处在于:"(一)不是搬着死教科书背的;(二)学生自动地以其现在所知科学方法应用到实际生活中去;(三)全校学生共同一堂可以锻炼青年的'集合意识';(四)不是'书房里的'少爷生活,而是社会里的公民生活。"③ 很显然,瞿秋白意欲以进步的"集合意识"和革命思想把青年学生引向社会,引向生活,以培养其健康向上的独立人格,使之担负起神圣的革命历史使命。

瞿秋白等早期中国马克思主义教育家深知,要真正养成具有独立精神的"建国人才",首先必须在学校较全面地开展马克思主义基本原理教育。这一点,在当时上海大学的课程表上体现得十分突出。以瞿秋白主持的社会学系为例,萧朴主讲"哲学",其实就是讲辩证唯物论;蔡和森主讲"社会进化史",实际上是用马克思主义基本原理阐述人类社会历史的进化与发展,"最后讲到资本主义为社会主义所代替,是社会发展的必然规律,不以人们的主观意志为转移的"。④ 瞿秋白自己则以其深厚的马克思主义理论素养与生动高超的教学艺术赢得了全校学生的普遍赞誉。学生杨之华回忆说:"秋白是社会学系主任,担任的课程是社会科学概论和社会哲学。第一次听他讲课的时候,使我惊奇的是学

---

① 瞿秋白.致胡适的信[M]//黄美真,等.上海大学史料.上海:复旦大学出版社,1984:14.
② 黄美真,等.上海大学史料[M].上海:复旦大学出版社,1984:1—2.
③ 同上:12—13.
④ 胡允恭.创办上海大学和传播马克思主义——蔡和森同志革命斗争的一件大事[M]//黄美真,等.上海大学史料.上海:复旦大学出版社,1984:90.

生突然加多了。别的同学告诉我,大家都很喜欢听秋白的课。除了社会学系本班的学生,还有中、英文系的学生,其他大学中的党团员或先进的积极分子,甚至我们的好老师恽代英、萧楚女、上大附属中学部主任侯绍裘等同志都愿来听听。……在他的讲话中,没有华丽的词藻和空谈。同学们的水平参差不齐,他为了使大家明白,引证了丰富的中外古今的故事,深入地分析问题,把理论与当前的实际斗争相结合。同学们都很珍贵地记下笔记,万一有人因参加社会活动而缺了课,非要借别人的笔记抄下来,才能安心睡觉。"①

除承担上海大学的正常教学任务外,瞿秋白所撰写的《社会科学概论》等著作,所主编的《新青年》《前锋》及参编的《向导》杂志均在学生中产生了广泛影响。有一次,数名英帝国主义分子竟公然闯入上海大学图书室,抢夺学生手中的《社会科学概论》,并蛮横地责问学生"何故看此危险书籍——即《社会科学概论》——不去研究文学?"②至于《新青年》《向导》《社会进化史》等进步书刊,更经常被无端查封。然而,马克思主义的种子既已广泛播种,就一定会顽强地生根发芽,任何暴风雨都抵挡不住其茁壮成长的发展趋势。

3. 李达

李达(1890—1966),字永锡,号鹤鸣,湖南零陵(今永州)人。早年受私塾教育,后考入零陵县永州中学、北京京师优级师范学校。1913年东渡日本,入东京第一高等师范理科学习。1918年回国后不久,又再度留日,开始研究马克思主义。1920年夏,在上海与陈独秀、李汉俊等人发起组织上海共产主义小组,任《共产党》月刊主编,兼任《新青年》编辑工作,负责筹备召开中国共产党第一次全国代表大会,当选中共中央局委员兼宣传主任。其后,他创办了中国共产党的第一个出版社——人民出版社,陆续出版了《共产党宣言》《哥达纲领批判》等马克思主义重要著作。与此同时,他还撰写《张东荪原形》《讨论社会主义并质梁任公》《无政府主义之解剖》《劳动者与社会主义》等,公开批评各种反马克思主义论调,努力阐发马克思主义原理。

李达在积极从事马克思主义理论探索和组织建设的同时,十分关注马克思主义与中国工人阶级的结合。1922年2月,中华女界联合会在上海成都路辅德里632号A(今成都北路7弄42号)成立了平民女校,共招学生30人左右,李达担任校长,其妻王会悟协助管理学校的具体行政事务。该校一经诞生,即显示

---

① 杨之华.忆秋白[M]//黄美真,等.上海大学史料.上海:复旦大学出版社,1984:88—89.
② 何秉彝.帝国主义蹂躏上海大学追记[M]//黄美真,等.上海大学史料.上海:复旦大学出版社,1984:131.

出自己的独特性。

其一,教师政治素质高,阵容强大。陈独秀、高语罕、陈望道、邵力子、沈雁冰、沈泽民、柯庆施、高君曼等许多早期共产党人都曾在该校任教,张太雷、刘少奇、恽代英、施存统等马克思主义者也曾应邀来校作过政治形势报告。

其二,学生主要来自平民家庭。如王剑虹、丁玲、钱希均、王一知、王醒予、黄玉衡等,都是追求进步的青年女子,其中有一些还是革命同志的家属。

其三,实行半工半读,注重社会生活实践。李达不仅重视学员的马克思主义理论和基本文化知识学习,而且要求学员积极参加学校特设的缝纫、织袜、编织联合工作部,并随时协助工人开展革命运动。

概言之,平民女校虽然规模不大,存在时间也仅仅一年,却是早期中国共产党培养妇女干部的重要学校,也是当时党联系革命工作的一个交通枢纽,对后来的上海乃至全国平民教育均产生了重要影响。1922年秋,李达应毛泽东邀请,携妻子王会悟到湖南自修大学任教,遂暂时离开了上海。

除一度担任上海平民女校校长外,李达于1930年至1937年间,还先后在上海法政学院、北平大学、中国大学等校任职,讲授社会学、政治经济学等,公开宣传马克思主义。他精心撰写的《经济学大纲》《社会学大纲》等著作,对马克思主义经济学和社会学做了系统深刻的理论分析,为马克思主义思想在上海乃至全国的广泛传播作出了巨大贡献。毛泽东就曾多次阅读李达的《社会学大纲》,称该书为"中国人自己写的第一本马列主义的哲学教科书"。①

在上海进行教育求索的早期马克思主义者远不止以上数人,还有担任上海大学总务长的邓中夏、首次全译《共产党宣言》的陈望道、撰写《大众哲学》的艾思奇以及被誉为马克思主义教育理论家的杨贤江等。其中杨贤江在上海的教育理论研究值得探索与思考。

二、杨贤江与早期马克思主义教育思想在上海的发展

杨贤江(1895—1931),字英父(或作英甫、英夫),又名李浩吾,浙江余姚人。先后在溪山初级小学堂、诚意高等小学、浙江省立第一师范学校读书。1917年,在南京高等师范学校任学务事务员、教育科助理等职。1919年,参加"少年中国学会",并任南京分会书记。1921年后,成为上海商务印书馆《学生杂志》的实际主编。1923年,加入中国共产党,协助恽代英编辑《中国青年》。其间,他以满腔热忱在《学生杂志》《中国青年》《教育杂志》等上海杂志上发表了大量论

---

① 宋镜明.李达与武汉大学[M].太原:山西教育出版社,1999:44.

文,揭露帝国主义文化侵略,努力宣传马克思主义,并结合青年生活、人生理想、学生运动等问题展开深层次的学术探讨。五卅运动后,他担任上海学生会会长,领导学生与敌人进行顽强斗争。第一次国内革命战争失败后,被迫转入地下工作,并一度避难日本。避难日本期间及1929年5月返回上海后,他先后完成了《教育史ABC》和《新教育大纲》两部著作。其中,《新教育大纲》被誉为中国第一本以马克思主义观点系统研究教育理论的著作,出版不久即被国民党政府列为禁书,却受到教育工作者的热烈欢迎,成为他们教育实践的重要指南。纵观杨贤江的一生,他的主要教育和学术活动都是在上海进行的,特别是其享誉海内外的《新教育大纲》在上海诞生,成为中国马克思主义教育理论成熟的重要标志,对上海乃至全国教育界均产生了重要影响。

1. 用马克思主义观点探讨教育的本质与功能

教育的本质和功能是什么,这是人们普遍关心但又是常常误解的重要问题。依据社会存在决定社会意识的马克思主义原理,杨贤江强调教育不可能凭空产生,它只能以社会经济生活为基础,是"观念形态的劳动领域之一"。他说:"照唯物史观来说,社会的经济构造是现实的基础,而法制上、政治上、宗教上、艺术上以及哲学上——简言之,就是观念上——的各种形态(即所谓观念形态——原注)都是建立在这个基础上的上层建筑;教育就是这样的上层建筑之一,也就是这样的观念形态之一。"① 作为上层建筑之一的教育,其本身又具有特殊性,它只是一种工具,还要受到政治、法制、宗教、艺术、哲学等其他精神产品的影响,肩负着把"单纯的劳动力"转化为"复杂的劳动力"的艰巨任务。也正是在这个意义上,杨贤江断言,"教育"无非是"帮助人营造社会生活的一种手段",② 具有很强的工具性。

杨贤江还进一步指出,教育的内涵和意义总是随着时代的发展而发展,在阶级社会里还不可避免地带有阶级的烙印。他说:"在社会未有阶级即在原始社会时代,教育是全人类的,也是统一的,等社会分成阶级,即所谓文明时代,教育就变成阶级的,且是对立的。"③ 在他看来,相对于原始社会的平等教育而言,阶级社会的教育实为"变了质的教育",表现为五大特征,即教育与劳动分家,教育权跟着所有权走,专为了支配阶级的利益,两种教育权的对立,男女教育的不平等。面对阶级社会中如此严重的"变质教育",高谈什么"教育神圣说"

---

① 杨贤江.新教育大纲[M]//杨贤江全集(第三卷).郑州:河南教育出版社,1995:265.
② 同上:272.
③ 同上:273.

"教育清高说""教育中正说""教育独立说",都是对教育本质的背离与歪曲。

至于说到教育的功能,杨贤江对当时教育界流行的错误观点作了严厉驳斥。

一是"教育万能说"。该说有感于新教育比旧教育进步,而一厢情愿地把一切社会进步都说成是教育的产物。其实,教育只是推动社会进步的一个因素,况且不是每个人都能享受到所谓的"新教育"。在杨贤江看来,"新教育"的症结就在于少数富人不仅享有经济政治方面的特权,而且同样享有教育上的特权。同时,一味迷信教育万能,必然放弃经济政治上的根本变革而误入歧途。杨贤江说:"因教育受制于经济,受制于政治。仅靠教育事业上想法,在教育范围内活动,那么无论怎样巧妙的教育方法都是枉然的。"①

二是"教育救国论"。该说以为通过宣传"道德教育""爱国教育"和"职业教育",即可起到教育救国的效能。对此,杨贤江指出,救国是一项系统工程,强调离开社会经济政治变革的大系统而空谈教育救国,显然是错误的。在他看来,如果不推翻帝国主义、封建势力以及国内大资产阶级的统治,中国就摆脱不了半殖民地的地位,而妄想在半殖民地的国度里,"靠职业教育能救国,真是笑话!"②

三是"先教育后革命"。该说强调要革命,先得教育人民,否则,人民便不懂得如何革命。对于这一主张,杨贤江指出,教育总是为支配阶级服务的,不利于支配阶级的教育必然遭到无情的封锁。正确的做法应该是,在革命之前把教育当作革命斗争的武器之一,为革命而教育,在革命之后则必须起到"保卫并促进政权"的作用。

2. 用历史唯物观考察教育的起源、进化及发展趋势

教育是怎样起源的?它是如何发展的?其发展趋势又是什么?这些问题都是教育理论无法回避的重要问题。对此,杨贤江依据唯物史观作了辩证阐述和分析。

关于教育的起源,有人把它说成是"根据于人性",也有人说是"根据于教育者的意识",还有人把它归之于"天命"。在杨贤江看来,这些观点都是错误的。他明确表示:"教育只是一件'日用品',是与社会的生活过程、物质的生产关系有密切联系的;而且是以这种现实的社会经济生活为基础,只要是现实的经济关系变

---

① 杨贤江.新教育大纲[M]//杨贤江全集(第三卷).郑州:河南教育出版社,1995:327.
② 同上:329.

了,它是必然地跟着变的。若说教育是与现实的经济生活无关地单凭某个人头脑中的思索所得决定,从来就没这样一回事。"① 在这里,杨贤江十分明确地把教育植根于社会实际生活中进行动态考察,坚持了唯物主义的教育起源论。

在原始社会时期,由于生产力低下,人们是通过集体劳动,共同占有劳动所得,没有贫富之分,也无贵贱观念。因此,这时候的教育内容不外乎两个方面:"一是获得生活资料的'实用教育',一是安慰精神的'宗教教育'。属于前者,是渔猎、战争、制器的技能;属于后者,是风习仪式的传授。"② 很显然,这时候的教育是与劳动结合在一起的,切近日常生活实用,且无阶级之分,每个人都有受教育的权利与机会。

进入奴隶社会以后,私有财产渐次产生,阶级观念和国家制度也随之出现,贫富两极迅速形成。与之相应,教育上也发生了重大变革,"支配阶级有闲暇可受文雅的教育,奴隶们只许劳动;由此把劳动与教育截然分途,即把实践与理论,开始隔离。"③ 毫无疑问,教育在奴隶社会被深深地打上阶级的烙印,具有阶级性和垄断性,只有奴隶主和贵族子弟有权受教育,奴隶被排除在学校大门之外,教育的平等性消失了。

在封建社会,教育同样是为支配阶级服务的。杨贤江指出,在欧洲,无论是基督教教育,还是武士教育,都是"为支配阶级且替支配阶级谋利益的教育"。④ 至于中国的封建社会教育,同样是贵族专权,一般平民很难有受教育的机会,教育宗旨就是要养成"官僚和豪绅",以维护封建等级制度。由于中国封建社会长期延续,杨贤江特别提醒大家要自觉消除根深蒂固的封建观念,与封建主义做长期不懈的斗争。

相对于封建社会,资本主义社会是人类社会的一次跃进,其教育也有相对进化之处,它要求对国民进行普及义务教育,且将教育内容由原来狭隘的宗教、道德训诫推广至更加生活化的知识、技能培养。但杨贤江指出,资本主义社会的教育同样是为本阶级利益着想的,它除了具备如上所述阶级社会教育的"五大特征"外,"还要添上两个特征:就是独占化和商品化"。⑤ 特别是到了帝国主义阶段,资本主义教育的独断专制暴露得更加充分,举凡与该教育宗旨背离

---

① 杨贤江.新教育大纲[M]//杨贤江全集(第三卷).郑州:河南教育出版社,1995:266.
② 同上:338.
③ 同上:356.
④ 同上:358.
⑤ 同上:397.

者,一概被视为异己分子,备受打压。

依据马克思主义的社会进化原理,杨贤江深信社会主义社会必将取代资本主义社会,到那时,不仅"一切生产手段归公,私有财产消灭",而且"强制的权力机关即国家也告废止"。① 很显然,杨贤江这里所说的"社会主义"乃是社会主义的高级阶段——共产主义社会。他认为,在共产主义社会来临之前,仍然需要经过普罗列塔利亚(即无产阶级)专政时期,此时教育仍旧是阶级教育,但它已是劳动阶级教育,是向着共产主义社会不断迈进的教育。杨贤江指出,这种教育已出现在十月革命胜利后的苏俄,它代表着人类教育发展的进步方向。

概言之,杨贤江依据唯物史观,对教育的起源、进化及其发展趋势作了系统的考察和分析,突出了教育的经济基础,强调了教育的阶级属性,并为中国教育的发展指明了社会主义和共产主义方向。

3. 革命的人生理想及其对青年的"全人生指导"

杨贤江十分关注青年人的健康成长,常通过其主编的《学生杂志》,以专论、笔谈、短评、答问等多种形式解答学生的求学、交友、恋爱、择业、思想、生活等方面问题,对其进行"全人生指导",引导青年树立革命的人生理想,并为之努力奋斗。

人生在世,其理想何在?是为了"小我"的一己之乐?还是为了"大我"的共同幸福?青年人常为之苦恼,且容易迷失方向。对此,杨贤江明确表示:"人生的目的,在对于全体人类有贡献,来促进人生的幸福。"② 在他看来,个性独立固然重要,但完美人格无疑是独立个性与发达群性的完美结合,因为"人是永远而且必然的是个人群中的人,人的生活也是永远而且必然的是个群性的生活"。③

为了培养理想中的"完美人格",实现人类的共同幸福,杨贤江强调,教育工作者必须真诚关心学生德、智、体、美几方面的和谐发展,全面关注青年学生的求学、恋爱、职业、人生观等种种实际问题,并给予合理引导。以求学问题为例,杨贤江说:"依我说无钱只好不升学……因为现在的学校根本不是为无产阶级办的,科学也非为无产阶级设的,就是去学了也无用处,所以还是老实安分点,不想升学吧。否则,只有打破了现社会一切制度的一个救济方法。"④ 但是,不

---

① 杨贤江.新教育大纲[M]//杨贤江全集(第三卷).郑州:河南教育出版社,1995:400.
② 杨贤江.论个人改造[M]//杨贤江全集(第一卷).郑州:河南教育出版社,1995:199—200.
③ 杨贤江.怎样讲修养[M]//杨贤江全集(第二卷).郑州:河南教育出版社,1995:32.
④ 杨贤江.青年问题[M]//杨贤江全集(第二卷).郑州:河南教育出版社,1995:108.

升学不等于不求学,杨贤江希望无产者青年要"一面做事,一面读书",启发他们的革命精神,努力打破不平等的社会制度。又如:婚姻问题的解决,在杨贤江看来,当然需要男女双方的经济独立、受教育机会平等,需要社交公开以及法律制度上的婚姻自由保障等条件,然而在当时的社会制度下,"试问教育何时能平等?经济怎样能独立?所以无论如何,应先改革社会制度。诸位!眼光远大些,为根本着想,只有革命是解决的唯一方法!"①

杨贤江不仅能够正视青年的诸多实际问题,而且善于启发引导他们树立崇高的革命人生观。他常常勉励青年要有"向上的人生观念",说:"你要有'反抗强暴,歼除恶人'的魄力。你要有'尊重劳动,为平民献身'的精神。你要有'富贵不能淫,贫贱不能移,威武不能屈'的气节。你能这样,你方不愧为新时代的一个青年。"② 这种新时代青年也就是杨贤江心目中富有革命平等精神的"人中人"。他说:"'人中人'就是与'人上人'为敌,与'人下人'为友,打倒了压迫阶级,使'人下人'脱离被压迫的地位;换句话说,就是要对现社会反抗,实行革命。"③

毫无疑问,树立革命的人生理想和价值导向乃是杨贤江"全人生指导"的核心内容。他说:"不管教育最后的目的怎样,但就目前讲,只有革命的教育,才是中国需要的教育;只有革命的教育者,才是中国需要的教育者。"④ 正是在这种以革命为旨趣的全人生指导中,一批批热血青年走上了革命征程,投身于伟大的中华民族解放事业,从而推动了中国教育现代化的整体发展。

第三节 教育家在上海的开拓

随着民国上海社会经济文化的迅猛发展,各行各业对人才的吸纳能力与日俱增,一批专业教育家应运而生,如:高等教育专家马相伯、李登辉、潘序伦,基础教育专家李墨飞、廖世承,职业教育专家黄炎培,民众教育专家俞庆棠,音乐教育专家萧友梅等,他们乘势在各自专业领域大胆地开拓进取,率先垂范,从而为民国上海教育的发展作出了巨大贡献。下面择要分类介绍若干典型的专业教育家,以展现他们在上海独特的教育探索。

---

① 杨贤江.青年问题[M]//杨贤江全集(第二卷).郑州:河南教育出版社,1995:107.
② 杨贤江.青年的大敌[M]//杨贤江全集(第一卷).郑州:河南教育出版社,1995:881.
③ 杨贤江.青年问题[M]//杨贤江全集(第二卷).郑州:河南教育出版社,1995:115.
④ 杨贤江.教育者与政治[M]//杨贤江全集(第一卷).郑州:河南教育出版社,1995:823.

一、马相伯、李登辉、潘序伦与高等教育

民国期间的上海高等教育发展迅猛,复旦大学、上海立信会计学校等著名大学脱颖而出,它们的成长固然离不开上海社会经济文化的强力支撑,但也与一批专业教育家的独特办学理念和主观努力密不可分。一所著名大学的成功总是与一批大师的名字天然地联系在一起,他们是近代上海大学的脊梁,是上海高等教育发展的标志,是上海人民的骄傲。以下特选马相伯、李登辉、潘序伦,探讨其独特的办学理念与实践。

1. 马相伯、李登辉与复旦大学

复旦大学的崛起绝非一日之功,它是在震旦学院和复旦公学的基础上发展起来的。作为震旦学院的院长和复旦公学的校长,马相伯(1840—1939)无疑是复旦大学的先驱者和奠基人,而首任复旦大学校长李登辉(1873—1947)则在马相伯办学的基础上进一步开拓进取,继长增高。他们独特的办学理念与实践,为复旦大学的崛起和此后的辉煌成就立下了汗马功劳。

有感于晚清社会腐败的加剧和民族危机的紧迫,马相伯毅然于1900年8月25日做出了"毁家兴学"的决定,将自己名下的几乎所有家产——松江、青浦田产三千亩捐献给天主教江南司教收管,以期教会创办一所他理想中的"中西大学堂"。然而,教会收了捐款却不办学。与之相反,社会上的求知热情异常高涨,马相伯遂在蔡元培等人的请求下,于1902年底正式宣告成立"震旦学院"。"震旦"二字,乃梵文"中国"之谓,内含"东方日出,前途无量"之意,旨在创办一所"Akedemiede"式的新型大学。

震旦学院创办之初,面临着既无校舍,又乏师资的困难。马相伯特借耶稣会的徐家汇老天文台余屋为校舍,并请耶稣会派教士为教师,他自任监院(即院长),由项微尘为总干事,郑子渔任会计,其他干事由学生民主推选,学院实行民主自治制。此时,马相伯虽年逾六十,但他对这一新型大学满怀信心,宣称以培养"译才"为宗旨,以"崇尚科学、注重文艺、不谈教理"为信条。①

依据这一办学宗旨与信条,马相伯将学院的课程分为文学(literature)与质学(science)两科。所谓"文学",乃泛指人文科学,其"正课"要求学习古文(如希腊文、拉丁文)、今文(如英吉利、德意志、法兰西、意大利等文字)及哲学(含论理学、伦理学、性理学),"附课"须学习历史、地理、政治(含社会、财经、公法)。"质学"乃是以广义的自然科学为主体,"正课"要求学习物理学、化学和

---

① 马相伯.从震旦到复旦[M]//朱维铮.马相伯集.上海:复旦大学出版社,1996:1107.

数学[含算学、几何、代数、八线(八角)、图授(立体几何)、重学(力学)、天文学],"附课"须学习动物学、植物学、地质学、农圃学、卫生学、簿记学、图绘、乐歌、体操。很显然,这一课程分类与传统经学课程不同,体现了近代意义上的新学精神。

马相伯是一位务实敬业的院长。他身为院长,亲执教鞭,为学生讲授物理、几何两门功课。此外,为了配合教学,他特意编写了哲学教材《致知浅说》,很受学生欢迎。至于学院的行政管理,马相伯崇尚"有教无类",把不同思想派别者均纳入门下,一视同仁;日常管理独奉民主自治,充分尊重学生的"自治规程"。由于办学理念先进,治校得法,学院蒸蒸日上,从初建时的二三十人,至1905年已达百四五十人。

马相伯的这一新型大学虽然运行得有声有色,但并不符合耶稣会的口味与愿望。因此,耶稣会暗中从安徽教区调来法籍传教士南从周,让马相伯无病而入医院,尽改学院旧章,从而极大地违背了学院的民主自治传统。学生们忍无可忍,除两名学生外,全体学生130人愤而离校。对于学生的壮举,马相伯深表同情,他随后也脱离原震旦学院,支持学生的爱国行动,将校名改为"复旦公学"。"复旦"二字,出自清代沈德潜选编《古诗源》中的《卿云歌》:"卿云烂兮,糺缦缦兮,日月光华,旦复旦兮。"① 内藏恢复震旦、复兴中华的双重旨趣。

然而,复旦公学筹建之初同样遇到了严重的经济问题。经马相伯呈请两江总督周馥的帮助,又得挚友严复等许多社会知名人士联名募捐,遂得以于1905年9月14日在吴淞正式开学。除原震旦学院学生120名外,又新招了50名学生。

作为复旦公学的首任监督(校长),马相伯继承了震旦学院的民主办学传统,特请叶仲裕、于右任、邵力子等人分掌行政,聘请海归学者李登辉为英文部主任,后又升任教务长。但在具体办学的价值取向上,复旦公学与震旦学院略有不同,它不能不考虑到"癸卯学制"颁行后的社会实际需要,在办学宗旨上溢出震旦学院的"译才"范域,而着重强调培养具有国民资格的"有用之才"。反映在课程设置上,除依据《奏定高等学堂章程》外,特声明"略参东西名校通行章程规定",突出西文教学,但历史、地理等课程须用汉文,强调学生若"有意唾弃国学,虽录取,亦随时屏弃"。② 除了忙于日常行政管理外,马相伯还不顾年迈

---

① 沈德潜.古诗源(卷一)[M].上海:上海古籍出版社,2002:1.
② 复旦公学章程(1905年订定)[M]//朱维铮.马相伯集.上海:复旦大学出版社,1996:53.

亲自上讲堂，"终日口讲指画，不以为苦"。① 1906年，马相伯辞职而东渡日本，严复为继任监督。1907年，严复又辞职，由夏敬观、高凤谦先后担任监督。1910年，马相伯又再次担任监督。虽数年间五易校长，但他们在任期间都尽心尽责。由于名师掌校，复旦公学吸引了许多才俊之士前来就读，培养了许多优秀人才，如胡敦复、陈寅恪、竺可桢等，都是其中的佼佼者。

1912年下半年，马相伯因远赴北京就任北京大学校长、总统府高级政治顾问，离开了上海。是年底，学校小有风潮。不过，学校很快成立了以王宠惠为董事长，孙中山、陈英士、于右任等人为董事的董事会，董事会特聘请马相伯十分欣赏的复旦公学老教务长李登辉为校长。从此，李登辉校长不负众望，不仅使复旦公学得以继长增高，而且实现了从复旦公学到复旦大学的跃进，成为私立复旦大学的首任校长(1917—1937)。

李登辉接手复旦公学之际，正是该校财政极度困难之时。为此，李登辉颇能发扬马相伯"不懈益励之精神"，沉着冷静，开源节流，精打细算，很快使学校的收支渐趋平衡。1918年，李登辉往南洋各地募捐，获捐助款达15万多元。其后，又得归国侨商中南银行黄奕住、南洋烟草公司简照南兄弟的资助。1920年冬至1922年春，李登辉在江湾购买七十余亩土地，陆续建成教学楼、办公楼、学生宿舍、教师宿舍等，从而奠定了复旦大学后来持续发展的基础，学校办学规模日益壮大。据统计，"1922年大学部学生第一学期为316人；1925年增加为790人；1930年增加至1 215人；1935年更增加至1 550人"。②

在办学宗旨上，李登辉继承马相伯的自主独立传统，主张培养具有独立精神的"专科人才"。他说："我们要养成学生的独立，应明了独立不是一种单纯的德，其中包含的心理分子很多。学生如要有独立的能力，他必须有一种直前的决心，吃苦耐劳的毅力，挨受诮骂的勇敢，百折不回的志气。"③ 在他看来，只有国民人格独立，才有社会国家的进步。当时校歌中的"学术独立，思想自由，政罗教纲无羁绊"，也从一个侧面反映了李登辉所追求的办学旨趣。

在管理体制上，李登辉十分欣赏马相伯的民主政治传统，奉行民主管理的作风。1920年，他负责重订的《复旦大学章程》特设有"学校自治"条款，规定

---

① 复旦大学同学会.相伯夫子与复旦[M]//复旦大学校史编写组.复旦大学志(第一卷).上海：复旦大学出版社，1985：54.
② 复旦大学校史编写组.复旦大学志(第一卷)[M].上海：复旦大学出版社，1985：108.
③ 李登辉.我们最需要的教育[M]//复旦大学校史编写组.复旦大学志(第一卷).上海：复旦大学出版社，1985：263.

"本校为令学生遵守校规起见,特设法尽力鼓励自治,使全校学生共受其益"。①1924年,学校设立了行政院(后改为"校务会议"),注意吸收广大教师参与学校的重大决策。1927年,学校还一度设立"师生联席会议",共谋学校发展。

在教育方针上,李登辉极力主张德、智、体的全面发展。他说:"人类生活,包含德智体三原(元)素,是缺一不可的。三者的发展,贵在平均。忽略其一,未有不牵及其他之理。单重体育,只能造成蛮横的强力;单重智育,只能造成狡猾的自私。要养成才德兼备的人才,就非重德育不可。……我们不主张特别注意三育中任何一种,上面已说过,三育是不可偏废的。"②在李登辉看来,教育的最高目的乃在于,"把个人潜伏的心能",特别是其中的"独立、忠实和协作",予以激发引导,使之和谐发展,为社会谋福利。

概言之,复旦大学的崛起与发展离不开先驱者马相伯的开创之功,以及继承者李登辉的薪火相传,他们宝贵的办学理念和艰苦的创业精神是复旦大学的永久财富。

2. 潘序伦与立信会计学校

潘序伦(1893—1985),字秩四,江苏宜兴人。早年在家乡接受私塾和高等小学教育。1907年至1910年,在上海浦东中学学习。之后,转入常州府中学堂。1912年至1924年,入美国哈佛大学和哥伦比亚大学,先后获得企业管理与政治经济学博士学位。1925年回国,任教于东南大学和暨南大学。1927年春,设立"潘序伦会计师事务所"。1928年改名"立信会计师事务所",并创立"立信会计补习学校",且衍生出诸多分校。1937年,创立上海立信会计专科学校,其间辗转重庆北碚,1945年又重新回到上海。毫无疑问,上海是潘序伦立信教育网络的核心区,也是其教育思想的发祥地,上海会计教育事业的发达离不开潘序伦数十年如一日的艰苦创业。

(1) 适应社会需要,探索多样化办学途径

第一次世界大战期间,我国的民族工商业获得了迅猛发展。但那时的工商业和国家机关的会计工作仍一直沿用古老的单式收付簿记,双记式借贷的西式簿记还很少有人知道。1927年秋,潘序伦有感于社会对新式财会人才的急需,决定在其主持的立信会计师事务所内附设会计补习班,以训练那些没有学过西式簿记会计的旧式账房先生。1928年,由于要求报名的学生很多,潘序伦及其

---

① 复旦大学校史编写组.复旦大学志(第一卷)[M].上海:复旦大学出版社,1985:314.
② 李登辉.我们最需要的教育[M]//复旦大学校史编写组.复旦大学志(第一卷).上海:复旦大学出版社,1985:262—263.

同仁们遂商议把补习班扩展为补习学校,所设课程有初级和高级商业簿记、高等会计、银行会计、公司会计、成本会计、政府会计、审计学等。

然而,在实际办学过程中,潘序伦又发现学生们的处境各不相同,其实际需求也是多样的。职是之故,他主张以"多样化的教育方式"适应之。除开办立信补习夜校外,还陆续设立了函授学校、晨校、日校和星期日校。随着立信事业的不断发展,他又设立了立信专科学校、立信高等职业学校等。正是这种多样化的办学途径,培养了大量能够适应社会需要的新式会计人才。据1948年出版的《立信会计学校概况》统计:"毕业学生总数当在十万人以上。"①

(2) 注重人才质量,严格教学管理

学校以培养人才为旨趣,所培养的人才是否合格,直接关系到学生的出路与学校的信誉。为此,潘序伦一贯主张从严治教,规范管理。

在教学上,潘序伦深知教材建设对教学工作的重要性,为此,他注重引进西方的新式会计科学知识,但如何将这些西学新知有效地传授给不同层次的学生,则需要结合国情民性和教育原理进行重新整合。于是,他亲自挂帅,组织同行专家,汇辑和编写了一系列会计专业著作和教材,以"立信会计丛书"为题出版。对于丛书中的教材,潘序伦特别要求作者结合教育原理,"对于课程标准、教材分配,均须详细研讨,书成以后,先用油印讲义,在立信补习学校试教一二次,若有不妥,不惜再三修改,待教师学生都满意才付印"。② 据不完全统计,从1930年至1953年,该丛书汇辑编写的各种会计、审计、簿记专著教材多达213种。毫无疑问,这一长期不懈的教材建设工程为各种类型的学校教学工作奠定了坚实基础。

为了进一步保证教学质量,潘序伦还对教师的教学工作提出了许多严格要求。如:以立信会计专科学校为例,该校明文规定:"专任教授、副教授、讲师不得在校外兼课";"教员因病或特别事故不能到校授课者,须预先向教务处请假另定日期补授";"教员无故连续缺课至每月所授学程时数二分之一者,致半个月薪,连续缺课至每月所授学程者,得予解约"。③

至于学生的日常学习,潘序伦更是"严"字当头,要求学生全身心地投入学

---

① 潘序伦.立信会计学校的创办和发展[M]//龙一圜.立信史话.上海:立信会计出版社,1993:3.
② 同上:12.
③ 私立立信会计专科学校教职员服务规程[M]//金家富.潘序伦教育思想和办学实践研究.上海:立信会计出版社,1998:59.

习。规定:"在一学期间学生缺课三分之一以上,不能参加期终考试,迟到早退三次作旷课一次。"同时,对于考试也极严格,规定:"七十分为及格,不及格者不准毕业。"① 关于入学考试作弊,"不论主动被动,都立即撤卷,不予录取";若平时考试作弊,"就立即予开除处分"。② 由于会计专业是一门实用性很强的专业,潘序伦除要求学生学好基础课和专业课外,还特别强调学以致用和实践能力的培养。他语重心长地说:"会计之修习,乃以致用为目的,故如能牢记各项原理及方法,而不能解答实际上之问题者,则与能熟背'四书五经'之塾童,而只能写一'别字连篇,极不通顺'之书信者,直同属为浪费修习之时间耳。"③为了加强与社会实际生活的联系,潘序伦"经常组织学生去工商企业和政府机关参观、实习,派成绩优良的学生参加查账实习,后期学校还让学生参加立信会计师事务所附设'会计职业咨询所'工作"。④ 通过这些实践活动,学生们不仅深化了书本知识,而且扩大了视野,锻炼了能力,增强了社会适应能力。

(3) 树立职业道德,推动事业发展

与金钱财产打交道的会计人才,其职业道德素质的重要性,可谓不言自明。潘序伦明确指出:"国家社会所需要之会计人才,其德性、学识、经验上种种修养,自必有一定之标准。有志于会计职业之青年,苟欲于会计界中,求乐业进业之道,不可不先在德性、学识、经验三方面,加以充分而适当的修养。"⑤ 很显然,他把德性修养视为会计合格与否的首要条件。

自1928年,潘序伦将"潘序伦会计师事务所"改称"立信会计师事务所"后,一直沿用"立信"二字冠名其所创办的各种会计学校,并把它定为"校训"。何以对"立信"二字情有独钟?在潘序伦看来,纯属会计人才的职业所决定。他解释说:"我们立信同志认为,从事会计工作的人,必须首先在立志、守身、处事、待人这些方面,确立起信用来,坚定不移地守信重诺,严禁弄虚作假。因此,最初就选用了'立信'两字作为我们合伙性质的会计师事务所的名称,后来创办了学

---

① 潘序伦.立信会计学校的创办和发展[M]//龙一圆.立信史话.上海:立信会计出版社,1993:6.
② 潘序伦.追述私立立信学校的一些史实[G]//中国人民政治协商会议上海市委员会文史资料委员会.上海文史资料存稿汇编(教科文卫9).上海:上海古籍出版社,2001:180.
③ 为"自习会计"敬告职业界失学青年[M]//金家富.潘序伦教育思想和办学实践研究.上海:立信会计出版社,1998:106.
④ 潘序伦.立信会计学校的创办和发展[M]//龙一圆.立信史话.上海:立信会计出版社,1993:7.
⑤ 潘序伦.敬告国内有志于会计职业之青年[M]//金家富.潘序伦教育思想和办学实践研究.上海:立信会计出版社,1998:100.

校和书社也用这两个字命名。我们把这两个字定为学校的校训,并提出了'信以立志,信以守身,信以处事,信以待人,毋忘立信,当必有成'的口号,不仅经常对学生宣传,并且在同事中互勉互察。"①

与"立信"的校训相契合,潘序伦敬告有志于会计事业的青年学子务必养成"守信""负责""耐劳"的高尚品质。所谓"守信",就是"诚实不欺,言行如一,有诺必践"。他引孔子"民无信不立"的教导,称:"信为吾人立身之要件,尤为吾会计从业员之要件,此因吾辈会计员受重人托,担任金钱财产之记录、保管及管理工作,设稍于信字有亏,则不仅本人名裂,亦将贻害社会。故凡会计员必先养成其会计的人格,所谓会计的人格,即可以信之一字概括之。"② 所谓"负责",即是指会计工作事关重大,务必认认真真,不可"有随便苟且之念,抱敷衍塞责之心"。③ 所谓"耐劳",是强调会计工作性质较为繁琐沉闷,"必须具有耐劳之习惯及体质,方能胜任而愉快"。④

概言之,潘序伦颇能汲取中国传统道德的精华,并善于将其与现代会计思想进行有机结合,以推动中国会计教育事业的现代化发展。

二、李墨飞、廖世承与基础教育

民国时期上海的基础教育界人才辈出,涌现出一批教育家。以李墨飞、廖世承为例进行个案研究,可细察其对上海乃至全国基础教育发展作出的重要贡献。

1. 李墨飞与万竹小学

李墨飞(1891—?),又名廷翰,上海嘉定人。早年在家乡南翔镇接受私塾教育,后进杭州蚕学馆,入龙门师范(后称江苏省第二师范)。曾任职丁时化小学,1911年受聘为上海万竹小学首任校长。此后十年,他以自己独特的办学理念和务实的办学实践赢得了社会的普遍赞誉,为民国上海基础教育的发展作出了突出贡献。

(1)注重社会需要,探索新式办学

李墨飞在1911年担任上海万竹小学校长时,适逢中国社会政治体制转型之际,如何针对时代变革的需要以及自身的实际条件进行办学,无疑是他面对的首要问题。

---

① 潘序伦.立信会计学校的创办和发展[M]//龙一圆.立信史话.上海:立信会计出版社,1993:2.
②③④ 潘序伦.敬告国内有志于会计职业之青年[M]//金家富.潘序伦教育思想和办学实践研究.上海:立信会计出版社,1998:102.

关于教室编制的探索。万竹小学分男子部与女子部。以男子部为例,由于一、二年级学生过多,同时受师资、设备等条件的限制,李墨飞主张因时变革,特创一种新的教室编制:将人数较少的三、四年级学生分配于一、二年级中,二、三年级学生并为一教室,一、四年级学生合为另一教室。他说:"编制初定之时,廷翰常惴惴不安,恐有背(悖)于教育原理,及行之三月,觉顺遂无弊,乃如常办理。"① 与男子部一样,万竹小学女子部也曾实施合级教授。不过,随着办学规模的扩大以及办学条件的不断改善,"分级教授"以及同级分班教授逐渐成为主要形式。

关于商业科的添设。依据上海社会经济迅速发展的客观需要,李墨飞不主张在四年制初等小学的基础上续办高等小学,而是因地制宜办理商业科(后称"乙种商业学校")。他解释说:"(1912年)下半年所以添设商业科者,以去年之四年级生,入校已及一年,有毕业者三十余人,年龄较长,急于谋生,不适宜于高等小学,而附近又无相当之学校可以升学,上海为吾国第一通商大埠,人民宜有普通之商业知识,故有商业科之设也。"② 由于商业科以实用为旨趣,李墨飞特别要求所设修身、公民教育、国文、算术、英文、历史、地理、理科诸课程,借当"注重于商业适用者",③ 以期学有所用。

关于课程及授课时间的说明。万竹小学男子部初等科设有修身、国文、算术、体操、手工、图画、歌唱等七门课程;女子部小学科则在此基础上,另加裁缝与家政两门课程。授课时间均为每周29时。对此,李墨飞说:"初等小学授课时间,每周至二十九时,稍明教育者,莫不知为谬妄,然家庭之心理,恒嫌学校之授课时间太少,而使其子弟入私塾。若学校依教育原理,定授课之时间每周十余时至二十一、二时,是驱学生入私塾,而受不良之教育也,故不得不加多其时间。"④ 很显然,这是转型期复杂的家庭和社会文化心理在办学上的反映,是新式学堂与传统私塾拉锯战的一个缩影。特别是由于当时入初等小学的学生未必尽合于法定年龄,办学者不能不有所变通,不能不注意入学后的因材施教。李墨飞强调指出:"年长者多,授课时间自可增加,若年幼之学生,则令级任教员,配置其教材,以适于儿童脑力之消化为度。"⑤

(2) 严格教师队伍,倡行教学研究

李墨飞深知小学教师学力素养的重要性,他说:"教育之基础,全在小学

---

① 李廷翰.万竹小学校之第一年[M]//朱有瓛.中国近代学制史料(第三辑上册).上海:华东师范大学出版社,1990:198.
② 同上:199.
③④⑤ 同上:202.

校。小学不良,凡百教育,莫由收其良果;而小学校之良好,全视小学教师之学力。"① 有鉴于此,他极力主张选择学术有专攻者为小学教师。

以万竹小学初期的情况为例,当时所聘教师主要来自师范学校及实业学堂毕业生。具体情况为:"商业科级任教员二人皆毕业于高等实业学堂者。初等科级任教员六人,一、三年级四人,皆毕业于师范学校者。二年级二人,皆毕业于中学校及肄业于高等学堂者……技术科教员一人亦毕业于师范学校者。……女子部之级任教员,概为女子。现在级任教员六人,皆毕业于师范科及文算专修科者。帮教员一人,专授手工、图画,所负之责任,与男子部教员同。唯授课时间略少,而月脩亦略减少耳。其三、四年级之国文,则由校长任之。"② 应该说,这一教师队伍构成虽然说不上完美,但在民国初期能有这样的师资阵容,不能不说十分难得,它奠定了后来万竹小学日益繁荣的坚实基础。

良好的教师队伍固然重要,但如何有效激发每一位教师的教学研究潜能无疑更为重要。李墨飞说:"良好教育之产出,研究者实为之先导。"③ 在这方面,他自己颇能以身作则。以编写商业科教材为例,他曾应教学急需,亲自编写《广告术述要》《单式簿记学初步》(合编)等教材,这些商业方面的教材本非出身师范学校的李墨飞之所长,但为了编好这些教材,他日夜兼程,四方求教。他自称:"廷翰非谙习商情也,于是求教于商业专家,求教于商肆掌柜伙计,求教于账房先生,而以得力于掌柜伙计者为多。掌柜伙计之言曰:吾营商者,贵应用。学校办商业科者,其亟于应用上,加之意乎?如喜谈学理,效法欧美,程度非不高,而无如社会无此各行之商业,足以延用此学生也。廷翰闻其言,笑而然之,乃全力注重于应用。"④ 实践证明,李墨飞及其同仁所编的商业教材很受学生欢迎,学生毕业时均能获得较适宜的商业工作。又如对语文科教学,李墨飞也很有研究。1915 年,他应上海教育会的邀请讲演《小学校国文科读法之研究》,指出"教授之主义已不适用",反对注入式教学,提倡启发式教学,强调"今日吾人所当研究之主义凡三,曰直观主义,曰自习主义,曰实用主义"。⑤ 在他看来,作为

---

① 李廷翰.教育丛稿(下册)[M].上海:中华书局,1921:102.
② 李廷翰.万竹小学校之第一年[M]//朱有瓛.中国近代学制史料(第三辑上册).上海:华东师范大学出版社,1990:203—204.
③ 李廷翰.教育丛稿(下册)[M].上海:中华书局,1921:99.
④ 李廷翰.万竹小学校之第一年[M]//朱有瓛.中国近代学制史料(第三辑上册).上海:华东师范大学出版社,1990:208—209.
⑤ 李墨飞.小学校国文科读法之研究[M]//李廷翰.教育丛稿(下册).上海:中华书局,1921:281.

一名合格的小学国文教师固当扪心自问:"对于所任之课,教授方法,果能适当乎? 果能满意乎? 如其未也,则研究不容缓矣。"①

事实上,李墨飞不仅自己重视教学研究,而且在他的影响下,许多教师的研究意识也明显加强。当时万竹小学没有正式的职教会,但教师课毕,总喜欢群聚在一起,相互交流信息,议论各种教学方法,探讨学科教材以及各科如何联络等问题。

(3) 突出训练精义,关注训育问题

关于学校管理与德育工作,李墨飞颇有自己的慧眼卓识。依据传统习惯,每设立一学,固当颁行种种规则以管理之,李墨飞却反其道而行,校内未设一条规则。何以学校不设规则呢? 李墨飞直言道:"规则细密,则条文繁多,则学生未必能尽守。学生不能尽守,则一条虚设,全章悉为具文矣。不若注重训练,以收无形之效。"②

所谓"训练",与传统意义上的"管理"绝然不同,"管理不过整齐其形式,训练且整齐其精神,务使全校学生道德精神完全无丝毫之缺"。③具体而言,管理——"偏于形式",训练——"注于精神";管理——"强制使服从",训练——"自然就范";管理——"近于法律",训练——"根于道德";管理——"效在一时",训练——"效在永久"。两相比较,"训练"显然优于"管理"。李墨飞因此极力主张"消纳管理于训练之中",务使学生超越外在的强制束缚,以获取内在而长久的精神感化。从万竹小学训育的实施结果来看,许多学生在校数年后常发出这样一些感慨:"校无章程反能使学生无过且有秩序","虽无规程而学生鲜越轨之举"。④

学校不只是学生学习知识的地方,更是其人格成长的场所。依李墨飞之见,训育包括养护和训练两方面内容。养护是关于体魄的,训练是关于道德的。他说:"单级小学训练之目的,亦犹是养成学生道德之品性与完全之体魄耳。"⑤扩而言之,成功的训育当形成如下基本素质:有世界观念,有国家思想,对于社会家庭知调和不致冲突,有明达之识量,无畏葸诌媚之性质,有勤劳谦和之习

---

① 李墨飞.小学校国文科读法之研究[M]//李廷翰.教育丛稿(下册).上海:中华书局,1921:299.
②③ 李廷翰.万竹小学校之第一年[M]//朱有瓛.中国近代学制史料(第三辑上册).上海:华东师范大学出版社,1990:207.
④ 李墨飞.我职务上的记录[M]//李廷翰.教育丛稿(下册).上海:中华书局,1921:25—26.
⑤ 李廷翰.教育丛稿(上册)[M].上海:中华书局,1921:4.

惯,应有粗浅之常识,个性善者发达恶者消灭,明权利义务之界限能取社会之信用,体格健全知合于所处地位之卫生。至于如何达致训育目的,养成良好素质,李墨飞认为并无灵丹妙药,更没有固定不变的陈法。他说:"训育之事,盖无定法,运用之妙,存乎一心。施训育者,各有心得,各有专长,各有经验,勉强效颦,终贻买椟还珠之诮。"①

综上所述,李墨飞作为校长,在办学理念、学校运作、教学研究和德育创新等方面均有许多突出的表现,其敬业务实的精神也很快为万竹小学赢得了声誉,以至于学校"开办逾年,参观者日有数起"。② 其后,经过李墨飞十年如一日的精心治理,万竹小学更以全国"优良小学"而声名远扬。他曾指出,一名合格的小学校长当具备如下学识:深谙教育原理;文理清顺;有教育经验;明事理;明各科学之作用;有世界观念;有研究心;有辨别力;能容众。③ 这些基本的学识素养,正是李墨飞自身的经验总结。

2. 廖世承与光华大学附中

廖世承(1892—1970),字茂如,上海嘉定人。早年在家乡接受私塾教育,后入嘉定县立高小、上海邮传部实业学堂(即南洋公学)中院学习。1915 年,入美国布朗大学,先后获得学士、硕士和博士学位。1919 年 8 月,受聘南京高等师范学校(后改称东南大学)教育科教授,并兼任附中主任。1927 年至 1937 年,出任上海光华大学教育系主任、副校长和附中主任。1929 年,他一度返回南京任中央大学教授、教育社会学系主任,但很快又回到上海,并主动卸任光华大学副校长职务,专心办理光华大学附中。1938 年,赴湖南安化县任国立师范学院院长。1947 年回沪,再任上海光华大学副校长兼附中主任。中华人民共和国成立后,任华东师范大学副校长、上海师范学院院长。作为教育家,廖世承在中等教育、高等教育、师范教育诸领域都颇有建树,但比较而言,以光华大学附中为基地所进行的长期的中等教育探索,或许更能体现其在上海的独立办学理念与教育求索。

(1)改进教师队伍,规范教学管理

廖世承在来沪担任光华大学附中主任之前,曾任东南大学附中主任,深知教学是学校工作的核心内容,教学质量的好坏直接关系到学校的生存与发展,

---

① 李廷翰.教育丛稿(上册)[M].上海:中华书局,1921:8.
② 李廷翰.万竹小学校之第一年[M]//朱有瓛.中国近代学制史料(第三辑上册).上海:华东师范大学出版社,1990:210.
③ 李墨飞.小学校之校长谈[M]//李廷翰.教育丛稿(上册).上海:中华书局,1921:14—21.

而教学质量又直接与教师素养密切相关。有鉴于此,他接手光华大学附中主任之际,首重教师队伍建设。光华大学附中的教师多是学有专长的知名学者,如:教语文的有王蘧常、周哲肫、顾芪丞、张振镛、马厚文;教英文的有徐燕谋、吴令、董小培、吴清、郭淦生;教数学的有倪若水、桂叔超、金马丁;教理化的有胡梅轩、沈昭圣;教史地的有姚舜卿、津子端、陶绍渊、邢鹏举;教体育的有陆翔千、毛仲磐;教美术的有陆尔美等。这些一流教师的加盟,为学校的发展奠定了坚实基础。

为了使教师队伍运行得更加有效,发挥应有的作用,廖世承十分重视教学工作的规范化管理。以1932年为例,学校要求"初中课程一律固定。高中各级采用选科制。高中三年以修满一百五十六分为毕业程度,平均每学期修习二十六学分"。同时,学校还要求每学期"小考二次,大考一次","学生成绩分甲乙丙丁戊己六等。丁等以上为及格,戊等以上(50—59分)得于开学时补考一次,如补考仍不及格,则须重习。列己等(0—49分)者不得补考。凡戊己两等合计占全部学分数二分之一以上,或己等成绩与学分数三分之一以上者,不得升级"。① 除了对学生提出相应要求外,廖世承还对教师的教学工作职责作出了明文规定,要求"专任教员在外兼课或兼任其他职务者,先期须征得学校同意,否则学校可随时将专任待遇改为兼任。并附细则如下:(一)校外兼课在九小时以内者,或职务稍轻者,在校所任之课,减去四分之一,月薪亦减去二分之一。(二)校外兼课在十小时以外者,或职务繁重者,在校功课至少减二分之一,待遇则视兼任教员"。②

作为校长,廖世承经常到班级听课,遇到问题与任课教师一起讨论;同时,他还经常通过校教务会议,与教师们共同商讨教学改革,促进教学质量的不断提高。

(2)向往全面发展,活跃学校生活

作为智育主体的教学固然重要,但教学只是学校整体工作的一个方面。一所生动活泼的学校理应使学生智、德、体几方面都能得到全面发展,这无疑是廖世承心向往之的美好理想。

在德育方面,廖世承主持的光华大学附中向来以严格著称,但他自信"整齐之中,仍寓言活泼气象"。③ 何以能把学校德育工作做得既严肃整齐又团结活

---

① 三十一年度之本校概况[M]//汤才伯.廖世承教育论著选.北京:人民教育出版社,1992: 300—303.
② 同上:306.
③ 同上:307.

泼? 他认为,首先应该做到管理有方:"(一)破除欺骗习惯。诚实为各种德性之母,人而无信,何事不可为。本校对学生欺骗行为,绝对不假借。考试作弊,一经察出,立即除名,六年来曾未稍事宽容。(二)严查私自出校。都市罪恶,论者详矣。青年涉足于此,最易堕落,本校对于学生外宿,检查特严。每晚点名,如发现未经请假核准而私自出外者,重者除名,轻者记过,或剥夺相当权利。(三)取缔任意缺课。好逸恶劳,人为常情,况中学生年龄幼稚,怠忽之事,在所不免。唯履霜坚冰,当慎其始。学生未经准假,每缺席一堂,则记小过一次,并报告家长,冀交相督促。(四)规定穿着制服。欲使学生有严肃之精神,必先注意整齐之形式。本校规定学生在校,一律穿制服。唯在严寒时期,得穿便服。"① 在严格管理的基础上,廖世承强调德育应注重正面意义上的积极疏导,如:成立组会,以养成团体合作精神;提倡个别及团体谈话,以交流思想情感;参与师生联欢会,以融洽人际关系;开展课外活动,以丰富学校生活情趣,等等。凡此种种,都极大地推动了学校德育工作的向前发展。

在体育方面,廖世承视同之与智育、德育一样重要,强调三者都应在青年时期打好基础。他说:"我们要知道青年是人生最宝贵的时期。不论德育、智育、体育,都应在这个时候树立基础。"② 与国外重视体育不同,我国传统文人学子常视之为赘疣,以至于"我国人种,一天衰弱一天,四五十岁以后,已暮气沉沉,不复有担任大事的热诚毅力"。在他看来,一个人如果体格健壮,不仅会减少疾病,提高做事效率,而且"性气和平,生活上也会感到无穷乐趣"。为此,他特别强调指出:"学生在校,对于早操,军操,课外运动等项,应特别注意,不要敷衍了事。"③ 以早操为例,廖世承总是和学生们一起出操,且早于学生到场,立于旗杆下最后一级台阶,手里持有早操班级位置表,谁迟到谁缺席,他一目了然。由于廖世承能够以身作则,学校的各项体育活动开展得热火朝天。全校初高中体育均制定了六十米赛跑、跑跳远、八磅铁球、篮球掷准、引体向上等五项标准,学生体育成绩即是根据此五项运动成绩,再参考"平素体育课之勤惰及运动精神"而评定其优劣。由于学校常年重视体育,学生在全市性体育比赛中总是名列前茅。以1932年上海中等学校协进会发起的越野赛跑为例,光华大学附中在参赛的十四校中荣获团体第一,另在上海市十中学的越野赛跑中,光华大学附中

---

① 三十一年度之本校概况[M]//汤才伯.廖世承教育论著选.北京:人民教育出版社,1992:307.
② 中学生指南[M]//汤才伯.廖世承教育论著选.北京:人民教育出版社,1992:244.
③ 同上:246.

荣获团体第二,个人第一。① 不过,作为教育家,廖世承看重的不只是比赛名次。他在为选手们举行庆祝时强调,"我们的庆祝,不重在锦标,重在获得锦标的精神",以启发学生作不自满的反省:"我的学问怎样,各科都及格吗? 我的品性怎样,不犯一般运动员的恶习吗? 我对于社会国家的幸福,是否刻刻在念?"而学校也应该虚心自问:"少数选手得锦标,多数学生的健康如何? 行为如何? 学业成绩如何?"② 不难看出,廖世承是把体育与学校的整体生活、国家的兴旺发达、学生的全面发展紧紧地联系起来,体现了一个教育家的深邃眼光和对教育事业的执着追求。

(3) 总结历史经验,应对现实改革

作为教育家,廖世承在沪期间不只注意光华大学附中的具体办学,而且把目光投向更加广阔的中等教育领域,思考中国中学教育的历史演化,直面现实中学教育改革的热点问题,并提出自己的独立学术见解。

现实是历史的延续。廖世承十分重视中学教育的历史研究,深知历史经验总结对于现实教育改革的借鉴意义。1935年,他在《十年来之中国中等教育》一文中概述了十年来中国中等教育的制度变迁,肯定了中等教育的若干进步,但也尖锐地指出:"我国中等教育,还没有上轨道。"究其原因,在他看来主要是"社会的影响""缺乏领袖""师资缺乏训练""功课太繁重""功课不切实""学校少自由试验的机会"。他强调只有切实解决这些问题,中等教育才能放出异彩。1940年,他又撰写了《三十五年来中国之中学教育》,在历叙三十五年来中国中学的重大变革之后,提出今后应该特别注意的四个问题,即"注意普及体育""训练公众习惯""改进教学方法""养成生产能力"。这些问题都具有很强的现实针对性,对深化当时的中学教育改革不无启发。

与历史研究相呼应,廖世承也十分关注当时中学教育改革的种种热点问题,先后发表了《近今教学上几个重要问题》《中学生指南》《对于改革中学教育的一些意见》《为全国中学校请命》《我对于改革学制的意见》《教育改造中的一个重要问题》《人格与品性的养成》《谈谈训育上的一个重要问题》《教与学》《对中小学教育改制的意见》《中学教育》《修订中学课程的意见》《关于中学校的课外作业问题》等论文,广泛涉及学制、教学、课程、德育、课外活动等中学教育领域的基本内容。以学制为例,他十分赞赏"六三三"制,视之为"各国教育普遍的

---

① 三十一年度之本校概况[M]//汤才伯.廖世承教育论著选.北京:人民教育出版社,1992:315.
② 庆祝运动锦标[M]//汤才伯.廖世承教育论著选.北京:人民教育出版社,1992:317.

趋向",强调"吾国学制上再有更张,应先有详尽的讨论,精密的试验,然后通令全国变更,以免精神与钱财的浪费——这是我们从几次变更学制里得来的教训"。① 在教学上,他极力反对"见物不见人"的应试教学,称:"现在的教师,病在教学科,不教学生;教整个的班,不教张某李某单独的个人;教数目(指分数——引者注),不教千变万化的活人。"② 关于课程改革,廖世承也是有胆有识。1932 年,针对当时教育部"增加每周授课时间、取消文理分科、取消选修科目、取消学分制"的指令,廖世承明确表示异议,说:"每周授课时间太多","取消文理分科太不注意事实","取消学分制选科制太嫌呆板","在学年中间更张徒滋纷扰","所规定的中学教职员服务时数太近理想"。③ 至于德育问题,许多人明知其最重要但又最没有办法,而廖世承则经过多年的训育实践,归纳出若干切实可行的原则:"(一)不论用何种方法,须使学生了解处置的意义,养成学生自制的能力。(二)处置问题时,应先考查原因,用研究的精神来应付事实。(三)多用个别接触的方法,增进师生的情感。(四)理智能折服青年,得到多数人的同情。(五)执行惩罚须敏捷,但须本爱护青年的精神。恶例绝对不能开。(六)抑制的方法,不如替代的方法来得有效。(七)学生有缺点,最好避免讥笑怒骂,设法发展他的长处。(八)教学方法不上轨道,训育不易收到效果。"④

概言之,廖世承是一个能够直面现实教育问题而又不乏远见卓识的专家型中学校长,他的影响不仅限于上海,而且享誉全国。

三、黄炎培与职业教育

黄炎培(1878—1965),号楚南,后改号韧之、任之,笔名抱一。江苏川沙(今属上海市浦东新区)人。早年受儒家文化熏陶,做过塾师。1901 年,考入上海南洋公学特班,师从蔡元培先生。1903 年,受聘任川沙小学堂总理(校长)。1906 年,受杨斯盛委托,创建浦东中学并任校长。辛亥革命后,曾任江苏省教育司司长。1915 年,赴美国进行教育考察。1917 年,与蔡元培、马相伯等人在上海发

---

① 我对于学制的意见[M]//汤才伯.廖世承教育论著选.北京:人民教育出版社,1992:331.
② 近今教学上几个重要问题[M]//汤才伯.廖世承教育论著选.北京:人民教育出版社,1992:242.
③ 为全国中学校请命[M]//汤才伯.廖世承教育论著选.北京:人民教育出版社,1992:264—273.
④ 谈谈训育上的实际问题[M]//汤才伯.廖世承教育论著选.北京:人民教育出版社,1992:358.

起成立中华职业教育社。其后,他以极大的热情长期投身于职业教育事业,为职业教育在上海乃至全国的发展作出了重要贡献。

1. 从主持浦东中学到发起成立中华职业教育社

黄炎培职业教育思想的形成并非一日之功,它是20世纪初期中国社会急剧变迁与其个人救国探索的产物。饱受外国侵略的儿时记忆以及南洋公学的"新教育"洗礼,使他很早就萌生"教育救国"的理念,认定要"救中国,只有到处办学堂"。① 他先是创办川沙小学堂,之后,又受杨斯盛委托在上海浦东六里桥创办浦东中学。从学校的整体构架到校舍的具体设计,从规章制度到教师聘用,乃至教学工作的日常安排,黄炎培无不竭尽全力,精心谋划。一时间,学校声名鹊起,周围居民喜气洋洋,"各地考察教育的,争来参观"。②

黄炎培在办学过程中还担任江苏省教育会的调查干事,他颇能深入基层了解各地的教育情况,其足迹遍及江苏省63个县的四分之三。辛亥革命后,他一度出任江苏省教育司司长,负责制订《江苏省五年教育行政计划》。这些宝贵的实践经历,不仅扩大了他的教育视野,而且也使他对中国的学校教育改革与发展问题作更加深入的思考。1913年,他在上海《教育杂志》第5卷第7号发表了《学校教育采用实用主义之商榷》一文,针对学校教育脱离生活实际的普遍现象,强调要打破平面的文字教育,代之以立体的实物教育,注重学校教育与社会实际生活的联系,力倡教学科目当"以实用为目的"。其后不久,"实用主义"开始在各种著述和教学活动中频繁出现。如:山东省立第三师范学校的《实用主义师范内国文教本通论》、江阴刘丕君的《予之小学实用理科编辑观》、上海浦东中学附属小学何焜华也"本此主义,特辑一种小学图画挂图,以应教育界之需要,在刷印中"。③

然而,当黄炎培进一步调研当时中国教育实际,并结合国外教育考察进行比较时,他慢慢地找到了中国学校教育的病源所在。何以大批中小学生毕业后即找不到出路而成为无业游民呢?这固然有许多原因,但与当时学校未能及时反映社会急剧变革的需要,特别是第一次世界大战期间中国民族工商业迅猛发展的客观需要不无关联。以此之故,无疑必须加强切于生活的职业教育。

---

① 黄炎培.八十年来[M].上海:文汇出版社,2000:60.
② 同上:72.
③ 实用主义产出之第一年[M]//田正平,李笑贤.黄炎培教育论著选.北京:人民教育出版社,1993:23.

职业总是与个人的命运前途密切地联系在一起,"职业教育"比起"实用教育"显得更为具体而切近,这或许就是黄炎培后来放弃"实用教育"而代之以"职业教育"的一个重要原因。他说:"语以抽象的实用教育,不若语以具体的职业教育之惊心动目。"①当然,除转型期社会与个人的急切呼唤外,黄炎培热衷职业教育的另一个重要原因是职业教育所表现出的鲜明的反封建性。黄炎培说:"我们一群人觉悟到'君子劳心,小人劳力'这是充满了社会毒素的话,因此,想在'使无业者有业,使有业者乐业'上面做些工作,提出了教育与生活、生活与劳动不应脱节的主张。"②拿定主意后,他遂联络蔡元培、马良、严修、伍廷芳、张元济等社会知名人士,于1917年5月6日在上海正式成立中华职业教育社。他们一致认为:"方今吾国最重要最困难问题,无过于生计。根本解决,唯有沟通教育与职业。同人认为此为救国家救社会唯一方法。"③声称本社事业之目的在于:推广职业教育;改良职业教育;改良普通教育,以适于生活之准备。

言必信,行必果。作为中华职业教育社董事会和办事部主任,黄炎培全身心地投入到职业教育的试验、调查、推广、改良、研究、宣传等一系列活动之中。以中华职业学校的创建为例,黄炎培即付出十分艰苦的努力。有感于"帝国主义国家经济侵略势力深入国内各地,贻害无穷",黄炎培决心从倡办国货工厂入手予以抵制,"计划办一个职业学校,附设各种工场,一面作为推广职业教育的实践场所,一面从事增加国货生产,抵制外货"。但是,这一想法很快招来了反对意见,以为费钱吃力又不容易办好。经过黄炎培的耐心说服和百般努力,1918年,中华职业学校在上海市陆家浜正式成立。学校设有木工、铁工、珐琅、纽扣四科,附设机器、木工、珐琅、纽扣等工场,后来又增添土木、留法勤工俭学、染织、师范、商业等科。实践证明,黄炎培的办学方针完全正确,中华职校培养的学生不仅得到社会各界的欢迎,而且在一定程度上抵制了外货,促进了民族工业的发展。黄炎培晚年自豪地说:"后来珐琅与纽扣这两种国货,到底抵制住了外货,尤其是珐琅业,上海这类工场也先后发展成为'中华珐琅厂'和'中华铁厂'了。"④

概言之,中华职业教育社在黄炎培等人的共同努力下,为上海乃至中国职

---

① 实用主义产出之第三年[M]//田正平,李笑贤.黄炎培教育论著选.北京:人民教育出版社,1993:71.
② 黄炎培.八十年来[M].上海:文汇出版社,2000:115—116.
③ 中华职业教育社组织大纲[M]//田正平,李笑贤.黄炎培教育论著选.北京:人民教育出版社,1993:84.
④ 黄炎培著.八十年来[M].上海:文汇出版社,2000:117.

业教育的发展作出了巨大贡献。仅上海中华职业学校,从开办至1949年就培养7 000余名毕业生。中华职业教育社另办有"重庆中华职业学校、上海和重庆中华工商专科学校、南京女子职业传习所、镇江女子职业学校、四川灌县都江实用职业学校、昆明中华业余中学、上海比乐中学,并联合地方实业界人士合办了各类职业学校,还在上海办过七个职业补习学校。为了指导青年和介绍就业,从一九三四年起,在上海又办起了一个职业指导所,以后在重庆、桂林、昆明都办了起来。'八一三'以后,职教社在川、滇成立分社或办事处,都设有学校或工厂"。① 此外,中华职业教育社还先后出版了120多种书刊,其中社刊《教育与职业》连续出版达30多年,其惠泽国民不可不谓广大且久远。

2. 职业教育理论的学术旨趣

在长期的职业教育实践过程中,黄炎培善于因时变革和与时俱进,逐渐形成了自己独特的职业教育理论体系,其中蕴藏着丰富的学术内涵。

在职业教育的目的问题上,黄炎培注意到个人与社会的双重发展,并强调以个人发展为重点。他说:"职业教育目的(民国六年中华职业教育社成立之年公订):一、谋个性之发展;二、为个人谋生之准备;三、为个人服务社会之准备;四、为国家及世界增进生产力之准备。"② 在这里,个性、个人被置于非常突出的地位,反映了黄炎培对新文化与新教育精神的认同,觉察到多样化职业需求与职业教育为个性发展提供了前提。但同时,他并没有因为个性而忘记群性,又肯定了职业教育对国家及世界生产力发展的潜在推动作用。通俗而言,职业教育的终极目标就是"使无业者有业,使有业者乐业"。③ 在他看来,只有个人都有了职业,且乐而敬之,社会国家才能得到协调健康的发展。

关于职业教育的办学方针与原则,黄炎培也形成了自己的独特主张。他认为,"社会化"应成为职业教育的首要方针。所谓"社会化",就是强调职业教育不能脱离火热的社会生活的需要,而应该顺应时代发展,与时俱进。特别是,当提出"大职业教育主义"时,他实际上已认识到就教育论教育的局限性,主张加强教育界与实业界的联络,甚至要求教育界人士不妨分出一部分精力去做一些职业教育以外的工作。其次是"科学化"。所谓"科学化",就是指用科学思想

---

① 黄大能.忆吾父黄炎培[M]//黄炎培.八十年来.上海:文汇出版社,2000:215—216.
② 我之人生观与吾人从事职业教育之基本理论[M]//田正平,李笑贤.黄炎培教育论著选.北京:人民教育出版社,1993:339.
③ 中华职业教育社奋斗三十二年发现的新生命[M]//田正平,李笑贤.黄炎培教育论著选.北京:人民教育出版社,1993:409.

方法去解决职业教育问题。黄炎培说:"职业教育,直接求百业的进步,间接关系民生国计大问题,并不会在科学之外,别有解决的新方法。"① 在他看来,能否应用科学乃是判断百业进步的标志,职业教育的进步同样离不开科学的思想方法。他认为,不只是农业、工业、家事应用、化学、机械学等"物质问题"要用科学解决,工厂、商店、学校以及相关应用科学的管理法等"人事问题"也离不开科学方法。他进一步指出,由于社会上的职业千差万别,每个人的天性、天才、兴趣和环境也各不相同,"谁则宜某种,谁则不宜某种,发明所谓职业心理学,以为选择和介绍职业的标准,不是极科学的能事么?"② 职业教育问题千头万绪,但黄炎培总是希望同仁们能够在"研究和试验"上下功夫,强调"研究和试验得有结果",问题才算得到"正确的解决"。③ 与职业教育"社会化"与"科学化"相契合,黄炎培强调职业教育应当注重与社会的广泛联系,树立"理论与实际并行""知识与技能并重""手脑并用""教学做合一"等原则。这些原则破除了传统的书本至上观念,突出了职业教育的特点及其发展规律,至今仍放射出真理的光芒。

至于职业道德问题,黄炎培至为关切。他认为,职业由社会分工所致,并无高下贵贱之分,指出那种鄙视某些实用技能类职业的观念实为传统教育的流毒,已构成职业教育正常发展的"无形之礁石"。为破除此"礁石",他特别强调要对学生进行"敬业乐群"的职业道德教育,并把它定为中华职业教育社的"校训"。所谓"敬业",就是要求学生树立尊重劳动的观念,养成强烈的责任心和事业心;所谓"乐群",就是要求学生树立群性协作的精神,形成服务社会的意识。为了及早对学生进行职业道德教育,黄炎培要求中华职业学校的入学学生一律填写誓约书:"一、尊重劳动(学生除半日工作外,凡校内一切洒扫、清洁、招待等事,均由全体学生轮值担任);二、遵守规律(校中由全校学生组织自治团,自订一切规律而自守之);三、服务社会(学生除校内服务外,兼于校外从事一切相当之服务)。"④ 20世纪30年代期间,黄炎培自觉地把职业教育与民族国家的命运联系在一起,强调非常时期所需要的人才,除了应具备"高尚纯洁之人格""博爱互助之精神""侠义勇敢之气概""刻苦耐劳之习惯"外,"更须以坚强贞固的节操,战胜千艰百险的环境。名,吾所不求;功,吾所不争,将吾整个生

---

① 我来整理整理职业教育的理论和方法[M]//田正平,李笑贤.黄炎培教育论著选.北京:人民教育出版社,1993:220.
② 同上:221.
③ 同上:222.
④ 《学生自治号》发行的旨趣[M]//田正平,李笑贤.黄炎培教育论著选.北京:人民教育出版社,1993:151.

命,完全献给我国家民族生存工作上。其先,个人以之自勉;其继,同志以之共勉。少数人确立之信条,扩大而成一群完整的精神;一时间鼓荡之风气,绵续而成全民族不可磨灭之特性"。① 显然,随着时代社会的不断变迁,黄炎培的职业道德教育思想也在不断进步。

四、俞庆棠与民众教育

俞庆棠(1897—1949),祖籍江苏太仓,生于上海。1911 年入上海务本女塾。1915 年任上海万竹小学教师。1918—1919 年,先后求学于上海中西女塾和圣玛利亚书院。1919 年秋,赴美入特拉华女子大学,一年后转至哥伦比亚大学,师从克伯屈等著名教授,主修教育专业,获学士学位。1922 年回国,先后担任私立无锡中学和江苏省立第二师范教师、上海大夏大学教授。1927 年,受聘担任第四中山大学(后改中央大学)教授兼扩充教育处处长。1928 年 3 月,在苏州创办中央大学区民众教育学校,亲拟学校章程并任校长。是年下半年,该校迁至无锡,先后改名江苏省立民众教育院、江苏省立教育学院,俞庆棠任教授兼研究实验部主任,致力于民众教育事业,主编《教育与民众》月刊。1932 年,她倡议成立"中国社会教育社",任常务理事兼总干事。抗日战争期间,她偕同江苏省立教育学院师生迁校桂林,后辗转四川松溉、乐山创办纺织实验区和蚕丝实验区。1940—1945 年,先后受聘为东吴大学和沪江大学教授,并任中华基督教女青年会干事。1945 年抗战胜利后,任上海市教育局社会教育处处长,创办上海市立实验民众学校并兼任校长。1949 年,任中华人民共和国教育部社会教育司司长,是年 12 月 4 日因脑溢血逝世。作为民众教育家,俞庆棠的教育思想博大精深,享誉全国。这里侧重分析她在上海所进行的民众教育探索与实验,以审视其对上海民众教育发展的独特贡献。

1. 民众教育再探索

1939 年 3 月,俞庆棠从重庆回到了她阔别多年的上海。此时,上海仍沦陷在日军的魔爪下,人民在水深火热之中挣扎,俞庆棠一家也生活得十分艰难,五个孩子挤在祖母租赁的不足 10 平方米的小房间。即便如此,她仍没有放弃对民众教育事业的孜孜追求。是年秋,她受聘沪江大学,先后主讲民众教育、社会教育、教育社会学等课程,另在私立震旦女子文理学院、东吴大学、之江大学等校兼课。讲课时,她常常联系大后方人民的顽强抗日热情以及自己办理社会教

---

① 吾人在非常时期将以何者为最大贡献乎[M]//田正平,李笑贤.黄炎培教育论著选.北京:人民教育出版社,1993:315.

育的种种经验,勉励大家努力学习,树立爱国为民服务的意识。有一次,她"以大量事例和数字,向学生们讲述农村劳动人民被苛捐杂税和高利贷压得难以生存,城市工人特别是童工被剥削的贫困生活情况,指出这是社会制度问题"。① 言谈中饱含着对下层民众的真切关爱以及对不合理社会制度的无限愤恨。此时,她还担任中华基督教女青年会干事,负责编辑民众教育课本。

1945年抗日战争胜利后,俞庆棠应上海市教育局局长顾毓琇邀请,担任该局社会教育处处长。虽然她对国民党不抱什么幻想,但考虑到饱经日军摧残的上海社会教育亟待发展,便知难而进。上任伊始,她推荐和聘请了高君珊、雷洁琼、胡耐秋及江苏省立教育学院的一些优秀毕业生,组成了坚强的工作班子,努力充实整顿市图书馆、博物馆、民众教育馆等社会教育机构,先后创办50余所民众学校(后发展至100多所),加强了电化、戏剧教育,并定期举行各种形式的社教活动以及工作研讨会。由于她责任心强,经验丰富,又善于团结调动各方面力量,共同奋斗,上海民众教育事业很快呈现出一派繁荣景象。

2. 上海市立实验民众学校的创立及特色

在俞庆棠创立的众多民众学校中,她用心最多的莫过于上海市立实验民众学校。该校位于沪西胶州路601号,原为"日本帝国上海第三国民小学"所在地,周边工厂林立,许多棚户区环绕其间,是劳动人民的聚居点。面对这样的环境,俞庆棠毫不犹豫地决定在此办学。在她看来,让劳苦大众记住日本侵略的罪行而发奋学习,这本身就是民众教育的很好素材。为了办好这所新生的实验民众学校,身为上海教育局社会教育处处长的俞庆棠主动请求兼任该校校长,并获准正式委任。

万事开头难,但凭借自己丰富的民众教育办学经验,俞庆棠很快形成了自己独具特色的办学构想与主张:

关于办学宗旨,俞庆棠写道:"甲、给失学者以普通知识、专门技能以及公民的基本训练之机会。乙、给已受基础教育者以继续学习的机会。丙、对民众教育的各类学校中各种制度、教学材料和辅导方法进行研究和实验。丁、促进上海市的民众教育工作。戊、改善人民的生活和环境。"② 不难看出,俞庆棠的实验民众学校不同于一般的普通学校,它以劳动大众为本位,旨在让失学者重

---

① 唐孝纯.人民教育家俞庆棠(江苏文史资料第一百零四辑)[M].上海:[出版地不详]:江苏文史资料编辑部,1998:143.
② 上海实验民众学校鸟瞰[M]//茅仲英.俞庆棠教育论著选.北京:人民教育出版社,1992:380.

圆就学梦,因此人生的"基本训练"颇受重视。同时,作为现代教育家,俞庆棠深知"研究与实验"工作的重要性,她殷切希望能够以该实验民众学校为基地,深入研究民众教育中的各种问题,并以此推动全市其他民众教育的共同发展。

关于组织机构,俞庆棠拟定了以研究部、推广部、教务部、总务部为核心的网络机构,其中教务部下又分设补习教育组、成人教育组、少年教育组、妇女教育组、儿童教育组。① 学校的整体机构布局合理,分工明确,责任清晰,体现了俞庆棠求真务实的办学风格。

关于教学管理,俞庆棠考虑到学生来源的多样性,特依据不同年龄、性别等因素,实行全日候分班教学制。"1. 年龄自 2 至 5 岁的工厂工人子女可进本校托儿所。2. 年龄自 6 至 12 岁的工人子女可入本校儿童教育组(半日制学校)。3. 已婚妇女及 12 至 16 岁的男女少年可入本校妇女、少年教育组(下午 1 点半至 4 点半上课)。4. 不识字者可入扫盲班(每天下午 4 点半到 6 点半上课)。"② 由于生员身份复杂,程度参差不齐,教学工作量大,这就对教师素质提出了很高要求。经过多方努力,俞庆棠先后请到胡耐秋、杨之先、刘佩琪、沈吕默、段力佩、周志菊、唐庆祥、王静君等多名骨干教师,正是他们不分昼夜的辛勤工作,使学校焕发出勃勃向上的盎然生机。随着学生人数的不断增多,师资缺乏问题日益彰显。为此,俞庆棠决定采用"导生制"(即"小先生制"),让学生们自主传递知识。同时,为了让更多的民众获得人生的必备知识,俞庆棠还大力倡行"巡回教学",声称"如果民众不来学校上学,我们便走到民众中去"。③

此外,俞庆棠十分注意学生的课外活动,鼓励学生积极参加学生自治会的话剧组、歌咏组、舞蹈组,以丰富学生的文娱活动。她还经常聘请陈鹤琴、梁漱溟等教育专家来校讲演或指导工作,以活跃学术气氛,推动学校各项工作的深入发展。

有志者,事竟成。在俞庆棠的精心培育下,上海市立实验民众学校很快成为上海乃至全国民众教育领域的一面旗帜,国内外政要如宋美龄、马歇尔夫人、克利浦夫人等,教育界著名人士陈鹤琴、梁漱溟等,纷纷前来参观。他们一致肯定俞庆棠为下层民众办学的奋斗精神和高尚情操,称赞她在民众教育事业方面的卓越贡献。

---

① 上海实验民众学校鸟瞰[M]//茅仲英. 俞庆棠教育论著选. 北京: 人民教育出版社, 1992: 385.
② 同上: 380—381.
③ 同上: 384.

五、萧友梅与音乐教育

萧友梅(1884—1940),子思鹤,号雪朋。1884年1月7日生于广东香山(今中山市)石岐镇。自幼跟从其父萧煜增习读古文,并入当地的学塾——灌根草堂学习。1900年,赴广州入时敏学堂接受新式教育。1902年,自费赴日本留学,入东京高等师范学校附中,并在东京帝国音乐学校选习钢琴、声乐。1906年7月,入东京帝国大学教育系,1909年毕业后回国。1912年,民国成立后曾受命为总统府秘书。1913年,入德国莱比锡国立音乐院理论作曲科,同时在莱比锡国立大学哲学系学习。1917年4月至1919年秋,曾一度避居德国柏林和波兰乡村,为波兰乡村小学生教授法文和钢琴。1920年3月,应聘为教育部编审员,兼任高等师范学校附设实验学校主任,同年9月,应聘任北京大学哲学系讲师及音乐研究会导师,主讲和声学等课程。1922年,北京大学音乐研究会改为北京大学附设音乐传习所,萧友梅受聘为所务主任,主讲乐理、和声学、音乐史等课程,并撰写了若干相关的教材、讲义和学术论文。1927年6月,他来到上海,向将任南京国民政府大学院院长的蔡元培提议在上海创建国立音乐院,很快得到蔡元培的大力支持。11月27日,国立音乐院在上海正式成立,蔡元培为院长,萧友梅为教务主任。同年12月,萧友梅为代理院长,次年9月,被任命为院长。在创办和运作上海国立音乐院及1929年改名的国立音乐专科学校的13年中,萧友梅筚路蓝缕,呕心沥血,不仅树立了独具特色的教学管理典范,借鉴了西方先进的音乐教育经验,而且汇通了中西音乐教育智慧,努力探索具有中国特色的现代音乐教育之路,他是中国现代专业音乐教育的开拓者和先驱者。

1. 奠基与推进:从上海国立音乐院到国立音乐专科学校

萧友梅荣获博士学位回国后,先是在北京大学音乐研究会以及后来改称的北京大学附设音乐传习所工作了长达7年之久。但遗憾的是,他的音乐教育事业并未能得到北洋军阀政府的持续支持,其所服务的音乐教育机构最终也被迫停办。正是在无可奈何的情况下,萧友梅提议在上海创建国立音乐院,得到了蔡元培的直接支持,并很快成立。在担任上海国立音乐院教务主任、代理院长、院长和其后改称的国立音乐专科学校校长期间,萧友梅竭尽心力,积累和创造了十分丰富的教学管理经验。

其一,艰难创业,营造向上氛围。由于当时政府忙于军政要务,国立音乐院开院之初仅获开办费2 600元,招收的第一届学生只有23名,萧友梅既是教务主任,又是代理院长,教师有王瑞娴、李恩科、陈崧生、吴伯超、朱英、易韦斋、雷通群等先生,另有庶务及书记各一名。面对国立音乐院的艰难起步,萧先生在开学典礼上风趣地说:"伦敦皇家音乐院1823年成立时,只有二十个学生,八十年后增加到五百人以上。大家共同努力,十年后就可以有五百个同学了。"①其后不久,国立音乐院改称上海国立音乐专科学校,饱受日本侵略者的摧残与磨难。但作为校长,萧友梅总是乐观地面对现实,认为"搬场"是上海音专的"家常便饭",不足为奇。他最爱说的一句话就是:"我们不要悲观,……我们要建设一个更伟大的音专。"② 正是为了这一"伟大的音专",萧友梅甘愿最大限度地压缩行政开支,把阳台改造成校长室,并用给校长买小轿车的钱添置了学校急用的三角钢琴,学校的行政开支更是随时公开,其大师风范、民主之风是值得表彰的。

其二,罗致名师,严格教务管理。萧友梅深知,办好女子学校的关键在于高质量的师资。为了聘请到最好的音乐教师,他一而再地说服鲍里斯·查哈罗夫——原圣彼得堡音乐院教授,请他帮助中国提高钢琴水平,"音乐院一般教授的月薪是200元,查哈罗夫作为特约教授拿400元"。③ 除此之外,他还请到了其他乐器方面的最好教师,上海工部局的"首席小提琴富华、首席大提琴佘甫磋夫及其他首席乐师——请来任教;黄自留美归国不久,他就慕名上门,请他担任理论作曲教授,后来兼教务主任。著名声乐家苏石林也受邀任教;语文老师龙榆生,是当时有名的词学专家,英语教师梁就明是留学回来的硕士……"④ 由于硕学名师云集,从而在很大程度上确保了上海音乐教育的高起点,使之很快融入了世界音乐教育的先进行列。与之相应,萧友梅在教学上也提出了严格要求。他在给教务处的一封信中写道:"至选科生照章须候正科有缺额而本校需要时方可取录,但不妨先准其报名选科(不妨对其声明不一定录取——原注)。前日所谈之被改入额外选修者准其再来考一节,系指其上学期英文或国文无班可入或不及格者言,其完全无希望(如无故一律缺席等——原注)被处分者不在此列。"⑤ 为了不让学生缺课,萧友梅十分重视课堂教学的合理安排。有一次,他特地写信给教务处,称:"星期六上午有课之学生如每周许其往兰心戏院听乐队练习,似于缺课有关,但查是日有课者颇多高级生(尤其是理论学生),抑设法

---

① 萧淑娴.回忆我的叔父萧友梅[M]//萧友梅纪念文集.上海:上海音乐出版社,1993:92.
② 陈洪.忆萧友梅先生与抗战初期的上海国立音专[M]//萧友梅纪念文集.上海:上海音乐出版社,1993:64—65.
③ 丁善德.难以忘却的回忆——怀念萧友梅先生[M]//萧友梅纪念文集.上海:上海音乐出版社,1993:57.
④ 同上:59.
⑤ 鸿倪.萧友梅先生五年祭[M]//萧友梅纪念文集.上海:上海音乐出版社,1993:31.

将上午功课移往下午?"① 应该肯定,萧先生对教务工作的严格要求起到了率先垂范的作用,直接促进了学校各项工作的内涵发展。

其三,建章立制,强化学业考核。为了确保学生的学业进步,萧友梅逐渐摸索出一套行之有效的管理制度,特别是其中的"学分与技术升级相结合的考核制度"。即要求学生不仅要修满规定的学分,"还要对各专业主科规定'初级''中级''高级'三个不同等级的技术标准。这三个等级的提升,必须经过由校长、教务主任、专业组主任及主科教师等共同组成的考试委员会主持的'升级考试'评定合格的才给予'升级'的证书。取得'初级考试'合格证书的学生才能报考'中级考试',通过'中级考试'的才能报考'高级考试',通过'高级考试'才可正式给予毕业证书或升入'研究班'"。② 毫无疑问,这一层层筛选的"升级考试"已突破了学分制的樊篱与局限,从而在很大程度上保证了学生专业素养的提升,对中国现代音乐教育的规范化和科学化建设产生了积极的推动作用。

其四,关爱学生,亲历一线教学。萧友梅不仅对学生提出了严格要求,而且对学生充满着慈父般的关爱,甚至在临终前两天,他挂念的还是学生的日常学习生活。他对前来看望他的同事说:"快考试了,考钢琴的课室(也就是礼堂),钢琴旁边的板壁上有一条裂缝,一定要用厚纸贴好,否则北风吹进来,如何弹得好琴!"③ 萧友梅并非脱离一线教学的校长,他除了要高效地处理繁重的行政事务外,对实际的日常教学工作也是兢兢业业,全身心地投入其中。学生洪潘回忆道:"他不但要事无巨细地处理全院的行政教学工作,如招收新生、聘请教师、制订教学计划、申请经费、经费使用安排等,而且他还担任教学工作,几乎全院学生的理论、作曲等课程,都是由他任课讲授。这其中多门课程教材的编写,对学生作业的批改更是费尽了他的心血。……平时他虽然静穆少欲,不苟言笑,但讲课时却详尽得体,具有吸引力。特别是他在为我修改作业时,耐心细致在琴上一遍一遍地视奏,更使我多少年以后追忆这些情景时,还犹如就在眼前。"④ 在这里,我们不难体会出一位资深优秀教师的光辉形象,其务实尽责、严而有爱的风格令人肃然起敬。

---

① 鸿倪.萧友梅先生五年祭[M]//萧友梅纪念文集.上海:上海音乐出版社,1993:31.
② 汪毓和.我国现代音乐教育事业的开拓者萧友梅[M]//萧友梅纪念文集.上海:上海音乐出版社,1993:224.
③ 陈洪.校庆声中忆萧故校长友梅[M]//萧友梅纪念文集.上海:上海音乐出版社,1993:175.
④ 洪潘.喜迎校庆忆当年[M]//萧友梅纪念文集.上海:上海音乐出版社1993:180.

2. 吸收与借鉴：西方先进音乐教育经验的引进

由于长期在国外留学，萧友梅对中西各国的音乐教育有着较深入的感受和理解，特别是他的博士学位论文《17世纪以前中国管弦乐队的历史的研究——向德国莱比锡大学哲学系提出的博士论文》，从一个侧面反映出中国古代音乐教育的独特贡献。但同时，萧友梅也毫不客气地指出，"中国旧乐也要落后于西方七百年"，究其原因则可能要归咎于中国记谱法的落后、偏重技术、教授法之泥古守旧等因素。为此，他极力主张引进西方的先进音乐教育理念，对其实践经验津津乐道，以便吸收改造，有所创新。

为了让学生尽快了解并进入西方的音乐教育前沿领域，萧友梅特地撰写了《欧美音乐专门教育机关概略》，对欧美音乐专门教育的情况进行了深入考索，字里行间渗透着他对西方音乐教育经验的赞赏、感悟和理解，并借此对漠视音乐教育的政府提出批评。他坦诚地写道："可惜有教育实权的诸公，知道近代欧美音乐专门教育情形的还是太少，所以国立音乐院成立不到两年之后，又改组为音乐专科学校，不能照最初核准的预算逐渐增加，反而把地位降低一等，这就可以证明对于音乐专门教育，近来尚未容易多得实在内行的人。所以这篇文章的目的，就是想把欧美音乐专门教育机关的沿革概况，略为说一说，一来可以给教育当局参考，又可以证明欧洲音乐教育不独不因欧战而缩小范围，并且大战之后扩大规模，提高地位。"①

萧友梅并非平铺直叙地介绍欧美二十余个国家和地区的音乐院，而是对其中成绩显著者给予特别表彰。如论及法国的音乐院时，萧先生指出："该院的教务委员会（或译审查委员会）是由最有名的教授及特别委员组成，编定教授的程序，对每门功课均极细心地规定好一种课本或教授法。学生有修了一门或毕业全科资格的，才可参加一种比赛考试（今译会考），这种比赛考试委员会的组织，由院长担任主席，其他各委员多半聘请校外乐界名流（不一定是本院教授）……有这种的组织和严格的比赛考试与种种奖励，所以能够人才辈出，而得到乐界最高学府的地位。……学生入学之后，在三年之内假如连一个记名奖（accessit）都考不得，只有自动退学。学校绝不希望多留进步太慢的学生，把宝贵的学额占住，使有天才的候补者不能进来。有这样严格的章程，所以能够把不甚努力、成绩较差的学生逐渐淘汰去，因此产出的人才（指考得头、二奖的）可以说全是优秀分子。巴黎音乐院能在世界音乐院中占第一个位置全在

---

① 欧美音乐专门教育机关概略[M]//萧友梅音乐文集.上海：上海音乐出版社,1990:349.

于此。"① 至于德国的音乐教育经验,更得到萧友梅的极大肯定和赞誉。他说:"德国政府不独不因为欧战而缩小范围或归并停办,反而扩大预算增加科目,可见德国人的重视音乐教育了。最近音乐大学分作四系:(1)理论作曲系。(2)歌乐系。(3)乐队乐器系。(4)钢琴风琴系。各系主任都是第一流乐界巨子。"②

概言之,欧美各界的音乐教育可谓各具特色,既有年级制又有选科制。"年级制规定若干年毕业,但未修足某年级规定的功课时,照章应留级一年;选科制之规定某科的标准,而不分别年级。英、美多采用年级制,德、法、比各国多采用选科制。"③ 至于考试,也是分定期考试与比赛考试两种,同时普遍实行了学位制——音乐学士、硕士及博士。应该肯定,欧美音乐院是属于大学性质的。因此,当上海的"国立音乐院"被降低为"国立音乐专科学校"时,萧友梅愤愤不平,他首先感受到的是中国音乐教育与世界先进音乐教育的脱轨。他说:"无论如何,音乐院的地位完全和大学相等,它的研究院且在大学之上。一般人不明其中组织,把音乐院当作一种中等职业学校看完全是一种误解。"④

3. 汇通与追求:中国现代专业音乐教育的拓荒

萧友梅并不讳言对欧美先进音乐教育经验的推崇和借鉴,明确指出"国乐不振"的一个重要原因,是因为"吾国向来没有正式的音乐教育机关,以致音乐教授法未加改良,记谱法亦不能统一"。⑤ 正是基于这一判断,萧友梅从回国之日起,就致力于中国现代音乐教育事业的开拓与建设。早在1920年,他就与杨仲子等人在北京女子高等师范学校创建了音乐体操科,次年又将音、体分设,并直接促成1922年"新学制"中音乐课的设立。1922年,他建议并改组成立的北京大学音乐传习所,是"我国第一所附设于大学的规模最大的相当于一个系的专业音乐教育机构"。⑥ 1927年11月,他在蔡元培的支持下创办的国立音乐院(后改为国立音乐专科学校),更是"我国现代音乐史上第一所独立建制的正规化、专业化的高等音乐教育机构,揭开了我国现代音乐教育史的新篇章"。⑦

---

① 欧美音乐专门教育机关概略[M]//萧友梅音乐文集.上海:上海音乐出版社,1990:354.
② 同上:359.
③ 同上:373.
④ 同上:374.
⑤ 最近一千年来西乐发展之显著事实与我国旧乐不振之原因[M]//萧友梅音乐文集.上海:上海音乐出版社,1990:416.
⑥ 苏夔民.我国现代专业音乐教育的先驱者、开拓者、奠基者——为萧友梅逝世五十周年而作[M]//萧友梅纪念文集.上海:上海音乐出版社,1993:298.
⑦ 同上:299.

长期留学国外的学术背景,以及对欧美先进音乐教育经验的大力吸收与借鉴,一度给人以"全盘西化"之嫌。其实不然,萧友梅在上海担任国立音乐专科学校校长期间特别规定,专修钢琴、理论作曲专业的学生均必须选修一种民族器乐作为副科,其中像丁善德、贺绿汀、刘雪庵、谭小麟等还达到了相当精通的程度。又如关于文化必修课的学习,他既规定学习音乐的学生必须认真学习英语或法语(学习声乐专业的学生还必须学习意大利语、德语)等外语课,还规定了相当分量的学时,要所有学习音乐的学生认真学习古文、古代诗词等课程,并延请了在古代诗词上有相当造诣的国学导师,如易韦斋、龙榆生等给学生授课。萧友梅自己还对中国音乐史、中国古代的乐制、乐律等进行了长期的认真研究,并逐渐将其纳入自己的教学。[1] 很显然,萧友梅是秉承了蔡元培"兼容并包"的北大办学传统,致力于中西音乐教育的汇合融通。

关于中国新音乐运动的发展方向,萧友梅据其深厚的中西学养和教育经验提出了一番独特的见解。当有人问及"中国音乐之复兴当循何途径"时,萧友梅说:"与其说复兴中国旧乐,不如说改造中国音乐较为有趣。……说到改造,就要采取其精英,剔去其渣滓,并且用新形式表出之,所以一切技术与工具须采用西方的,但必须保留其精神,方不至失去民族性。"[2] 在他看来,中国新音乐的挺立是离不开"中华民族的特色",强调"我国作曲家不愿意投降于西乐时,必须创造出一种新作风,足以代表中华民族的特色而与其他各民族音乐有分别的,方可以成为一个'国民乐派'"。[3] 至于音乐的社会功能,特别是音乐在国难期间的实际作用问题,萧友梅敏锐地指出:"在这国难期间,如环境许可时,应尽力创作爱国歌曲,训练军乐队队长及集团唱歌指挥,使他们在最短时期可以应用出去,方可证明音乐不是奢侈品。"[4] 萧友梅的这一真知灼见以及他所创作的《卿云歌》《华夏歌》《国难歌》《从军歌》等爱国歌曲,都对当时中国的社会历史进步和民众的爱国主义情操产生了十分重要的积极作用。

---

[1] 汪毓和.我国现代音乐教育事业的开拓者萧友梅[M]//萧友梅纪念文集.上海:上海音乐出版社,1993:219—220.
[2] 关于我国新音乐运动[M]//萧友梅音乐文集.上海:上海音乐出版社,1990:465.
[3] 同上:466—467.
[4] 同上:467.

# 主要参考文献

一、史　料

复旦大学校史编写组.复旦大学志(第一卷)(1905—1949)[M].上海:复旦大学出版社,1985.

胡怀琛.上海的学艺团体[M].上海:上海市通志馆,1935.

《交通大学校史》撰写组.交通大学校史资料选编(第一、二卷)[M].西安:西安交通大学出版社,1986.

黄美真,等.上海大学史料[M].上海:复旦大学出版社,1984.

江苏省教育会.江苏省教育会年鉴[M].[出版地不详]:江苏省教育会,1925.

教育部.第一次中国教育年鉴[M].上海:开明书店,1934.

教育部.第二次中国教育年鉴[M].上海:商务印书馆,1948.

上海市通志馆年鉴委员会.民国二十五年上海市年鉴·教育[M].上海:中华书局,1936.

上海市通志馆年鉴委员会.民国二十六年上海市年鉴·教育[M].上海:中华书局,1937.

上海市教育局档案[Z].上海:上海市档案馆,Q235－1－6.

李家齐.上海工运志[M].上海:上海社会科学院出版社,1997.

李清悚,顾岳中.帝国主义在上海的教育侵略活动资料简编[M].上海:上海教育出版社,1982.

李桂林,戚名琇,钱曼倩.中国近代教育史资料汇编·普通教育[M].上海:上海教育出版社,1995.

林克,等.上海研究论丛(第12辑)[M].上海:上海社会科学院出版社,1988.

浦东中学校周年纪念筹备会.浦东中学校二十周年纪念刊·行政组织概况[G].上海:[浦东中学校周年纪念筹备会],1926.

璩鑫圭,唐良炎.中国近代教育史资料汇编·学制演变[M].上海:上海教育出版社,1991.

璩鑫圭,童富勇,张守智.中国近代教育史资料汇编·实业教育　师范教育[M].上海:上海教育出版社,1994.

上海通社.上海研究资料[M].上海:上海书店,1984.

上海工部局女中丁丑年刊[M].上海:[出版者不详],1937.

上海爱国女子中学.爱国女学四十五周年纪念特刊[M].上海:[出版者不详],1946.

上海市第一中学六十周年校庆纪念册[Z].上海:[出版者不详],1992.

上海第二中学.上海第二中学(原务本女中)历史发展概况[Z].上海:上海第二中学档案室.

上海第三女子中学.上海第三女子中学校百年校庆纪念册[Z].上海:[出版者不详],1992.

上海教育年鉴社.廿八年上海教育一览[M].上海:[出版者不详],1939.

上海市档案馆.日伪上海市政府[M].北京:档案出版社,1986.

上海市档案馆.日本帝国主义侵略上海罪行史料汇编[G].上海:上海人民出版社,1997.

《闵行区教育志》编纂委员会.闵行区教育志[M].上海:上海人民出版社,1992.

上海市虹口区教育志编纂委员会.虹口区教育志[M].上海:学林出版社,1999.

《嘉定县教育志》编纂组.嘉定县教育志[M].上海:上海社会科学院出版社,1995.

上海县知事公署.上海县教育状况[M].上海:[出版者不详],1915.

上海县知事公署.上海县教育状况[M].上海:[出版者不详],1917.

上海市政府.上海市行政统计概要(民国十八年度)[M].上海:[出版者不详],1930.

上海新闻社.一九三三年之上海教育[M].上海:[出版者不详],1934.

上海市教育局.上海市中等教育概况[M].上海:中正书局,1948.

上海公共租界工部局华文处.上海公共租界工部局年报[R].上海:[出版者不详],1930—1942.

教育部.全国高等教育统计(民国二十二年度)[M].[出版地不详]:教育部统计室,1934.

上海特别市教育局.上海特别市教育统计(民国十七年度)[M].上海:[出

版者不详],1929.

上海市教育局.上海市教育统计(民国十八年度)[M].上海:[出版者不详],1931.

上海市教育局.上海市教育统计(民国二十年度)[M].上海:[出版者不详],1933.

上海市教育局.上海市教育统计(民国二十三、二十四年度合刊)[M].上海:[出版者不详],1936.

上海市教育局.上海市教育统计(民国三十五年度)[M].上海:[出版者不详],1947.

教育部秘书处公报室.教育部公报[R].上海:[出版者不详],1932.

教育部秘书处公报室.教育部公报[R].上海:[出版者不详],1935.

上海特别市教育局.上海特别市教育局业务报告(民国十八年七月至十二月)[R].上海:[出版者不详],1930.

上海特别市教育局.上海特别市教育局业务报告(民国十九年一月至六月)[R].上海:[出版者不详],1931.

上海市教育局.上海市教育局业务报告(民国十九年七月至十二月)[R].上海:[出版者不详],1931.

上海市教育局.上海市教育局业务报告(民国二十年一月至六月)[R].上海:[出版者不详],1932.

上海市教育局.上海市教育局业务报告(民国二十年七月至二十一年六月)[R].上海:[出版者不详],1932.

上海市教育局.上海市教育局工作报告(民国三十五年九月)[R].上海:[出版者不详],1946.

上海市政府.上海市市政报告(民国二十一年至二十三年)[R].上海:汉文正楷印书局,1936.

上海市政府.上海市统计总报告[R].上海:[出版者不详],1946.

上海市政府.上海市政府施政报告(1946年9—11月)[R].上海:上海市政府,1946.

上海市政府.上海市政府施政报告(1946年12月—1947年4月)[R].上海:上海市政府,1947.

上海市政府.上海市政府施政报告(1947年5—9月)[R].上海:上海市政府,1947.

上海市政府.上海市政府施政报告(1947年9月—1948年1月)[R].上海：上海市政府,1948.

上海市政府.上海市政府施政报告(1948年2—5月)[R].上海：上海市政府,1948.

上海市政府.上海市政府施政报告(1948年6—8月)[R].上海：上海市政府,1948.

上海市政府.上海市政府施政报告(1948年9—12月)[R].上海：上海市政府,1948.

上海特别市教育局.上海特别市教育法规[G].上海：[出版者不详],1929.

上海特别市教育局.上海特别市教育局业务汇编(民国十六年七月至十七年十二月)[G].上海：[出版者不详],1929.

上海特别市政府.上海特别市市政法规汇编(初集)[G].上海：[出版者不详],1928.

上海特别市政府.上海特别市市政法规汇编(二集)[G].上海：[出版者不详],1929.

上海市政府.上海市市政法规汇编(三集)[G].上海：[出版者不详],1930.

上海市政府.上海市市政法规汇编(四集)[G].上海：[出版者不详],1931.

上海市政府.上海市市政法规汇编(五集)[G].上海：[出版者不详],1933.

上海市政府.上海市市政法规汇编(六集)[G].上海：[出版者不详],1934.

上海市政府.上海市市政法规汇编(七集)[G].上海：[出版者不详],1935.

上海市政府.上海市市政法规汇编(八集)[G].上海：[出版者不详],1936.

上海市政府.上海市政府法规汇编(民国三十四年九月至三十六年十二月)[G].上海：[出版者不详],1948.

上海公共租界纳税华人会.上海公共租界纳税华人会重要文件[G].上海：[出版者不详],1932—1937.

上海租界志编撰委员会.上海租界志[M].上海：上海社会科学院出版

社,2001.

上海指南[M].上海:商务印书馆,1923.

王寅清,柴藏湘.上海求学指南(上、下册)[M].上海:天一书局,1921.

王世杰.关于实施义务教育提案稿[G]//中国第二历史档案馆.中华民国史档案资料汇编第五辑第一编"教育"(一).南京:江苏古籍出版社,1994.

王云五,丘汉平,阮毅成,等.私立中国公学[M].台北:南京出版有限公司,1982.

翁智远,屠听泉.同济大学史(第一卷)(1907—1949)[M].上海:同济大学出版社,1987.

许晚成.上海大中小学调查录[M].上海:龙文书店,1935.

姚文枏,秦锡田,等.民国上海县志[M].上海:[出版者不详],1935.

张铨,庄志龄,陈正卿.日军在上海的罪行与统治[M].上海:上海人民出版社,2000.

中国人民政治协商会议上海市委员会文史资料工作委员会.上海文史资料选辑第二十辑[M].上海:上海人民出版社,1978.

中国人民政治协商会议上海市委员会文史资料工作委员会.解放前上海的学校(上海文史资料选辑第五十九辑)[M].上海:上海人民出版社,1988.

中国人民政治协商会议上海市委员会文史资料工作委员会.体坛先锋(上海文史资料选辑第六十五辑)[M].上海:上海人民出版社,1990.

中国人民政治协商会议上海市委员会文史资料工作委员会.上海文史资料存稿汇编(教科文卫9)[G].上海:上海古籍出版社,2001.

中共上海市委党史资料征集委员会.战斗到黎明:解放战争时期上海女子中学和专科学校学生运动史专辑[M].上海:上海翻译出版公司,1989.

中共上海市委党史资料征集委员会.上海市中学教师运动史料选[M].上海:上海教育出版社,1997.

中国人民银行上海市分行金融研究所.上海商业储蓄银行史料[M].上海:上海人民出版社,1990.

邹恩润,徐亮.江苏中等以上学校投考须知[M].上海:商务印书馆,1924.

周金彩,黄孟源.闸北区教育志[M].上海:上海社会科学院出版社,2001.

朱有瓛.中国近代学制史料(第二辑下册)[M].上海:华东师范大学出版社,1989.

朱有瓛.中国近代学制史料(第三辑上册)[M].上海:华东师范大学出版

社,1990.

朱有瓛.中国近代学制史料(第三辑下册)[M].上海:华东师范大学出版社,1992.

朱有瓛,戚名琇,钱曼倩,霍益萍.中国近代教育史资料汇编·教育行政机构及教育团体[M].上海:上海教育出版社,1993.

二、论　著

蔡行涛.抗战前的中华职业教育社(1917—1937)[M].台北:台北东大图书股份有限公司,1988.

陈伯海.上海文化通史[M].上海:上海文艺出版社,2001.

陈东原.中国妇女生活史[M].上海:上海书店出版社,1984.

陈独秀.陈独秀著作选(3卷)[M].任建树,张统摸,吴信忠,编.上海:上海人民出版社,1993.

陈独秀,等.新青年[M].王中江,苑淑娅,编.郑州:中州古籍出版社,1999.

陈鹤琴.陈鹤琴全集(6卷)[M].陈秀云,陈一飞,编.南京:江苏教育出版社,2008.

陈科美,金林祥.上海近代教育史(1843—1949)[M].上海:上海教育出版社,2003.

陈启天.最近三十年中国教育史[M].上海:上海太平洋书店,1932.

陈青之.中国教育史[M].上海:商务印书馆,1936.

陈思和,龚向群.走进复旦[M].成都:四川人民出版社,2000.

陈文钟,等.实验分团教授法[M].上海:商务印书馆,1918.

褚宏启.教育现代化的路径[M].北京:教育科学出版社,2000.

龚启昌.中学普通教学法[M].上海:商务印书馆,1946.

顾长声.传教士与近代中国[M].上海:上海人民出版社,1981.

胡适.胡适往来书信选(上、中、下)[M].中国社会科学院近代史研究所中华民国史研究室,编.北京:中华书局,1979—1980.

胡适.胡适哲学思想资料选(上、下册)[M].葛懋春,李兴芝,编辑.上海:华东师范大学出版社,1981.

胡适.胡适作品集(37册)[M].台北:远流出版事业股份有限公司,1986.

胡适.胡适口述自传[M].唐德刚,译注.上海:华东师范大学出版社,1993.

沪有会.上海东亚同文书院大旅行记录[M].杨华,等,译.北京:商务印书馆,2000.

华东师范大学教育系.中国现代教育文选[M].北京:人民教育出版社,1998.

黄书光.胡适教育思想研究[M].沈阳:辽宁教育出版社,1994.

黄书光.陈鹤琴与现代中国教育[M].上海:上海教育出版社,1998.

黄炎培.黄炎培教育论著选[M].田正平,李笑贤,编.北京:人民教育出版社,1993.

黄炎培.八十年来[M].上海:文汇出版社,2000.

杰西·格·卢茨.中国教会大学史(1850—1950)[M].曾钜生,译.杭州:浙江教育出版社,1987.

金家富.潘序伦教育思想和办学实践研究[M].上海:立信会计出版社,1998.

李华兴.民国教育史[M].上海:上海教育出版社,1997.

李欧梵.上海摩登——一种新都市文化在中国:1930—1945[M].毛尖,译.北京:北京大学出版社,2001.

李天纲.文化上海[M].上海:上海教育出版社,1998.

李廷翰.教育丛稿(上、下册)[M].上海:中华书局,1921.

廖世承.廖世承教育论著选[M].汤才伯,编.北京:人民教育出版社,1992.

刘正伟.督抚与士绅——江苏教育近代化研究[M].石家庄:河北教育出版社,2001.

龙一圆.立信史话[M].上海:立信会计出版社,1993.

陆有铨.躁动的百年——20世纪的教育历程[M].济南:山东教育出版社,1997.

马相伯.马相伯集[M].朱维铮,主编.上海:复旦大学出版社,1996.

马镛.外力冲击与上海教育[M].武汉:湖北教育出版社,2003.

毛礼锐,沈灌群.中国教育通史[M].济南:山东教育出版社,1988.

穆藕初.穆藕初文集[M].赵靖,编.北京:北京大学出版社,1995.

裴宜理.上海罢工——中国工人政治研究[M].刘平,译.南京:江苏人民出版社,2001.

钱曼倩,金林祥.中国近代学制比较研究[M].广州:广东教育出版社,1996.

阮仁泽,高振农.上海宗教史[M].上海:上海人民出版社,1992.

沈德潜.古诗源[M].上海:上海古籍出版社,2002.

舒新城.中国新教育概论[M].上海:中华书局,1928.

舒新城.浅谈道尔顿制[M].上海:中华书局,1929.

宋镜明.李达与武汉大学[M].太原:山西教育出版社,1999.

陶行知.陶行知全集(12卷)[M].成都:四川教育出版社,1991—2002.

王炳照,吴霓,胡艳.中国古代私学与近代私立学校研究[M].济南:山东教育出版社,1997.

王立诚.美国文化渗透与近代中国教育——沪江大学的历史[M].上海:复旦大学出版社,2001.

忻福良,赵安东.上海高等学校沿革[M].上海:同济大学出版社,1992.

忻平.从上海发现历史——现代化进程中的上海人及其社会生活[M].上海:上海人民出版社,1996.

熊明安.中华民国教育史[M].重庆:重庆出版社,1997.

熊明安,周洪宇.中国近现代教育实验史[M].济南:山东教育出版社,2001.

熊月之.上海通史[M].上海:上海人民出版社,1999.

徐鼎新.上海商务总会史[M].上海:上海社会科学院出版社,1991.

徐铸成.炸弹与水果(旧闻杂忆续篇)[M].香港:生活·读书·新知三联书店香港分店,1981.

延安时事研究会.抗战中的中国教育[M].上海:上海人民出版社,1961.

阎广芬.经商与办学——近代商人教育研究[M].石家庄:河北教育出版社,2001.

颜振吾.胡适研究丛录[M].北京:生活·读书·新知三联书店,1989.

杨贤江.杨贤江全集(6卷)[M].郑州:河南教育出版社,1995.

俞庆棠.俞庆棠教育论著选[M].茅仲英,编.北京:人民教育出版社,1992.

张仲礼.近代上海城市研究[M].上海:上海人民出版社,1989.

章开沅,唐文权.平凡的神圣——陶行知[M].武汉:湖北教育出版社,1992.

郑登云.中国高等教育史(上、下册)[M].上海:华东师范大学出版社,1994.

中共上海市委党史资料征集委员会.抗日战争时期上海学生运动史[M].上海:上海翻译出版公司,1991.

中国文化建设协会.十年来的中国[M].上海:商务印书馆,1937.

周策纵.五四运动史[M].长沙:岳麓书社,1999.

朱邦兴,胡林阁,徐声合.上海产业与上海职工[M].上海:上海人民出版社,1984.

三、论　　文

陈碧云.上海孤岛上的教育现状与问题[J].教育杂志,1939,29(5).

何清儒.职业指导在今日中国的意义[J].中华教育界,1934,22(6).

江问渔.补习教育的效用在哪里[J].教育与职业,1932(133—135).

教育周报[N].1931,1933,1934.

抗战以来之私立光华大学[J].教育杂志,1941,31(1).

李天禄.基督教教育之我见[J].教育季刊,1926,2(3).

李蒸.社会教育改造之途径[J].中华教育界,1933,21(7).

刘京力.社会常识科试行道尔顿制的说明[J].教育杂志,1922,14(11).

刘湛恩,潘文安.上海南京两职业指导所之现状[J].教育杂志,1928,20(3).

难民教育[J].教育杂志,1939,29(1).

潘公展.今后民众学校之招生问题[J].教育杂志,1937,27(1).

沈百英.民众学校成绩展览会观感[J].教育杂志,1948,33(11).

沈仲九.国文科试行道尔顿制的说明[J].教育杂志,1922,14(11).

盛朗西.非常时期家长对儿童训练应有什么观念[J].教育杂志,1937,27(1).

舒新城.中学学制问题[J].教育杂志,1922,14(1).

舒新城.什么是道尔顿制[J].教育杂志,1922,14(11).

舒新城.中学课程的研究[J].教育杂志,1922,14(号外).

舒新城.一个改革中学生自治的具体方案[J].新教育,1923,7(5).

天民.分团式动的教育法之实际[J].教育杂志,1918,10(9).

万竹小学教员.手工中心教授谈[J].中华教育界,1917,6(3).

王祖谦.大夏中学之训育计划[J].教育杂志,1928,20(6).

吴鼎.抗战建国期中之难童教育[J].教育杂志,1939,29(1).

吴榕藩.八一三以来的暨南大学[J].教育杂志,1941,31(1).

叶青.非常时期的中国教育[J].教育杂志,1936,26(5).

叶青.中国目前的一个教育方针[J].教育杂志,1937,27(6).

俞子夷.1927年前几个教育团体[J].华东师范大学学报(教育科学版),1989(2).

虞复.抗战以来的上海美专[J].教育杂志,1941,31(1).

郑绍元.上海市社会教育概况[J].教育与民众,1932,4(1).

钟灵秀.三十年来中国之识字运动[J].教育杂志,1937,27(3).

周尚.上海市一个健康教育实验学校的计划[J].教育杂志,1935,25(3).

朱叔源.改良现行学制之意见[J].中华教育界,1920,10(3).

《上海公共租界工部局年报》教育史料选辑(上、下)[J].档案与史学,1997(1,2).

图书在版编目(CIP)数据

上海教育史. 第二卷,1912—1949/杜成宪总主编;
黄书光等著. —上海:上海教育出版社,2016.12(2019.9重印)
ISBN 978-7-5444-7306-4

Ⅰ.①上… Ⅱ.①杜…②黄… Ⅲ.①地方教育-教育史-上海-1912—1949 Ⅳ.①G527.51

中国版本图书馆 CIP 数据核字(2016)第 306660 号

责任编辑　周　晟　董　洪
　　　　　　谢冬华
特约编辑　黄强华　南　钢
特约审稿　朱明钰　唐发铙
　　　　　　李维靖
书籍设计　陆　弦

上海教育史(第二卷　1912—1949)
张伟江　顾问
杜成宪　总主编
黄书光　等著

出版发行　上海教育出版社有限公司
官　　网　www.seph.com.cn
地　　址　上海永福路 123 号
邮　　编　200031
印　　刷　上海中华印刷有限公司
开　　本　700×1000　1/16　印张 34.375　插页 4
字　　数　550 千字
版　　次　2016 年 12 月第 1 版
印　　次　2019 年 9 月第 2 次印刷
书　　号　ISBN 978-7-5444-7306-4/G·6020
定　　价　130.00 元

如发现质量问题,读者可向本社调换　电话:021-64377165